集美年鉴

JIMEI NIANJIAN

2017

厦门市集美区人民政府 主办
厦门市集美区地方志办公室 编纂

方志出版社
Publishing House of Local Records

《集美年鉴》（2017）编纂委员会名单

主 任 委 员： 何东宁

副主任委员： 陈建荣　胡亚才　林声群

委员（以姓氏笔画为序）：

王　胜　王意达　兰福传　吕嘉扬　孙加庆　孙永翔　杨聪敏　李玉清
李勇岩　吴吉堂　邹荣生　张长明　张志方　陈冬妮　陈向辉　陈贤玲
陈凌妙　陈锡彬　陈翠萍　欧阳萍　林朱强　周学智　胡国才　柯振敏
施素达　郭明华　黄国荣　董建财

《集美年鉴》（2017）编纂人员名单

主　　　编： 孙加庆

副　主　编： 陈卫平

执行副主编： 张燕红

总　　　纂： 程成贵

责 任 编 辑： 程成贵　张燕红

图 片 征 编： 张燕红　程成贵

编　　　务： 梁琳珊　陈丽河

编辑说明

一、《集美年鉴》是由集美区人民政府主办、集美区地方志办公室编纂的年度资料性文献。自2012年起，逐年编辑出版，以出版年号为卷次名称，国内外公开发行。

二、《集美年鉴》2017年卷记载时限为2016年1月1日至12月31日。

三、本年鉴坚持以马克思列宁主义、毛泽东思想、邓小平理论、“三个代表”重要思想、科学发展观和习近平新时代中国特色社会主义思想为指导，存真求实，力求客观反映集美区自然、政治、经济、文化、社会等方面的基本情况和各行各业取得的新进展、新经验、新成就和出现的新问题，体现时代特征、地方特色和年度特点。

四、《集美年鉴》2017年卷采用分类编辑法，主体部分设栏目、类目、分目、子目4个层次。参照《中华人民共和国国家标准·国民经济行业分类》，全书分设区情概览、大事记、特辑、中国共产党机关、权力机构、行政机构、法治与军事、人民政协与民主党派、社会团体、农业与水利、工业与建筑业、建设与环保、交通与邮政业、通信与信息业、商贸服务与旅游业、经济与财税管理、教育与科技、文化与体育、卫生与计划生育、社会与民生、镇与街道、人物与先进名录22个栏目，下设35个类目、186个分目、1159个子目，子目为记述内容的基本单位，一事一目，标题加“【 】”标示。子目内容分项记述的，借鉴辞书体式，用序号分隔，不分自然段。后殿附录，收录区党代会区委工作报告、区人代会政府工作报告，辑录事关全区经济建设、社会发展和人民生活的重要文献，区委、区政府重要文件的目录和重点课题调研报告等。区统计局提供的统计资料纳入有关篇目。各单位提供的数据与区统计局的数据不一致的，以区统计局的数据为准。

五、《集美年鉴》2017年卷辑录2016年底新任区级领导人（实职）履历和获国家级、省级、部级表彰的先进人物简介，“先进集体名录”和“先进个人名录”收录2016年市委、市政府和省直厅、委、办以上机关单位表彰的先进单位和先进个人。

六、书中单位名称首次出现用全称，后用简称。缩略语集中注释，纳入“索引”。

七、《集美年鉴》2017年卷稿件由各单位提供，并经单位负责人审核。撰稿人按篇（即一个分目）署于最后一个子目文字之后，有两名以上撰稿人的则逐条（子目）署名。图片摄影人名字附于相关图片之后。

八、本年鉴卷首设中文目录和英文目录，英文目录设至分目一级。卷末设索引，按汉语拼音字母排列。

九、《集美年鉴》的编纂工作，得到区委、区政府各部门，各镇、街，中央、省、市驻集美单位及有关人士的支持，在此谨表谢忱。疏漏和差错之处，敬请指正。

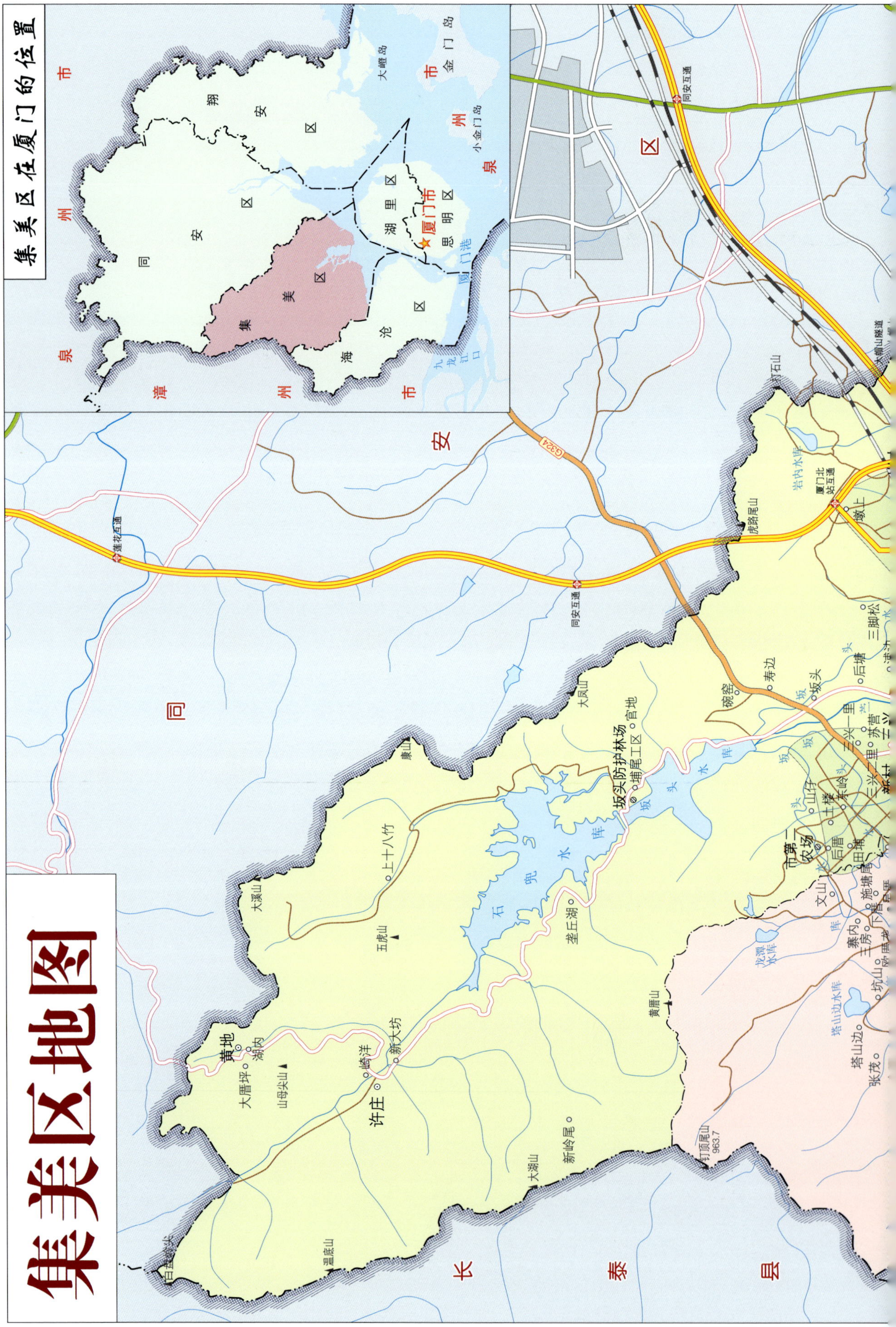
集美区地图
集美区在厦门的位置
同安区
翔安区
集美区
湖里区
思明区
海沧区
厦门市
泉州市
漳州市
大嶝岛
金门岛
小金门岛
厦门港
九龙江口
同安区
长泰县
同安互通
莲花互通
厦门北站互通
G324
坂头防护林场
埔尾工区
官地
寿边
碗窑
坂头水库
石兜水库
坌丘湖
上十八竹
许庄
新大坊
崎洋
黄地
湖内
大厝坪
山母尖山
五虎山
大溪山
大湖山
新岭尾
黄厝山
虎路尾山
大凤山
岩内水库
灌口镇
后溪
文山
塔山边
张茂
塔山边水库
三脚松
后塘
坂头
土楼
东岭头
山仔
后亭
田埔
施塘
寨内
三房
坑山
钉顶尾山
963.7
凤山

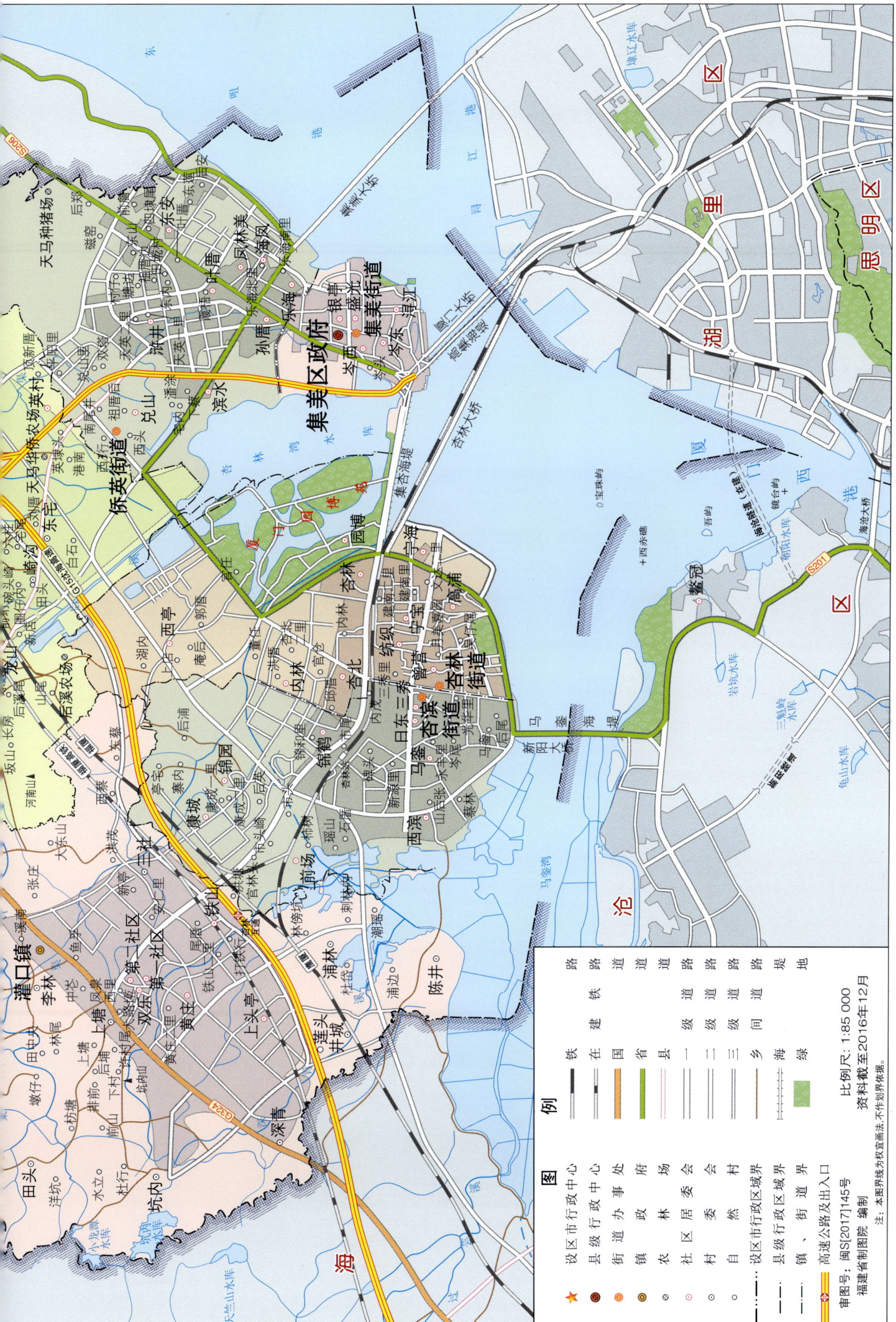

集美区政府
集美街道
侨英街道
杏林街道
杏滨街道
灌口镇
湖里区
思明区
海沧区
杏林湾
集杏海堤
杏林大桥
厦门大桥
集美大桥
海沧大桥
图例
设区市行政中心
县级行政中心
街道办事处
镇政府
农林场
社区居委会
村委会
自然村
设区市行政区域界
县级行政区域界
镇、街道界
高速公路及出入口
铁路
在建铁路
国道
省道
县道
一级道路
二级道路
三级道路
乡间道路
海堤
绿地
比例尺：1:85 000
资料截至2016年12月
审图号：闽S[2017]145号
福建省制图院 编制
注：本图界线为权宜画法,不作划界依据。

“莫兰蒂”风灾

灾情

2016年9月15日凌晨3时5分，第十四号台风“莫兰蒂”在厦门市翔安区沿海登陆，登陆时中心最大风力15级（48米／秒）。“莫兰蒂”是2016年全球强度最强的台风，也是继5903号台风后影响厦门地区最强的台风。“莫兰蒂”台风给集美区带来了强风、强降雨和风暴潮，造成全区道路全部中断，全区范围停电、停水，通信中断。据9月26日统计，全区房屋受淹1215处，房屋倒塌252间，农作物受灾1540公顷，水产养殖受灾478.73公顷，铁皮房屋倒塌50.53万平方米，树木倒伏669981棵，车辆受损9860辆，道路（桥梁、隧道）积水83处，水利工程受损3处，受灾人口104587人，转移5381人，死亡1人，直接经济损失35.01亿元。

银江路树木全部拦腰折断（黄丹平 9月15日 摄）

集源路悦海园小区门口树木倒伏车辆损坏（王进法 9月15日摄）

嘉庚路百年树木腰折（黄丹平 9月15日 摄）

浔江路教堂门口树木被台风连根拔起（王进法 9 月 15 日摄）

集美龙舟池商业城内的名荟苑艺术家工作室（颜志伟 9 月 15 日摄）

区行政中心广场（陈兆卫 9 月 15 日摄）

集美大学新校区教学楼屋顶瓦片剥落（黄丹平 9 月 15 日摄）

集美大学计算机教学设备浸水（黄丹平 9 月 15 日摄）

集美小学三立楼屋顶瓦片剥落（9 月 17 日摄）（文体广电旅游局 供图）

9 月 15 日，石鼓路百年古榕树被台风连根拔起。（集美街道办 供图）

百年榕树迁植到龙舟池南堤公园（陈威廉 9 月 23 日摄）

石鼓路百年榕树被移植（颜志伟摄 9 月 22 日摄）

集美大学新校区树木受损严重（陈南君 9 月 15 日摄）

杏东路建南商城门口
（周赞家 9 月 15 日摄）

杏林文达路宁宝小区门口
（张燕红 9 月 15 日摄）

杏西路（周赞家 9 月 15 日摄）

杏滨街道三秀社区老人活动中心活动室（施恭礼 9 月 16 日摄）

杏滨街道碑头路口（施恭礼 9 月 16 日摄）

高浦路杏东幼儿园门口（张燕红 9 月 16 日摄）

杏滨路与西滨路接线立交工程建设工地（张燕红 9 月 15 日摄）

位于杏滨街道辖区的厦门厦化实业有限公司厂房
（9 月 15 日摄，经信局 供图）

集美新城万科云城在建工地
（王坚峰 9 月 15 日摄）

侨英街道叶厝变电站高压线断裂
（王坚峰 9 月 15 日摄）

9 月 20 日，集美新城恒大帝景建设工地脚手架倒塌。（建设局 供图）

集美大道滨水小区路段（王坚峰 9 月 15 日摄）

集美新城杏林湾路（王坚峰 9 月 15 日摄）

华侨大学厦门校区的王源兴国际会议中心
（吴江辉 9 月 16 日摄）

侨英街道兑山西里商业街（王坚峰 9 月 15 日摄）

灌口镇双岭村怡园鑫无公害蔬菜生产基地（冯立东 9 月 29 日摄）

灌口机械工业园区的厦门厦工机械股份有限公司生产车间（9 月 15 日摄，经信局 供图）

灌口镇东辉村文山村道塌方（梁东进 9 月 20 日摄）

位于后溪镇的德邦物流园区
（9 月 15 日摄，商务局 供图）

位于后溪镇的天河物流园区（王坚峰 9 月 15 日摄）

厦门北站屋顶被掀（王坚峰 9 月 15 日摄）

位于后溪工业组团的厦门泉璟纸品包装有限责任公司生产车间
（9 月 15 日摄，经信局 供图）

后溪村段的后溪河超过警戒水位
（王坚峰 9 月 15 日摄）

后溪镇丰顺祥农业科技有限公司蜜柚生产基地
（谢加木 9 月 18 日摄）

后溪镇岩内村电信缆线被刮断
（陈双全 9 月 15 日摄）

后溪镇移动公司信号塔倒塌（陈雪女 9 月 20 日摄）

防灾救灾

“莫兰蒂”台风预警发布后，集美区委、区政府高度重视，全面组织台风防御工作，把居民群众安危摆在首要位置，启用区级避灾安置点 78 个，紧急转移 5381 人、各类船只 531 艘，对全区地质灾害隐患点逐一排查，实现“确保人员安全、把损失减到最小”的目标。台风过后，全区转入灾后重建阶段，开展道路清障，垃圾清运，树木扶植，灾后防疫，恢复水电通信设施，保障群众生活需求，创造了抗台救灾的“集美速度”。

9 月 14 日，区委书记李钦辉（前排中）检查厦门北站的排洪设施。（冯立东　摄）

9 月 14 日，区政府区长何东宁（前排右）检查马銮湾沿海抗台防洪工作。（万正波　摄）

9月15日，杏林北路橡树湾小区附近抢救被困群众。（农林水利局 供图）

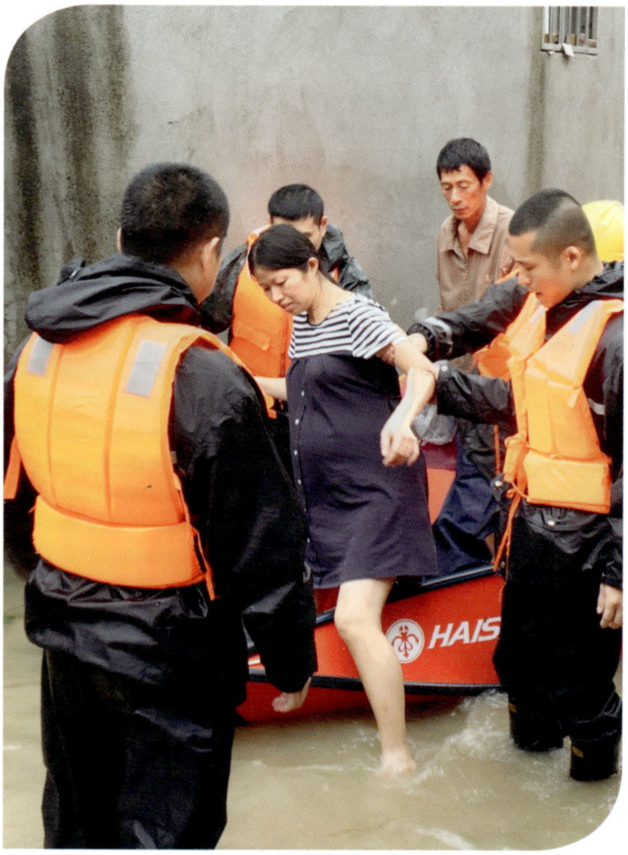

9月15日，前场柿树村转移受困孕妇。（农林水利局 供图）

9月15日，杏滨街道前场柿树村转移受困老人。（农林水利局 供图）

9 月 19 日，移动公司集美分公司在锦园村抢修损毁的宽带电缆。（陈雪女　摄）

9 月 22 日，电力公司在杏林湾路抢修受损的 110 千伏供电线路。（王坚峰　摄）

9 月 18 日，集美公路分局在海翔大道西滨立交桥抢修下穿通道。（李碧聪　摄）

9 月 17 日，市政公司在石鼓路抢救移植倒伏树木。（陈威廉 摄）

9 月 17 日，集美大学在移植灾后倒伏树木。（陈南君 摄）

9 月 22 日，集美公路分局在海翔大道扶植倒伏树木。（李碧聪 摄）

9月18日，华侨大学华文学院留学生参加灾后重建。（颜志伟　摄）

9月18日，灵玲马戏城的外籍演员参加灾后重建。（区文体广电旅游局　供图）

9月20日，集美大学留学生和外籍教师参加救灾行动。（黄丹平　摄）

9 月 20 日，驻厦海军某部抢险队参加灾后重建。（王文津　摄）

9 月 20 日，武警水电六支队百名官兵支援集美大学灾后重建。（黄丹平　摄）

9 月 25 日，各高校学生欢送参加灾后救援的部队官兵。（冯立东　摄）

目　录

区情概览

大事记

特　　辑

中国共产党机关

权力机构

行政机构

法治与军事

人民政协与民主党派

社会团体

农业与水利

工业与建筑业

建设与环保

商贸服务与旅游业

经济与财税管理

教育与科技

文化与体育

社会与民生

镇与街道

人物与先进名录

附 录

索 引

CONTENTS

OVERVIEW OF DISTRICT SITUATION

CHRONICLE OF EVENTS

FEATURE ARTICLES

DEPARTMENTS UNDER THE CPC COMMITTEE

AUTHORITY INSTITUTION

CIVIL SERVICE

LAW & ARMED FORCE

CPPCC & NON-COMMUNIST PARTIES

PEOPLE' S ORGANIZATIONS

AGRICULTURE & WATER CONSERVANCY

INDUSTRY & BUILDING INDUSTRY

CONSTRUCTION INDUSTRY &ENVIRONMENTAL PROTECTION

PUBLIC TRANSPORTATION & POST SERVICE

TELECOMMUNICATION & INFORMATION INDUSTRY

COMMERCIAL TRADE & TOURISM INDUSTRY

ECONOMY & FISCAL AND TAXATION MANAGEMENT

EDUCATION & SCIENCE AND TECHNOLOGY

CULTURE & ATHLETICS

PUBLIC HEALTH & FAMILY PLANNING

SOCIETY & LIVELIHOOD

TOWNS & SUB−DISTRICTS

FIGURES & ADVANCED COLLECTIVES

APPENDIX

INDEX

区情概览

自然地理

【地理位置】集美区位于福建省厦门市西北部，北纬 24° 25′ ~ 24° 46′，东经 117° 57′ ~ 118° 04′，西北与漳州市长泰县交界，东北与同安区接壤，西南与海沧区毗邻，南与厦门岛隔海相望。区行政中心驻集美街道岑东路 168 号。集美原名“浔尾”，以地处浔江之尾而得名，至明代雅化为“集美”。2016 年，集美区辖灌口、后溪 2 镇和集美、杏林、侨英、杏滨 4 个街道。境域东至侨英街道东安前占社，西至灌口镇深青村，北抵尖母仑山界，南至马銮；长 24.4 千米，宽 19 千米，面积 275.79 平方千米，呈箭头状指向西北。（区志办）

【地貌】集美区有滨海低山、丘陵、台地、平原、滩涂等多种地貌类型，地势西北高，东南低。山地分布于西、北、东部与长泰、同安交界处，为海拔 500 米~ 1000 米的低山和中山。高丘陵多分布在西部，海拔 300 米~ 500 米，坡度 20 度~ 30 度，主要为花岗岩和火山岩。花岗岩丘陵多呈孤立状，无植被，山体裸露，山坡石蛋发育，山顶常见蘑菇石、风动石。火山岩丘陵山顶浑圆，山坡和缓，似覆锅状，土层较厚，植被生长良好。低丘陵多分布于东、西界山附近，海拔 200 ~ 300 米，坡度 15 ~ 25 度，丘顶呈浑圆状。台地海拔 50 ~ 200 米，地表起伏，坡度平缓，零星分布于苎溪、许溪中游地带。平原主要分布于南部海岸沿线，海拔皆在 50 米以下，可分为海蚀平原和海积平原。平原外侧为海滩、沙洲和沙嘴。

（区志办）

【山脉】集美区境山脉属戴云山脉与博平岭的延伸部分，主要山脉相对集中在西北与长泰县、东北与同安区交界处。主要山峰有 62 座，其中海拔 800 米以上山峰 5 座，500 米~ 800 米 17 座，300 米~ 500 米 22 座，100 米~ 300 米的低丘 18 座，最高峰为海拔 963 米的钉顶尾山。（区志办）

【河流】集美区境的河流多发源于西部丘陵山地，具有河面狭、河床浅、支流少、流程短的特点。境内较长的河流有后溪（苎溪）、深青溪和瑶山溪。此外还有北溪引水工程集美段和坂头水库的左干渠、右干渠和高干渠 4 条人工河流。后溪是境内最长的河流，发源于戴云山脉与博平岭山脉交界处的后寮仑山白帆岭，源头至后溪镇段称苎溪。与支流许溪汇合后称作后溪，注入杏林湾水库，全长 23 千米，流域面积 209.3 平方千米，河道平均坡降 8.11‰。上游建有石兜水库（库容 8500 万立方米）和坂头水库（库容 558 万立方米），年供厦门市区工业和居民用水约 4336 万立方米，灌溉农田 1333 公顷。许溪，发源于漳州市与厦门市海沧区交界的大岭，至后溪镇与苎溪交汇，全长 12.1 千米，流域面积 56.7 平方千米。深青溪，发源于仙棋山南麓，于西滨汇入马銮湾，全长 11.84 千米，流域面积 15.64 平方千米，平均坡降 10.4‰。瑶山溪，发源于小龙潭北侧山地，上源有两支，西支源于前山南侧，东支源于上塘，两支汇合后流入凤景湖，于西滨汇入马銮湾，全长 10.35 千米，流域面积 15.78 平方千米，平均坡降 8.31‰，河道宽度 3 ~ 10 米。

（区志办）

【海域】集美区海域为厦门西部海域和同安湾海域的一部分，面积约为 40 平方千米。海岸线起自东安村的后垵，经凤林美、集美、杏林、高浦、马銮至陈井，全长 21 千米。集美半岛和杏林半岛东南岸（新阳大桥以东）为侵蚀海岸，马銮湾和杏林半岛西南岸则为堆积型海岸。全区 21 个村有临海滩涂，总面积 3841 公顷，2005 年已利用养殖面积 1522 公顷。2006 年起，依据市政府规划，集美区域滩涂实行禁养，滩涂养殖日渐萎缩。海域内有岛屿 2 个。宝珠屿，位于集美半岛西南海域，面积约 5200 平方米。乌贼屿，东距高集海堤南端 3.6 千米，因形状得名，面积约 2000 平方米，涨潮时浪可没顶。域内礁石未作调查。鳌园原为岩礁，屿上建有天妃宫（又称鳌头宫）。20 世纪 50 年代，陈嘉庚捐资填海筑堤，扩建成鳌园，与陆地连成一片。另在高浦村东南海域，呈一字排列有 3 块礁石，分别称为大菰礁、二菰礁、三菰礁，均为干出礁。大菰礁石处航道上，设有灯桩。（区志办）

【土壤】集美区土壤母质以第四纪红色黏土为主，兼有洪积物、冲积物和海积物。土壤类型可分为砖红壤性红壤、红壤、黄壤、水稻土、盐土、风沙土 6 个土类，以下分为 15 个亚类、30 个土属、35 个土种。按垂直分布，可分为山地土壤、耕地土壤和水域滩涂。山地土壤以红壤面积最大，砖红壤性红壤次之，黄壤最少。耕地土壤分成旱作土壤和水田土壤。旱作土壤主要为砖红壤性红壤，兼少量盐土和风沙土。水田土壤可分为渗育型水稻土、潴育型水稻土、潜育型水稻土和盐渍型水稻土。渗育型水稻土多为梯田，地下水位低，属地表水型，耕作层较浅，质地以中壤为主，肥力中下，适于水旱轮作，主要用于水田及部分园地，“旱、瘠、薄”为此类水田的主要生产阻碍因素。潴育型水稻土主要分布于溪流、冲积平原和部分山垄田，分布较广，以灌口、后溪、侨英、杏林为多，质地以轻壤和中壤为主，肥力中上，乃境内稳产高产的水稻土类型。潜育型水稻土分布于山垄谷地或冲积平原的低洼地，地下水位高，排水条件差，土壤长期渍水，土温较低，亚铁等有毒物质量积累多，“冷、酸、锈”系此类土壤的主要特点。盐渍型水稻土主要分布在沿海一带的海积平原，由滨海盐土经洗盐种稻后形成，地形平坦，土层深厚，有机质丰富，但土质黏重，耕作困难，且易受海潮或地下盐分的威胁，主要生产障碍因素为“盐、碱、黏”。（区志办）

【植被】集美区属中国—日本植物亚区的华南地区，具有从热带向亚热带过渡的特点。植物以热带、亚热带的成分为主，地带型植被为南亚热带雨林。由于早期植被遭受破坏，原始森林早已绝迹，现为人工林、次生林、灌木丛、草丛、农田、果园和观赏性植被类型。林地植被，人工林、次生林林相参差不齐，结构简单，树种单一，以马尾松为主，有少量杉木，其余为相思树、桉树、木麻黄、木荷、枫香、乌桕等。灌木种类有桃金娘、黄瑞木、杜鹃、金樱子、小叶赤楠、鹅掌柴、枸骨柴等。草本种类有芒萁骨、五节芒、扇形铁线蕨、海金沙、地捻等。林地植被主要分布在山地和沿海地区，常以2～3种组成混合林，有灌木丛和草丛在其间共生。依林相可分为阔叶林、针叶林、混交林、经济林（木本栽培植被）和灌木丛、草丛。长绿阔叶林，分布于海拔200米以下的沿海丘陵、台地，面积不大，且零星分布。长绿针叶林，区内分布面积最大，多数为人工林，少数为天然更新，分布于海拔500米～900米的山地。混交林，境内呈块状分布于海拔500米以下的部分丘陵、山地。主要建群种有马尾松、杉木与木荷、杉木与柳杉、木麻黄与相思树混交。灌木丛和草丛，分布在低谷、台地、平原。盐生植被，分布于海滨滩涂，境内有盐地鼠尾栗、互花米草和南方咸蓬3个群落。水生植被，淡水生植物多分布水库、溪河、池塘等处，主要群落有凤眼莲和浮萍群落、空心莲子草群落、狭叶香蒲群落和水蓼群落。栽培植被，分为木本栽培植被和草本栽培植被。木本栽培植被有人工栽培的油茶、油桐和橡胶林群落，多分布在海拔200米以下，地势开阔的缓坡地带；果树林、茶园、桑园及庭院观赏树群落则分布在海拔100米以下低丘山脚、台地、水库、村庄周围、公园和庭院。龙眼、荔枝、柑橘、杧果成片分布，其它呈散生或零星分布。草本栽培植被有粮食作物、油料作物、蔬菜作物、糖原料作物、纤维作物、饲料作物和绿化作物7个群落。（区志办）

【资源】集美区背山面海，各种土地类型自西北向东南呈阶梯状分布。西北至东北部属低山地和高丘陵地，为林区和旅游区；中部和南部地势平缓起伏，地貌以低丘陵地和台地为主，间有盆谷地和风沙地，是工业区和果、粮、油等经济作物区；滨海有小平原及滩涂，为工业区与旅游区。中部与南部分布有溪流、坑塘、水库等水域，土地资源类型齐全，组合状况较佳。除沿海滩涂软土地段工程条件较差外，一般丘陵地抗压强度每平方厘米970～2190千克，工程地质条件较好；平原台地为第四纪残积物和冲积、冲洪积物组成的黏土或非黏土地段，承载力为每平方米14吨～45吨，土层厚，工程地质条件较好。全区土地面积275.79平方千米，人口密度（按户籍人口计算）每平方千米959.70人，人均占有土地1041.98平方米，属土地资源极端超载区。境内多年平均水资源总量2.17亿立方米，其中地表水1.82亿立方米，地下水0.35亿立方米。全区水能资源理论蕴藏量1926千瓦，可开发总装机容量1605千瓦。林业用地10429.73公顷（含国营坂头林场），约占土地面积的37.82%。林业用地中，有林地9747.01公顷，占林业用地的86.7%（其中经济林3266.13公顷）；疏林地8.27公顷，占0.1%；灌木林地609.73公顷，占5.8%；未成林造林地111.47公顷，占1.1%；苗圃地22公顷，占0.2%；无林地631公顷，占6.1%；生态公益林面积1731.13公顷。森林覆盖率40.7%。列入国家I级保护的陆生野生动物为蟒蛇和白颈长尾雉，国家II级保护的动物有猕猴、穿山甲、小灵猫、鬣羚（别名苏门羚）、红隼、仓鸮、草鸮、猫头鹰；列入CITES公约附录II保护的动物有眼镜蛇。其它森林野生动物尚有松鼠、白鹭、燕子、喜鹊、山猪、豪猪、獐、狐狸、野兔、白环蛇等。全区挂牌保护的古树名木294株，其中榕树249株，杧果、枫香、黄连木各11株，樟树5株，榆树2株，龙眼、伊兰、蔷薇、红豆、薄姜木各1株，树龄最长的为540岁。（区志办）

【气候】2016年，受超强“厄尔尼诺”现象及随后迅速转入“拉尼娜”状态的热带海温背景影响，集美区气候总体特征表现为：①气温显著偏高，年平均气温22.5℃，比常年偏高1℃（因缺乏长期历史观测资料，常年值以同安国家基本站资料作为参考，下同），属异常偏高年份。雨季、秋季气温异常偏高，冬季、春雨季和夏季基本正常。②雨季开始早，结束早，年降水量异常偏多。根据自动气象站资料统计显示，1—12月，境内各地降水量在2072.0毫米（园博苑）至3024.1毫米（黄地）之间，降水空间分布呈由东南向西北递增趋势，基本符合常年分布规律。降水时空分布严重不均，表现在大部月、季降水量与常年同期相比均存在明显差异。③日照显著偏少，全年日照时数1531小时，比常年（1914小时）少383小时。④台风偏多偏强。全年共受7个台风影响，影响程度偏强。（杨奇志 王秋云）

2016 年集美区气象要素数值表

表 1

要　素	单　位	数　值	要　素	单　位	数　值
日照	小时	1531	最低温	℃	−0.3
平均风速	米 / 秒	2.4	最高温	℃	38.2
最大风速	米 / 秒	46.8	降雨日数	天	177
最多风向	—	东南偏东	降雨量	毫米	2445.2
气压	百帕	1010.5	日最大降雨量	毫米	254.2
平均气温	℃	22.5	相对湿度	%	83.9

【自然灾害】①台风：2016 年共受 7 个台风影响，比常年多 3 个，分别是 2016 年第 01 号台风“尼伯特”、04 号台风“妮妲”、14 号台风“莫兰蒂”、16 号台风“马勒卡”、17 号台风“鲇鱼”、19 号台风“艾力”和 22 号台风“海马”。台风“莫兰蒂”以强台风级别登陆厦门，登陆时中心附近最大风力 16 级以上，给全区基础设施、工农业生产、商业贸易、群众财产、社会各项事业造成重大损失。②暴雨：全年共出现 11 次暴雨过程，其中台风暴雨 5 次、非台风暴雨 6 次。暴雨过程时间跨度从 2016 年春雨季直到 2017 年初冬季的全部 5 个季节。③寒潮：2016 年 1 月下旬出现寒潮天气过程，过程最低气温出现在 25 日清晨，全区最低气温在 0℃ ~ 2℃之间。因降温强度大，受农业防冻设施和手段的限制，对农作物造成较大损失。④大雾：2016 年，大雾日数达 88 天，主要出现在冬季和春雨季，浓雾天气严重影响城市交通管理，迫使机场、高速公路、码头等交通枢纽关闭或停运。⑤高温：2016 年，高温日数多达 21 天，比常年多 11 天，7 月下旬出现长时间持续性高温过程，但高温强度整体偏弱。

（杨奇志　王秋云）

人文地理

【建置沿革】集美区境，商代属扬州地，周代为七闽地，春秋战国时属越地，秦属闽中郡。西汉初属闽越国，元封元年（公元前 110 年）属会稽郡。东汉属闽侯官县地，三国时属建安郡东安县。晋太康三年（282 年），析东安县置同安县，区境隶属之。当年，同安县即废，区境属晋安县。隋开皇九年（589 年）属南安县。其后，南安县先后隶属建安郡（治所在今福州）、建州、丰州、泉州（今福州）、武荣州、闽州（今福州）、长乐郡、清源郡、泉州，区境随县为其属地。后唐长兴四年（933 年），闽王王审知次子延钧在福州称帝，升大同场为同安县。此后，区境随同安县先后隶属泉州、泉州路、泉宁府、泉州分省。明初改泉州分省为泉州府，区境此后一直随县为其属地。民国元年（1912 年），同安县隶属南路道（民国 3 年易名厦门道），民国 16 年改直隶福建省，民国 23 年隶于福建省第五督察区，次年改隶福建省第四专员公署。其间，民国 22 年 11 月至 23 年 1 月福建事变时隶属中华共和国人民革命政府兴泉省，区境皆随而隶之。民国 38 年（1949 年）9 月 23 日，集美解放，区境随同安县隶属华东军政委员会福建省第五行政督察专员公署，1950 年 7 月改隶福建省泉州行政督察专员公署（后改为晋江专区）。1953 年 11 月，集美乡改隶厦门市，改设集美镇。1957 年 7 月 30 日，合集美镇、灌口区的 11 乡及岛内禾山乡为郊区，设厦门市人民委员会郊区行政办事处。1987 年 7 月 6 日，郊区易名集美区至今。

（区志办）

【行政区划】2016 年，集美区设灌口、后溪 2 镇，集美、杏林、侨英、杏滨 4 个街道，42 个社区，21 个建制村。另有厦门市第二农场、厦门坂头防护林场、福建省天马华侨农场、福建省天马种猪场。

2016 年集美区行政区划表

表 2

镇、街	居（村）委会	
	个数	名　称
灌口镇	18	第一社区　第二社区　黄庄社区　上头亭社区　铁山社区　双乐社区　李林村　田头村　坑内村　上塘村　浦林村　顶许村　陈井村　东辉村　双岭村　深青村　三社村　井城村
后溪镇	13	新村社区　英村社区　三兴社区　龙山社区　前进村　后溪村　东宅村　仑上村　溪西村　崎沟村　后垵村　岩内村　黄地村

续表 2

镇、街	居（村）委会	
	个数	名　　称
杏林街道	10	宁宝社区　纺织社区　曾营社区　高浦社区　杏林社区　内林社区　西亭社区　杏北社区　宁海社区　园博社区
集美街道	5	岑东社区　岑西社区　盛光社区　银亭社区　浔江社区
侨英街道	9	孙厝社区　东安社区　凤林美社区　浒井社区　叶厝社区　兑山社区　乐海社区　滨水社区　海凤社区
杏滨街道	8	马銮社区　西滨社区　前场社区　锦园社区　三秀社区　日东社区　锦鹤社区　康城社区

（区志办）

【人口】2016年年末，集美区共有86874户，户籍人口264677人。其中，当年出生5959人，出生率22.51‰；全年死亡1188人，死亡率4.48‰；自然净增人口4771人。户籍人口中，男性131051人，女性133626人，性别比为98（女性为100）；18岁以下60661人，占22.92%；18～34岁76091人，占28.75%；35～59岁95574人，占36.11%；60岁及以上32351人，占12.22%。另有暂住人口640775人。

（杨勇）

2016年集美区户籍人口变动情况表

表3

单位	户数	人口总数		按年龄分组				迁入	迁出	暂住
		人口	其中：男	18岁以下	18-34岁	35-59岁	60岁以上			
集美区	86874	264677	131050	60661	76091	95574	32351	24365	7029	640775
灌口镇	17650	52569	25800	12059	13952	19558	7000	2006	484	75266
后溪镇	13926	44320	21578	9709	13531	15257	5823	1501	1128	67819
集美街道	8739	29288	14828	6059	8460	10630	4139	1793	1647	45182
杏林街道	20342	58106	28361	14004	15238	21875	6989	7797	994	85568
侨英街道	12236	38550	19454	8605	13738	12797	3410	4680	1829	204527
杏滨街道	13981	41844	21030	10225	11172	15457	4990	6588	947	162413

【民族】2016年，集美区户籍人口由42个民族组成。其中，汉族260965人，占98.6%；少数民族41个，共3712人，占1.4%。少数民族中，畲族最多，1114人；回族次之，530人；土家族第三，428人；其他依次为满族411人，壮族258人，苗族208人，蒙古族159人，朝鲜族118人，侗族76人，维吾尔族68人，彝族53人，瑶族42人，布依族41人，藏族24人，白族24人，锡伯族18人，高山族15人，仫佬族14人，仡佬族13人，黎族12人，哈萨克族11人，傣族9人，羌族7人，哈尼族6人，土族6人，水族6人，毛南族6人，京族4人，佤族3人，柯尔克孜族3人，达斡尔族2人，傈僳族2人，拉祜族2人，纳西族2人，布朗族2人，普米族2人，俄罗斯2人，乌孜别克2人，鄂温克1人，鄂伦春1人，景颇族1人，撒拉族1人，其他族5人。

（杨勇）

【语言】集美区通行普通话和闽南话，党政机关、企事业单位、群众团体公务活动使用普通话，人际交流视对象而定，本地人之间说闽南话，与外地人则说普通话。民间交流基本用闽南话，近年灌口实验小学还开设有闽南话课程。闽南话可分作厦、漳、泉三个方言片区。集美原属同安，同安古属泉州，集美话属泉属同安话系统；集美地介泉、漳之间，故集美话为介乎泉漳之间的一种土语。集美话有17个声母，89个韵母，7个声调。集美话语音有以下特点：①无声母“f”，“肥”读“bui”，“飞”读“be”；②无卷舌音字，“zh、ch、sh”读同“z、c、s”，另一部分“zh、ch”读为“d、t”，“猪”读“di”，“虫”读“tang”；③普通话部分读“j、q、x”的字，集美话读“g、k、h”，“见”读“gian”，“俭”读“kian”，“喜”读“hi”；④集美话无撮口呼，普通话的撮口呼字，集美话基本上读作“u”或“i”，“军”读“gun”，“鱼”读“hi”，“讯”读“sin”；⑤集美话保留合口鼻音韵尾“m”，故全套的3个鼻音韵尾“m、n、ng”齐全，“心”读“sim”，“盐”读“iam”等；集美话保留古代入声字韵尾的读音“p、t、k”及其弱化形式喉塞尾韵“h”，“十”读“tsap”，“七”读“tshit”，“六”读“lak”，“鸭”读“ah”等。另集美话有7个声调，比普通话多3个声调。集美话文白异读现象突出，读书音和说话音自成体系。集美话内部亦稍有区别，后溪接近同安话，灌口接近海沧龙海音，杏林受厦门老市区影响较大。

（区志办）

【民俗】集美人主粮为大米，甘薯（地

瓜）、小麦次之，芋头为辅。一日三餐，“两干一稀”或“两稀一干”。稀以甘薯粥为主，或以大米杂以瓜、芋、菜煮粥。粥、饭有淡、咸、甜之分。淡粥有白粥、番薯粥；咸粥有芋粥、蚝仔（牡蛎）粥、鲛鱼粥和鸭肉粥；甜粥主料为糯米和糖，以辅料不同有绿豆粥、龙眼干粥等。咸饭有菜饭和油饭之别，芋饭、菜豆饭、高丽菜（甘蓝）饭、菜头（萝卜）饭、芥菜饭，以菜为主，俗称菜饭；油饭多为肉丁、香菇糯米饭，若掺以虾仁、蠔干、莲子等则称“八宝饭”；甜饭一般为甜糯米饭，俗称秫米糕，简称米糕。菜肴有肉食、海鲜、豆制品与新鲜蔬菜，以清淡为主。灌口一带风味小吃品种颇多，有韭菜盒、油葱粿、芋包、炸五香、蚝仔煎、土笋冻、石花冻、灌口卤鸭、顶许狗肉、鱼孚肉粽、阿大水饺、三德利盐鸡盐鸭等。年节食俗，春节吃年糕，年初九吃红寿龟，二月二吃蚝仔饭，三月三和清明吃薄饼，立夏吃觅面，端午吃粽子，中秋吃月饼，重阳吃栗子糕，立冬吃“四物汤”，冬至吃汤圆，十二月十六吃“尾牙”，除夕吃火锅。集美人习惯喝茶，称茶叶为“茶芯”，称饮茶为“吃茶”，讲究茶礼。家里、店里、单位里均设有茶几、沙发，备有茶具，茶杯小巧如同酒杯。一泡茶，首冲不喝，作为洗杯之用，冲喝四五次，即将茶渣倒出，重新烫壶、烫杯。主人斟好茶，以手示意，说声“请”，请客人认杯。因杯小茶满温度高，很少端杯敬茶。客人认茶时，以手示意，说声“多谢”，或以手指轻叩茶杯放置处作为答礼。春节、婚庆以甜茶待客，祭祀亦敬清茶三杯。集美民居多为闽南式风格，歇山顶、燕尾脊，以“两落六间张”为普遍，前落两房一厅，中为两厢房夹天井，后落为两大房一祖厅，前有谷埕，旁有护厝。一般为土木结构，夯土为墙，或土坯砌墙，屋架以杉木为柱，厅房铺方砖，天井以砖或石条铺地。行业习俗，古时有祭“田公田婆”之俗，一年4次。下种前、插秧前、夏至日、开镰收割前，均需备祭品祭祀。集美渔民崇尚红色，渔船甲板刷红漆，新船下水挂红布条；旧时，渔民地位低贱，禁止海陆通婚，渔民只能自相婚嫁。渔港建有龙王宫、金王爷宫、福海宫等，供渔民出海占卜抽签朝拜之用。捕捞收网时，如遇漂尸或网里、鱼腹中存有尸体残骸，须带回渔港处理，并祭祀“田头妈”。（区志办）

【宗教信仰】集美区宗教信仰有佛教、道教、基督教、天主教。佛教传入始于后唐五代，境内佛教信徒除出家的比丘（俗称和尚）、比丘尼（俗称尼姑）和在家修行的男女居士外，尚有在寺院带发修行的出家女，通称“菜姑”。境内信佛者多而出家者少，住僧大多来自惠安、南安等地，信徒约有6000余人。本地较有名望的僧人有宋代的孙应祖师（孙厝人），清代的释佛化（灌口人，俗姓林），居士有集美社陈敬贤、后溪兑山李博用等；较有名望的寺院有圣果院、白虎岩、寿石岩、西竺寺等。基督教、天主教约于晚清时传入，现有基督教堂5所，活动点2处，天主教堂1所，有基督教牧师、传道等神职人员和教徒、慕道友1000余人。集美民间信仰五花八门，有神祇信仰、物灵信仰、巫术信仰和祖先崇拜等。寺庵宫庙或大或小，大者如宫殿，小者仅容一人祭拜，村中路旁、山脚田边，随处可见。供奉的神灵有保生大帝、土地公、关帝爷、真异大师、屿仔尾公、王姬娘娘等60种之多。以主祀保生大帝的庙宇为多，境内产生的神为真异大师、屿仔尾公，境内特有神为王姬娘娘、南岳圣侯、陈姓王公等。土地公在集美民间颇受尊崇，几乎村村社社均有土地庙，家家户户皆供土地像，商店店面窄小便在墙上开一小龛，供奉“福德正神神位”，点燃电光长明烛。关帝在集美被视为财神，犹受商家崇祀。物灵信仰有龟、虎、石、犬、榕树、水等。龟在集美极受崇拜，民间敬龟、爱龟，但不食龟。每年正月十五日或重要祭神日，多用糯米或面粉做成“龟粿”，向神上香、礼拜后，默述心愿，祈神赐龟。墓冢亦做成龟背状。榕树枝繁叶茂，生长快、寿命长，在集美受到普遍崇拜。端午节，乡人向树祷告后，折其枝叶插于门框，以避邪、驱鬼、防疫。榕树周围严禁大小便，孩童有违者，家长须携至树前，请求宽恕。或将土地公神位安放在榕树下或树洞中，同受乡人祭拜。（区志办）

【名胜古迹】集美区地面遗存丰富，有新石器时代及历朝集美先人的生产、生活、征战遗址，有古代、近代和当代名人墓葬，有佛、道寺观和基督、天主教堂，有各姓宗族祠堂和具有闽南特色的古民居，有内容丰富的各类石刻和碑刻，有留存至今的井、塘、坊、塔和铳楼，有供人瞻仰、凭吊的名人和革命烈士陵园，有名闻遐迩的中国教育第一村——集美学村。据集美区文物部门普查资料，全区有地面文物286处，其中遗址23处，墓葬20座，寺观55座，教堂6座，祠堂39座，民居36座，校舍（集美学村早期建筑）28座，石刻6处，碑刻33块，鳌园题刻29幅，陵园2座，其它文物12处。其中国家级重点保护文物2处，市级10处，区级8处，涉台文物古迹单位9处。另嘉庚故居和陈嘉庚纪念馆保存有大量陈嘉庚工作和生活的用具、用品和照片。其中，鳌园的毛泽东等名人题刻和精美石雕，集美学村具有嘉庚建筑风貌的规模庞大的早期校舍建筑群，堪称集美文物之双绝。鳌园，占地8789平方米，由大门、长廊、纪念碑、嘉庚墓和四周石雕围墙组成。长廊两侧为雕刻历史故事的青石浮雕58幅，各长50米。纪念碑矗立于鳌园中部，坐北朝南，碑高28.6米，正面镌刻毛泽东题写的“集美解放纪念碑”七个镏金大字，背面镌刻陈嘉庚撰写并手书的284字碑文。纪念碑南侧为陈嘉庚墓，龟形墓表由13块青石构成。墓圹内侧嵌青石浮雕15块，介绍其前

全国文物保护单位：道南楼（左）与南薰楼（右）（林志杰 摄）

半生经历。墓前为长方形拜亭，穹顶、屋檐处共有青石浮雕 54 幅；墓后为博物观，高 7 米，宽 30 米，两面嵌石雕 94 幅，名人楹联穿插其间。四周围墙嵌青石雕近 300 幅。园内共有名人楹联、诗词、题词题刻 29 幅，涵盖人文历史、政治经济、社会文明、文化教育等内容的石雕数百幅，雕刻技法有镂雕、浮雕、沉雕、圆雕、影雕等，组成精美的石雕群，堪称“博物大观”。1988 年，被国务院列为第三批全国重点文物保护单位。集美学村，陈嘉庚创办的集美学校所在地的总称，位于集美半岛南部。20 世纪 20—30 年代，陈嘉庚先后捐资建成居仁、尚勇、立功、立德、立言、约礼、博文、尚忠、诵诗、敦书、即温、明良、延平、允恭、肃雍、文学、务本、崇俭、克让、瀹智、葆真、养正等校舍 20 余座；20 世纪 50—60 年代，在国家支持下，陈嘉庚又筹资建成延平、南薰、黎明、道南 4 楼和南侨楼群，以及为教学和生活服务的公共建筑大礼堂、医院、图书馆、科学馆、音乐室等，总计 70 余栋，建筑面积 26 万余平方米，校园占地面积约 2 平方千米，形成誉满中外的集美学村。其中尚忠、诵诗、敦书、即温、允恭、崇俭、克让、延平、南薰、黎明、道南及南侨楼群中的 13-16 号楼为全国重点文物保护单位。学村建筑，古今结合、中西结合，中国式、闽南式、南洋式、西洋式多元建筑风格相互融合，形成独特的嘉庚建筑风格。1985 年，美国前总统尼克松参观集美学村，对校园环境赞叹不已，说他到过世界上 150 余个城市，所见校园之优越，集美首屈一指。（区志办）

【旅游景点】集美是福建省著名的旅游风景区，厦门四大游览区之一。旅游资源十分丰富，既有西北部山地生态旅游景点，又有东南部的滨海生态旅游环线；既有风光优美的自然景观旅游圈，又有底蕴深厚的人文景观旅游集群，集山、岩、谷、海、岛、潭、池、桥、瀑、动物、植物、园林、名胜古迹、特色建筑等各种景观之大成。西北部山地生态旅游景点有万宝山、越尾山、双龙潭、白虎岩、东辉大峡谷等。东南部的滨海生态旅游环线，包括陈嘉庚纪念胜地、集美学村、园博苑、龙舟池和散落其间的集美寨遗址、延平故垒、李林园、水族馆等景点。陈嘉庚纪念胜地由嘉庚公园、嘉庚故居、陈嘉庚纪念馆、归来堂、归来园、鳌园组成，总面积 16 万平方米，系全国中小学爱国主义教育基地、全国爱国主义教育及廉政教育基地。鳌园为国家 4A 级旅游风景区，园中的陈嘉庚陵墓属国家级文物保护单位。蜚声海内外的集美学村，乃陈嘉庚创办的十多所学校所在地的统称，数十栋独具嘉庚建筑风格的校舍掩映于绿树花丛之中，亭台水榭屹立在凝碧晶莹的龙舟池畔，构成独一无二的校园风光。龙舟池分外、中、内三池，总面积 24 万平方米。外池长 800 米，宽 183 米，池畔建有 7 亭，龙脊凤檐，雕梁画栋。每年端午，皆在此举行龙舟竞赛活动。园博苑，占地面积 6.76 平方千米（包括水面），拥有九个岛屿和两个半岛，荟萃中外园林各流派于一园，集园林展示、休闲度假、文化娱乐于一体，堪称海上花园。中部腹地人文景观，有凤山庙、山口庙、深青古桥、黄庄古桥、贞寿牌坊、深青驿遗址、笔架寨遗址、皇渡庵、皇帝井、圣果院、苎溪桥、观音院、白虎岩、寿石岩、城内城遗址等，新建景点有双龙潭生态运动景区、灵玲国际马戏城、嘉庚剧院、诚毅科技探索中心、厦门老院子民俗文化风情园等，形成一个人文景观集群。（区志办）

【历代名人】集美区依山临海，人杰地灵。早在五代后唐天成三年（928 年），高浦的石琚即考中进士，成为境内的第一位进士。宋代，高浦石氏科甲簪缨，中进士者 12 人，其中石邍、石赓、石仲攸 3 人于皇祐元年（1049 年）同登冯京榜，有“一门同榜三进士”之誉；石起宗位列榜眼，石选位列探花，均出任吏部尚书，石亘出任户部尚书，荣极一时，与地处同安东部的黄氏并称望族，时人有“东黄西石”的美谈。明、清两代，安仁里和仁德里考取的文、武两科举人121人，进士20人。明、清以降，倭寇屡次侵犯东南沿海，朝廷实行海禁政策，集美人被迫远赴东南亚各国谋生。他们凭着刻苦耐劳的精神，有的成为工商业巨子，有的成为科技精英，有的成为政界要人，涌现一批出类拔萃的人物。创业有成后，他们纷纷回乡捐资助学，兴办公益事业，为家乡的经济和社会建设作出了巨大的贡献。被毛泽东誉为“华侨旗帜、民族光辉”的陈嘉庚，倾资兴学，捐资1亿多美元，创办集美学校和厦门大学，资助和支持发展的学校达118所；又成立南洋筹赈祖国难民总会，为国筹募抗战经费30余亿元，劝募救国公债1500万元，寒衣30万件，代雇回国服务机工3200余人，是海外华侨中的杰出代表。新中国成立后，陈嘉庚当选全国政协副主席、全国人大常委会委员、全国华侨事务委员会委员、中华全国归国华侨联合会主席。陈嘉庚胞弟陈敬贤，襄助兄长经营实业，筹办集美学校，被师生尊称为“二校主”。星马“橡胶大王”和“黄梨大王”李光前，南安县人，陈嘉庚女婿，鼎力支持岳父在家乡兴资办学，先后捐资近千万元。李光前逝世后，其所创立的李氏基金又向集美大学捐资2918万元，建设体育馆、图书馆、竞武馆等项目9个。新加坡南洋大学创办人陈六使暨其兄陈文确，侨领、新加坡森林集团有限公司创办人孙炳炎，以及陈水成、陈永和、陈永进等集美侨胞，追随陈嘉庚，服务桑梓，热心公益，捐款捐物，不遗余力。另有“金刚手、菩提心”的吴县知县陈文瑞，台湾辟荒人之一陈永华，开华侨回乡办学之先河的曾广庇，民主革命先驱庄尊贤、陈飏臣、郑螺生，“爪哇糖王”黄仲涵，女中英杰李林，抗日名将李良荣、李友邦，孤胆英雄叶中央，新加坡首任民选总统王鼎昌，中国海藻学研究的奠基人、中国科学院院士曾呈奎，现代朦胧诗人汪国真等。（区志办）

园博苑海洋岛的郁金香景区（林志杰 摄）

经济社会发展

经济建设

【经济运行质量】2016年，集美区经济运行总体保持平稳运行态势。全区实现地区生产总值（GDP）547.50亿元，比上年增长8.7%，经济增长率列全市各区首位，其中，第一、第二、第三产业分别为1.81亿元、262.74亿元和282.95亿元，分别增长−17.4%、6.7%和11.2%。人均GDP稳步增长，按常住人口计算，全区人均GDP8.4万元，比上年增长9.5%。三次产业结构从上年的0.46 ∶ 51.19 ∶ 48.35调整为0.33 ∶ 47.99 ∶ 51.68，一产、二产比例继续下降，三产比例持续上升，产业结构得到进一步优化。质量效益逐渐提升，全区实现财政总收入106.64亿元，比上年增长11.5%，占GDP的比重为19.4%；区级财政收入30.82亿元，比上年增长14.9%，占GDP的比重为5.6%，财政总收入和区级财政收入增幅均远高于GDP的增长。人民生活水平逐渐提升，城镇居民人均可支配收入41110元，农民人均纯收入22999元，分别增长8.7%和7.8%。

【制造业转型发展】2016年，全区实现规模以上工业总产值785.63亿元，比上年增长5.1%，比上年提高1.4个百分点；重点骨干企业支撑显著，全区年产值上亿元企业115家，完成工业产值706.35亿元，增长12.2%，占规模以上工业产值的84.3%，其中年产值10亿元以上企业12家，实现产值399.2亿元，增长17.7%。产业聚集度逐步提高，机械、电子、轻纺三大支柱产业全年完成产值636.14亿元，增长8.2%，占规模以上工业总产值75.9%。其中，机械产业完成产值424.4亿元，增长7.6%，占规模以上工业产值的50.7%，成为全区最大的支柱产业。高新技术产业增加值128.57亿元，增长4.2%，占规模以上工业增加值的60.6%。企业科技创新能力进一步提升，引进国家“千人计划”人才7人、省“百人计划”22人、市“双百计划”64人，引入台湾生产力中心辅导21家企业转型升级，集聚32家众创空间，建成全市首个机器人及数控技术应用研发平台，宏发电声、金龙联合、蓝斯通信获工信部“两化融合”管理体系贯标认证，集美（杏林）台商投资区入选国家园区循环化改造示范试点。区域性产业扶持政策“洼地”初步成型，出台惠企政策64项。区产业引导基金参股设立子基金14支，总规模40.9亿元，数量及规模位居全市第一位。

【城市建设】2016 年，集美区城市功能品质完善优化，“一心四片”的城市框架基本形成。集美新城累计投资 1120 亿元，实现五年基本建成目标，初步形成集聚态势。征地拆迁工作强力推进，完成征地 2906.67 公顷，拆迁 410.96 万平方米，为城市和产业发展腾出空间，有力推动了集美新城、马銮湾新城、机械工业集中区等重大片区开发。小城镇综合改革建设试点、美丽乡村建设扎实推进，建成田头、张庄等 46 个美丽村庄，灌口镇获“国家绿色低碳重点小城镇”称号。重大基础设施建设加快推进，龙厦（龙岩—厦门）、厦深（厦门—深圳）铁路和厦安（厦门—南安）高速等相继通车，同集路、集灌路、杏滨路等 8 个“两环八射”市级城市快速路改造项目进入收尾阶段，地铁 1 号线集美段 11 个站点站房基本建成，6 号线启动建设。高标准建设 20 千米环杏林湾绿道，集美大道地下综合管廊启用并列入国家试点项目，集美北部新城区中央公园等一批公共停车场建设有序推进。

【现代服务业】2016 年，集美区第三产业对经济的拉动逐渐显现。全区实现第三产业增加值 282.95 亿元，比上年增长 11.2%，增幅居全市各区首位，占生产总值的比重为 50.98%，比上年提高 2.63 个百分点，产业结构比例更加优化合理。社会消费品零售总额 124.11 亿元，增长 12.0%，增幅列全市各区第三位；住宿餐饮业实现营业额 25.26 亿元，增长 11.6%，增幅居全市第二位。旅游接待总人数 1003.3 万人次，增长 58.4%，实现旅游收入 50.4 亿元，增长 36.3%。全区 75 家规模以上服务业企业实现营业收入 77.76 亿元，增长 60.4%，其中其他营利性服务业（含软件信息业）实现营业收入 55.52 亿元，增长 95.03%。软件园三期起步区入驻企业 138 家，实现营业收入约 20 亿元，增长 250%。杏林湾商务营运中心、软件园三期起步区等一批产业载体建成投用。产业生态体系更加完善，软件信息服务业势头良好，总部经济快速突破，文化演艺生成新产业，现代农业展现新活力。（王跃平）

2016 年集美区主要经济指标完成情况表

表 4

指标名称	计量单位	实绩	比增（%）	指标名称	计量单位	实绩	比增（%）
地区生产总值	万元	5475032	8.7	合同利用外资	万美元	19348	292.2
第一产业	万元	18135	−17.4	实际利用外资	万美元	5184	6.2
第二产业	万元	2627430	6.7	外贸进出口总额	万元	3742254	0.3
第三产业	万元	2829467	11.2	出口总额	万元	3136376	0.5
规模以上工业总产值	万元	7856273	5.1	进口总额	万元	605878	−1.0
建筑业总产值	万元	1844170	51.4	金融机构存款余额	万元	5377083	21.79
批发零售贸易业销售总额	万元	3085237	19.8	城乡居民储蓄	万元	2045881	12.53
社会消费品零售总额	万元	1241131	12.0	金融机构贷款余额	万元	4574195	20.31
固定资产投资额（不含农户）	亿元	377.92	−1.4	来集旅游人数	万人次	1003.3	58.4
新建商品房销售面积	平方米	1161053	−26.8	全体居民人均可支配收入	元	38410	8.4
住宅销售面积	平方米	648383	−47.4	城镇居民人均可支配收入	元	41110	8.7
区财政总收入	万元	1066374	11.5	农村居民人均可支配收入	元	22999	7.8
区级财政收入	万元	308165	14.9	在岗职工平均工资	元	62384	8.9
区级财政支出	万元	544084	2.2	常住人口年末数	万人	65.6	

招商引资

【概况】2016 年，集美区国内招商引资 233.21 亿元，引进项目 1356 个，实际利用外资 5184 万美元，合同利用外资 1.93 亿美元。其中，合同外资 500 万美元以上项目 8 个，合同外资 1.46 亿美元，占 75.6%；新引进项目108 个，合同外资 7028 万美元，占 36.3%；增资项目 24 个，增资 1.23 亿美元，占 63.7%。

【参加第十九届中国国际投资贸易洽谈会】2016 年 9 月 8 日，第十九届中国国际投资贸易洽谈会在厦门开幕。集美区在投洽会期间，主推软件信息业、总部办公及商贸服务业项目招商引资。共邀请参会团组 36 个，约 200 人，分别来自香港、北京、上海、广州、深圳等地。厦晖金属、普洛斯中马合作项目、厦门王府井购物中心 3 个项目签约，总投资 9.3 亿元，其中利用外资 5710 万美元。

2016年集美区主要招商引资项目表

表5　　单位：外资万美元、内资万元

	单　　位	资金类型	金额		单　　位	资金类型	金额
1	厦门建霖工业有限公司	外资	8060	9	厦门乐平香贸易有限公司	外资	1206
2	厦门世茂新领航置业有限公司	内资	448000	10	厦门市晟集翔房地产开发有限公司	内资	110000
3	厦门日上集团股份有限公司	内资	46620	11	厦门再保资产管理有限公司	内资	30000
4	咪咕动漫有限公司	内资	40000	12	厦门盛达兴业投资合伙企业（有限合伙）	内资	15000
5	厦门市集美区产业投资有限公司	内资	40000	13	厦门华泉智慧能源科技有限公司	内资	10000
6	厦门市杏海湾经济开发建设有限公司	内资	20000	14	赤兔有限公司	内资	10000
7	厦门尊泓进出口有限公司	内资	18000	15	国域股份有限公司	内资	10000
8	福建自贸试验区厦门片区韩城投资管理有限公司	外资	1508	16	福建福百瑞商贸有限公司	内资	10000

注：1～7为增资项目，8～16为新增项目。

【第二产业招商】2016年，集美区重点抓好工业的投产投建工作，加快第二产业项目落地。华懋科技项目成功摘牌，维克科技项目投产，稻兴科技项目投建，金龙豪华客车、夏晖气门嘴、宏发先科、姚明织带、艾思珂5个项目待挂牌，另有纳丝达、立辉国际、圣格包装、嘉康饲料、捷讯汽车零部件、华懋三期6个项目在谈。物流项目进展明显，金龙物流、典泰新兴物流基地、嘉晟供应链3个项目投产。

【商贸业招商】至2016年底，杏林湾商务营运中心、创新创业大厦等入驻企业400多家，成功引进北大青鸟、东娱传媒、华谊兄弟影院、好慷在家等项目，周边餐饮、银行、商场等商业配套日趋完善。商贸业集聚有实质性突破，传统商圈不断升级发展，新型商圈正在形成。杏东商圈的金域华府万科里开业，国贸商城（美岁天地）、王府井购物中心正在建设中。尚柏奥特莱斯、天虹商场、沃尔玛等均有意选址集美，项目正在进一步接洽中。

【软件园招商】至2016年底，软件园三期通过入园审核企业545家，核准面积257.45万平方米。其中核准自建企业18家、购房企业514家、租赁企业13家；实际入驻企业320家，进驻办公人员7018人。软件园三期实现营业收入77.33亿元，同比增长31%。雅马哈项目投产，吉比特、罗普特项目投建，易尔通、网宿科技、中广互联3个项目落地。北京宇信科技集团股份有限公司、北京东大正保科技有限公司、福建金银海文化传媒股份有限公司等大型软件企业落户软件园三期事宜正在洽谈中。电子商务发展迅速，纳入统计的电子商务应用企业54家，同比增长42%；实现交易额32.85亿元，同比增长26.2%；实现营业收入87.5亿元，同比增长37.9%。

【自贸区招商】2016年，集美区共引进自贸区企业1314家，注册资本87.31亿元。其中，内资企业1257家，注册资本82.87亿元；外资企业57家，合同利用外资金额4.48亿元。国际贸易类、金融类、投资管理类占比约60%，软件信息、文化传媒广告类行业约占25%，其他占15%。产业投资公司跟投设立的基金公司有32家，注册资本合计24.74亿元。

【聚贤集美】2016年，新落户集美区的厦门市“双百计划”人才22人，其中领军型创业人才A类4人、B类6人、C类12人。至年底，全区累计落户厦门市“双百计划”人才64人，其中领军型创业人才A类8人、B类12人、C类44人，包括国家千人计划专家4名和福建省“百人计划”人才7人（其中2名已进入第五批福建省“百人计划”复核）。根据“聚贤集美”人才政策实施意见，全年向落户集美的41名厦门市“双百计划”人才及人才创办的企业，兑现区级配套扶持资金1020万元、区级补贴资金384.56万元。

【文化产业招商】2016年，集美区引进华谊兄弟影院并投入运营。罗普特飞跃海峡项目和北大青鸟国家音乐基地项目进入立项阶段，其中北大青鸟流行音乐演艺中心动工装修。（高波）

重要改革事项

【城区创新】2016年，集美区按照《软件园三期及周边创新城区建设方案》，加快打造“软三”及周边4.7平方千米创新城区，构建产业特色更加突出、创新生态更加完整、城市建设功能更加完善的新型城区。创新城区分为三个功能片区，第一片区为软件园三期产业园，占地约1.3平方千米；第二片区为动漫游戏产业及高校创新要素融合区，占地2.1平方千米；第三片区为生产生活配套服务区，占地1.3平方千米。至年底，创新城区新增商业面积11万平方米，1192套人才公寓建成投用，

2016 年，集美区加快众创空间建设。图为极美众创空间办公区域一隅（郭妮妮 摄）

15 分钟徒步生活圈初步成型；入驻“软三”企业 350 家（含正在设计审批的企业 30 家），吸引各类人才 7018 人；软件信息服务业实现营业收入 48.85 亿元，比 2015 年增长 100.33%。

【扶持企业上市】2016 年 3 月，集美区修订出台《集美区人民政府关于推动企业上市的意见》。全年共扶持企业 6 家，数量与过去九年之和（2007—2015 年）持平；兑现扶持资金 880 万元，超出过去九年之和（800 万元）。是年，全区有上市企业 6 家、新三板挂牌企业 6 家、股权交易所挂牌企业 2 家、办理 IPO（首次公开发行股票）企业 3 家，另有发展前景好、利润增长快、竞争能力强、有改制上市意向的后备企业 10 家。

【“多规合一”】2016 年，集美区坚持统筹规划，提升“多规合一”建设项目生成管理能力，全面推进各项工作任务落实。①制订出台审批流程配套制度。3 月，出台《集美区“多规合一”建设项目可研批复及用地规划许可阶段牵头协调管理暂行办法》和《厦门市集美区财政性投融资项目可研联评联审暂行办法》，健全项目可研联评联审机制，推进基建项目审批流程再造，缩短审批时限。②完善项目策划生成工作机制。严格落实《厦门市建设项目生成管理办法》工作要求，加强建设项目策划生成和储备工作，对空间协调结束的项目及时拟定并下达项目前期工作计划，科学推进“多规合一”项目建设。同时，配合项目生成和审批流程改革，将企业投资项目核准、备案一并纳入“多规合一”综合窗口统一申报，一站式受理。③推进行政审批制度改革。清理规范行政许可事项的前置条件和必要条件，简化办理手续，对核准、备案办理事项不再要求提交企业营业执照，提升企业、群众幸福感和获得感。④加强市、区协同联动推进信息公开。发挥“多规合一”业务协同平台作用，强化市、区两级项目协同联动，实现项目从储备、策划论证到审批全过程的信息公开，对可以通过共享获取业务办理所需信息或证照的，不再要求申请人提交纸质证照相关材料，进一步优化审批服务，提升审批服务质量。

【创建特色小镇】2016 年 9 月，集美汽车小镇跻身省政府公布的省第一批特色小镇创建名单，成为厦门市唯一入选特色小镇。集美汽车小镇位于集美区灌口镇西部，西至正新汽车文化中心，东至金龙路，北至规划瑞林路，南至灌九路、灌新路，总用地面积 344.58 公顷，其中城市建设用地面积 222.95 公顷。整个片区按照“产业、文化、旅游”三位一体，“生产、生活、生态”三生融合的要求，划分为特色产业、特色旅游、产学城融合三大功能组团。以汽车产业为主导，汽车文化为主题，建设环境优美、配套齐全的产业型特色小镇，打造“特色鲜明的产业形态、和谐宜居的美丽环境、便捷完善的设施服务、独具特色的汽车文化”的产、城、人、文协同发展的特色小镇。至年底，完成投资 3.32 亿元，完成总投资计划 18 亿元的 18.4%。（王晓燕）

基础设施建设

【公园绿地建设】2016 年，集美区坚持以人为本，按照“绿化、彩化、花化、文化、变化”的理念，实施城市园林绿化建设，优化人居环境。至年底，新增园林绿地 102 公顷，其中公园绿地 36 公顷、道路绿地 43 公顷、通道绿化 18 公顷、单位居住绿地 5 公顷。完成垂直绿化 12 处、林荫道 8 条、绿道 26 千米。全区建成区绿地率 39%，绿化覆盖率 43%，人均公园绿地面积 14 平方米。

【环卫设施建设】2016 年，集美区继续推进基础设施建设，加快垃圾转运车辆升级改造。软件园三期公交停车场、白石 BRT 站点、杏林湾路灵玲马戏城公交站旁、杏林湾行政服务中心桥头旁 4 座环保钢构公厕投入使用。至年底，全区共有清洁楼 39 座，日处理生活垃圾 460 余吨（不含机关、企事业代运部分）；城区公厕 64 座，全部达到部颁二类标准。

【污水管网建设】2016 年，集美区加快污水管网、污水站建设，推进城乡污水控源截污工程建设，完成三南路、后溪工业组团污水处理站建设及东安路、集源路西侧管网改造等工程。运用 PPP 理论及“互联网 + 污水治理”

村庄污水治理新型运营建设模式，逐步推进 139 个村庄截污纳管及 69 个村庄的分散式污水治理工作。

【夜景工程建设】2016年 4 月起，集美区开展“集美新城夜景照明工程建设百日行动”，新建中科院、创新及创业大厦、滨水学校体育馆、厦门高速交警支队大楼、后溪镇政府大楼 5 个夜景照明工程，串联各夜游景点，提升景观档次及品位，为辖区居民营造温馨舒适的人居环境。（张永桥）

重点项目建设

【概况】2016 年，集美区共安排重点项目 142 个，其中前期项目 16 个，年计划投资 176.51 亿元；全年累计共完成投资 233.19 亿元，比 2015 年增长 80.34%，完成年度计划的 132.49%。省、市重点项目计划开工 49 个（不含前期 7 个），开工 47 个，开工率 95.91%；区级重点建设计划开工项目 77 个（不含前期 9 个），开工 56 个，开工率 72.72%。未开工项目 23 个（不含前期 16 个）中，市级项目 2 个（不含前期 7 个），区级项目 21 个（不含前期 9 个）。是年，安排省级重点项目 13 个，计划投资 56.62 亿元，累计完成投资 86.25 亿元，完成年度计划投资的 152.34%；安排市重点项目 43 个（含前期项目 7 个），计划投资 70.26 亿元，完成投资 78.34 亿元，完成年度投资计划的 111.49%；安排区级重点项目 86 个（含前期项目 9 个），计划投资 49.12 亿元，完成投资 68.59 亿元，完成年度投资计划的 139.63%。全区重点项目投资完成序时或超序时进度项目有轨道 1 号线一期工程、长泰枋洋水利枢纽工程、杏林湾商务营运中心、正新集美厂、新城际广场、集美新城商务中心等，计划投资 22.5 亿元，实际累计完成投资 28.66 亿元，完成全年投资任务的 127.37%。

【征地拆迁】2016 年，集美区共需征地 1179.16 公顷，需拆迁 55.44 万平方米。全年累计完成征地 1098.01 公顷，完成总任务量的 93.11%，征地完成量居全市第一位；累计完成拆迁 72.16 万平方米，完成总任务量的 130.16%，拆迁完成量排名全市第四位。其中，市对区下达的 16 个全市重点项目土地房屋征收任务，征地 902.34 公顷，征收房屋 267430.22 平方米。全年累计完成征地 900.95 公顷，完成计划量的 99.85%，完成量全市排名第二位；完成拆迁 303973 平方米，完成计划量的 113.66%，完成量全市排名第三位。

省重点建设项目——国道 324 复线灌口镇坑内村征拆工地（刘平 摄）

【强化运作机制】2016 年，集美区强化重点项目管理运作机制，以项目调度会为中心，“双轮驱动”，强力推动项目进展。调整充实指挥部力量，将原先的六个片区指挥部调整为灌口、后溪、城市三个片区征地拆迁指挥部，同时加强指挥部、指挥部办公室、征收中心、财政审核所力量，强化指挥部运作。落实例会制度，区重点办建立重点项目月调度会制度，重点解决征地拆迁过程中的重点、难点，尤其是镇、街上报至片区指挥部，片区指挥部无法解决的问题，由重点办从中协调解决，若重点办无法解决，再上报区里协调；各指挥部、各项目挂钩领导落实挂钩领导例会制度，定期召开协调会，加快协调频率和协调力度，解决项目存在的问题。完善督查机制，区委、区政府制订《关于推行征地拆迁考核制度的暂行办法》，成立联合督查组，整合两办、重点办及与重点项目建设相关部门的力量，形成部门联动、优势互补的督查合力。开展定期督查、随时督查、现场督查、网上督查，紧抓不放，一督到底。对领导挂钩项目责任履行不到位、工作落实不及时、作风懒散的，予以通报批评或效能告诫。健全重点项目建设通报制度，对市委书记关注的重大项目、市长调度会部署的市重点项目实行日报制度，其中市对区 5 个列入督办的市重点项目全年通报 235 期；对区考核的 16 个市重点项目实行周报制度，全年通报进度 43 期；对区重点项目实行月报制度，按月对进展情况进行梳理、分析，通报各挂钩领导和相关单位，并在政府网上发布。

【百日会战】2016 年 10 月 28 日，区重点办下发《关于开展重点项目建设和征地拆迁“百日会战”行动的通知》，对 21 个项目按周进行任务安排，包括4个市对区考核项目、17个其他需要攻坚或扫尾的项目。征地3项，需征地223.12公顷；拆迁19项，需拆迁13.06万平方米。各镇街根据攻坚任务的轻重缓急，从实际出发，制订行之有效的计划，合理分配力量，并根据报送节点将进度报送至重点办，重点办以周报形式报送各指挥部责任领导与镇街。完成征地817.83公顷，完成拆迁23.42万平方米，全面完成任务7项。（骆燕玲）

社会事业建设

【人文建设】2016年，集美区深化“人文集美”发展战略，传承和弘扬嘉庚精神，举办纪念陈嘉庚先生创办集美学校100周年、首届嘉庚论坛等系列活动，电视动画片《陈嘉庚的故事》等一批文艺精品问世，集美学村入选首批中国20世纪建筑遗产名录。推动文化事业繁荣发展，《集美弄龙阵头》获国家民间文艺最高奖项山花奖，《集美区志》获评美国金墨奖银奖和厦门市第十届社会科学优秀成果一等奖，《集美年鉴（2014）》获评全国地方志优秀成果一等奖。大力发展文化产业，编制全省首部县区级文化业态布局规划，打造国际集美节旅游品牌，成功举办海峡两岸龙舟文化节、国际气球艺术节、草莓音乐节、集美•阿尔勒国际摄影季、中国汽车场地越野锦标赛、全国大学生篮球联赛总决赛等高规格品牌活动。灵玲国际马戏城、嘉庚剧院、诚毅科技探索中心、厦门老院子等一批文化演艺场馆投入运营。文明创建工作不断深化，打造“心灵绿洲”、诚毅志愿者联盟等品牌，涌现出陈清洲等一批先进典型。

【生态环境改善】2016年，集美区在全省首创基层环境保护目标责任制考核机制，完成节能减排任务。全面开展流域截污整治，执行最严格水资源管理制度，落实“河长制”，小流域治理扎实推进；全区农村污水治理全面铺开，推进农业面源整治，全面完成生猪退养，区域水质明显改善。实施杏林湾环湾截污工程，在全省率先试点对初雨污染进行截流处理，在全市率先建设截污工程智能化监控系统，通过改扩建、新建污水处理设施，日污水处理能力提高10.5万吨。水环境治理达到省内领先水平，村庄生活污水处理项目通过住建部2016年中国人居环境范例奖初审。天马山生态红线示范段等一批生态工程建成投用，建成区绿化覆盖率超过国家和省、市绿化考评标准。

【居民生活质量】2016年，集美区城镇居民人均可支配收入41100元，农村居民人均可支配收入22999元，分别增长8.7%和7.8%。坚持民生优先，民生支出占财政一般预算支出78%以上。新办公办幼儿园4所，新增中小学学位1400个、公办幼儿园学位1440个。厦门医学院建成招生，市第二医院升格为岛外首家三甲医院，“基层首诊、双向转诊”的分级诊疗模式稳步推进，提前完成2016年家庭医生签约覆盖率目标，基层医疗机构服务质量和服务效率大幅提升。卫生和计生部门顺利整合，全面落实两孩政策，计划生育工作保持良好态势。全省首创对被征地农民和退养渔民等就业困难人员实施就业工资性补贴，新增就业6663人，失业人员再就业9498人，转移农村富余劳动力1958人，基本建成全民社保城区。“绿洲计划”社会救助体系更加健全，最低生活保障、教育救助、医疗救助等标准大幅提高。

【政府自身建设】2016年，集美区坚持依法行政，完成“六五”普法，启动“七五”普法，获评全国法治区创建活动先进单位、省法治宣传教育先进区、市依法行政示范区。科学规范行政决策，区政府常务会每年两次学法，执行重大行政决策合法性审查等六项制度，完成决策实施情况评估、规范性文件清理，决策水平不断提高。规范行政执法，建成投用行政执法信息化平台，强化行政复议和应诉工作，实现依法行政与法院行政审判、检察院司法监督的良性互动，区政府负责人出庭率位居全市前列。自觉接受人大法律监督、工作监督和政协民主监督，满意率分别为98%和97.9%。加大行政监察和审计监督力度，强化监督问责，完善绩效管理，加快政府职能和作风“双转变”。持续推进简政放权，完成政府机构改革，公布区、镇（街）两级行政权责清单。区行政服务中心标准化建设名列全省前茅，全省首创惠企政策集中服务平台，进驻中心的行政审批及公共服务事项增至108个窗口957项，日均办件量排名全市各区第一位。（王跃平）

精神文明建设

【概况】2016年，集美区制订《关于建立创建文明城市（区）长效机制的意见》和《集美区精神文明建设绩效评估指标》，将精神文明创建纳入党委（党组）意识形态工作责任制、党建责任制及绩效考评内容，建立“一项任务只有一个责任单位负责”工作机制，推动创建工作科学化、规范化、常态化。制订《2016年集美区未成年人思想道德建设工作要点》和《2016年集美区未成年人思想道德建设重点工作任务分解》文件，落实工作项目，丰富教育载体，营造有利于未成年人健康成长的社会文化环境。出台《社区书院管理办法》《社区书院纳入政府购买服务目录意见》《社区治理类“以奖代补”项目实施办法》，创新社区书院管理机制，推动社区书院常态化、规范化和可持续性。整合志愿服务队伍和资源，成立集美诚毅志愿者联盟，引进社工组织，探索志愿服务项目化，全区共有志愿服务队166支，集美诚毅志愿者联盟和卢妈妈爱心队被确认为厦门市品牌志愿服务队伍。创作张贴“图说嘉庚精神”和以集美形象代言“阿集”“小美”为主角的“八不行为规范”系列主题公益广告，成为集美城区一道亮丽的风景线。在市对区文明创建季度检查中，集美区第一、第二季度获第一名，第三、第四季度获第三名。

【培育道德新风尚】2016年，集美区持续加强公民思想道德建设，大力培育社会文明新风尚。做好道德典型的学习宣传与举荐帮扶工作，组织各镇街、企业、学校、社区、机关，持续开展“我推荐、我评议身边好人”活动，举荐道德模范候选人，其中灌口交警中队中队长陈清洲被评为“厦门市重大先进典型”，灌口个协会长周育辉入选“福建省诚实守信好人”，集美大学航海学院学生李溢新入选“中国好人榜·助人为乐好人”；利用橱窗、长廊、活动展板、新闻媒体、公益广告、微信平台等载体，进行道德模范事迹专题展示和宣传，发挥道德模范传帮带作用，引导群众参与道德建设；汲取家规家训等传统文化精华，举办“嘉庚家训”大讲堂、和谐邻里节、道德模范故事汇活动，推动家庭美德建设、社会风气和谐向善；按照《集美区道德模范帮扶实施办法》，春节期间慰问道德模范，落实帮扶道德模范、身边好人长效机制，营造崇德向善的社会氛围。广泛开展公益宣传行动，利用各种渠道刊播、张贴社会主义核心价值观公益广告，创作“图说嘉庚精神”公益广告3批30幅，成为集美城区一道亮丽的风景线；创作以集美形象代言“阿集”“小美”为主角的“八不行为规范”系列主题漫画公益广告，张贴于城区大街小巷；在全区广场、公园、车站、学校、医院、居民小区、窗口单位及大型商业街、餐饮店等人员密集区，设置公益广告牌，利用电子屏、楼宇电视、公交车体、建筑工地围挡、候车亭、宣传栏、宣传手册、短信、微博、微信等载体，多形式多层次传播公益广告，引导市民改正不文明行为；开展“文明餐桌行动”“摒弃交通陋习、安全文明出行”“文明上网”“垃圾不落地”等文明劝导活动，倡导文明用餐、文明出行、文明上网；深化“我们的节日”主题活动，在春节期间，深入村居开展文艺演出、写春联、赠送图书、摄影展下乡活动；在清明节期间，组织全区中小学校广泛开展“我们的节日·清明”主题教育系列活动，引导未成年人慎终追远、缅怀先辈。

集美区心理辅导工作站工作人员到学校开展未成年人心理辅导活动（王晗 摄）

【培育共同精神】2016年，集美区出台《社区书院管理办法》《集美区社区书院纳入政府购买服务目录意见》《集美区社区治理类“以奖代补”项目实施办法》，创新社区书院管理机制，推动社区书院常态化、规范化和可持续性。下半年起，各社区书院纳入政府购买服务，落实“以奖代补”项目20个，引入专业社工机构，形成多元融合社区治理新模式。社区书院围绕“4+2+1+X”课程体系，以居民需求为导向，统筹安排课程，设置书画、老年健康等课程56项，服务受众涵盖老、中、青、少等各年龄段，倡导文明、科学、健康的工作生活方式；围绕文明创建目标，通过亲子活动、课堂讲授等多种形式，发动居民参与“垃圾不落地”活动、建立卫生维护志愿者服务队，变宣传口号为居民实际行动；打造开放书院，居民自由参加书院各种活动，由相识到相知，变“陌生人”为“一家人”，变“生人社区”为“和谐社区”。

【未成年人思想道德建设】2016年，集美区以深化人文集美发展战略为主线，结合“嘉庚精神进校园百日行动”方案，制订《2016年集美区未成年人思想道德建设工作要点》和《2016年集美区未成年人思想道德建设重点工作任务分解》文件，落实工作项目，丰富教育载体，营造有利于未成年人健康成长的社会文化环境。举办“童心向党”歌咏比赛，活动录制的光盘在中央文明网展播；举办“闽南童谣”征集传唱活动，收到参赛作品400余篇，其中滨水学校杨远让老师的作品——《嘉庚颂》获市优秀童谣评比第一名，学生作品有10篇获奖。举办“诗意校园，多彩青春”经典诵读比赛，集美二小的《诗意校园》、内林小学的《明日歌》、杏东小学的《我们风雨同行》等作品获一等奖。此外，还举办了集美区第四届十佳“美德少年”事迹展、“留守不孤单”和“爱心用相随”主题夏令营、“清明网上祭英烈”“向国旗敬礼”“千万个雷锋在成长”“皮癣不上墙”“文明规范我先行”“文明小白鹭志愿者在行动”、文明旅游图片展、军地共育新人等活动。打造未成年人工作品牌，在文明单位（学校）中挖掘、培育未成年人工作品牌，组织学习和推广市级十佳优秀品牌——集美法院的“暖法护航在行动”、杏滨小学的“做一名彬彬有礼的杏滨人”，区级十佳优秀品牌——李林小学的“交通安全文化”、集美小学的“诚毅奖章评选”等品牌项目的经验和做法，用创新思维、创新办法做好未成年人工作。建设鹰坑谷民俗文化园和仙灵旗青少年教育实践基地。陈嘉庚纪念馆、集美鳌园、厦门卫星测控站、集大校史馆等爱国主义教育基地接待未成年人24万人次；区青少年宫安排舞蹈、电子琴、小主持人等课程40项，接待未成年人3500人次；区校外活动中心举办游泳、乒乓球、羽毛球等活动6项，接待青少年5万余人次；区心理健康辅导站接待未成年人咨询92人次，团体辅导450余人；加大校园周边环境整治力度，建立健全护学岗派驻机制、视频监控机制和校园周边清理清查机制、巡逻执法机制，为青少年营造健康的社会文化环境。落实进城务工人员随迁子女“同城同待遇”入学政策，实施“关爱留守儿童”工程，开展“春蕾计划”“金秋助学行动”，成立专项基金扶助贫困学生，举办“爱•毅起飞”关爱外来员工子女系列公益活动。全区资助、慰问各类困难学生、残疾儿童500余人，共计140余万元。在市对区季度检查中，第一、第二季度获第一名，第三、第四季度获第三名。

【文明城区创建】2016年，集美区制订《关于建立创建文明城市（区）长效机制的意见》和《集美区精神文明建设绩效评估指标》，将精神文明创建纳入党委（党组）意识形态工作责任制、党建责任制及绩效考评内容；在文明创建具体任务落实上，建立“一项任务只有一个责任单位负责”工作机制，避免因职责交叉产生推诿扯皮，推动创建工作科学化、规范化、常态化；不定期召开点评会，及时通报情况，及时解决问题；区创建指挥部、各镇街和各相关职能部门，根据考评要求层层下达责任书，使各项创建任务落实到具体单位和个人，初步形成文明创建任务“横向到边、纵向到底”的责任体系。不断完善文明创建监督机制，建立由媒体记者、辖区高校相关课题组教师等组成的区文明创建暗访团，聚焦群众关心的热点难点问题进行暗访，并将发现问题的整改情况纳入区委、区政府重点工作联合督查内容。文明创建暗访团坚持每月一通报、每季度一排名制度，测评结果用于单位绩效评估、评价干部履职能力的重要依据；对履职不到位、消极懈怠者由区效能办按相关规定予以效能问责；强化舆论监督，发挥集美全媒体宣传阵地的作用，及时报道创建工作进度，宣传创建过程中的先进典型、经验和做法，曝光创建存在问题，反映整改情况。

【群众性文明创建】2016年，集美区主动融入厦门市“全国公共文明行为典范城市”创建工作，推进一系列群众性精神文明创建活动，建设“公共文明行为示范区”。开展“向不文明行为说不”系列活动，倡导“八不行为规范”，引导市民养成文明行为好习惯，营造文明行为规范人人遵守的社会氛围；结合城乡共建活动，组织各级文明单位到结对村（居）帮助清理农村生活垃圾，改善村容村貌；打造日东公园“文明行为示范园”，宣传公共文明行为；制作“向不文明行为说不”和“八不行为规范”系列公益广告，宣传文明礼仪；落实网格化管理，打造一批“门前三包”治理示范街；试行“桶车对接、垃圾不落地”项目，实行村居垃圾定点收集转运，做到日产日清；继续建设“公共文明行为示范公交场站”和“文明公交示范线路”，提倡文明出行；创建微信群，第一时间将存在问题发送到各职能部门，提高创建效率。开展精神文明建设评选表彰、省级文明单位测评和2015—2016年度文明村、文明单位（学校、社区）评选推荐工作，完成对全国文明镇——后溪镇的初评工作。持续深化农村精神文明建设，开展城乡共建活动，38个省、市级文明单位与21个行政村、16个市级文明单位与15个社区（村改居）建立共建关系，签订共建活动协议书和结对帮扶协议书。

【志愿服务活动】2016年，集美区继续把志愿服务工作作为衡量城区文明程度的重要指标，传播倡导志愿服务理念，扩展志愿服务平台，创造人人自觉参与志愿服务的良好氛围。整合志愿服务队伍和资源，成立集美诚毅志愿者联盟，引进社工组织，探索志愿服务项目化，调动各方积极性，做到每周有志愿服务项目，活跃全区志愿服务氛围；以空巢老人、孤困儿童、困难群体、残疾人为服务重点，以“敬老先行”“爱心呵护”“温暖相帮”“邻里相扶”为主题，组织各类志愿服务队伍深入社区，开展卫生保健、心理疏导、文化活动等志愿服务项目，扎根社区，促进共享，实现与市民日常生活的深度融合；发挥辖区高校众多的优势，组织高校志愿者充实社区书院师资力量，带动周边居民参与志愿服务活动。全区共有志愿服务队166支，集美诚毅志愿者联盟和卢妈妈爱心队被确认为厦门市品牌志愿服务队伍；杏林湾水质在线监测、“学村飘歌”“浔江夜读”等志愿服务项目形成品牌效应，广受好评。在抗击“莫兰蒂”台风和灾后重建工作中，全区5万多人次志愿者奋战在一线，并创作传递正能量的文艺作品，鼓舞群众的斗志，新华社为此发文点赞。（苏晓玲）

大事记

1月

6日 集美区在全市率先开通社区专家门诊预约信息系统，患者通过关注“集美区卫计局”公众号，可实现微信一键挂号，预约专家门诊。

13日 杜朝庭获评全省首届“我最喜爱的调解员”。该评选活动由省司法厅、省广播影视集团联合举办，全省共十名调解员获此荣誉。

14日 厦门市第二医院柯明耀入选“2015中国名医百强榜”，为福建省唯一入选的呼吸肿瘤专家。

18日 集美区在8所中小学设立“闽南戏曲示范点”，厦门一中集美分校、上塘中学、后溪中心小学为答嘴鼓示范点，杏南中学为木偶戏示范点，集美小学为南音示范点，滨水学校为歌仔戏示范点，双塔小学为歌仔说唱示范点，康城小学为荷叶说唱示范点。

同日 集美大学承担的“厦门同安国家农业科技园区食品安全监控体系”项目和厦门华厦学院承担的“海水养殖环境质量互联网信息服务系统”项目获国家科技部2015年度国家星火计划立项。

22日 厦门宏发电声股份有限公司总工程师董欣赏获评厦门市践行社会主义核心价值观十位基层“最美人物”称号。

同日 集美区妇幼保健院与区计划生育服务中心正式合并，率先在全市完成“院站”合并，集美区实现计生、妇幼保健一体化管理服务。

同日 杏林湾商务营运中心的里汇健康生活馆开业。生活馆建筑总面积5500平方米，设有儿童游乐馆和健身馆，为集美新城首家专业健康生活馆。

26—28日 集美区第十一届人民代表大会第五次会议召开。会议选举何东宁为区人民政府区长，温文华为区人民法院院长。

29日 华侨大学厦门校区“凸显侨校特色，着力科技创安，不断深化平安校园创建工作”项目获第二届全国平安校园建设优秀成果评选三等奖。

同日 集美兑山艺术区揭牌。该区地处侨英街道兑山西路，设有艺术家工作室、兑山画廊、展厅、众创空间、大学生创意集市、咖啡馆等。王新伦、戚彧、佘国华等20位高校美术院系教授首批入驻艺术家工作室。

31日 BRT（快速公交）前埔直达厦门北站（快6线）开通。

2月

2日 集美学校委员会退休人员林忠阳获评2015“感动厦门十大人物”。该评选活动两年一届，由市委文明办主办。

15日 全省首个动漫创客空间落户集美新城软件园三期园区。首期1000平方米办公楼装修完毕，可容纳创客团队20家。

18日 园博苑、内茂公园、风景湖公园、侨英古榕公园、乐海公园入选厦门市第二批公园名录，其中园博苑、风景湖公园为一级公园。

27日 集美校友总会第九届会员代表大会暨第九届理监事会成立大会召开，选举陈呈为理事会会长。

3月

8日 潘登、庄一凡两户家庭获评厦门市“十佳最美家庭”及“五好文明家庭标兵户”称号。

同日 集美大学理学院计生协会青春健康俱乐部获“中国计生协青春健康教育示范基地”称号，为全市首个高校计生协会，有学生会员近千人。

12—13日 2016年“灌口·三圈霸道杯”海峡两岸车辆模型（越野）大奖赛在三圈模型科技体验基地举行。比赛设1/8遥控电动越野车竞速赛和1/8遥控内燃机越野车竞速赛两个奖项，中国大陆、港澳台地区及韩国、泰国、马来西亚、新加坡等国的200多名选手参赛，香港选手杨智杰夺得该赛事的双项冠军。

13—15日 海峡两岸肺癌微创介入诊疗新进展论坛在集美举行，来自大陆20多个省市和台湾的众多相关领域专家学者，就肺癌的早期诊断、外科微创治疗、内科介入治疗等进行研讨。

14日 厦门厦工机械股份有限公司林自强入选技能大师福建省第二批五类优秀人才“百人计划”。

17—18日 2016亚洲创业大赛在嘉庚剧院举行，亚太15个国家（地区）、80个优秀创业项目参赛，厦门“蝉大师”团队夺得冠军。

21日 后溪新村官地社入选“福建省美丽乡村示范村”。官地社位于坂头森林公园，有居民150多人。

23日 区政府出台《集美区推动企业上市的意见》，有效期两年，2016年1月1日起至该《意见》颁布之日符合奖励条件的企业，可享受资

3 月 17 日，2016 亚洲创业大赛在嘉庚剧院举行。图为参观人员体验赛车模拟器创新科技产品（林志杰 摄）

金扶持。

同日 集美区在全市率先出台《成长型工业企业认定和扶持暂行办法》，除首次认定为成长型企业的给予一次性 10 万元奖励外，对企业技术改造、购买专利技术、研发投入等均给予补贴。

25 日 海峡两岸（集美）龙舟文化节、“锦绣碧溪”系列活动入选 2015 厦门文化产业年度风云榜的“年度最佳创意区街活动”，天下集美文广传媒有限责任公司、“JM 手势”系列旅游衍生品分别获评“年度企业”“年度文创伴手礼”。

26 日 集美区非公企业党校在区党群活动服务中心开班，为全市首个非公企业党校。

27 日 经全国高等学校设置评议委员会专家考察评议和教育部审核，厦门医学院正式升格为本科院校。该学院以临床医学为主，有口腔医学、护理学和生物制药等专业。

28 日 集美区行政服务中心“惠企窗口”正式开放，为全市首个一站式“惠企窗口”。该窗口集各部门惠企事项于一体，统一收件、集中受理、限时办结，对符合条件的惠企事项“即来即办”。

30 日 集美区圆梦园创业大学生创业孵化基地开园。该基地总建筑面积 5700 余平方米，可容纳创业团队百余家，首批 15 支创业团队入驻。

同日 厦门北站获评“第十三届全国土木工程詹天佑奖”。该奖项由住房和城乡建设部认定，为中国土木工程领域最高奖项。

31 日 集美区获“国家生态县（市、区）”称号，跻身全国 20 个“国家生态县（市、区）”之列。

4 月

8 日 “我的文学行当”——黄永玉作品展在陈嘉庚纪念馆开幕，此次展览持续至 6 月 12 日。

同日 集美国税局、地税局在集美大学财经学院古龙大礼堂召开“营改增”工作会议，近千名纳税人参会。

8—9 日 首届嘉庚论坛在集美京闽北海湾酒店举行。中国侨联副主席康晓萍、陈嘉庚长孙陈立人等 200 多位海内外嘉宾参加主题演讲、圆桌论坛、大型诗文诵读会《嘉庚颂》等活动。

9 日 2016 厦门市青少年电脑机器人竞赛在集美诚毅科技探索中心举行。此次竞赛设综合技能“丝路圆梦”、VEX 挑战赛“一网打尽”、FLL 挑战赛“变废为宝”、创意比赛“我身边的机器人”、足球比赛 5 个项目，每个项目分设小学、初中、高中 3 个组别。全市 44 所学校 109 支代表队参赛，厦门实验小学的林淼鑫和马晓杰均获综合技能小学组冠军。

11 日 厦门市第二医院 PICC 门诊正式开诊。PICC 是一种通过外周静脉插入、末端置于中静脉的导管，用于需长期输液或需输入刺激性药物患者的液体输入，为岛外首个护理专科门诊。

22 日 集美区召开“两学一做”（学党章党规、学系列讲话，做合格党员）学习教育动员部署会暨培训工作会，传达学习中央、省、市相关会议精神，安排部署全区“两学一做”学习教育。

24 日 阿里云“创客 +”基地落户杏林湾商务营运中心，面积 3000 平方米，由集美区政府和阿里云计算有限公司、优客工场合作运营。阿里云是阿里巴巴集团旗下云计算品牌，致力于为企业、政府等提供安全可靠的计算和数据处理能力，为全球领先的云计算服务平台，在国内市场占有率排名第一。

28 日 2016 海峡两岸（集美）龙舟文化节暨“嘉庚杯”“敬贤杯”海峡两岸龙舟赛开幕。竞赛项目包括 200 米直道竞速、500 米直道竞速及中国龙舟拔河公开赛（集美站）。其间，举行近 20 项龙舟文化系列配套活动，并首次举办“龙舟庙会”。

29 日 灌口中心卫生院加挂“厦门大学附属第一医院杏林分院协作医院”牌子，为集美区首个“医联体”。

30 日 2016 年“体彩杯”厦门集美第五届海峡自行车公开赛在园博苑开赛。来自中国大陆、中国台湾、香港地区和印尼等国的 50 支车队近 500 名骑行爱好者参赛。

5月8日，福建省第一届大学生智能车竞赛在诚毅学院举行。（郭妮妮 摄）

5 月

6 日 位于杏林湾商务营运中心的中影星美杏林湾国际影城正式开业，设有 7 个影厅、1300 个座位，为集美区首家全景声影厅、厦门市最大的杜比全景声影厅。

8 日 福建省第一届大学生智能车竞赛在诚毅学院举行。比赛设光电组、摄像头组、电磁组、双车追逐组、电轨组和信标组 6 个组别，厦门大学、福州大学等 8 所高校的 60 支队伍、200 多名师生参赛。

10 日 TDK 公司党委书记冷海东，经考察、推荐、党代会选举，担任灌口镇党委宣传、统战委员，成为全市非公企业进入乡镇领导班子第一人。

11 日 微风乐集•青年原创音乐孵化基地暨海峡两岸青年体验交流中心在集美揭牌。该基地由台湾音乐家杨慕创办，为全市大学生中的音乐爱好者提供音乐表演、创作、制作和学习的平台。

15 日 华侨大学方学斌、李富华、蔡家莹团队的作品《小拉塔》获福建省第九届大学生结构设计竞赛一等奖，刘世峰、黄爱珍、黄志贤团队作品《千寻塔》和张书杰、何佳穗、陆许哲林团队作品《小拉塔》获二等奖。

17 日 厦门市第二医院胃肠 3D 技术应用获第四届全国胃肠 3D 腹腔镜手术大赛“金刀奖”。该奖项为国内胃肠外科医师的最高奖项。全国有 100 多家三甲医院参赛，14 家医院入围。

25 日 集美社区青年创业中心启用，为青年提供免费办公场所、创业辅导等。有 27 名青年报名入驻，20 个项目通过审核。

26 日 全市首家高校文联——厦门理工学院文学艺术界联合会成立，下设文学与戏剧、音乐与舞蹈、书法与美术、影视、摄影 5 个协会。

30 日 厦门建霖工业有限公司入选工信部 2016 年“两化”融合管理体系贯标试点企业。

6 月

2 日 马銮湾生态修复（一期）工程全面铺开。该期工程施工面积 17 平方千米，其中水域 8 平方千米、岛屿 4 平方千米、回填区 5 平方千米。建设内容包括水域清淤、中心岛和集美岛纳淤、陆域回填等。

6 日 厦门市公安局集美分局警务辅助人员大队成立，1300 余名辅警重新整合，组建 13 个中队，分布于分局机关、业务大队和派出所各个警种、各个岗位。

12 日 第三届海峡两岸青少年新媒体文创论坛在集美区开幕。海峡两岸的微电影、互联网等新媒体行业的专家学者和文创青年代表近 300 人参会。

14 日 第十八届 CUBA 中国大学生篮球联赛总决赛在集美大学诚毅学院体育馆落幕。清华大学、太原理工大学分获男篮冠、亚军，北京师范大学、北京大学分获女篮冠、亚军。

19 日 中国航天科普体验基地落户集美诚毅科技探索中心，为中国空间技术研究院官方授牌的首个航天科普基地。

26 日 集美区企业文学艺术工作者联合会成立，下设文学创作、书画、摄影、歌舞表演、朗诵演讲、影视 6 个协会，首批个人会员 300 余人，为全省首家区域性企业文联。

27 日 集美大学工商管理学院学生黄凯成在福建省肿瘤医院为一名患再生障碍性贫血的 9 岁女孩再次提供造血干细胞采集，为全市第 52 例造血干细胞捐献者。

同日 区政府印发《集美区鼓励信息化和工业化融合发展暂行办法》，对相关项目企业年度信息化相关软硬件投资额 100 万元及以上的，按实际投资额的 20% 给予一次性补助，单家企业年度补助金额最高不超过 200 万元。

30 日 2016 年“三圈霸道杯”全国车辆模型锦标赛在三圈模型科技体验基地开幕，赛事设 1/10 电动房车竞速赛、1/8 内燃平路车竞速赛、1/10 电动越野车竞速赛等 10 个项目。来自全国各地的 33 支代表队 300 名车模参赛。

同日 前场铁路大型货场竣工，横跨集美、海沧两区，占地面积 353.33 公顷，设有铁路作业区、物流功能区和综合商务服务区，为全国第二大铁路货场。

7 月

1 日 集美区官方微信反“四风”举报专栏开通运行。群众可采用手机照片、视频、文字方式，反映身边“四风”问题。

2—3 日 “集美城发杯”2016 年集美区首届羽毛球混合团体邀请赛开赛，来自区政府机关、辖区高校、金融机构、三资企业的 24 支代表队 300 余名羽毛球爱好者参赛，集美农行获冠军。

8 日 剧加科技（厦门）有限公司暨虎影（厦门）科技有限公司在集美区揭牌。集美区将与该公司共同打造“影视大数据＋影视孵化＋制作基地”，推动全区影视产业发展。

9 日 2016 年度中国心理学会心理学普及工作委员会学术年会暨福建省心理学会第 19 次学术会议在集美举行，集美区获颁“全国首批心理科学普及推广示范基地”牌匾，集美区未成年人心理辅导站获评“全国心理教育工作先进单位”称号。

13 日 集美大学诚毅学院与厦门布塔信息技术股份有限公司共建的二级学院布塔云计算学院正式成立。

同日 区政府出台《集美区创新创业补助奖励实施细则》，入驻集美的众创空间、创新创业项目，服务创新创业的中介机构均可获得资金扶持和奖励。

同日 集美区出台《落实鼓励和支持台湾青年来厦创业就业政策的实施细则》，在对众创空间运营扶持、引进团队奖励、享受住房补贴、创业启动扶持资金、优胜项目落地奖励等方面，给予台湾创新创业青年多项补助。

15 日 厦门灵玲国际马戏城重新开业。为全省首个集动物展示、互动、零距离接触体验及动物行为展示于一体的动物互动乐园。园区总占地面积 23.33 公顷，分为神兽乐园、白虎园、马术体验场、鹦鹉馆、野象谷等场馆，有世界各地珍稀动物数十种。

19 日 第六届海峡两岸高校文化与创意论坛暨 2016“海丝”大学生创新创业大赛在集美区举行，活动以“文化社区创意营造”为主题，来自 21 个国家和地区 42 所高校 111 名大学生参加。

27—29 日 中共集美区第八次代表大会召开。审议通过七届区委和区纪委工作报告，李钦辉、何东宁、胡旭彬、赖朝晖、杜刚、范启德、蔡冬梅（女）、刘琦龙、孙建辉、陈向辉、肖峰当选中共集美区第八届委员会常务委员会委员。李钦辉当选区委书记，何东宁、胡旭彬当选区委副书记，刘琦龙当选区纪委书记。

8 月

5 日 厦门金鹭特种合金有限公司主导制订的 GB/T26725—2011《超细碳化钨粉》获 2016 年中国标准创新贡献奖三等奖。该奖项为全国标准化领域最高奖项。

12 日 集美大学学生吴少威在福建医科大学附属协和医院接受造血干细胞采集，救助一名患血液病的广东男患者，为全市第 55 例造血干细胞捐献者。

13 日 2016 年中国大学生计算机设计大赛暨第三届中国大学生动漫游戏创意设计大赛总决赛在厦门理工学院举行，全国 233 所高校近千名学生设计制作的 466 件微课及动漫作品参赛。厦门理工学院学生设计制作的定格动画作品《土地》获动漫大赛一等奖。

9 月

1 日 厦门工学院附属学校成立，为厦门市教育局直属学校，从幼儿教育到高中教育全覆盖。

15 日 2016 年第 14 号超强台风“莫兰蒂”于凌晨 3 时 5 分在翔安区登陆，登陆时中心最大风力为 15 级（48 米 / 秒），为 2016 年全球最强的台风。集美区平均雨量 181.02 毫米，最大降水量出现在双岭小学二站，达 293.8 毫米。全区受灾 104587 人，转移安置 5381 人，死亡 1 人，房屋受淹 1215 处，房屋倒塌 252 间，铁皮房倒塌 50.53 万平方米，树木倒伏 669981 棵，农作物受灾 1540 公顷，水产养殖损失 478.73 公顷，车辆受损 9860 辆，全区停电、停水，通信、网络、交通中断，经济损失 35.01 亿元。

同日 “莫兰蒂”台风过后，福建喜盈门慈善基金会率先向集美区捐赠人民币 100 万元，支援受灾群众及灾后重建工作。

17 日 位于厦门机械工业集中区的集美汽车小镇入选福建省首批创建特色小镇名单，为全市唯一入选小镇。

22 日 受“莫兰蒂”台风重创的石鼓路当街古榕树迁植于龙舟池中亭榕树公园，该树属古树名木，树龄 150 年左右。

23 日 灌口农民陈玉琴入围福建省“最美农民”。

29 日 集美学村嘉庚建筑入选中国文物学会和中国建筑学会联合公布的“首批中国 20 世纪建筑遗产”名录。

10 月

1—7 日 2016 中国（集美）AEMI 世界气球艺术节在集美新城市民广场城市展览馆举行。此次世界气球艺术节使用气球 40 万个，创下“最大规模气球展”世界吉尼斯纪录。

9 日 中共集美区委八届三次全会召开，审议并通过《关于加快人文集美建设，打造区域创新中心的实施意见》《集美区推进供给侧结构性改革实施意见》和《中共集美区第八届委员会第三次全体会议决议》。

13 日 2016 厦门首届国际集美节启动仪式在区政府诚毅厅举行。此届集美节以“美，JI 在一起”“中国最美侨乡、生态人文集美”为主题，活动内容有：集美新城荧光夜跑、世界大学生三对三篮球联赛、厦门（集美）草莓音乐节、“中国杯”赛艇多人艇公开赛和中国赛艇大师赛等。

15 日 2016“住宅集团·东区开发杯”集美新城荧光夜跑开跑，1.5 万余名市民和游客从集美新城市民广场出发，途经诚毅东路、新洲大桥和软件园三期，全长 5 千米。

同日 集美大学诚毅学院学生卢捷的“创客猫”项目获第二届中国“互联网 +”大学生创新创业大赛银奖，为福建省代表队获得的最高奖项。该赛事由教育部、中央网信办、发改委、工信部、人社部、知识产权局、中国科学院、中国工程院、共青团中央和湖北省政府共同主办，全国 2110 所高校的 118804 个项目报名参赛。

17 日 2016 年灌口三圈海峡两岸车辆模型（平路）大奖赛在厦门三圈模型科技体验基地开幕。来自美国、意大利、法国、日本、韩国、瑞典、新加坡、德国、瑞士、马来西亚等国和中国大陆、香港、澳门、台湾地区的车手及技师近 300 人参赛。

21 日 2016 世界大学生三对三篮球联赛在杏林文体中心体育馆开幕，来自 22 个国家和地区的 32 支大学生篮球队参赛，加拿大麦吉尔大学代表队夺得男子组冠军，立陶宛体育大学代表队夺得女子组冠军。

23 日 2016“中国杯”赛艇多人艇公开赛暨中国赛艇大师赛在杏林湾水上运动中心开赛，全国各省市 74 支队伍、1000 余名赛艇运动员参赛。

26 日 集美区“十大书香家庭”评选揭晓，华晓春家庭获特别奖，董靓、罗文明、林进辉、袁雄天、林佳、陈学霖、陈小五、高明枝、施祖烈、许弘明家庭获评“十大书香家庭”称号。

26 日 至 11 月 16 日集美大学举办海洋文化节，活动内容有：全国海水养殖学术研讨会、中国水产学会水产品加工与综合利用学术年会、海洋系列讲座（6 场）、海洋文化活动（7 场）、海洋技能展示活动（4 场）。

10 月 1–7 日，世界气球艺术节在集美新城市民广场举行。图为气球礼服展示（刘平 摄）

29 日 至 11 月 1 日首届华人宗教国际学术研讨会在华侨大学厦门校区召开。研讨会主题为“华人移民与宗教文化”，来自法国、美国、日本、马来西亚、新加坡、泰国、印尼等国和中国大陆、台湾、香港地区的高校、科研机构及社团组织的近百位专家与会。

11 月

4 日 集美区政府与北大青鸟文化产业集团签约，共建国家音乐产业厦门基地。该基地为国家音乐产业基地总部，定位为国家级产业交易平台。项目选址集美新城，建设用地 1.33 公顷，建筑面积 3 万平方米，包括海峡两岸音乐产业交易平台、音乐家工作室集群、北大青鸟明星学院和流行音乐演艺中心四大板块。

6 日 灌口镇李林村居民王文忠获第八届世界杯武术散打 85 公斤级冠军，为首位获此荣誉的福建籍选手。

同日 新源小学拉拉操队代表厦门市参加国家体育总局举办的 2016 年全国啦啦操冠军赛，获公开少年丙组街舞规定动作（第二套）冠军和公开少年丙组集体花球自选动作季军，并将代表中国参加 2017 年国际啦啦操大赛。

14 日 厦门市委、市政府决定，树立陈清洲为全市重大先进典型，并颁发《关于开展向陈清洲同志学习的决定》，号召全市人民向陈清洲学习。

16 日 集美区人民调解中心驻区检察院人民调解室挂牌，检察系统检调对接工作首次实现驻院就地办理。

18—20 日 由咪咕文化科技有限公司主办，咪咕动漫有限公司和厦门集美城市发展有限公司承办的 2016 咪咕次元盛典在集美新城市民广场举行。

20 日 集美·阿尔勒国际摄影季在集美新城嘉庚艺术中心开幕。此季以“爱摄影、爱旅游、爱集美”为主题，有展览项目 30 余个，艺术作品2000 件，展期 1 个月。

22 日 北京女孩刘思麟获“集美阿尔勒”发现奖，获奖金 20 万元。艺术家梁半、唐潮、游莉获“集美阿尔勒”发现奖提名奖。

28 日 2016 厦门首届国际集美节“旅游 +”启动仪式暨老院子景区南洋华侨寻根祭祖集美行在老院子民俗风情园举行，100 余名南洋华侨和国内知名旅行商参加活动。

29 日 国家健康医疗大数据中

心与产业园建设试点工程厦门园区在软件园三期揭牌。厦门园区设立智能导诊平台、智慧养老信息平台、大数据分级诊疗服务平台和中国名医联盟分院。

12 月

2 日 集灌路改造提升一期工程竣工，杏林大桥至沈海高速段通车。该工程起于杏林大桥，终于沈海高速互通匝道起点，全长 4.74 千米，全程为无红绿灯高架桥，设计时速 80 千米，为厦门“两环八射”快速交通体系的重要组成部分。

3 日 新华书店集美大学店开业，该店位于集美大学月明楼，为全市首家校园店。

同日 福建中医药大学附属康复医院与集美街道社区卫生服务中心共同组建医联体。

4 日 集美交警陈清洲获中央电视台授予的“2016 年度法治人物”称号。

11 日 集美区文联获福建省人力资源和社会保障厅与省文学艺术界联合会联合授予的“全省文联系统先进单位”称号。

14—15 日 第十三届中国会展行业年会暨年度颁奖典礼在上海举行，“集美新城荧光夜跑”项目获中国会展业年度大奖——“2016 年度中国十佳节庆活动奖”。

15 日 全球最大工业及物流基础设施提供商和服务商普洛斯集美冷链物流园落户集美，新加坡总领事池兆森出席奠基仪式。该项目占地面积 5.6 公顷，计划投资 1.59 亿元。

同日 2016 厦门青少年航天梦交流报告会在诚毅科技探索中心举行。中国载人航天工程办公室副主任杨利伟出席会议，中国工程院院士、神舟飞船总设计师戚发轫，北京空间科技信息研究所所长原民辉分别作《世界航天器的发展》和《航天技术与中国航天》的航天科普讲座。

17 日 第二届 21 世纪海上丝绸之路高端论坛在华侨大学厦门校区举办。来自中国、马来西亚、印度尼西亚、泰国、新加坡、越南、缅甸、斯里兰卡、印度、土耳其、澳大利亚等海上丝绸之路沿线国家的政要、前政要、专家学者等，围绕“东盟与海丝建设”“国别参与海丝建设”“海丝合作、机遇与挑战”“南亚、南海与海丝建设”4 个议题开展研讨。

20 日 智能共享单车——Hellobike 在集美街道范围正式上线，为智能共享单车在厦门岛外的首个布点。首批投放的 1000 余辆共享单车分布于 40 个停靠点，下载 APP，完成注册、交付押金 199 元（可退），扫描车身二维码解锁，即可骑行，每半小时车费 1 元。

20—23 日 集美区第十二届人民代表大会第一次会议召开。会议选举陈建荣为区人大常委会主任，何东宁为区人民政府区长，温文华为区人民法院院长，彭明武为区人民检察院检察长。

22 日 集科学研究、产品体验、学术交流为一体的罗普特科技园在软件园三期园区开工建设。项目用地面积 26721 平方米，总建筑面积 82749 平方米，总投资 9.25 亿元。

23 日 第一届中国地理信息技术创新创业大赛总决赛在集美落幕。该赛事于 6 月启动，有近百件作品参赛，18 件作品进入总决赛，“小吉图游”获一等奖。

26 日 中央电视台综合频道播出“时代楷模发布厅”节目，发布《中共中央宣传部关于授予陈清洲同志“时代楷模”荣誉称号的决定》。陈清洲获评“全国公安系统一级英雄模范”称号。

28 日 由集美轻工业学校和福建化工学校合并的集美工业学校揭牌。

30 日 前场铁路大型货场正式开通运营。 （张燕红）

《集美年鉴》（2016）大事记补录

11 月 15 日 厦门金龙联合汽车工业有限公司、厦门正新橡胶工业有限公司、厦门三圈电池有限公司 3 家企业获国家质检总局授予的首批“中国出口质量安全示范企业”称号。

11 月 20 日 集美区获评 2014—2015 年度“省级平安渔业示范区”。

12 月 2 日 集美区获评全国 2015 年地质灾害防治高标准“十有县”。

12 月 8 日 中共集美区第七届委员会第十九次全体会议通过《集美区关于制定国民经济和社会发展第十三个五年规划的建议》。

12 月 28 日 集美鳌园退休讲解员林忠阳在国家旅游局主办的“为中国加分”文明旅游公益行动中，获评“文明旅游公益大使”称号。 （张燕红）

特 辑

“莫兰蒂”风灾

“莫兰蒂”过境

【概况】2016 年 9 月 10 日 14 时，2016 年第 14 号台风“莫兰蒂”生成，其路径及强度变化见下图。“莫兰蒂”生成后稳定向西偏北方向移动，12 日凌晨发展为超强台风，9 月 14 日下午绕过台湾进入巴士海峡，15 日 3 时 5 分在福建省厦门市翔安区沿海登陆，登陆时中心最大风力 15 级（48 米 / 秒）。登陆后，强度逐渐减弱，继续向西偏北方向横穿福建省，15 日 23 时前后进入江西省境内。17 日 2 时，在黄海南部海域变性为温带气旋，中央气象台停止对其编号。

【“莫兰蒂”特点】“莫兰蒂”台风具有以下特点：①强度大、发展快。10 日 14 时生成，12 日凌晨强度连跳三级，发展为超强台风，其近中心最大风力一度达到 70 米 / 秒，超过 2016 年的 1 号台风“尼伯特”68 米 / 秒。②路径稳定。台风生成后稳定向西北移动，移速较快。③登陆强度强，影响严重。“莫兰蒂”是 2016 年全球强度最强的台风，也是继 5903 号台风后影响厦门地区最强的台风。

1614 号台风“莫兰蒂”路径及强度变化图

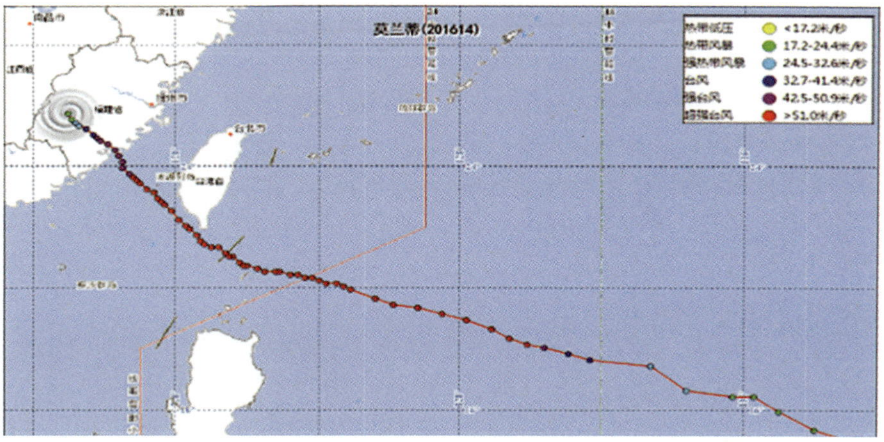

【风雨影响】①风的影响：受“莫兰蒂”外围影响，厦门从 14 日午后起风力明显增强，风力最大时段出现在 14 日夜间至 15 日清晨，最大阵风出现在五缘湾大桥 64.2 米 / 秒。厦门站过程最大平均风力 36.4 米 / 秒（12 级），极大阵风达 54.9 米 / 秒（16 级）。②雨的影响：台风影响期间，厦门普降大暴雨，局部特大暴雨。9 月 14 日 20 时至 9 月 16 日 12 时累积雨量，厦门 95 个自动站（占厦门自动站的 71%）超过 100 毫米，14 个自动站（占 10.4%）超过 250 毫米，4 个站（占 3%）超过 300 毫米，最大降水出现在海沧区溪头水库，为 366.8 毫米。集美区全区平均雨量：181.02 毫米，最大降水量出现在双岭小学二站，达 293.8 毫米。后溪镇田头一小时最大降雨量 98 毫米，超过百年一遇。

莫兰蒂台风过境时集美区各监测站点累积雨量表

表 6　　　　单位：毫米

站点	雨量
双岭小学 2	293.8
集美湖	181.4
许庄	152.0
水土保持站	205.8
坑内水库	175.0
园博苑	148.5
城环所	199.3
双岭小学 1	168.1
厦门大桥	104.6
坂头林场	181.7

“莫兰蒂”台风过境时集美区主要大桥风力情况表

表 7

大　桥	平均风力（米 / 秒）	阵风（米 / 秒）	10 级平均风持续时间
厦门大桥	32.1（11 级）	48.8（15 级）	2 小时
集美大桥	35.2（12 级）	52.0（16 级）	3 小时
杏林大桥	42.9（14 级）	59.7（17 级）	3 小时

灾 情

【概况】2016年9月15日3时5分，中秋节凌晨，2016年第十四号台风“莫兰蒂”在厦门市翔安区沿海登陆。毗邻的集美区狂风呼啸，暴雨倾盆。在不时的树木折断撕裂声、房屋垮塌倾倒声、重物跌落砸地声过后，电停了，全区一片漆黑。紧接着，自来水停水，移动电话、固定电话、通信网络全部中断。天亮时，市民发现行道树有的连根拔起，有的拦腰折断，有的枝丫撕裂，充塞街头，交通全部中断。集美石鼓路一株当街而立的百年古榕被刮倒在街边大楼上，岑头街附近一棵遮荫数十平方米的巨榕树冠被削去一半。许多房屋被掀去顶盖，电线杆砸在路边的轿车上，店招、广告牌、交通标志牌横七竖八撒在一地，一片狼藉。据9月26日16时统计，全区房屋受淹1215处，房屋倒塌252间，农作物受灾1540公顷，水产养殖受灾7181亩，铁皮房屋倒塌50.53万平方米，树木倒伏669981棵，车辆受损9860辆，道路（桥梁、隧道）积水83处，水利工程受损3处，全区道路全部中断，全区范围停电、停水，通信中断。受灾人口104587人，转移5381人，死亡1人，直接经济损失35.01亿元。

【市政设施损毁】“莫兰蒂”台风过后，区属管养的300条主次干路均出现不同程度的损毁，多处路段路基被掏空、边坡坍塌，行道树和市政园林树木倒伏53474株，其中3.8万株无法存活。城区主次干道因行道树倾倒严重堵塞，损坏排洪沟40处、人行道9万平方米、人行道障碍石500个、石凳100套。市政路灯损坏灯具8000套、灯杆1500杆、箱变防盗网60个、控制箱40个；夜景工程损坏灯具14万套。农村路灯损坏灯具6000套、电缆18万米、控制箱30个。在建“两环八射”道路的路树折断、倒伏、断枝31428株，交通标志牌损坏203面，其中悬臂式大型交通标志25面；12座地下通道泵房抽水机受淹损坏；路面积涝46处，人行道浸水3860平方米；损坏路灯828盏、道路隔离栏180米、防撞护栏392米、道路隔音设施38片、栏杆扶手30米、绿化灌溉管网1500米、路沿树池石1956米、雨水篦26个。灌口镇损毁较为严重的道路7条，需要清障的长20.17千米；后溪镇损毁较为严重的道路2条，需要清障的长25.23千米。

【在建工程受损】2016年，集美区在建项目123个。受损较严重的项目70个，工地大门、围挡全倒塌（合计36372米），安全网全部损毁（20.01万平方米），外架损坏43118平方米，40个基坑、64处未回填地下室积水，活动房倒塌87栋1406小间，塔吊倾覆16台、大臂折断5台、倾斜1台，施工升降机损坏1台。塔吊损伤造成9个结构主体工程屋面局部受损。3座钢结构厂房、6个单位12800平方米在建屋墙面受损。

【农业受灾】全区受灾农作物1540公顷，其中重度受灾798.67公顷，大棚损坏63.33万平方米，受灾果树1960公顷；畜牧业禽舍损坏2750平方米，家禽死亡22.5万羽；鱼塘受淹478.73公顷，损失水产2485吨；渔船沉没3艘，损坏32艘；林地受灾1066公顷，林木种苗受灾130公顷，折断树木1600立方米，未成林造林地受灾120公顷；省级野生保护动物伤亡3500条，林区道路受损120千米，桥梁损毁2座，名木古树受损30株；坑内水库引水渠冲毁50米，杨塘溪、张茂溪、田李溪、东李溪等两侧护岸不同程度毁坏，预计农业经济损失2.4亿元以上。

【工业受灾】全区工业企业灾情报备企业382家，受灾损失千万元以上企业有厦工有限公司、正新橡胶有限公司、路达（厦门）有限公司、宏发电声有限公司、厦门新长城钢构工程有限公司、金龙联合汽车有限公司、厦门朗美运动器材有限公司、厦门厦化实业有限公司、顺峰包装材料有限公司、厦门泉璟纸品包装有限责任公司等96家，受损厂房面积209万平方米，损失4.7亿元；受损设备8502台，损失3.95亿元。软件信息企业有184家不同程度受损，估计工业企业损失8.65亿元。

【商贸服务业受灾】新华都集美店、金城华府万科里商场、喜盈门、集美物流园电商谷、海翼工业物流中心、源香冷、天河物流园、建发4S店，致和、明至、信达北克汽车展厅，锦园、锦集、联冠、永顺、嘉信发仓储等企业房屋

集美大道的大学城公交站被淹（王坚峰 摄）

损坏、屋顶被掀、工房倒塌、商品车被压、设备材料和户外广告受损，生鲜食品因停电停业变质，损失2.8亿元。

【旅游景区受灾】全区16家主要旅游景区、文化演艺企业、乡村旅游点不同程度受损，预计受灾损失超过3亿元。园博苑树木受损32140株，其中倒伏18046株，折损14094株，绿化受损80%以上。多处展园建筑屋顶被掀翻、门窗破裂、墙体脱落，部分建筑圮塌损失9000万元；集美鳌园房屋设施损坏，景区内3500棵树木倒伏，损失1000万元；厦门老院子景区剧场顶部掀开1800平方米，剧场设备多处泡水报废，多处房舍、指示牌、树木受损，直接经济损失1亿元；灵玲国际马戏城剧院穹顶吹落，屋顶钢结构多处吹落刮破，后场用房完全吹垮，舞台机械、灯光音响浸水报废，直接经济损失2600万元；诚毅科技中心屋顶被掀开，红墙瓦脱落1500平方米，中庭屋顶破裂进水，大部分设备设施浸泡损坏，绿化树木损毁100余株，直接经济损失2000万元；双龙潭景区停车场地面塌陷，运动设施和多处房屋受损，多处山体滑坡，经济损失1000万元；宝生园农业文化主题公园地面设施全部损毁，经济损失1300万元。

防灾救灾

【概况】9月12日12时起，集美区启动防抗台风四级应急响应，13日11时升级为三级应急响应，13日14时升级为二级应急响应，14日8时10分升级为一级应急响应。15日3时5分，台风“莫兰蒂”登陆翔安区沿海后，防台风应急响应由一级降为二级，15日16时降为三级，直至15日19时结束防台风应急响应并启动防暴雨三级响应，9月16日18时20分结束防暴雨应急响应。灾情发生后，按照国家防总和省、市部署要求，集美区委、区政府高度重视，周密部署，各镇街、

中国数码港一期建设工地活动房受损严重（建设局 供图）

各部门和广大干部群众齐心协力、众志成城，应急响应及时，防灾措施到位，救灾行动有序，群众情绪稳定，防灾抗灾救灾工作取得阶段性成效，得到了国家防总和省委省政府、市委市政府的充分肯定，被评为市级防“莫兰蒂”台风先进单位。

【组织领导】台风预警发布后，市、区党委、政府高度重视。14日，市委常委、市政法委书记李伟华，副市长黄文辉分别带领工作组到集杏水闸、区农林水利局和杏北排洪工程检查指导防台准备情况。是日上午，区委、区政府召开全区防抗台风工作再动员再部署会议，要求各级各部门要以最高的标准做好应对工作，最大限度把干部群众动员起来，不留死角、不留隐患。会后，区四套班子领导分头赶赴一线，对重点部位进行再检查、再落实。下午，区委书记李钦辉带领工作组到厦门北站进行防台抗台工作检查，区长何东宁带领工作组到集杏水闸、沿海的餐饮船和杜岱、井城两村的易涝点进行防台工作检查。晚上，市委常委、市政法委书记李伟华，区委书记李钦辉，区长何东宁彻夜驻守指挥部，对全区防台风防汛工作进行调度安排。应急预案启动后，区各级防汛机构、人员迅速到岗到位。防台防汛有关责任人及救灾救援人员全部取消休假，严格执行24小时防汛应急值班和领导带班制度。区防办落实防汛检查和技术指导，全程跟踪水、雨、汛情，及时研判、部署。各责任部门把防抗台风的每个环节、每个细节迅速分解到相关责任单位和具体人员，确保任务到岗、责任到人。台风过后，全区转入恢复重建阶段。9月15日下午，区委书记李钦辉主持召开灾后恢复重建工作部署会，要求镇街、各相关部门立即行动起来，迅速摸清受灾情况，妥善安置受灾群众，组织好灾后恢复重建各项工作。16日，成立区恢复重建工作领导小组，李钦辉书记任组长，何东宁区长任第一副组长，区委常委、常务副区长孙建辉任常务副组长，领导小组成员和各责任单位按照职责分工和属地管理原则，加强协调配合，全力推进灾后恢复重建工作。区各套班子主要领导和各分管领导全部深入一线检查指导灾后重建工作。灌口镇成立灾后重建工作领导小组、两个督查组和18个村居家园自救组织，领导和跟踪督查重建工作进展情况。所有镇村干部放弃中秋假期，坚守工作岗位。后溪镇18名党员领导干部及108名机关党员分成13组，连续72小时深入村（居）一线，带领村民开展灾后重建工作。杏林街道组织360名党员成立47支党员突击队，投入抗台和灾后救助。集美街道成立灾后重建和恢复

灌口镇干部在动员居住在简易棚的菜农转移（王小杰 摄）

生产工作领导小组，落实24小时值守和领导带班制，全体干部职工取消休假，全体党政领导上一线值班，各级责任人坚守各自划片，确保值班值守无缝对接，救灾抢险政令畅通。侨英街道120名包居领导干部分成9组，深入社区督促、指导防台工作。杏滨街道成立灾后恢复重建工作领导小组，领导干部连续9天分组入驻8个村（居）一线指导重建工作。

【人员转移】台风来临前，集美区把居民群众安危摆在首要位置，启用78个区级避灾安置点，紧急转移5381人，转移各类船只531艘，对全区地质灾害隐患点逐一排查，实现“确保人员安全、把损失减到最小”的目标。灌口镇转移处于隐患点的群众939人。其中，危房、简易工棚人员808人，海边危险及低洼地带群众94人，易滑坡地带37人。在台风登陆后第一时间解救受困群众181人。后溪镇包村工作组和村（居）干部逐村逐组进行地毯式搜索，包括居住在田间简易棚里的外省籍菜农，及时转移危险地带人员，耐心说服动员，最后时刻采取强制措施，确保不留死角、不落一人，共计转移安置751人。杏林街道党工委副书记洪交通得知杏林社区群众受困，带领包居和社区两委干部淌过齐腰深的积水，解救转移被困群众20余人。侨英街道对各社区危房户、地灾隐患户、低洼地带群众做好说服工作，转移群众218人。杏滨街道组织人员排查各社区隐患点，组织624人抢险队，转移疏散群众1138人。

【防台准备】台风来临前，集美区按照“宜早不宜迟”和“既防风又防雨”的要求，从最不利的情况考虑，及早部署、细化安排，督促落实各项防范措施，落实防台防汛责任制，组织开展自查自纠及整改工作，全面推进防御14号台风各项准备工作。建设主管部门连续下发Ⅲ级、Ⅱ级、Ⅰ级应急响应紧急通知，并分三个小组对区管85个房建在建基础、主体、装饰装修、室外工程、12个道路及市政工程进行逐一检查，重点检查11个基坑工程、11个地下室未回填工程、2个高边坡、3个临山工程。同时，要求各建设单位立即启动应急预案，加强对城区易涝点、在建工程，特别是深基坑、低洼地带、高边坡、临时工棚、围挡围墙、脚手架、建筑起重机械、临时施工用电等重大危险源的安全检查，共检查杏南路、日新排洪沟、杏锦路下穿通道、厦门北站下穿通道及海凤路排洪沟等易涝点15个，及时消除隐患，防止发生安全事故。对公园设施、水域、街头绿地、行道树、人行天桥等进行检查加固，做好2台装载机、2台排涝车、6台柴油车、37台防控警报器等抢险设备的维护和40吨水泥等抢险物资的维护和试运行工作，确保抢险设备处于正常的工作状态。增加市政“110”巡逻班次，加强公园设施安全管理，适时关闭公园，并安排专人值班和巡查。物业管理区实行24小时值守和领导带班，督促业主对地下室、地下车库、地下商城排水、防渗漏设施等进行检查，备好沙袋、抽水泵等防涝材料和设备，确保正常使用；及时检查阳台、栏杆，转移花盆、花架等物品，防止高空坠物伤人。各镇（街）组织对全区在册425户危房进行排查，做好危房人员转移和安置工作，确保人员安全。至9月13日，所有抢险人员、抢险物资设备全部到位，随时待命。

【抢险救援】台风来临之际，区、镇（街）、区直各部门、各群团组织迅速动员，组建抢险队伍，开赴抢险第一线。区委组织部下发《关于在抢险救灾和灾后重建中充分发挥党组织和党员作用的紧急通知》，各级党组织依托挂钩联系、在职党员进村居、公务员一帮一、同驻共建、包村居等制度，抽调精兵强将，组建党员抢险队、突击队228支，参加道路清障、清洁家园行动。城市执法局15～23日投入人员4000余人次、车辆1400余车次，依托机动中队成立100人应急巡查小组，协助各镇街清理折断树枝1.6万余棵，清理加固户外广告牌及高空悬挂物、残缺路牌450余块，清理和运转垃圾700余车。团区委依托大学生志愿者协会，组织集美大学、华侨大学、福州大学厦门工艺美术学院、厦门工学院、厦门软件学院等十余所院校1566人次的志愿者，前往杏林湾环湾绿道、滨水小区、集美中学、集美街道浔江社区、归来园等受灾严重的片区，开展道路清障、清扫垃圾等志愿服务，抢救倒伏乔木，为集美中学学生返校上课清理路障。9 月 17—25 日，各镇（街）团（工）委依托村居团组织，组建志愿者队伍 80 余支，参与村道疏通和清洁、垃圾清理、扶树救树、灾后防疫等 9800 余人次，协助清扫道路障碍物、生活垃圾 9000 余吨，扶植倒树 1.4 万余株。后溪镇镇、村建立以党员民兵预备役为骨干抢险应急队伍 14 支，准备锄头、铁锹、铲车、勾机等抢险工具，随时待命，15 日凌晨 1 时至 6 时，接警 20 起，出动救援人员 150 多人次，车辆机械 10 余台次，解救受困人员近百人次，避免人员伤亡 28 人次。杏林街道组建党员突击队 47 支，发动党员 2160 人次，帮助群众 1.5 万人次；组织志愿者约 1200 人次，社区居民约 2300 人次，开展救灾重建工作。集美大社陈氏宗亲理事会组织来自闽南建筑和飞阳建工的企业员工、20 名义务巡逻队员及宗亲子弟 100 名，组成抗灾自救队，赶赴集源路、嘉庚路、龙船路等严重受灾点，助力大社小街小巷全部恢复通行。杏滨街道组织党员突击队、团员突击队、社区志愿者、保障组民兵应急分队等 30 余支，动员居民、驻地部队、企业员工、非公党员等 11270 人次参与抢险救灾，协助清扫辖区道路障碍物、生活垃圾 4580 吨，扶植生活区内倒树 6000 余株。

集美边防大队官兵参加灾后救援（万正波 摄）

【基础设施抢修】台风过后，全区自来水大面积停水。区建设主管部门协调水务集团进行供水设施、设备的抢修。至 9 月 23 日，全区自来水恢复通水。通信网络遭受有史以来最严重的破坏。通信集美分公司员工发挥“白＋黑”“5＋2”的连续作战精神，抓紧网络修复工作，共处理故障 27904 单。至 11 月 16 日，全区电信网络基本恢复到台风前的水平。广电公司扶正及重立电杆 120 根，修复光缆、电缆线路 80 千米，更换线路设备 200 余台，确保全网直播信号不中断。移动集美分公司 110 个基站受损，456 个站点断站，20 千米光缆被摧毁。其中，集美街道、侨英街道、后溪镇一体化机房、户外机柜密集损毁；区域内高校损毁率 50%，其中华厦学院、诚毅学院一体化机房全部损毁，理工学院损毁率达 75%；后溪铁塔彻底损毁，为本次全市因灾损毁的两个大铁塔之一。据统计，集美重建机房数占全市需重建机房数的 60%。台风过后，公司高效组织、有力应对，仅用 5 天时间即基本恢复通信能力，9 天恢复基站 450 多个。至 11 月 15 日，GSM、LTE 网络质量基本恢复到灾前水平。联通分公司受损光缆线路皮长 159.88 千米，受损基站（2G、3G、4G）4897 站次，有部分站点全部损毁。公司启动防灾一级响应，全体员工坚守岗位，全力以赴，迅速查找断点，进行故障分析和熔纤测试，重新布缆 955 条、皮长 190.83 千米，一周内通信网络恢复。

【道路清障】“莫兰蒂”过后，城区道路和农村公路全部被倒伏的行道树阻断。据统计，市政道路乔木倒伏 12.4 万株，其中 3.8 万株无法存活，城区主次干道严重堵塞，交通瘫痪，道路清障成为灾后第一场全民参与的大会战。交警部门以中队为单元，迅速组织对辖区主要交通干道路面进行巡查，全面了解灾情，按照先打通生命救援通道和主要干道，后清理社区道路的原则，就近组织陆续赶来的抢险队、志愿者、沿街单位和居民清理路障，9 月 15 日上午即打通了集美第二医院、杏林医院等应急救援通道和主要交通要道，确保急救和抢险车辆正常通行。灾后 4 天内打通城区主干道，保障道路交通顺畅，保障人民群众出行。区公路分局累计投入人员 8625 人次，运输车辆 809 辆，吊车、挖掘机、装载机、抓木机、油锯、抽水机等机械设备 2105 台，共扶正倒伏树木 34000 多株，修复人行道 3800 多平方米、道路波形防撞护栏 400 米、道路隔离护栏 430 米、路沿石及树池 2000 多米、路灯 120 多盏、交通标志牌 220 多面，清理绿化垃圾 6250 车 31240 吨。区交通运输局、建设局、集美公路分局协调路桥集团、市政集团、百城公司以及中交集团下属子公司中交海西区域总部、中交一公局、二公局、福州地铁、厦门地铁项目部、中交二航局等 12 个单位，共投入 7020 人、运输车辆 662 辆和吊车、装载机、自卸车、抽水机等大型设备 1862 台，在集美大道、灌口镇、集美诚毅中路、月美路、杏滨路、集美大学等区域进行清障，扶植树木 16876 株，清理绿化垃圾 5118 车 25590 吨、生活垃圾 852 车 2556 吨。协调城发公司、公路分局、集美公交公司，巡查公交设施，修复损毁公交候车亭、站名牌，强化现场指挥，灾后三天公交运营全面恢复。共投入 855 人次，大型机械 76 台班，挖掘机、清障车 300 余台班，农用车 545 辆、电锯 250 台班，进行农村公路清障。至年底，农村公路清障全部结束，恢复通车。修复水毁道路 12 处，总投资 799.15 万元。新华社发文点赞：“十人扶起一棵树，一天净空一条街”。

【垃圾清运】“莫兰蒂”过境后，倒伏的树木、倾塌房屋的砖瓦、刮倒的广告和交通标识牌等垃圾充塞街头，城区一片狼藉。区建设主管部门组织全体环卫人员，集中力量清理、转运灾后垃圾，并出动大型道路洗扫车进行清扫和冲洗，确保路面整洁。9 月 15—28 日，累计出动各类车辆 3000 多辆（含装载机、挖掘机、土方车等），投入人员 60728 人次，转运垃圾 17239 车次，清运各类垃圾共 104388 吨，辖区内主次干道基本上恢复整洁。同时清理启用 14 个垃圾临时堆场点，用于灾后绿化垃圾的临时堆放，并印发《关于加快“莫兰蒂”台风灾后垃圾清运相关事项的通知》，协调消防部门加强垃圾临时堆放点消防工作，确保临时堆放点消防安全。9 月 25 日起，开始对临时堆放点绿化垃圾进行破碎、转运处置。至 10 月 20 日，共处理绿化垃圾 63250 立方米。此外，协调电力、供水部门抢修清洁楼和公厕被毁坏的水电设施，为垃圾转运提供保障。至 10 月 20 日，全区 39 座清洁楼、68 座公厕全部恢复运作。

【树木扶植】区建设局编印《倒伏树木的管理与养护指南》《树木扶正保活指南》，发放至各部门、单位，以提高扶植树木成活率。区委组织部、区直机关党工委连续多日组织机关干部、非公企业党员等 2000 多人次，扶正回植杏林湾环湾绿道及周边区域乔木 3000 多棵。全区每日投入 1 万余人加班加点，进行乔木扶植、道路清障及绿化垃圾清运工作，至 9 月 23 日，全部完成倒伏树木扶正重植工作，累计扶植乔木 8.6 万株。

【灾后防疫】台风过后，区卫生防疫部门利用电视台、报纸、微信平台等新媒体宣传灾后防疫和传染病防治知识。向电视、报纸发新闻报道 11 篇，其中《危难时刻，家庭医生成为救命恩人》被《人民网》采用；微信平台稿 43 篇。通过 LED 显示屏、电视台滚动播放灾后防病提示，发送卫生防疫短信 62 万条；印发《“莫兰蒂”台风灾后防病指南》《洪灾后谨防钩体病》和《健康饮水提示》等宣传折页 12.1 万份。组织医务人员开展灾后防病宣传义诊咨询活动 16 场，义诊咨询 3420 人次，举办灾后防疫卫生讲座 18 场、现场演示解说 10 场次，培训人数 500 人次。先后出动专业队 143 支、1528 人次，对重点区域进行消杀、监测。出动专业消杀车辆 80 次，使用消毒器械 560 台、喷雾器 937 台，分发使用各种消毒粉剂 8497 千克，灭蚊消杀面积 2356 万平方米。对 71 个中小学、幼儿园、垃圾集中堆放点进行消杀，清除各类蚊虫滋生地 2600 余处。9 月 20 日，省 CDC 支援厦门卫生防疫专家组检测灌口镇东辉村居民饮用水水质，井水、山泉水均达标。出动卫生监督人员 94 人次，排查二次供水单位 152 家，其中 7 家受淹，给予清洗消毒指导，确保供水卫生安全。指导群众安全用水 420 户，消毒水井 256 口，发放传单 780 张，推送饮水安全信息 500 条，快速检测水质 436 份 2180 项次，未发现不合格饮用水和因饮用水卫生问题导致的公共卫生事件。出动卫生监督人员 77 人次，检查医疗机构 39 家次，督促各单位设置发热门诊，要求及时上报疑似传染病例。（周源源）

【军警支援】“莫兰蒂”超强台风给驻集部队营房和基础设施造成严重损坏。他们在抗灾自救的同时，抽调力量支援集美区抢险救灾。三十一军某部、武警水电六支队、海军南方局、卫星测控站、消防大队等部队主动请缨，在历时 10 天的抢险救援中，出动官兵 9000 多人次、民兵预备役 3600 多人次、车辆和各类工程机械 400 多台（套），共扶正倒伏、清除毁损树木 2 万棵，搬运垃圾 2000 余吨，疏通道路 30 多千米，抢救被困人员 18 人，处置高空悬挂物及道路清障 146 处，协助清理威胁生命的障碍 158 处，供应生活用水 120 余吨。灾后第一天，三十一军某部官兵 60 人即携带工具器械赶到路况最为复杂的盛光路，与地方抗灾人员一道奋战一天一夜，打通了盛光路，协助集美幼儿园清理恢复秩序。海军南方局、海军观通旅、陆军防空团等部队，组织官兵 860 人次，与杏林街道社区干部、居民、志愿者一起，分割清理倒塌树木、广告牌，搬运树木垃圾、排除安全隐患。有的官兵被玻璃割破皮肤、被树木砸倒，仍坚持在救灾一线。三十一军驻厦某部及海军某部出动官兵 500 人次、车辆 30 多台次，抽吸积水 9000 立方米，清理大批倒伏树木和路面垃圾，协助侨英街道清理出 10 条道路，缓解了工业区的交通压力。武警部队出动官兵 40 人，车辆 3 辆，协助滨水社区受淹区域进行排水作业。9 月 20 日，武警水电六支队和海军仓库部队接到天马山水库渗水请求支援的电话，立即组织力量配合区农林水利局做好水库抢险工作，保障了天马山水库总体运行平稳。

【社会组织参与灾后重建】灾后，区民政局第一时间向辖区所有社会组织发出参与灾后重建的倡议书，要求各社会组织发挥专业优势，依托“社工 + 志愿者”联动机制，参与灾后自救、社会秩序恢复等工作。和欣社工连续 5 天，每天派出 28 名专业社工和 110 名志愿者到宁宝、纺织、康城、滨水、三兴、铁山等十几个社区开展灾后援助工作，协助 8 个社区修复家园，对

187个空巢、独居老人和10户失独老人进行入户走访和心理疏导。晴天社工发动志愿者联盟队伍、爱心企业、热心居民等共同参与重建，进行志愿招募和联合行动倡议，调派工程车辆，组织力量到曾营、浔江、侨英、盛光、园博社区开展重建工作，清理倾倒树木、被毁的建筑垃圾、广告牌等。欣立社工制订“自救—救援”的服务方案，参与浔江、盛光、园博园、双乐、黄庄等社区灾后恢复工作，同时在凤山书院和文屏家综开展自救活动。益邻社工动员并组织社区义工在滨水学校学生上下学的必经之路上，清除路面障碍物，在暴雨中为滨水学校学生家长打开最后一条道路。颐安社工及时安抚护理院和日间照料中心的老人的情绪，并与护工一起投身于崎沟村、北门社区的大清扫队伍，走访崎沟村的住户，提醒居民做好环境卫生，避免二次灾害的发生；赤水商会会长李文校、副会长詹昌友、副会长高光先带队，组织企业会员和个人会员，在滨海西大道沿线疏通道路并把吹倒的树木扶好固定。（王娟）

9月25日，松溪县支援集美区新鲜蔬菜。（冯立东　摄）

【灾后救济】灾后，区政府核拨专项救助资金2000万元，用于6个镇街的灾后救助、重建工作。省政府划拨专项生活救济款80万元。全区接受捐赠物资5批次，其中猪48头、蔬菜50.1吨、蛋品314件、大米1520包、鸡翅鸡腿187件、牛奶1500箱，均及时发放到困难群众手中，确保受灾群众的基本生活。17日开始，台湾慈济会40多名志工带着食品，先后到田头、李林、东辉、上塘、双岭等受灾较为严重的村庄救济灾民。迅速启动灾后农房统保理赔工作，至年底，完成4批次农房统保理赔，出具理赔证明1213户，共获理赔款84.62万元。

【宣传报道】“莫兰蒂”台风过后，《集美报》、集美广播电视台、集美调频广播、天下集美微信公众号等区属媒体的编辑和记者克服停电的困难，奔赴防抗台风第一线，及时报道区领导班子亲临现场、冒雨指导救灾，全区上下众志成城、奋起抗灾和灾后自救、重建家园的生动场景与感人画面。集美电视台《集美新闻》于9月17日恢复播出，至25日播出防抗台风电视新闻48条，完成《万众一心，重建家园——集美区抗击“莫兰蒂”台风纪实》电视专题的采编、制作和播出。集美892调频广播在9月15日凌晨台风登陆起，持续不断地直播抗击台风特别节目，共播出抗灾重建资讯240多条，在第一时间将信息传递给广大市民。《集美报》9月19日和9月26日2期，用13个版面推出大型专题报道《众志成城防抗“莫兰蒂”齐心协力重建家园》，刊发新闻75条，并配发评论员文章，全面反映集美区防抗“莫兰蒂”台风、灾后恢复重建的情况。天下集美微信公众号发挥新媒体传播优势，第一时间出动人员拍摄图片，发布抗灾微信报道48篇，总阅读量12万次，包括台风过后航拍集美实景、航拍交通恢复情况的信息，受到广泛关注。主动向上级新闻媒体提供集美区受灾及抗灾自救的新闻线索和文字、图片素材。至9月25日，共在各级各类媒体刊播集美区抗灾新闻378篇（条）。其中，省、市电视台16条，厦门人民广播电台9条，《福建日报》5篇，《厦门日报》8.5版68条，《厦门晚报》5.5版33条，《海西晨报》5版23条，《海峡导报》5版23条，东南网18条，在“厦门大城小事”“厦门头条”“厦门大爆料”“厦门焦点”“影像厦门”“美丽厦门”等微信公众号刊发10篇，在新华社客户端推送消息1篇。（本篇除署名词条外，均为区志办撰写）

中国共产党机关

重要会议

【区委七届全体会议】2016年，中共集美区七届区委共召开5次全体会议。1月8日，区委召开七届二十次全体会议。区委委员、区委候补委员参加会议，区委书记李辉跃主持会议。会议对一名正处级领导干部进行票决。1月15日，区委召开七届二十一次全体会议。区委委员、区委候补委员参加会议，区人大常委会、区政府、区政协领导，区法院院长，区检察院检察长，区纪委常委，各镇（街）党政主要负责人，文教区管委会、台商投资区管委会主要负责人，区直各部、委、办、局、各人民团体主要负责人列席会议，区委书记李辉跃主持会议。会议书面报告2015年度区委常委会工作，报告2015年度干部选拔任用工作情况，并进行评议和测评。5月3日，区委召开七届二十二次全体会议。区委委员、区委候补委员参加会议，区委书记李辉跃主持会议。会议表决通过集美区第八次代表大会方案。7月15日，区委召开七届二十三次全体会议。区委委员、区委候补委员参加会议，区委书记李钦辉主持会议。会议通报区委、区纪委委员组成原则、出席市第十二次党代会代表候选人预备人选名单。7月22日，区委召开七届二十四次全体会议。区委委员、区委候补委员参加会议，区委书记李钦辉主持会议。会议听取中共集美区第八次代表大会筹备工作、代表资格初步审查情况报告，听取新一届区"两委"班子成员候选人预备人选建议名单的说明，审议通过《中国共产党厦门市集美区第八次代表大会选举办法》、大会有关机构及其成员建议名单、全区党费收缴使用情况报告、区委工作报告、区纪委工作报告、大会议程和日程安排表、大会来宾及列席人员建议名单、区委全委会《决议》等材料。

【区委八届全体会议】2016年，中共集美区八届区委共召开4次全体会议。7月29日，区委召开八届一次全体会议。区委委员、区委候补委员参加会议，区纪委委员列席会议，李钦辉主持会议。会议选举产生八届区委常委、区委书记、副书记，通过区纪委八届一次全会选举结果。8月18日，区委召开八届二次全体会议。区委委员、区委候补委员参加会议，区委书记李钦辉主持会议。会议对两名正处级领导干部进行票决。10月9日，区委召开八届三次全体（扩大）会议。区委委员、区委候补委员参加会议，区纪委委员，区人大常委会、区政府、区政协领导，区法院院长，区检察院检察长，区级离退休老干部，各镇街、文教区管委会、台商投资区管委会，区直部、委、办、局，区人大、政协各委、办、室，人民团体、区属企业、农林场主要领导，各民主党派负责人，部分省部市属单位、高校院所及金融机构领导，全区副处级以上干部列席会议，区委书记李钦辉主持会议。会议书面传达省委九届十六次全体会议、市委十一届十三次全体会议精神，讨论《关于加快人文集美建设打造区域创新中心的实施意见》和《集美区推进供给侧结构性改革实施意见》。区委书记李钦辉在会上讲话，要求全区各级各部门要立足新形势，深刻认识实施创新驱动发展战略和推进供给侧结构性改革的重要意义，把握关键环节，统筹推进创新驱动和供给侧结构性改革，强化责任担当，推动工作落实，为率先全面建成小康社会、打造区域创新中心、建成美丽厦门示范区作出新的更大贡献。12月8日，区委召开八届四次全体会议。区委委员、区委候补委员参加会议，区委书记李钦辉主持会议。会议对一名正处级领导干部进行票决。

【全区领导干部会议】2016年，区委共召开7次全区领导干部会议。1月8日，区委召开全区领导干部会议。区人大常委会、区政府、区政协领导，区法院院长，检察院检察长，公安分局局长，各镇街党政主要领导，区直各部、委、办、局，区人大、区政协各委、办、室，各人民团体，区属国有企业主要领导参加会议。区政府新任主要领导莅任并讲话。4月18日，区委召开全区领导干部会议，市委组织部对区委、人大、政府、政协领导班子及其现任成员，法院院长、检察院检察长，纪委班子和纪委副书记，以及拟新提拔的人选进行考察。区委委员、区委候补委员，区人大常委会、区政府、区政协领导，区法院院长、区检察院检察长、公安分局局长，换届后退出本级正职领导职务的老干部，各镇街党政主要领导，文教区管委会、台商投资区管委会主要领导，区直各部、委、办、局主要领导，区人大、区政协各委、办、室主要领导，各人民团体主要领导，区纪委副书记、组织部副部长，各民主党派、工商联负责人、无党派代表人士参加会议。4月26日，区委召开全区领导干部会议，市委组织部对区级领导班子换届拟提拔人选进行考察。区委委员、候补委员，区人大常委会、区政府、区政协领导，区法院院长，区检察院检察长，公安分局局长，换届后退出本级正职领导职务的老干部，各镇街党政主要领导，文教区管委会、台商投资区管委会主要领导，区直各部、委、办、局主要领导，区人大、区政协各委、办、室主要领导，各人民团体主要领导，区纪委副书记，组织部副部长，各民主党派、工商联负责人，无党派代表人士参加会议。5 月 9 日，区委召开全区领导干部会议，民主推荐区计生协常务副会长。区委委员、候补委员，区人大常委会、区政府、区政协领导，区法院院长，区检察院检察长，各镇街党委（党工委）书记参加会议。5 月 30 日，区委召开全区领导干部会议，省委考察组对区委书记李辉跃进行考察。区委委员、候补委员，区人大常委会、区政府、区政协领导，区法院院长，区检察院检察长，公安分局局长，各镇街党委（党工委）书记，区党委工作部门、政府组成部门主要领导，区纪委副书记，组织部副部长参加会议。7 月 5 日，区委召开全区领导干部会议。区委新任主要领导莅任并讲话。区委委员、候补委员，区各套班子领导，区法院院长、区检察院检察长、公安分局局长，各镇（街）党政及人大正职领导，区直各部、委、办、局，区人大、区政协各委、办、室，各人民团体，区属国有企业主要领导参加会议。7 月 15 日，区委召开全区领导干部会议，民主推荐区委委员、区纪委委员。区委委员、候补委员，区纪委委员，区人大常委会、区政府、区政协领导，区法院院长，区检察院检察长，公安分局局长，换届后退出本级正职领导职务的老干部，各镇街党政主要领导，文教区管委会、台商投资区管委会主要领导，区直各部、委、办、局主要领导，区人大、区政协各委、办、室主要领导，各人民团体主要领导，组织部副部长，各民主党派、工商联负责人，无党派代表人士参加会议。

（李婧）

7 月 22 日，中共集美区第八次代表大会召开。（林志杰 摄）

执政决策

【党风廉政建设专项检查】 2016 年 3 月，区委出台《关于开展 2015 年度落实党风廉政建设责任制情况专项检查的通知》，决定参照省、市检查形式，对 14 个区委直属党委（党工委）开展 2015 年度落实党风廉政建设责任制情况专项检查，促进全面从严治党主体责任落实。4 月，由区委常委带队，抽调相关部门人员组成 10 个检查小组，进行实地检查，汇总“问题清单”，并对被检查单位班子成员进行集体约谈。9 月，各检查小组对被检查单位“问题清单”的整改和“问责建议”的落实情况进行“回头看”，并将检查结果作为履职监督、干部考核和绩效考评的重要参考依据。

【对标先进、争创一流】 2016 年 3 月，区委、区政府出台《关于在全区深入开展“对标先进、争创一流”活动的意见》和《关于印发 < 各单位“对标先进、争创一流”工作项目 > 的通知》，要求全区各级各部门主动适应新形势新任务新要求，对标先进、更新观念，找准并发挥自身比较优势，确保精神面貌更加昂扬向上、可比性工作争创全市一流。全区 51 个单位共上报工作项目 89 个。至年底，各项工作实现既定目标，“对标先进、争创一流”工作成效明显，2016 年市对集美区绩效考评等次“优秀”，位居全市各区第三名，市对集美区党政领导班子综合考核评价成绩位居全市各区第三名。

【城市精细化管理】 2016 年 8 月，区委、区政府出台《关于印发集美区城市主干线提升整治行动实施方案的通知》，决定集中时间、集中力量，将辖区 19 条城市主干线划分为 38 个路段，对沿线区域开展为期一个月的整治提升行动。整治内容包括提升道路绿化、强化道路清扫保洁、保障道路设施完善美观、保障道路通畅整洁有序、拆除道路两侧违章构筑物等。9 月，结合“莫兰蒂”台风灾后恢复重建，拓展整治提升区域，并整合建设、环卫等部门成立城管办公平台，推进城市执法体制改革及管办分离等环卫体制改革，加强在建工地管理，城区全面实施 12 小时保洁，重点区域 16 小时保洁，以高压态势拆除“两违”，进一步提升城市精细化管理水平。

【打造区域创新中心】 2016 年 11 月，区委、区政府出台《关于加快人文集美建设打造区域创新中心的实施意见》，实施产业升级工程、创新主体培育工程、创新载体建设工程、产学研一体化工程、知识产权示范工程、科技金融结合工程、创新人才支撑工程等“七大工程”，推动集美经济社会发展向更高水平迈进，目标在2020年形成区域创新中心的基本框架，为长远发展打下坚实基础；基本形成以企业、高校和人才为主体的“产城学人”相结合的区域创新体系，科技基础设施体系和统一开放的公共服务平台构架基本建成，科技创新人才、创新要素、创新企业、创新组织数量和质量位居海西前列。

【推进供给侧结构性改革】2016年11月，区委、区政府出台《集美区推进供给侧结构性改革实施意见》，部署重点推进“加快构建‘4＋X’产业新体系，优化供给结构”“建设国际一流营商环境先进城区，降低企业成本”“打造厦门跨岛发展新市区，补齐城市发展短板”“推进体制机制创新，提高资源配置效率”四项任务，力争通过3至5年的努力，供给侧结构性改革取得显著进展，创新活力明显增强，产业转型取得实质成效，营商环境持续优化，企业经营成本逐步降低，城市功能和承载力进一步补强，要素资源配置效率大幅提升，新的发展动能快速壮大，形成多层次、高质量的供给体系，在更高的水平上实现新的供需平衡。（林骏斌）

重要活动

4月8日，首届“嘉庚论坛”在集美举行。图为圆桌论坛现场（林志杰 摄）

【首届“嘉庚论坛”】2016年4月8日，由国家文化软实力研究协同创新中心、中国华侨国际文化交流促进会举办的首届“嘉庚论坛”在集美举行。来自15个国家和地区的200多位海内外侨团代表、侨商领袖、知名专家学者应邀出席。在主题大会上，中国侨联副主席康晓萍作主题报告，国务院新闻办原副主任杨正泉，海峡两岸关系协会原副会长张铭清和中央统战部、国务院侨办有关部门负责人致贺词。厦门市政府副市长倪超、集美区委书记李辉跃致欢迎词。中央文献研究室、中央党史研究室、中央党校、新华社的代表，陈嘉庚长孙陈立人，陈嘉庚基金会主席、陈嘉庚国际学会秘书长、新加坡世界科技出版公司主席兼总编潘国驹，新西兰皇家科学院院士、新西兰人文学院院士叶宋曼瑛，泰国《星暹日报》《泰华报》副总编辑洪林，中国远东国际贸易总公司经理黄国强，以及《人民日报》《光明日报》等有关单位负责人，围绕扩大海内外华人交流、拓展“一带一路”发展战略、共圆中华民族伟大复兴中国梦主题，分别在圆桌论坛和高峰访谈发表演讲和展开交流。会议期间，还举行了《嘉庚颂》大型诗文朗诵文艺演出、《嘉庚家训》大讲堂等系列活动。新华网、凤凰网等40多家境内外媒体120多位记者编辑聚集论坛，刊发图片稿件数百篇。会后，《首届嘉庚论坛文集》出版发行。（统战部）

【“两学一做”学习教育】2016年4—12月，中共集美区委按照中央、省委和市委的部署，在全区党员中广泛开展“学党章党规、学系列讲话，做合格党员”学习教育活动。区委常委带头参加学习教育，区委常委会开展3个专题学习讨论，各级党员领导干部带头参加所在党支部学习讨论，带头上党课，带头开好民主生活会。全区共建立市委、区委协调小组联系点27个；8名优秀基层党员代表组成“最美党员”宣讲团，入村（居）宣讲30余场；利用陈嘉庚纪念馆、“嘉庚家训讲堂”、兑山烈士陵园等特色宣传阵地，举办各类活动537场；开设非公企业党校，组织集中轮训、点单开讲12场，培训非公党员2070人次。制作学习教育“三字经”宣传折页、微视频，开展“我身边的合格党员”主题摄影大赛、“共建赋学”（村居与周边高校党组织共建，由高校党员上门为年老党员或文化水平较低的党员宣读“两学一做”学习教育指定学习内容）、“荷叶说唱”（以“荷叶说唱”为载体，以“两学一做”学习内容为创作来源，编排“荷叶说唱”曲目，在各个村居进行巡演）等特色活动。区直机关党工委发放“两学一做”学习教材13460册，举办庆祝建党95周年暨“两学一做”知识竞赛，各直属党组织108名党员参加比赛。国税局党总支建立“两学一做”主题荣誉室，推出“两学一做”专题党建电子期刊。安监局党支部编制“两学一做”辅导知识“口袋书”，党员人手一册。组织部机关党支部通过“集美组工”微信群、“集美先锋视界”微信公众号、嘉庚故里先锋网、户外LED远教广场等推送“两学一做”学习教育内容。杏林建设党支部把“互联网+”模式引入社区服务，为社区群众办好事、谋实事、解难事。全区各级党组织坚持以学促做，新建“两新”组织党组织138个，57个机关党组织摸排、整改薄弱环节68个，8个经济薄弱村居全部转化提升，党员补缴党费323万余元。“莫兰蒂”风灾后，全区党员干部组成抢险队228支，带动全区群众30多万人次参与救灾、重建。

（林骏斌 高双双 组织部）

纪检监察

【概况】2016年，集美区出台《中共集美区委巡察工作实施办法》，成立区委巡察工作领导小组及办公室，区委巡察工作启动。建立党风廉政建设责任落实信息化监管平台，细化“两个责任”任务清单，实现责任监管具体化、实时化、常态化、自动化。全年问责履责不力的党员干部14名，查处违反中央八项规定精神问题8起19人，立案查处违纪党员、干部80件80人，结案78件78人。区纪检监察机关收到群众信访举报件239件次，开展信访举报件办理直接了结机制创新试点工作，出台《直接了结类信访件管理办法》，实现信访举报“零暂存”。继续推出系列动漫教育片《阿集小美说“条例”》《阿集小美说“准则”》，加大可实施谈话函询的问题线索分析排查力度，开展谈话函询282人次，推动“咬耳扯袖”成为新常态。（黄大阳）

【党风廉政建设】2016年，集美区建立党风廉政建设责任落实信息化监管平台，通过细化“两个责任”任务清单，实时监控区五套班子、法院、检察院及直属党组织等21个领导班子、142名班子成员的主体责任、监督责任任务清单完成情况，实现责任监管具体化、实时化、常态化、自动化，全年问责履责不力的党员干部14人，其中处级以上干部11人。落实省委县（市、区）巡视和省对市、市对区责任制检查及“回头看”整改意见，逐项分解任务，明确整改时限，务求整改到位。开展区对直属党组织2015年度落实党风廉政建设责任制专项检查，对各党组织负责人落实主体责任及“问题清单”整改情况进行约谈，强化责任意识。推行上级党组织与下级党组织签订主体责任书，区纪委与镇街、区直部门纪检监察机关签订监督责任书，层层传导压力。加强中央八项规定精神落实情况的监督检查，全年组织各类检查、明察暗访30次，查处违反中央八项规定精神问题8起19人，公开曝光7起16人，给予党纪政纪处分3人。组织第三方机构对党风廉政建设情况开展满意度调查，调查结果：综合评价指数84.03，综合满意率为99.0%。（黄琳琳）

【《区委巡察工作实施办法》出台】2016年12月14日，区委根据《中国共产党党内监督条例》《中共福建省委关于建立市县党委巡察制度的意见》及市委巡察工作领导小组的要求，制订《中共集美区委巡察工作实施办法》。“办法”对巡察工作的指导思想和原则、工作机构和机制、巡察对象范围、主要任务和方式方法做出具体规定，决定成立区委巡察工作领导小组及其办公室，设立两个巡查组。区委巡察工作启动。（林泽锋）

【违纪党员干部查办】2016年，全区纪检监察机关共向市纪委上报立案查处违纪党员、干部80件80人。其中，机关事业单位党员、干部8件8人（处级干部1件1人），农村党员53件53人，国有企业党员2件2人，私营企业党员12件12人，其他人员5件5人。结案78件78人，给予开除党籍处分34人，留党察看二年处分1人，留党察看一年处分5人，党内严重警告处分2人，党内警告处分31人，行政警告处分2人，给予其他处理3人；移送司法机关处理6件6人。通过办案，共挽回经济损失98.22万元。开展涉刑涉诉党员和国家工作人员未受党纪政纪处理情况清理工作，排查“两员”61名，并分别进行立案处理。（陈娜真 洪婷婷）

【信访举报工作】2016年，全区纪检监察机关共收到群众信访举报件239件次，其中来信121件次、网络举报79件次、电话举报29件次、来访7件次、其他方式3件次，信访总量比2015年度的273件次减少14.23%。其中，检控类初信初访125件，占受理总数的52.30%；申诉1件，占0.42%；批评建议1件，占0.42%；业务范围外112件次，占46.86%。署名信访61件次，占比25.52%。是年信访举报的主要特点是信访举报件总量减少，反映违反廉洁纪律、贪污贿赂行为占比超过50%，反映农村党员干部信访件的占比居高不下。在信访举报工作中，开展信访举报件办理直接了结机制创新试点工作，出台《直接了结类信访件管理办法》，规范可直接了结的8种情形、处理程序和保障机制，实现信访举报“零暂存”，做到件件有着落，事事有结果。

（周婉鹭）

【廉政宣传教育】2016年，区纪委监察局继上年制作动漫宣教片《落实中央八项规定精神须知》后，继续推出《阿集小美说“廉洁”》系列动漫教育片之《阿集小美说“条例”》《阿集小美说“准则”》，利用集美卡通形象大使“阿集”“小美”，以动漫方式诠释党规党纪，在中央、省、市纪检监察网站及厦门电视台、鹭岛清风微信公众号等移动传媒播出，福建日报、厦门日报等多家纸媒转载评论。是年，该区组织全区72名拟提任科处级领导职务的干部分批次进行廉政法规知识测试，打好廉政“预防针”。加大可实施谈话函询的问题线索分析排查力度，扩大谈话函询覆盖面，做到应谈尽

谈，推动“咬耳扯袖”成为常态，全区共开展谈话函询 282 人次，其中处级以上干部 83 人次。（胡宴鹏 洪婷婷）

【纪监干部队伍建设】2016 年，集美区纪检监察部门开展“两学一做”主题教育，举办全区纪检监察干部培训班，健全区纪委常委联系基层、区纪委各部室联系镇街制度。编印《学思践悟》系列读本，建立学习微信群，提升自身政治素养和履职能力。组织开展“建立健全问责机制研究”“推动全面从严治党向基层延伸”等重点课题调研，夯实工作基础。推动纪检监察干部培养、交流、提拔、使用工作，优化队伍结构。是年，先后选送纪检监察干部参加各级培训 77 人次，提拔 4 人，平级交流 16 人。至 2016 年 12 月，委局机关平均年龄 36.9 岁，较换届前降低9.7 岁，新一届区纪委委员增至 19 人。（胡宴鹏）

组织工作

【概况】2016 年，集美区共有基层党组织984个，其中党委12个、党总支32个、党支部 940 个。在基层党委中，乡镇党委 2 个，机关党委 5 个，企业党委 5 个；区委派出的党工委 7 个，其中机关党工委 3 个、街道党工委 4 个。全区共有党员 14651 人，预备党员 333 人，其中女党员 5701 人，占党员总数的 38.91%；少数民族党员 114 人，占党员总数的0.78%；35 岁及以下党员5908 人，36 ～ 45 岁 3388 人，46 ～ 55 岁 2163 人，56 ～ 60 岁 638 人，61 岁及以上 2554 人；研究生 469 人，大学本科 5596 人，大学专科 2958 人，中专 1277 人，高中、中技 1483 人，初中及以下 2868 人。

【基层组织建设】2016 年，集美区 984 个基层党组织全部按期完成换届工作；继续推进“党建富民强村”工程，8 个经济薄弱村（居）全部实现集体经济收入超过 10 万元。持续推进“在职党员进村居报到为群众服务”活动，全区 3453 名机关事业单位在职党员干部全部到挂钩联系村（居）报到，累计组建志愿者服务队 630 支，结对帮扶困难群众 560 人次，为村居办好事实事超过 300 件。发挥党组织和党员在美丽乡村建设中的引带作用，灌口张庄社获评省级示范村，后溪城内村入选首批省级传统部落。以社区党建引领社区治理，打造“和乐汇”“民生我主唱”等一批党建品牌，康城社区邻里青年汇、三级微信网和锦鹤社区青年议站 3 个案例入选《厦门市社区党建引领社区治理工作案例汇编》，康城社区在全市社区党建引领社区治理工作总结交流推进会上进行书面交流。全面落实基层党建重点任务，排查空挂党员 134 人，均按照转走组织关系或重新纳入组织管理进行处理；查找“失联”党员 20 人，其中 8 名经查找取得联系的党员已按要求转走组织关系，12 名经查找仍未取得联系的党员均已按照停止党籍进行处理；排查清理违纪违法未给予相应处理的党员 43 人，均根据其违纪违法行为按照党规党纪完成相应处理工作；清理党员缴交党费情况，4317 名党员补缴党费 323 万元；在新经济组织和新社会组织新组建党组织 50 个。坚持问题导向，累计摸排 57 个机关党组织的 68 名党员干部在学习教育方面的薄弱环节，全部完成整改，有效解决“灯下黑”问题。开展“两优一先”评选，表彰区级优秀共产党员 25 人、优秀党务工作者25 人、先进基层党组织30 个，推荐并获市委表彰优秀共产党员和优秀党务工作者各 4 人、先进党支部 9 个，陈锡育、陈淑霞分获省级“优秀党务工作者”和“优秀共产党员”称号，姚明织带饰品有限公司党支部和杏滨街道康城社区党支部被评为省级“先进基层党组织”。

【干部教育培训】2016 年，集美区采取集中轮训和专题辅导等形式，大规模培训干部，教育引导广大党员、干部补足精神之“钙”。突出抓好全区党员干部集中轮训，优先选派一线表现比较好的干部参加培训，选调 2 批 80 余名新任处科级干部参加区委党校举办的春秋季主体培训班，组织 6 批 210 人次参加千人学堂专题讲座，选派 15 批 106 人次干部参加省、市调训和各类专项培训，内容涵盖党政、金融、交通等领域，涉及金砖国家领导人会晤等重点中心工作。

【干部选拔任用】2016 年，区委组织部严格执行选拔干部任用标准和程序，从严把好选人用人关，全年共提出干部调配建议 14 批 494 人次，提任处级干部 33 人、科级干部 56 人。共接收新考录公务员 5 人、选调（聘）生 17 人、团职以上军转干部 13 人，不断壮大干部队伍。突出面向一线、注重实绩的用人导向，从镇街一线新提拔处级干部 19 人，到镇街一线任职 14 人；根据镇街、指挥部用人需求，先后选派 3 批 21 名干部赴征拆指挥部和基层一线挂职锻炼；在镇街落实职务与职级并行制度，在领导职务、非领导职务之外，开辟干部成长的第三通道，共有 11 名镇街干部得到职级晋升。

【干部考核】2016 年，集美区坚持“同型接轨、分别设置、各有侧重、各具特色”的考核要求，根据镇街、区直部门不同类别、不同层次干部的特点，对镇街和区直部门领导班子实行差异化考核。探索 360 度环形考察，除了在干部所在部门考察，还到业务相关部门、挂职单位了解干部表现，多角度、多渠道了解 124 名考察人选的表现情况。加强干部日常走访，在重大事件、关键时刻，特别是征地拆迁、抗击“莫兰蒂”台风过程中，有针对性地开展专题性、深入式走访，及时了解干部现实表现 130 余人次。

【干部管理监督】2016 年，集美区及时消化超编超职数配备干部，对总编制总职数未超的情况下暂时超配的12家单位的17名处级领导、7家单位的9名干部全部整改到位。严格执行领导干部个人有关事项报告制度，委托核查14批265名干部报告的个人有关事项，对漏报、少报、未报的103名干部作补报、函询、批评教育等处理。做好干部人事档案专项审核工作，完成771名干部“三龄两历”的专项审核与组织认定。出台《集美区处级干部任免职谈话制度（试行）》，全年开展各类谈心谈话216人次。

【打造区域人才高地】2016年，集美区立足“4＋X”产业布局，以打造产、城、学、人深度融合的区域创新中心为契机，继续实施“聚贤集美”人才计划，统筹推进各类人才队伍建设，引领集美经济社会转型和产业升级，打造区域人才高地。加大财政专项投入，全年投入人才专项资金3.35亿元，比2015年增长117.75%，占当年区本级财政一般预算收入的8.69%。配套高层次人才市级扶持资金1020万元，兑现高层次人才补贴385万元、各类众创空间扶持3644万元，核拨高层次教育卫生人才、高技能人才各类补助奖励241万元。出台《集美区“金蓝领人才培养工程”实施意见》《集美区企业人才房租补贴办法》《集美区关于落实鼓励和支持台湾青年来厦创业就业政策的实施细则》等人才政策，健全完善人才政策服务保障体系。是年，集美产业引导基金参股设立子基金14支，总规模40.9亿元，实现对外投资基金规模17.8亿元。通过政府购买服务方式，优化厦门市“双百计划”人才企业落户服务和扶持资金兑现模式，加快完善各类服务平台，不断健全产学研对接、创业孵化、投融资以及项目资金对接、人才生活需求等服务。杏林商务营运中心、集美行政中心、软件园三期建成人才公寓1555套，提供给园区“白领”、创客、境外创业人才拎包入住，已入住905套1800多人次。至年底，集美区人才集聚效应已经凸显。全年新增落户市级以上人才计划专家25人、高技能人才51人、柔性引进高层次教育人才3人、正高职称卫生人才2人，全区共有国家“千人计划”专家7名，省“百人计划”人才27名，市“双百”人才64名，高技能人才296人，高级职称卫生人才37人，柔性引进高层次教育人才10人。6月，集美区被列为福建省人才强区试点。

【党员电教平台教育】2016年，区委电教中心新建集党员教育、文体活动、便民服务等为一体的户外远教党群广场6处。“先锋视界”党建电视节目拍摄区级先进人物及基层党组织11期，制作《先锋视界》光碟500套，并下发到基层远教站点供党员学习。“集美先锋视界”广播栏目播发优秀党员访谈24篇。制作优秀党员纪实片《好护士吴完婷》、文艺纪录片《抢运滇缅路》等，其中微动漫视频《做合格党员三字经》入围第十四届福建省党员教育电视片观摩交流作品。“嘉庚故里先锋网”累计点击量42456次；“集美组工”官方微博和微信公众平台推送信息951条，微博、微信“粉丝”2200多名，信息点击阅读60余万次，转发评论7563次。

【非公企业党建】2016年，集美区开展非公企业和社会组织党的组织覆盖和工作覆盖集中攻坚行动，共新组建非公企业党组织99家，覆盖非公企业678家；新组建社会组织党组织39家，覆盖社会组织265家。至年底，全区共有非公企业党组织518家、社会组织党组织84家。圆满完成全国园区非公党建工作现场会集美区两个参观点（集美区党群活动服务中心和厦门正新橡胶工业有限公司）的筹备工作，受到中组部、全国各地领导的肯定与表扬。出台非公领域“两学一做”学习教育分类指导意见，制作学习教育工作手册、口袋书，召开非公领域党组织书记座谈会，设立姚明织带饰品有限公司党支部等9家非公领域党组织为“两学一做”联系点；结合建党95周年，开展知识竞赛、义诊、新党员集中培训、书记示范培训班、重温入党誓词等系列活动，举办“我身边的合格党员”摄影大赛，推动非公领域“两学一做”学习教育持续有效开展。试行从非公党建组织员中选任社区专职副书记，解决非公党建组织员与社区工作者双

5月26日，全国园区非公党建工作现场会在集美举行。（组织部 供图）

向流转渠道不畅的问题。做好厦门城市职业学院毕业的首批非公党建订单班 3 名学员报到、入职工作，招聘非公党建指导员 17 人。

【区党群活动服务中心建设】2016 年，集美区以“聚集党建功能、彰显政治属性”为主旨，进一步提升非公企业党建总部政治功能。接待各地考察、调研 48 次，举办各类党群集体性活动 155 场，参与党员职工 5.36 万人次。落实联动服务机制，开展政策宣传、咨询问答等活动 4 场，收集非公企业党群组织反映 87 条，并全部办结；每季度举办“部长会客厅”，帮助非公企业党组织书记解决实际问题 24 条。开设非公企业党校，整合理想信念、时事政治、党建业务、涉企政策、技能素质等与非公企业党员职工息息相关的教育内容，搭建非公领域党员立体式学习教育平台，全年累计组织集中轮训、点单开讲 12 场，培训党员 1850 余人次；通过网络、广播、电视等多媒体平台推送学习资源 1056 条，拍摄或访谈身边党员先进事迹 30 次。持续开展“党员之星”评选表彰活动，表彰非公企业“党员之星”48 人、“年度党员之星”5 人。 （组织部）

宣传思想工作

【概况】2016 年，集美区贯彻习近平总书记系列重要讲话精神，落实意识形态工作责任制，成立“七一”重要讲话精神宣讲团和十八届六中全会精神宣讲团，办好一报一台一刊一网和鹭江讲坛、社区书院等理论宣传阵地，结合建党 95 周年、长征胜利 80 周年和特区建设 35 周年，举办首届“嘉庚论坛”，开展“嘉庚精神进校园百日行动”“嘉庚精神宣传月”“向陈清洲学习”等主题宣传活动，组织创作嘉庚题材广播剧《再会吧，延安》、嘉庚生平故事有声绘本《陈嘉庚的故事》（第二辑）、广播专题《陈嘉庚的牵挂》、讴歌陈清洲歌曲《轻舟》、抗御莫兰蒂台风的《战台风》等文艺和新闻作品。打造“心灵绿洲”品牌，区委宣传部获评“全国首批心理科学普及推广示范基地”，集美区未成年人心理辅导站获“全国心理教育工作先进单位”称号。

【理论武装】2016 年，区委中心组全年集中学习 15 次，结合开展“两学一做”活动，区四套班子领导撰写理论学习心得体会文章 23 篇。举办“集美讲堂”4 次，邀请中共中央党校原副校长李君如、中国人民大学哲学院教授郭湛、国家行政学院一级教授许耀桐、中国国际经济交流中心副总经济师徐洪才分别作《发展新理念和中国大趋势》《中国创新发展的理念和前景》《坚定推进全面从严治党——十八届六中全会精神实质解读》《当前中国经济形势与政策》专题报告。成立区委“七一”重要讲话精神宣讲团和十八届六中全会精神宣讲团，发挥辖区高校、区委党校、区委讲师团、区关工委报告团的作用，办好鹭江讲坛、社区书院等基层理论宣传阵地，结合实施人文集美发展战略，组织开展多渠道、多形式的宣讲活动，推进马克思主义大众化、通俗化。结合建党 95 周年、长征胜利 80 周年和特区建设 35 周年，围绕世情、党情、国情、省情、市情开展形势政策教育，持续深化中国特色社会主义、中国梦、爱国主义和理想信念教育。举办 2016 年社科普及周活动，组织开展社科专家看基层、社科讲座、社科志愿者进学校等系列活动。

【思想道德建设】①弘扬嘉庚精神。2016 年，集美区继续坚持把弘扬嘉庚精神作为培育和践行社会主义核心价值观的特色载体，举办首届“嘉庚论坛”，组织嘉庚精神宣讲团深入基层宣讲，开展“嘉庚精神进校园百日行动”“嘉庚精神宣传月”等主题活动，举办知识问答、演讲朗诵、嘉庚语录诵读、文艺表演、教育论坛、中小学“三风一训”交流、书画摄影作品展、图片展等丰富多彩、形式多样、寓教于乐的活动，推出《走近南侨机工》电视系列报道，把嘉庚精神的宣传教育贯穿到全区人民的日常生活中，推动嘉庚精神进校风、进教材、进课堂、进团队、进德育。推动敬贤公园、日东公园、康城社区、石鼓路、纺织路等核心价值观主题公园、社区和街道建设。②打造“心灵绿洲”品牌。继续坚持以开展心理健康知识宣传教育活动作为改进基层思想政治工作的抓手，发挥区心理学会的作用，办好辅导站、心理健康援助中心、专门网站和“心灵绿洲”广播节目，建成社区心理咨询中心，举办心理冬令营、夏令营、家长心理健康宣传月以及培训活动，拓展宣传教育覆盖面，持续打造“心灵绿洲”品牌。区委宣传部获中国心理学会心理学普及工作委员会授予的“全国首批心理科学普及推广示范基地”称号，集美区未成年人心理辅导站获评“全国心理教育工作先进单位”。③持续深化文明创建。落实关于建设全国文明城市典范城市的要求，完善区精神文明建设绩效评估指标，创新文明创建点评机制，建立暗访工作制度，组建区级文明创建暗访团，推进文明创建工作制度化、科学化、常态化。组织开展文明创建活动，完成全国文明镇后溪镇的初评工作和省级文明单位测评工作，开展集美区 2015—2016 年度文明村、文明单位（学校、社区）评选推荐工作。开展“八不行为规范”活动和“传嘉风、说嘉训”嘉庚家训大讲堂活动，提升公民文明素质。整合各方资源，成立集美·诚毅志愿者联盟，创新工作机制，打造“卢妈妈”爱心队、“爱·毅起飞”公益活动、“学村飘歌”“浔江夜读”等志愿服务品牌项目，推动志愿服务常态化和规范化，新华社记者在新媒体刊发反映集美志愿者参与抗灾重建的消息，阅读量达 44 万次。推进社区书院建设，创新政府购买服务机制，发挥区级指导中心以及凤山书院、滨水书院、康城书院三个示范点的引领带动作用，推行“社工＋社区”工作模式，针对居民需求，围绕“4+2+1+X”课程体系，开设嘉庚精神、国学课堂、科普课堂等课程，并将文明创建植入其中，为探索基层社会治理创新、践行社会主义核心价值观、提升居民群众文明素养搭建新平台、拓展新载体。培育共同精神，营造浓厚的社区生活共同意识，出台专门针对社区治理与文明创建的激励办法《集美区社区治理类“以奖代补”项目实施办法》，初步形成多元融洽的社区治理新模式。开展未成年人思想道德建设，举办“做一个有道德的人——嘉庚精神代代传”等主题教育活动，丰富教育载体，拓展工作手段，在市对区季度检查中取得两次第一名的成绩。④加强公民道德建设。做好道德模范、最美人物、身边好人等先进典型的选树、举荐和宣传工作，涌现出“时代楷模”陈清洲、“中国好人榜”助人为乐好人李溢新、福建省诚实守信好人周育辉、全市“最美农民”陈玉琴等先进典型。加大对典型人物先进事迹的宣传力度，组织开展“向最可爱的人致敬”“清洲加油”等先进典型的网络传播活动，营造学习先进、崇德向上的浓厚氛围。抓好鳌园、陈嘉庚纪念馆、陈嘉庚先生故居等爱国主义教育基地建设。

集美区开展留学生群体心理健康服务活动（王晗　摄）

【媒体宣传】2016 年，集美区加强新闻宣传阵地建设，着力实现新闻传播、宣传报道的转型升级，构建包括报纸、电视、广播、微信公众号、手机客户端在内的全媒体舆论阵地。《集美报》基本实现每期 8 版，办报质量提高；集美广播电视台自办的《集美新闻》《纪实集美》《集美先锋视界》三档节目，可看性提升；集美调频广播每天播出总时长 18 小时，其中自办节目 10 档，“心灵绿洲”“892 上班路”“虾米大学”“动漫梦工厂”等节目受到欢迎；区属媒体官方微信“天下集美”每天更新信息 5 条，传播力增强，成为集美区最有影响力的新媒体；“人文集美”手机 APP 于 2016 年 10 月正式上线，整合新闻、政务、旅游、文艺等内容，以图文并茂的形式生动呈现。加强与上级新闻媒体的合作，办好厦广新闻台“听集美听美丽故事”、厦门电视台“今日视区”合办节目，以及厦门网、台海网、中国网络电视台等集美专属网页。组织策划新闻宣传工作，全年围绕贯彻十八届六中全会和省市党代会精神、人大和政协“两会”精神、实施人文集美发展战略、打造区域创新中心、“十三五”开局年、供给侧改革、“两学一做”活动、党风廉政建设、“嘉庚论坛”“百日行动”、集美新城建设、重大文体活动、旅游营销等主题开展宣传，开设专栏专版，写好《集美报》评论文章，在报纸、电视、广播、网络等境内外各级各类媒体推出报道 1200 多篇（条），为推动人文集美建设营造良好舆论氛围。在防抗“莫兰蒂”台风期间，全区媒体人快速反应，主动作为，展现过硬的素养。广播专题《陈嘉庚的牵挂》、长消息《为嘉庚故里坚守造船技艺》、系列报道《抢运滇缅路》等 21 篇新闻作品获福建新闻奖、厦门新闻奖。制订下发《关于建立健全新闻舆论工作机制的通知》，建立健全新闻工作制度。提高互联网上涉集舆情的监控、收集、研判能力，加强对负面舆情的网上引导，通过 OA 平台下发舆情信息 150 多条次；组织网评员开展网上引导工作，全年发帖 1200 多条。编发《集美网络舆情信息专报》39 期，70% 的专报件得到区领导批示和有关部门的督办落实。

【文化建设】2016 年，区广播电视台组织创作嘉庚题材系列广播剧第二部《再会吧，延安》，并在中央人民广播电台、新加坡丽的呼声广播电台、两岸闽南语广播协作网电台播出。创作出版陈嘉庚生平故事有声绘本《陈嘉庚的故事》（第二辑）。系列广播剧第一部《再会吧，南洋——陈嘉庚与南侨机工》先后获第十六届中国广播剧专家奖金奖、2015 年度中央人民广播电台优秀节目一等奖、2015 年度福建广播电视艺术奖一等奖。广播文艺《陈嘉庚抗战的故事》获福建广播电视艺术奖三等奖。电视动画系列片《陈嘉庚的故事》入选 2016 年弘扬社会主义核心价值观动漫扶持计划产品项目。举办“音乐集美”原创歌曲征集活动。组织全区文艺工作者投身抗御莫兰蒂台风，创作《战台风》《情系万家》《风中的信念》等文艺作品，举办以“践行嘉庚精神、守护美丽家园”为主题的集美区诗书

10 月 15 日，集美新城举行荧光夜跑（林志杰 摄）

画摄影作品展。组织创作歌曲《轻舟》等讴歌陈清洲等先进人物的文艺作品。办好综合性文艺刊物《集美风》和《集美报》副刊“浔江潮”。举办集美文艺讲堂 12 场。成立福建省首家区域性文联——集美区企业文联，成立区朗诵艺术协会。集美区文联被评为全省文联系统先进集体。成功举办世界旅游小姐大赛中国区总决赛、海峡两岸龙舟文化节、集美新城荧光夜跑、中国集美世界气球艺术节、厦门集美草莓音乐节、龙舟唱晚集美学村音乐节、集美·阿尔勒国际摄影季、咪咕次元文化盛典、“音乐厦门·集美声音——唱自己的歌”、厦门灌口闽南童玩文化节、厦门集美中国汽车场地越野锦标赛、2016“中国杯”赛艇多人艇公开赛暨中国赛艇大师赛、第十八届中国大学生篮球联赛四强赛、2016 世界大学生三对三篮球锦标赛等大型品牌活动，活动内容更加丰富多彩，品牌知名度和影响力不断增强，受到社会广泛关注和群众的普遍好评。集美新城荧光夜跑获“2016 年度中国十佳节庆活动奖”。加强集美闽南曲艺创作基地建设，举办“爱曲艺·爱闽南——集美区闽南戏曲进村居”传习活动，继续开展闽南戏曲进校园工作，在辖区 8 所中小学设立闽南戏曲示范点，传承弘扬闽南文化。实施《集美区民间文艺团体扶持办法》，推动和扶持辖区民间文艺团队的发展。成立集美区延平闽南戏曲艺术团。加强文化遗产保护传承和辖区闽南文化生态保护区建设，实施《集美区非物质文化遗产保护和传承暂行办法》和《集美区进一步加强文物保护工作的通知》，开展第二批集美区非物质文化遗产项目及代表性传承人的申报评审工作，展示城市所蕴藏的独特历史文化内涵。（纪小翠）

统一战线工作

【概况】2016 年，中共集美区委统战部贯彻落实中央、省、市、区统战工作会议精神和一系列重大决策部署，凝聚各方面力量，促进“五大关系”（政党关系、民族关系、宗教关系、阶层关系、海内外同胞关系）的和谐。8 个民主党派基层组织健全，800 多名成员积极参政议政，多党合作充满活力；民族、宗教和阶层关系团结和睦、和谐稳定、共同发展；海外联谊交往频繁，海内外同胞关系和谐密切、富有成效，为深化人文集美发展战略，建设“五大发展”示范区提供广泛的力量支持。

【巩固思想政治基础】2016 年，集美区先后举办贯彻中央统一战线工作会议精神专题报告会、统战系统暑期读书班、首届“嘉庚论坛”、嘉庚精神宣传月、嘉庚精神进校园进社区等活动，组织学习习近平总书记在庆祝中国共产党成立 95 周年大会上的讲话，邀请时任市委常委、统战部部长黄菱作《新形势下的统一战线工作——深入学习贯彻中央统一战线工作会议精神》专题报告，开展坚持和发展中国特色社会主义学习实践活动，进一步凝聚思想共识，引导全区统一战线广大成员把思想和行动统一到中央和省委、市委、区委的决策部署上来。

【服务大局献计献策】2016 年，区委统战部组织统一战线成员围绕区委、区政府中心工作，对全区经济社会发展提出意见建议。召开党外人士新春座谈会，组织各民主党派主委、非公有制经济代表人士和无党派人士到集美新城、软件园三期考察调研，支持党外人士更好地知情参政，听取党外人士的意见建议，并以两办发文督办的形式抓好落实。党外人士针对产业转型、城市配套设施建设、旅游业发展等方面提出建议和意见 12 条。召开全区经济工作会议、“十三五”规划建议座谈会、换届考察工作部署会、党代会征求意见会等，充分听取民主党派和无党派人士的建议和意见，发挥民主党派参政议政、民主监督的职能。采用“党委政府出题、民主党派调研”的模式，支持各民主党派、无党派人士围绕全区经济社会发展的重大现实问题深入基层开展调查研究，形成专题调研报告，为党委政府提供决策参考。8 个民主党派基层组织共撰写调研报告 23 篇，其中有民建集美基层委撰写的《推动集美新城文化产业与乡村文化旅游融合发展的对策建议》、民进集美基层委撰写的《弘扬人文集美主旋律，提升城市文化软实力——嘉庚精神永续传承与人文集美城市软实力建设之检视》及台盟集美总支撰写的《完善我区两岸青创基地建设的对策建议》等。区委统战部举办统战信息工作培训班，邀请专家授课，提高统战信息员队伍的理论水平和业务素质。利用高校资源优势，组织统战理论课题研究，完成《新形势下拓展闽台文化交流合作研究》一文。全年报送信息332篇，其中被中央统战部采用2篇、《八闽快讯》采用1篇、市委统战部《建言献策专报》采用1篇、市委统战部网站采用64篇。

【民主党派换届】2016年，区委统战部协助和支持各民主党派做好换届中的个别协商和民主推荐工作，加强组织领导，规范换届程序，台盟集美总支、九三学社集美基层委、农工党集美基层委、民盟集美基层委和民进集美基层委圆满完成换届任务。中泰证券股份有限公司福建分公司财富管理中心总经理郭海峰、区政府副区长李宗泽、区人大常委会副主任丁加生、陈嘉庚纪念馆副馆长刘晓斌、厦门英才学校总校副校长兼教育总长潘永俊，分别当选台盟集美总支主委、九三学社集美基层委主委、农工党集美基层委主委、民盟集美基层委主委和民进集美基层委主委。新产生的5个民主党派基层组织领导班子共51人，其中女性13人；30岁至40岁8人，40岁至50岁17人，50岁至60岁24人；大学以上学历47人，研究生3人，博士2人，中级职称13人，高级职称29人。

【党外代表人士队伍建设】2016年，区委统战部会同区委组织部、区人大、区政协，做好区人大党外人大代表、常委会组成人员候选人及区政协委员、常委的推荐提名等工作。按照党外代表人士配备的规定，严格执行提名推荐程序，为新一届区人大、区政府、区政协领导班子配备党外领导干部3人。成立厦门市党外知识分子联谊会集美分会，会员有高校教师、医生等各界代表性党外知识分子27人。先后举办统战系统健步行、趣味运动会、棋牌赛、气排球赛、户外拓展等活动，近700名党外人士分别参加各项活动。联合民建基层委，组织社会贫困家庭子女参观诚毅科技馆，向贫困家庭孩子赠送学习用品。组织党外人士开展送春联进社区等多种形式的“同心同行”活动。

【海外联谊】2016年，区委统战部接待来自欧洲、北美、东南亚及中国港澳台等地区的海外社团12个、嘉宾245人次。应邀先后参加澳大利亚华人社团联合会组织的“纪念孙中山诞辰150周年”纪念活动、北京纪念孙中山先生诞辰150周年大会、港澳“一带一路”高峰论坛、香港集美校友会成立30周年暨第十四届理监事就职典礼、香港集美中学校友会第三届理监事就职典礼等活动。举办夏令营、冬令营系列活动，让新侨走进集美、了解集美。举办香港集美校友会校友后裔夏令营，邀请香港集美校友会会长、理事、监事、副会长等集美校友参加此次夏令营活动；举办“华裔学生看集美”活动，来自泰国、越南、老挝、印尼等9个国家的华侨大学华文学院100名华裔大学生参加此次活动；举办第十届海外华裔子女冬令营暨侨捐基金颁奖活动。参与举办海峡两岸（集美）龙舟文化节暨“嘉庚杯”“敬贤杯”海峡两岸龙舟赛，配合有关部门举办以两岸社区对接、社区治理、创新创业为主题的第八届海峡论坛活动。接待台湾6个姓氏140名宗亲到集美交流祭祖，组织100人次赴台参加宫庙文化活动。（陈小玲）

政策研究

【课题调研】2016年，区委重点课题调研围绕“全市创一流”工作目标，组织年度重点调研课题16个，形成有重要参考价值的调研报告16篇。《推进产城学人深度融合，加快建设区域创新中心研究》《加快推进集美区城乡一体化发展研究》《集美区可持续交通体系研究》3篇调研报告被评为一等奖，《集美区产业引导基金运营模式研究》等6篇调研报告被评为二等奖，《集美区人力资源发展战略与措施》等7篇调研报告被评为三等奖。其中，主要领导亲自指导的《推进产城学人深度融合，加快建设区域创新中心研究》调研报告，直接转化为区委、区政府《关于加快人文集美建设，打造区域创新中心的实施意见》；《全面推进小流域综合治理研究》《集美区人力资源发展战略与措施》等课题调研为相关领域的工作提供了借鉴。《集美区2015重点课题调研报告集》于2016年8月出版。

2016年集美区重点课题成果评审情况表

表8

奖项	课题名称	牵头单位
一等奖	推进产城学人深度融合，加快建设区域创新中心研究	区委办、发改局
	加快推进集美区城乡一体化发展研究	发改局
	集美区可持续交通体系研究	交通局
二等奖	集美区产业引导基金运营模式研究	财政局
	集美区重点产业链（群）发展探析	发改局
	理顺机制 强化统筹 全力推进全省全域旅游目的地创建工作	政协办

续表 8

奖项	课题名称	牵头单位
二等奖	集美区企业落实安全生产标准化建设体系情况调研报告	安监局
	全面推进法治集美建设的路径研究	司法局
	全面推进小流域综合治理研究方案	区委办、中科院城环所
三等奖	集美区人力资源发展战略与措施	人社局
	集美建设中国摄影中心路径研究	政府办
	集美区 2016 年"医养结合"服务模式调研报告	卫计局
	推进集美智能制造发展的对策研究	区委办、厦门理工学院
	关于提升基层人大代表履职能力的几点思考	人大办
	推动全面从严治党向基层延伸问题的一些思考	纪委办
	关于土地执法中"三方共建"机制分析与对策研究	土房分局

【文稿撰写】2016 年，区委政研室参与区委各项文稿材料起草工作，完成区第八次党代会、区委全委会议、全区经济工作会议、专题汇报会等全区重大会议领导讲话以及各类文稿 40 余篇 50 多万字，在凝聚发展共识、部署全区工作等方面发挥了重要作用。参与的《推进产城学人深度融合，加快建设区域创新中心研究》等文稿获得区委主要领导的肯定。以区委主要领导名义撰写的理论文章《深化转型发展，打造区域创新中心》和反映集美发展成效的 3 篇文章在《厦门通讯》发表。"莫兰蒂"台风过后，编印《集美区灾后恢复重建工作简报》17 期，及时反映灾后重建动态信息，展示全区各级党员干部及社会各界众志成城抵御灾害，全力以赴重建家园的精神面貌与工作成效。

【制度建设】2016 年，区委政研室制订《重点课题研究管理办法（试行）》，完善"广泛征求意见—政研室提出建议—常委会研究确定"的选题定题机制、区级领导指导参与机制、与辖区高校和科研院所的课题合作常态化机制、重点课题评比机制、调研成果及时转化机制，区重点课题调研工作更具特色、更加规范、更趋完善。加强与辖区高校和科研院所的课题合作，委托中科院城市环境研究所、厦门理工学院分别完成《全面推进小流域综合治理研究方案》《推进集美智能制造发展的对策研究》2 个重点调研课题。（印华清）

机关党建

【概况】2016 年，区直机关党工委突出全面从严治党主题，以"服务中心、建设队伍"为目标，开展"两学一做"学习教育，提高机关党的思想、组织、作风、制度和反腐倡廉建设水平，为美丽厦门·人文集美建设提供思想和组织保障。5 月，庄敏峰调任区直机关党工委委员、区直机关纪工委书记。12 月，区直机关党工委获评全省机关工委系统先进集体。至年底，机关党工委辖直属党总支 11 个，党支部 33 个，其中当年新发展党员 12 人，预备党员转正 13 人。

【机关党的建设】2016 年，区直机关党工委完善并落实中心组学习制度、"三会一课"制度、党员电化教育制度等，推动党员学习教育工作的落实。举办党务干部培训班，对所辖各党组织书记、组织委员等党务骨干进行为期两天的专题培训，77 名党务干部参加培训。举办入党积极分子培训班，对所属党组织 37 名入党积极分子进行为期三天的系统培训。召开专题学习会议，传达省、市、区党代会精神以及上级会议精神，提高机关党员思想认识水平。抓好基层党建七项任务：党员组织关系集中排查，对空挂、失联党员按相关规定进行处理；党代表和党员违纪违法未处理情况排查，对违纪违法党员给予党纪处分和组织处理；基层党组织按期换届检查，2016 年有 27 个党组织按期进行换届选举；按照要求完成党费补缴工作；推进党建在非公有制企业和社会组织"两个覆盖"，成立社会组织党支部 6 个；"党建富民强村"工作，开展在职党员到挂钩村（居）报到为民服务活动，各直属党组织到挂钩村报到党员 1000 多人，认领"微心愿"106 个，组建党员服务（义工）队 33 支，结对帮扶困难群众 551 人，为社区办好事实事 512 件；抓严抓实机关党员干部学习教育，督促各直属党组织查摆自身存在的问题及薄弱环节 60 个，制订《机关党组织学习教育整改清单》并整改落实到位。

【机关文化建设】2016 年，区直机关党工委认真抓好机关文化建设，塑造敬业、廉洁、健康、快乐的良好氛围。组织嘉庚精神宣讲进机关活动，邀请集美大学党校原常务副校长、厦门市委讲师团特聘教授邹文勇作题为《传承弘扬嘉庚精神，为实现中国梦提供精神支柱》辅导报告，有 240 余名机关党员干部参加报告会。开展"迎七一"新党员宣誓活动，11 名新党员面向党旗宣誓。举办习总书记"七一"

重要讲话精神集中宣讲活动，机关党员干部听讲290人。继续开展关爱病困党员会员活动，对因病或家庭发生重大变故的机关党员进行慰问，慰问病困党员120人、工会会员223人。号召区直机关党员干部职工为因重病住院的全国特级优秀人民警察、厦门市劳动模范、十佳民警陈清洲奉献爱心，捐款157792元。在抢险救灾工作中发挥机关党组织和党员“学在平时、用在关键、冲在前头”的先锋模范作用。强台风“莫兰蒂”过后，发动各直属党组织党员及干部职工参加抗台救灾行动。9月18—22日，组织44个直属党组织800余名在职党员，到政府大院、园博苑C地块、杏林湾环湾绿道进行倒伏树木的扶正回植工作，共扶正回植树木2300多棵。

【党风廉政建设】2016年，区直机关党工委严格执行党风廉政建设责任制，加强对党风廉政建设和反腐败工作的领导。明确党建第一责任人的责任，与各直属党组织签订《党风廉政建设主体责任书》，推动基层党组织主要责任人切实承担第一责任人的责任。持续深化“三转”，配备专职纪工委书记及专职纪检监察干部。研究制定党工委党风廉政建设主体责任清单及纪工委监督责任清单，班子成员制定个人任务清单，按时完成各项工作任务。向各直属党组织下发2015年党风廉政建设问题清单，并督促整改落实。做好重大节假日贯彻落实中央八项规定的监督检查，强化党员干部廉洁自律意识。运用“四种形态”，加大办案力度，约谈违反工作纪律的监察对象12人，调查核实信访移送案件2件，处理党员醉驾案件1起。（高双双）

机构编制管理

【概况】2016年，区委编办继续做好行政机构改革、行政审批制度改革和行政事业单位机构编制管理等工作。至12月31日，全区行政编制总量（含机关事业编制）678名；事业单位165家、事业编制总量5153名，其中财政核拨5105名、财政拨补13名、自收自支35名。

【行政机关机构编制调整】2016年，集美区对行政机关机构及编制进行调整：调整区纪委监察室内设机构和职责，设办公室、党风政风监督室、信访室、纪检监察室、案件审理室、组织和宣传部等内设机构6个，调剂增加行政编制2名；区委统战部调剂增加行政编制1名；区效能办职责从区政府办划入区委办，加挂“厦门市集美区机关效能督查办公室”牌子；从区农林水利局调整行政编制1名至区人大；区卫计局内设科室“医政科”更名“医疗卫生和中医药管理科”；各镇人口和计划生育办公室更名“卫生计生办公室”，各街道计划生育办公室更名“卫生计生办公室”，承担卫生、计划生育有关职责；区委非公有制企业工作委员会更名“区委非公有制企业和社会组织工作委员会”，区委非公有制企业工作委员会办公室更名“区委非公有制企业和社会组织工作委员会办公室”。

【事业单位机构编制调整】2016年，集美区对事业单位机构及编制进行调整：优化医疗资源配置，从灌口中心卫生院、侨英街道社区卫生服务中心、杏林街道社区卫生服务中心各调剂人员编制3名，从杏滨街道社区卫生服务中心调剂人员编制1名，共计10名人员编制给后溪镇卫生院使用；成立集美区水利工作站，为公益类事业单位，机构规格为相当正科级，划入原区水利局灌口管理站、后溪管理站职能及人员编制，内设集美区灌口水利站、集美区后溪水利站两个机构；整合林业工作站，机构规格调整为相当正科级，划入原区灌口林业站、区后溪林业站职能和人员编制，内设集美区灌口林业站、集美区后溪林业站两个机构；成立厦门市集美区新城幼儿园、厦门市集美区前场幼儿园，为公益二类事业单位；核定2016—2017学年中小学、幼儿园教职工编制控制数：中学1429名，小学2569名，幼儿园732名（其中事业编制542名），职校309名；厦门市集美区人才交流中心更名“厦门市集美区人才交流咨询服务中心”；优化整合基层妇幼保健和计划生育技术服务资源，将各镇街综合服务中心原加挂的计生服务机构牌子更名为“XX镇（街道）卫生计生服务中心”，重新划分镇卫生院、街道社区卫生服务中心以及镇（街道）卫生计生服务中心职能；各镇（街）综合服务中心加挂“厦门市集美区XX镇（街道）统计工作站”牌子，各增加人员编制1名；区突发公共事件应急中心加挂“集美区预警信息发布中心”牌子。

【综合行政执法体制改革试点】2016年，对全区农林水系统执法力量进行整合，将厦门市集美区农业执法大队更名为“厦门市集美区农林水综合行政执法大队”，加挂“厦门市集美区渔政管理站”牌子，为公益类事业单位，将原执法大队承担的公益性职能划入厦门市集美区农业技术推广中心；厦门市集美区文化市场综合执法大队内设机构执法科更名“执法一科”，增设内设机构执法二科，调整相关职能。

【非在编人员及政府购买服务管理】2016年6月，集美区启动编外人员清理规范工作，进一步规范编外人员聘用及管理工作，理顺非在编人员和政府购买服务人员管理关系。全区非在编人员指标1173名，实有1094人，2016年流动97人次；政府购买服务指标3029名，使用1656名，全部实行实名制管理。

【行政审批制度改革】2016年，集美区继续贯彻落实中央关于全面深化改革的战略部署，加快转变政府职能，着力推进简政放权、放管结合、优化服务工作，努力营造国际一流营商环境。落实清单动态管理。继续按照“清单之外无权力”的要求，建立清单动态调整机制，根据法律法规、机构职能的调整变动等情况，要求部门及时地进行清理规范，完成全市权责清单管理系统区级试点工作，区直部门清单事项均录入网上系统。至12月31日，全区22个行政单位保留“行政权力清单”事项1623项，“责任清单”事项2400项，多部门监管责任事项23项，“公共服务事项清单”事项113项。规范前置审批和行政审批中介服务事项。根据省、市审改办的工作部署，经过全面部署清理、部门自查上报、组织专人审核、委托律师协审、先后几轮征求部门意见、报区政府常务会研究等环节，最终以区政府名义发文进行公布。区级前置审批事项保留65项，调整22项；区级行政审批中介服务事项保留66项，调整23项，区直各审批部门同步对外公布并做好信息公开工作，及时修订办事指南及服务提供标准，对不再要求申请人提交相应材料，改为由部门通过内部信息共享获取相关信息的事项，相关审批部门从8月1日起不得再要求申请人提交。做好推广随机抽查机制规范事中事后监管工作。进一步创新政府管理方式，规范市场执法行为，于3月启动“双随机一公开”监管相关工作，组织相关部门针对本部门的监管领域建立“市场主体名录库”和“执法检查人员名录库”，编制随机抽查事项清单、建立“双随机”（随机抽取检查对象、随机选派执法检查人员）抽查机制，全区16个部门共计编制抽查事项134项。

【镇街权责清单编制】2016年8月，集美区贯彻中共中央办公厅、国务院办公厅《关于推行地方各级政府工作部门权力清单制度的指导意见》和《福建省人民政府关于印发2016年福建省推进简政放权放管结合优化服务工作要点的通知》精神，正式启动乡镇政府（街道办事处）权责事项梳理和清单编制工作。经过单位自查、分类梳理、集中审核、反馈调整四个阶段，10月底完成乡镇政府（街道办事处）权责清单编制工作。全区六个镇（街）共计梳理本级权责事项918项，其中行政许可6项、行政确认44项、行政处罚4项、行政征收6项、行政给付10项、行政监督检查68项、其他责任事项539项、公共服务241项，区直部门派驻机构权责事项98大项、515小项，权责清单实行动态管理。

【新版事业单位法人证书启用】2016年1月1日起，全区正式启用新版“事业单位法人证书”。新版法人证书采用18位数的“统一社会信用代码”，增加二维码可查询单位相关信息及辨别证书真伪。全区应提交年度报告事业单位法人数114家，审核完成112家，连同初始登记无须年度报告公示的单位6家，共换发新证118份。

【机关群团统一社会信用代码赋码】2016年，集美区根据中央编办《关于开展机关、编办直接管理机构编制的群众团体统一社会信用代码赋码工作的通知》要求，按照分级管理原则，顺利完成全区党政机关和编办直接管理机构编制的群众团体统一社会信用代码赋码发证工作。全区机关总机构数44家，赋码44家，完成100%；群团总机构数12家，赋码12家，完成100%。

【党政机关事业单位网上名称管理】2016年，全区党政机关和事业单位中文域名注册数量为294个，涵盖全区党政机关、事业单位、群团组织和社区（村），域名注册率127%，网站挂标率100%，在全市率先实现两个“全覆盖”。

（林洁）

党校教育

【概况】2016年，中共集美区委党校主办或协办培训班10期，共培训轮训学员458人次，其中处科级干部培训班2期82人次、科员和普通干部培训班2期109人次、入党积极分子培训班5期207人次、纪检干部业务培训班1期60人次。党校骨干教师到基层讲党课，听课党员干部千余人次。

【课程设置凸显主课】2016年，党校主体班的课程设置凸显主课，服务中心工作。围绕习近平总书记系列重要讲话、“四个全面”战略布局、“五大发展理念”等主线，精心安排培训内容。在两个主体班次培训中，设置“四个全面”“美丽厦门·人文集美”“红色教育”“党的理论与党性教育”“党的理论与改革创新”五大板块，在每个主体班的35个培训单元中，党的理论和党性教育课程为25个单元，占71%。凸显党性教育，推进从严治党。2016年，开设加强党性修养、坚定理想信念；学习贯彻《条例》和《准则》，推进全面从严治党；《问责条例》解读；尊崇党章，依规守纪；“两学一做”方面的专题，党性教育的专题占全部课程比重22%。坚持围绕中心、服务大局的办学原则。在“美丽厦门·人文集美”教学板块设置集美区“十三五”规划解读与展望、以五个发展理念深化实施“美丽厦门·人文集美”发展战略课程，聘请区改革与发展局的领导讲授相关专题，并组织到新城区营运中心、创业大厦和厦门老院子等教学基地开展现场教学，参观和考察建设人文集美、开展创新创业、实施供给侧改革、产业结构调整等方面取得的成绩和进展情况。

【教学方式两个结合】2016年，党校在教学中实行讲授式教学与互动式教学、室内教学与现场教学相结合的原则。每堂课留出20～30分钟时间，用作师生互动，互相交流。在开展的互动式案例教学中，学员们按照不同的角色任务，献言献策，齐心协力，整个教学过程组织严密，学员们思维活跃，表现出较强的大局意识、责任意识、为民意识和法治意识。最后，教师进行梳理、总结和点拨，提升教学效果。在海淀区委党校的情景模拟教学中，学员们分组后，在突发事件发生的不同阶段，根据各自的岗位职责，分工协作、群策群力、反应迅速、抉择果断、处置准确、有条不紊，展现出集美区干部在应对突发自然灾害方面所具有的指挥、协调和管控能力以及人民生命财产至上的理念，得到海淀区委党校授课教师的肯定。累年建成以爱国主义和嘉庚精神为主题的嘉庚纪念馆教学基地、以人文精神为主题的厦门老院子教学基地、以“美丽集美共同缔造”为主题的灌口田头村教学基地、以科学探索为主题的诚毅科技探索中心教学基地、以革命传统教育和党性教育为主题的集美区党群活动中心教学基地和江西干部学院（井冈山）异地教学基地、以廉政教育为主题的厦门市党风廉政教育中心教学基地，以改革创新为主题的北京市海淀区委党校基地等。2016 年，根据革命传统教育和党性教育任务的需求，选择在革命圣地井冈山和西柏坡，利用两地各具特色的红色资源和较为成熟的教学方式，开展红色传统教育；结合人文集美、创新创业方面的教学需要，选取厦门老院子基地、集美新城区创业大厦和北京中关村创业大街及 798 艺术区管委会，开展人文集美和创新创业方面的现场教学，拓宽学员视野，增强教学的吸引力和感染力。

【学员自我管理】2016 年，党校坚持严管理与重考核相结合，加强学员管理。在实行班主任跟班管理制度的同时，依托班委会和班级临时党支部，实行学员自我管理。日常班级事务由班委会管理，调动学员自我管理的主动性；学员思想教育由班级临时党支部负责，组织学员学习党章、党规，观看《集美优秀党员事迹片》《谷文昌》和《高墙内的官员们》等电教片，参观厦门市党风廉政建设中心，组织学员撰写个人党性分析材料，总结自己在学习期间的综合表现，明确问题和整改方向。严格执行出勤考核制度，规定凡是请假天数超过应出勤天数六分之一者淘汰，转入下期重修。结业时，班级临时党支部组织学员撰写学习心得，并根据质量评定相应等级。（林启敏）

档案管理

【概况】2016 年，集美区档案局（馆）接收 44 个全宗单位文书档案 2072 卷 31803 件，提供档案、资料利用 876 人次，查阅档案 996 卷（件），上报 2016 年档案目录数据 15974 条，涉全宗单位 53 个。编辑出版《集美寻珍》系列丛书 5 部，组织整理口述录 5 篇，“乡村记忆档案”建设项目全面推进。

【《集美寻珍》2—6 辑出版】2016 年，是区档案局（馆）档案编研“丰收年”。先后出版《集美寻珍》系列丛书 5 部 156.7 万字，辑录文章 288 篇、照片 708 幅、拓片 71 方。5 月 20 日，《集美寻珍》2 ~ 5 辑出版。《集美寻珍》之二《杏林记忆》为杏林专辑，67.9 万字，采用文章 105 篇、照片 364 幅，分“机构脉络”“杏林潮涌”“工业奇缘”“奇缘同声”“要事回首”“传媒辑要”“名人流芳”“巷陌民情”“旧影存珍”9 篇；《集美寻珍》之三《历代碑刻拓片荟萃》11.6 万字，分“集美篇”“杏林篇”“灌口篇”“后溪篇”“附录鳌园篇”5 部分；《集美寻珍》之四为系列丛书综合本，25.4 万字，分“抗日烽火”“影像回眸”“人物轶事”“艺文存韵”“民生经纬”5 篇；《集美寻珍》之五《古韵后溪》为后溪专辑，19.1 万字，分“乡土文化”“社会生活”“校园巡览”3 篇。12 月 25 日，《集美寻珍》之六《寻珍路上》出版，为开展寻珍活动的真实写照，32.7 万字，用图 236 幅，采写寻珍文章 37 篇，分“画说寻珍路”“编纂寻珍书”“撰写寻珍文”3 篇。

【口述录整理】2016 年，区档案局参加厦门经济特区建设 35 周年建设口述录组稿工作。甄选口述录课题（集美区）11 个，选用 5 个，承接组稿任务 3 个，区档案局撰文 4 篇，完成口述录 6 篇：《破常规、闯新路、促发展——台资企业厦门涤纶有限公司创办纪实》《为有源头活水来——杏林台商投资区创办纪实》《为有源头活水来——集美台商投资区的创立和初期建设纪实》《集中供热，国内领先——厦门电厂供气工程建设纪实》和《创建集美大学：陈嘉庚的世纪之梦》，并入选《厦门经济特区建设 35 周年建设纪念文集》。其中，《破常规、闯新路、促发展——台资企业厦门涤纶有限公司创办纪实》一文同时被《厦门党史通讯》刊用。另外，《一个抗战老兵的风雨人生路》先后被《福建档案》《厦门党史通讯》和《厦门晚报》刊用。

【“乡村记忆档案”项目】2016 年，区档案局实施编纂“一书”（《田头村志》）、建设“一馆”（田头乡村记忆馆）、创办“一室”（田头村档案室）、录制“一片”（田头村宣传片）项目，与田头村、集美大学文学院签订《田头村志》（或《田头记忆》）项目协议，推动和规范乡村记忆档案收集、整理、编研、展览、开发及保护工作。至年底，田头村建成标准化档案库房 31 平方米，密集架 18 立方米，建立档案工作管理制度，形成《田头村志》大纲和“田头乡村记忆馆”室内展大纲，完成该村 26 处 38 方石碑刻拓片作业；开始组织“美丽田头、幸福家庭”“美丽田头、幸福老人”专题拍摄，完成 9 户四代同堂家庭、4 对银婚夫妇、26 对金婚夫妇、4 对钻石婚夫妇，以及 180 名 70 岁以上老人照片的拍摄任务，整理成照片档案 4 册。（张锦瑜）

信访工作

【概况】2016年，集美区受理来信来访253批1474人次，比2015年分别下降27.9%和20.2%，转办交办97件，办结97件，办结率100%，复查43件；每月15日区主要领导共接访10批127人次，交办10件，办结10件，办结率100%；到市集体访24批586人次，同比分别下降20%和36.9%；越级到省上访7批27人次；越级进京非常上访11人次；转办市长专线8693件，同比上升12.27%；受理人民网32件、省长信箱37件；市信访局转交办99件，省信访局转交办141件；省、市交办积案10件，化解10件，化解率100%；听证评议信访事项2件，专案评审疑难事项2件，视频接访信访事项1件。信访机构及时受理率、有权机关及时受理率、按期办结率、信访机构满意度评价参评率均为100%，有权机关满意度评价参评率60%，各项数据在全市六区中均列第一名。

【信访积案和疑难信访化解】2016年，集美区采取日常排查与节点排查相结合、定期排查与经常排查相结合、面上排查与重点排查相结合的方法，对热点、难点问题进行详细排查，对重点地区、重点领域、重点人员进行重点排查，对潜在的矛盾纠纷进行超前排查，将各种不稳定因素纳入视野。对排查出来的矛盾纠纷和信访突出问题，逐一登记建档，逐案落实责任，逐件跟踪督办，做到不漏管、不失控。通过疑难信访事项审议、公开听证、视频接访、带案下访、主动约访等多种方式化解矛盾纠纷。全年排查矛盾纠纷20件，闹访多年的黄某、陈某等信访事项得到化解。省市交办的10件信访积案，2件涉法涉诉信访件移送司法机关，8件行政类信访件中7件已办结。

【缠访闹访行为处理】2016年，集美区加大力度依法处置缠访、闹访、越级访等非正常上访行为。区委政法委、公安分局、信访局等相关部门各司其职，通过综合施策，运用听证审议、依法打击、人文关怀等措施，打击缠访、闹访行为，围堵行政中心大门、缠访、闹访等现象减少。对林某等人串联进京非常上访这一新现象，各镇街和有关部门及时快速劝返稳控，公安部门加大打击力度，减少因“串访”现象造成的负面影响。（冒宇彬）

老干部工作

【概况】2016年，集美区老干部局管理的离退休干部51人，离休干部遗属19人。其中，区离休干部17人，异地安置离休干部6人，“5•12”干部5人，原区委、区人大常委会、区政府、区政协、区纪委退休干部23人。老干局宏观管理的离退休干部平均年龄77.35岁，其中离休干部、“5•12”退休干部平均年龄87.27岁。

【落实老干部待遇】2016年，集美区坚持一年两次的政情通报会制度和每月10日老干部阅文制度，组织老干部参加区委扩大会议、党代会等重要会议和重大活动，同时做好“两报一刊”的征订、发放工作。确保机关事业单位的17名离休干部、5名“5•12”退休干部的离退休费及各种津贴、年终奖金按时足额发放。离休干部遗属的定期定额补助标准调整为厦门市每年社评工资的45%。各成员单位做好干部保健对象医药费、疗养费、体检费等保健经费的统筹、缴纳工作，确保保健对象生病住院所发生的医药费按规定实报实销。

【关心慰问老干部】2016年，集美区继续实行区领导挂钩联系老干部制度和走访慰问制度。春节期间，区领导慰问老干部和离休干部遗属68人次，发放慰问金8.8万元；5月，对全区51名老干部进行入户家访，了解老干部生活情况，为老干部送去精神慰藉；敬老节、国庆节、中秋节，以区委、区政府名义走访慰问老干部50人，发放慰问品及慰问金2.55万元。全年共慰问走访住院老干部16人次，发放慰问金1.71万元。继续实行老干部祝寿制度，老干部生辰日由邮递员送上鲜花和蛋糕；敬老节期间，集中为“逢五逢十”及80周岁以上的老干部祝寿。

【服务老干部“四就近”】2016年，区老干局协调集美街道组建盛光社区和银亭社区两个老干部“四就近”服务站，利用社区资源，为老干部提供“四就近”服务。组建由28名退休人员组成的老干部志愿服务队和大学生志愿者服务队，挂钩12名老干部，开展“二帮一”志愿服务活动。并依托“12349”服务平台，通过购买社会服务，为居家养老的老干部提供全方位、多层次、多元化的养老服务。与集美街道社区卫生服务中心签订协议，定期为老干部进行健康检查，建立电子健康档案，为行动不便的老干部“送医上门”。借助社区卫生服务中心紧急救助网络，为突发意外的老干部提供紧急救助服务。

【发挥老干部正能量】2016年，集美区举办正能量辅导讲座3场，为老干部支持、拥护、助力改革发挥正能量奠定思想基础。深化“我看美丽厦门新变化”活动，组织老干部先后参观海沧洪塘社区服务中心、集美新城、厦门老院子闽南民俗文化风情园、澳头村、香山公园、厦门市气象局等“美丽厦门共同缔造”示范点和重点建设工程。举办首届正处级退休干部读书班和第五期老干部读书班，在全市各区率先将区直部门领导纳入区老干部思想政治建设范畴。读书班采取集中学习、个人自学、辅导讲座及参观考察等形式进行。开展“我为人文集美添光彩”活动，组织老干部为区域发展积极建言献策，共收集建议40余条。以老领导的名义，向全区离退休干部发出《不忘初心，为党的事业增添正能量》倡议书。结合纪念建党95周年，举办老干部书画摄影展和“颂党恩、听党话、跟党走”文艺演出。为发挥老干部正能量搭建服务平台，全区共成立“五老”志愿服务队99支，2647人；“学雷锋”志愿服务队65支，1800余人；网吧义务监督小组18个，108人；嘉庚文化志愿服务队125人。

【办好老年大学】2016年，集美区老年大学开设课程32门、教学班115个，有教师有52人、学员3550人次。通过送教下乡、培训基层骨干等形式，与社区合作举办健康舞、太极、腰鼓等共校外班5期。以纪念建党95周年、红军长征80周年为契机，举办庆祝建党95周年和红军长征80周年书画摄影展。组织学员参加市老年大学“桑榆之光”、市委老干局长征主题书画创作展出活动，在校内外展出作品200幅。（陈晨）

关心下一代工作

【概况】2016年，区关工委围绕关心下一代成长成才这一根本任务，着力加强青少年思想道德建设，为青少年多办实事好事；以创“五好”基层关工委为载体，进一步加强关工委自身建设。是年，首次将组建5年以上的企业关工委纳入评估范围。经对各申报达标单位进行检查评估，创“五好”新达标关工委10个，其中社区关工委1个、学校2个、非公企业7个。全区101个基层关工委（不含企业关工委），五好达标97个，“五好”达标率96%。

【主题教育】2016年，区关工委以纪念建党95周年和长征胜利80周年为契机，深入开展“三爱两史”主题教育活动。125名“五老”志愿者，以区、镇（街）两级报告团和嘉庚文化志愿服务队为主体，活跃在学校、社区、农村、企业，面向青少年开展形式多样的“三爱两史”宣传教育和实践活动。报告团举办各种主题报告会、讲座70余场次，受教育21640多人次。报告团副团长冯沿江携带自己制作的《陈嘉庚的中国梦》《旗帜映日月，正气壮山河——陈嘉庚抗战故事与“三爱”感悟》《青春献祖国，热血写春秋——民族女英雄李林之歌》等课件到中小学进行演讲；报告团副团长林忠阳在厦门电视台用闽南语讲述陈嘉庚爱国、爱乡、倾资兴学的生动故事；报告团团长陈晚生深入学校、社区为广大青少年讲述长征故事；集美街道关工委带领青少年参观鳌园、陈嘉庚纪念馆、李林园和李林纪念馆，邀请地下党党员陈少斌在闽西南第一个共青团支部旧址讲述当年集美地下党活动的故事；后溪镇关工委带领中小学生到革命基点村崎沟村和前进村进行革命传统教育；侨英街道关工委带领中小学生参观爱国将领李友邦故居和事迹展览馆，祭扫兑山革命烈士陵园，为小朋友们讲述中国人民解放军解放集美时为保护集美学村不惜流血牺牲的故事；灌口镇关工委承办以“庆祝建国67周年、纪念建党95周年、长征胜利80周年”为主题的大型文艺晚会，对青少年进行爱国主义教育。

【捐资助学】2016年，区关工委以关爱联盟为平台，继续开展捐资助学活动。厦门建霖卫浴有限公司董事长吕理镇和夫人郑一平，用在区关工委设立的芳德助学基金，给集美大学和厦门理工学院62名品学兼优贫困生发放助学金，每人4000元；该公司三位负责人每人每年捐资1万元，作为区关工委助学金，资助单亲家庭贫困生。宗顺建筑工程有限公司董事长张剑忠，为区关工委资助贫困生捐款10万元。中考、高考期间，区关工委、“五老”工委和镇街“五老”志愿者进村入户走访中高考贫困生，为市、区慈善会开展助学活动提供翔实资料，争取两级慈善会资助集美区贫困生近百名。区关工委联系区侨促会企业家及爱心人士与集美区37名贫困生开展结对帮扶活动，给予帮扶资金8.4万元。集美街道关工委联系3个民间基金会，五年共赞助高考贫困生2000多人计290余万元。杏滨街道锦园社区关工委携手社区，资助26名新录取的大学生17600元。

【“五老”志愿服务】2016年，全区有“五老”志愿者2769名，由“五老”工委办公室统一网上注册、统一管理。区关工委建有思想道德教育报告团、科普教育工作组、家庭教育指导组、校外教育辅导组、帮教组、文化市场督导组，各镇街关工委也分别成立交通安全督导队、校园治安巡视队、防溺水志愿服务队、网吧义务督导队等志愿服务组织，全区有各种类型“五老”志愿服务队102支。同时，有社区（村）青少年志愿服务队67支共1649人。是年，全区开展法制宣传教育30余场次，12000多名青少年接受教育；组织“五老”志愿者结对帮扶帮教“五失”青少年315人，有14名失足青少年得到转化；杏林街道关工委与有关社区配合，建立外来员工子女和贫困生辅导站，组织“五老”志愿者与外来员工子女和特困生结对帮扶；教育系统关工委“五老”志愿队走进福乐家园，为残疾智障青少年开设绘画、手工制作、音乐舞蹈、文明法制和国学启蒙教育等课程；政法系统关工委、后溪镇关工委和启明学校（工读学校）开展“三方共建、培育新人”帮教活动，对全校118名有严重不良行为的学生实施法制教育和结对帮扶转化工作；108名“五老”网吧义务监督员全年共巡查网吧24292人次，劝阻未成年人进入网吧15人次，纠正不文明上网、吸烟、不卫生等行为为400多人次。区关工委组织“五老”志愿者528人，与264名16岁以下困难儿童结对，开

区关工委组织优秀学生骨干参加中外国际文化交流夏令营（陈锡萍 摄）

展心理和经济帮扶活动；组织 298 名“五老”志愿者与 190 名空巢孤寡老人结对，帮助他们就医送药、买菜做饭，与之慰藉谈心，送去亲人般的温暖。区关工委嘉庚文化志愿服务队的 56 名成员，与集美大学宣传嘉庚精神志愿者携手，走进中小学、社区、企业，开展嘉庚精神宣传活动。

【读书征文】2016 年，区关工委协同区文明办、区教育局、团区委、区妇联，在中小学校开展“五好小公民”主题教育“老师您好，我的好老师”读书征文和书画比赛活动。全区各中小学生撰写读书征文稿件和书画作品近万篇（幅），共评选出征文作品一等奖 40 篇、二等奖 80 篇、三等奖 145 篇，书法作品一等奖 2 名、二等奖 3 名、三等奖 5 名，绘画作品一等奖 5 名、二等奖 14 名、三等奖 13 名，集美职校、厦门十中、杏南中学、集美小学、曾营小学获市优秀组织奖。推荐参加全国征文 200 余篇，获全国一、二、三等奖 85 篇，其中一等奖 6 篇、二等奖 28 篇。集美区教育局第四次蝉联“全国读书征文活动先进集体”称号。

【举办夏令营】2016 年，各基层关工委和“五老”志愿者配合学校、社区举办各种类型夏令营 79 场次，参加人数 24000 余人次。灌口镇关工委配合灌口中心小学，举办与台湾宜兰县头城镇大里国民小学、宜兰县东镇公正国民小学师生联欢交流活动和海峡两岸第四届童玩文化节。杏林街道关工委在曾营小学举办为期三天的第五届“大手拉小手，让爱一起走”厦金两岸少儿文化交流夏令营活动，金门中正小学 57 名孩子参加活动。是年，区关工委首次组织各镇街 9 名优秀学生骨干，参加由 30 多个国家 70 多个名牌大学的大学生担任外教的集美区中外学生国际文化交流夏令营活动。（陈锡萍）

台湾事务

【概况】2016 年，集美区贯彻落实中央和省委、市委对台工作决策部署，把握两岸关系和平发展主题，深化两岸经贸、文化各领域交流合作，推进人文集美建设。全区合同利用台资 16298 万美元，两岸经济、文化、体育、基层民间等方面交流合作深入开展。

【对台经贸合作交流】2016 年，集美区组织由区经信局、区商务局、区财政局及 30 家企业代表组成的集美区企业领袖班分两批赴台培训。继续深化与台湾中国生产力中心合作，邀请台湾企业家对辖区企业进行专业培训、全面诊断和“一对一”深度辅导，共对 21 家企业进行全面诊断，对 17 家企业进入深度辅导，助力企业导入精益生产模式。3 月，台企厦门正新橡胶工业有限公司被评为 2015 年度集美区十大纳税企业，台企路达厦门工业有限公司和厦门建霖工业有限公司被评为 2015 年度集美区十佳科技创新企业，台企厦门正新橡胶工业有限公司和华懋厦门新材料科技股份有限公司被评为 2015 年度集美区十佳品牌创建企业。6 月 2 日，台企厦门建霖工业有限公司跻身工信部公布的两化融合管理体系贯标试点企业名单。6 月 24 日，达华智能 • 海峡两岸物联网资源发布暨项目合作对接会在集美举行。7 月 15 日，由一品威客创客空间与台湾嘉义市青年创业协会联合主办的第一期“厦门创友会”在一品创客集美基地举行，来自台湾嘉义及入驻一品创客的近 20 名青年创业者汇聚一堂共谋发展。9 月，位于后溪工业组团的台资企业华懋新科技登陆 A 股。11 月 26 日，首届中国大学生创业交易会在集美举行，“厦门市台湾青年创业就业实训基地”落户集美。12 月 3 日，英特尔海峡创新创业大赛决赛在集美举办，有 3 家台湾企业进入决赛，获奖项目得到 3000 元至 10 万元不等的创业奖金。同时举办“智享生态两岸创新创业高峰论坛”，邀请两岸专家学者进行主题演讲，为两岸创新创业发展提供交流互动平台。

【两岸教育交流合作】2016 年 1 月 6 日，厦门理工学院与台企友达光电（厦门）有限公司签署产学合作协议。4 月 7 日，厦门理工学院承办的福建省理工类师资闽台联合培训班开班，全省 34 所高校的 59 名教师，在厦门理工学院、台北科技大学和元智大学进行为期一个月的集中培训。6 月 5 日，“嘉庚精神百日行动进德育”之“集美区家校社三结合教育研讨会”在集美区举行，邀请金门湖埔小学窦志通老师作“承多元教育之道统，集人本关怀之精髓”主题交流。

【两岸文化交流合作】2月18日，来自台湾宜兰县的40余名表演者参加灌口第四届闽南童玩文化节暨元宵活动。2月19日，台企厦门TDK有限公司企业党群活动服务中心启用，成为集美区第六个非公企业党群活动服务中心。3月26日，海峡两岸畲族体育文化研讨会在集美大学诚毅学院开幕，来自福建、江苏、安徽、浙江和台湾等地部分高校的相关专家学者，就畲族体育文化的传承与发展进行研讨。3月27日，中国国民党台北市委员会所属妇女工作总会连秀英总会长率团13人参访集美区。3月31日，“音乐厦门·集美声音——唱自己的歌”系列活动之“校园好声音”原创音乐会在集美大学诚毅影剧院举行。5月7日，“幸运的光谱——海峡新锐雕塑展”在兑山艺术区1号展厅开展。5月11日，微风乐集·青年原创音乐孵化基地暨海峡两岸青年体验交流中心揭牌。5月14日，台湾亲子教育专家苏宏生“U型管教”家庭教育公益讲座在集美图书馆举行。5月29日，第十二届海峡两岸（集美）端午文化论坛在集美大学举办。论坛以“中华传统民俗文化的继承与创新”为主题，收到海峡两岸专家、学者和传统文化爱好者论文28篇。6月8日，全球华人地区规模最大的学生广告活动——第二十五届“金犊奖”复决审暨海峡两岸文化创意发展高峰论坛在集美举行。6月12日，作为第八届海峡论坛重要项目的第三届海峡两岸青少年新媒体文创论坛在集美举办。论坛延续上届“中国梦·海峡情”“新媒体·新青年·新发展”的主题，同时举办海峡两岸青少年微电影主题峰会、海峡两岸青年创业与“互联网+”主题峰会、海峡两岸青少年国学教育与新媒体融合发展峰会等多项活动。同日，海峡两岸女大学生众创起点营活动在省巾帼众创空间示范基地——厦门北站创业大街开幕。7月18日，第六届海峡两岸高校文化与创意论坛暨“海丝”大学生创新创业大赛在华侨大学厦门校区开幕，来自“海丝”沿岸21个国家和地区42所高校的111名大学生，通过论坛和竞赛的形式，为集美大社老社区改造提供创意设想。7月29日，海峡两岸（厦门）青少年航天梦创意绘画大赛评选在厦门启动，300多名台湾学生参赛。9月4日，集美调频广播直播“心灵绿洲”栏目邀请台湾心理学专家柯慧贞与听众座谈“青少年网络成瘾的成因和应对”。11月8日，以“两岸关系走向何处”为主题的“华侨大学两岸关系论坛”在华侨大学厦门校区举行，来自两岸的30余名专家学者参加。11月4日，第二届“两岸·映像纪”文博会影视专场活动在集美集影视文创园开幕。11月25日，创意两岸城市设计双年展——“非常空间”两岸当代雕塑展在集美兑山艺术区开展，柯锦中、李文武、廖迎晰等10余位台湾艺术家作品参展。12月30日，集美·双栖青年影像季在厦门举办，以“爱电影、爱旅游、爱集美”为主题，邀请多位两岸导演、艺术家和制片人参加，影像季以“立足两岸、打开视野”为诉求，为大陆和台湾学生独立制片搭建平台，促进两岸学生影视创作者的对话与交流。

6月12日，第三届海峡两岸青少年新媒体文创论坛在集美举办。（林志杰 摄）

【两岸体育交流合作】2016年3月12日，“灌口·三圈霸道杯”海峡两岸车辆模型（越野）大奖赛在全国科技体育训练活动基地——厦门三圈模型科技体验基地开幕，同期举办海峡两岸模型产业精英论坛、厂商大联展及模型科技体验等活动。4月30日，“体彩杯”厦门集美第五届海峡自行车公开赛在园博苑举行，来自台湾的春保森拉天时车队、台北18eighteen夜骑车队、金门风火轮单车安全协会的12名选手参赛。5月28日，海峡两岸（集美）龙舟文化节暨“嘉庚杯”“敬贤杯”海峡两岸龙舟赛开幕，来自台湾的24支队伍参赛。6月18日，厦门集美“海峡杯”老年气排球邀请赛在杏林文体中心举行。7月30日，第五届海峡两岸“黑松油切麦茶杯”乒乓球邀请赛在厦门杏林文体中心举办，来自国家队、台湾、金门、福建地区的40支代表队300余人参加比赛。10月17日，集美节——灌口·三圈海峡两岸车辆模型（平路）大奖赛在厦门三圈模型科技体验基地开幕。来自美国等10多个国家和中国大陆、港澳台地区的车手及技师近300人参赛。12月，集美乒乓球队参加金门县第十届“美珍香杯”乒乓球邀请赛。

【两岸村里社区交流】2016年6月10日，第八届海峡论坛•两岸社区服务恳谈会在集美举行，来自两岸的150余名嘉宾围绕社区营造进行交流。同日，中国国民党台中市委员会参访团访问集美，杏林街道宁宝社区与台中市北区新兴里、曾营社区与台中市北区光大里进行对接。6月11日，金门金沙镇参访团访问集美，集美街道银亭社区、盛光社区分别与金门金沙镇官屿里、浦山里实现对接。7月14日，新北市中和区村里长参访团一行24人参访集美区。9月23日，厦门市高校台生社区实习工作启动，集美大学和华侨大学的10名台生分别到杏林、集美、侨英、杏滨4个街道的10个社区担任社区主任助理。11月21日，金门县村里长联谊会参访集美区，侨英街道兑山社区、叶厝社区分别与金门金沙镇三山里、西园里，集美街道浔江社区与金门金沙镇汶沙里实现对接。

【民间交流往来】2016年1月28日，台湾张氏宗亲总会20人到集美板桥参加恳亲活动。4月13日，灌口山口庙与台湾宜兰县庆和庙开展谒祖朝拜活动。4月20日，灌口镇深青村泽深宫、茂林庵共51人，赴台参加台南市仁德区大甲泽清宫、慈济宫举办的两岸“保生大帝”“清水祖师”文化活动。4月26日，灌口镇上塘村瑞塘宫、上塘林氏宗亲会（西河棋塘管委会）举行林氏汝华公妾（祖妣何氏）墓迁移谢土庆典，40多位台南林氏族亲回乡祭祖。4月27日，灌口镇浦林村东山宫（妈祖宫）举行落成庆典。7月31日，台湾孙氏宗亲代表45人回集美孙厝祭祖。12月18日，侨英街道板桥张氏首届儒林板桥张氏海内外宗亲联谊会暨板桥浒井社张氏宗祠重建落成暨祔祧庆典在板桥举行。

【保障台商合法权益】2016年，区台办稳妥处置涉台纠纷和涉台突发事件，加强对台资企业治安防控的指导以及涉台案件的调处工作，强化相关部门的协调合作，共受理台商台胞台属求助件8起，及时处置台企在环保、用地、股权、劳资、子女就学等方面的问题，反馈率和按时报结率均为100%。

（陈文婕）

机关效能建设

【概况】2016年，集美区制订“2016年度市对区绩效考评对接责任单位分解表”，建立市对区绩效考评常态化对接工作机制；出台《关于开展“不作为”问题专项督查方案》，成立六个专项督查组，开展明察暗访、专项调研、随机抽查和实地走访，发现区直属单位和部门存在问题166个，制定整改措施288条。是年，全区在明察暗访、电子监察以及投诉件办理过程中，效能问责相关责任人35人。其中，效能告诫5人，通报批评8人，诫勉教育22人。

【绩效考评工作】2016年，集美区建立市对区绩效考评常态化对接工作机制。区效能督查办将市对区考评指标的对接工作细化分解至具体责任单位，汇总制订“2016年度市对区绩效考评对接责任单位分解表”，明确各考核指标任务的对接单位、责任领导和责任人，形成各对接责任单位主要领导负总责，分管领导和责任人具体对接的工作机制，确保各对接责任单位动态掌握市对区绩效考评各项工作任务的完成情况，保障对接工作及时、有效。同时，规范区级绩效管理工作，在指标考评体系中，结合市对区考评指标，紧跟区委、区政府的工作重点，设置“对标先进、争创一流工作完成情况”“联合督查重点工作完成情况”“食品安全工作开展情况”和“社会信用体系建设工作”等指标，通过完善指标设置，客观全面地考评全区各单位工作任务的完成情况，促进各项中心工作得到较好落实。是年，集美区机关绩效考评工作位列全市第三位。

【“不作为”专项督查】2016年，集美区制订《开展“不作为”问题专项督查方案》，重点整治机关、区属各企事业单位工作人员中存在的“不想作为、不敢作为、不会作为、不实作为、不当作为”问题。7月初，组织全区49个区直单位、党群部门和国有企业召开动员部署会，确保《方案》落实。成立重点项目督查组、“五个一批”项目督查组、简政放权督查组、便民服务“马上就办”督查组和明查暗访督查组，由区效能督查办统一组织协调，根据工作实际定期开展专项督查。通过明察暗访、专项调研、随机抽查、实地走访等方式，共发现全区各直属单位和部门存在问题166个，建立整改任务台账49本，制定整改措施288条。

（易杰）

权力机构

综　述

【概况】2016年，集美区召开人民代表大会2次、人大常委会会议11次、人大常委会主任会议3次，听取、审议区政府及其部门、区法院、区检察院专项工作报告10项；开展执法检查1项，组织市、区两级代表专项视察3次、进行专题询问1次，开展审议意见落实情况满意度测评1次，作出重大事项决定、决议6项；任免国家机关工作人员70人次，其中任命42人、免职28人；督办代表提出的建议、批评和意见99件。

【决议和决定】2016年，区人大常委会审议通过决议和决定6项。1月13日，区人大常委会作出《关于表彰2014—2015年度优秀代表议案、建议和代表建议办理工作先进单位的决定》。7月26日，区人大常委会听取并审议区政府《关于2015年集美区本级财政决算的报告》《关于2015年度集美区本级预算执行和其他财政收支的审计工作报告》，作出《关于批准2015年集美区本级财政决算的决议》；听取并审议区政府《关于2016年集美区地方政府债务转贷收入及财政预算变更草案的报告》，作出《关于批准2016年集美区地方政府债务转贷收入及预算变更的决议》。9月27日，区人大常委会听取区政府《关于编制第七个五年普法宣传教育规划的说明》，审查区政府《关于在全区公民中开展法治宣传教育的第七个五年规划》，作出《关于进一步加强法治宣传教育的决议》。10月19日，区人大常委会听取和审议区政府《关于集美区2016年1至9月财政预算执行情况和财政预算变更草案的报告》，作出《关于批准2016年区本级预算变更的决议》。12月15日，区人大常委会作出《关于表彰集美区第十一届人民代表大会优秀代表的决定》。

【区第十二届人大代表换届选举】集美区第十二届人大代表的选举工作，从2016年9月开始，经过宣传发动、选民登记、提名推荐和酝酿协商确定代表候选人、组织选民投票选举四个阶段，于12月2日结束。全区总人口452300人，其中18周岁以上公民291607人，依法进行选民登记285802人（不含驻军）。12月2日，在115个选区和4个驻集美部队单位分别举行选举大会，参加投票270245人，参选率94.56%。经选民无记名投票，依法选举产生区第十二届人大代表176名。在当选代表中，工人12人，占6.8%；农民30人，占17.05%；公务员47人，占26.70%；专业技术人员23人，占13.07%；军人4人，占2.27%，其他60人，占34.09%。非中共党员64人，占36.36%；妇女代表52人，占29.55%。党委提名的寄选代表全部当选，基层一线的工人、农民、专业技术人员代表候选人顺利当选，选出的新一届人大代表结构比例比较合理。

【常委会读书班】2016年，区人大常委会先后举办两期专题读书班。3月30日，举办“两学一做”专题春季读书班，区人大常委会组成人员参加学习。厦门市人大常委会人事任免处处长周军应邀，就《厦门市各级人民代表大会常务委员会人事任免办法》进行授课辅导。区委书记李辉跃、组织部部长胡旭彬到会指导。李辉跃就区人大常委会工作提出三点要求，要坚持党的领导，要依法正确履职，要加强学习和建设。区人大常委会主任陈建荣强调常委会全体组成人员要切实增强四种意识，做到带头加强政治理论学习，带头遵规守纪，带头向党委看齐，带头围绕中心服务大局开展工作，带头做好廉洁自律。参加读书班的常委会组成人员认为，该次学习对正确理解人大人事任免权，规范完善任免工作机制，树立人大任免权威，坚持党的领导，依法正确履职，践行“三严三实”等方面，具有重要指导意义。12月6日，区人大常委会举办秋季读书班，传达学习党的十八届六中全会和省党代会会议精神。（王扬容　陆杰）

代表大会

【区十一届人代会第五次会议】2016年1月25—28日，区十一届人代会召开第五次会议。会议听取和审议代区长何东宁代表区政府所作的《政府工作报告》，决定批准该报告；听取《关于集美区“十三五”规划编制的说明》，审议并表决通过《厦门市集美区国民经济和社会发展第十三个五年规划纲要》，作出《关于<集美区国民经济和社会发展第十三个五年规划纲要>的决议》；听取和审议区财政局局长胡国才受区政府委托所作的《关于集美区2015年财政预算执行情况和2016年财政预算草案的报告》，审查集美区2016年财政预算草案，作出《关于集美区2015年财政预算执行情况和2016年财政预算的决议》，决定批准该报告，批准2016年区本级财政预算；

12 月 19-23 日，集美区十二届人大一次会议召开。图为当选的区政府领导进行宪法宣誓（林志杰 摄）

听取和审议区人大常委会主任陈建荣代表区十一届人大常委会所作的工作报告，作出《关于集美区人民代表大会常务委员会工作报告的决议》，决定批准该报告；听取和审议区法院代院长温文华所作的区人民法院工作报告，作出《关于集美区人民法院工作报告的决议》，决定批准该报告；听取和审议区检察院检察长吴华峰所作的区人民检察院工作报告，作出《关于集美区人民检察院工作报告的决议》，决定批准该报告。会议补选何东宁为厦门市集美区人民政府区长，温文华为厦门市集美区人民法院院长，陈朝晖为厦门市集美区第十一届人大常委会委员。

【区十二届人代会第一次会议】2016 年 12 月 19—23 日，区十二届人大召开第一次会议。会议听取和审议区长何东宁所作的《政府工作报告》，作出《关于集美区人民政府工作报告的决议》，决定批准该报告；审议区财政局局长胡国才受区政府委托所作的《关于集美区 2016 年财政预算执行情况和 2017 年财政预算草案的报告》，审查集美区 2017 年财政预算草案，作出《关于集美区 2016 年财政预算执行情况和 2017 年财政预算的决议》，决定批准该报告，批准 2017 年区本级财政预算；听取和审议主任陈建荣所作的区人民代表大会常务委员会工作报告，作出《关于集美区人民代表大会常务委员会工作报告的决议》，决定批准该报告；听取和审议区法院院长温文华所作的区人民法院工作报告，作出《关于集美区人民法院工作报告的决议》，决定批准该报告；听取和审议区检察院检察长彭明武所作的区人民检察院工作报告，作出《关于集美区人民检察院工作报告的决议》，决定批准这个报告。会议选举陈建荣为区十二届人大常委会主任，陈清苗、陈来福、李梅英、邱晓晖、丁加生为区十二届人大常委会副主任，王进法、王跃进、王朝晖等 21 人为区十二届人大常委会委员；会议选举何东宁为区政府区长，孙建辉、叶德传、石扬、黄颖、吴金平、李宗泽、林声群为区政府副区长；会议选举温文华为区法院院长，彭明武为区检察院检察长（报经厦门市人民检察院检察长提请厦门市人民代表大会常务委员会批准）；会议选举庄稼汉、庄丽榕等 40 人为厦门市第十五届人民代表大会代表。（王扬容 陆杰）

常委会会议

【十一届人大常委会第三十五次会议】

2016 年 1 月 13 日，区十一届人大常委会召开第三十五次会议。区人大常委会副主任陈清苗主持，区人大常委会副主任及委员 18 人出席会议，区委常委、区长黄晓舟，区委常委、组织部部长胡旭彬，区法院代院长温文华，区检察院副检察长叶榕勤，灌口、后溪镇人大主席，杏林街道人大工委主任列席会议。会议听取并审议区人民政府区长黄晓舟提请关于何东宁任职的议案，表决通过决定任职名单；听取并审议黄晓舟关于辞去集美区人民政府区长职务的报告，决定接受黄晓舟辞去集美区人民政府区长职务的请求；听取并审议区人大常委会主任会议关于提请决定何东宁同志代理集美区人民政府区长职务的议案，表决通过决定何东宁代理集美区人民政府区长职务。会议研究了区十一届人大五次会议召开时间及有关事项。会议讨论并原则同意《集美区人民代表大会常务委员会工作报告（讨论稿）》，由区人大办公室进一步修改后提请大会审议。会议原则通过《关于表彰 2014—2015 年度代表优秀议案建议和建议办理工作先进单位的决定（草案）》，由人事代表工作室根据会议讨论，修改后提交会议表彰。

【十一届人大常委会第三十六次会议】

2016 年 1 月 25 日，区十一届人大常委会召开第三十六次会议。区人大常委会副主任陈来福主持，区人大常委会主任陈建荣、副主任及委员 21 人出席会议，区法院代院长温文华，区检察院检察长吴华峰，灌口、后溪镇人大主席，杏林街道人大工委主任列席会议。会议听取有关区人大五次会议选举增加事项的说明，同意增加补选杏林街道人大工委主任陈朝晖为区人大常委会委员，参照《福建省国家工作人员宪法宣誓办法》，组织新选举出的人员进行宪法宣誓。会议听取区十一届人大常委会代表资格审查委员会主任李梅英所作的《关于区十一届人大代表变动情况的报告》，同意该报告，提交区十一届人大五次会议备案。

1月28日，区人大常委会向区人大常委会委员颁发任用聘书。（林志杰 摄）

【十一届人大常委会第三十七次会议】

2016年1月28日，区十一届人大常委会召开第三十七次会议。区人大常委会副主任陈清苗主持，区人大常委会主任陈建荣、副主任及委员22人出席会议，区委常委、区长何东宁，区委常委、组织部长胡旭彬，区法院院长温文华，区检察院检察长吴华峰，灌口、后溪镇人大主席列席会议。会议听取并审议区人民政府区长何东宁提请关于陈锡彬等任免职的议案，表决通过部分决定任免名单；听取并审议区人大常委会主任会议提请审议关于李永联等任免职的议案，表决通过决定任免名单；审议并表决同意接受范斗、苏志强、温斌生辞去区十一届人大常委会委员职务；会议举行颁发任命书仪式，并组织被任命人员向宪法宣誓。

【十一届人大常委会第三十八次会议】

2016年3月16日，区十一届人大常委会召开第三十八次会议，区人大常委会副主任李梅英主持，区人大常委会主任陈建荣、副主任及委员19人出席会议，区政府副区长林声群、区法院院长温文华、区检察院检察长吴华峰、灌口和后溪镇人大主席、杏滨街道人大工委主任等列席会议。会议听取并审议区人民法院院长温文华提请关于詹锦林、王昊元等任免职的议案，表决通过决定任免职名单；讨论并原则通过《集美区人大常委会2016年工作要点（草案）》。区人大法工委书面报告2015年度规范性文件备案审查工作的情况。

【十一届人大常委会第三十九次会议】

2016年5月26日，区十一届人大常委会召开第三十九次会议。区人大常委会副主任潘佳庆主持，区人大常委会主任陈建荣、副主任及委员18人出席会议，区政府副区长叶德传、区法院院长温文华、区检察院检察长吴华峰、灌口和后溪镇人大主席、杏滨街道人大工委主任，区建设局局长邹荣生、区农林水利局局长余清岩、市环保局集美分局局长邵火炉、区政府办副主任陈各辉、区交通运输局副局长黄小达、区检察院办公室主任涂少贞等列席会议。会议听取并审议区人民法院院长温文华提请关于丁耀霜等任免职的议案，表决通过决定任免职名单；听取并审议区人民检察院检察长吴华峰提请关于严洪华等任免职的议案，表决通过决定任免职名单；听取并审议区人民检察院检察长吴华峰所作的《关于规范司法行为工作的情况报告》；会议对区政府关于杏林湾流域污水治理议案审议意见的研究处理情况进行满意度测评，测评结果为满意。

【十一届人大常委会第四十次会议】

2016年7月20日，区十一届人大常委会召开第四十次会议，区人大常委会副主任陈清苗主持，区人大常委会主任陈建荣、副主任及委员19人出席会议，区委常委、区长何东宁，区委常委、组织部部长胡旭彬，区法院院长温文华，区检察院副检察长李志勇，灌口、后溪镇人大主席，杏滨街道人大工委主任等列席会议。会议听取并审议何东宁区长提请关于夏长文、孙建辉等任免职的议案，表决通过决定任免名单；听取并审议区人民检察院提请关于彭明武任职的议案，表决通过决定任职名单；听取并审议吴华峰关于辞去集美区人民检察院检察长职务的报告，决定接受吴华峰辞去集美区人民检察院检察长职务的请求；听取并审议区人大常委会主任会议关于提请决定彭明武为集美区人民检察院代理检察长的议案，表决通过彭明武代理集美区人民检察院检察长职务。

【十一届人大常委会第四十一次会议】

2016年7月26日，区十一届人大常委会召开第四十一次会议，区人大常委会副主任邱晓晖主持，区人大常委会主任陈建荣、副主任及委员18人出席会议，区政府副区长孙建辉、区法院院长温文华、区检察院代检察长彭明武、灌口和后溪镇人大主席、杏滨街道人大工委主任、区财政局局长胡国才、区审计局局长陈丰富、区农林水利局局长余清岩、区建设局局长邹荣生、市环保局集美分局局长邵火炉等人列席会议。会议听取并审议区财政局局长胡国才受区政府委托所作的《关于2015年集美区本级财政决算的报告》、区审计局陈丰富局长受区政府委托所作的《关于2015年度集美区本级预算执行和其他财政收支的审计工作报告》。经过审议，会议通过了区人大常委会《关于2015年区本级财政决算的审议意见》，同意区政府《关于2015年集美区本级财政决算的报告》，决定批准2015年集美区本级财政决算。会议听取并审议区财政局局长胡国才受区政府委托所作的《关于2016年集美区地方政府债务转贷收入及财政预算变更草案的报告》。经过审议，会议通过区人大常委会《关于2016年集美区地方政府债务转贷收入及财政预算变更草案的审议意见》，原则同意区政府《关于2016年集美区地方政府债务转贷收入及财政预算变更草案的报告》，决定批准区政府提出的2016年新增地方政府债务转贷收入计划，批准区本级预算调整。会议听取并审议区人大城建工委主任王跃进所作的集美区人大常委会执法检查组关于检查《厦门经济特区水资源条例》实施情况的报告，指出我区实施水资源保护工作中存在的一些不足并提出六点要求。会议听取周勇坚等市十四届人大代表所作的述职报告，强调要进一步加强市人大代表与原选举单位和人民群众的沟通联系，充分发挥代表作用，督促代表关注民生，重视民意，尽责履职。

【十一届人大常委会第四十二次会议】

2016年9月27日，区十一届人大常委会召开第四十二次会议，区人大常委会副主任潘佳庆主持，区人大常委会主任陈建荣、副主任及委员17人出席会议，区委常委、组织部长肖峰，区政府副区长林声群、区人大党组成员黄云茜、区法院院长温文华、区检察院代检察长彭明武，灌口镇、后溪镇人大主席，杏滨街道人大工委主任，区司法局局长王在军列席会议。会议听取并审议区人大常委会主任会议提请审议关于范弦声等任免职的议案，表决通过决定任免名单；听取并审议区法院院长温文华提请关于陈跃忠等12人任职的议案和关于张翼腾、郑燕华免职的议案，表决通过决定任免名单；听取区司法局局长王在军受区政府委托所作的《集美区人民政府关于编制第七个五年普法宣传教育规划的说明》，审查区政府《关于在全区公民中开展法治宣传教育的第七个五年规划》，决定同意这个规划。会议作出《关于进一步加强法治宣传教育的决议》。

【十一届人大常委会第四十三次会议】

2016年10月19日，区十一届人大常委会召开第四十三次会议，区人大常委会副主任陈清苗主持，区人大常委会主任陈建荣、副主任及委员17人出席会议，区政府副区长林声群、区人大党组成员黄云茜、区法院院长温文华、区检察院代检察长彭明武，灌口镇、后溪镇人大主席，集美街道、侨英街道、杏滨街道人大工委主任，区财政局局长胡国才等列席会议。会议听取并审议区财政局局长胡国才受区政府委托所作的《关于集美区2016年1—9月财政预算执行情况和财政预算变更草案的报告》，决定批准2016年区本级预算变更草案。会议讨论区、镇两级人大代表换届选举工作的相关事项，经审议决定区、镇两级人大代表换届选举的选举日为2016年12月2日；会议决定成立区选举委员会，下设选举办公室，并成立灌口镇、后溪镇、杏林街道、集美街道、侨英街道、杏滨街道、区直机关和院校8个选举办事处；同时在灌口镇、后溪镇设立选举委员会；表决通过相关机构的组成人员名单和区十一届人大常委会代表资格审查委员会组成人员调整名单。

【十一届人大常委会第四十四次会议】

2016年11月24日，区十一届人大常委会召开第四十四次会议，区人大常委会副主任陈来福主持，区人大常委会主任陈建荣、副主任及委员14人出席会议，区政府副区长林声群、黄颖，区人大党组成员黄云茜，区法院院长温文华，区检察院代检察长彭明武，灌口镇、后溪镇人大主席，集美街道、侨英街道、杏滨街道人大工委主任，区文体广电出版旅游局局长吴吉堂列席会议。会议讨论研究区、镇两级人大代表换届选举工作的相关事项，听取并审议常委会主任会议关于提请同意李钦辉等辞去选举委员会职务的议案，以及关于提请李永联等代理选举委员会主任职务的议案，表决通过决定任免名单。会议听取和审议副区长林声群代表区政府所作的《关于区十一届人大五次会议代表建议办理落实情况的报告》，听取副区长黄颖代表区政府所作的《关于区文化市场管理情况的报告》，就区文化市场管理工作情况开展专题询问。

【十一届人大常委会第四十五次会议】

2016年12月15日，区十一届人大常委会召开第四十五次会议，区人大常委会副主任李梅英主持，区人大常委会主任陈建荣、副主任及委员18人出席会议，区政府副区长林声群、区人大党组成员黄云茜、区法院院长温文华、区检察院代检察长彭明武，灌口镇、后溪镇人大主席，集美街道、侨英街道、杏滨街道人大工委主任列席会议。会议研究区十二届人大一次会议召开时间及有关事项，决定区十二届人大一次会议于2016年12月19日至23日召开；表决通过决定列席区十二届人大一次会议人员名单、主席团和秘书长建议名单、财政经济审查委员会组成人员建议名单、议案审查委员会组成人员建议名单、各代表团召集人建议名单等。会议讨论并原则同意《集美区人民代表大会常务委员会工作报告（建议稿）》，由区人大办公室进一步修改后提请大会审议。会议听取并审议《关于集美区第十二届人民代表大会代表资格的审查报告（草案）》，同意代表资格的审查报告，提交区十二届人大一次会议备案。会议原则通过《关于表彰区十一届人大优秀代表的决定（草案）》，提交会议表彰。会议听取并审议副区长林声群受区政府委托提请关于余清岩免职的议案，表决通过决定免职名单；听取并审议区人大常委会主任会议提请审议关于颜建艺等任免职的议案，表决通过决定任免名单。（王扬容 陆杰）

常委会主任会议

【十一届人大常委会第三十三次主任会议】2016年4月27日，区十一届人大常委会召开第三十三次主任会议，区人大常委会主任陈建荣主持，副主任陈清苗、陈来福、李梅英、邱晓晖，人大常委会办公室主任李永联出席会议，区政府副区长叶德传、集美区市场监督管理局局长王国赞、区经济和信息化局局长董建财、区政府办副主任陈各辉、区人大常委会相关委室负责人等列席会议。会议听取区市场监督管理局局长王国赞受区政府委托所作的《集美区人民政府关于商事登记制度改革情况的报告》。

【十一届人大常委会第三十四次主任会议】2016年6月22日，区十一届人大常委会召开第三十四次主任会议，区人大常委会主任陈建荣主持，副主任潘佳庆、陈清苗、陈来福、李梅英、邱晓晖，人大常委会办公室主任李永联出席会议，区政府副区长林声群、区委台湾工作办公室主任陈子聪、区人大常委会相关委室负责人列席会议。会议听取副区长林声群代表区政府所作的《集美区人民政府关于对台工作情况的报告》。

【十一届人大常委会第三十五次主任会议】2016年8月24日，区十一届人大常委会召开第三十五次主任会议，区人大常委会主任陈建荣主持，副主任潘佳庆、陈清苗、陈来福、李梅英、邱晓晖，人大常委会办公室主任李永联出席会议，区政府副区长林声群、区法院院长温文华、区人大常委会相关委室负责人列席会议。会议听取区法院院长温文华所作的《关于推进司法公开建设工作的情况报告》。

（王扬容 陆杰）

监督工作

【民生监督】2016年，区人大常委会在2015年“加快杏林湾流域污水治理议案”办理工作的基础上，继续加强监督，开展对杏林湾流域污水治理议案审议意见落实情况的满意度测评，以此督促区政府坚持长期治理，继续完善环杏林湾水域污水处理设施，推进小流域综合治理工程。此外，就杏林日东排洪沟及月美池污水整治情况、占道经营整治情况开展调研考察，督促政府采取措施，解决城市快速发展过程中生产生活的污水影响问题，整治城市管理的顽疾，助推美丽厦门·人文集美建设。

【经济监督】2016年，区人大常委会聚焦经济形势，加强对财政决算、预算执行、审计工作的审查监督，听取和审议关于2015年财政收支决算的报告、关于2015年财政预算执行情况和其他财政收支的审计工作报告、关于2016年1—8月财政收支预算执行情况的报告、关于2016年1—8月国民经济和社会发展计划执行情况的报告、关于2016年区本级财政收支预算变更草案的报告。

【司法监督】2016年，区人大常委会依法履行各项职权，听取和审议区检察院关于规范司法行为工作情况的报告，并就规范司法行为的监督机制、工作制度、司法宣传、司法队伍建设等提出审议意见。听取区政府关于编制《集美区第七个五年普法宣传教育规划》的说明，审查区政府《关于在全区公民中开展法治宣传教育的第七个五年规划》，决定同意这个规划。组织开展《厦门市经济特区水资源条例》贯彻实施情况执法检查，吸收基层一线代表参加，拓展执法检查的广度和深度，对发现的问题提出处理意见，要求区政府进一步加大宣传力度，加快杏林湾和溪流流域的水污染防治工程建设，建立水资源保护监测监控体系，增强饮用水水源的保护力度，合理规划老旧城区雨污管网设施建设，完善水资源的合理配置和利用，实现水资源再生利用。听取区法院《关于推进司法公开建设工作的情况报告》，对树立司法公开理念、推进司法公开工作的规范化、加强司法公开的宣传力度、继续加强司法公开“三大平台”（审判流程公开、裁判文书公开、执行信息公开）建设等提出改进要求与建议。继续推进规范性文件备案审查工作，审查规范性文件21件，对其中1件提出初步审查意见，督促有关部门研究解决。

【代表建议督办】2016年1月区十一届人大五次会议期间，与会代表依法向大会提出建议、批评和意见99件，其中重点建议4件。区人大常委会坚持“办前联系、办中沟通、办后回访”的工作机制，强化议案建议督办力度，采取专题调研、跟踪检查、专项视察、专题询问等方式集中督办一批重点建议。召开建议办理座谈会，与代表面商会谈、征询意见，对办理单位重视程度、答复情况、办理效果等情况进行评价。代表对办理情况不满意的建议，常委会督促承办单位重新办理，要求承办单位加强与代表联系沟通，提出解决问题的办法，据实向代表解释说明。经过各方共同努力，99件建议全部按办理要求答复代表，答复率100%，办理满意率97.9%。

2016 年，区人大常委会加强民生工程监督，推进小流域综合治理工程。图为治理后的许溪流域（刘平 摄）

【信访工作】2016 年，区人大常委会适应涉法涉诉信访改革的新要求，健全信访工作制度和案件督办机制，提高信访办理的质量和成效，并通过信访更好地了解社情民意，联系人民群众，开展监督工作。常委会领导坚持亲自接访，办公室安排专人负责做好信访工作，定期对信访情况进行汇总和协调，促进信访反映的典型和共性问题得到解决。全年受理群众来信 37 件，接待群众来访 11 批 22 人次，办理省、市人大信访转办件 6 件，督促有关部门依法处理，推动一批信访问题得到解决。（王扬容 陆杰）

重要活动

【代表考察】2016 年7 月，区人大常委会与思明区人大常委会共同组织市人大代表跨区考察、交叉考察，市人大代表思明代表小组代表视察集美区杏林湾综合治理情况、集美新城市民中心建设情况及诚毅科技馆，市人大代表集美代表小组考察思明区曾厝垵老旧城区改造情况，以便不同区域的代表能了解彼此区情区况和发展情况，开阔视野、拓宽思路，有助于代表跳出既有思维模式，更好地取长补短，让履职实践更接地气、收获实效。8 月，区人大常委会组织部分区人大代表对占道经营整治情况进行考察。针对违章占道摆摊烧烤主要集中在夜间特定时段，而夜间组织考察难度较大，同时防止信息泄露造成弄虚作假现象发生，改进代表考察方式，由人大工作人员在夜间对灌口农贸市场周边、杏林香港公寓门口、集美印斗路、侨英新华都商场周边等考察点进行突击拍摄，录制成视频，在会上放映供代表观看评议，受到代表的一致好评。11 月，区人大常委会组织部分区人大代表，对区十一届人大五次会议代表提出的增设交叉路口红绿灯、加强占道经营治理、加快日东排洪沟截污工程建设等建议的办理情况进行考察，实地察看杏林湾路与理工路交叉路口、正新公司立交桥下及日东排洪沟工地，对区政府办理的办理工作予以肯定。

【专题询问】2016 年 7 月 15 日，区人大常委会组织 130 余名区人大代表，分组听取区政府关于上半年经济运行情况和食品安全专项工作情况通报。会上，区政府就上半年全区经济运行总体、主要经济指标完成情况和围绕创建国家食品安全城市所开展的工作向各位代表进行通报。区发改局、财政局、市场监督管理局、食安办、农林水利局、行政执法局等部门负责人列席政情通报会，现场回答人大代表的询问。11 月 24 日，区人大常委会第四十四次会议听取区政府《关于区文化市场管理情况的报告》，并就文化市场经营审批事项、文化市场执法与监督、执法队伍建设及部门联合共管等方面存在的问题进行专题询问。

【满意度测评】2016 年 5 月 26 日，区十一届人大常委会召开第三十九次会议，开展满意度测评工作。区人大常委会组成人员以无记名投票方式，对区政府关于杏林湾流域污水治理议案审议意见的研究处理情况进行满意度测评，测评结果为满意。（王扬容 陆杰）

行政机构

重要会议

【区政府全体成员（扩大）会议】2016年2月2日，集美区人民政府召开全体成员（扩大）会议，区长何东宁在会上对新一年工作进行部署，会议邀请区委副书记黄炳文等到会指导。何东宁要求，区政府各部门要以建设“务实担当、创新高效、忠诚廉洁”政府为目标，树立依法行政、勇争一流、城市营销三大理念，进一步聚人气、聚商气，当好跨岛发展桥头堡。

【区政府常务会议】2016年，区政府共召开21次常务会议，即十一届人民政府第60次至第79次常务会议，以及十二届人民政府第1次常务会议。1月13日，代区长何东宁主持召开第60次区政府常务会议，研究区政府工作报告起草工作，2015年预算执行情况和2016年预算安排，区国民经济和社会发展第十三个五年规划纲要起草工作等议题。2月2日，区长何东宁主持召开第61次区政府常务会议，研究全区妇女儿童工作，开展校车接送学生服务，扶持“快速制造国家工程研究中心厦门研发中心”和“卢秉恒院士厦门工作站”项目等议题。3月7日，区长何东宁主持召开第62次区政府常务会议，研究2016年重点项目安排，2015年度安全生产目标责任制考核情况，2016年度安全生产执法工作安排，污水收集纳管项目等议题。3月16日，区长何东宁主持召开第63次区政府常务会议，研究公交候车亭建设，地质灾害防治，促进企业稳定增长措施，推动企业上市，鼓励软件和信息服务业发展奖励暂行办法，成长型工业企业认定和扶持暂行办法，鼓励商贸业发展扶持办法等议题。3月30日，区长何东宁主持召开第64次区政府常务会议，研究鼓励银行支持地方经济发展奖励考评暂行办法，2015年区对镇街部门环保目标责任制考核情况，2015年度纳税大户评定情况，在软件园三期设立火炬高新区集美安监站等议题。5月10日，区长何东宁主持召开第65次区政府常务会议，研究2016年推进依法行政建设法治政府工作要点，建设工程招标投标管理，推广安装简易消防设施试点，2016年第一批财政性投资项目，与厦门理工学院合作建设国家级智能制造装备基地，区审计局退出议事协调机构或工作等议题。5月17日，区长何东宁主持召开第66次区政府常务会议，研究创新创业补助奖励实施细则，集美区落实和支持台湾青年来厦创业就业政策实施细则，规范各镇（街）综治维稳警辅队伍等议题。6月12日，区长何东宁主持召开第67次区政府常务会议，研究全区安全生产工作，加快推进信息网络基础设施建设，鼓励信息化和工业化融合发展暂行办法，安置房物业管理，农村污水收集纳管项目，规范政府购买服务工作，审计监督，强化便民服务“马上就办”等议题。6月28日，区长何东宁主持召开第68次区政府常务会议，研究简政放权放管结合优化服务改革，清理前置审批和行政审批中介服务事项，重点项目建设和镇（街）征地拆迁工作，老旧小区改造提升，无证餐饮经营单位专项整治，与集美大学美术学院共建青年创业孵化中心，建设“海西智能制造协同创新产业园”等议题。7月12日，区长何东宁主持召开第69次区政府常务会议，研究进一步促进旅游业发展的扶持奖励办法，美丽乡村建设，2016年第二批财政性投资项目，2015年集美区本级财政决算，2015年集美区本级预算执行和其他财政收支的审计结果等议题。7月22日，区长何东宁主持召开第70次区政府常务会议，专题学习《法治政府建设实施纲要（2015—2020年）》，研究教育无线城域网建设等议题。8月30日，区长何东宁主持召开第71次区政府常务会议，研究第十九届中国国际投资贸易洽谈会厦门市代表团集美分团及有关筹备工作，2015年度全区招商引资工作考核情况，2016年第三批财政性投资项目，筹办2016年中国（集美）AEMI世界气球艺术节，农村土地承包经营权确权作业，区政府班子落实党风廉政建设责任制“一岗双责”工作等议题。9月5日，区长何东宁主持召开第72次区政府常务会议，研究集美兑山艺术区有关工作，修订科技计划项目管理办法、科学技术创新与研发资金使用管理办法，医疗救助实施细则，筹备2016集美·阿尔勒国际摄影季等议题。9月23日，区长何东宁主持召开第73次区政府常务会议，研究在全区公民中开展法治宣传教育的第七个五年规划（2016—2020年），加强灾后恢复重建财政保障工作的意见、促进工业企业灾后恢复生产若干意见、促进商贸物流企业灾后恢复生产的若干意见、促进文化旅游企业灾后恢复重建的扶持意见、促进农业灾后重建恢复生产的若干意见等议题。10月17日，区长何东宁主持召开第74次区政府常务会议，传达学习市第十二次党

集美区政府落实和支持台湾青年来厦创业就业。图为6月13日在集美召开的海峡两岸青少年微电影主题峰会（林志杰 摄）

代会精神，研究镇（街）权责清单编制，区政府法律顾问工作规定，2016年1—9月财政预算执行情况和财政预算变更等议题。10月31日，区长何东宁主持召开第75次区政府常务会议，研究职工医疗互助保障，美丽乡村建设后续管理指导意见，农村受损住房灾后重建实施方案，绿化重建提升方案，帮扶成长型工业企业等议题。11月7日，区长何东宁主持召开第76次区政府常务会议，研究清理行政执法主体资格，区教育印刷厂改制，产业招商项目等议题。11月21日，区长何东宁主持召开第77次区政府常务会议，研究集美大学印斗校区工程中心及地下停车库工程项目建设，2016年第四批财政性投资项目等议题。12月6日，区长何东宁主持召开第78次区政府常务会议，研究安全生产工作，2016年财政预算执行情况和2017年财政预算安排，区政府工作报告起草工作，企业人才房租补贴办法，后溪镇新村社区过渡转型为城市社区，区政府法律顾问室工作等议题。12月19日，区长何东宁主持召开第79次区政府常务会议，研究公务用车制度改革，11条农村公路提升改造计划，杏林湾水库水面日常管理及保洁，第二批集美区非物质文化遗产项目名录及非物质文化遗产传承人名单等议题。12月28日，区长何东宁主持召开十二届人民政府第1次常务会议，研究景观整治工作，落实党风廉政建设责任制等议题。（方碧勇）

法治政府建设

【概况】2016年，集美区人民政府按照全面推进依法行政、加强建设法治政府的要求，加强领导，落实责任，夯实法治基础，强化措施落实，积极作为，探索创新，为全区发展提供良好的法治保障。区政府常务会开展学法活动，多次专题研究法治工作，专题研究通过2016年度推进依法行政建设法治政府工作要点、政府法律顾问制度及人选、镇街权责清单、行政执法主体资格确认等议题。加大法治工作的经费保障力度，组织开展全区领导干部学法，加强法制机构和队伍建设，充实区直各部门、各镇街法制机构和人员，并针对信息公开合法性审查工作和执法信息平台使用分别召开专题培训会，并由区领导牵头组建集美区依法行政微信工作群。

【执法监督】2016年，区政府严格落实行政执法公示、人员管理、监督检查记录、案卷评查、备案审查五项行政执法制度，进一步提升行政执法水平。完成行政执法主体确认和行政执法人员清理工作。在区政府网站规范权力运行栏目中，公告行政执法主体、行政执法人员信息和各行政机关的权力清单；在区政府网站办事指南栏目中公示权责清单、行政审批流程规定，明确环节、步骤、时限等内容。加强行政执法电子信息化建设，通过检查、培训，进一步规范并督促各行政机关使用网上执法平台和行政执法与刑事司法信息衔接共享平台。开展2016年度行政执法检查、执法信息化平台使用情况检查，对检查发现的问题进行通报，责令各相关单位进行整改，并将检查结果作为各相关单位绩效考核评分的依据。

【依法决策】2016年，区政府严格落实重大行政决策听取意见、听证、合法性审查、集体讨论、实施情况后评价和责任追究试行制度以及规范性文件管理制度，组织开展重大决策制度落实情况执法检查。每份规范性文件均作为重大行政决策管理，执行规范性文件管理制度，规范决策流程，提高科学决策、民主决策和依法决策水平；每份重大决策（规范性文件）均征求意见，并根据决策内容征求相关行政机关、涉及的行政相对人的意见，由政府法律顾问和区法制办进行合法性审核，区政府常务会集体研究通过，按时向市法制局和区人大备案。在2015年对区政府规范性文件清理的基础上，继续组织对政府成员部门、各镇街规范性文件进行清理，并根据省政府规范性文件清理结果，对本区现行有效的规范性文件进行再清理。

【行政复议】自2015年5月起，受新行政诉讼法行政复议机关为共同被告的影响，越来越多的行政相对人选择先经过复议，再进行诉讼。2016年，区政府收到行政复议申请38件，其中受理16件（全部审结），不予受理4件，在复议受理前经调解当事人主动撤回申请13件，告知申请人向有权机关提出行政复议申请5件。以区政府为被申请人的行政复议案件5件，市政府均作出维持行政复议的决定。区政府加大行政复议案件审理和调解工作力度，因申请人撤回申请而终止行政复议的案件数占全年总数的四分之一，维护行政相对人的合法权益，有效解决行政争议，化解矛盾，进一步规范行政机关的行政行为。同时，做好行政复议办理程序和文书规范化建设及强化行政复议决定的说理工作，提升行政复议决定文书的质量。

【行政应诉】2016年，集美区以区政府为被告的行政诉讼案件21件，环比增长75%，其中涉及土地房屋征收10件、涉及行政复议决定9件、其他2件。区政府落实行政机关负责人出庭制度，对涉及重大公共利益、社会高度关注或者可能引发群体性事件等案件以及人民法院书面建议行政机关负责人出庭的案件，均安排有关副区长出庭应诉。自2015年5月新行政诉讼法施行后，区政府副区长共出庭应诉12次。对区政府负责人因工作冲突无法出庭的案件，均安排法制办人员或被诉行政行为具体承办机关的工作人员出庭应诉，坚决杜绝委托律师单独出庭情况。（方碧勇）

【政府信息公开】2016年，集美区在严格进行保密审查的基础上，全面公开政府机构职能、领导简介及分工、内设机构、工作动态、法律法规等相关文件。主动公开政府信息1125件，累计公开10899份。并在网站上设置索引界面，方便市民查询；设置"依申请公开"栏，市民可网上直接申请公开政府信息，并查询相应的办理情况和结果。全年接到"依申请公开"政府信息文件77件，累计278件，均予以答复。全面推进政务、村务、校务、医务、厂务五公开，整理发布政务信息1994条、村务信息4975条、校务信息1519条、医务信息734条、厂务信息110条、公共服务信息142条。在各办事大厅和镇（街）、社区（村）放置触控一体机，方便市民就近查询，政务公开工作迈入经常化、制度化、规范化轨道。（周鹭艳）

【政府法律顾问室成立】2016年，区政府成立以法制机构人员为主、吸收法律专家和律师参加的区政府法律顾问工作室。工作室由3名专职政府法律顾问和12名政府兼职法律顾问组成，挂靠区法制办公室，由区法制办负责人担任工作室主任。工作室实行兼职法律顾问工作日轮值制，处置值班日的政府法律事务。区政府法律顾问负责为本级政府、本部门重大行政决策进行法律论证，提供法律意见，参与行政规范性文件的起草、论证和评估，为政府相关事务提供相应的法律意见。同时落实法律顾问助理制度，实行法律顾问助理驻机关制度，补充基层行政机关法制工作力量，确保行政机关法制机构有法律人才从事法制工作。（方碧勇）

人事工作

【概况】2016年末，集美区共有党政机关公务员654人；参照公务员管理的事业单位工作人员365人；事业单位工作人员4552人，其中管理人员518人，专业技术人员4073人（包括同时聘在管理岗位上的人员185人），工勤人员146人。

【人员招录】2016年，集美区通过公开招聘，共计划招考政府系统公务员及参照公务员管理事业单位工作人员1人，事业单位编内人员98人，其中事业单位编内卫生技术人员60人。办理机关事业单位毕业生接收、人事关系调动、重新录用手续72人，接收营职及以下军转干部26人。组织非在编雇用人员公开招聘考试3场、政府购买服务人员招聘考试2场、区属国有企业公开招聘考试1场、区法院补充编外人员公开招聘考试1场、市场监督管理局补充编外人员公开招聘考试2场、区环保分局补充编外人员公开招聘考试1场。区民政局组织社区工作人员招聘笔试1场、面试2场，区非公办组织非公党组织员招聘面试1场、区教育局选聘专职督学和中学副校长面试1场。

【事业单位岗位和职称管理】2016年，集美区继续做好区属事业单位的岗位设置和聘用制管理工作，办理区属事业单位岗位设置申报32家。做好初级职称评审、确认及中、高级职称的推荐评审工作，全年共办理毕业生初级专业技术任职资格确认211人。指导区经信局开展工程系列初级专业技术职务任职资格评审，批准确认助理工程师、技术员任职资格58人。推荐教育系统评审正高级教师2人、高级教师27人；推荐卫生系统评审正高级职称5人、副高级职称13人；推荐评审高级工程师1人、工程师5人、主任记者1人、高级农艺师2人。

【编外用工管理】2016年，区委办公室、区政府办公室下发《关于清理规范各镇街编外用工的通知》，清退各镇街由政法委、执法局下指标及自聘人员105人，将保留的辅警、城管协查员改成政府购买服务的用工形式。出台《进一步加强编外用工管理的若干规定》，建立完善编外用工的分类、指标管理、招聘办法、工资福利、管理和考核、监督检查机制。对非在编雇用人员、编外教职员工、编外环卫工人工资进行规范和调整。

【人事代理】2016年，集美区共办理毕业生接收手续1528人次，办理调动手续336人次，转出档案273份。接收毕业生报到215人，接收整理集美区未就业毕业生档案1313份，共与493家企业签订立户人事代理协议，新增签订立户人事代理协议企业48家。（庄秋武）

行政服务

【概况】2016年，进驻集美区行政服务中心的共有52个单位108个窗口450名工作人员，可办理事项935项，其中行政审批事项388项、公共服务事项547项。全年累计受理事项973247件，比上年增长11.61%。其中，即办件690118件，承诺件249856件，其他33273件，日均办件量3893件，即办率70.91%，群众满意率99.86%。受理总量、日均办件量同比均大幅增长，服务项目承诺期内办结率100%，未出现超时办理情况。政府采购办集中交易中心采办项目424个，采购预算约68308万元，实际采购金额53635万元，共节约采购资金约14673万元；建设工程交易集美分中心施工招标数量185个，工程预算价23.80亿元，工程中标价20.75亿元，节约建设资金约3.05亿元。全年非税缴款额15.68万笔1906万元，社区便民服务缴费终端交易总额522笔13.8万元。

【营商环境】2016年1月11日，中心惠企窗口试运行，3月28日正式启用。将原来分散在各个部门的惠企事项集中受理，统一收件，限时办结，缩短审批时限，规范审批流程，将惠企政策落到实处。至年底，有6家涉企单位60个惠企事项入驻，入驻事项均统一制作办事指南，规范流程，明确时限，共压缩工作日760个，提速62.1%。至年底，惠企窗口收件10530件，办结10459件，惠及企业10459家次1.01万人次，奖补13017.58万元。5月1日起，在二楼办事大厅新增国税、地税各9个窗口，配备相应设施，保障“营改增”改革试点工作顺利有序运行。7月8日起，市国税、地税系统上线运行金税三期工程系统。事前，中心管委会在LED显示屏、门户网站上发布通告和公开信，制作分发宣传资料，设立国地税联合咨询台，接受纳税人现场咨询。强化首席代表值班制度，做好大厅应急处理工作，确保新旧系统过渡期间大厅秩序。10月8日，中心增设银联商务金融便民服务网点，受理银联POS业务申请办理、企业数字证书业务和续费办理、银行贷款、对公及个人银行账户开户4项业务，优化营商环境。

【信息化建设】2016年，区行政服务中心与厦门大学公共事务学院政府绩效评价中心及软件开发公司合作，研发绩效评估标准化管理系统，将行政服务标准化、绩效评估指标开发及管理软件系统三者结合，以行政服务标准化文件为文本，依托绩效评估指标体系的构建，把现有的行政服务标准化体系嵌入管理软件系统，将静态的标准化体系转化成动态的绩效评估体系，促进中心平台式管理的科学化与动态化。至年底，该软件开发进入尾声。是年，中心配备区级通用网上审批系统（太极网上审批系统）。至年底，进驻中心的区属事项381项，在太极系统开通网上审批的264项，使用自建系统开通网上审批的117项，网上审批开通率100%。所办事项均在网上审批系统办理或实现同步录入，并加大区网上审批系统与省市系统的对接力度，与市网办事大厅实现无缝对接，入驻省网办事大厅事项492项，全部达到“三星”级以上标准，达到“四星”级以上事项302项，四星率61.38%。同时，将取号系统与市民广场的运营商厦门住总物业管理公司的停车收费系统进行对接，对到中心办事的群众四小时内免收停车费，共免收办事群众停车费35万元。

区行政服务中心创新服务举措，提供自助便民设施。图为自助便民服务办事大厅一隅（林志杰 摄）

【行政审批】2016年，区行政服务中心加强入驻事项规范化建设。根据实际情况不断更新、修改办事指南，全年修改办事指南2452份，做到“五个规范”，即规范审批事项名称、申请材料、审批流程、办理时限、收费项目，杜绝兜底性条款；优化审批流程，压缩审批时限，将审批流程压缩在5个环节之内，审批时限压缩至法定时限的40%以内；落实“马上就办”理念，即办件率在70%以上。根据省、市审改办的部署，中心管委会再次清理区属单位的前置审批和行政审批中介服务事项，区级前置审批事项保留65项，调整22项；区级行政审批中介服务事项保留66项，调整23项。

【服务举措】2016年，区行政服务中心创新多项服务举措。5月20日，引进银联自助复印扫描机。此机为集身份证复印、文档复印扫描、电子文档打印、银行卡支付为一体的多功能自助服务终端，整个复印操作过程简单明了，支付快捷，仅需10秒钟，上线4个多月，自助复印扫描机交易6310笔。9月1日，公安出入境窗口推出办理出入境证件全预约服务，10月18日启动自助办证立等可取便民项目，配置港澳台自助签注一体机，其中卡片式港澳通行证的签注由过去6个工作日缩短到几分钟，实现立等可取，方便居民办理赴港澳旅游再次签注业务。10月24日，在大厅安装"北大法宝"法律法规检索系统，办事群众可免费进行相关事项的法律法规依据查询。是年，完成项目审批信息管理系统新流程的配置以及与旧流程项目的对接，完成市"多规合一"业务协同平台与"多规合一"建设项目审批信息管理系统的对接工作。"多规合一"窗口全年收件200件，办结187件，在办13件。同时，将"多规合一"并联审批单位窗口调整到同一个楼层，设统一收件处，受理业务。

【队伍建设】2016年3月27日，中心组织各入驻单位70名工作人员，到灌口双龙潭开展户外拓展训练。活动围绕"便民高效、为民服务"主题，通过分组比赛的形式，让参与者在愉悦的游戏氛围中比服务、比质量、比速度，培养中心工作人员分工协作、换位思考和发现问题、解决问题的能力，增强中心的凝聚力与向心力。5月，中心举办"服务窗口文明礼仪"竞赛活动4期，180名窗口人员参加活动。通过活动，提升员工的职业素养，塑造端庄的形象，训练大方合体的举止，培养规范标准的业务行为。（孙丽娟）

外事与侨务

【交流往来】2016年，区外事侨务办计划内组团出访3批18人次。5月，组团前往泰国、印度尼西亚等地拜会华侨华人、社团，弘扬嘉庚精神，助力"一带一路"建设；7月，出访德国、法国、英国，开展经贸活动；9月，出访新加坡、巴伦西亚、印尼，宣传和推广广播剧《再会吧，南洋——陈嘉庚与南侨机工（上）》，进行《陈嘉庚与南侨机工（下）》创作采风，促进文化交流。年度计划外组团出访2批9人次。在"走出去"的同时，邀请华侨、华人和社团到集美参观访问和参加有关活动。4月8日，首届"嘉庚论坛"在集美区举办，包括"一带一路"沿线15个国家和地区的侨领、社团领袖、知名学者、经济界人士等海内外嘉宾200人应邀参会；9月，接待来自泰国、越南、老挝、印尼、菲律宾、蒙古、美国、马达加斯加、毛里求斯9个国家的华侨大学华文学院华裔大学生100人参加"华裔侨生看集美"活动；10月，接待来自日本佐仓市日中友好协会访问团32人参观嘉庚故居和鳌园；12月，接待来自日本佐世堡访问团参观集美新城。

【侨捐助学济困】2016年，新加坡华人陈嘉麟为集美第二小学"淑香"奖教奖学基金捐助5万元。加拿大华人陈少宏为集美第二小学"汪渊"奖教奖学基金捐助5万元。新加坡华人陈嘉谋、陈嘉禾、陈嘉坚、陈嘉福、陈嘉智、苏诗琳（陈嘉麟遗孀）为集美社族亲理事会扶贫济困重症项目捐助5万元。

【侨益维护】2016年，全区接待和受理涉侨来信来访50人次，全部按规定办复。落实闽籍华侨回国定居和国外中国公民回闽落户政策，办理闽籍华侨定居申请2人，认定归侨学生、归侨子女身份3人，开具不予受理通知书4份。春节期间，走访慰问贫困归侨30户，发放慰问金1.5万元。慰问"莫兰蒂"台风归侨受灾1户，发放慰问金1000元。开展侨界困难群体摸底调查，其中贫困归侨家庭68人、贫困归侨低保救济和精准扶贫对象5人、残疾归侨17人。对遭遇重大疾病归侨、贫困归侨侨眷大学生进行调查摸底，认定低保归侨3人，遭遇重大疾病归侨3人，予以困难补助共6600元。对区直单位和各镇街机关事业在编人员归侨侨眷情况进行摸底，认定归侨身份3人、侨眷27人。（陈艺玲）

对口支援

【概况】2016年，集美区加强与清流县、漳平市、漳浦县的对接联系，制订帮扶计划，落实帮扶资金。投入帮扶资金3200万元，其中省级扶贫开发资金3000万元，山海协作帮扶资金200万元。

【共建集美（清流）产业园】2016年5月19日，清流县县长张清华带队到集美区考察，就推进山海协作共建产业园区工作与集美区政府洽谈，双方正式签订《集美（清流）产业园框架协议书》，共同建设"集美（清流）产业园"。集美区出资1亿元，分5年支付，平均每年支付2000万元（含每年政府协助、社会帮扶资金及产业园建设资金）；同时组织清流招商专场对接会，根据清流县拟招商项目，有针对性地邀请50家辖区企业的总经理（高管）参加，并实地前往考察宝生园、华锂能源及多科莫电子等企业，洽谈进一步合作。至年底，集美区拨付建设资金3000万元，清流县山海协作共建产业园区、山海共建工业园项目分别向省农办和省经信委申报。11月24日，清流县副县长陈姜带队到集美区，商谈清流县花卉苗木进入厦门市政园林建设市场事宜，双方就引进花卉苗木事项达成初步意向，正由相关单位进行具体对接。

【与漳平、漳浦签订山海协作协议】2016年，集美区落实与漳平市签订的山海协作协议，按计划足额划拨山海协作资金100万元，用于支持漳平市第二实验幼儿园项目建设。11月22日，集美区与漳浦县签订山海协作协议，明确从2016年至2020年，集美区每年安排山海协作帮扶资金不少于100万元，用于漳浦县社会事业发展项目和经贸协作项目。并根据协议，向漳浦县拨付2016年山海协作资金100万元。 （邱明虹）

民族、宗教管理

【概况】 2016年，集美区有少数民族36个3225人，少数民族个体经营户31户；有佛教、道教、基督教、天主教宗教场所11座，区级民间信仰活动联系点20处，10平方米以上民间信仰点307处。其中，省、市级文物4处，涉台文物2处，供奉的神祇、物灵20多种。是年，石兜真德殿、孙厝云龙岩、灌口山口庙、西井铁炉宫、板桥智门院、后溪城隍庙、深青茂林庵等宫庙举办文化节等交流活动，300余名港、澳、台胞和侨胞回乡谒祖。西竺寺、孙厝云龙岩、马銮有应公庵、杏北基督教活动点等场所开展公益慈善活动，筹集公益慈善金50余万元。“莫兰蒂”台风过后，各宗教活动场所、区级民间信仰活动场所组织义工260余人，参与社区公共环境恢复等灾后重建工作。

【民族团结进步工作】 2016年9月，集美区开展民族团结进步宣传月活动，在银亭社区举办知识竞答、政策法规讲座、居民义诊等活动，推动民族团结进步示范社区创建；12月，承办集美中学迎新嘉年华暨民族团结教育周活动，通过教育图片展、文艺会演、经典诵读、合唱比赛等方式，营造平等、团结、进步、和谐的民族团结进步氛围；同月，在诚毅学院举办“民族团结进步进高校”文艺会演，通过非物质文化遗产展演、民族歌舞表演等方式，推动高校民族团结进步工作。首次在社区举办民族团结进步系列电影放映活动。

【挂钩帮扶】 2016年，集美区拨付150万元，支援漳浦县湖西畲族乡实施华侨中学体育场翻新、后洞村道路拓宽项目。12月，副区长黄颖携区民宗局领导到漳浦县湖西畲族乡走访调研，了解2016年挂钩帮扶项目建设情况，对2017年拟挂钩帮扶的赤湖水域治理项目进行考察评估和指导，提高挂钩帮扶成效。

【宗教事务管理】 2016年，区民宗局认真做好灌口堂异地重建、新城宗教场所规划布局、马銮有应公庵省级民间信仰联系点申报、省民间信仰活动场所普查、民间信仰活动场所基本信息数据库建设和宗教场所、民间信仰活动场所财务管理规范等工作。3月，开展宗教活动场所及民间信仰活动场所非法出版物整治活动，规范宗教出版物市场，对存在问题的3处场所进行整改。6月，组织宗教场所、民间信仰活动场所负责人160余人进行防灾减灾专题培训，加强场所消防安全“四个能力”建设，排查场所安全隐患，确保宗教场所和人员安全。

【民族宗教领域维稳工作】 2016年，区民宗局制订民族宗教领域群体性事件应急预案，指导各镇街做好维稳工作。及时制止辖区基督教私设聚会点、拟组织收看境外反华宣传视频、拟赴韩参加会议等非法活动的计划，将问题解决在萌芽状态，并对私设聚会点情况进行摸底排查和跟踪，建立基本信息数据库；协助有关部门对参加“厦门庇哩亚教会”活动的信徒开展走访谈心活动，引导其到合法宗教活动场所开展活动；依法依规驳回辖区内穆斯林私设聚会点的申请，并联合相关部门做好劝导和追踪工作。辖区内未出现影响社会安定的非法宗教活动事件。 （钟静怡）

机关事务管理

【概况】 2014年12月30日，区机关事务管理局工作职责划入区政府办。2015年6月30日，在区政府办加挂区机关事务管理局牌子，政府办增设行政科，负责区机关事务管理工作。2016年，区机关事务管理部门立足本职，做好机关效能建设、公共机构节能、公务用车治理、办公用房清理、资产维护和物业管理等工作，为机关工作提供后勤保障。

【公车管理】 2016年，区机关事务管理部门先后16次联合区纪委党风室、党风廉政监督员等对全区机关事业单位、区属和各镇街所属国有企业、国有控股企业的公务用车使用管理情况进行检查，严格落实春节、清明、五一、端午、中秋、国庆等节假日公务车辆入库封存的管理规定，杜绝公车私用。同年，开展为期三个月的公务租用车辆专项整治、公务黄标车淘汰、公务用车专用号牌管理等专项工作。年底，启动集美区公务用车制度改革，按市规定的时间节点对拟取消的车辆进行封存。

【资产维护管理】 2016年4－9月，开展行政事业单位办公用房专项整治，全区145个行政事业单位进行自查自纠，区机关事务管理部门会同纪委组成联合检查组，开展明察暗访、专项检查27次，共腾退办公室7间，使用面积250平方米。完成工会服务中心维修1730平方米，维修金额97万元；完成停车场维修1900平方米，预算维修金额100万元。管理局收取租金33.8万元，国投收取租金190万元。

【物业管理】 2016年，集美片区完成各单位维修851次，会务服务897次41125人次，协助处理信访264次1531人次，绿化修剪3次；杏林片区完成各单位维修267次，会务服务191次3501人次，协助处理信访2次55人次，绿化修剪2次；市民中心片区完成各单位维修1351次，会务服务71次2016人次，绿化修剪2次。 （周莉）

法治与军事

社会治安综合治理

【概况】2016年，集美区社会治安综合治理工作以防控风险、服务法治为主线，以破解难题、补齐短板为着力点，以落实“三化一龙头”工作及平安集美创建活动为载体，协调有关部门搭建多元化调解工作平台，打造医患纠纷“五位一体”联调机制，医患纠纷调处成功率100%；推动大型活动安保采用政府购买服务方式的落实，完成21场重大活动安保任务；加强重点项目施工保障工作，组织各类施工保障行动48次，确保重点项目建设快速有序推进；制订全区视频监控系统建设审批工作流程，构建全区“三环两路”监控体系，实现重点交通道口智能卡口系统全覆盖；推进排查整治，开展六个专项治理，维护社会和谐稳定，为建设美丽厦门示范区营造安全稳定的社会环境。

【综治领导责任制】2016年，集美区把社会治安综合治理工作纳入全区“十三五”发展、“人文集美”建设总体规划，作为区委、区政府的重要决策同部署、同落实，与各镇（街）和综治成员单位签订综治责任状，健全领导干部综治绩效档案，全力推进“一把手工程”。区委书记李钦辉、区长何东宁多次分别主持召开区委常委会、政府常务会及区综治委全体会议，听取工作汇报，研究指导意见，并结合“两学一做”主题教育实践活动，深入政法综治部门、镇（街）、村（居）调研督导综治维稳工作。及时调整区委维稳工作领导小组人员分工，坚持维稳形势定期分析研判机制，在每季度及全国“两会”、G20杭州峰会、十八届六中全会等重要敏感时期及时召开全区维稳与信访形势分析会，传达贯彻上级部署要求，分析研判维稳工作形势，解决影响辖区稳定的突出矛盾和热点敏感问题，确保大局稳定。持续推进平安创建活动，召开全区“互联网＋群防群治”建设、校园周边综合整治、“六个专项治理”等社会治理和平安建设经验交流会、现场推进会，总结推广经验做法，评选表彰一批综治平安先进集体和先进个人，营造比学赶帮超的创建氛围。

【纠纷多元化解决机制】2016年，区综治委协调有关部门搭建多元化调解工作平台。组织法院、司法、卫计、保险等部门，推广杏林法庭多元调解经验，制订实施意见，着力打造医患纠纷“五位一体”联调机制，共同化解医患纠纷处置难题，维护和谐医患关系，辖区医患纠纷调处成功率达100%。区法院以成立诉调对接中心为抓手，制订多元化纠纷解决机制改革工作任务分解表，确定8项短期任务及33项中长期任务，健全与各职能部门、行业协会的诉调对接工作机制。深入推进警民联调，在各派出所建立警民联合调解室，配备专职调解员，规范调解制度和工作流程。加强基层劳动争议调解组织建设，深化和谐劳动关系创建活动，完善防范企业拖欠工资处置机制，依法维护外来务工人员合法权益。

【服务保障】2016年，区委政法委紧扣全区经济社会发展主线，加强重点项目施工保障工作，成立协调领导小组，完善保障工作机制，先后组织开展各类施工保障行动48次，共拆除影响重点工程建设的违法建筑29处，涉及占地面积13万平方米、建筑面积5.3万平方米，确保软件园三期、前场铁路大型货场、马銮湾生态修复等重点项目建设快速有序推进，营造良好的经济社会发展环境。加大海岸线管理力度，开展砂场、餐饮船及大排档专项整治活动，及时处置各类违法经营行为。推进民商事案件审裁方式精简化改革，保障辖区经济平稳健康发展。

【社会治安重点整治】2016年，区按照“有什么问题解决什么问题、什么问题突出解决什么问题”的思路，结合市、区两级党政领导平安建设（综治）责任分工，组织各部门剖析问题症结根源，制订重点整治方案，落实责任单位和整治时限，确保突出问题有效解决、薄弱环节得到加强，牢牢守住“五个坚决防止”的底线，社会治安面貌明显改观。年初，灌口镇被列为省级道路交通安全重点整治点。区成立整治工作领导小组，区委政法委书记担任组长，各相关职能部门负责人任小组成员；灌口镇健全组织领导，召开整治工作动员部署会，通过层层摸排，找准影响灌口镇道路交通安全的121处问题或隐患，制订切实可行的整治工作方案，明确责任领导、责任部门、整治措施和整治时限。区财政投入1200万元，用于加强灌口镇交通基础设施建设；争取市级财政下拨1250万元，用于324国道中间硬隔离设施建设；灌口镇投入整治经费764万元，

5 月 20 日，福建省物流安全联合检查组对集美圆通快递实名制收寄验视制度落实情况进行检查。（李永欣 摄）

在主要路口建立集纠违、劝导、宣传、教育等功能于一体的交通安全劝导站 8 个，配备专职交通安全劝导员 16 名。是年，324 国道沿线全年交通死亡人数比 2015 年下降 75%。

【六个专项治理】2016 年，区综治委贯彻落实省、市有关会议精神，组织开展“六个专项治理”行动。①区综治委牵头建立联席会议和重大情况通报制度，及时研究解决专项治理中出现的新情况、新问题。各专项治理工作领导小组加强统筹协调，结合本部门、本行业实际，细化治理举措，健全治理机制。各镇（街）综治委将专项治理工作纳入辖区社会治安综合治理工作重要内容，确保各项工作顺利推进。②严格排查梳理。在严重精神障碍患者肇事肇祸专项治理工作中，通过入户走访、调查访问等形式，摸底排查辖区病患基本信息，全面掌握基本情况和现实表现。在寄递物流安全管理工作中，严格落实“3 个 100%”要求，分批对辖区 241 家寄递企业安检机使用、进京邮件、快件重点查验、实名收寄 APP 注册使用情况进行专项督导检查，并定期与辖区 15 个快递品牌负责人集体约谈，跟踪落实监管要求。③推进部门协作。对有肇事肇祸倾向的精神病人，督促其家属、单位送医治疗；对家庭困难无法送治的，开通救治“绿色通道”，多方筹措解决收治经费，并与符合条件的病患监护人签订以奖代补协议，减轻病患家庭负担。在破解执行难问题中，加强司法、公安、劳动监察、行政执法等部门协作配合，建立信息沟通机制，加大司法救助力度，先后向 13 名涉民生案件当事人发放司法救助金 176 万余元。在寄递物流安全管理中，发挥信息沟通共享、联合执法检查的部门联动优势，形成监管合力，维护行业安全。④落实专项行动。严厉打击毒品犯罪，开展“飓风肃毒”“网络扫毒”会战行动。全年共破获毒品刑事案件 268 起，缴获各类毒品 1977.34 克，抓获毒品犯罪嫌疑人 304 人。加强重点管控，成功处置厦门北站一疑似精神病患者携带危险物品乘车、后溪镇一外来精神病人砍伤群众等突发警情。破解执行难问题，综合运用司法拘留、失信惩戒、媒体曝光以及追究刑责等手段，督促被执行人履行义务，先后以拒不支付劳动报酬罪追究刑事责任 2 件 2 人，并在全市推出悬赏执行举措，在全省率先与电力部门就涉案房地产中止供电签署会议纪要。⑤提升监管水平。做好民爆物品管理工作，在两家民爆单位炸药仓库安装远程监控探头，对辖区所有民用爆破工地的爆破现场使用执法仪进行全程录音录像管理。组织专业爆破力量，完成集美大学航海学院过期信号弹、烟雾弹销毁工作，清除安全隐患。是年，全区未发生较大以上安全生产事故。⑥注重宣传发动。举办“平安大篷车进大学城”综治平安系列宣传活动，组织 20 余个综治成员单位分别到厦门理工学院、工商旅游学校、集美北部工业区，向 12000 余名高校师生及外来务工人员宣传慰问。强化毒品预防教育，结合“6•26”禁毒宣传月活动，开展“禁毒示范学校”与“禁毒教育基地”创建工作，采取贴近实际、贴近生活、贴近学生的方式，全方位、多角度、深层次地宣传毒品危害性。加大电信诈骗犯罪专项治理力度，加强虚假信息诈骗预警和防范宣传，多次组织媒体开展宣传报道，组织防诈骗宣讲团成员进社区、进企业、进校园开展防骗宣讲近百场次，通过广播电台、电视台滚动播送防骗音视频，扩大宣传受众面。开展无诈骗村（居）创建工作，提高广大居民识别、防范虚假信息诈骗犯罪的意识和能力，全年共打掉诈骗窝点 47 个，刑拘 75 人，追缴赃款 377 万元。

【视频监控系统规划】2016 年，集美区成立区视频办公室，制订全区视频监控系统建设审批工作流程，开发建设视频监控系统故障诊断及维护绩效管理平台，进一步完善全区视频监控系统建设规范化、长效化管理工作。结合全区视频监控系统建设两年规划，分期分批投入 9000 万元，完成全区 2145 路监控探头、12 套电子警察、11 个治安高清卡口及 5 个高空瞭望探头建设，实现重点交通道路智能卡口系统全覆盖，构建全区“三环两路”监控体系。

【巡防体系建设】2016 年，集美区深化警务机制改革，调整54名业务能力强的民警到社区民警岗位，配齐警用设备，开展专题培训，提升社区警务工作效能。加大基层警力投入力度，给每个派出所增配巡特警反恐警辅人员15名，加强“网格布警”，着力路面巡逻，构建“扁平指挥、属地管辖、网格巡逻、责任到人”的综合警务机制，对辖区重点部位、治安复杂区域实行全天候武装巡逻和治安盘查，提高路面见警率和管事率。（孙韬）

公　安

综　述

【概况】2016年，集美公安分局强化打、防、管、控各项措施，维护全区社会大局安全稳定。全年共接刑事类报警9719起，同比下降14.6%；破获刑事案件2575起，抓获刑事作案成员1749人，同比分别上升2.5%和7.6%；百警破案633起、逮捕161人、公诉280人。受理行政案件16461起，查处16442起，抓获违法人员8989人；交通事故受案761起，死亡64人，受伤791人，直接经济损失353.71万元，受案起数、死亡数、伤人数同比下降，直接经济损失上升；发生火灾49起，直接经济损失769162元，火灾起数同比上升，死亡人数下降100%。全区未发生影响社会安定稳定的重大刑事案件、治安案件、群体性事件和重大交通、消防等安全事故，社会治安态势总体平稳。在市对区2016年度综治考评工作中，集美公安部门得分六个区排名第一位。

【情报平台体系建设】2016年，集美公安分局统筹推进分局、派出所指挥情报一体化运行平台建设，制订《集美分局派出所指挥情报室工作规范（试行）》和《情指一体化运行机制（试行）》，打造情报主导、警种联动、扁平指挥、机制顺畅的情报作战新体系，基本完成分局二、三级平台的提升改造和建设。联合信息公司开发“集美分局警情分析信息系统”“集美分局指挥情报中心重大案（事）件动态跟踪系统”，从技术层面支撑情报体系，确保扁平化指挥高效顺畅。对辖区内非正常上访、非正常死亡、欠薪讨薪事件、涉生涉校涉警事件等分级录入系统，实行动态跟踪制度，确保每一起重大敏感案事件做到件件有跟踪、有反馈、有落实。同时，举办三级指挥情报运行机制和图侦工作培训会16场次，组织网安民警对各派出所进行合成化网上协作系统培训，规范情报合作平台和视频图像工作，提高三级指挥平台和图侦工作队伍素质。

【信息网络防控网建设】2016年，集美公安分局推进分局网络舆情监控平台建设，完善网络舆情监控中心，初步建立区级网警常态化公开巡查执法机制和24小时巡查监控、警媒新闻热线分类响应处置等制度。摸排出辖区提供互联网上网服务的个人和单位共13家，部署安装互联网上网审计系统，落实互联网上网实名制工作。强化日常网络舆情巡查处置工作，及时对有害信息进行落地和封堵。

【视频图像系统建设】2016年，集美公安分局成立视频图像建管用维工作领导小组，强化对视频图像建管用维的日常监督管理，着力提升视频图像的实战应用水平和能力。依托三级情报指挥平台系统，在各派出所建设视频会议系统，提高会议效率，增强工作部署和督导落实的时效性。

【公安队伍建设】2016年，集美公安分局坚持政治建警，开展“两学一做”学习教育，落实党风廉政建设“两个责任”，在分局党委班子中增设专职纪委副书记，推动党风廉政责任落实；坚持公道正派、德才兼备的选人用人原则，全年共提任调整正科干部23人、副科6人、晋升科级非领导职务24人、民警岗位交流69人，组织参加市公安局培训6期40人次，开展反暴恐专业训练9期270人。抓好民警维权保障工作，共查处妨害公务案20起、阻碍执行职务案19起，对执法执勤过程中受到伤害的30名民警、8名协警进行慰问。推出“时代楷模”“一级英雄模范”“全国法治人物”陈清洲和勇斗诈赌团伙的灌口派出所民警梁天柱等先进典型，并在各主流媒体进行宣传报道。为患重病民警陈清洲捐款12.25万元。全年在中央级媒体用稿24篇，省级媒体用稿36篇，市级媒体用稿434篇。6月7日，集美区辅警大队正式挂牌。年底，辅警大队有辅警人员1450人。其中，应急处突队员108人，勤务辅警（巡防、便衣、交通协管、治安执勤等）770人，文职辅警（办案、图侦、法治、内勤、接处警、户籍警等）572人。辅警培训中心全年举办辅警培训班19期，参训辅警736人，评出优秀班长6人、优秀学员20人，建议辞退辅警学员6人。辅警大队全年出警伏击守候93171人次，抓获犯罪嫌疑人855人（其中网上逃犯22人），盘查嫌疑人员37546人次，协助破获各类刑事案件297起，带破刑事案件78起，查处治安案件839起，提供线索162条，治安拘留344人次，治安处罚275人次。（杨勇　谢仕键）

【执法规范化建设】2016年，集美公安分局建立全市公安机关首家涉案财物管理中心，实现涉案物品智能化、数字化、动态化管理。市公安局在集美分局召开涉案财物管理现场会，推广集美分局涉案财物管理中心建设经验。在全市率先实行刑事案件法制部门统一审核、统一出口改革，强化审核职责，取得阶段性成效。正式聘请常年法律顾问参与分局信访接待、调解工作，协助公安机关处理日常民事、行政诉讼及其他相关法律业务。定期开展局领导接待日活动，妥善解决群众合理合法诉求。是年，分局和5个基层所队被省公安厅命名为“全省公安机关执法示范单位”。

【非警务类警情分流】2016年，集美公安分局指挥情报中心运用联动机制，梳理日常涉及市政、城管、劳动纠纷、卫生计生等18大类非警务警情，加强与市政管理、城管执法、劳动监察、安监、卫计等106个单位的联动配合，从源头上分流非警务求助。通过集美区数字化城市管理平台，共分流非警务类警情3439件，其中电话分流1552件。

【保障救灾期间社会稳定】2016年，在防抗第14号强台风“莫兰蒂”期间，集美公安分局启动等级响应机制，组织全体民警、辅警、应急处突力量集结待命，积极投入抢险救灾和灾后重建。共接群众求助警情185起，出动警力1962人次，转移安置群众2727人，解救受困群众41人，消除安全隐患346处，快速恢复全区主要交通干道的通行。灾后，交警部门迅即组织清理疏通集美二院、杏林医院等应急救援通道和重点单位、大型社区的通道，确保急救、抢险车辆正常通行；对辖区132条道路开展交通安全设施抢修，及时消除交通安全隐患。各派出所组织民警深入社区、村居，开展灾后水电气消防隐患排查，共访查居民户和企事业单位441家，上门宣传514家，发现隐患116处，督促整改63处。派出警力800人，加强对校园及周边治安巡逻、安全管控和道路交通秩序维护，保障180余所中小学校、幼儿园正常开。（杨勇）

反恐维稳

【概况】2016年，集美公安分局适应新常态下反恐维稳工作形势，围绕重点阵地、重点人员和特定群体、特定区域，把握反恐维稳工作主动权。加强维稳信息员队伍建设，拓宽情报信息渠道，健全落实敏感时期和节点反恐维稳情报专班会商研判制度，开展不稳定因素和重点人员排查稳控工作。全年共搜集上报各类情报信息813条，查处各类维稳案件10起，化解群体性上访事件36起。分局国保大队获评“全省公安系统优秀基层单位”和“全国国保战略支撑点建设优胜单位”称号。

【反恐处突】2016年，集美公安分局强化反恐硬件建设，争取市政府、市土地开发总公司的支持，划转政府储备用地1.04万平方米作为集美分局反恐训练场地；推进全区反恐工作机制建设，建立辖区关注人员数据库，落实关注人员流动摊贩联合整治机制；采取公开检查和暗访测试的形式，指导督促反恐重要目标业主依法落实反恐责任、签订反恐责任状；发挥市公安局反恐平台的技术支撑延伸功能，实施日常网上巡查和分级管理；推进派出所反恐小分队建设，开展《中华人民共和国反恐怖主义法》“六进”宣传活动，先后与厦门北站、集美行政服务中心、嘉庚体育馆、集美长途汽车站和各中小学、幼儿园举行反恐联合演练，做好武装巡逻防控工作。是年，成功破获全市首例传播恐怖主义视频案。

【矛盾纠纷排查化解】2016年，集美公安分局针对各个敏感时期的社情动态，对涉众型企业、特殊群体和重点人员进行摸排管控，做好重大活动风险评估、情报会商研判和矛盾纠纷排查化解工作，发挥维护治安主力军作用，调动全警资源，依法妥善处置各种突发群体性事件。全年共跟进处置辖区水果营行、招宝网、“E租宝”、后溪铃木4S店讨薪等涉众型警情373起，处置群体性事件79起。

【大型活动安保机制】2016年，集美公安分局转变大型活动安保工作理念和模式，突出落实安全主体责任，通过政府购买服务的形式，由专业保安服务公司承担现场主要安保职责，公安机关重点履行安全监管责任及应急处突责任，做到职责明确，节约用警。同时完成分局警卫预备队组建更新工作。全年共受理、审批、监管各类大型活动29场，投入安保力量9131人次，完成龙舟赛、首届嘉庚论坛、第八届海峡论坛、AEMI世界全球艺术节、草莓音乐节等大型活动安保任务，以及《奔跑吧，兄弟》集美拍摄点安全监督管理工作；出动警力1486人次、车辆465台次，完成46趟次警卫工作任务。（杨勇）

打击犯罪

【概况】2016年，集美公安分局坚持严打整治不放松，强化合成作战理念，坚决惩治黑恶势力、严重暴力犯罪，打击多发性侵财犯罪和网络、电信诈骗等新型犯罪活动，整治“黑、拐、抢”等各类突出治安问题，维护辖区社会治安秩序。共破获年内案件2575起，同比上升2.5%；抓获刑事作案成员1749人，同比上升7.6%；打掉团伙113个，同比上升7.6%；抓获逃犯56人，逮捕656人，公诉1141人，追赃445.23万元；百警破案数633起，百警逮捕数161人，百警公诉数280人。

【惩治恶性暴力犯罪】2016年，集美公安分局惩治故意杀人、故意伤害致人重伤或者死亡、强奸、抢劫、贩卖毒品、放火、爆炸、投毒等恶性暴力犯罪，立案214起，破获179起，破案率83.64%，同比增长9.39%，超过市公安局指标13.6个百分点；现行命案立案5起，破案5起，破案率100%。迅速破获“2•23”故意伤害致死案、“6•2”故意伤害致死案、“10•23”故意杀人案，成功处置“12•11”挟持人质案。

【打黑除恶】2016年，集美公安分局着力侦破“九类”案件，立案185起，破案152起，破案率82%，超过省公安厅、市公安局提出的70%的指标要求；

"九类"案件生效判决 172 人，超额 7.5% 完成省厅、市局下达的指标。打掉"地下出警队"和工程领域黑恶势力，犯罪分子生效判决 97 人，超额完成省厅、市局下达的 80 人指标。

【惩治侵财犯罪】 2016 年，集美公安分局以开展惩治盗、抢、骗专项行动为抓手，推行专业办案队、技术室、网安队、技侦同步上案机制，通过专业情报研判与实战紧密对接，共抓获侵财嫌疑人 515 人，打掉侵财团伙 77 伙 163 人，逮捕 255 人，移送起诉 302 人，破案 1371 起，侵财类案件高发势头得到遏制。全年共发生入室盗窃案件 1343 起，同比下降 25.8%；发生"三车"盗窃案件 2249 起，同比下降 11.3%；发生电信网络新型诈骗案件 1812 起，同比下降 10.7%；发生"两抢"案件 112 起，同比下降 54.7%。

【惩治电信网络诈骗犯罪】 2016 年，集美公安分局继续把防范惩治电信网络新型诈骗犯罪作为打击重点之一，不断强化措施，深化专项打击行动。共打掉本地诈骗窝点 47 个，完成年度指标 156.67%；刑拘 75 人，完成年度指标（60 人）125%；起诉 42 人，完成年度指标 110.53%；追赃 377 万元，完成年度指标 314.17%；居民被骗 10 万元以上案件立案 14 起，破案 7 起，破案率 50%。

【惩治经济领域犯罪】 2016 年，集美公安分局围绕服务经济建设工作重心，强化金融风险专项治理，开展惩治和防范经济犯罪工作。研究制订《全区公安机关打击经济犯罪"三个专项行动"工作方案》，重点惩治非法集资犯罪、恶意逃废债、传销犯罪。全年共立各类经济案件 210 起，同比上升 13.51%；破案 76 起，同比上升 230.4%；抓获犯罪嫌疑人 23 人，抓获逃犯 13 人，成功打掉一个从盗窃银行卡信息、制作伪卡盗刷银行卡的全链条信用卡诈骗 5 人犯罪团伙，破获系列案件 48 起。

【惩治毒品犯罪】 2016 年，集美公安分局开展集中收戒吸毒人员和"飓风肃毒"等会战行动。共破获毒品刑事案件 268 起，其中部级目标案件 1 起、省级目标案件 2 起；缴获各类毒品 1977.34 克，抓获毒品犯罪嫌疑人 304 人，抓获毒品犯罪在逃嫌疑人 6 人，查处吸毒人员 631 人次，强制隔离戒毒 76 人，完成"飓风肃毒"会战各项工作目标，"集中收戒吸毒人员行动"百警查处数居全市第一位。同时，制订《集美区禁毒工作考评办法》与《集美区禁毒工作考核评分标准》，推动成立 6 个社区戒毒康复工作领导小组和 6 个（集中）管理工作站；共办理易制毒化学品购买备案证明 2168 份、运输备案证明 456 份；集美职业技术学校获市禁毒办授予的"厦门市毒品预防教育示范学校"称号。

【"12•11"劫持人质解救】 2016 年 12 月 11 日凌晨 1 时许，杏滨街道一公司离职员工谢某某（男，32 岁，安徽阜南县人），因被解雇和工资结算问题，醉酒驾驶摩托车闯入该公司，冲进车间打砸闹事，并持剪刀劫持公司女员工王某（女，30 岁，江苏泗洪县人）。集美公安分局启动应急处置预案，局长许标旗到场坐镇指挥，杏滨派出所和刑侦大队、巡特警反恐大队警力赶到现场开展稳控工作。经 3 个多小时的对峙，巡特警反恐大队值班领导张凤鸣乔装成医务人员，伺机接近，在确保安全的情况下，迅速出手打掉嫌疑人手中的剪刀并将其扑倒在地，成功解救人质。（杨勇）

治安管理

【概况】 2016 年，集美公安分局以推进立体化社会治安防控体系建设为抓手，坚持问题导向、主动治安、常态化治理，建立健全社会治安各项基础管控措施，全力解决辖区治安突出问题，提升群众安全感。全年共受理行政案件 16461 起，查处 16442 起，抓获违法人员 8989 人，其中治安拘留 1365 人、罚款 2182 人、警告 5442 人、其他 58 人，查处单位 34 家。

【户口管理】 2016 年，集美公安分局开展户口整顿，做好户口补录、更正和注销工作。贯彻国家有关简政放权和户籍制度改革精神，围绕户籍管理、窗口行业管理服务，全面推行居住证制度，进一步减少审批环节，缩短审批时间，简化办事程序，做到即收即办、特事特办、急事急办。推行出入境全预约受理制度，提供错时、延时、预约服务，为行动不便或特殊原因不能前来办理居民身份证的群众提供上门采集指纹等特殊服务。全年共受理二代证 25375 张，受理厦门市民出国境申请 56919 人次，接受电话咨询、现场咨询 38517 人次，人像采集 18832 人次。

【治安管理】 2016 年，集美公安分局以开展"进万家、强防范、保平安"活动为抓手，持续开展流动人口、私房出租户专项整治，不断提升管理质量和服务水平。推进微信绑定出租房房东工作，全区出租房总数 28769 户，微信绑定 28293 户，绑定率 98%。各派出所共走访私房出租户 7749 户，处罚违规出租房东 284 户，走访企事业单位 307 家、行业场所 45 处、工地 100 余个。开展"清屋行动"，召开房东会 291 场，查处违规出租房东 1372 人，处罚金额 30 余万元。安装"门禁通"设备 4400 套，开通并使用 2400 余套，采集人员信息 3.5 万余人，初步建立社区民警、社区网格员信息采集互用联动机制。会同卫生、计生等部门，开展严重精神障碍患者肇事肇祸问题专项治理工作，结合入户调查进行逐人排查，排查列管 1029 人，其中 3 ~ 5 级严重精神障碍患者 92 人，逐人建档。通过落实"以奖代补”政策，全部签订监护协议，建立“关爱微信群”，落实管控回访措施，确保不脱管、不漏管。

【互联网+群防群治】2016年，集美公安分局开展“互联网+”群防群治工作试点，全面铺开“厦门百姓”APP平台的推广使用工作。各派出所均成立由协警队员组成的“互联网+”群防群治信息采集小组，对车辆、出租房及人员进行信息采集。全年共完成注册人数18061人，超额完成市局下达的12880人任务数，总积分27757904分，全市排名第一位；人均平均积分2155.12分，全市排名第二位。各派出所根据辖区实际，在治保会、治安志愿者、义务巡逻队、安全信息员、寄递业、物业保安、私房出租户、重点上访人员周边物色信息员，搜集各类影响社区安全和稳定的情报信息，掌握社情动态，共物色信息员1678人，收集有效信息95条。

【重点行业场所整治】2016年，集美公安分局以落实从业人员实名登记制度为抓手，着力强化娱乐场所、旅馆业、洗浴按摩场所、网吧、机修业等行业专项治安整治。依法取缔黑网吧7家，没收电脑128台，抓获违法行为人6人，刑拘3人；强化散装汽油安全监督管理，检查加油站168家次，整治各类安全隐患26处，行政处罚1家。及时发现和处置施工建设石料占压中石化成品油管道的违法行为，消除重大安全隐患；加强对金融部门治安、安全检查和防诈骗宣传，督促整改隐患28处，及时发现并拦截诈骗22起，涉案金额33万余元。开展铁路沿线“查隐患、强防范”治安整治专项行动，发现并督促整改隐患2处，查处治安案件6起。

【校园及周边治安整治】2016年，集美公安分局争取区委、区政府重视支持，推动在全区组织开展校园周边治安综合整治专项行动，创建“互联网+”校园周边综合整治新平台，建立全区校园周边综合整治工作微信群，强力推进“护校安园”专项行动。全年共走访检查校园220所（次），督促整改安全隐患25处，治理校园周边治安乱点15处，排查化解涉校矛盾纠纷10起；受理涉校涉生警情16起，立案10起，破案10起，抓获嫌疑人8人，刑拘5人，行政拘留3人，校园周边环境改善，涉校涉生警情下降。

【专项打击整治】2016年，集美公安分局开展“打四黑除四害”“食安2号”和“利剑”等专项行动，破获刑事案件127起，其中部督、省督案件各1起，专项工作全市排名第一位；开展“打黄禁赌”“断链”行动、“打黄扫非·净网2016”等专项整治，共破获黄赌刑事案件94起，专项工作全市排名第二位；开展“缉枪治爆”专项行动和危险物品专项治理，共查处非法销售烟花爆竹案件42起，刑事拘留1人，治安拘留37人，收缴枪支12支、仿真枪34支、子弹1435发、管制刀具429把；开展寄递物流业专项治理，组织召开专题会议31场，检查在册寄递企业251家、物流企业140家，发现各类安全隐患53处，开具“责令限期整改治安隐患通知书”53份。

【安全防范宣传】2016年，集美公安分局根据辖区警情实际，组织民警深入社区、企业、高校，通过媒体、网络、短信、讲座等多种方式，广泛开展防拐、防盗、防火、防毒、防诈骗、防溺水、防交通事故等安全防范宣传工作。全年组织反诈骗宣传小分队举办安全防范宣传讲座37场次，发送防诈骗类微信182条，设计、印发防诈骗宣传书签、手机贴等宣传品17万份，新浪微博“清洲说警事”话题栏目阅读数突破10亿人次。与区纪委、厦门奇幻科技公司合作，联合推出以集美动漫形象“阿集”“小美”卡通系列宣传视频，在学校、企业、车站、车载移动电视和互动电视开机页面播放。 （杨勇）

消　防

【概况】2016年，集美区共发生火灾49起，无人员伤亡，直接经济损失89.17万元。与2015年相比，亡人数下降100%，伤人数与上年持平，直接财产损失下降54.97%。区消防大队共接警出动1258次（含增援），出动消防车2014辆次、消防人员11627人次，抢救被困人员167人，疏散人员85人。

【基层火灾防控】2016年，集美区财政投入154万元，在全区推广安装简易消防设施。集美街道将大社区域性火灾隐患整治纳入政府目标责任，追加130万元，购置适用于狭窄巷道的消防器材装备；另投入130万元，对大社消防管网进行提升改造，提升大社片区消防安全管理水平；投入115万元，对中心花园老旧破损消防设施进行改造，消除安全隐患。侨英街道投入220万元，完成孙厝、叶厝等5个社区1600余栋居民楼的灭火器安装工作。为推动微型消防站实体化运行，区政府专题会议研究决定，每月拨付每个社区微型消防站工作经费补贴4000元。

【火灾隐患排查】2016年，区消防大队结合冬春火灾防控和夏季消防检查，开展易燃易爆危险品场所、超高层建筑、城市综合体及劳动密集型企业整治工作。举办大型群众性活动期间，消防大队联合各职能部门，以公众聚集场所、重大活动涉会场所、节庆主要活动场所及周边区域为重点，开展消防安全检查活动，确保重要节日、重大活动的消防安全。夏季消防检查期间，消防、公安、卫计、教育、安监、文体等部门及各镇街，联合对易燃易爆危险品场所、医疗卫生机构、中小学校、养老院、文物古建筑、宾馆酒店、旅游景点、物流仓储、出租房屋等场所进行火灾隐患排查整治。

全年共检查单位2616家，督促整改火灾隐患1718处，发出责令改正通知书855份、行政处罚决定书85份，临时查封14处，责令“三停”22家，罚款91.09万元，拘留3人。办理举报投诉案件103起，挂牌督办并销案重大火灾隐患单位1家。

【消防安全整治】2016年，集美区强化部门联合，相继开展冬春火灾防控、除夕元宵“零点行动”“3•15”消防产品集中整治、劳动密集型企业整治、易燃易爆单位场所整治、夏季消防检查等专项行动，全力推动各级政府、各行业部门落实消防监管职责，区政府投入154万余元，在全区推广安装简易消防设施。全年，共发生火灾49起，无人员伤亡，直接经济损失769162元。火灾起数同比上升了96%，死亡人数下降100%，受伤人数与上年持平，直接财产损失下降54.97%。

【社会化消防监管】2016年，集美区将消防安全网格化管理纳入社区网格化信息服务管理平台，实现系统模块设定，完成基础数据录入。全区6个镇街61个村居全部实现“网格化”消防管理，并通过达标验收，达标率100%。全年各级消防安全网格员共检查单位2000余家，消除火灾隐患1600余处。实施《派出所消防工作月交叉考评工作方案》，明确派出所每月消防监督检查工作量，并纳入公安工作综合考评，开展派出所消防业务集中培训，严格执行监督员每季度挂点指导制度。根据消防安全重点单位界定标准，消防大队及时调整辖区二级消防安全重点单位和火灾高危单位，每季度召开一次培训会，推动完成“户籍化”系统录入、“四个能力”建设等工作。至年底，108家设有消防控制室的重点单位完成规范化建设，其中20家接入消防设施联网远程监控系统。

【消防岗位练兵】2016年，消防大队将体能技能、合成操法练习作为训练重点，推行“1＋3”练兵组合，即1名干部和3名战士组成“练兵4人组”，开展班与班、小组与小组之间的对抗训练，做到每天“一掌握”、每周“一对抗”、每月“一考核”，科学推进训练。开展以人员密集、高层、地下、易燃易爆和节庆场所为重点的“六熟悉”演练活动，组织官兵深入重点单位，掌握重点部位、消防设施摆放、灭火救援进攻路线和注意事项等，将辖区的地形、交通道路制成便携式地图，做到人人都是“活地图”。理顺综合应急救援队伍指挥运行机制，在建强消防部队救援主力军的同时，健全多种形式消防队伍联勤联训制度，开展微型消防站、志愿消防队、专职消防队消防业务轮训，提升全区各类消防力量的应急救援能力。至年底，后溪镇专职消防队成立并投入执勤；全区建成社区微型消防站35家、消防安全重点单位微型消防站142家。同时，以微型消防站为支点，划定17个消防联防区域，涵盖单位187家，建立区域互查互检、通讯联络和应急响应机制，提高区域联防协作能力。

3月4日，集美消防大队在小金星幼儿园讲授灭火器使用方法。（叶婷婷 摄）

【消防为民服务】2016年，消防大队组织经验丰富的建审、验收业务骨干，主动上门为企业提供消防技术咨询和技术服务。消防服务窗口采取全面提速审批时限、减少消防审批环节、精简审批申报材料、实行“容缺受理”制度等措施，提升服务水平和质量。同时启用“多规合一”信息联动管理平台，与发改、规划、环保等多个部门实行“一表式”受理、“一站式”审批。工作人员在接待工作中做到“三声三办”，严格执行一次性告知制度，避免群众多次往返，群众满意度达到100%，实现窗口“零投诉”目标。

【消防宣传】2016年，消防大队相继开通集美消防微博和微信，共发送微信365条、微博1670条，反馈群众信息咨询150余次。投入专项经费18万元，在重点节假日期间，向群众发送消防安全短信720万条。发挥地方主流媒体作用，在区政府、行业部门官方门户网站、《集美报》开辟消防知识专栏和“夏季消防检查”专栏，刊登消防工作动态和消防安全知识；在集美广播电视台每日滚动播放消防安全提示短语，插播消防宣传公益广告，提高市民消防安全知晓率。消防大队主动联合区委党校、教育局、民宗局、安监局等职能部门，携手高校消防志愿者、网格员、企业志愿服务队，依托LED大屏幕宣传车，开展“消防安全、全民共享”、安全生产月、暑期消防宣传、消防安全大培训、消防安全进军训等主题宣传活动。“119”消防宣传月期间，消防大队组织72支消防志愿队举行全民消防运动会，在工商旅游学校、厦门理工学院、北区霞梧广场举办大型消防主题宣传活动3场。全年共组织单位、社区消防培训86次，发放宣传材料6万余份，受教育5万余人次。

（叶婷婷）

检　察

【概况】2016年，集美区人民检察院批捕各类刑事案件犯罪嫌疑人651人，提起公诉1196人，立案侦查贪渎窝串案2件2人、渎职侵权犯罪案件8件10人，为国家挽回直接经济损失94.85万元。加强审判监督，共提出量刑建议833件978人，建议采纳率96.9%；提出抗诉1件1人，获上级检察院支持。结合案件向涉案单位发出检察建议5份，推动相关部门堵漏建制。参加信访法治建设年活动，处理各类信访案件120件。设立全市首家驻检察院人民调解室，开展检调对接，促成刑事和解40件。完善办案风险评估、以案释法等制度，开展风险预警评估18件。是年，该院获省级“文明接待室”、市级“最佳公诉人团队”表彰，干警获“全省侦查监督业务标兵”“全国检察机关检务保障工作先进个人”“全市优秀公诉人”“全省检察机关优秀接待员”等业务型、专家型人才称号7人。2个精品案件入选“厦门市检察机关法律监督十佳案件”“全省检察机关十佳立案监督案例”。

【刑事检察】2016年，区检察院依法批准逮捕各类刑事案件犯罪嫌疑人651人，提起公诉1196人。突出严惩严重暴力犯罪、危害食品药品安全犯罪、电信网络诈骗犯罪34人。起诉各类破坏社会主义市场经济秩序犯罪34人，同步介入重大安全生产事故调查9起，保障和促进绿色发展。坚持宽严相济刑事政策，对涉嫌犯罪但无社会危险性的，决定不批准逮捕399人；对犯罪情节轻微、依法不需要判处刑罚的，决定不起诉62人。探索保护性办案、社会化帮教、修复性救助、多元化普法“四位一体”未成年人检察工作模式，决定不批准逮捕22人，附条件不起诉5人。

【职务犯罪查处和预防】2016年，区检察院重视查办发生在社会保障、征地拆迁、支农惠农等民生领域的职务犯罪，查办职务犯罪8件10人，其中处级以上要案2人，为国家挽回直接经济损失94.85万元。强化职务犯罪侦查一体化机制，查办贪渎窝串案2件2人。加强对新常态下经济领域犯罪活动的分析研判，应需举办各类法制宣传52场次，受众8000余人。进一步发挥行贿犯罪档案查询在构建诚信体系中的积极作用，推行语音电话、网络预约邮箱、微信公众号“三位一体”的立体咨查模式，推动查询便民化，共提供查询1484次。开展预防公益微电影展播、举报宣传、廉政课堂等系列活动，全年共开展各类警示教育29场次。

【诉讼监督】2016年，区检察院着力纠正有案不立、有罪不究、以罚代刑等问题，监督侦查机关立案4件4人，纠正漏捕2人、漏诉3人，追诉金额83万元，改变侦查机关案件定性32件，纠正不规范侦查行为17次。对具备无必要继续羁押条件的50人依法采取取保候审强制措施。加强审判监督，提出量刑建议833件978人，建议采纳率96.9%；提出抗诉1件1人，获上级检察院支持。统筹推进生效裁判监督、审判程序监督和执行活动监督，对13件行政非诉执行案件立案监督。开展对基层法庭民事诉讼案件专项监督和对法院执行款物专项监督，对民事行政裁判提出再审检察建议3件，均获法院书面回复。

【司法行为规范】2016年，区检察院全面开展审查逮捕阶段每案每人必讯、排除非法证据工作。对收集不符合法定程序、可能严重影响司法公正的27份证据，要求侦查机关补正或书面解释，诉至法院的案件均作有罪判决。坚持不断强化自身监督，健全案件管理工作机制，对办案全程进行全面动态监督，开展案件日常定期评查和撤案、不捕、不诉重点案件专项评查共79件。建立律师阅卷“一站式”服务机制，接受律师电话预约阅卷495次，接待律师阅卷392次。及时向区人大及其常委会报告全面工作、专项工作和重要事项，落实人大代表、政协委员提出的建议，举办检察开放日活动，邀请代表、委员视察评议检察工作，促进检察工作与社会公众良性互动。

【机制创新】2016年，区检察院深化以审判为中心的刑事诉讼制度改革，深入推进刑事案件速裁、检察环节认罪认罚从宽处理等改革试点工作。全年适用速裁程序办理案件431件436人，审查起诉平均用时不超过5天。推进涉法涉诉信访工作机制改革，探索经济困难刑事申诉被害人救助办法，1名困难被害人获得司法救助。做好案件信息公开工作，累计发布案件程序性信息1815条、法律文书942份。建立依法行政与检察监督工作互动机制，推动全区30个单位接入刑事司法与行政执法衔接信息共享平台，接入率100%。探索“互联网+检察”工作模式，通过“集美检察”“校园阳光工作室”微信公众号发布信息242期。（陈文绘　高娜伶）

法　院

【概况】2016年，集美区人民法院受理案件9478件，审结8212件，分别比上年提高8.37%和7.39%，均创历史新高；结案率、存案工作量、一审判决改判发回重审率、实际执行率、执行标的到位率、执行清积率均位居全市基层法院第一名，获“全省十佳法院”“党建工作先进集体”“省级青年文明号”等13项集体荣誉，受最高人民法院两次通报表扬，全院31人次受到各级表彰。

【刑事审判】2016年，区法院依法惩治刑事犯罪，审结939件，涉案1185人，其中严惩恶性暴力、危害社会治安等刑事犯罪75件202人。依法审结中央政法委、公安部督办的钟志伟等13人涉黑案和郭韶华等26人利用网络开设赌场案；审结多发性侵财、毒品、危害食品药品安全、危害交通安全等犯罪691件771人，惩治电信、网络诈骗等犯罪39件57人。坚持宽严相济政策，判处五年以上有期徒刑20人，对具有从宽情节的264名被告人依法适用缓刑、管制等非监禁刑。

【刑事速裁程序试点】2016年，区法院进一步探索刑事速裁改革试点工作，出台《关于签发刑事速裁案件法律文书若干规定》，除法定情形外，在速裁案件中赋予审判员文书签发权限，实现审理者裁判、裁判者负责。提高速裁案件适用比例，将适用速裁程序案件的范围由故意伤害、寻衅滋事类扩大到“两高两部”(最高人民法院、最高人民检察院、公安部、司法部)《关于在部分地区开展刑事案件速裁程序试点工作的办法》规定的11类案件中的7类。制作《集美法院刑事案件速裁程序试点工作白皮书》，拍摄刑事案件速裁程序试点工作宣传片，总结推广区法院速裁工作的做法。11月，区法院率先提出刑事案件认罪认罚从宽“321”办法，根据犯罪嫌疑人、被告人认罪认罚的阶段和程度，分别规定减少基准刑30%、20%、10%以下的阶梯式从宽处罚比例，促使犯罪嫌疑人、被告人尽早自愿认罪认罚，并规范公安、检察机关、法院在侦查、审查起诉、审查阶段的相应告知、说明、记录义务。是年，区法院适用速裁程序审结399件403人，占同期审结刑事案件数的42.49%，平均审理工作时间为4个工作日。

11月30日，区法院审结钟某某等13人涉黑案。（李松荣 摄）

【钟某某涉黑案审结】2016年11月30日，区法院公开宣判钟某某等13名被告人组织、领导、参加黑社会性质组织案。该案由中央政法委、公安部督办。案件涉及违法犯罪事实30起、罪名8项。历经13次庭审，查明被告人钟某某以金和源公司为掩护，通过被告人钟某某、钟某某、钟某某3人，指挥和管理其余人员，盘踞钟宅一带，实施一系列妨害公务、聚众斗殴、寻衅滋事、故意伤害、强迫交易、非法拘禁等违法犯罪活动，欺压百姓，打击竞争对手，树立自身组织的强势地位，大肆攫取不法利益。区法院以钟某某犯组织、领导黑社会性质组织罪等8项罪名数罪并罚，判处有期徒刑22年，并处没收财产500万元、罚金20万元，剥夺政治权利5年；判处其他成员18年至2年10个月不等的有期徒刑，并处没收财产、罚金等刑罚。

【民商事审判】2016年，区法院受理民商事案件5216件，比2015年增长6.6%；结案4458件，其中调解1228件、撤诉1126件。健全轻微人身损害道路交通事故快速处理、商业保险预付抢救费等工作机制，交通事故损害赔偿案件调撤率87.53%。成立破产案件专业审判团队，建立协同处置机制，保障破产清算工作执行。

【民商事案件审裁精简化改革】2016年，区法院成立民商事案件审裁精简化改革办公室，结合最高法院出台的民事诉讼文书新格式，整理完善争点中心型、要素式、令状式、表格式庭审及文书模板，出台《推进方案》《改革问答集》，由民商口各庭挂点类案进行推广。该项工作受到最高法院司改办调研组及市中院肯定。

【发出首份人身安全保护令】2016年5月10日，区法院发出首份反家暴“人身安全保护令”。居民温某经常受到其丈夫邱某的谩骂、恐吓、殴打等家庭暴力。5月5日，邱某再次无故殴打温某，温某报警求助，派出所对邱某作出行政拘留10天的处罚决定。为避免邱某变本加厉，温某向区法院提出人身安全保护的申请。区法院审查认为温某的申请符合《中华人民共和国反家庭暴力法》规定的情形，依法作出“人身安全保护令”裁定书，并及时送达申请人、被申请人以及双方住地的公安派出所与居民委员会，同时对尚在行政拘留中的邱某进行相关法律及违反后果的说明与解释。

【4S店违规引发的群体性案件审结】2016年，区法院依法审结一起4S店违规引发的群体性消费者权益纠纷案件。厦门菱宝汽车销售有限公司等三家4S店，用所销售车辆的合格证抵押银行的形式进行融资，但在车辆销售时，未向消费者告知车辆合格证抵押银行的事实。由于厦门菱宝4S店资金链断裂，无法偿还银行贷款以取回车辆合格证，导致多名消费者所购车辆无法上牌，引发消费者群体性投诉、信访及聚集事件，引起社会关注。事件发生后，区法院在区委政法委牵头下，与工商、公安、信访等部门协同开展处置工作，及时受理并审结该系列60余件消费者权益纠纷案件。

【行政诉讼案件集中管辖】自2015年9月起，集美区法院集中管辖厦门市基层法院受理的一审行政诉讼案件。2016年，区法院设立诉讼联络员，诉前、诉中协调行政争议，协调化解率31%；完善行政机关负责人出庭应诉制度，强化庭审应诉工作，行政首长出庭率56.9%；邀请人大代表、政协委员和有关执法人员旁听庭审；推行巡回审判、案件回访机制，加强对当事人诉讼指导，方便群众诉讼；定期召开良性互动座谈会，连续三年发布行政审判“白皮书”，向行政机关提出意见建议，助力依法行政。区法院全年受理行政诉讼案件128件，约为未集中管辖前受理案件数的5倍，审结100件，结案率78.13%。

【化解“执行难”】2016年，区法院着力化解“执行难”问题。开展执行积案清理，清理执行积案5722件，结案标的额超过2.2亿元；将2398名被执行人纳入失信被执行人名单，司法拘留45人，占全市司法拘留人数的35.78%；与公安部门联合打击拒不支付劳动报酬犯罪；在全省率先与电力部门就“涉案房地产中止供电”建立协作机制，丰富惩戒手段；利用微信平台推出失信被执行人曝光名单60期，曝光失信被执行人1560人。全年执行结案2449件，执行到位金额1.17亿元，比上年分别提高31.74%和91.8%。

【发出首份悬赏执行公告】2016年7月，区法院在全市率先出台《关于实行悬赏执行措施的规定（试行）》，对可申请悬赏执行的案件范围、悬赏金的额度及承担方式、悬赏公告的内容及发布程序、可举报财产的范围及不得领取悬赏金的例外情形等作出具体规定，并指定专职廉政监督员对悬赏执行措施和过程进行监督，确保执行过程的公开公正。同月，针对两名被执行人的首批悬赏公告，通过《海峡导报》《厦门日报》微信公众号等媒体同步推出。原本下落不明的被执行人主动与承办法官和申请执行人联系，达成和解协议。

【普法工作】2016年，区法院按照“谁执法谁普法”“谁主管谁负责”的普法责任制要求，开展“七五”普法工作。邀请人大代表、驻地部队官兵、高校教师、外国学生（德国特里尔大学）、中小学生、微信公众号网友共145人，参加集美法院公众开放日活动，组织参观法院13次，参加庭审旁听10次；到高校、职校、图书馆、妇联、中小学、社区举办关于青少年犯罪、民事纠纷化解、反家暴等讲座9场，普法受众800余人；与综治办、戒毒所、司法所、社区等共同开展普法教育活动12场，发放普法材料1300余份。落实省级法学教育实践基地项目，3名资深法官受聘任高校校外导师，与高校共同举办知识产权模拟法庭比赛；推行全省首个审矫衔接工作室机制，深入社区向30名服刑人员进行禁毒教育，组织4名未成年缓刑犯开展亲子游园特色回访活动。

【法官队伍建设】2016年，区法院按照法官员额比例，完成35名法官入额工作，提任审判员6人、助理审判员13人，以购买服务方式招录司法辅助人员31人，增加编外辅助人员编制12名。开展“法之晨辉”系列活动，组织法官和司法辅助人员研讨办案技巧，指导论文、案例写作；举办新进速录员、协警培训班，传授专业技能、司法礼仪，规范执法行为。2016年度调研成果评分位列全省基层法院第二位、全市基层法院第一位，区法院获评全市法院调研工作先进集体，司法新闻宣传、司法理论宣传两项工作获最高法院通报表扬。区法院诉讼服务中心获福建省创建青年文明号活动组委会授予的2016—2018年“省级青年文明号”称号。（李晨）

司法行政

【概况】2016年，集美区司法行政工作坚持以法治为引领，推进依法治区建设、公共法律服务体系建设、业务建设和队伍建设。启动“七五”普法工作，首创法治微电影大赛，成立普法志愿者联盟；持续推进人民调解工作，成立集美区人民调解中心驻检察院人民调解室，开展人民调解卷宗评选，多人获评人民调解先进典型；继续深化社矫帮教工作，开展网格化试点，实行矫正人员分类教育矫治，建立社区矫正中心管理值班制度，正式启用电子腕带；开展公共法律服务体系建设，持续推进“村村设法律顾问”工作，进一步完善法律援助制度，为新城及重点项目开发建设提供公证法律服务。全区共排查矛盾纠纷1282起，调解1282起，其中复杂疑难纠纷36起，调解率、成功率均为100%。全年受理各类援助案件1247件，办结各类公证1382件，公证业务收费197万元。是年，灌口司法所所长杜朝庭获评厦门市首届“我最喜爱的‘和事佬’”，后溪司法所所长陈明艺和杏滨司法所专职调解员郑琪欣获评2016年度“厦门市先进人民调解员”。在省人民调解员协会开展的人民调解卷宗评比活动中，杏滨司法所杨水源、郑琪欣调解的《袁家会与厦门承盛洗涤有限公司杏林分公司损害赔偿纠纷》卷宗，被评为“优秀卷宗”。

【“七五普法”启动】2016年初，集美区通过“法治集美”网站、微信公众号、手机APP平台，面向社会公开征集集美区“七五”普法工作建议；10月，制订印发集美区“七五”普法规划；11月17日，召开集美区“六五”普法总结表彰暨“七五”普法动员部署大会，“七五”普法全面启动。

【首创法治微电影大赛】2016年，集美区以“法治集美·阳光生活”为主题，向社会公开征集以宪法法律知识、法治故事等为表现对象，内容健康、积极向上、弘扬法治精神的微电影原创作品，共收到作品33部，并于11月1日至25日在“法治集美”微信公众号和“天下集美”微信公众号上展播，并进行公众投票。据统计，网上评选点击量（以成功观看一部电影为准）113742次，浏览次数30万次以上。11月25日，经专家评审团评审，评出一、二、三等奖作品各1部，优秀奖作品7部。

【普法志愿者联盟成立】2016年12月4日，集美区普法志愿者联盟成立。普法志愿者联盟由集美区司法局志愿服务队、厦门尚凯利文化传媒有限公司、集美大学学生法学社、诚毅学院法律践行社组成。该联盟以做好普法宣传志愿服务为己任，以创新普法宣传形式为要求，结合集美实际，将闽南特色文化与法治宣传需要紧密联系，力争创作出高质量的群众喜闻乐见的法治文艺作品，走出一条方法灵活多样、普法娱乐相结合的新路子。

12月4日，集美区普法志愿者联盟成立。（林志杰 摄）

【社区矫正网格化管理试点区创建】2016年，集美区被列为全省社区矫正网格化管理试点区。区司法局联合区政务信息中心，成立社区服刑人员网格化管理工作领导小组，制订《集美区社区服刑人员网格化管理试点工作实施方案》，优化社区矫正网格化管理平台。建立社区矫正管理值班制度，对全区社区服刑人员进行24小时全天候定位轨迹监控，并做好定位记录和交接班工作。根据严管、普管、宽管三个等级，为矫治人员设置不同的教育课程。对“普管”人员，每个月上课1至2次，按照不同类型进行专题矫治教育。对新入矫社区服刑人员，开展“入矫第一课”教育。对列为“严管”级别的社区服刑人员，每月进行一次警示教育。社区矫正中心全年进行集中教育72次，上课人数2432人次；进行“入矫第一课”教育12次，参与人数308人次；给予警示教育6次，被警告17人次；进行未成年心理矫治8次，矫治人数29人次。7月，集美区心理健康宣传教育工作经验交流会召开，区司法局社区矫正中心被评为集美区“心灵绿洲”工作示范点，并在会上交流心理矫正工作的经验。

【村村设法律顾问工作】2016年，集美区继续推进“村村设法律顾问”工作，制订《厦门市集美区村（社区）法律顾问考评办法（试行）》，做好对村（社区）法律顾问的检查、监督和考评工作。编印《您身边的法律顾问——集美区法律服务网络一览》，分发到各村和社区。区司法局走访辖区内有关律师事务所和部分村及社区，对“村村设法律顾问”工作进行实地检查。建立驻村（社区）律师顾问微信群，加强与驻村（社区）律师的沟通联系。是年，全区村（社区）法律顾问共提供法律咨询2957人次，举办法治宣传教育讲座107场次，协助处理重大敏感和群体性案件37件，协助起草、审核、修订自治组织章程、村规民约及其他规章制度57件，为村和社区重大经济、民生和社会管理方面的决策提供法律意见152条，协助处理信访39起，办理村、社区民众法律援助案件19件，调解矛盾纠纷119起，为社区居民处理其他涉法事务86件。

【拓展法律援助范围】2016年，区法律援助中心建立法律援助律师志愿者资源库，充实法律援助力量。加强对劳动者的法律援助，在原来的请求支付劳动报酬、要求工伤保险待遇等法律援助范围的基础上，将涉及劳动保障的其他事项纳入法律援助范围；对领取城乡低保、特困供养人员等特殊群体以及申请支付劳动报酬和要求工伤赔偿的农民工当事人免于经济状况审查。做好刑事法律援助工作，为未成年犯罪嫌疑人争取到从轻、减轻处罚，附条件不予起诉，甚至免予刑事处罚。是年，区法律援助中心共受理法律援助案件 1247 件，比 2015 年增长 8.15%。其中，受理指派劳动仲裁、民事诉讼援助案件 926 件、刑事法律援助案件 208 件、行政诉讼援助案件 1 件、司法鉴定援助 7 件，提供代书等非诉讼法律援助 105 件，并为 752 名来电来访的当事人提供法律咨询服务。

【公证业务】2016 年，区公证处办结各类公证 1382 件。其中，大陆公证业务 1176 件，涉港澳台地区公证 72 件，涉外公证 134 件。公证业务收费 197 万元。接待来访、义务咨询 1300 多人次。为集美新城及轨道一号线涉集美段、324 国道改线、厦门理工学院扩建、华夏学院等重点建设项目用地征拆，办理相关的地上物现状拍摄固定证据、财产清点、丈量测绘证据、涉执法文书送达提供保存公证和提存公证。全年共办理重点工程建设用地征拆保障提存公证事务涉及金额 1400 万元，办理上述用地征拆执法文书送达类公证 454 件。（冯慧）

军 事

人民武装

【概况】2016 年，集美区人民武装部遵循军委国防动员部明确的人武系统“五部”标准，立足集美实际，按照“聚焦实战、创新驱动、军民融合、集约高效”的思路，组织民兵训练 5 批次，集训人数 325 人次；开展国防教育进学校、进社区活动，组织国防教育讲师团宣讲 6 场次、听众 3000 余人；完成秋季征集新兵任务，继续保持连续 39 年无责任性退兵。

【民兵建设】2016 年，集美区有基干民兵以退伍兵为主，组建区重点应急连，编制 125 人，配齐装备，强化训练，保持常态在位，担负全区应急值班任务。针对辖区退渔养海、民船征集难的问题，从漳州龙海市港尾镇征集渔船 6 艘，编配民兵 118 人，组建海上民兵救护分队。各基层武装部完成“青年民兵之家”建设。

【军事训练】2016 年，区人武部按照真打实备的要求，先后组织专武干部民兵营（连）长、民兵信息员、反恐处突、海上救护分队、防汛救灾 5 批次集训，训练时间共 25 天，集训人数 325 人次，参训率达 105%，总评“良好”以上。按照部团挂钩帮带的模式，依托驻军炮兵团进行组训，保证训练计划、训练内容基本同步，训练资源共用共享。在警备区组织的年度训练考核中，干部训练总体较好，民兵分队训练总评名列前茅，其中孙小飞、陈小池分获战术基础动作第一名和第二名，周逸超获炸药包捆绑第三名。

【国防教育】2016 年，区人武部投入 6 万余元，制作《阿集小美参军去》宣传动漫，并印制宣传画册 1.5 万份。开展国防教育进学校、进社区活动，组织国防教育讲师团宣讲 6 场次、听众 3000 余人；结合八一建军节、国防教育日和国庆节，开展形式多样的军地联谊文化活动，邀请部队优秀大学生，深入辖区各高校举办巡回报告会。全区参加国防生政审考核报名 43 人，完成直招士官、秋季征集新兵任务，其中大学生男兵征兵比例达 75%，继续保持连续 39 年无责任性退兵。

【拥政爱民】2016 年，区人武部继续做好与后溪镇黄地村结对帮扶工作。部领导先后三次到该村调研，指导村委党建，投入扶助资金 7 万余元，帮助改善村部建设、慰问受灾家庭、资助贫困师生。抗击台风“莫兰蒂”期间，协调驻军三十一军某 300 余人、武警水电六支队 100 余人，携带装备，协助疏通 324 国道、同集路、浔江路、集灌路、杏东路等道路 160 余千米，组织民兵应急分队先后出动 1000 余人次，进行道路清障、卫生清理和扶救树木等救灾工作。（陆红亮）

边 防

【概况】2015 年 11 月至 2016 年 10 月，集美边防大队接处警 5922 起，受理刑事案件 1194 起，破获刑事案件 268 起，破案率 22.45%；受理治安案件 6229 起，查处 5899 起，查处率 94.7%；刑事拘留 108 人，逮捕 50 人，起诉 49 人，抓获网上在逃人员 17 人。破获毒品案件 37 起，抓获吸毒人员 113 人，缴获冰毒 90.1 克、海洛因 5.51 克，查获仿制手枪 2 把；打击走私成品油 1 起，缴获柴油 97.93 吨，捣毁地下储油点 1 处，查扣涉案车辆 2 辆，涉案总价值近 71 万元；破获公安部督办“12•11”特大生产销售伪劣假烟案、部督“10•18”特大诈骗案等一批有影响的案件。凤安、马銮湾派出所配合司法、调解部门，全年排查矛盾纠纷 150 起，涉及 410 余人，为群众挽回经济损失 200 余万元。是年，凤安派出所被福建公安边防总队评为 2016 年度基层建设先进单位、2016 年度正规化管理基层标兵单位、执法示范单位，被市公安局评为全市公安机关执法示范科所队；马銮湾派出所获福建公安边防总队授予的“2016 年度基层建设先进单位”称号。

【沿海管防】2016 年，凤安、马銮湾两个边防派出所争取所在街道支持，筹集经费 188 万元，在沿海一线重点部位新增海防高清监控 11 个，新建路面监控 111 个，添置新型执法记录仪 20 台，增配辅警 10 名。边防大队与厦门市海洋行政执法支队、集美区农林水利局、支队船艇大队实行联动机制，建立集美区沿海防控网，联合海洋渔业等8个部门，联合开展沿岸砂场、餐饮船及大排档整治活动，开展打击走私成品油、打击偷私渡、“国门利剑”等专项行动，推动集美区涉海多部门联勤联动执勤点常态化。加强集美区“平安海域”创建工作，发挥新建的浔江船管站、马銮船管站的“桥头堡”作用，健全船舶档案，落实船舶进出港申报和船舶检查制度，与渔船民签署责任状。全年共查处船舶类案件202起，辖区沿海一线未发生渔船民前往敏感海域生产作业及从事走私偷渡等情况。

【维稳创安】2016年，集美公安分局为凤安和马銮湾边防派出所配备警务通4台、网枪2把、警用摩托车30辆、图侦专用电脑2台、图侦专用相机1台、新型执法记录仪6台。边防大队加强与分局刑侦大队、周边派出所的警务协作，实行信息共享、资源互用，把季节性、阶段性的治安热点作为打击破案的主攻点，实现警情、线索与打击三者的有机衔接。推行巡逻巡查巡访、压警情压事件压事故的“三巡三压”勤务，以主干道、治安重要部位为点，街路巷为线，编排治安岗勤点、巡逻线路和巡逻必到点，安排民警、协警和保安组成联防巡逻队，加密网格巡逻强度，形成由点连线成面的全时空、高密度的网格防控布警模式，进一步提高见警率，最大限度挤压发案空间。全年大队共出动警力522人次，完成包括G20杭州峰会、“9•8”投洽会、两岸企业家峰会等11场次的安保任务。辖区全年流动人口比上年增长28%，接处警件数下降21.68%。

【防抗“莫兰蒂”台风】2016年9月15日“莫兰蒂”台风登陆前，集美边防大队出动警力40余人次，在辖区沿海一带及村居开展宣传教育、群众转移工作，发布防台信息5条，规劝渔船民上岸70余人次，驱散海边游客252人，组织进港避风船只107艘，帮助渔船民巩固船只182艘，转移低洼地带群众40余人次，帮助群众加固房屋36间、防护设施5处，督促4处在建工地做好防范工作。台风登陆后，出动警力125人次，救助受困群众13人，转移群众至安全地带20余人。马銮湾边防派出所驱车送2名受伤群众至杏林医院救治，凤安派出所救助台风中受灾群众4人。发动志愿者200余人次，投入车辆15台、电锯4台，协助市政部门清理辖区9条主要道路，清理道路倒伏树木210株，扶正各类交通安全标识牌20余处，帮助群众清理屋内积水30余户，救助被困群众18人次，排除各类安全隐患8处。（洪国祥）

人民防空

【概况】2016年，集美区贯彻“长期准备、重点建设、平战结合”的方针，坚持“与经济建设协调发展、与城市建设相结合”的原则，构建人防工程、防空防护、指挥通信、应急疏散、宣传教育人防体系，审批结合城市新建民用建筑修建战时可用于防空的地下室项目31个；组织9个社区6000余人参加厦门市第十六次人民防空演练活动，防空警报主城区音响覆盖率在85%以上，警报鸣响率100%。利用新闻媒体和各种宣传形式，开展人防宣传活动，发放人民防空宣传材料4万余份。

【人防宣传教育】2016年，集美区以“3•1”国际民防日、“5•10”防空警报试鸣日、“12•5”法制宣传日和9月16日全民国防教育日活动为载体，利用网络、广播、电视、报纸等媒体和知识橱窗、横幅标语、宣传手册等形式，开展人防宣传活动。共悬挂人防标语条幅150余条，向市民发放《人民防空知识宣传手册》《“应对危难”防灾手册》等宣传材料5种2万余份，向全区中学初一新生（含2所市属中学）发放《人民防空》知识读本7000余册，发放人防法规知识宣传册16000册。

【人防应急演练】2016年5月10日15时，随着“嘟……嘟……嘟……”一声声警报划破长空，厦门市第十六次人民防空演练活动准时开始。2016厦门人防演练活动主场设在集美区原迈士通项目用地，主题为“警钟长鸣，增强人民防空意识；居安思危，共建平安美丽厦门”，演练重点为城市防空袭作战背景下重要经济目标的综合防护救援。防空警报鸣响后，市疾控中心、市环境监测站、市消防支队、灌口镇政府等18个单位400余人40余台各种专业车辆，分别投入临战防护、紧急防护、快速救援演练。与此同时，集美区组织9个社区6000余人参加紧急疏散演练。此次演练，集美区46台防空警报器（通信警报器38台、机动警报器2台、手摇警报器6台）同时拉响，主城区音响覆盖率在85%以上，警报鸣响率100%。

【人防工程建设】2016年，集美区严格依法“结建”工程审批，拟定行政权力事项清单，规范行政审批流程，严把“结建”工程图纸资料审核关，落实告知承诺制和限时办结制，加大易地建设费征收和人防工程建设监管力度。至年底，审批结建项目31个，收取民防易地建设费166.8万元。区人防地下指挥所（又称“0719”工程）主体工程口部管理房、人防指挥通信信息系统项目、人防指挥通信信息系统电磁屏蔽机房竣工验收。（张永桥）

人民政协与民主党派

人民政协

重要会议

【区政协七届五次会议】2016年1月25—27日，政协第七届厦门市集美区委员会召开第五次会议。会议听取并审议同意区政协主席洪成所作的常委会工作报告和陈小强副主席所作的提案工作报告；表彰优秀政协委员、2014年和2015年度优秀提案及提案承办先进单位。会议期间，政协委员列席区人大第十一届五次会议，听取并讨论代区长何东宁所作的政府工作报告、集美区“十三五”规划纲要（草案）、区财政工作报告、区法院工作报告、区检察院工作报告。会议协商通过区政协七届五次会议提案初审报告和区政协七届五次会议决议。区委副书记黄炳文受区委书记李辉跃的委托，代表区委在闭幕会上讲话。（沈琦）

【区政协八届一次会议】2016年12月19—22日，政协第八届厦门市集美区委员会召开第一次会议。会议听取并审议同意区政协主席洪成所作的常委会工作报告和陈小强副主席所作的提案工作报告。会议期间，政协委员列席区人大第十二届一次会议，听取并讨论区长何东宁所作的政府工作报告、区财政工作报告、区法院工作报告、区检察院工作报告。会议选举产生政协第八届厦门市集美区委员会主席、副主席、秘书长和常务委员。主席胡亚才，副主席陈小强、纪永强、陈友谊，秘书长兰福传，常务委员刁玲、王汴玉、王瑞祥、公贤碧、甘进荣、吕奋勇、刘新华、许翠霞、孙向英、李志勇、李实全、李碧慧、杨仁太、连明富、吴青、陈旭黎、陈丽娴、陈建智、陈群英、周立新、郭海峰、黄世明、黄雯嘉、章琳琪、释开湧、赖鹭挺、蔡爱兰、潘永俊。会议协商通过区政协八届一次会议提案初审报告和区政协八届一次会议决议。区委书记李钦辉在闭幕会上讲话。（沈琦）

【区政协七届常委会会议】2016年，集美区政协七届常委会共召开6次会议。①1月8日，区政协主席洪成主持召开区政协七届二十二次常委（扩大）会议。会议听取并协商讨论《政府工作报告》（征求意见稿）和《十三五规划纲要》（征求意见稿）；审议区政协常委会工作报告和区政协提案工作报告；会议决定区政协七届五次会议于2016年1月25日召开；会议通过区政协七届五次会议议程日程、提案截止时间、会议执行主席分组名单、会议秘书长副秘书长名单；协商通过关于授权主席会议审议区政协七届二十二次常委会未尽事宜的决定。会议协商通过有关委员调整和人事任免事项，因工作变动、退休等原因，决定增补柯振敏、洪交通、范弦声、郑勇胜、陈世含、陈建智、陈福成、徐干远、蔡志坚、舒红梅10人为政协第七届厦门市集美区委员会委员，杨志伟、王意达、郭明标、林长勇、吴金山、蔡金炼、程亚雄、林志泽、金云雯、孙吉志10人不再担任政协第七届厦门市集美区委员会委员。②1月25—27日，区政协主席洪成主持召开区政协七届二十三次常委会。会议听取区政协七届五次会议各讨论小组（专委会）关于区政协常委会工作报告和提案工作报告的审议情况；听取关于区政府工作报告、区“十三五”规划纲要、区财政工作报告、区检察院工作报告、区法院工作报告协商讨论情况的汇报；协商通过区政协七届五次会议决议（草案）。③9月2日，区政协主席洪成主持召开区政协七届二十四次常委会，协商通过撤销张玉敏区政协七届委员、常委职务。④10月20日，区政协副主席纪永强主持召开区政协七届二十五次常委（扩大）会议。会议围绕“激活旅游市场，理顺管理体制，整合旅游资源”开展专题民主协商。与会的政协常委、委员，各民主党派和社会各界代表，针对集美旅游业发展存在的问题，就如何将集美自然、人文、产业等旅游资源串点成线、并连成片，尽快在全省率先实现全域旅游的大目标开展讨论和协商。同时，建议区政府着力将集美打造成闽南金三角旅游集散地；尽快成立单列旅游局，以统筹全区旅游业发展；明晰旅游发展的着力点，创建“城山湖海并举”的发展格局；着力加强服务意识，切实改变工作作风；着力整合学区高校资源，切实发挥高校智库作用；加大宣传力度，既要做到广泛宣传，又要做到精准宣传。⑤10月18日，区政协副主席陈小强主持召开区政协七届二十六次常委会，会议协商讨论区《政府工作报告（征求意见稿）》。会议对《政府工作报告》特别是区政府未来五年主要工作进行协商，并就今后五年经济社会发展的预期目标、重点任务及2017年主要工作等提出意见建议。⑥ 12 月 9 日，区政协主席洪成主持召开区政协七届二十七次常委会，会议听取区政府副区长林声群关于区政协七届五次会议提案办理情况的通报；协商通过区政协七届常委会工作报告和提案工作报告；协商决定区政协八届委员会委员名单；协商通过区政协八届一次会议召开的时间及议程、日程（草案）。（陈晓珍）

12 月 19 日，区政协八届一次会议召开。（陈晓毅 摄）

主要工作

【提案办理】2016 年，区政协七届五次会议共征集提案 141 件，经提案委员会审查立案 87 件，报请区政协主席会议审核，确定重点提案 3 件。立案的提案中，涉及经济建设方面 9 件，占 10.3%；城建城管环保方面47 件，占 54%；科教文卫体方面 20 件，占 23.1%；人劳、政法、民政方面 11 件，占 12.6%。按照“分级负责、归口办理”的原则，分别交由相关承办单位办理，各承办单位均在规定的时间内办复，共收到提案复函 87 件。据提案人意见反馈，表示满意、基本满意的 85 件，占 97.7%；表示不满意、不太满意的 2 件，占 2.3%。经提案委员会研究后报政协主席办公会议审定，4 件提案复函退回承办单位重新办理，提案重办后，提案人均表示理解和满意。在承办单位回复的 87 件复函中，提案所提建议得到采纳、问题已经解决或基本解决的 A 类提案 31 件，占提案办理数的 35.63%；列入计划正在逐步落实解决的 B 类提案 56 件，占提案办理数的 64.37%。（王新苗）

【课题调研】2016 年，区政协围绕全区中心工作和发展大局，发挥政协人才荟萃、智力密集的优势，选择事关集美经济社会发展重要课题，开展调查研究，并提出建设性的意见建议，推动集美经济转型、社会转型和城市转型，为加快推进人文集美建设，打造区域创新中心，建设五大发展示范区献计出力。区政协共形成课题调研报告 18 篇，主要内容有：加快集美旅游业改革发展的对策建议；关于深入推进社区网格化建设工作的建议；关于弘扬人文集美主旋律，提升城市文化软实力的建议；关于促进集美区跨境电商发展的思考和建议；关于新形势下拓展闽台文化交流合作研究的建议；关于进一步完善集美区两岸青创基地建设，促进两岸青年携手创业的对策建议等。所提出来的对策建议均注重联系集美区实际，针对性和操作性比较强，对加快推动集美区经济社会发展具有比较高的参考价值。其中，《加快集美旅游业改革发展的对策研究》的专题调研报告作为区政协的重点课题，很多意见建议被区委、区政府所吸纳。《当前我区深入推进社区网格化建设工作存在的问题及对策探讨》《对标国际化：厦门（集美）中职教育的必选路径与现实困境——厦门（集美）中职教育国际化现状调研与对策建议》等调研报告被评为年度优秀课题调研报告。（冯爱芳）

【社情民意信息收集】2016 年，区政协共收集有价值的社情民意信息 132 篇，经筛选采用 65 篇，编选 15 篇作为信息专报件上报省、市政协及区委。其中，《关于进一步做好留学回国人员工作的建议》被省政协采用；《关于整治集美幼儿园周边安全隐患的建议》得到区长何东宁批示，集美街道迅速贯彻落实并加以整改；对《关于激活我区旅游市场，理顺管理体制，整合旅游资源的建议》，区委书记李钦辉、区长何东宁均作出批示，充分肯定区政协专题协商参政议政的形式，认为政协委员很多关于旅游业发展的建议很有见地，值得认真学习借鉴，希望区政协能够继续发挥参政议政的作用，积极开展专题协商，为人文集美建设助力。是年，区政协信息工作在市政协对各区信息工作考评中名列首位。（沈琦）

重要活动

【委员考察】2016 年，区政协组织专题考察 6 次。①1 月 14 日，区政协组织全体委员先后考察“十九集美”的规划建设、杏林湾污水治理、集美新城核心区商业配套情况和湿地公园的建设情况。充分肯定集美新城和杏林湾片区日新月异的发展变化，认为集美新城核心区规划布局科学合理、商务配套日趋完善；杏林湾水质污染综合治理工作成效显著，生态环境得到明显改善。希望区政府要坚持创新、协调、绿色、开放、共享的发展理念，努力

2016 年，区政协委员提出的《关于杏林湾水质污染综合治理》提案由区政府办理完成。图为杏林湾滨水西岸污水处理站外景（刘平 摄）

将集美建成美丽厦门示范区和跨岛发展新市区。②5 月 25 日，区政协组织经建委全体委员专题考察海绵城市建设情况。委员们认为，海绵城市建设是推进生态文明建设和新型城镇化发展的重要举措，应持之以恒并充分融合到城市的规划建设之中，要坚持“既要金山银山，也要青山绿水”，努力将杏林湾集美新城片区建成厦门市海绵城市集中示范区域。③6 月 6 日，区政协组织社法委全体委员专题考察公共停车场建设情况，针对存在的停车场建设难、推动难、资金投入多等问题，呼吁有关职能部门高度重视，并积极推进公共停车场建设。④7 月 14 日，区政协组织文史学宣委委员考察兑山艺术区建设情况。委员们指出，兑山艺术区要立足大格局，充分利用百年学村的文化底蕴，朝集美名片与艺术地标的方向发展，真正发挥艺术优势，服务集美区经济发展。⑤8 月 11 日，区政协组织港澳侨台委委员考察创新城区建设情况。委员们对集美区创新城区的建设成果给予高度评价，同时建议要进一步加大宣传推广力度，提升管理水平，加强对创新创业企业的指导和扶持。⑥8 月 24 日，区政协组织文教卫体委委员考察社区医院规划建设情况，对康城社区卫生服务站和灌口中心卫生院的医疗环境、配套设施和服务态度给予充分肯定，并提出具体的意见建议。

【学习中心组读书班】2016 年 9 月 1—2 日，区政协举办学习中心组读书班。区政协主席洪成，党组书记胡亚才，副主席陈小强、宋振荣、纪永强、陈友谊，秘书长黄永顺，区政协常务委员，专门委员会主任、副主任，委员镇街联络组组长，机关各委办室领导等 40 余人参加学习。读书班邀请集美大学教授杨行健作《英国脱欧的变与不变》辅导报告，并听取副区长李宗泽所作的集美区 2016 年上半年经济运行情况通报。

【新委员履职培训班】2016 年 12 月 15—16 日，区政协举办新委员履职培训班。区政协主席洪成、区政协党组书记胡亚才分别在开学式和闭学式上讲话；市政协办公厅副主任杜亮为委员专题讲授政协理论概述；区政协机关领导立足实效选题授课，就集美发展的关注点、如何当好政协委员、如何做好提案与社情民意工作等进行深入浅出的讲授。培训班还与委员视察有机结合，区委常委、常务副区长孙建辉带领政协委员实地调研大明广场、圣果院商业中心、集美新城、软件园三期等集美热点发展区域，使参训的新委员对全区的发展情况有了更加直观和深刻的了解。培训班应到委员 162 名，参训率 94.4%。（沈琦）

民主党派

【民革集美总支】2016 年，中国国民党革命委员会集美区总支发展新党员 6 人。至年底，总支下设集美第一支部和集美第二支部，有党员 57 人。其中，女性 23人；高级职称 28 人，中级职称 24 人；担任省人大常委会委员、市政协委员、区政协常委、市民革副主委、市民革委员各 1 人，区人大代表 2 人，区政协委员 3 人。区政协七届五次会议期间，总支政协委员提交《关于加强拆迁户精神文化修养的建议》《建议让增值税小规模纳税人自行选择代开或自开增值税专用发票》《建议杏林湾营运中心继续补贴物业费，以凝聚人气增强集美新城活力》《建议设立创业前的辅导机制，以提升初创者的创业成功机率》《建议在中航城国际社区扩建停车位》《治理灌口镇双岭村及周边地区环境污染迫在眉睫》《建议规范助力车的管理，以方便百姓出行》等提案 17 件。总支完成调研报告 3 篇：《创设厦门大旅游区，构建旅游产业新格局》（作者王晗、林小芬）、《厦门市社会养老模式探讨》（作者张文斌）、《规范银联卡发卡与使用，预防银联卡犯罪》（作者林庆同）。组织党员撰写《关于普及市民急救技能的建议》《如何应对活跃台湾政坛的绿色年轻世代》《中国国民党党主席补选结果反映出什么问题》《洪秀柱可轻松赢得党主席但统率全党则不易》《蔡英文就职演说充满着“和平台独”意味》《关于将“务虚会”改为“务前会”的建议》《当前是降低工商企业 17% 的增值税税率的最佳时机，建议立即调整，以建立良好的征纳环境，避免企业倒闭潮》等信息多条。是年，支部党员杨柳获民革中央授予的“民革全国祖统工作先进个人”称号，并增补为福建省学习科学学会学校文化研究会理事；张文斌获评2016年度集美区卫生系统先进个人。（杨冶）

【民盟集美基层委员会】2016年，民盟集美基层委下设公共支部、教育支部、集美工业学校支部、第二医院支部、厦门十中支部、集美中学支部和企业支部。新增盟员13人，至年底共有盟员188人。其中，副高以上职称66人、中级职称100人；担任第八届区政协委员9人，第十二届区人大代表5人。9月25日，民盟集美区基层委举行第三次换届选举大会，刘晓斌担任主任委员，李志勇、曾今伟、郑永辉、公贤碧、石琦担任副主任委员。集美基层委提交政协提案3个：《集美区中小学要加强校运动队建设的建议》（李怀敏）、《关注学生交通安全，尽快开通天水路》（李志勇）、《关于改善滨水小区附近交通的建议》（曾今伟）；调研报告3篇：二院支部柯海东执笔的《进一步完善我市院前急救模式的建议》获民盟市委重点调研课题评审一等奖，集美工业学校支部课题组李长梅执笔的《关于促进初中基础教育与职业教育有效衔接的调研及建议》被集美区政协评为优秀调研文章，石琦、胡滨撰写的《关于尽快推动我国健康产业快速发展的对策与建议》被区统战部采用；提交社情民意信息66篇，其中《职业院校技能竞赛的弊病及改进建议》（饶金星）获民盟中央采用，《关于推动两岸中学历史教育双向交流的建议》（孙鸣亮）及《关于医保单病种付费政策的相关建议》（柯海东）被省政协采用，《关于建立国家机动车使用信息数据库的建议》（涂志耿）由市政协专报省政协，《建议城市景观建设不宜过多采用木栈道》（郑永辉）被编成市统建言专报综合，《集美区统战系统举办同心同行趣味运动会》（石琦）被市统战部网站采用，另有7篇信息被市政协采用。集美工业学校支部获评民盟市委课题调研、提案工作先进集体，企业支部、集美工业学校支部、十中支部获评民盟市委宣传、信息工作先进集体，8位盟员获评民盟市委宣传、信息工作先进个人及社会服务工作先进个人。（郑永辉）

【民建集美基层委员会】2016年，民建集美区基层委员会吸收新会员8人（含移入）。至年底，共有支部5个，会员129人。其中，本科以上学历87人，大专学历27人；中级职称43人，高级职称31人；平均年龄50岁；男会员93人，女会员36人；区人大代表2人、区政协委员10人。“两会”期间，民建集美基层委提交人大建议3份、政协提案20份，《关于加快集美区海绵城市建设试点，有效推进新型城市化建设的建议》被区政协列为重点提案，由区政协副主席专题督办，杏林湾湿地公园、月美池公园等大型海绵工程项目建设已经启动。围绕弘扬嘉庚精神与时代价值、集美新城文化产业发展、高浦古城文化旅游及乡村民俗文化旅游、闽台文化交流、社区养老服务中心建设等热点问题开展调研，完成《陈嘉庚的创新精神与时代价值》《推动集美新城文化产业与乡村民俗文化旅游发展的对策建议》《新形势下拓展闽台文化交流合作研究》《关于建设“高浦古城文化旅游村”的建议》《关于建立社区夕阳红互助合作社社会养老体系的探索》等调研课题9篇，受到民建市委、区政协、区统战部表彰奖励。全年上报各类信息92篇次，苏清海执笔的《构建强有力的厦门食品安全防护网》转化为民建市委界别提案，被评为2016年度市政协优秀提案，由市领导亲自督办，获副市长、政协副主席批示；王进法采写的《关于促进工业机器人产业发展的建议》作为2016年市政协大会发言书面材料报送，受到时任省委常委、市委书记王蒙徽的批示；基层委委员黄坚定在《厦门商报•商议》开辟“坚定立场”时政评论专栏，针对和谐邻里建设、户籍改革、保障性住房、环保、交通拥堵、打击假冒伪劣等问题，推出系列评论文章，得到社会各界好评。基层委和各支部开展践行社会主义核心价值观教育活动。杏林二支部组织全体成员赴漳州东山参观谷文昌纪念馆，学习谷文昌先进事迹；建立基层委微信群，搭建相互学习交流、服务社会的平台；完善基层委《参政议政、信息工作奖励与优秀会员表彰奖励》，对在参政议政和建言献策中作出贡献的杏林二支部、集美支部、苏清海、杨仁太、王进法、刘德英予以表彰奖励。杏林二支部被民建市委评为参政议政先进支部，王进法获评参政议政先进个人，王进法、苏清海获评信息工作先进个人，林欲晓、王旭明获评民建市委社会服务工作优秀会员，林欲晓获评民建福建省社会服务工作先进个人。（王进法）

【民进集美基层委员会】2016年，中国民主促进会厦门集美基层委新发展会员2人，共有会员97人。其中，拥有中高级职称的会员占81%，本科以上学历会员占88%，文化教育界会员占92%。5月16日，民进集美基层委和7个支部全部产生新一届委员会，基层委主委潘永俊，副主委叶霞、贺嘉鸿、郭阔、陈永春。潘永俊继续被推选为区政协常委，叶霞被推选为新一届政协委员。是年，潘永俊、马蔚斌主导的课题《厦门中职教育国际化研究》获厦门社科院、民进厦门市委课题调研一等奖，潘永俊、贺嘉鸿、马蔚斌主持的《弘扬嘉庚精神——打造集美文化软实力》获集美区政协调研论文一等奖，潘永俊、马蔚斌参与的民进厦门市委课题《厦门积极实施留学生奖学金计划》获民进厦门市委调研课题一等奖。潘永俊、马蔚斌被民进市委评为调研课题优秀会员。（叶霞）

【农工党集美基层委员会】2016年10月14日，中国农工民主党厦门市集美区基层委员会新成立集美区文教支部，黄克现当选支部主委。至年底，区基层委辖7个支部，有党员158人。其中，新发展党员3人；博士3人、硕士10人、大学毕业97人；医卫界占47.5%，教育界占22.8%，环保、人口资源与科技界占12.7%，其他界别占17%。党员担任区人大常委会副主任1人、常委1人、代表2人，区政协常委1人、委员4人。区基层委举办基层骨干培训班，研讨基层组织工作职责和开展革命传统教育。推荐1人参加市社会主义学院培训班学习，推荐8名新党员参加市委会举办的新党员培训班学习。基层委完成调研课题2个：《关于在校大学生传染病防治知识宣传教育的研究》（第二医院支部）、《关于完善小区物业管理的研究》（集美综合支部）。报送信息6条：《关于修改“非法行医罪”定罪量刑标准的建议》（郑幼卿）、《建议加强集美新老城区的交通联系》（疾控卫监支部）、《物业专需维修资金管理网中的资金使用情况查询权限请对全体业主开放》（龚小英）、《文滨路增设跨铁路隧道到达杏前路化工学校公交站点建议》（龚小英）、《提高政府公共建设调查结果信息公示的群众知情率及公信力的建议》（龚小英）、《在集美设立“嘉庚邮局”的建议》。（陈琳　丁加生）

【致公党集美总支】2016年，致公党集美总支发展新党员3人。至年底，总支有党员117人，分属集美综合、杏林、华文教育、集美小学和集美中学5个支部。在年底的人大、政协换届中，担任区政协委员4人，人大代表3人。是年，致公党厦门市委换届，李碧慧当选致公党厦门市委常委。集美总支向区委统战部提交调研报告7篇，信息23篇；向致公党厦门市委会提交《‘一带一路’发展战略视域下，中资企业走进东南亚的策略》调研报告1篇，提交信息和宣传稿28篇。其中，华文支部陈秀琼撰写的信息《加强残疾人职业技能培训的建议》被致公党中央采用，集美小学支部张丽霞提供的信息《我省新教师招考工作亟待完善》和集美综合支部提供的信息《关于团结青年海归参与统一战线工作的建议》被省政协采用。在区“两会”期间，4位政协委员共提交提案5个，总支主委李碧慧和副主委陈宏东被评为集美区第七届政协优秀政协委员，李碧慧的提案《充分利用集美大学操场地下空间作为停车场》被评为优秀提案。在年末的八届一次政协会议期间，4位政协委员共提交提案6个。六一儿童节前夕，集美综合支部、集美中学支部、集美小学支部发动党员捐款，联合集美街道妇联慰问集美街道辖区困难儿童20名。综合支部、集美小学支部还与集美街道联合举办2016年大型家庭教育讲座。华文支部党员陈秀琼、集美小学支部党员庄来香常年参加集美区未成年人办、区法院、区广播电台、各镇街援助中心等组织的志愿者活动，带未成年人心理夏令营团3次，开展心理咨询、讲座等数十场。集美区纺织社区致公学校，全年开办讲座10场，内容涉及法律、健康保健、中医推拿、插花艺术、安全知识、消防安全措施等。（陈宏东）

【九三学社集美基层委员会】2016年6月2日，九三学社华侨大学厦门校区支社成立，钱浩任支社主委；6月19日，第一、第二、第三支社和中科院城市环境研究所支社完成换届工作，蔡鹭芳、方清化、陈丽娴、林剑艺分别为新一届支社主委；同日，九三学社集美委员会召开第五次全体社员会议，选举产生第五届委员会委员9人，李宗泽任主委，罗芳涛、陈丽娴、林剑艺、蔡鹭芳任副主委。至年底，全区共有社员78人，平均年龄52岁，主要分布在科技、教育、医卫界。其中，本科以上学历73人，占94%；高级以上职称58人，占74%；区政协委员5人，常委1人；区人大代表3人，常委1人；市人大代表和市政协委员各1人。九三学社集美基层委组织社员深入基层，开展调查研究，向区政协及有关方面提出提案和建议10余篇，主要有《关于打造高浦历史文化旅游之城的提案》《关于增设社区报账员（出纳）专岗的建议》《关于保障性住房建设和管理的建议》《关于厦门市雾霾治理的对策建议》《海产品食用安全问题及建议》《海产品重金属污染的健康危害及应对建议》《关于推动集美区循环经济发展的若干意见》等。第三支社陈晓汝获妇产科主任医师资格，钟细程获厦门市五一劳动奖章。（陈丽娴）

【台盟集美总支】2016年，台盟厦门市委对原有支部进行整合并进行基层换届选举。台盟集美支部从原来的15人增至30人，分设集美第一、第二支部，并成立总支。台盟集美总支男盟员16人，女盟员14人；当选台盟厦门市委委员2人，其中1人当选市委副主委、1人当选市委副秘书长；担任区政协委员2人，其中1人当选区政协常委；当选市人大代表1人。集美总支组织盟员参加区统战部组织的大田读书交流、趣味运动会、气排球比赛、棋牌赛等活动，参加台盟市委会组织的盟员骨干培训班、参政议政培训班、青年读书交流活动、运动会及摄影比赛等，提高新盟员自身素质。总支盟员主笔的两个调研课题“借鉴台湾精致农业，发展厦门现代化农业”“关于尽快在我市试行十二年义务教育的建议”分获台盟市委优秀调研成果一等奖、三等奖。在区政协会议上，台盟集美总支向大会提交“完善我区两岸青创基地建设的对策建议”“借鉴台湾精致农业，发展厦门现代化农业”两项政协提案，两位政协委员以个人名义提交“建议丰富海峡两岸和港澳三地青少交流的内容和形式”“关于提升软件园人才吸引软实力的几点建议”的提案，均被大会采用。（郭海峰）

社会团体

集美区工商业联合会（商会）

【概况】2016年，集美区工商联（商会）召开第六次会员代表大会，选举产生第六届执委（理事）会，成员116人。有镇街基层商会6个、行业协会1个、异地商会1个，直属会员企业522家。区工商联被评为全国“五好”（领导班子好、会员发展好、商会建设好、作用发挥好、工作保障好）县级工商联、福建省“五好”县级工商联。

【五届五次执委（理事）会】2016年3月4日，区工商联（商会）召开五届第五次执委（理事）扩大会。会议审议工商联2015年工作报告、财务报告、新增会员名单，讨论2016年区工商联工作思路。区工商联（商会）全体执委（理事）、直属会员单位代表、镇街商会代表近200人参加会议。经五届第五次执委（理事）会表决通过，李实全当选集美区工商联（商会）执委（理事）、常委（常务理事）、副主席（副会长），并提名为常务副主席（常务副会长）。

【第六次会员代表大会】2016年12月13日，区工商联（商会）召开第六次会员代表大会，全区两镇四街基层商会的会员代表，自律协会、异地商会、直属会员代表，市委统战部、市工商联（总商会），集美区委、区人大、区政府、区政协主要领导，市、区相关部门和兄弟区工商联领导等450余人参加会议。大会选举产生第六届执委（理事）会成员116人，其中女性9名，占7.76%。101名非公有制经济企业代表中，有限责任公司77家，私营企业13家，股份有限公司11家；制造业50家，商务服务业16家，商贸物流13家，建筑业8家，餐饮业4家，软件信息业3家，其他行业7家；中共党员24人，中共预备党员2人，共青团员4人，民主党派5人，无党派人士66人；正高级职称9人，副高级7人，中级18人，初级6人，其他61人；研究生学历10人，大学36人，大专20人，高中16人，中专10人，初中9人；26～30岁10人，31～40岁24人，41～50岁47人，51～60岁15人，60岁以上5人。六届执委（理事）会保留原五届执委（理事）会非公有制经济人士52人，占51.49%；新推荐执委（理事）49人，占48.51%。同日，举行第六届执委（理事）会第一次全体会议，选举厦门味友餐饮有限公司董事长王瑞祥为区工商联主席（会长）。

【区工商联关工委成立】2016年6月15日，集美区工商联（商会）关心下一代工作委员会成立，主任由区工商联党组书记、常务副主席李实全兼任，成员有各镇街商会常务副会长。区工商联关工委以关心、教育会员企业主及企业员工的下一代，促进非公有制经济健康成长为己任。

【杏林、集美街道商会换届】2016年10月13日，杏林街道商会召开第二次会员代表大会暨二届第一次理事会，选举厦门舒心餐饮有限公司总经理王旭明连任杏林街道商会会长。11月23日，集美街道商会召开第二次会员代表大会暨二届第一次理事会，选举厦门永昕实业有限公司董事长陈志民连任集美街道商会会长。

【全省首个食品餐饮自律协会成立】2016年4月29日，由集美区工商联（商会）发起的全省首个食品餐饮行业自律协会——集美区食品餐饮行业自律协会成立，首批会员企业30家，包括果蔬合作社、食品厂等食品餐饮原材料供给、加工企业和餐饮管理公司、酒楼、小吃店等。区工商联执委、灌口个协餐饮协会副会长周育辉当选为首任会长。会上，协会会员企业共同在《集美区食品餐饮行业协会自律公约》上签名。自律公约内容包括遵守食品安全相关法律、法规，诚信经营，提高食品质量安全认识，不使用“三无”产品和过期产品，确保使用的食用油和添加剂符合国家标准及按照规定处理餐厨垃圾和废弃物等。

【与仙桃市缔结友好商会】2016年2月29日，集美区工商联应邀赴湖北省仙桃市工商联（总商会）交流学习，缔结友好商会。双方达成多方面合作：相互提供年度工作计划、商务经济信息等资料；相互交流参政议政、服务会员、组织建设、对外联络等方面的做法和经验；经常互通两地经贸活动动态与信息，为促进两地贸易往来及会员企业之间投资合作牵线搭桥；为对方招商活动提供支持，鼓励本方会员到对方所在地投资发展；双方定期或不定期互访，加强对口联系和交流，不断扩大合作途径；为对方会员来本地发展及参加相关活动提供方便，帮助办理相关事项。

【集美区赤水市商会成立】赤水市位于贵州省西北部、赤水河中下游，赤水商人一贯有着顽强拼搏的精神，以创

12 月 13 日，区工商联第六次会员代表大会在京闽北海湾酒店召开。（工商联供图）

新、诚实、责任、学习的特质著称于世。近年来，在厦门创业、工作、学习的赤水人日益增多，据不完全统计，赤水人在厦门有 600 人之多，主要分布于集美、湖里两区。2016 年 6 月 13 日，集美区首个异地商会——集美区赤水市商会在明珠酒店成立，首届会员 30 人，厦门斌胜贸易有限公司总经理李文校当选首届理事会会长。

【助力会员企业发展】2016 年 6 月 29 日，区工商联（商会）举办“破解融资难题，助力企业发展”专题讲座，并与农商行厦门总行签订战略合作协议，为会员企业提供个性化金融产品服务。各商协会企业代表、会员企业代表，厦门农商行总行、集美中心支行、灌口直属支行、后溪直属支行辖区支行行长、业务科负责人、对公客户经理等 100 余人参加座谈。7 月 6 日，区工商联（商会）召开“强化税收风险管控，助力建安企业发展”营改增政策深度解析会，邀请集美大学财经学院财税系主任、副教授吴俊龙，针对建安企业普遍存在的三大疑惑进行深度解析，为企业支招。有 30 家会员企业参加会议。

【“民企联村”精准扶贫】2016 年 3 月 21 日，区工商联成立“民企联村”精准扶贫行动领导小组。集美区委统战部、集美区工商业联合会联合下发《关于“民企联村”精准扶贫行动的实施意见》，引导非公有制经济人士参加理想信念教育实践活动，因地因企因业制宜，因村因户因人施策，制订年度精准帮扶计划，通过建立规范帮扶台账，促使帮扶工作常态化、制度化、有效化。9 月 9 日，区工商联举行集美区“民企联村”精准扶贫行动企村结对帮扶签约仪式。区工商联 5 家主席、副主席企业吉兴集团、康柏集团、味友公司、立林公司、姚明织带公司，分别与后溪镇黄地村、后溪镇前进村、灌口镇东辉村、灌口镇双岭村、杏滨街道马銮社区结成扶贫对子，开展产业扶贫、商贸扶贫、就业扶贫、捐赠扶贫、智力扶贫活动，帮助贫困村社尽快脱贫。

【非公经济人士评价工作】2016 年 10 月 11 日，集美区召开非公有制经济代表人士综合评价工作会议，就拟任集美区工商联第六届执委会的非公有制经济人士评价工作进行部署，区委统战部、组织部、工商联、法院、检察院、经信局、公安局、人社局、环保局、卫计局、国税局、地税局、工商局、安监局、工会 15 个评价部门派员参加会议。区工商联换届期间，有关单位和部门推荐执委会候选人 182 人，经过初步筛选，对 163 名非公有制经济代表人士进行信息采集，提交进行综合评价的 133 人。评价结果，合格 114 人，不合格 19 人，拟推荐 101 名非公有制经济人士作为执委班子候选人，另特邀镇街商会及相关部门代表 15 人作为特邀候选人，提交第六次会员代表大会选举产生新一届执委（理事）会领导班子。

【会员献爱心】区工商联第六次会员代表大会期间，会员企业纷纷以献爱心方式祝贺大会召开。厦门市味友餐饮管理有限公司向区商会捐赠 30 万元，作为慈善专项资金；厦门智欣建材集团有限公司向灌口教育发展促进会捐赠 10 万元，作为资助贫困生专项捐款；厦门永昕实业有限公司向集美区红十字会捐赠 10 万元，作为大病救助专项捐款；厦门宗顺建筑工程有限公司向集美区关工委捐赠 10 万元，作为单亲家庭贫困生助学金。厦门市吉兴集团建设有限公司、厦门康柏机械集团有限公司、厦门立林科技有限公司、厦门市味友餐饮管理有限公司、厦门姚明织带饰品有限公司 5 家扶贫企业，向集美区 5 个挂钩村社共捐赠 25 万元，作为村（居）扶贫助学专项捐款。

【组织抗灾抢险】2016 年 9 月 15 日“莫兰蒂”台风过后，区工商联工作人员分头联系康柏机械、涌泉集团、舒心企业、咏仕服饰等 50 多家会员企业及 6 个镇街商会，走访闽长鹭、通利彩印、智欣建材、味友食府等会员企业 30 余家，5 天内共收集汇总 246 家企业受灾情况，为区委、区政府提供第一手资料，为灾后重建、恢复生产打下基础。在发动企业自救的同时，组织吉兴集团、卓毅建筑、广正监理等 20 多家施工企业，调派机械设备，组织精干队伍，参加道路清障、破拆倒塌物件等工作。康柏集团调派铲车、吊车帮助周边村民清理杂物，并无偿提供电源，确保周边几十户村民用电；闽长鹭工贸动用设备、指派员工参与公司所在村的道路清障；舒心酒家、味友餐饮以及食品餐饮自律协会的餐饮企业，自发为救灾队伍及受灾居民提供饮用水和工作餐，舒心酒家一天就送出餐食700余份，南辉艺品、悠度企业、沃克集团等企业自发组织捐献物资，协同商会慰问消防官兵。（林伟聪）

集美区总工会

【概况】2016年，集美区总工会依托“党建带工建”机制，开展“基层基础建设三年行动计划提升年”活动，突出做好集美新城营运中心、创客园区等重点领域和重点行业的工会组建和农民工入会工作。新组建工会组织323家，发展工会会员2491人。至年底，全区共有基层工会组织5145个，覆盖单位7210家，会员146167人。强化基层规范化建设，全面开展星级职工之家建设工作，选树三星职工之家148家、四星职工之家32家、五星职工之家10家、优秀职工服务站2个，“全国模范职工之家”和“全国模范职工小家”各1家。建立非公企业工会主席岗位津贴制度，发放津贴116人次，共5.01万元。不断完善区、镇（街）、村（居）三级工会组织体系建设，落实村居工会开通工会账户工作。培育村居工会联合会“美丽厦门共同缔造”示范点6个，把小微企业、灵活就业人员服务纳入共同缔造项目，实现工会服务网络横向到边、纵向到底全覆盖，把工会打造成贴心的职工之家。

【建功立业活动】2016年，区总工会围绕“当好科学发展主力军，共同缔造美丽厦门”主题，开展各项竞赛活动。分别与区卫计局、区行政服务中心、区人社局等部门合作，开展静脉输液、心肺复苏、服务窗口文明礼仪、初级电焊、客房服务等技能竞赛；发动宜瑞货架、士林电机、中端电器等5家企业开展岗位练兵、技术比武活动，

12月13日，集美区举办客房服务员职工技术比赛。（林志杰 摄）

共有2000余名职工参加活动。推荐2个单位参加省工人先锋号评选、2人参加省五一劳动奖章评选，55个单位参加市工人先锋号评选、4人参加市五一劳动奖状评选、20人参加市五一劳动奖章评选；申报职工创新工作室3个、五小创新项目44个。广泛开展“名师带高徒”活动，全区师徒结对311对。

【企业转型升级】2016年，区总工会免费为辖区企业高管人员举办精益管理培训和六西格玛管理分享会，解决企业在发展中遇到的问题，改善企业的内部环境。为悠度、姚明织带、美科安防、荣兴达、新鸿洲、泉璟包装、鑫河科技、豪帝卫浴八家成长型企业提供WCM（世界级制造wordclassmanufacturing）制造系统培训。与霖普管理咨询公司达成合作协议，在创业大厦设立创新人才培训基地，每月免费举办一次创新创业培训，为企业转型发展提供人才保障和技术支持。培训基地全年开展快速换模与全员维护、蓝海战略营销管理等培训5次。

【维权维稳工作】2016年，区总工会联合劳动关系三方成员单位，开展企业集体协商“要约行动”，发出要约228份，覆盖企业2560家，惠及职工89916人。推动全区规模以上企业单独签订工资、女工专项集体合同，并通过行业性、区域性合同覆盖保障小微企业职工权益。全区签订工资集体合同127份，涉及企业2351家，覆盖职工68070人。此外，区总工会还加强劳动争议预警调处工作，第一时间介入劳资纠纷。5月，区总工会联合区台办、杏滨街道工会，成功调解一起裁员纠纷事件，避免群体性事件的发生。

【慰问帮扶活动】2016年“两节”期间，区总工会为261名困难职工发放慰问金37.35万元。六一儿童节，慰问困难职工子女200人。组织2000名女职工参加免费“两癌”筛查。开展“平安返厦”活动，为17895名职工发放补助款273.56万元；开展高温慰问活动，慰问职工15634人，发放慰问金50万元；开展金秋助学活动，为34名家庭困难学生发放助学金6.7万元。做好医疗保险工作，参保人数累计51885人，参保总额286万元，理赔人数2100人，理赔金额313.12万元，其中财政补助非公企业参保金额133万元。开展办理工会卡活动，采集工会会员信息96974人，办理工会卡87502张。

【服务平台建设】2016年，区总工会完成区级职工服务中心升级改造，功能区域面积1100平方米，为职工提供医疗

互助保障、困难帮扶、信访维权、劳动就业介绍和工会卡办理等一站式普惠服务。规范各镇街职工服务站建设，各服务站功能区域面积从213平方米扩大为1542平方米，服务能力和水平得到提升。依托工会微信平台，开展免费抢电影票活动6期，增加“粉丝”关注量3000多人，参加职工12000人次。通过微信平台发布的“集美区总工会持续发力参与灾后重建工作”获省总工会授予的全省“十佳”工会工作宣传新媒体作品奖。

【文体活动】2016年，区总工会举办第十一届企业职工文体节，开展登山、拔河、健步行、乒乓球、传递呼啦圈、80分扑克牌、托乒乓球跑、“中国梦•劳动美”征文演讲比赛和镇街专场趣味活动，1.5万余名职工参加活动。举办职工安全生产知识竞赛活动，23支代表队参赛，经过三场初赛，9支代表队进入决赛，厦门EPCOS有限公司代表队、正新汽车国际文化中心有限公司代表队获一等奖。与团区委、区委非公办联合举办青工大课堂，丰富青年职工业余生活。与市总工会、区文体局联合举办2017职工春晚集美海选专场活动，14家企业14个风格各异的节目同台表演，区文化馆舞蹈队表演的广场舞《四季厦门》夺得“春晚之星”称号。继续开展“新闻大篷车进社区书院”活动，新闻大篷车开进大学康城社区书院和灌口镇凤山书院，共同举办“美丽厦门共同缔造”活动。通过微信平台，向职工免费发放电影票1300张。组队参加厦门市第十一届工人运动会，女子拔河、气排球和羽毛球混合团体榜上有名。在厦门市第一届工会职工运动会中，区总工会代表队获团体总分第三名，并在气排球、乒乓球、羽毛球、80分扑克牌等多个单项比赛中获得前五名。

【台风灾后重建】2016年9月15日“莫兰蒂”风灾后，区总工会领导班子带领工会机关干部到浔江社区参加灾后绿化修复、道路清障工作。同时成立灾后救援动员领导小组，下发关于迅速投入灾后恢复重建工作的通知。领导班子成员兵分两路，深入厦杏摩托、士林电机、保尔洁等多家企业，了解企业受灾情况。走访集美水务、电网、交警、环卫等抢险救灾一线单位职工，慰问姚明织带、海莱照明、美科安防等受灾严重的企业职工，发放矿泉水、花生牛奶等慰问品，价值9.86万元。（赖玉银）

共青团集美区委员会

【概况】2016年，共青团集美区委员会下设基层团组织569个，其中团（工）委16个、团总支65个、团支部488个，团员9560人。全区各级团组织以“提高团的吸引力和凝聚力，扩大团的工作有效覆盖面”为导向，不断提高新形势下联系、服务、引领青年的能力，推动全区共青团事业蓬勃发展。有5个基层团组织和13名团员分获团省委、团市委授予的“五四青年奖章”“五四红旗团委”“五四红旗团（总）支部”“优秀共青团员”“优秀共青团干部”等称号。

【服务青年创业就业】2016年，团区委创新举措，服务青年创业就业。持续推进青年创业贴息贷款。根据《集美区青年创业贴息贷款贴息资金管理办法》，审核通过两批贴息贷款，第一批审核通过25人，发放贷款550万元；第二批审核通过47人，贴息贷款总额1100万元。搭建创新创业孵化空间，为青年创业提供平台支撑。启用集美社区青年创业中心，培育最接地气的众创空间。委托中介机构为入驻项目提供免费工商注册、税务登记及财务记账等专业服务。开展金融服务进社区、志愿服务暨文艺演出、现场绘画比赛等公益活动，引导创业青年反哺社区。至年底，共有康城及周边社区17名青年入驻，20个项目通过审核，32家团队提出申请。成立高校创新创业园，培育大学生自己的创客空间。一期有华侨大学、集美大学等8所学校整建制进驻，进驻团队52个，注册26个。项目涵盖软件信息、实体科技、电子商务、文化创意等。并于11月26—27日联合集美区众创办、黑马会厦门分会、天使汇举办“校创客杯”首届中国大学生创业交易会。同时，与集美大学美术学院签约共建集美青年创业孵化中心，以岑东路1号为孵化场所，培育专业化的文创基地。由区有关部门、集美街道、集美大学组成创业顾问委员会，建立定期评估机制，对项目进行评估和指导。

【丰富青年文体活动】2016年，团区委以“一精神三文化”为引领，开展各类青年文体活动，打造特色青年文化活动品牌。以“嘉庚精神百日行动”为契机，联合区委宣传部，组织华侨大学、集美大学等9所辖区院校的全日制在读学生，举办“弘嘉庚精神、颂人文集美”集美区大学生嘉庚精神演讲比赛，并推荐优秀选手参加省“红色基因我们传承”纪念红军长征胜利80周年主题演讲活动。联合青春汇、厦门市电视台移动电视，举办“七月荷花香满塘，佳人相约月光环”大型公益青年联谊活动。邀请区政府机关、企事业单位及市公安、消防系统的300名优秀单身青年参加。组织50名侨生与50名国内大学生，在碧溪公园开展侨生植树活动，打造“集侨绿岸”侨生植树林；授旗成立厦门市侨生志愿服务总队，提升侨生对集美的认同感。

【关爱外来青工、农民工】2016年，团区委继续服务外来青工、农民工学习生活需求。以青工志愿者协会为桥梁和纽带，带动外来青工参与广场文化活动、交通文明督导、家园保洁、结对帮扶等志愿服务，引导青工融入集美本地生活，投身人文集美建设，增强对集美的归属感和认同感；联合区工会、区委非公办举办“融入集美、提升自我”集美区青工大课堂活动。委托专业机构调查了解青工实际需求，在NEC、正新橡胶、姚明织带、TDK等6家企业，开设书法、摄影、太极拳、吉他、瑜伽等7门课程。12月，分别在杏林文体中心广场和灌口风景湖公园举办“青工之夜”文艺晚会，展示学习成果。

【拓展大学生志愿者服务品牌】2016年，团区委举办多项活动，引导大学生走出校园，立足社区，服务社会。开展“邻里守望、情暖集美”学雷锋志愿服务活动；举办2015年度区大学生志愿服务总结展示活动，表彰优秀志愿服务项目10个、优秀志愿者代表30人；联合诚毅学院团委，举办“弘扬嘉庚精神，共建人文集美”第十届校园文化社区行；举办第七届大学生社区事务助理工作总结暨第八届换届仪式。全年共组织大学生志愿者1000余人次，为首届嘉庚论坛、海峡两岸龙舟赛、文明城市创建等活动提供志愿服务。

【帮助青少年健康成长】2016年，团区委坚持用社会主义核心价值体系引导青少年健康成长，推进基层团建机制、以团带队、维护青少年权益、校外辅导等基础性工作。延伸“暖心•逐梦”重点青少年群体关爱帮扶项目。将“关注新型城市留守儿童”项目范围，在2015年于西滨社区开展关爱帮扶的基础上，扩大到杏北小学40余名单亲儿童。项目完成建档114人，建立专业小组6个，开展活动40余场次，服务达2400人次。高校志愿者累计参加志愿服务136人，服务600人次以上，累计志愿服务1250小时。开展“大手助成长•七彩梦童年”预防校园欺凌活动。联合区教育局、公安分局，召开集美区校园欺凌专项治理工作推进会，并举办“大手助成长•七彩梦童年”庆六一暨预防校园欺凌宣传活动。向广大居民和学生发出“我为反对校园欺凌代言”的倡议，让青少年和家长了解校园欺凌现象及危害性，教会青少年如何保护自己。推进青少年校外辅导工作。健全青少年校外辅导工作体系，调整完善区校外辅导组和各镇街校外辅导站，选聘校外辅导员。至年底，通过进村居、进学校、进企业举办暑期夏令营，开展以关爱生命、关注安全、感恩、科普、环保等为主题的辅导活动及夏令营74场次，6000余人次受到教育。

【组织团员、青年抢险救灾】2016年9月15日“莫兰蒂”台风过后，团区委依托大学生志愿者协会，组织集美大学、华侨大学、福州大学厦门工艺美术学院等10余所院校1566人次志愿者，前往杏林湾环湾绿道、滨水小区等受灾严重片区，开展绿化修复、道路清障等志愿服务10场次；依托村居团组织，发动村居团员青年及共建单位，组建志愿者队伍80余支，出动9800余人次，参加村道疏通和清洁、灾后防疫等重建工作，协助清扫道路障碍物、垃圾9000余吨，扶植倒树1.4万余株；以校学生会、青年志愿者协会等校级学生组织为平台，动员全体师生投入校园重建，并通过学生组织、社团微博、微信第一时间报道自救情况；发布“让爱传递每一个角落”——集美青年灾后重建情况微信H5，制作“台风莫兰蒂登陆后集美区大学生志愿者协会救灾重建纪实”视频短片，下社区、企业分发《门前三包倡议书》等材料3.48万份，发送防台、防疫短信31.2万条，通过新媒体平台推送动员倡议、重建情况等文章60余篇。（徐佳山）

集美区妇女联合会

【概况】2016年，集美区妇女联合会围绕“五大发展”理念，持续开展巾帼成才行动、巾帼建功行动、巾帼家庭行动、巾帼维权行动、巾帼关爱行动、巾帼交流行动，引导广大妇女参与“共同缔造”和“人文集美”建设，在推动城市发展建设中发挥半边天作用。是年，全区有镇、街、场妇联组织8个，村、居妇代会63个，妇女干部79人。其中，区妇联5人，镇、街、场妇联11人，村、居妇联63人。

【巾帼成才行动】2016年，区妇联以提高城乡妇女职业素质为目标，加大妇女创业就业帮扶力度，开展巾帼成才行动。协助举办首届中国（福建）女大学生创新创业大赛和两岸女大学生众创起点营活动，在乐爱众创空间和厦门北站创业大街建立“巾帼众创基地”和“妇女之家”，为创业妇女提供优质交流平台。制订“互联网+她”

9月17日，青年志愿者参加“莫兰蒂”台风灾后重建。（王晗　摄）

4月9日，区妇联开设"电商创业·巾帼行动"公开课。（张应欣　摄）

巾帼众创服务计划，为创业妇女开设电子商务实训课程、移动互联网课程，提供导师经验分享、政策解读、项目义诊、免费入驻奖励等服务，共举办12期，逾1500人参训。课程同步辐射甘肃临夏州妇联，带动贫困地区妇女创业致富。举办互联网思维创业沙龙2期，邀请创业大咖做客现场，对巾帼创业项目进行分析指导，拓展创业视野，提升思维高度。与劳动部门联合举办创业1+1群培训，举办化妆、烹饪、职场礼仪等妇女职业技能培训16期，1134人次参训。全年为26名创业妇女争取小额信贷及补贴401.8万元。

【巾帼建功行动】2016年，区妇联以"巾帼创新业·建功十三五"为主题，持续开展巾帼建功活动，推动创建活动向工业园区、众创空间、商圈楼宇等延伸辐射；在城乡妇女和各行业中开展群众性岗位练兵、技能比武、科技创新等活动，培育了一批先进典型。红黄蓝亲子园等3个单位和美科安防科技有限公司等9个单位分获市级和区级"巾帼文明岗"称号；后溪村妇代会主任高淑萍等7人获市级"三八红旗手"称号，岑东社区居委会等3个单位获市级"三八红旗集体"称号。开展"邻里守望、姐妹相助""建设法制集美·巾帼在行动"、低碳日宣传等志愿服务活动。与区建设局联合推荐田头村和张庄社为省级、市级"巾帼美丽家园"。发动妇女群众合力抗击"莫兰蒂"台风，区妇联、基层妇联、各巾帼文明岗1500余名巾帼志愿者，到村居开展清理路障、运输垃圾杂物、消杀病毒、安置转移受灾群众等灾后重建工作，帮助群众恢复正常生产生活。

【巾帼家庭行动】2016年，区妇联持续开展最美家庭、五好文明家庭、平安家庭创建活动。孙碧禄家庭获评全国五好文明家庭，颜伦和家庭获评省五好文明家庭，陈集中家庭、孙碧禄家庭获评省最美家庭，潘登家庭获评市级十佳最美家庭，邹标、曾炳山、杨潮议、王艺良、连进赞、黄文霄、李文杰、陈至勇、云秀兰、黄宝美、陈宝琴11户获评市级最美家庭。持续开展"百场家庭教育讲座进社区"活动，区、镇街妇联举办"孩子要上小学了，你准备好了吗""家庭国学课堂"等培训25期，邀请红黄蓝亲子园老师到各村居举办"父母是孩子最好的老师"早教公益讲座10场。举办"好家风、好家训"最美家庭故事会，邀请3位最美家庭代表与150名妇女分享各自家庭故事。与区委宣传部、区纪委、区委组织部联合开展廉政家庭活动，发布"廉政家庭倡议书"，在机关干部中倡扬风清气正的家庭氛围。将寻找"最美家庭"活动常态化，在基层开展晒家庭幸福、讲家庭故事、评最美家风活动，设立最美家庭光荣榜，发挥典型示范引领作用。

【巾帼维权行动】2016年，区妇联持续开展"法制集美·巾帼在行动"系列活动。举办《中华人民共和国反家庭暴力法》讲座，邀请区法院法官为120名基层妇女干部解读"反家暴法"。开展"反对家庭暴力，构建平安家庭"宣传活动，以有奖问答形式普及反家暴基本常识和"七无一好"创建标准，巩固平安家庭建设成果。与区法院配合，利用微信公众号普及反家暴法律知识和申请人身安全保护令的程序。做好妇女信访工作，区、镇街两级妇联共受理来信来访来电65人（件次），办结率100%。

【巾帼关爱行动】2016年，集美区出台《集美区妇女"两癌"免费检查实施方案》，在城乡低保妇女常见病免费检查的基础上，开展"两癌"免费筛查项目。为14名低保、特困妇女争取"四癌"救助金14万元。发放春蕾助学金9.33万元，帮助118名学生继续学业。元旦、春节和六一儿童节期间，帮扶困难妇女儿童206人，发放慰问金10.3万元。走访31名因"莫兰蒂"台风严重受灾妇女，争取市妇联慰问金及一次性创业补助9.3万元。开展关爱留守流动儿童活动，印发儿童安全宣传手册，普及防护自救常识。配合市妇联开展"娘家人三进三送"暨"花样童年"儿童关爱活动，先后走进英贤学校和铁山社区，为260名流动儿童宣讲预防意外伤害、安全自救常识。

【巾帼交流行动】2016年，区妇联贴近妇女群众精神文化需求，举办丰富多彩的文体活动。三八妇女节前夕，举办"人文集美·我们同行"妇女健步行活动，同步启动“我眼中的巾帼美丽家园”手机摄影比赛，征集优秀作品50幅；端午节期间，举办“粽香鹭岛”亲子包粽子比赛，300户家庭参加活动；六一儿童节，开展“关爱儿童成长，共筑中国梦”亲子趣味运动会，90个家庭参与互动游戏。（张应欣）

集美区残疾人联合会

【概况】2016年，集美区残疾人联合会受理残疾人证申请、变更、注销等2885件。至年底，全区持有二代残疾人证的残疾人5469人。完成残疾人基本服务状况和需求信息数据动态更新5377人，比上年增加712人。联系市二院医生入户为130名行动不便残疾人现场进行残疾评定。全年在省“残疾人在线”网站刊登残疾人工作信息27篇，在《福建日报》（11月22日）整版刊登集美区残疾人事业发展和残疾人自强不息的典型事迹。

【残疾人扶助】2016年，集美区发放困难残疾人生活补贴817人274.17万元，重度残疾人居家护理补助1842人（其中低保户232人）581.9万元，重残人员托养补助39人14.74万元。慰问困难残疾人1262人次，发放慰问金33.88万元。其中，“两节”期间走访慰问困难残疾人家庭117户，发放慰问金6.45万元；“全国助残日”期间慰问残疾人1021人，发放慰问金21.23万元；“国际残疾人日”慰问残疾人124人，发放慰问金6.2万元。对190名残疾人和低保户残疾人子女、4所接收残疾儿童的幼儿园，发放就学补助及学前教育补助32.71万元。继续实施农村基层党组织扶贫工程，给予10户残疾人家庭基层党组织助残扶贫工程专项资金每户1万元，区残疾人就业中心定期入户指导帮助受助对象脱贫。落实市2016年为民办实事完善无障碍设施项目，完成灌口镇铁山社区和杏林街道宁宝社区办公楼残疾人座椅电梯安装任务。

8月5日，集美区开展残疾人跳绳健身比赛。（李志坚 摄）

【残疾人康复】2016年，区残联在杏滨街道锦园社区和后溪镇后溪村开展基本辅助器具入户适配整村（社区）推进工作，为78名残疾人发放辅助器具100件，另安排6万元为40人配置助听器。全年有680名精神残疾人享受每人每月300元药费和检查费补助，65名残疾儿童获抢救性康复训练服务补助66.6万元，318人获白内障手术补贴39.1万元，35户残疾人家庭获无障碍改造补助13.8万元，6部残疾人代步车获燃油补贴0.16万元。实施区残疾人“心灵绿洲”计划，支付20万元向社会购买服务，建设集美区残疾人心理援助站，举办专题心理培训4场，在各镇、街道残疾人职业援助中心举办心理知识讲座6场。

【残疾人就业】2016年，集美区有镇街残疾人职业援助中心6个，工作人员22人，学员205人，区残联下拨运营经费313.15万元。有67名残疾人实现自主创业，全年补助45.3万元；73户（人）“两险”个体工商户，补助金额51.9万元；发放农村种养业扶持补助92人40.10万元。区福乐家园有学员30人，管理人员5人，连续两年被评为省级“福乐家园”，获中残联授予的“阳光家园”称号。

【残疾人文体活动】2016年8月5日，组织150多名残疾人在区文体局篮球馆举行“残疾人健身周”活动。全年共组织12名运动员参加市第十次特奥运动会；13名运动员参加市首届残疾人游泳比赛，获1金4银3铜和团体第二名；选送3名残疾人参加运动员苗子选拔；选送11幅书画作品参加第六届闽台书画作品展。市首届残疾人文艺会演选拔，选送集体表演项目1个和个人表演项目5个，获个人一等奖2项、集体三等奖1项、团体第二名。（李志坚）

集美区科学技术协会

【概况】2016年，区科协继续开展全国、省、市科普示范区创建工作，成立创建工作小组，将科普创先任务分解到全区29个单位和相关部门，通过科普创先推进文明城区创建。10月，集美区通过省科普示范区检查组的验收，获“2016—2020年福建省科普示范区”称号。

【科普宣传方式创新】2016年，区科协建立“集美科普”微信公众号，开辟新的科普宣传空间，共推送文章150余篇，阅读数23000余人次。实施明星科普项目——集美区诚毅科普大讲堂，

5月27日，区计生协会在杏林街道纺织社区举办纪念“5·29”计生协会会员活动，为困难家庭发放计生帮扶款。（唐绍密 摄）

结合社会科普热点，邀请各领域的专家、科技工作者举办科普讲座，每月1次，其中寒暑假期间每月2次，全年举办讲座不少于14次。

【科普进社区、学校活动】2016年，区科协做好科普志愿者的服务工作，组织、协助科普志愿者在18所学校和2个社区举办各类科普讲座23场，4999人参加科普讲座。在盛光社区、集美街道卫生服务中心开设垃圾分类、控烟、食品安全与健康和夏季养生课，在集美二小、东边、碧溪、杏北、高浦等学校讲授“节能减排、低碳生活”“保护水资源、确保水安全”“智能科技、助力梦想”“中国梦、航天梦”等科普知识。在杏林小学第二届水育文化节上，有1400名师生参加“保护水资源、确保水安全”讲座。科普志愿者全年举办安全教育3场，宣讲防火、防溺水和交通安全知识。在暑假期间，科普志愿者组织或参与夏令营18个，陪同986名青少年参观厦门三圈模型等科技基地，举办节能减排、智能科技、水土保持、“环保香皂制作”“小小科学家”“回顾历史、翘首未来”“童心童趣、金色童年”“学会合作、快乐成长”等讲座94场，共有听众13554人次。

【校园科普工程】2016年，集美区围绕提高青少年科学素质这一主题，整合科普资源，实施校园科普工程，开展多种形式科普教育互动，组织青少年科技辅导员参加航天、航空、自然灾害、信息通信等科普知识讲座和专项培训，全年参加省级以上科技专项培训8人，参加市级科技辅导员培训40人；组织科技辅导员观摩省、全国青少年科技创新大赛，选送科教工作者的优秀论文和科教作品参加省市交流。在第25届福建省科技教育论文评选中，集美区有8位教师的论文获奖，其中窗内小学王侦益的《小学科学教学中实验记录单的改良策略探究》获二等奖。4月，在厦门市青少年电脑机器人竞赛中，杏南中学、杏东小学、侨英小学、曾营小学、集美小学组队参加比赛并获奖，其中杏东小学、杏南中学获一等奖。5月，举办全区学生电脑作品制作比赛，共收到各校选送的各类作品238件，经专家评选，评出一等奖30件、二等奖37件、三等奖35件。11月，在厦门市第32届青少年科技创新大赛中，集美区有26个创新项目获奖，杏南中学、灌口中学获优秀组织奖。（陈汉杰）

集美区计划生育协会

【概况】2016年，集美区有镇（街）计生协会6个，农场计生协会2个，村（居）计生协会63个，村（居）协会小组856个，企业计生协会372个，会员34856人，形成横向到边、纵向到底的计生群众工作网络。继续开展计生协会“四联创”活动，评为先进镇（街）计生协会4个，一流村（居）计生协会44个，“五好”协会小组692个。424家企业组建计生协会372个，组建率88%；248家百人以上企业组建计生协会232个，组建率94%。是年，集美大学理学院计生协会青春健康俱乐部获授“中国计生协青春健康教育示范基地”牌匾，后溪镇计生协会、姚明织带饰品有限公司计生协会获评全国计生协会先进单位，区计生协会常务副会长陈明芬获评全国计生协会先进工作者，杏滨街道计生协会理事洪寒英、集美街道银亭社区计生协会专职副会长汪晓兰获评全国计生协会先进会员。

【计划生育宣传】2016年，集美区建成婚育新风园2个，发放流动人口计生法规和科普知识系列宣传折页30余万份，优化户外宣传标语323条、宣传栏137个、大型宣传画20幅，举办大型群众性宣传活动25场，向手机用户发送宣传短信50万条。应用集美动漫形象使者“阿集”“小美”制作《计生惠民工程》《流动人口计生条例》《生育关怀——全面两孩政策》《性福生活，与你同行》等系列动漫短片。组建计生协QQ群、微信群。通过集美区政府门户网站“在线访谈”栏目与流动人口进行在线交流，为网友答疑解惑。全年在国家级新闻媒体刊发稿件12篇，省级32篇，市区级38篇。5月27日，在纺织社区篮球场举办庆祝“5·29”大型宣传文艺会演暨表彰活动，各镇（街、场）计生协会代表以及500多名群众参加活动。5月28日，在集美诚毅科技探索中心举行纪念“5·29”计生协会会员活动日暨庆六一系列活动。

【生育关怀行动】2016年，全区各级计生协会依托“宝贝优生”“婴幼早教”“青春健康”“中年关怀”“夕阳助福”生育关怀服务体系，为计生群众开展精细服务和精准帮扶。投入354.21万元，为35421户计生家庭办理计生家庭意外伤害保险；市、区两级共投入农村计生帮扶资金49万元，二女、独女和计生特殊家庭108户受惠；母亲节，慰问贫困母亲278人，救助贫困母亲42人，合计22.3万元；生育关怀紧急救助97人，计29.9万元；计生特殊家庭紧急救助帮扶7人，计19.5万元；“金秋助学”帮扶202人次，计43.4万元；为13户符合条件的计生户提供一年期贷款10万元。

【计生基层群众自治】2016年，区计生协会编印《集美区人口计生基层群众自治项目资料汇编》，将基层群众自治文件、组织网络、工作职责、规章制度、合同管理服务等资料编印成册，组织各级计生协会学习培训，推进自治工作制度化、规范化。制订《集美区关于建立民情联络工作机制的意见》，采用“七个一”联络办法（建立一间民情联络接待室、设立一个民情信箱、开通一条服务热线、公开一栏村居计生信息、制作一张民情联络卡、建立一套民情联络档案、召开一场民情分析会），保证民情联络简便通畅，创建福建省计划生育基层群众自治示范区工作取得良好成效。共有18个村（居）达到全国人口和计划生育基层群众自治示范村（居）标准，20个村（居）达到省级创建标准，60.3%的村（居）达到省级“六好”示范村居。

【计生家庭意外伤害保险服务】2016年，集美区共投入354.21万元，为35421户（95732人）计生家庭购买计生家庭意外伤害保险，接到报案131起，赔付120起，赔付金额259.28万元，赔付率73.2%。5月，与太平洋财产保险厦门分公司协商整合救急资源，共建集美区“医疗救助”绿色通道，保险公司设专人专岗，协助各医疗网点处理应急事件，让出险群众得到快速救治，减少损失。12月，区计生协会与中国人寿、太平洋保险公司共同制订《计划生育家庭意外伤害保险服务方案》，承诺在原有服务的基础上再进行细化服务，推出以下便民服务措施：定期定点服务，在各镇（街）指定地点设置办公窗口，配备专人定点服务，同时每周不定时派服务人员深入各村（居）进行巡点服务；开通24小时服务热线，实现计生保险的承保、理赔查询、咨询、投诉、报案等一站式服务；接受服务热线、客服专员、微信平台等多渠道受理报案，在各镇（街）柜面设置现场报案点；推出“立等可取”快速理赔服务，申请金额1000元以下、无须调查、资料齐全的赔案可实现立等可取，理赔时效缩短至30分钟以内；开通全国通赔通付服务，提供理赔案件跨省作业，参保计生家庭可在国内任何一家保险公司客户服务中心就近办理理赔业务。

【青春健康活动】2016年2月，集美大学理学院计生协会青春健康俱乐部获授“中国计生协青春健康教育示范基地”牌匾。4月26日，区计生协会邀请集美大学心理咨询中心客座教授、“鹭江讲坛”报告人陈世卿，为驻集美某部举办“男性生殖健康”专题辅导讲座。5月21日，区计生协会、集美街道计生协会与集美大学理学院青春健康俱乐部联合举办“志愿者之夜”主题晚会。5月25日，在集美大学禹州楼举行“关注女性人身安全、共建计协美好未来”纪念活动，举办青春健康讲座、计生知识竞猜、计生励志受助人员资助仪式等。

【培育流动人口计生协会示范点】2016年，集美区依托372家企业计生协会，为34万流动人口提供全面、优质的计生服务。全区先后培育厦门飞鹏、厦工机械、姚明织带、路达企业4个流动人口计生协会示范点。路达企业为全国扩大流动人口计生协覆盖面项目示范点，7月5日在江苏无锡召开的全国流动人口计生协建设暨项目管理培训班上，作为全国唯一企业代表，作《路达，让爱的小路直达温馨的家》交流发言。11月17—18日，省计生协会组织宣传工作会暨流动人口计生协会工作现场会在集美区召开，各市（区、县）计生协会与会代表现场参观并听取路达企业流动人口计生协会情况介绍。12月1日，省计生协会转发《集美区人口和计划生育工作领导小组关于加强企业流动人口计生协建设的实施意见》。

【“集爱浔畔”行动】2016年，集美区正式启动“集爱浔畔”特殊家庭关怀帮扶服务项目。集美区有失独家庭48户75人。区计生协会联合集美区和欣社工服务中心，以杏滨街道为试点，通过建立“寻找家人”帮扶关爱网，制订“失独不孤独”暖心结对帮扶计划，开展经常性探访、节日慰问、家政服务、情感慰藉和医疗体检等系列服务活动，帮助失独家庭走出精神阴影，感受社会温暖，重筑生活希望。（*唐绍密*）

集美区归国华侨联合会

【概况】2016年，集美区归国华侨联合会接待来自15个国家和地区的侨团12个245人次、海外知名人士30余人次。接受海内外侨界群众来信来访31人次，处理来信11件。首次组织“华裔学生看集美”活动。筹措并争取各级各界扶贫帮困及慈善资金47.83万元，480余名侨界人士受益。

【联谊活动】2016年4月8—9日，首届“嘉庚论坛”在集美区举办，中国

9 月 10—14 日，区侨联举办首届华裔学生看集美活动。图为华裔学生参观灌口小城镇建设（王昌泽 摄）

侨联副主席康晓萍、福建省侨联主席王亚君、厦门市侨联主席王德贤等出席大会，与来自五大洲的 100 余位华侨代表共叙传承弘扬嘉庚精神、共谋融入“一带一路”、共圆民族复兴之梦。区侨联以参与承办首届“嘉庚论坛”为契机，加强与海外知名侨团、侨领和集美海外乡亲的联谊联络，全年共接待来自加拿大、澳大利亚、马来西亚、新加坡、泰国的海外社团 12 个、侨胞 245 人次。其中，知名人士有陈立人、魏毓辉、陈嘉谋、陈锡远、魏达人、陈嘉禾、陈嘉福、陈锡耀、陈锡福、陈美容、陈少宏、汪家裕、汪毓泉、杨松鹤、叶善礼、王钦贤、李凤翔、陈伟民、杜成国等。6 月 19 日，接待陈嘉禾、陈嘉福带领的陈文确陈六使家族后裔省亲团；9 月 10—14 日，举办“华裔学生看集美”活动，在华侨大学华文学院学习的泰国、越南、老挝、印尼、菲律宾、蒙古、美国、马达加斯加、毛里求斯 9 个国家的 100 名华裔大学生参加此次活动。11 月 16—22 日，举办第十届海外华裔子女冬令营暨侨捐基金颁奖活动。全年共参团出访 6 批 7 人次。10 月 30 日，区侨联副主席孙碧民应邀赴墨尔本参加由澳大利亚华人社团联合会组织的纪念孙中山诞辰 150 周年纪念活动；11 月 11 日，区侨联副主席孙碧民应邀赴北京出席纪念孙中山先生诞辰 150 周年大会；10 月中旬，杏滨街道侨联举办近千人参加的第三届归侨侨眷联谊晚会。

【扶助贫困归侨】2016 年，区政府下拨帮扶贫困归侨和侨界失依儿童专项资金 25 万元，区侨联筹措慈善济困资金 22 万元。帮扶贫困归侨和侨界失依儿童 181 人 14.68 万元，补助重大疾病患者 17 人 3.4 万元，发放残疾人助力车 6 台。携手市厦门第二医院，到各镇（街）为归侨侨眷巡回义诊 7 次，拨付用于义诊及宣传材料费 3.32 万元。元旦、春节、重阳节，慰问归侨侨眷 103 人，发放慰问金 3.09 万元。全年组织发放市侨联黄仲咸慈善基金 23 人 2.2 万元，集美二小汪渊奖教奖学金 5 万元，素香奖教奖学金 5 万元，集美社陈永和基金 17 人 2.31 万元，集美社陈嘉麟奖学金 15 人 1.95 万元，集美李厚公益基金奖教奖学金 1.2 万元，资助集美社重大疾病患者和低收入家庭 46 人 5 万元。协调市侨联，补助在“莫兰蒂”风灾中损坏严重的灌口镇侨胞之家 3 万元、1 户受灾归侨 1 万元。完成省外侨办、省侨联部署的侨界困难群体摸底调查工作，上报贫困归侨低保救济和精准扶贫对象 5 人、贫困归侨家庭 68 人、残疾归侨 17 人。接待海内外侨界群众涉及侨房纠纷、土地归属、寻亲认祖等来信来访 31 人次，处理来信 11 件，办结率 100%，为 5 件侵害侨益案件提供法律服务。

【侨界人士参政议政】2016 年，区侨联组织侨界人大代表、政协委员、侨联委员进行调查研究，提出《关于建设集美半岛 6 公里环海湾步道，提升人文集美形象与品质的提案》等议案、提案、建议 6 个，完成《以“记住得乡愁”为纽带，加强侨联工作的思考》（厦门市侨联重点课题）、《关于打造集中展示“一精神三文化”区域空间的建议》《给学校减负，让校园成为学习的乐园》课题调研 3 个。全年组织 10 余批次海外参访团参观考察集美新城和陈嘉庚纪念馆。

【侨联建设】2016 年 3 月 4 日，组织参加区侨联七届四次全体委员扩大会议的委员考察集美区城市建设情况，参观杰出建筑师当代建筑作品园（十九集美）、新城空间布局规划及环杏林湾整体建设情况，现场感受“美丽厦门・人文集美”建设成果。6 月，区侨联组织到 6 个镇街 20 多个村居进行侨情调研，为推动侨胞之家建设进行调查摸底。10 月 29 日，组织 500 余人参加厦门市侨界健步行活动。全年派出 5 人次参加省侨联举办的信息员集训和市侨联举办的侨联工作骨干集训；向省侨联推荐“新侨人才”4 人；推荐厦门市第十六次归侨侨眷代表大会代表 15 人、委员 6 人；推荐上报先进典型，有 5 人获中国侨联颁发的“从事侨联工作 20 年以上工作者”荣誉证书。编排选送《侨乡欢歌》舞蹈，参加第四届厦门市侨界联欢节活动；组织参加“国鼎杯”厦门侨商会第三届乒乓球赛，获团体第三名；组织参加厦门市侨界业余羽毛球友谊赛，获团体二等奖。全年编印《集美侨讯》16 期，在中国侨网及省、市媒体发表新闻报道 10 余篇。

（王昌泽）

集美区文学艺术界联合会

【概况】2016年，集美区朗诵艺术协会、企业文学艺术工作者联合会成立，至此区文联下设有灌口文联、企业文联和文艺家协会共9个。区文联编辑出版《集美风》4期，主办或参与主办各种文艺活动13场，举办“集美文艺讲堂”13期。组织参与有声绘本《陈嘉庚的故事》（第二辑）和广播剧《再会吧，延安》的创作和制作。全区文艺工作者推出一批抗击“莫兰蒂”台风、重建家园的文艺作品，唱响时代主旋律。

【出版文艺刊物】2016年，区文联编辑出版《集美风》4期，刊登作品108篇、画作和摄影作品87幅。《集美风》注重陈嘉庚重大题材的挖掘，在头条栏目“嘉庚丰碑”中连载陈经华所著的长篇传记《嘉庚弟子》。这篇长达10万字的传记文学，以生动的文笔和传神的细节塑造嘉庚弟子任镜波。在“岁月回声”栏目中，发表章华的《李林和集美》。在“星光璀璨”栏目中，分别介绍福州大学工艺美术学院教授郑景贤、本土艺术家赵秀英、区摄影家协会主席杨景初、原前场曲艺队队长周银安，扎根基层，把对集美的爱融入艺术作品当中。在“文学岛”栏目里，刊登黄宁、蔡伟璇等本土作家的作品。2016年9月15日，强台风“莫兰蒂”重创厦门，台风所经之地满目疮痍，厦门军民奋起抗灾。《集美风》第三期，发表集美区艺术工作者创作的诗歌7首，反映这次灾后重建中所展现的厦门速度和厦门力量。

【举办文艺活动】2016年5月28日，区文联在集美“886”文创园主办“山海诗语——集美2016端午文化节诗歌日沙龙”，来自三明市大田县作家协会的“山地诗人”代表，与厦门、集美本土的“海滨诗人”代表共同探讨山海诗歌创作特点，商议两地作协合作协议。

6月3日，区文联在灌口中心小学举办“端午嘉庚情——我们的节日”经典诵读活动。（区文体旅游局供图）

12月8日，区文联组织“厦门文艺新地标——集美新城”采风活动。来自区文联下属的7个文艺家协会和灌口文联、企业文联的50余名文艺工作者，先后到兑山艺术区、老院子民俗文化园、诚毅科技探索中心、嘉庚艺术中心、三影堂摄影艺术中心等景区参观和采风。是年，区文联参与主办或指导的活动尚有：集美区中小学“闽南戏曲示范点”授牌仪式、首届兑山艺术区文化节开幕式、集美区迎新春闽南曲艺进村居公益演出、“我们的节日·春节”集美区庆新春文艺演出、集美区庆元宵文艺晚会暨集美区延平闽南戏曲艺术团成立首场演出、“端午嘉庚情——我们的节日”经典诵读、“人文集美、向党献礼”纪念建党95周年文艺晚会、首届“大田·集美”山海诗会暨第三届三明（屏山）“中国梦·茶乡美”音舞诗会、集美区国庆暨纪念长征胜利80周年文艺晚会、“爱曲艺·爱闽南”——集美区闽南戏曲进村居传习活动首场演出、“践行嘉庚精神，守护美丽家园”诗书画摄影作品展等活动13场。

【集美区朗诵艺术协会成立】2016年5月22日，集美区朗诵艺术协会成立，并举行第一次会员代表大会，厦门理工学院播音主持专业教授、硕士生导师张军民当选为第一届理事会主席。协会旨在通过中华经典诵读的推广和传播，提升大众文化品位，扩大人文集美的文化影响力，繁荣和发展集美区朗诵事业。协会首批会员100余人。8月14日，区朗诵艺术协会携手三明市诗歌朗诵协会、集美区作协，承办首届“大田·集美”山海诗会暨第三届三明（屏山）“中国梦·茶乡美”音舞诗会。

【集美区企业文联成立】2016年6月26日，全省首家区（县）级企业文联——集美区企业文学艺术工作者联合会成立，并召开第一届代表大会。企业文联内设文学创作、书画、摄影、歌舞表演、朗诵表演、影视6个协会，有首批会员300余人。

【创作成果】2016年，集美区文艺界创作成果丰硕。区文联参与的有声绘本《陈嘉庚的故事》（第二辑）和广播剧《再会吧，延安》面世。由李鑫、王丽珍、赵秀英编导、创作的广场舞蹈《四季厦门》，获厦门市总工会“我要上春晚”十佳节目奖，并在厦门市“我要上春晚”直播演出。区文联组织创作的社会主义核心价值观作品“图说嘉庚精神”第三套公益广告在市、区公共场所推出。“9•15”莫兰蒂风灾后，区文联发出倡议书，号召全区文艺工作者深入灾后重建一线，倾听抗灾群众呼声，用文学、音乐、戏剧、舞蹈、曲艺等文艺形式和作品，表现抗台救灾中涌现出的先进人物和动人故事。全区文艺界热烈响应，诗歌《战台风》（杨寿国）、《扶起一棵树》（袁雅琴）；国画《厦门力量》（庄红伟）、《灾后重建》（宗宏岗）；歌曲《厦门力量》（唐金富作词、许善飞作曲）、《风中的信念》王明瀚作词、刘雄作曲；摄影《军民抢险鱼水情》（张明强）、《齐心协力》（邱嘉煌）等文艺作品先后问世。

【有声绘本《陈嘉庚的故事》发行】2016年7月，区文联参与策划和制作的有声绘本《陈嘉庚的故事》（第二辑）公开发行。《陈嘉庚的故事》精选12个表现陈嘉庚爱国爱乡、无私奉献、诚信果毅、勤俭清廉和改革创新精神的小故事，改编录制成有声光盘，并编绘成图文并茂的故事绘本，讲述陈嘉庚艰苦创业、诚信经营、爱国爱乡、倾资兴学、投身政治、救国图存的光辉一生。该绘本由集美区委宣传部、区文联与厦门文广影音有限公司联合策划、制作，是全国首部以陈嘉庚生平事迹为题材的少儿有声绘本读物。

【广播剧《再会吧，延安》开播】2016年12月29日，区文联参与创作的广播剧《再会吧延安》在中央人民广播电台“神州之声”、包括多家台湾地区电台在内的闽南话广播协作网电台、新加坡“丽的呼声”广播电台同步开播。该剧是由中央人民广播电台、集美区委宣传部、集美区文联、集美区广播电视台联合创作出品的爱国主义主旋律广播剧，讲述1940年华侨领袖陈嘉庚组织南洋华侨回国慰问抗日战士，奔赴延安，提出“中国希望在延安”的爱国主义呐喊。该剧由中央人民广播电台广播剧金牌导演权胜执导，中国广播剧研究会会员、中国广播影视大奖专家奖金奖获得者薛伟强编剧，中央人民广播电台技术制作中心高级录音师王敏担纲后期制作，并集结了一批配音界知名演员，是一部集思想性、艺术性和可听性为一体的广播剧精品。

【集美文艺讲堂】2016年，区文联举办“集美文艺讲堂”13期，内容涉及语言、曲艺、诗词、散文、书画、舞蹈、音乐、闽南童玩等，主讲人有厦门理工学院播音主持专业教授张军民，上塘中学教师、凤山答嘴鼓传习中心讲师郭韶勇，集美大学教授陈学新，厦门晚报记者、作家陈满，集美文学新人张瑶、蔡怡琳，集美大学文学院教授、中国书法家协会会员张克锋，厦门市非物质文化遗产保护项目闽南童玩传承人林得时，集美大学文学院教授、硕士生导师王人恩，当代南音传承人蔡雅艺，中国摄影家协会会员陈世哲，中国美术家协会会员、原华侨大学美术系主任、教授江松，中国作家协会会员、厦门市作协副主席夏炜，中国舞蹈家协会会员、集美区音乐舞蹈家协会副主席、集美区文化馆副馆长、副研究员王丽珍，集美区寻梦乐团。

2016年“集美文艺讲堂”活动情况表

表9

期 数	时 间	主 题	主讲人	地 点	参加人数
第15讲	1月17日	美的语言诵读美的文字	张军民	集美图书馆	200
第16讲	1月25日	印象答嘴鼓•咱厝的声音	郭韶勇	上塘中学	100
第17讲	3月26日	古诗词创作	陈学新	集美大学	100
第18讲	4月15日	记住乡愁——我的散文与故乡	陈 满	TDK公司	300
第19讲	5月28日	集美文学新人张瑶、蔡怡琳诗文评析会	张 瑶 蔡怡琳	集美广电中心	50
第20讲	6月23日	临摹：书法学习的门径	张克锋	厦门飞鹏企业	100
第21讲	7月29日	闽南童玩的传承与制作	林得时	兑山艺术区	50
第22讲	8月5日	《红楼梦》中丫鬟的悲剧命运——以晴雯为考察中心	王人恩	集美大学文学院	100
第23讲	8月28日	南音公益课程/对谈沙龙/听赏会	蔡雅艺 陈世哲	三影堂艺术中心	80
第24讲	10月15日	中国山水画之解构	江 松	兑山艺术区	50
第25讲	11月3日	《风中的信念》——创作公益宣传MV《风中的信念》背后的故事	集美区寻梦乐团	集美大学诚毅学院	80
第26讲	12月8日	“城市、记忆与文学”关系，分享文学创作的记录、阅读、发现和思考	夏 炜	集美图书馆	50
第27讲	12月27日	现场进行舞蹈教学，阐述“抒发之美”	王丽珍	集美区文化馆	50

（张洪波）

集美区社会科学界联合会

【概况】2016年，集美区社会科学界联合会认真学习习近平总书记在哲学社会科学工作座谈会上的讲话，贯彻落实《福建省社会科学普及条例》，根据集美区经济社会发展的重大实际问题，发挥辖区高校社会科学专家学者的优势，加强应用对策理论课题研究，举办社科专家进基层服务、“看社区，品读人文集美”、心理健康宣传培训和无人机机器人宣传推广活动，做好哲学社会科学知识的宣传普及工作。

【课题研究】2016年3月，区社科联与集美大学法学院共同开展《众治成“美”：“人文集美”引领下集美区创新社区治理的实践研究》课题研究。10月，与华侨大学共同开展《基层意识形态工作责任制实践研究》课题研究。11月，《众治成“美”：“人文集美”引领下集美区创新社区治理的实践研究》结题。

【社科专家进书院办讲座】2016年10月18日，区社科联邀请集美大学文学院教授、硕士生导师、福建省百场社科报告专家王人恩教授，到滨水社区书院和康城社区书院举办《〈红楼梦〉与中国茶文化》《古代家训和当代和谐家风建设》讲座；10月20日，邀请厦门大学传播学院副教授谢清果到黄庄社区书院举办《中华家庭管理智慧与幸福人生》讲座。

【“看社区，品读人文集美”活动】2016年10月18日，区社科联根据第十二届社科普及宣传周“树立发展新理念，加快建设美丽厦门”的主题要求和社会科学普及宣传周实施方案，结合集美区实际，组织开展“看社区，品读人文集美”活动，组织市民参观集美区侨英街道海凤社区的“互联网+垃圾分类+物业管理新小区治理”、集美街道浔江社区旅游文创区的“打造小资情调的旅游休闲小镇”、杏林街道园博社区的“社区与商家互促大联盟”等“美丽厦门共同缔造”典范社区。

【机器人无人机科普文化推广活动】2016年10月18日、20日，区社科联组织社科志愿者先后在杏南中学和集美小学开展无人机和机器人宣传推广活动。活动期间，举办无人机科技知识展示，组织儿童体验智能车、3D打印机、α机器人、VR眼镜等前沿科技。两所学校的2000名学生参加此项活动，并吸引社区居民参与。

【心理健康宣传培训】2016年4月9日、10日和16日，集美区心理学会组织辖区中小学、幼儿园、职校心理健康教育岗位的专（兼）职教师、德育主任等60人，在集美区政府诚毅厅举行教师团体心理辅导理论培训和实操培训。5月中旬，集美区心理学会邀请福建师范大学心理学教授、博士生导师程利国，福建师范大学心理学教授、博士生导师、教育学院院长连榕，集美大学心理咨询中心教师谢清彬、周鸣等心理学专家，为新一批集美区大学生志愿者350人开展心理培训活动。7月8日，邀请中国优生科学协会儿童健康教育专业委员会副主任王廷礼、中国第四军医大学心理学教研室副教授肖玮、中国儿童中心研究员梅建、福建师范大学教育学院院长连榕为集美区基层干部举办“压力管理”心理论坛。11月，区委宣传部、区委文明办、区教育局、集美法院、区总工会、区妇联、团区委、区卫计局、892集美广播等单位联合举办以“健康心理、和谐家庭”为主题的集美区第二届家长心理健康宣传月活动。通过举办心理论坛、心理讲座、心理沙龙、案例研讨、心理剧、手语操、心里大剧场、心理咨询、团体心理辅导、亲子心理素质拓展活动、亲子科技探索活动等形式，提升广大家长服务心理养育能力，打造健康心理、和谐家庭的幸福家园。来自全区50个家庭参与11月12日的“我与梦想一起飞”VR亲子互动体验活动。（王玉国）

厦门市集美校友总会

【概况】2016年，集美校友总会理事会、监事会换届，选举产生第九届理事会、监事会，陈呈当选新一届理事会会长，翁新杰当选监事长。是年，编辑出版会刊《集美校友》6期，刊登各类文章408篇。组织理（监）事近100人到大田第二集美学村参观学习，重温抗日战争时期集美师生在烽火硝烟中坚持办学的光荣历史；协助举办香港集美校友会校友后裔夏令营和广州陈嘉庚纪念中学暑期“嘉庚精神讲解培训班”。发放助学金23.6万元，受助学生194人。第八届理事会理事长任镜波获2016年厦门市“社会组织优秀领军人物”称号。

【总会第九届理监事会产生】2016年2月27日，集美校友总会召开第九届会员代表大会。大会选举产生第九届理事会和监事会。第九届一次理事会议和监事会议，选举产生常务理事会及新一届理事会、监事会领导班子。陈呈当选新一届理事会会长，李克、潘卫星、秦祥东、宋立武、汤忠民、汪祐喆、叶美萍当选副会长，颜如璇当选秘书长；翁新杰当选监事长，蒋玉钦当选副监事长。聘任蔡启瑞、张乾二、黄永玉3人为荣誉会长，黄蔆、王毅林为名誉会长，任镜波为永远名誉会长；聘任陈苏丽等20人为顾问。

【总会活动】2016年5月，总会永远名誉会长任镜波等6人，参加广州市陈嘉庚纪念中学第三届“嘉庚精神、你我接力”学生讲解员决赛暨“青春•感恩•成长”青春礼系列活动启动仪式，陈经华作关于陈嘉庚精神的专题报告。7月，帮助广州市陈嘉庚纪念中学策划暑期嘉庚精神讲解培训班，并为学员做弘扬嘉庚精神的专题讲座。8月，协助集美区海外联谊会和集美区侨联，

9月6日，区红十字会对社区红十字志愿服务者进行应急救护培训。（侯瑞心 摄）

举办香港集美校友会校友后裔夏令营。12月22—23日，组织总会理监事近100人到大田第二集美学村参观学习，了解抗日战争时期集美师生在烽火硝烟中不畏艰险坚持办学的动人事迹，重温这段不该忘却的光荣历史，并向大田县城关第二小学赠授“诚毅”校训牌匾和“集美职校附属玉田国民学校”历史校匾。12月26日，总会永远名誉会长任镜波致函习近平总书记，报告一年来海内外集美校友、侨亲、集美各校师生以及厦门市、集美区弘扬嘉庚精神的举措和取得的成绩。12月27日，总会在财税宾馆会议厅举行2016年度助学金颁发仪式，颁发陈村牧助学金、嘉泽助学金、杜成国助学金、林树德助学金、陈英如助学金、莆田水产校友助学金、官宏光孙竞男助学金、泉州集美校友会助学金共23.6万元，受助学生194人。

【编辑出版《集美校友》】2016年，集美校友总会主办的会刊《集美校友》编辑出版6期，刊登各类文章408篇。其中，《诚毅之光》专栏刊有《荣获抗战胜利纪念章的王毅林同志》《荣获抗战胜利纪念章的白金泉老校友》《天职》《我写＜嘉庚弟子＞》《集美行当，安溪永玉》《难忘的岁月，难忘的好人》《集美校友催化化学泰斗蔡启瑞院士》《林庆平校友和凤凰创壹》《我所认识的侨校港澳双杰》等；《嘉庚风》专栏刊有《陈嘉庚与古龙食品的渊源》《陈嘉庚与集美学村公业》《孙穗芳博士谈“嘉庚精神”与中山华侨文化》《嘉庚精神也是文化软实力》《陈共存先生对华社的贡献》《“嘉庚精神”的时代价值》《我的好友夏蒙》等；《浔江听浪》发表的文艺作品有《水调歌头•喜读习总书记新年贺词》《七律：感恩母校》《披荆斩棘砥砺往，集大炳耀诚毅光》《咏集美航海校友飞虎英雄陈炳靖》《白刃战歌》《我的文学我的梦我的母校我的情》《邮说陈嘉庚和集美教育》《〈集美之夜〉引出的后续故事》《桂殿秋•国庆》《纪念校主陈嘉庚先生逝世55周年》《贺新郎：回首长征路》。（陈励雄）

集美区红十字会

【概况】2016年，集美区红十字会围绕宗旨，履行职责，着力实施人道服务及应急救援、人道传播，开展“三救三献”等工作，发挥红十字会作为政府在人道领域的助手作用，为构建和谐社会做出贡献。募集红十字救急基金87.27万元，其中集爱基金63.30万元、万人献爱心募集6.97万元、大病救助专项基金（厦门建霖有限公司、华懋科技大病救助专项基金）17万元。共为247名大病患者施行人道救助，提供救助款102.10万元。侯瑞心获福建省人力资源和社会保障厅、福建省红十字会授予的“福建省红十字会系统先进工作者”称号。

【人道救助】2016年，集美区依托红十字博爱超市，常年开展募捐、接受社会捐赠和捐赠物资发放工作。收到社会各界爱心人士、企业捐赠物资折款34.40万元。发放款物35.86万元，其中物资计29.96万元、现金5.90万元，2773户次得到帮扶。开展元旦、春节“红十字博爱送万家”活动，慰问低收入困难家庭1636户，发放款物27.91万元。其中，通过6个镇街红十字组织慰问1600户，发放款物27.18万元；慰问困难职工30户，发放物资折价3762元；区会组织入户慰问6户，发放款物3627元。区红十字会依托街镇、社区和企业开展红十字救助行动，共向247名大病患者施行人道救助，提供救助款102.10万元。其中集爱基金救助34人，用款59.50万元；区大病救助128人，用款25.60万元；厦门建霖有限公司大病救助专项基金救助60人，用款12万元；华懋科技大病救助专项基金救助25人，用款5万元。

【社区红十字志愿服务】2016年，区红十字会继续开展社区红十字应急救护志愿者初级救护员培训活动。5月6日、13日，区红十字会组织各镇街新增加、未取得急救员证的红十字应急救护志愿者133人，参加市红十字会培训中心举办的救护员培训班，124名志愿者通过考核取得初级急救员证。5月10日，杏林街道红十字会组织9个社区近100名红十字应急救护志愿者到灌口双龙潭开展红十字应急救护技能演练活动。同日，灌口镇、杏滨街道锦鹤社区组织社区志愿者参加市人防办在灌口镇举办的人防演练。6月8日，侨英街道组织8个社区的志愿者在美山小学开展逃生疏散演练及社区红十字救护志愿服务队救护技能比赛。7月29日至9月13日，区红十字会选派杏林街道社区应急救护志愿者36人，开展集中训练6次，完成参加市红十字会于9月13日世界急救日举行的应急救护演练任务。

【应急处置训练】12月5日（国际志愿者日），区红十字会在灌口龙谷山庄篮球场举办集美区红十字志愿者救灾帐篷搭建及应急救护技能演练活动。6个镇街选拔社区红十字应急救护志愿服务队的志愿者骨干97人，与区红十字会共组成7支参赛队，比赛内容：红十字知识及防灾避险知识竞答，每队搭建3米×4米的救灾帐篷1个，每队分作四组实施心肺复苏及创伤救护，最后由评委进行点评。

【红十字体验式生命教育】2016年，区红十字会开办体验式生命教育培训班2期，区属学校的德育、体育、卫生、生管老师和班主任120多人参加培训。培训班结束后，各校分别开展体验式生命教育及救护培训和演练活动，4000余名学生参加培训和演练活动。是年，区红十字会组织对区属38所中小学17000多名师生进行以心肺复苏、止血、包扎、固定、防灾避险、自救互救为主要内容的应急救护培训；邀请市水上救护队工作人员到区属16所学校巡回授课，讲解自救互救、预防溺水淹亡的知识，受益7000余人。在"5•12"防灾减灾日期间，各校分别举办防灾减灾知识讲座和竞赛活动。

【集爱基金专项救助】2016年3月16日，区教育局与区红十字会联合下发《关于"集爱"基金救助重疾师生管理暂行办法的通知》，将"集爱"基金每人一次性资助2万元调整为5万元，分作三年，第一年2万元，第二年和第三年均1.5万元。2016年"集爱"基金募集63.30万元，救助34人，用款59.5万元。"集爱"基金自设立以来，共募集爱心捐款218.50万元，资助患重大疾病的师生61人次，用款113.5万元。（侯瑞心）

集美区慈善会

【概况】2016年，集美区慈善会共募集款物264.13万元（含厦门喜盈门捐赠未入账的78万元），开展安老、扶孤、帮残、助学、济困、救灾等活动，发放救助款物262.17万元。

【安老扶孤助残】2016年，厦门市石狮商会、区慈善会联手为264名老年人、6名孤儿、30名残疾学员等困难对象发放慰问金30万元。中秋节，区慈善会给福乐家园30名学员和爱心老年公寓33名老人送上节日祝福，共计3742元；重阳节，区慈善会为爱心老年公寓32位老人送上慰问品，共计4192元。

【救灾济困】2016年，天下集美文广传媒有限公司捐赠区慈善会3万元，用于救助在"莫兰蒂"台风中受灾低保户15户。台湾慈济基金会向低保户330户630人发放冬令物资折款13.23万元；区慈善会携手区纪委、欣贺有限公司捐赠困难户鞋子1200双，计值38.46万元；区慈善会向16名重病困难群众提供医疗救助2.85万元，为4个镇街慈善超市购置生活用品10万元；协同市慈善总会、南普陀寺等爱心团体开展迎新春慈善慰问活动，向贫困家庭和孤困老人、孤儿、残障人士发放善款及物品折价73.78万元。

【助学】2016年，区慈善会协同市慈善总会、台湾慈济会、区委文明办、省市级文明单位、侨促会、爱心单位、爱心人士等结对帮扶贫困生240人，发放帮扶款49.8万元；开展金秋助学活动，57人考上本科、大专，12人考上高中的困难学生受到市、区两级慈善会教育救助35万元；某爱心人士捐助一名贫困生600元；天下集美文广传媒有限公司携手区慈善会资助集美区困难学子10人，每人2000元，其中1人另资助1.5万元，共计3.5万元。爱心人士谢永丹夫妇资助5名孤困儿童学费、生活费1.7万元，并承诺每年资助至大学毕业。

2016年集美区慈善会捐助活动情况表

表10

时间	捐助项目、活动或单位	捐　助　对　象	捐助金额或物品
春节	区慈善会、市慈善总会、南普陀寺、永辉超市新春送温暖	困难家庭480户	慰问金48万元（含永辉卡10万元）
春节	市三下乡活动	慰问困难户30户	慰问年货4275元
春节	市、区慈善会新春慰问	困难户682户	古龙年夜饭350份，古龙罐头332份
春节	区慈善会新春关爱退休困难人员	退休困难人员20户	慰问金2万元
春节	味友餐饮管理公司、区慈善会新春慰问	福利中心老人、孤儿、福乐家园学员	共进年夜饭
春节	区慈善会、区侨促会、西竺寺慈善分会新春慰问	福利中心老人32人、孤儿6人	慰问金和慰问品，折价2.46万元
春节	市慈善总会、区慈善会新春慰问	福利中心老人32人	慰问金每人500元
春节	凯联服饰、区慈善会新春慰问	福利中心老人、孤儿、福乐家园学员	捐赠76件衣服

续表 10

时间	捐助项目、活动或单位	捐 助 对 象	捐助金额或物品
春节	区慈善会新春慰问	福乐家园学员 30 人	每人慰问金 200 元
1 月	爱心人士助学	贫困生 1 人	助学金 600 元
1 月	“雨露育青苗”项目	受市慈善总会帮扶的孤困儿童 89 人	每人 2000 元，计 17.8 万元
1 月	“雨露育青苗”项目	受台湾慈济帮扶的孤困儿童 30 人	每人 2000 元，计 6 万元
1 月	“雨露育青苗”项目	受省、市级文明单位、爱心人士帮扶的孤困儿童 77 人	每人 2000 ~ 3000 元，计 16.6 万元
1 月	区侨促会 14 位爱心人士结对帮扶助学金	贫困生 26 人	每人 2000 元，计 5.2 万元
1 月	“雨露育青苗”项目	爱心单位、爱心人士帮扶孤困儿童 13 人	每人 2000 ~ 3000 元，计 3.6 万元
5 月	厦门市石狮商会、区慈善会安老、扶孤、助残慰问活动	264 名老年人、6 名孤儿、30 名残疾学员	每人 1000 元，计 30 万元
5 月	天下集美文广传媒公司助学	家庭困难孤困儿童 10 名	每人 1000 元，计 1 万元
7 月	谢永丹夫妇	孤困儿童 5 名	每人 2900 ~ 3900 元，计 1.7 万元
秋季	市慈善总会	考上本科、大专的困难学生 56 人	每人 6000 元，计 33.6 万元
8 月	区慈善教育救助金	考取高中、中专、大专学生 13 人	每人 1000 ~ 2000 元，计 1.4 万元
8 月	天下集美文广传媒助学	家庭困难孤困儿童 10 名	每人 1000 元，其中一名额外资助 1.5 万元，计 2.5 万元
9 月	区“雨露育青苗”项目	孤困儿童 3 人	每人 2000 元
中秋	区慈善会中秋节慰问	福乐家园残疾学员，福利中心老人	每人月饼 1 盒，计 3742 元
10 月	区纪委、欣贺有限公司、区慈善会	困难户 1200 户	鞋子 1200 双，合计 38.46 万元
重阳	区慈善会重阳节慰问	福利中心老人 32 人	每人慰问品一份，计 4192 元
12 月	天下集美文广传媒救灾	受台风损坏的低保户 15 户	每户 2000 元，计 3 万元
12 月	台湾慈济基金会、 区慈善会	低保户 330 户 630 人	大米、食用油、生活包、棉内衣裤等，折价 13.23 万元
全年	区慈善会	重病困难群众 16 人	医疗救助 2.85 万元
全年	区慈善会	为 4 个镇街慈善超市购置生活用品	10 万元

（高月清）

厦门建安慈善基金会

【概况】2016 年，厦门建安慈善基金会加入厦门市社会组织促进会，成为促进会理事单位。善心人士李灵鹏捐赠 50 万元，在基金会设立“李建成苏爱珍慈善基金”；厦门禧鹏翔实业发展有限公司董事长林水恩，为革命老区长汀县小学维修教学楼捐款 50 万元。全年共收到善款（物）621. 83 万元，其中接收社会捐赠现金 341. 66 万元、捐赠物资折价 280. 17 万元；开展助学、助困、扶贫等公益活动 40 余次，共发放款物 386.70 万元。10 月 29 日，基金会获“闽善 2016”民间慈善榜“双十佳公益慈善机构”称号。

【捐赠】2016 年，建安慈善基金会开展助学活动 16 次，捐款捐物折价 183.84 万元。受助对象包括集美区浔江幼儿园、集美区乐安小学、长汀县教育局、德化县乐陶小学、泉州台商投资区崧山小学、张坂镇乐安小学、张坂镇政府、安溪八中、宁化县淮土镇孙坑村学校、德化八中、德化三中、德化六中、德化县职业技术学校、德化县第一实验小学、德化县第三实验小学、德化县浔中中心小学、盖得中心小学、后所小学、龙海市港尾镇石埠小学等单位。资助扬州大学大一新生陈佳豪等贫困学生 100 余人。

【济困】2016 年，建安慈善基金会先后走访和慰问龙海市石码镇残疾老人林秀金、江西省九江市星子县华林镇残疾儿童李欣婷、河北省肝癌患者张金革、厦门市道德模范张涵和游文晃、翔安区刘五店村孤寡老人及贫困儿童、宁化县淮土镇孙坑村贫困村民以及工地农民工和外来务工人员等近百人，资助善款 138.85 万元。为思明区慈善会、思明区海滨街道、厦门市中山华侨研究会等单位捐款捐物计折价 64 万元。

★小资料

“闽善 2016”民间慈善榜由 CCTV“慈善之夜”组委会联合海西晨报社、福建省同心慈善基金会、福建省兴业慈善基金会等单位共同举办。龙岩市李新炎慈善基金会、同心义工服务中心、中国担当者行动、福建省同心慈善基金会、同心儿童院、厦门蓝天救援队、长汀县同心学校、厦门石室禅院慈善功德会、三明阳光社会工作服务中心、同心慈善会、福建省妇女儿童发展基金会、厦门建安慈善基金会、北极星救援队、同心慈善会癌友关怀部、厦门市灾害社会工作志愿服务队、福建省教育援助协会、厦门蓝凤凰公益小组、福建海西青年创业基金会、思明区城市义工协会、厦门晨曦公益服务队等20家公益机构上榜“双十佳公益慈善机构”。

2016年厦门建安慈善基金会捐助公益事业情况表

表11

时间	捐助对象	捐助金额和物品
全年	孙浩科生活费	现金9600元
1月5日	爱网拍慈善基金捐助龙海市石码镇残疾老人林秀金	现金50000元
1月21日	厦门市中山华侨研究会（中山华侨公园建设款）	现金600000元
1月26日	厦门市思明区慈善会（滨海街道爱心年夜饭）	现金30000元
1月27日	厦门好人帮扶基金与市委文明办慰问厦门市道德模范10人	现金10000元
2月22日	爱网拍慈善基金资助江西省九江市星子县华林镇残疾儿童李欣婷	现金25000元
2月25日	孙嘉樾教育基金奖学金	现金24500元
5月3日	厦门市集美区浔江幼儿园	儿童裤子、儿童运动T恤，价值2850元
6月1日	厦门市集美区乐安小学	浴巾，价值7566元
7月1日	翔安区刘五店村孤寡老人及贫困儿童	现金138000元
7月5日	长汀教育局	凉鞋、皮鞋、挎包、帽子、《高等数学》教材，价值35000元
7月13日	宁化县淮土镇孙坑村贫困村民	运动外套、裤子、T恤、鞋，价值63610元
7月25日	爱网拍慈善基金资助河北省肝癌患者张金革	现金30000元
8月1日	德化县乐陶小学	运动T恤、长裤、篮球、帽子，价值26340元
8月17日	泉州台商投资区崧山小学	篮球，价值4500元
8月17日	泉州台商投资区张坂镇乐安小学	篮球，价值4500元
8月22日	泉州台商投资区张坂镇政府	篮球，价值27000元
8月24日	福建省安溪第八中学	篮球、《高数》教材，价值57000元
8月25日	扬州大学大一新生陈佳豪	现金6800元
9月1日	宁化县淮土镇孙坑村学校	篮球，价值21600元
9月1日	德化八中、德化三中、德化六中、德化县职业技术学校、德化县第一实验小学、德化县第三实验小学、德化县浔中中心小学、盖得中心小学、后所小学	篮球，价值36000元
9月30日	爱网拍慈善基金资助河北省肝癌患者张金革	现金20000元
10月10日	福建省长汀县教育局	篮球，价值126000元
10月25日	爱网拍慈善基金资助河北省肝癌患者张金革	现金30000元
11月7日	龙海市港尾镇石埠小学	现金100000元
11月9日	乐安小学	篮球，价值18000元
11月20日	福建省长汀县教育局	运动外套、男士衫、儿童棉裤、童鞋、轻便胶鞋、帽子，价值1340784元
11月25日	建安集团工地贫困农民工	羊毛衫600件，男士加绒外套600件，价值538800元
11月30日	建安集团工地贫困农民工	羊毛衫500件；男士加绒外套500件，价值483500元

（叶薇）

农业与水利

农 业

综 述

【概况】2016年，集美区农林牧渔业总产值37005万元，比上年减少6248万元，下降14.4%。其中，农业产值14369万元，林业332万元，牧业11984万元，渔业4670万元，农林牧渔服务业5650万元。实有耕地26240亩（1749.33公顷），有仍在耕作的村社22个、农场1个（第二农场），共有农民6.4万人，人均耕地面积0.4亩。主要种植水稻、蔬菜、甘薯、花生、油菜等农作物。2016年底，农民人均可支配收入22999元，同比增长7.8%。是年，区农林水利局获农业部授予的全国农牧渔丰收奖——农业技术推广成果奖，灌口仙灵旗休闲农庄、宝生园果树合作社、后溪集志农庄获评全国休闲农业与旅游示范点，灌口龙谷山庄获评福建省休闲农业与旅游示范点。

2016年集美区农村主要经济指标对比表

表12

指标名称	单位	2016年	2015年	对比增减数	增减(%)
农林牧渔业总产值(当年价)	万元	37005	43253	−6248	−14.4
其中：农业产值	万元	14369	14047	322	2.3
林业产值	万元	332	159	173	108.8
牧业产值	万元	11984	15503	−3519	−22.7
渔业产值	万元	4670	7945	−3275	−41.2
农林牧渔服务业产值	万元	5650	5600	50	0.18
粮食产量	吨	2121	1961	160	8.1
其中：稻谷产量	吨	1805	1587	218	13.7
油料产量	吨	487	557	−70	−12.6
其中：花生产量	吨	487	557	−70	−12.6
蔬菜产量	吨	15221	15236	−15	−0.1
水果产量	吨	4033	6450	−2418	−37.5
其中：柑橘类产量	吨	1371	3042	−1671	−54.9
食用菌产量	吨	713	1182	−469	−39.7
花卉播种面积	亩	7695	8151	−456	−5.6
肉类总产量	吨	4233	5658	−1425	−25.2
生猪出栏数	头	27979	60721	−32742	−53.9
家禽出栏数	只	1366219	1247884	118335	9.5
奶类产量	吨	112	130	−18	−13.9
禽蛋产量	吨	1298	2462	−1164	−47.3
水产品产量	吨	2265	4247	−1982	−46.7
海水水产品产量	吨	253	485	−232	−47.8
淡水水产品产量	吨	2012	3762	−1750	−46.5
其中：鱼类产量	吨	1576	3232	−1650	−51.2
淡水虾产量	吨	430	840	−410	−48.8

【土地承包经营确权登记】2016年，集美区全面开展土地承包经营权确权登记颁证工作。全区有土地确权任务的有5个镇（街）42个村（居），土地承包经营权确权面积约2200公顷。完成权属调查42个村（居）9128

户，实测地块24558块，实测面积2118.2公顷，航摄并提交DOM正射影像面积2273.23公顷；完成42个村（居）348个小组权属调查，权属调查率、入户调查率、地块指认率均为100%；完成审核公示37个村（居），审核公示完成率83.46%，合同签订户数7002户，签订率76.71%，建立登记簿完成率76.71%，颁发证书完成率14.2%。

【特色休闲观光农业】2016年，全区休闲农业成规模项目有28个，年收益预计2746万元，带动就业603人。完成碧溪农业公园24个“以奖代补”建设项目验收工作。实施古樾山庄、鹰坑谷和宝生园第三批“以奖代补”建设项目36个，完工20个，在建16个，投资2015万元，完成70%。开始实施灌口镇休闲农业项目、侨英百果园区和二农白虎岩三个市级休闲农业示范项目。是年，凤岭山庄被评为市级休闲农业示范点。

【农民专业合作社】2016年，集美区新登记专业合作社21家，累计登记注册专业合作社266家（同比增长35%），社员成员数4851户（同比增长9.8%），注册入股金额8.31亿元（同比增长69.6%），带动农户2230户（同比增长12.1%）。其中，获得国家、省市级示范社等荣誉称号12家。

2016年集美区农民专业合作社注册情况表

表13　　　　单位：万元

企业名称	注册资本	地　址	成立日期	法定代表人
菜硕士生态农业专业合作社	100	侨英街道东莲里12号	2016年1月4日	张伟维
安乐窝果蔬专业合作社	500	灌口镇洋坑社36号之一	2016年1月5日	林晓胜
草耕堂农林专业合作社	2.5	后溪镇后溪村浦边社126号	2016年1月13日	赖江圳
曌南坊果蔬专业合作社	100	后溪镇前进村苏营社131号	2016年1月18日	周清利
伟丽斌园林专业合作社	100	灌口镇东辉村田洋社45号之二	2016年2月3日	陈丽美
锦仕棠果蔬专业合作社	1200	后溪镇崎沟村崎沟东里35号	2016年2月26日	王伟捷
春旺花开果蔬专业合作社	100	灌口镇田头村田头社1号	2016年4月20日	林春旺
春江水暖水产养殖专业合作社	100	灌口镇田头村田头社1号之二	2016年4月20日	林春旺
高润久苗木专业合作社	100	灌口镇顶许村大东山社3号	2016年4月25日	陈志农
后溪镇新村社区股份经济合作社	1949	后溪新村社区新村中里128号2楼203室	2016年5月3日	肖龙江
豪妮凯果蔬专业合作社	100	后溪镇岩内村墩上东里9号	2016年5月7日	杨志强
强昕辰苗木专业合作社	1000	灌口镇陈井五里5号	2016年5月18日	陈进强
狮仙果蔬专业合作社	200	灌口镇浦林村林坑社207号之二	2016年5月30日	曾海源
新发辣园果蔬专业合作社	200	灌口镇田头村洋坑社32号之一	2016年5月30日	王庆岩
前溪果蔬专业合作社	50	灌口镇双岭村前墩社57号之二	2016年6月28日	李源进
马井果蔬专业合作社	200	后溪镇前进村西井社三里56号	2016年7月12日	陈安强
嘉福寨果蔬专业合作社	200	灌口镇双岭村寨内社130号	2016年8月1日	陈其兴
齐心园果蔬专业合作社	5	灌口镇坑内村杜行社88号之一	2016年8月26日	陈勇来
福林园果蔬专业合作社	200	灌口镇田头村洋坑社300号	2016年9月1日	林锦州
鑫农耕畜牧专业合作社	100	后溪镇后溪村浦边社环村路17号	2016年9月9日	黄柏坚
好境园养殖专业合作社	998	后溪镇第二农场坂头山新324国道旁	2016年10月9日	潘亚虎

【惠农与移民直补】2016年，集美区发放各种惠农与大中型水库移民直补资金731.99万元。其中，农业支持保护补贴资金193.57万元（含2016年上半年种粮补贴4万元），伏季休渔补贴46.45万元，渔业燃油补贴165.60万元，农业机械购置补贴21.40万元，大中型水库移民直补资金294.47万元，移民生活困难补助10.50万元。

【农业执法检查】2016年，区农业执法大队对辖区农资经营户进行地毯式排检，共出动执法人员393人次，检查农资经营店127家次，其中农药经营店46家次、兽药（含渔药）经营店33家次、饲料生产企业48家次；抽检蔬菜66批次、草莓4批次、水产品8批次、兽药8批次、农药12批次、肥料5批次、饲料15批次，蔬菜、草莓、水产品、饲料、农药、兽药合格率100%，肥料合格率80%，查处不合格肥料一起，罚款1750元。另突击检查蔬菜、草莓种植散户11家次，未发现有违法使用国家禁限用农药的行为。

【农业执法宣传】2016年1月、3月和6月，区农林水利局开展“三下乡”“放心农资下乡”“食品安全生产宣传周”活动，先后在灌口农贸市场、后溪镇城隍庙、灌口凤泉广场、杏林街道文化中心广场、杏滨街道山后嶂广场、侨英街道霞梧北区广场开展农业法规宣传，内容涵盖农药、饲料、兽药、渔业、农产品安全生产、农机安全生产、农业安全监督等，发放宣传材料1750份。6月16日，参加区统一组织的全国第十五个“安全月”咨询活动；6月21日，参加市农业局组织的农机安全生产月咨询日活动，共设置咨询台2个，参加人员6人次，接受咨询150人次。

（陈靖 吴迪婧）

种植业

【概况】2016年，集美区农作物播种面积29796亩（1986.4公顷），同比下降0.84%。其中，粮食作物5709亩（380.6公顷），总产量2149吨，分别比上年增长33.01%和35.41%；油料作物2711亩（180.73公顷），总产量478吨，分别比上年下降9.87%和14.18%；蔬菜13251亩（883.4公顷），总产量15221吨，分别比上年增长1.40%和-0.1%；瓜果150亩（10公顷），总产量150吨，分别比上年下降6.25%和6.25%；花卉7695亩（513公顷），比上年下降5.59%；食用菌总产量713吨，比上年下降39.68%。

【农业基础设施建设】2016年，集美区完成市、区两级农业基础设施项目29个，总投资3525.82万元，其中财政投资2762.91万元、自筹资金762.91万元。建温室大棚90557平方米、棚架19430平方米、生产道路13.5千米、排水沟3989米、蓄水池10个、挡土墙12274立方米、引水管16645米，另安装节水灌溉设施，可灌面积66.67公顷。

【专项扶持】2016年，市下达集美区合作社、家庭农场等涉农企业专项扶持项目1个，支持金玲珑果蔬专业合作社进行农业基础设施建设。总投资511.33万元（财政投资351.74万元，自筹159.59万元），建设蓄水池1092立方米，钢柱连栋大棚27369平方米，单拱钢柱大棚6768平方米，并配置外遮阳系统、微喷灌系统。年底，项目竣工通过验收。

【农技推广】2016年，集美区实施高接换种示范项目，项目面积500亩（33.33公顷），投资40万元，更换三红蜜柚、南岛无核荔枝、凤梨穗龙眼等高接品种，推广蜜柚、脐橙和杨桃套袋470万个，面积266.67公顷。

【测土配方施肥】2016年，集美区在小流域免费推广有机肥和配方肥，以减少化肥污染，改善地力，增强农作物防御能力。区财政投入20.98万元，采购配方肥62吨、有机肥50吨，推广测土配方施肥技术面积6000亩次（400公顷），推广使用有机肥936吨，平均每亩156千克。

【农作物病虫害防治】2016年，集美区红火蚁害危害面积继续扩大，鼠害密度较高。经过普查，全区红火蚁发生面积1909.87公顷。全区病虫草鼠害发生面积12040公顷，防治面积12920公顷，挽回农作物损失2679.4吨。其中，病虫害发生面积4073.33公顷，防治面积5906.67公顷，挽回农作物损失1057.8吨；草害发生面积2060公顷，防治面积1993.33公顷，挽回农作物损失1233.6吨；鼠害发生面积5886.67公顷，投药面积5000公顷，挽回农作物损失395吨；螺害发生面积20公顷，防治面积20公顷，挽回农作物损失3吨。使用各类农药（商品量）38.08吨。

【绿色防控】2016年，集美区大力推广蔬菜果树绿色防控技术。翻土作业1066.67公顷，处理枯枝、病叶、人工除草面积866.67公顷。对1.23万亩蔬菜采用轮作制，其中水旱轮作333.33公顷，从源头上消灭或减少病源菌和地下害虫。发放黄色粘虫板12.7万片，防治面积282.2公顷；发放性诱惑挂件20个，性诱剂1000支，防治面积8.33公顷；安装太阳能杀虫灯30盏，防治面积80公顷，累计投入资金30.76万元。组织技术培训2次，参加人数100人次，组织人员下乡6次，发放《农作物病虫防治技术手册》2.5万册。

【农业“三项补贴”改革】2016年，集美区根据财政部、农业部及省财政厅、农业厅《关于农业支持保护补贴资金管理办法的通知》，全面实施农业“三项补贴”改革，将农作物良种补贴、种粮农民直接补贴和农资综合补贴合并为“农业支持保护补贴”，全区补贴耕地面积2071.33公顷，共补贴资金189.57万元。

【农技培训与宣传】2016年，区农技中心以“12316农业服务热线”为平台，开展农技科技培训活动。全年举办科技培训班18期，其中农产品质量安全培训2期、许溪小流域农业面源污染整治培训2期、测土配方施肥培训2期、整村推进普及科学施肥培训1期、水产品质量安全培训2期，组织农民养殖专业户、合作社、涉农企业人员参加省农村技术远程教育培训班9期，累计参加1930人次。组织科技人员进村入户服务6次，接待来访农民1.3万人次，发放农业科技宣传资料2万余份。“12316农业服务热线”接受咨询2000余人次，其中来电咨询192人次、来访咨询400多人次、科技下乡现场咨询1500多人次。组织现场指导、调研230人次，举办技术培训班19场450人次。

（陈靖 吴迪婧）

畜牧业

【概况】2016年，集美区生猪年末存栏3280头，出栏27979头，分别比2015年下降88.64和53.92%；牛存栏563头，出栏531头，同比下降22.24%和13.09%；家禽存栏389020羽，出栏1366219羽，同比下降23.82%和9.48%；肉类总产量4135吨，禽蛋产量1298吨，奶类产量112吨，蜂蜜产量18吨，同比分别下降26.92%、

47.28%、14.50% 和 14.29%。

【动物防疫】2016 年，区财政安排动物防疫、检疫、畜产品质量安全及动物卫生监督等专项经费 133.61 万元。其中，动物防疫、检疫 32 万元，畜产品质量安全监管及动物卫生监督执法 1 万元，村级防疫员补贴 23.52 万元，检疫站退休人员补贴 1 万元，检疫申报点工作经费 5 万元，“瘦肉精”检测配套费 14 万元。发放疫苗 2050950 毫升，其中高致病性流感疫苗 1913750 毫升、生猪口蹄疫疫苗 102000 毫升、高致病性猪蓝耳病灭活疫苗 26000 毫升、牛羊口蹄疫苗 9200 毫升。同时，发放猪瘟疫弱毒疫苗 5.6 万头份。全年共防疫高致病性禽流感 235.82 万羽次、生猪口蹄疫 79144 头次、高致病性生猪蓝耳病 1.3 万头次、猪瘟 2.8 万头次、牛口蹄疫 1430 头次，羊口蹄疫 3910 头次，免疫密度 100%，四种重大动物疫病的群体免疫密度全部在 90% 以上。

【动物检测】2016 年，集美区动物卫生监督所开展动物血清学检测。检测高致病性禽流感 9 次，在 50 家养殖户采样 1032 份，检测合格 1021 份，合格率 98.93%。春防督查抗体检测高致病性禽流感，采样 190 份，检测合格 179 份，检测合格率 94.2%；秋防督查检测高病致性禽流感，采样 200 份，检测合格 198 份，合格率 99%；四种重大动物疫病抗体检测，检测结果均达到合格。农业部抽查该区农产品安全质量 4 次，均合格。

【畜禽检疫】2016 年，集美区接受生猪养殖户产地申报 400 批次，检疫生猪 20102 头；家禽养殖产地申报 2880 羽，申报受理率 100%。牲畜屠宰检疫申报 14686 批次，检疫生猪 287944 头、牛 9881 头、羊 21506 头，申报受理率 100%。无害化处理染疫死猪 111 头，处理肉品、内脏 4460 千克。

【动物疫情监控】2016 年，区动物卫生监督所组织兽医技术人员、区执法人员 28 人，对辖区各养殖场、动物治疗机构、兽药经营企业及乡村兽医进行专项检查。检查鲜羊奶生产企业 1 家、兽药经营企业 7 家、生猪养殖场所 2 个，快速检测盐酸克伦特罗、莱克多巴胺醇 260 头份，合格率 100%。在动物 H7N9 禽流感防控期间，采样检测禽血清 100 份、禽棉拭子 100 份、环境样品 28 份，送市疫控中心进行动物 H7N9 禽流感检测流行病学调查。全区无害处理死猪 23 头、羊 8 只、狗 50 只。

【应急物资储备】2016 年，区农业部门做好重大动物疫情应急物资储备更新工作。至年底，库存物资有手套 400 双、胶鞋 60 双、口罩 4726 个、连续注射器 40 支、一次性注射器 2000 支、白大褂 298 件、防护服 406 件、医用剪刀 67 把、充电手电筒 42 个、消毒药品 3.75 吨、编织袋 5890 个、喷雾器 48 台。

（陈靖　吴迪婧）

渔　业

【概况】2016 年，全区从事渔业生产 973 户 3898 人，有渔业船舶 214 艘，总吨位 205 吨。全年水产品总产量 2265 吨，其中海洋捕捞 253 吨、淡水产品 2012 吨；淡水养殖面积 295 公顷，生产虾苗（对虾）2.5 亿尾，产值 70 万元；水产品加工总量 1472 吨，产值 7171 万元；有饲料加工企业 1 个，年产饲料 24126 吨，产值 18600 万元。全区渔业经济总产值 4670 万元，比上年下降 41.22%。其中海水产品 1072 万元，内陆水域水产品 3598 万元。

【水产品药残检测】2016 年，区农林水利局制订《水产品质量安全监管工作方案》和《水产品质量安全监测工作计划》，加强水产品安全检测工作，配合上级部门抽检 7 批次，区级委托第三方集美大学对水产品产地风险监测 7 批次，合格率 100%。

【水产养殖科技培训】2016 年，区农业技术推广中心组织技术干部及水产养殖户参加省农村技术远程教育培训班 12 期，推荐 12 名农民报考 2016 年度新型职业农民专科学历教育。举办村级渔技员水产品质量安全宣传培训 3 期，受训 50 余人次，分发科技宣传资料 1800 多份。

（陈靖　吴迪婧）

林　业

【概况】2016 年，全区实现林业产值 332 万元，比上年上升 108.81%。区农林水利局绿化造林 1800 亩（120 公顷），完成市下达任务的 100%；生态公益林封山育林 4560.27 公顷，完成造林当年秋季抚育 120 公顷。投入 90 万元，建成后溪镇后溪村、侨英街道东安社区 2 个古榕树公园。建成后溪镇溪西村绿色村庄。全区森林覆盖率 41.45%，实现全区连续 11 年无火灾。

【“两沿一环”绿色屏障建设】2016 年，区农林水利局建设“两沿一环”绿色屏障 120 公顷，完成任务的 100%。造林以稀疏林分补植和林分改造提升为主，树种有木荷、枫香、山杜英、香樟、福建山樱花、丹桂等。完成 6 千米、12 公顷的生物防火林带种植工作。其中，灌口镇东辉村鸡崎至肚山道路，长 1 千米，左右各 10 米，种植木荷，面积 2 公顷；灌口镇东辉村大龙潭水库旧管理房至石壁坑道路，长 2.2 千米，左右各 10 米，面积 4.4 公顷，种植木荷；灌口镇东辉村流痰狮至猪肚湖道路，长 2.8 千米，左右各 10 米，共 5.6 公顷，种植木荷。投资 100 万元，完成辖区内 73118 部队、92762 部队、总装备部厦门接待站、防空一连、防空六连 5 个部队营区绿化工作，共种植香樟、大叶紫薇、高山榕等树种 26 种 600 余株。

【病虫害防治】2016 年，全区用白僵菌粉炮预防马尾松松毛虫1777.4公顷，清除马尾松枯死木18120株，更新改造林地面积73.3公顷。办理森林植物及其他产品调运检疫许可证250件，材积9167.96立方米。办理产地检疫8件。

【森林防火宣传】2016年，区防火办开展以“防森林火灾，护美丽厦门”为主题的防火宣传活动。春节、清明期间，在区电视台滚动播放《福建省森林防火条例》和高森林火险橙色预警；出动防火宣传车120台次，到森林防火区进行流动宣传，散发传单6万份。春节、清明、五一期间，在主要路口、林区景点、村宣传栏和人流集中地段张贴防火警示标语1500张，悬挂横幅72条。清明节前夕，区防火办制作森林防火宣传环保袋5000个、塑封宣传单1000份，购买矿泉水4200瓶，置放于林区每座墓前，劝告扫墓者禁用火烛、文明祭扫。同时，借助“天下集美”文广传媒平台，发送森林防火和安全避险常识6次，收看人员30万人次。

【林政管理】2016年，区农林水利局查处林业行政案38起，罚款41.03万元。审核林地征用4起，征地面积258.2公顷，发放林木采伐许可证21份，采伐面积67.93公顷，采伐林木蓄积量3205立方米。其中，主伐林11公顷，低产改造林4.66公顷，其他林52.26公顷；签发木材运输证292份，材积10344立方米；发放林木种子生产、经营许可证8份。全区有公益林1609.73公顷。

（陈靖　吴迪婧）

农业机械

【概况】2016年，集美区拥有各类农业机械4068台（架、套）。其中，拖拉机442台，割灌机21台，增氧机952台，微耕机340台，中耕机10台，施耕机41台，灭虫灯531盏，农用水泵1349台，农产品初加工机械128台，收获后处理机械47台，植保机械207架（手动式施药机械未计）。年末，在册拖拉机442台，上牌率100%；拖拉机应检312台，年检263台，年检率84%；拖拉机驾驶证在册665本，从业人员442人，持证率100%。

【农机管理】2016年，区农机部门落实农机惠民政策，免费检验拖拉机263台，迁出2台，转移16台，换证7本，给9名拖拉机驾驶员发放培训补贴12600元，免费粘贴拖拉机反光警示牌263块。6月21日，组织拖拉机手46人参加市农业局举办的农机事故应急演练。6月22—28日，组织农机人员下乡为农机重点村年检拖拉机98部。出动执法人员24人次，配合区交警整治上道路行驶拖拉机违法行为，检查拖拉机20部。

【农机安全生产宣传】2016年，区农机部门发放农机安全生产宣传材料2000余份，设置农机安全咨询台1处，接受咨询130人次。12月14日，联合市农机监理所、区道安办、灌口镇、区交警大队、区农业执法大队等单位，在灌口镇举办农机安全生产知识教育培训班，受训人员98人次。

（陈靖　吴迪婧）

水　利

【概况】2016年，集美区水利工程总投资7500万元，其中河道治理7000万元。投资4500万元，治理田李溪河道3.83千米，年内完成李林水闸建设；投资2500万元，治理东李溪河道3.61千米，完成双溪公园建设。投资农田水利建设500万元，新建农田水利基础设施14处，完成排灌沟改造、蓄水池建造工程。另完成全区12座小二型水库汛期防洪调度运用计划审查、审批工作，开展消防安全和人员疏散避险演练81场，参加演练3.96万人次。

【水环境保护与监督】2016年，区农林水利局按照“查全、查细、查实”的要求，组织各相关单位开展汛前安全大检查。检查水库、堤坝、水闸等水利工程21处（海堤1条、水库12座、水闸5座、在建水利工程3处），市政排水设施26处，重点开发建设片区2个（厦门北站片区、集美新城九天湖片区）。对存在问题和安全隐患登记造册，限期整改。落实防汛责任人，对重大水利工程（堤坝2条、水闸4座和小二型以上水库12座）实行市政责任人制度和防汛安全管理责任人制度。完成12座小二型以上水库汛期防洪运用计划审查、审批工作，修订镇、村（社区）级防洪预案。巡查河道等水利设施53次。制订并实施“杏林湾水库水面清洁清障百日行动”实施方案，清理并运离大型绞吸船2艘、大型采砂船3艘、弃水上钩机1台、小木船42条、围网4000余米，清理水上钓鱼栈道及简易码头200余米、水面漂浮物等垃圾1790立方米。完成河长制管理工作考核及溪流养护相关工作，河长制管理在2015年市级考核中获得优秀等次。完成2015年市对区水资源管理考核，获全市第二名。

【水土保持】2016年，集美区完成生产项目水土保持方案审批39件，全部在规定时间内办结，征收水土保持补偿费184.06万元。对获批并开工的7个项目进行检查，对存在问题的个别项目责令限期整改，达到水土保持要求。完成河道水库水土保持监督检查18次，未发现水保违法行为。完成大阪山水保工程、黄地铁尖山水保工程验收，并进行4个小流域治理水土流失治理项目的前期工作。进行水土保持宣传，在全区主要路口悬挂宣传红幅10条；举办中小学水土保持讲座8课时，受教育学生300多人次；举办集美区直机关老体协“水保杯”门球赛，参加人数370人。

【小流域整治】2016年，集美区实施三大溪流控源截污工程。其中，59个村庄56个分散式生活污水处理设施建设完成，52个已投入运行。实施集中式污水治理的139个村（居），完成管网敷设650千米，完成投资4.3亿元。其中，基本完成施工的60个，正在施工的67个，准备进场施工的12个。全区有生产生活污水企业1755家，其中生产工业废水企业270家，具备接入市政管网条件的139家，不能办理环评许可手续、经整改不能达标、责令搬迁或关停的131家。对22家责令停产企业继续依法处理；其余109家小工厂、小作坊，纳管接入村庄分散式污水处理站。投入溪流养护经费800余万元，保洁河道55.9千米，全年清理水面漂浮物、水葫芦、土头垃圾8.1万立方米。

【防台防汛】2016年，影响集美区的台风（或热带风暴）5个，分别是7月8日1号台风“尼伯特”、8月3日4号台风“妮妲”、9月15日14号台风“莫兰蒂”、9月25日17号台风“鲇鱼”、10月21日22号台风“海马”。其中，14号台风“莫兰蒂”在厦门市翔安区沿海正面登陆，这是2016年全球最强台风，也是1949年以来登陆闽南的最大台风，登陆时台风风力15级，最大阵风超过17级（70米/秒），中心最低气压（945百帕），据区民政局统计，此次台风共造成全区直接经济损失35.1亿元，房屋坍塌306间，铁皮房屋倒塌982处，受淹12处，因灾受伤7人，死亡1人，受灾人员5395人，紧急转移安置5381人；农作物受灾1800公顷，水产养殖损失66.67公顷，车辆受损7874辆，道路积水30处，城区行道树倒伏16803棵，建筑工地围挡倒塌21千米。是年4月起，辖区短时强降雨频发，出现暴雨13次，据集美各雨量站点数据统计，集美区降雨量2583毫米，比2015年多901.8毫米，比常年增多60%以上，最大降雨量3024毫米（黄地站），最大日降雨量268毫米（9月15日灌口站），最大3小时降雨量94毫米（9月2日大龙潭水库），最大1小时降雨量80.5毫米（厦门大桥站）。10月，受台风、暴雨影响，灌口镇田头村大岭往安泰宫山路发生小型塌方，无人员伤亡。全年启动防御暴雨洪水应急响应Ⅲ级13次、Ⅱ级1次，启动防御台风应急响应Ⅳ级5次、Ⅲ级5次（不包括降级）、Ⅱ级3次、Ⅰ级1次。

【防汛培训与宣传】2016年，区防汛办结合世界水日、世界水周、集美区防灾减灾宣传活动周和集美区安全生产月活动，发放《集美区防洪防台风应急预案》《防台风暴雨公众防御指南》和《中小学生防台风知识读本》共1500余册，通过微博、短信发送防灾减灾安全知识信息636413条，制作发放安全宣传材料25975份，发放《致家长一封信》32800封，台风期间发送手机短信309223条。5月，区防汛办举办防汛业务培训会，邀请市气象和水利专家进行授课，参加培训80人。6月，与区人武部在杏林湾水库联合组织防汛预案演练，参加演练30人。8月，举办全区防汛防洪培训讲座，邀请市水利和气象进行专题授课，参加培训近200人。

【防汛物资储备】2016年，区防汛物资储备充足，有卫星电话16部（其中13部下发各镇街和新城指挥部）、大功率排涝车3台（1500立方米/时）、移动抽水泵1台（流量540立方米/时）、50千瓦发电车1台、发电机10台、小型抽水设备21台、防汛抢险舟8艘、机动救生船2艘、油锯46把、救生衣1000件、救生圈117只、编织袋32640条、纺织布5600平方米、铅丝202.8千克、桩木18立方米、手摇警报器5台、土工布7100平方米、安全绳3270米、安全帽472顶、雨衣465件、雨鞋373双、工作灯118盏、手电筒343把。另编织袋、砂石料等物资采取代储方式。

【农房保险】2016年，区农林水利局对群众住房情况进行调查，为2户低保、低收入困难群众解决住房问题。为全区农房统保（含村改）23036户缴交农房统一保险费63349元；为64万常住人员缴交自然灾害公众责任险153600元，获保险公司农房同保七批共116.67万元。投入资金420万元，协助后溪镇完成崎沟村、溪西村3处地质灾害隐患点治理任务。争取上级救灾资金2批共2573万元。为六批1542户农房出具理赔证明，共获农房理赔107.83万元。（陈靖　吴迪婧）

区农林水利局在杏林湾水库开展水上救援演练活动。（刘平　摄）

工业与建筑业

工 业

【概况】2016年，集美区有年主营业务收入2000万元及以上规模工业企业403家，实现工业总产值785.63亿元，比上年增长5.1%，增幅比年度计划（4.3%）高0.8个百分点；规模以上工业增加值208.96亿元，同比增长7.1%。有年产值超亿元工业企业115家，实现工业总产值706.35亿元，同比增长9.32%，占全区规模以上工业总产值的84.33%；年产值超10亿元企业13家，实现工业总产值399.24亿元，同比增长17.71%，占全区规模以上工业总产值的47.66%。年度纳税亿元以上工业企业6家，纳税5000万元至1亿元工业企业4家，纳税1000万元至5000万元企业46家。（林秀龄 林锦霞）

【企业转型升级】2016年，集美区进一步加强与台湾财团法人中国生产力中心的合作。5月，区政府在创业大厦设立“卓越创新中心”，为与生产力中心深度合作提供重要平台。组织30位企业高阶管理人员分两批赴台，进行为期七天的标杆企业参访学习交流；组织17位企业高阶管理人员赴上海，进行为期五天的标杆企业参访学习交流。聘请台湾生产力中心专家为企业培养内部顾问师，有21家企业的36名企业精英参训；组织有发展潜力的30家企业的30名企业经营者，举办为期5天的企业领袖培训班；组织14家企业22名高阶管理人员，举办为期6天的品牌营销培训班。课程内容涵盖质量、生产、成本、营销管理和策略思考、企业文化、人力资源等。邀请台湾生产力中心为企业开展诊断及辅导，累计有21家企业完成全面诊断，17家进入深度辅导；17家接受深入辅导的企业，在人均产出、生产周期、工序改造、效率提升、库存降低等方面成效显著。（林秀龄 林锦霞）

【扶持企业发展办法出台】2016年，集美区新出台《集美区2016年度促进企业稳定增长措施》《集美区成长型工业企业认定和扶持暂行办法》《集美区鼓励软件和信息服务业发展奖励暂行办法》《集美区鼓励信息化和工业化融合发展暂行办法》《集美区促进工业企业灾后恢复生产的若干意见》，优化政策措施，扶持企业稳健发展。全年共兑现企业扶持资金7853.98万元，其中华懋新材料等8家企业“机器换工”专项补助375万元、宏发汽车电子等11家技术改造扶持资金1369.12万元、增产增销奖励金856.15万元、展位费补助金545.67万元、出口信用保费补助金1325.19万元、CNAS实验室认可奖励金50万元、品牌战略奖励金614万元、成长型工业企业奖励金270万元、标准化项目奖励金436万元、灾后重建预拨资金700万元、转型升级补助金506.67万元、房产税和土地使用税奖励金806.18万元等。（林秀龄 林锦霞）

【金龙汽车工业公司科技成果】2016年，金龙联合汽车工业公司实现总体销售额85.65亿元，销量32337台，海外销量列行业第一位。是年，金龙客车豪华大巴出口泰国突破2000辆，在泰国建立配件中心库4个，可在24小时内将配件送到客户手中。还与RoyalGems公司联合筹划在曼谷建立泰国最大最

2016年，集美区扶持企业“机器换工”技术改造。图为华懋织造染整有限公司智能裁剪车间（林志杰 摄）

先进的客车维修保养中心，每天能容纳100辆车同时保养和维修。全年申报大中巴新产品4个，完成订单定向产品开发42款；完成新产品车型申报187个，包括大中巴143个、轻客44个，其中新能源产品85个（纯电动47个、混合动力38个）；完成免征购置税新能源车型目录3个批次，共66个车型。新增授权专利35个，其中发明专利5个。客车XMQ6119FY获中国外观优秀奖，“汽车车身结构与声学包装轻量化设计方法研究与应用”获中国汽车工业科技进步奖一等奖，“新能源客车关键技术研发及产业化”项目获厦门市科技进步二等奖；公司新能源客车技术实验室获国家发改委认定为“新能源客车电控与安全技术国家地方联合工程实验室”；公司获福建省国资委技术创新先进集体及个人先进奖、第四届装备中国创新企业年会技术创新奖。（林秀龄 林锦霞）

【灾后恢复重建】在2016年9月“莫兰蒂”风灾中，全工业企业遭受巨大损失。96家企业不同程度受灾，受损厂房面积209万平方米，损失4.7亿元；受损生产设备8502台，损失3.95亿元，工业企业损失总计8.65亿元。面对大面积停电、停水、通信中断，区经信局联系了解工业企业受灾情况，协调供电、通信部门做好基础设施的抢修工作，及时向企业通报情况，引导企业灾后自救，发动企业组织员工参与周边灾后重建。①安排人员分组分片区深入76家受灾重点工业企业，了解受灾情况，协调解决企业遇到的困难和问题。及时处理厦门厦化实业有限公司、厦门东海洋水产品进出口有限公司、厦门旺墩冷链物流有限公司等三家涉危生产企业的安全问题。②经信局领导驻守供电部门协调抢修电力设施，调派30多台套挖掘机、吊车等机械设备，联系东孚油库提供应急用油，支援供电部门抢修电力设施。③多渠道筹措重建资金。9月22日和23日，区政府分别召开企业与保险公司关于台风灾后理赔工作对接会和集美区金融机构支持灾后重建会议，帮助协调企业在保险理赔和融资贷款两个方面的困难。④出台《集美区关于促进工业企业灾后恢复生产若干意见》，制定措施，扶持企业灾后重建。⑤组织企业参与灾后重建。全区工业企业共组织员工参与周边灾后重建约1万人次。（杨向平 康毅聪）

【厦工机械驰援深圳救灾】2015年12月20日，深圳发生特别重大山体滑坡事故。12月25日夜，厦工机械股份有限公司接到中国武警交通指挥中心关于携带机械装备赴深圳抢险救援的紧急任务令。公司连夜部署，组织人员对抽调的机械设备进行检验、调试，选调驰援人员。12月26日下午1时，由47名救援人员组成的厦工救援队、10台大型挖掘机和2台推土机集结完毕，登上列车，奔赴深圳。12月31日，厦工又接指挥中心来电，要求增援抓钢机1台。当即安排对抓钢机进行XG836MH检测，于2016年1月1日凌晨2时发往深圳。此后，公司又按照武警交通指挥中心的指令，陆续增援挖掘机30台、装载机5台。在现场救援指挥部统一指挥下，厦工救援队始终坚守在抢险救援第一线，人歇机不停，实行24小时不间断作业，清理大批沉积土方和建筑废料，为救援人员进入建筑物内部进行搜索扫清障碍。厦工支援的抓钢机，能多角度地抓取倒塌楼房的废钢、大块混凝土等不规则物料，减少拆解作业的难度和时间，发挥普通设备所不具有的作用。（林秀龄 林锦霞）

【上榜企业、项目、产品名录】2016年，集美区一批企业、产品跻身国家级、省级、市级榜单。其中，国家级，企业8个，项目1个，产品2个；省级，企业7个；市级，企业70个，项目2个，产品2个。另有经企业申报、资格审查、部门联审、政府发文及公示等环节，区认定成长型企业27家。成长型企业每年认定、公布一次，实行动态管理。对成长型企业制订扶持措施，从入库奖励、技改补助、厂房补助、研发奖励、购买专利技术补助、支持企业融资及员工子女入学等方面予以扶持。（林秀龄 林锦霞）

2016年集美区上榜企业、项目、产品名录

一、国家级

1.第三十届中国电子信息百强企业：厦门宏发电声股份有限公司

2.国家级企业技术中心：厦门厦工机械股份有限公司技术中心、厦门涌泉集团有限公司技术中心、厦门宏发电声股份有限公司技术中心、路达（厦门）工业有限公司技术中心

3.中国标准创新贡献奖：厦门金鹭特种合金有限公司主导制定的GB/T 26725—2011《超细碳化钨粉》

4.两化融合管理体系贯标试点企业：厦门建霖工业有限公司

5.两化融合管理体系评定证书企业：厦门金龙联合汽车工业有限公司、厦门宏发电声股份有限公司、厦门蓝斯通信股份有限公司

6.中国工程机械年度产品TOP50榜：厦工智能挖掘机XG822i、厦工智能装载机XG958i

7.第四届“装备中国创新企业年会”技术创新奖：厦门金龙联合汽车工业有限公司

二、省级

1.福建省智能制造试点示范企业：厦门金龙联合汽车工业有限公司、厦门建霖工业有限公司

2.省级企业技术中心：厦门正新橡胶工业有限公司技术中心、厦门宏发开关设备有限公司技术中心、厦门金

全国电子信息百强企业——厦门宏发电声股份有限公司生产车间（林志杰 摄）

龙联合汽车工业有限公司技术中心、厦门建霖工业有限公司技术中心、厦门金龙汽车座椅有限公司技术中心

三、市级

1. 厦门百强企业：厦门正新橡胶工业有限公司（第 18 名）、厦门宏发电声股份有限公司（第 31 名）、路达（厦门）工业有限公司（第 44 名）、厦门 TDK 有限公司（第 62 名）、厦门建霖工业有限公司（第 69 名）

2.厦门十大好米：金香穗米业有限公司的厦鹭牌“鑫月芽”（第一名）、盛宝粮油供应有限公司“孟乍隆（清莱府茉莉香米）”

3. 厦门制造业十强：厦门正新橡胶工业有限公司

4.市级企业智能制造试点示范项目：厦门金龙汽车座椅有限公司（项目名称金龙座椅智能制造建设项目）；厦门金越电器有限公司（项目名称：继电器零部件智能生产车间建设）

5. 市级企业技术中心：厦门三圈电池有限公司技术中心、厦门虹鹭钨钼工业有限公司技术中心、厦门金鹭特种合金有限公司技术中心、厦门新凯复材科技有限公司技术中心、厦门正黎明冶金机械有限公司技术中心、来明工业（厦门）有限公司技术中心、厦门银华机械有限公司技术中心、厦门宏发电力电器有限公司技术中心、厦门安妮股份有限公司技术中心、厦门厦工重工有限公司技术中心、厦门夏纺纺织有限公司技术中心、厦门宏发汽车电子有限公司技术中心、厦门聚富塑胶制品有限公司技术中心、厦门金龙汽车空调有限公司技术中心、华懋（厦门）织造染整有限公司技术中心、厦门金龙汽车车身有限公司技术中心、厦门金越电器有限公司技术中心、来奇偏光科技（中国）股份有限公司技术中心、杏晖光学（厦门）有限公司技术中心、厦门民兴工业有限公司技术中心、朗美（厦门）健身器材有限公司技术中心、厦门海莱照明有限公司技术中心、奥新（厦门）轴承有限公司技术中心、厦门华锂能源有限公司技术中心、厦门厦杏摩托有限公司技术中心、厦门利德宝电子科技股份有限公司技术中心、华懋（厦门）新材料科技股份有限公司技术中心

6. 市重点工业企业：宝宸（厦门）光学科技有限公司、宸展光电（厦门）有限公司、厦门金龙联合汽车工业有限公司、厦门金龙汽车车身有限公司、厦门正新橡胶工业有限公司、厦门金鹭特种合金有限公司、厦门虹鹭钨钼工业有限公司、厦门宏发电声股份有限公司、厦门宏发电力电器有限公司、厦门宏发开关设备有限公司、厦门宏发汽车电子有限公司、厦门金越电器有限公司、路达（厦门）工业有限公司、明达玻璃（厦门）有限公司、厦门厦工机械股份有限公司、厦门厦工中铁重型机械有限公司、世纪宝姿服装（厦门）有限公司、厦门TDK有限公司、厦门建霖工业有限公司、厦门新长诚钢构浪板有限公司、厦门日上车轮集团股份有限公司、华懋（厦门）新材料科技股份有限公司、华懋（厦门）织造染整有限公司、春保森拉天时硬质合金（厦门）有限公司、春保森拉天时精密钨钢制品（厦门）有限公司、厦门海莱照明有限公司、厦门新凯复材科技有限公司、际诺思（厦门）轻工制品有限公司、厦门三圈电池有限公司、朗美（厦门）健身器材有限公司、厦门厦杏摩托有限公司、厦门智欣建材有限公司、厦门民兴工业有限公司、客贝利（厦门）休闲用品有限公司、信华科技（厦门）有限公司、厦门瑞新热电有限公司、厦门厦晖橡胶金属工业有限公司

四、区级

成长型企业：伟裕（厦门）电子有限公司、厦门美科安防科技有限公司、厦门飞鹏工业有限公司、厦门顺峰包装材料有限公司、华懋（厦门）新材料科技股份有限公司、厦门广开电子有限公司、厦门市兴亚泰塑料工业有限公司、厦门市金香穗米业有限公司、厦门宏发电力电器有限公司、厦门建霖工业有限公司、厦门锐腾电子科技有限公司、厦门宏发汽车电子有限公司、厦门捷视光学有限公司、厦门市得尔美卫浴有限公司、厦门万新橡胶有限公司、厦门顺亮电机有限公司、厦门和丰利干冰除污设备有限公司、厦门立林科技有限公司、厦门市业佳实业有限公司、厦门海莱照明有限公司、厦门市科力电子有限公司、厦门捷讯汽车零部件有限公司、厦门市纳丝达无纺布有限公司、迈贝特（厦门）新能源有限公司、厦门华锂能源股份有限公司、厦门迈斯磁电有限公司、厦门力巨自动化科技有限公司。

（林锦霞 林秀龄）

2016 年集美区主营业务收入 2000 万元以上工业企业主要经济指标表

表 14　　单位：万元

项　目	企业个数	工业总产值	工业销售产值	资产总计	营业收入	年均从业人员	工业增加值
总计	403	7856273	7336662	9454027	7411077	134970	2089644
有限责任公司	78	1044314	948492	1099422	928547	16673	284989
股份有限公司	8	558372	528828	1982919	601765	6588	84582
私营企业	139	1017167	967274	853248	954620	19394	235499
港澳台商投资企业	9393	1873072	1748555	2164820	1765375	40658	646420
外商投资企业	85	3363348	3143513	3353618	3160769	51657	838154

2016 年集美区主营业务收入 2000 万元以上工业企业主要经济指标表

表 15　　单位：万元

项　目	企业个数	工　业总产值	工业销售产值	资产总计	营业收入	年均从业人员	工　业增加值
总计	403	7856273	7336662	9454027	7411077	134970	2089644
农副食品加工业	7	148019	140156	52280	137962	707	20421
食品制造业	4	22888	22694	17966	22761	183	5091
酒、饮料和精制茶制造业	1	1593	1579	3232	2160	46	411
纺织业	21	461180	424356	444422	417437	6758	134478
纺织服装、服饰业	30	380245	286836	429052	297551	9217	137362
皮革、毛皮、羽毛及其制品和制鞋业	9	44932	41870	30256	40069	2472	14395
木材加工和木、竹、藤、棕、草制品业	1	2159	2159	2784	2321	65	473
家具制造业	7	56870	58609	81190	58556	1538	19312
造纸和纸制品业	10	53548	49618	36938	49603	976	10881
印刷和记录媒介复制业	8	50389	55117	335964	56330	1280	13337
文教、工美、体育和娱乐用品制造业	15	282478	279535	259011	271165	10616	99103
化学原料和化学制品制造业	11	102889	107321	115674	107175	1689	23734
医药制造业	1	7295	7242	12149	7251	132	2244
化学纤维制造业	1	3200	2592	7000	2952	125	625
橡胶和塑料制品业	40	864393	864695	1138193	875587	15635	278271
非金属矿物制品业	5	115564	115564	68188	113709	947	15920
黑色金属冶炼和压延加工业	5	35804	35789	31840	35187	270	6756
有色金属冶炼和压延加工业	9	519496	423162	479009	384077	5425	134143
金属制品业	45	759447	695787	782050	724483	10934	172309
通用设备制造业	18	198915	180819	273599	170575	3348	52155
专用设备制造业	26	389873	319522	1238290	349476	6313	65842
汽车制造业	30	1113177	1099486	1522105	1188388	13695	225784
铁路、船舶、航空航天和其他运输设备制造业	7	93435	92698	65592	92743	1395	17882
电气机械和器材制造业	39	713984	666406	522436	671150	11234	208807
计算机、通信和其他电子设备制造业	28	1177468	1129876	1197171	1106383	23648	352633
仪器仪表制造业	11	139641	122321	119664	122917	4039	36162
其他制造业	11	60891	56995	95272	56155	1946	17994
电力、热力生产和供应业	2	49227	49227	60641	42683	282	22455
燃气生产和供应业	1	4273	4273	32061	4273	55	663

2016 年集美区年主营业务收入 2000 万元以上工业企业产品产量表

表 16

名　称	计量单位	2015 年	2016 年	增长（%）
饲料	吨	90469.62	65580.78	-27.50
鲜、冷藏肉	吨	19189.00	20707.00	-7.90
精制茶	吨	993.00	760.00	-23.50
纱	吨	13877.00	13434.00	-3.19
布	万米	10950.77	12941.00	18.17
印染布	万米	4190.70	3773.54	-9.95
服装	万件	391.36	348.47	-10.96
纸制品	吨	—	11869.32	—
硫酸（折 100%）	吨	180700.00	154950.00	-14.25
涂料	吨	1902.00	2233.00	17.40
橡胶轮胎外胎	条	14375103.00	15163313	5.48
塑料制品	吨	25824.20	24716.00	-4.29
商品混凝土	立方米	373586.70	373375.57	-0.06
钢结构	吨	10870.50	4943.00	-54.53
滚动轴承	万套	836.00	890.00	6.46
建筑工程用机械	台	5851.00	6054.00	3.47
模具	套	521.00	475.00	-8.83
医疗仪器设备及器械	台	—	307777.00	—
客车	辆	32364.00	30499.00	-5.76
改装汽车	辆	39.00	363.00	830.77
摩托车整车	辆	110360.00	109518.00	-0.76
锂电子电池	只（自然只）	3226500	500971.00	-84.47
原电池及原电池组（折 R20 标准只）	万只	66077.20	57685.76	-12.70
电光源	万只	8973.00	6530.00	-27.23
光学仪器	台（个）	89.88	87.47	-2.68
眼镜成镜	副	6004099.00	6063315.00	0.99

建筑业

行业管理

【概况】2016 年，集美区建设行政主管部门贯彻落实《厦门市人民政府关于促进建筑业加快发展的若干意见》《厦门市建设局关于贯彻落实促进建筑业加快发展若干意见的通知》等文件精神，引导和支持建筑企业总部发展，提升辖区的建筑企业核心竞争力。至年底，在集美区注册的施工总承包企业 39 家（其中一级企业 8 家、二级 10 家、三级 21 家）、专业承包企业 27 家、施工劳务企业 1 家。同时，加强招投标、施工许可、竣工验收行政审批服务，落实安全生产“党政同责、一岗双责”制度，加强事中事后监管，落实各方主体责任，确保工程质量安全，促进建筑业健康协调可持续发展，为创建全国安全发展示范城市、实施“人文集美”战略营造安全的环境。

【审批服务】2016 年，区建设行政主管部门贯彻省、市、区审批改革精神，提速提效、优化服务。按照市、区审改办要求，承接市市政园林局下放的“瓶装燃气供应许可”审批服务事项，做好前置审批、中介服务的清理工作。经清理，共保留前置审批事项 17 项、调整 7 项（不再保留 2 项，部门内部调阅 5 项），保留中介服务 13 项、调整 1 项（不再保留）。同时，开展证明和申报材料的清理工作，对相关事项作进行梳理，共取消证照（卡）、证明和申报材料 9 项，并对外公布。全面推行网上行政审批服务，23 项行政审批服务事项中，省网上办事大厅“三星级”及以上事项为 100%，其中“四星级”项目 15 个、“五星级”项目 1 个，“四星级”及以上项目占 69%。从 4 月下旬开始，建设系统的“建筑工程许可证核发”“建设工程质量安全监督申报”进入多规合一平台受理。12 月，区“多规合一”建设项目审批信息管理系统开始受理建设项目联合竣工验收，并办结“厦门十中图书综合楼”项目的联合竣工验收。全年共受理审批服务事项 446 件，办结 438 件，其中行政许可256件、公共服务事项182件；共受理办结48个建设项目的施工许可阶段并联审批工作，所有事项均在承诺期限内办结。

【建筑行政管理】2016年，区建设行政主管部门认真办理施工图审查备案、建筑工程施工许可证、工程竣工验收备案、墙改基金及工资保证金等行政审批工作。全年共办理施工许可74件，总建筑面积221万平方米，总造价50.1亿元。核发建设工程竣工备案证明书43份，面积237.3万平方米，合计造价43.5亿元。办理返还新型墙体材料专项基金初审审批56件，合计2542万元。办理建设工程材料备案9件。

【招标投标管理】2016年，区建设行政主管部门强化“马上就办、办就办好”的服务意识，做到流程规范，环节简化，最大程度地方便服务对象。全年共办理进场招投标中标备案项目210项，其中公开招标项目71项，区内公开招标2项，邀请招标137项；预算总价24.45亿元，招标控制价21.97亿元，中标总价21.32亿元，降低造价3.13亿元，降低造价率12.80%，中标工期比定额工期缩短约10%。2016年5月始，园林绿化工程招标启用电子招投标。至12月底，通过电子平台进行电子招投标的项目42项，交易金额突破17.85亿元。同时，结合国家九部委《关于废止和修改部分招标投标规章和规范性文件的决定》和厦门市建设与管理局《关于公布继续有效和废止及失效的规范性文件目录的通知》文件精神，拟订《政府投融资项目标准规模以下招投标管理有关意见》，经2016年5月区政府常务会议通过。

【质量监督审批】2016年，集美区监管在建工程项目144个，总造价108.82亿元，建筑面积587.55万平方米；共受理建设工程质量监督申报项目76个、单位工程204个，工程造价49.47亿元；建筑面积218.11万平方米。受理开工备案70份、建筑起重机械使用登记备案144份。共竣工项目65个、单位工程142个，竣工面积205.56万平方米，工程造价50.15亿元，出具监督报告65份。是年，参加省级建筑施工安全生产标准化考评项目5个、市级考评项目50个。全区区管建筑工程未发生一般及以上安全生产责任事故，安全生产形势总体稳定。

【行政处罚管理】2016年，区建设行政主管部门充分依托福建省建设工程质量安全动态监管系统，运用信用激励和约束手段，加大对诚信主体激励和对严重失信主体惩戒力度，促进建筑市场主体依法诚信经营，维护市场正常秩序，营造诚信社会环境。全年对工程施工中违法违规行为实施行政处罚2起，处罚金额7万元；对53家单位进行约谈；记入不良行为记录28次，其中P4档2次、P5档12次、P6档15次。建设工程质量安全动态管理，累计对186人次项目经理和183人次总监理工程师违规行为计分，共计4110.32分。发出隐患整改通知单446份，其中局部停工整改5份、限期整改441份。（张永桥）

施工管理

【双随机检查】2016年，区建设行政主管部门以强化建设各方主体责任为重点，开展每月质量安全、文明施工巡查及材料抽检工作。全年共巡查工程项目101个，均为房屋建筑工程。通过“双随机一公开”监管模式，抽查参建各方责任主体质量安全行为、工程实体质量与安全、文明施工状况，督促各责任主体执行工程建设法律、法规和强制性标准，开展土方车运输整治及加强建设工程公示标牌管理的专项行动，建设工程质量安全总体处于受控状态。通过巡查，累计发出责令改正（整改）通知单131份、局部停工通知单5份。共抽检钢筋原材48组、机械接头17组、钢筋电渣压力焊接头20组、砌体砂浆用砂12组、袋装水泥1组。所有抽检材料均送检测机构检测，其中1组机械接头抗拉强度不符合规范要求，进行双倍复检。对33家相关责任主体单位给予记入不良行为记录，约谈53家相关责任主体单位企业负责人和项目负责人，对186人次项目经理和183人次总监理工程师违规行为计分4110.32分。各项目部均按照相关规范要求对隐患问题进行落实整改，整改率100%。

【质量监督检测】2016年，区建设行政主管部门要求所有在建工程申报基础和主体结构验收时，提供有资质检测机构对砼强度回弹检测和钢筋砼保护层检测报告。委托建筑施工起重机械检测单位，对区管在建工程19台施工升降机、18台塔式起重机进行检测，总体情况良好。对起重设备检测整机不合格的1台施工电梯下发责令改正通知单，责令暂停使用、立即整改，经原检测机构重新检测合格后方可继续使用。

【渣土与扬尘治理】2016年，区建设行政主管部门抓渣土整治和扬尘治理，抑制建设工程扬尘污染。新开工工程全部设置标准围挡、洗车台及车辆冲洗设备。要求所有区管项目按要求设置标准围挡，并在主要道路沿线、大门两侧设置不少于30%的公益广告；房建施工现场面积每5000平方米、市政施工每千米工作段至少配备一台移动式喷雾机；房建施工现场要在外脚手架设置喷淋系统，并保证能在短时间内形成连续水幕覆盖外脚手架安全网，以发挥防治扬尘污染、清洁施工环境及预防火灾的功能。区管78个在建基础、主体、装饰装修工程，共配置喷雾水炮138台、围挡喷雾系统78道，151个单位工程设置外架喷淋系统219道。共组织603组1514人次对603个次在建项目进行检查，发现问题903个，发出责令改正通知单183份，均

9月1日，厦门市首台泥浆分离搅拌机在西亭安置房建筑工地投入使用。（建安集团供图）

已整改到位。对12个存在较大问题的责任主体单位进行约谈，对8家相关责任主体单位记入不良行为档案。是年，共有50个项目申报市级标准化施工优良项目，5个项目申报省级标准化施工优良项目。在全年历次市级市容考评中，区管参评工程13个，评为优秀4个、良好9个。（张永桥）

质量安全教育

【安全教育】2016年，区建设行政主管部门加强企业质量意识和安全文化建设，抓好施工企业工程质量和安全生产制度的建立和落实、质量和安全生产知识的教育和普及，提高施工企业的安全意识。6月16日，开展安全生产宣传咨询日活动，现场设立宣传咨询台，举办现场安全知识咨询、安全知识图片展览、谜语竞猜等活动，发放安全文化用品与资料1000余份。6月17日，在IOI棕榈城D1地块基坑支护及桩基工程项目部，举办现场安全消防文明施工管理讲座及“双随机”工作宣贯会，全区在建工地专职安全员、安全监理员、安全资料员130余人到场听讲。6月23日，在集美（杏林）台商投资区服务中心9楼会议室，举办工伤保险政策法规及理赔知识培训，邀请专家就工伤保险政策法规、工伤等级认定及保险理赔知识等进行讲解，全区在建工地保险理赔专员60人到场听讲。

【建设工地现场观摩】2016年，区建设行政主管部门采取实地观摩、以点带面方式，推广先进施工单位的经验，推进全区安全文明施工工作。4月28日，在国贸天悦4号地块举办主体工程项目质量安全文明施工标准化观摩会，辖区100多个建设、施工、监理单位500余人参会。该项目建设工地100%围挡，工地砂土100%覆盖，工地路面100%硬化，出工地车辆100%冲洗车轮，暂未施工地块100%绿化或覆盖，全方位、立体式防尘降尘措施给参观者留下深刻印象。9月1日，区建设局、质监站在集美文教区西亭安置房A1-3地块工地召开现场会，组织建设单位观摩全市建筑工地首台泥浆分离机使用，推广泥浆处理新设备。该泥浆分离机由厦门市建安集团有限公司投资60余万元改良而成。桩基阶段产生的泥浆经过分离机的化学、物理反应处理，形成块状的泥饼和中性水，施工现场环境干净整洁，泥浆无须外运不产生污染，泥饼可用作建筑回填土、绿化土、黏土砖原料，中性水可用于园林灌溉、施工用水或直排。

【防台风应急救援预案演练】2016年6月28日，集美区防台风应急救援预案演练活动在水晶湖郡C区北组团工程（二标段）项目部举行。在后勤保障组、安全秩序组、疏散搜救组、医疗救护组的全力配合下，项目部全体人员按照预案进行安全转移演练。此次活动由集美区建设局主办，厦门特工开发有限公司、厦门万特福房地产有限公司、厦门长实建设有限公司协办，福建省兴岩建设集团有限公司、浙江八达建设集团有限公司承办。（张永桥）

2016年集美区总承包和专业承包建筑业企业生产情况表

表17

项目	单位	数量	项目	单位	数量
企业个数	个	49	房屋建筑竣工面积	平方米	2016979
建筑业总产值	千元	1844170	其中：住宅房屋	平方米	828481
房屋建筑施工面积	平方米	5796216	直接从事生产经营活动的平均人数	人	51904
其中本年新开工面积	平方米	1825919	其中：工程技术人员	人	4919

建设与环保

城乡建设

城乡规划

【概况】2016年，集美规划分局以“多规合一”工作为主线，统筹全区规划编制工作，推进审批制度改革，健全“双随机”检查机制，致力建设诚信体制，营造一流营商环境。全年策划生成项目156个，组织规划编制项目48个。

【规划审批】2016年，集美规划分局继续推行“马上就办”“一审一核”，实现审批办件“日清日结”。全年办理各类审批433件。其中，建设项目选址意见书27件，建设用地规划许可证41件，建设工程规划许可证56件，市政工程规划许可证23件，修建性详细规划10件，建设工程规划许可变更58件，建设工程单体放样验线62件，正负零验线备案62件，建设工程竣工规划条件核实69件，规划意见函25份。处理市、区两级政府来文707件，群众来信来访584件，办理省、市人大建议、政协提案12件。

【规划编制】2016年，集美规划分局发挥规划部门先导统筹作用，改变规划理念，统筹全区规划编制工作。开展“空间一张蓝图”梳理工作，整合全区已编制的各类专项规划，并在空间上落实“三公”设施用地，增强规划的可实施性，有效指导项目建设。结合福厦高铁在厦门北站设站、综合管廊和海绵城市建设，开展“大交通”“大设施”规划，加强城市设计工作，不断完善规划的系统性。推进实施人文集美战略规划，在规划编制过程中主动带领规划编制单位征求相关部门、镇街的意见，加强规划的可操作性和可实施性，为加快人文集美建设提供规划服务保障。联合区相关职能部门共同组织编制各类规划48项，包括《厦门北站综合交通枢纽规划》《厦门市软件园三期海绵城市专项规划》《厦门市软件园三期综合管廊专项规划》《集美区养老设施布局专项规划》《集美区行政区划调整专项规划》《近期社区卫生服务中心用地选址规划》和《集美区亭北学校总平咨询》等。按照中央城市工作会议精神，开展马銮湾起步区、集美新城医院、后溪文体中心、集美轨道交通棕榈城站、杏林都市更新、集美龙舟池文化旅游广场周边建设整合策划和提升规划等重要节点的城市设计和概念性规划方案征集工作。配合宁宝公园、杏东公园、集美大学轮机学院、杏滨中心小学等老城区公园、学校提升改建，编制地下空间利用规划，缓解集美、杏林老城区停车难问题。

【规划策划】2016年，集美规划分局完善“多规合一”工作制度，发挥“多规合一”平台作用，主动策划生成并推动项目建设，实现所有项目生成管理的全覆盖。全年牵头策划划拨用地项目、公开出让项目190个，提交区多规合一工作领导小组办公室审议。其中，推送上平台征求相关部门意见并生成项目156个，推动了项目建设前期工作。

【规划招商】2016年，集美规划分局配合市土地开发总公司、区国有资产投资有限公司，做好土地农转用、收储工作；配合区招商局，做好项目招商规划对接工作，详尽提供拟招拍挂地块用地边界和周边规划建设情况，为开发商提供前期规划咨询策划服务。持续推进大型项目的策划和招商，促进重大片区开发建设和功能提升。编制集美灌口J2016P01地块、电子城招商项目、双桥二期等项目招拍挂图则，并成功出让。

【规划服务】2016年，集美规划分局按照“放、管、服”的工作要求，落实《关于线性交通、市政工程修建性详细规划编制工作负面清单及简化审查的通知》《关于公布建筑景观艺术评审项目分类管理的负面清单的通知》《关于在工程规划许可阶段对日照分析及三维建模实行负面清单管理的通知》等规定，推行容缺受理和重点项目绿色通道；严格审批流程的标准化、规范化和程序性，杜绝审批慢、审批难、环节多等“中梗阻”现象，做到一审一核，简政放权，营造一流营商环境。

【规划执法】2016年，集美规划分局落实放管结合、优化服务，推进行政审批从“严进、松管、轻罚”向“宽进、严管、重罚”转变，建立诚信体系，加强建筑工程规划实施的事中事后监管，确保城乡规划的有效实施。依据2016年5月出台的《厦门市建筑工程规划实施过程事中事后监管办法》，建立建设项目市场主体目录、行政执法人员目录和“双随机”检查机制，对施工过程进行检查监管，以保障规划的实施。实行《厦门市建筑市场“黑

埭溪桥村污水处理站（林志杰 摄）

名单”管理办法》，将建设单位（个人）在建设工程中存在严重违反城市规划法律法规的列入“黑名单”管理，促使项目依法依规组织实施。配合区执法局、国土分局等相关单位，开展违法建设查处和图斑整治工作。（吴川英）

城市建设与管理

【概况】2016 年，集美区坚持创新、协调、绿色、开放、共享的发展理念，实施生活垃圾、污水综合治理，累计完成集中截污纳管建设的村庄 56 个、分散式管网建设的村庄 62 个；新建公园 5 个，新增园林绿地 102 公顷；新建环保钢构公厕 4 座，更换果皮箱 810 个；新增垃圾分类试点小区 2 个，生活垃圾分类改革试点单位增至 12 个；首条“桶车对接”生活垃圾直运线路运行，50 余家餐饮单位餐厨垃圾实行集中收运，62 个行政村（包括村改居社区）实现上门收集垃圾全覆盖。8 月，集美区村庄生活污水处理项目获国家 2016 年“中国人居环境范例奖”。

【市政园林建设】2016 年，集美区坚持以人为本，按照“绿化、彩化、花化、文化、变化”的理念，实施城市园林绿化建设，优化人居环境。灌口东部新区公园、中亚城社区公园、锦鹤社区公园、锦城国际社区公园、聚镇社区公园竣工验收，天马山郊野公园、集美北部中央公园建设加快推进。至年底，新增垂直绿化 12 处、林荫道 8 条、绿道 26 千米。新增园林绿地 102 公顷，其中公园绿地 36 公顷、道路绿地 43 公顷、通道绿化 18 公顷、单位居住绿地 5 公顷。

【环卫设施建设】2016 年，集美区继续推进基础设施建设，加快垃圾转运车辆升级改造，强化环卫管理，健全长效的环卫管理机制，提高环境卫生管理水平。年初策划项目 50 个，其中新建清洁楼 6 座、环保公厕 4 座，实施农村公厕改造40 个。6 月 1 日起，软件园三期公交停车场、白石 BRT 站点、杏林湾路灵玲马戏城公交站旁、杏林湾行政中心桥头旁 4 座环保钢构公厕投入使用。12 月，在同集南路长途汽车站和杏林湾路交警大队围墙边建设钢结构公厕 2 座，计划春运前启用。至年底，滨水小区清洁楼正在招投标中，天马华侨、杏林村 2 座清洁楼正在进行方案设计，杏林万科、西滨、下蔡清洁楼已报“多规”平台审批。9 月“莫兰蒂”风灾后，对受损的清洁楼、公厕进行修复，修复加固果皮箱 1950 次，更换 810 个。

【污水管网建设】2016 年，集美区加快污水管网、污水站和城乡污水控源截污工程建设，先后完成三南路、后溪工业组团污水处理站建设及东安路、集源路西侧管网改造等工程。实施农村污水治理全覆盖，全区共有村庄 222 个，除去正在或即将拆迁的 14 个，剩余 208 个村庄中，做集中截污纳管的 139 个，实施分散式污水治理的 69 个（灌口镇 48 个、后溪镇 21 个）。至年底，进行截污纳管的 139 个村庄（142 个项目），基本完工 56 个，正在施工 62 个，准备进场施工 14 个，正在招标阶段的 10 个；69 个分散式治理村庄（55 个处理设施），已完成管网建设 62 个（处理设施 48 个），在建 7 个（处理设施 7 个）。建成后，新增村内管网 1190 千米，新增日处理污水量 8.3 万吨，惠及人口约 59 万人。集美区村庄生活污水处理项目获国家“中国人居环境范例奖”。

【夜景工程建设】2016年 4 月起，集美区开展集美新城夜景照明工程建设百日行动，新建中科院、创新创业大厦、滨水学校体育馆、厦门高速交警支队大楼、后溪镇政府大楼五个夜景照明工程。配置线条灯（1 米）18 套，LED 投光灯 220 套，LED 泛光灯 70 套，夜景照明配电箱 9 个，洗墙灯（1 米）2660 套，LED 十字壁灯 56 套，以及相应的配管配线。

【美丽乡村建设】2016 年，集美区实施灌口镇东辉村坑山社、东辉村崎圳社，后溪镇新村社区官地社、东宅村白石社，侨英街道叶厝社区祖厝边社，杏滨街道西滨社区山后张社 10 个美丽乡村建设项目，开展村庄房屋立面与房前屋后改造、屋顶绿化等工作，提升村容村貌，改善人居环境，打造特色鲜明、生态优良、创业宜居的美丽村庄。根据辖区内村庄特点以及美丽乡村建设后续管理存在的薄弱环节，结合“共同缔造”精神及城市精细化管理模式，在全市率先出台《集美区美丽乡村后续管理指导意见》，对村庄污水管网、村庄分散式污水处理设施、村庄污水泵站、村庄绿化、村庄道路、村庄雨水管沟的管理单位、日常管理的费用作出具体规定，推进美丽乡村建设成果持续化，将精细化管理推向乡村“最后一公里”。是年，张庄、田头、城内美丽乡村建设获省、市通报表扬。

【临时占道管理】2016年，集美区修订《关于进一步做好市政维护工程及临时占用（挖掘）道路、绿化施工围挡、防尘降尘措施的实施意见》，严格执行临时挖掘（占用）城市道路及园林绿化的审批手续，明确各类施工规范，对施工现场的安全围挡进行规范指导，提高文明施工水平。全年办理挖掘城市道路审批132件、占用城市道路绿地与移伐城市树木审批10件。同时，加强对市政园林设施的日常巡查，制止私自挖掘道路、无施工围挡等违规行为374次，发放整改通知书154份。

【上门收集垃圾】2016年，集美区在继续做好45个已实行生活垃圾上门收集工作的基础上，以灌口镇、后溪镇为重点，推进剩余的17个行政村生活垃圾上门收集工作。投入资金177.2万元，新购置垃圾桶5400个、垃圾运输车3辆，用于农村垃圾收集处理工作。是年6月，辖区所属6个镇街62个行政村（包括村改居社区）全部实行上门收集垃圾，农村环境卫生状况得到改善。

【生活垃圾分类】2016年，集美区制订《生活垃圾分类和减量工作方案》，新增国建东海岸二期园区、海风社区两个垃圾分类试点小区，采购垃圾分类桶180个、分类三轮车5辆及相关分类设备，发放垃圾分类宣传单2000份。11月30日，在集美泉水湾一期园区开展垃圾分类和垃圾处理费征收宣传活动，就如何进行垃圾分类、分类后如何处理以及垃圾处理费缴交等问题进行详细讲解，现场发放垃圾分类及垃圾处理费征收宣传手册、环保袋各400份。至年底，全区生活垃圾分类改革试点单位增至12个。

【餐厨垃圾收运】2016年3月10日，集美区本着机关、学校、企事业单位食堂先试行实施的原则，正式启动餐厨垃圾转运工作。至年底，欣绿尔康餐具，集美大学18间餐厅，以及集美区政府、机关事务管理局（杏林）、杏林中心幼儿园、集美中心幼儿园、厦门（杏林）舒心餐饮有限公司、厦门大学附属第一医院杏林分院等40余家餐饮单位实现餐厨垃圾集中收运。餐厨垃圾量从开始时的每日1.7吨提高到20吨，餐厨垃圾收运合同签订率及餐厨垃圾收集覆盖率达到65%。

【农村生活垃圾治理】2016年5月28日至6月27日，集美区在上年农村生活垃圾集中整治成果的基础上，开展为期一个月的农村生活垃圾集中整治活动。组织干部职工清除村居、道路和沟塘等地的各类积存垃圾，出动6500人次、垃圾运输车300车次，清除卫生死角3000余处、各类垃圾2000余吨，取得阶段性成效。12月22日，集美区通过厦门市家园清洁行动协调领导小组农村生活垃圾治理的中期检查。

【垃圾处理费征收管理】2016年4月，集美区完成辖区内生活垃圾处理费征收对象数据的采集和分类处理工作。6月，各镇街对本辖区征收对象进行缴费信息核对和补充。9月1日起，将纳入供水管网供用水服务的生活垃圾处理费征收对象全部委托供水单位代征。至年底，全区共征收垃圾处理费712万元。

【首条生活垃圾直运线路运行】2016年，集美区试行“桶车对接”垃圾清运模式，避免垃圾“二次落地”。5月3日，首条生活垃圾直运线路开始运行。试点单位为集美大学师范学院、轮机学院、水产学院、财经学院、航海学院、机械学院，每天垃圾量约500袋，重量5.4吨，垃圾收集时间每日2次。至年底，第二条、第三条生活垃圾直运线路工作列入规划。

【物业管理】2016年，集美区制订《集美区老旧小区改造提升工作实施方案》，决定利用三年时间，基本完成全区符合改造条件的8个老旧小区改造提升工作。是年，首批工商银行宿舍、日东新村生活区、荣坪小区和地震中心住宅小区1、2号楼4个老旧小区改造提升项目正式启动，全部完成方案设计及专家论证等工作。全年物业合同备案39件，办理既有住宅增设电梯施工许可6件。“莫兰蒂”风灾后，区建设主管部门联系辖区118家物业企业，了解各小区绿化设施、地下车库等受灾情况，帮助物业企业联系水泵等救灾工具，清除积水点排水；协调区爱卫办，提供卫生防疫消杀药品，分批次发往各小区物业。同时，派员深入社区，宣传灾后防疫注意事项，开展灾后自救工作，并为小区提供13个绿化垃圾及大件废弃物临时堆放点。至9月底，共帮助物业企业组建消杀队伍34支（114人），累计消杀面积259.79万平方米。（张永桥）

2016 年集美区城市基础设施情况表

表 18

项　目	单　位	数　据	项　目	单　位	数　据
道路：城市道路长度	千米	367	环卫机械总数	台	237
城市道路总面积	万平方米	1285	垃圾车	台	103
建成区面积	平方千米	73.4	年末环卫职工人数	人	395
园林：公园个数	个	30	供电：全年用电总量	万千瓦小时	400257
公园面积	公顷	936	工业用电	万千瓦小时	250127
建成区绿化覆盖率	%	43	居民生活用电	万千瓦小时	102470
环保：城市污水排放量	万吨	5366.03	平均日生活用电量	万千瓦小时	281
城市污水处理量	万吨	5184.56	供水：供水企业	个	3
污水处理率	%	96.61	综合生产能力	万吨／日	32.5
环卫：生活垃圾清运量	万吨	20	自来水管道长度	千米	545
公厕数量	座	192	供水总量	万吨	7767.51
售水总量	万吨	7235.46	家庭用量	万吨	2693.68
生产用水量	万吨	2286.02	平均日供水量	万吨	21.22
生活用水量	万吨	3887.79	—	—	—

说明：公厕数量包括农村。

城市管理行政执法

【概况】2016 年，集美区城市管理行政执法局开展“两违”综合治理和市容整治活动，共查处拆除违建 440 起，查处并纠正各类市容违章行为 5.35 万起，受理群众来电投诉件、“110”转办件、督办信访件等各类投诉件 23043 件，办结率 100%。区执法局获评“2011—2015 年全市法制宣传教育先进单位”。

【“两违”综合治理】2016 年，区执法局调整区“两违”综合治理专项行动人员，利用数字城管系统量化考评各查违单位、查违人员的工作成绩；成立区执法局督查队，每周对重点违建案件进行明察暗访，对重点难点案件挂牌督办。是年，省、市督办、转办案件 172 件，均进行查处并反馈。此外，利用各种媒体宣传“两违”危害性、综合治理的重要性和必要性、专项行动开展情况及相关法律法规等。坚持每十天在新闻媒体集中公布一批“四重点、五部位、六先拆”对象，公开曝光典型违法建设案例，并密切关注网络舆情动态。对于不当言论、有害信息及时妥善处置，营造“两违”综合治理的良好舆论氛围及高压打击态势。全年开展城管执法宣传咨询服务活动 9 场（次），发布执法信息 756 条，发放宣传材料 1.2 万余份，在国家、省、市、区电视、报纸、广播、网络等媒体发表稿件 72 篇。全年共查处拆除违建 440 起，占地面积 1020.57 万平方米，建筑面积 238.23 万平方米，拆除面积 237.58 万平方米（含海域清淤退养面积），腾出土地面积 1019.85 万平方米（含海域清淤退养面积），完成市下达 70 万平方米年度拆除计划的 339%。10 月 27 日，集美街道协调区执法局招标的拆除公司，拆除集美嘉庚路 119 号违建建筑物 4914.99 平方米。

【市容市貌整治】2016 年，区执法局积极探索市容管理新方式。实行各中队

11 月 1 日，区行政执法局联合有关部门拆除海翔大道后浦立交附近的违建铁皮房。（冯立东 摄）

市容管理组主抓、各分组配合，细化任务，定人定岗，疏堵结合，错峰时间管理和夜间、周末专项执法结合的方式，消除管理空白期，逐步建立完善的市容管理长效机制。对多处占道经营顽疾点，按照“重要路段严禁、次要路段严控、一般路段严管”的要求，多次与镇街等部门召开协调会，采取镇街牵头组织，综治、城管办、交警、执法等单位联合的执法行动。在摸清现场情况后，展开宣传攻势，适时实施强力突击、强制治理，随后实行定人定岗，长期专守，先后成功治理违章占道经营重灾区多处。全年查处并纠正各类市容违章行为5.35万起。其中，纠正违规占道行为26241起，“三乱”及卫生责任制不落实行为8881起，不文明施工等其他违反市容环境卫生管理行为12181起，违反环境保护管理等行为2412起，非机动车侵占道路行为3376起，违规上路土方车437辆。

【环境保护管理】 2016年，区执法局按照集美区开展环境质量提升行动、清洁空气行动计划，开展扬尘污染、垃圾焚烧、餐饮油烟、生猪养殖、噪音污染整治和饮用水源保护行动，共查处乱倾倒垃圾、污水、渣土、废弃物426起，车辆泄漏、遗撒污染327起，施工噪声、粉尘污染966起，社会生活噪声、振动污染612起，油烟排放114起，焚烧废弃物147起，受理环保类投诉5466件。

【海岸沿线整治】 2016年，区执法局在海洋执法局、杏林街道、杏滨街道等单位配合下，对集美区海岸线沿岸砂场、餐饮船及大排档进行整治，共强制拆除餐饮船10艘、废弃船只3艘、大排档9个、砂场5处、出租房屋1处，腾出面积25384.26平方米，积存多年的脏乱差、食品安全和噪音扰民问题得到解决。

【参加灾后恢复】 2016年9月第14号台风来临前，区执法局及时启动应急预案，参与组织人员撤离、排险除患等准备工作。9月15—19日，全局，累计出动2500余人次、车辆1000余次，协助各镇（街）及相关单位清理30余条主次干道障碍和21所幼儿园、中小学校及大专院校门口道路与周边环境。

（高莹 刘文志）

位于北站片区的厦门市车驾管办证服务中心大楼（颜志伟 摄）

集美新城建设

【概况】 2016年，集美新城主要建设项目164个，实现固定资产投资202亿元，比2015年增长4.6%。至年底，杏林湾湿地一期、白石片区市政道路三期、滨水小区东侧公交首末站、罗普特（厦门）科技园等项目开建，厦门市环境监测综合大楼、嘉庚华谊影院、厦门车驾管办证服务中心等项目竣工或启用，新兴产业快速发展，配套设施日益完善，环境形象逐步提升，人气商气不断集聚。

【开建项目】 2016年，集美新城主要开工项目5个。①杏林湾湿地一期工程为海绵城市建设代表项目，位于后溪水闸口至杏林湾桥以北水域，面积约40公顷。通过人工复合湿地净化技术，对上游来水进行调蓄、过滤、净化，争取净化后出水水质比进口水质改善20%以上，并增植水生植物种类8种以上，恢复生物多样性。②白石片区市政道路三期工程，新建道路11条：支一路长870米，支二路520米，文竹路851米，文荷路851米，文琴路833米，支三路347米，博达路701米，博礼路701米，支五路118.5米，支六路103米，博闻路701米，全长6596.5米。③滨水小区东侧公交首末站工程，位于集美大道滨水小区东侧，总用地面积1.73万平方米，总建筑面积2.77万平方米，可停放公交车21辆、社会车辆498辆。④公共租赁房园博公寓、珩琦公寓：园博公寓，总用地面积3.17万平方米，总建筑面积18.58万平方米，主要建设内容为公共租赁房、商业、公建配套用房（含配套幼儿园）；珩琦公寓，总用地面积2.38万平方米，总建筑面积13.64万平方米，主要建设内容为公租房住宅及商业配套用房。⑤罗普特（厦门）科技园，位于软件园三期，总用地面积2.67万平方米，总建筑面积8.27万平方米，总投资9.25亿元。

【竣工项目】 2016年，集美新城主要竣工及开业项目5个。①厦门市环境监测综合大楼及三局驻集美区分局综合楼工程，位于集美大道与海翔大道交叉口西北侧，总用地面积4.74万平方米，总建筑面积12.48万平方米，其中地下室2.73万平方米，地上4栋4～23层建筑，建筑面积9.75万平方米。②海峡通信枢纽中心一期工程，总用地面积4.35万平方米，总建筑面积3.8万平方米，主要建筑为海西通信枢纽楼、省信息化中心、能源中心。③嘉庚华谊影院，位于集美新城嘉庚艺术中心，毗邻厦门嘉庚剧院，占地约1万平方米，包括时尚观影区、轻奢休闲区和高端商务区，并配有福建省内首家杜比剧院。④厦门车驾管办证服务中心，位于厦门北站片区汽车物流园内，总用地面积约9万平方米，总建筑面积14.52万平方米。其中，地上建筑面积5.5万平方米，主要建筑有车驾管及环保等业务办理场所、科目一考场、车辆查验车间、车辆检测线及汽车文化中心。⑤7月，厦门灵玲国际马戏城重装竣工，灵玲国际大马戏、灵玲动物王国、灵玲亲子游乐世界正式开放。

【演艺区】2016年，集美新城文化演艺区人气不断集聚。厦门嘉庚剧院先后举行亚洲创业大赛、大型诗文诵读会“嘉庚颂”、21世纪海上丝绸之路厦门艺术周开幕式、咪咕动漫次元盛典、集美·阿尔勒国际摄影季开幕式等活动，全年演出125场，接待约10万人次。诚毅科技探索中心先后举办厦门市青少年电脑机器人竞赛、厦门青少年航天梦主题活动、集美中外学生交流及开幕式、集美国际研学旅行联盟成立发布会、海峡两岸（厦门）青少年航天梦创意绘画大赛颁奖仪式、中国航天60周年成就主题展开幕式等活动，接待中国当红偶像团体TFBOYS新剧《超少年密码FindingSoul》、超人气真人秀节目《奔跑吧，兄弟》等剧组现场拍摄取景，全年接待36万人次，获“中国航天科普体验基地”称号。厦门老院子景区被列为厦门市重大项目和福建省文化产业十大重点项目，神游华夏大剧院全年演出360度大型室内山水实景演艺《闽南传奇》818场，老院子民俗文化风情园接待游客289万人次。厦门灵玲国际马戏城7月重装开业，半年间表演马戏183场，接待46万人次。市民广场先后举行咪咕动漫RUN厦门站首跑、“新城嘉年华——正版小黄人·大眼萌动杏林湾”启动仪式、“人文集美动起来”杏林湾半程马拉松、“咪咕善跑青柠之夏集美泡泡之旅”大型欢乐跑、AEMI世界气球艺术节、“城市乐动日”等活动，吸引近10万人参与。市民广场城市展览馆、三影堂（厦门）摄影艺术中心举办第二届集美·阿尔勒国际摄影季，展出艺术作品2000件，吸引5万多国内外摄影爱好者到场参观。

【产业区】2016年，厦门软件园三期园区20幢研发楼、公寓楼全面封顶，D03号公寓楼542套单身公寓交付使用。以园区为首末站的917路、912路、955路、490路、491路、492路、493路7条公交线路开通。海峡两岸自由软体众创空间、国家健康医疗大数据中心等重要项目落户。全年通过入园审核企业545家，入驻企业320家，入驻员工7018人。集美区首家全景声影厅——中影星美杏林湾国际影城等入驻杏林湾商务营运中心并开业，全年入驻企业346家，签约168家，入驻员工超过6000人。（江燕青）

马銮湾新城集美片区建设

【概况】集美区马銮湾新城开发建设领导小组成立于2015年4月25日，区委书记担任组长，区长任常务副组长。领导小组下设办公室，从有关部门、街镇和区属国有企业抽调人员常驻办公。同年5月，灌口镇和杏滨街道分别成立领导小组，并依托各片区指挥部衔接征收退养工作。2016年，是马銮湾新城建设全面铺开的第一年。集美片区内开工建设项目18个，完成投资23.75亿元，提前完成马銮湾新城集美片区10亿元年度投资计划。12月中旬，提前完成年度736.7公顷（11041亩）土地征收退养任务，清淤整治、吹填造地、生态修复（一期）工程全面铺开。中心岛进行围堰便道施工，集美岛开始吹填，马銮海堤开口改造、滨海幼儿园工程完工，起步区蔡林中路、蔡林东路、屿仔尾路等6条道路陆续开工。围绕“百姓富、生态美”目标，同步推动保留村庄环境改造提升，村庄污水治理与美丽乡村工程稳步推进。

【规划制订】马銮湾新城规划由厦门市统筹制订。2016年，市马銮湾新城建设指挥部在原有1个控规和区域水系及生态修复、交通系统、市政、地下空间开发、竖向5个专项规划基础上，进一步完善控规和专项规划的内容，开展课题研究，推动具有可操作性的新城“空间、产业、项目”规划和专项城市设计规划的制订，在市政道路、综合管廊、环卫设施、行道树种、慢行（自行车道）系统、公交线网、智慧城市、村庄发展用地、岸线景观、湿地公园、产业发展等方面，均制订有专项规划或概念方案，体现马銮湾特色，并预留拓展空间。控规编制阶段同步进行“区域水系及生态修复规划”，在全国属首创。集美区马銮湾新城开发建设领导小组6次牵头召开规划专题会议，协调推动片区综合管廊、岸线绿廊、道路优化、教育配套和村庄发展用地规划，委托编制马銮湾新城集美片区产业规划和旅游发展规划，完成蔡林、西滨村庄更新改造规划编制，陈井、潮瑶、浦边村庄更新改造规划初稿形成。

【生态修复】生态修复工程是马銮湾新城开发建设的基础性工程。通过生态修复、造地，形成“一心两岛”（中心岛、集美岛）及独特的6个生态岛链，重造新城水陆边界。至2016年底，生态修复（一期）工程全面铺开，年度计划投资6亿元，完成投资5亿多元，中心岛正进行围堰便道施工，集美岛开始吹填，集美起步区 G 地块正在大规模场平。

【马銮海堤开口改造】该项目计划总投资 52859 万元。建成后，可通过马銮湾扩水所增加的容量，增加西海域纳潮量（大潮期可纳潮约 4500 万立方米，中潮期可纳潮约 3400 万立方米），改善西海域水动力条件，提高马銮片区新城区城市防潮防洪功能、水上交通功能，增加城市旅游景观。马銮海堤开口改造项目是海沧、集美辖区内“两环八射”项目建设关键环节。马銮海堤开口改造工程之一——新建马銮大桥。桥全长 527.6 米，宽 18.3 米，其中车行道 15 米。海堤中间开口新建挡潮闸，闸室总净宽 216 米，9 孔，每孔净宽 24 米，挡潮闸底坎高程 -5.24 米。海堤大道按城市主干道标准建设，与马銮桥、翁厝桥相接，单向四车道宽 15 米，绿化带宽 2 米，旅游休闲道宽 4 米。另有南北两端综合用房、供电照明、水闸控制系统等配套设施。马銮海堤开口改造工程之二——船闸工程。新建单级单线双向船闸，船闸通航标准为六级，过闸船舶以游艇为主。闸室采用坞式结构型，顶面高程 5.5 米，底坎高程为 -6.24 米，全长 50 米，净宽 12 米。马銮海堤开口改造工程之三——翁厝大桥。桥总长 194.06 米，宽 16 米，其中单向四车道宽 15 米，按城市一级主干道设计。马銮海堤开口改造工程之四——市政设施改造。架设 110 千伏架空高压线、10 千伏动力电缆、军用光缆、通信光缆、氮气管道、化工管道（12 根）、直径 1000 毫米给水管道。以及新阳大桥桥墩加固、桥面维修等工程。2005 年 9 月开工，2016 年底基本完工。

马銮海堤开口改造建设工地（马銮湾新城建设指挥部 供图）

【路网建设】马銮湾新城处于全市“两环八射”主路网覆盖区，地铁线网密度全省第一，慢行道路密度全市第一。新城道路规划为“五横六纵”。其中，新城四周“两横两纵”，“两横”为海翔大道、翁角路，“两纵”为孚莲路、西滨路 + 新阳大桥，已全面实施提升改造；新城内新建“三横四纵”，“三横”为孚莲东二路 + 环湾大道、东孚西路 + 东孚东路、东孚西二路 + 东孚东二路 + 新阳大道，“四纵”为东孚北路 + 东孚南路、马銮湾西路 + 西园路和灌新路、马銮湾东路 + 新景路。2016 年，马銮湾新城集美片区起步区路网建设全面启动。

【灌新路】位于马銮湾新城集美片区，起于灌口中路，终于马銮湾新城环湾大道，总长 3700 米。其中，灌口中路至海翔大道段，长 2600 米，按城市主干路标准建设，路幅宽 41 米；海翔大道至环湾大道段，长 1100 米，按城市快速路标准建设，路幅宽 60 米。沿线布设互通立交 4 座、人行过街通道 2 处。建设内容包括路基、路面、桥涵、立交、电力管廊（土建）、市政管线、交通、照明及绿化等工程，项目总投资 59700 万元（不含征拆费）。至 2016 年底，海翔大道至环湾大道段主体基本完成，累计完成投资 8568 万元。

【马銮立交】位于马銮湾新城集美片区的新阳大桥杏林端与市政路网连接的交通节点，采用三层定向互通式。该工程需改造西滨路及杏滨路 830 米，其中新建西滨路 NY 主线桥长 450 米、宽 9 米；新建匝道 1622 米，其中桥长 350 米、宽 10 米；新建辅道 297 米，车行道宽 5 米；马銮海堤加宽改造 155 米；新建人行天桥 2 座、人行地道 1 座；以及立交范围内市政管线改造、交通照明、景观绿化等工程，项目总投资 11958 万元（不含征拆费）。至 2016 年底，累计完成投资 9870 万元。

【光明路】位于马銮湾新城集美片区，起于西滨路，与蔡林南路相交，终于外湾东路，道路等级为城市支路，总长 682 米。其中，原旧路改扩建 374 米，红线宽 22 米，机动车道宽 9 米，两侧为非机动车道、人行道、绿化带。非机动车道各宽 2.5 米，人行道各宽 2 米，绿化带各宽 2 米。建设内容包括道路、交通、路灯、绿化、雨水、污水、给水、有线电视（土建）等工程，项目总投资约 1855 万元。至 2016 年底，完成投资 308 万元。

【蔡林中路】位于马銮湾新城集美片区蔡林路与光明路中间，起于西滨路，与蔡林南路相交，终于外湾东路，设计道路等级为城市支路。总长 388 米，其中原旧路 106 米，红线宽度 7 米。建设内容包括道路、交通、路灯（含新建箱式变压器）、雨水、污水、给水等工程，项目总投资 634 万元。至 2016 年底，完成投资 258 万元。

【蔡林东路】位于马銮湾新城集美片区蔡林路与屿仔尾路中间，设计道路等级为城市支路，总长 463 米，红线宽度 22 米，机动车道、非机动车道、人行道、绿化带设计宽度同屿仔尾路。建设内容包括道路、交通、路灯、绿化、雨水、污水、给水、缆线沟、有线电视（土建）、通信、燃气、中水等工程，项目总投资 2323 万元。至 2016 年底，完成投资 627 万元。

【屿仔尾路】位于马銮湾新城集美片区，规划道路等级为城市支路，总长 462 米，红线宽度 22 米，其中机动车道宽 9 米，两侧为非机动车道、人行道、绿化带。非机动车道各宽 2.5 米，人行道各宽 2 米，绿化带各宽 2 米。建设内容包括道路、交通、路灯、绿化、雨水、污水、给水、缆线沟、燃气、中水等工程，项目总投资 1894 万元。至 2016 年底，完成投资660 万元。

【屿仔尾东路】位于马銮湾新城集美片区，设计道路等级为城市支路，总长 376 米，红线宽度 22 米，机动车道、非机动车道、人行道、绿化带设计宽度同屿仔尾路。建设内容包括道路、交通、路灯、绿化、雨水、污水、给水、缆线沟、中水等工程，项目总投资 1914 万元。至 2016 年底，完成投资 579 万元。

【楼山路】位于马銮湾新城集美片区，规划道路等级为城市支路，总长 195 米，红线宽度 22 米，其中机动车道宽 9 米，两侧为非机动车道、人行道、绿化带。非机动车道各宽 2.5 米，人行道各宽 2 米，绿化带各宽 2 米。建设内容包括道路、交通、路灯、绿化、雨水、污水、给水等工程，项目总投资 655 万元。至 2016 年底，完成投资 284 万元。

【截污排污】马銮湾新城集美片区内保留村庄 5 个。2015 年 10 月开始，按区、镇 8 ∶ 2 财政比例，对马銮湾新城灌口镇保留村庄实施农村污水收集排放。①灌口镇陈井污水治理工程 A，投资 779.53 万元，铺设污水管网 11246 米，建 250 T /d 分散式污水治理处理设施 1 座，至 2016 年底，完成投资 650 万元；②灌口镇陈井污水治理工程 B，投资 599.53 万元，铺设污水管网 15198 米，建 250 T /d 分散式污水治理处理设施 1 座，至 2016 年底，完成投资 500 万元；③灌口镇浦林村潮瑶社污水治理工程，投资 600 万元，铺设污水管网 8060 米，建 100 T /d 分散式污水治理处理设施 1 座，至 2016 年底，完成投资 450 万元；④灌口镇浦林村浦边社污水治理工程，投资 626.25 万元，铺设污水管网 14580 米，建 150 T /d 分散式污水治理处理设施 1 座，至 2016 年底，完成投资 500 万元。2016 年 3 月开始，对马銮湾新城杏滨街道杏滨社区实施截污纳管排污。投资 1800 万元，对西滨社区西滨片区的排水系统进行提升改造，建设管网总长 10700 米（包含雨污水管及压力管）和提升泵站 3 座，至 2016 年底，完成计划投资的 65%。原投资 800 万元，对西滨社区蔡林片区的排水系统进行提升改造，因原设计 2 座泵站取消，管网并入马銮湾项目，投资调整为 612 万元，建设管网总长 3500 米。至 2016 年底，完成计划投资的 75%。

【滨海幼儿园建设】工程总建筑面积 4052.64 平方米，钢筋混凝土框架结构，建筑高度 14.85 米，建筑层数为地上 4 层。包括主体工程、装饰装修工程、给排水安装工程、电气安装工程等，总投资 1646 万元。2015 年 11 月开工，2016 年底完工。（曾文清）

环境保护

【概况】2016 年，集美环保分局设综合管理科、环境保护科、监察大队和监测分站，有员工 45 人，其中在编 17 人、非在编 28 人、本科及以上学历 40 人，各镇街共配备三级环保网格专管员 38 人。是年，集美区生态环境保护投入 2223 万元，比 2015 年增长 17.68%。全年共审批工业环评 156 家（报送建设项目环境影响报告书 11 家、报告表 121 家、登记表 24 家）、餐饮环评 166 家、餐饮豁免 153 家、备案 389 家，组织环保验收企业 215 家，发放工业企业排污许可证 168 家，排污费共入库 719 万元。受理“110”“12369”市长专线、上级转办件、信访、来电及其他环保投诉件 1778 件，其中废气投诉 1115 件、噪音投诉 366 件、废水投诉 89 件、其他投诉 208 件。集美区获评“国家生态区”以及全国地质灾害防治高标准“十有县”，集美（杏林）台商投资区获批全国园区循环化改造示范试点园区，村庄污水处理项目以及网格化社会治理“集美模式”分别获评 2016 年中国人居环境范例奖和全国社会治理创新优秀案例。

【环境质量】2016 年，坂头石兜水库水质符合《地表水环境质量标准》（GB3838-2002）中Ⅲ类标准要求，饮用水水源地水质达标率 100%。全区总体水质状况与 2015 年相比有明显改善，其中坑内、坂头石兜水库、深青溪、大龙潭、小龙潭 5 个断面稳定达标，高锰酸盐指数（CODMn）、五日生化需氧量（BOD_5）、氨氮（NH_3-N）、总磷（TP）、粪大肠菌群五项指标监测年均值与 2015 年相比均有改善。全年空气质量指数（AQI）优的天数 125 天，良的天数 216 天，轻度污染 24 天，中度污染 1 天，空气质量优良率 93.17%，优级率 34.15%。空气中主要污染物 SO_2、CO、O_3 年平均浓度分别为 0.011 毫克 / 立方米、1.1 毫克 / 立方米、0.135 毫克 / 立方米，优于《环境空气质量标准》（GB3095-2012）二级标准（SO_2 年平均浓度 0.06 毫克 / 立方米、CO 年平均浓度 4 毫

治理后的九天湖（林志杰　摄）

克 / 立方米、O_3 年平均浓度 0.16 毫克 / 立方米），比 2015 年（SO_2 年平均浓度 0.012 毫克 / 立方米、CO 年平均浓度 1.2 毫克 / 立方米、O_3 年平均浓度 0.155 毫克 / 立方米）均有所降低；NO_2、PM_{10} 年平均浓度分别为 0.038 毫克 / 立方米、0.063 毫克 / 立方米，达到国家二级标准（NO_2 年平均浓度 0.04 毫克 / 立方米、PM_{10} 年平均浓度 0.07 毫克 / 立方米）。区域环境质量噪声 56.7 分贝，交通干线噪声 67.9 分贝。辐射环境质量保持正常水平，未发生辐射事故。

【大气污染治理】2016 年，集美区印发《集美区 2016 年进一步提升环境空气质量工作方案》《厦门市集美区大气污染不良天气应对办法》以及环境空气质量提升工作考核办法等规范性文件，落实具体任务分工和相关责任，保障清洁空气行动顺利实施。完成 34 台 10 蒸吨以下和 6 台 10 蒸吨以上锅炉、2 台工业窑炉及 12 家“三无”锅炉企业整治任务，完成率 100%；开展餐饮业油烟整治，全面梳理餐饮业禁设区地点清单并向社会公布，建立 29 家 6 个灶头以上餐饮企业油烟在线监控试点；开展挥发性有机污染物（VOCs）专项整治，41 家企业提交整治方案，完成厦门厦贸汽车服务有限公司、厦门厦杏摩托有限公司、厦门联合泛亚太阳眼镜有限公司 3 家示范点企业建设；实施工程减排、结构减排、管理减排三项措施，完成瑞新热电、海翼杏林热电、集美污水厂、杏林污水厂 4 个重点减排项目，化学需氧量、氨氮、二氧化硫、氮氧化物排放总量分别为 5313.01 吨、810.83 吨、4965 吨、1716.85 吨；开展黄标车淘汰工作，扩大限行区域，全年淘汰黄标车 1402 辆，超额完成年度 1170 辆任务；开展工地扬尘控制，全区 78 个处于土方施工阶段的在建工地渣土运输均纳入严格管控；开展非工地扬尘防控，召开工业企业扬尘污染防治工作动员会，完成市容考评小组检查的 22 家次的企业整改工作；开展渣土车集中整治联合执法检查，深化渣土车污染环境整治工作，预防、遏制渣土车“滴、撒、漏、扬”污染，推动人文集美建设；开展违规加油站整治，24 家违规加油站在完成油气二次回收后通过验收。

【水污染治理】2016 年，集美区印发《杏林湾水库、瑶山溪水体达标方案》《后溪、深青溪水系水体达标方案》，建立水污染防治联系会议制度，实行月调度、季督查工作机制，细化水体达标与水质提升工作任务与项目，明确责任单位和时间节点。投资 12.41 亿元，全面开展流域截污整治，执行最严格水资源管理制度，扎实推进小流域治理，小流域综合治理试点工作得到上级肯定，许溪小流域示范段治理经验在全市推广；实施杏林湾环湾截污工程，在全省率先实行初雨污染截流处理试点，在全市率先建设截污工程智能化监控系统，通过改建、扩建、新建污水处理设施，日污水处理能力提高 10.5 万吨；推进农村污水处理设施建设，全区 208 个村庄（不含 14 个拆迁村庄）中，69 个村庄建设 56 个分散式污水处理设施，已建成 50 个；139 个村庄实施集中截污纳管工程，已完成 60 个。抓好城市生活污水、生产废水纳管工作，完成中洲路污水管道、滨水西岸污水处理站扩建、集美新城核心区污水处理站建设、后溪工业组团污水处理站二期扩建项目；开展畜禽养殖污染整治，完成大旺、六兴两个规模化生猪养殖场退养工作，实现全区生猪禁养；印发《坂头－石兜水库汇水区域家禽养殖退养实施方案》，完成家禽退养工作。

【环境监管执法】2016 年，集美区按照省环保厅“淘汰关闭一批、整顿规范一批、完善备案一批”的思路，抓好环保违规项目清查，制订清理整顿工作方案，完成 463 家列入省厅环保违规建设项目企业的清查工作；规范重金属管理，督促 24 家国控重金属企业做好减排监测体系自行监测工作，利用中央财政重金属专项资金686万元，推动建设重金属及国省控企业环保智能化监控项目；严格执法，结合整治违法排污企业、执法大练兵以及“清水蓝天”等专项行动，将建设项目环境违法、超标排污、危险废物处理处置和群众反映强烈的环境问题等作为整治工作重点，全年检查“双随机”企业174家次，办理刑事案件7起、行政拘留案件13起，查封扣押企业24家，立案查处77起，共处罚金324.61万元。

【环境风险防范】2016年，集美区加强环境安全管理，完成全区突发环境事件应急预案修订并发布实施、61家企业突发环境事件应急预案备案工作，35家企业取得辐射安全许可证。在厦门工学院、厦门联星化学有限公司开展突发环境事件应急演练，同时督促各环境风险企业按预案要求及时开展演练，提升实战水平。35家辐射企业严格执行相关法规和管理制度，安全防护设施运行良好，废旧放射源、放射性废物依法安全处置，放射性同位素和射线装置辐射安全许可证持证率100%；医源性污水处理排放符合国家相关标准，医疗废弃物统一由有资质的医疗废弃物处置单位处置，无医疗机构自行处置医疗废物情况。

【生态文明建设】2016年，集美区以党政领导生态文明建设和环境保护目标责任书为抓手，细化分解考核任务，并召开动员部署会议，由区委书记、区长与各镇街、各部门党政领导签订目标责任书，强化生态环境保护的属地责任，牢固树立“绿水青山就是金山银山”的理念，坚持绿色发展，时刻守住“环境质量只能更好，不能变坏”的底线。健全生态文明考核机制，推动建立区直部门、镇街和村（居）生态文明建设和环境保护工作考核机制，实行生态文明建设“一票否决”，营造上下联动、齐抓共建的生态文明建设体系；巩固国家生态区创建成果，推动落实《集美区生态文明试点示范区建设规划》，解决城乡环境综合整治、流域环境治理和农村环卫体制等问题，提升和改善生态环境质量水平。

【网格化建设】2016年，集美区以区级指挥中心为核心，整合110联动、数字城管、网格化指挥中心的数据资源，初步形成网格化服务管理信息平台运作模式；建立村（居）、镇（街）、区三级联动的信息共享、业务协同机制，实现全区人口、法人、空间等基础数据共享及业务协同，为城市环境综合管理提供全面、准确、动态的基础信息服务。同时，按照“网中有格、格中有人、人在格上、事在格中”的环境网格化管理模式，完成对所辖64个村（居）、1149名网管员的365个网格划分工作，出台《集美区环保网格监管信息平台实施方案》，细化环保类别和各部门的监管职责，明确每个处置步骤、时间节点和责任部门，制订处置步骤和流程。

【环境宣传教育】2016年，集美区通过各种渠道，大力宣传环保法律法规、环保知识和大检查进展情况，营造大检查活动的良好社会氛围。通过企业QQ群，向500多家排污企业发送环保法律法规和做好环境保护工作的提示信息；通过《厦门日报》《厦门晚报》《海峡导报》等媒体，报道3家小电镀、18家非法排污污染水体、3起非法倾倒危险化学品等违法企业的查处情况；通过“厦门环保”和“天下集美”两个微信平台宣传大检查进展情况，共向两个微信平台上传相关信息36篇；在村居和广场开展小电镀整治专项宣传，印发电镀知识宣传画30t0多份；成立环保志愿服务队，开展“4•15”普法教育日、“6•5”环境日、“12•4”国家宪法日主题宣传活动12次，发放宣传材料2560份。（曾慧君）

2016年集美区“三废”排放、处理、综合利用情况表

表19

项　目	单　位	实　绩	项　目	单　位	实　绩
工业废水排放量	—	—	工业粉尘（粉）排放量	吨	584.58
工业废水排放量	万吨	941.62	工业粉尘（粉）排放达标量	吨	584.58
工业废水排放达标量	万吨	941.62	固体废物排放及处理利用	—	—
工业废水排放达标率	%	100	工业固体废物产生量	万吨	18.47
工业废气排放量	—	—	工业固体废物贮存量	万吨	0.19
工业废气排放总量	亿标立米	199.12	工业固体废物处置量	万吨	0.90
二氧化硫排放总量	万吨	0.19	工业固体废物综合利用量	万吨	17.38
二氧化硫排放达标率	%	100	工业固体废物综合利用率	%	94.10
工业粉尘（粉）去除量	万吨	8.17	—	—	—

交通与邮政业

交通运输业

公路建设与管养

【概况】2016年，集美公路分局和集美区交通运输局共同承担境内公路管理和养护任务。集美公路分局管养干线道路16条，路段总长94.45千米，其中国道25.50千米、省道9.33千米、县道54.04千米、乡道5.58千米、桥梁36座、涵洞100座；道路人工保洁面积65.54万平方米，机械保洁总里数369千米，绿化面积173.17万平方米，路灯8800余盏，实现干线公路技术状况指数（MQI）95以上，机械清扫率96%以上，路灯亮灯率90%以上，绿化率95%。区交通运输局管养农村公路97条，计163.07千米，其中县道21.32千米、乡道57.85千米、村道83.90千米，桥梁40座（中桥13座、小桥27座），投入养护资金81.21万元；道路保洁面积850万平方米，管养路灯17300余盏，路灯亮灯率90%以上。（王靓洁 郑勇）

【“两环八射”路网改造】2016年，集美区实施涉及厦门市快速路系统中“两环八射”路网的项目8个：集灌路集杏海堤段提升改造工程、集灌路提升改造（集美北大道—G324线段）工程、集灌路（杏林大桥—沈海高速段）提升改造工程、海翔大道与田集连接线立交工程、西滨路与新阳大桥接线立交工程、同集路提升改造工程、西滨路提升改造工程、杏滨路提升改造工程，8个项目全年共投资32亿元，至年底，8个项目主体工程基本完成。同集路年内累计投资43720万元，超过年计划投资3720万元；集灌路提升改造（集美北大道—G324线段）工程和集灌路（杏林大桥—沈海高速段）提升改造工程累计完成投资12000万元，超过年计划投资2000万元；杏滨路累计投资40123万元，超过年计划投资20123万元；西滨路年内累计投资200057万元，超过年计划投资16057万元；海翔大道与田集连接线立交工程累计完成投资6015万元；集灌路（集杏海堤段）提升改造工程累计投资17045.12万元；西滨路与新阳大桥接线立交工程累计完成投资3350万元。区交通运输局作为区属协办单位的多条市属市政道路建设工程，集美北大道（集灌路—集美大道段）、天水路（站北五路—国道324段）、集美新城白石片区三期市政道路工程、孙霞路、杏美路、前潮路等项目进展均在全面推进中。区交通运输局作为业主的龙湖环集美湖项目周边规划道路之规划路一、三、四等工程开工建设。农村公路建设方面，策划的11条农村公路提升改造、集美环山风景道、国道324线至东辉村道改造建设工程项目前期推进顺利。（王靓洁 郑勇）

【打通断头路】2016年，区政府将打通渔孚、三李、学府、安仁（金龙东路—灌口新村段）4条断头路列为全区第三批“百日行动”计划。经过厦门象屿港湾开发建设有限公司、集美区国有资产投资有限公司、杏林建设开发有限公司、集灌开发有限公司等部门百日紧张施工，至6月28日，4条断头路全部打通并通车。渔孚路起自学府路，全长0.9千米，北端打通后，临时道路长100米，与324国道连接；

同集路提升改造工程（集美段）三标－集美大道与同集路交接跨线桥（郭希龙 摄）

三李路起自灌口中路，全长2千米，北端打通后，临时道路长200米，与324国道连接；学府路起自灌口北路，全长1.2千米，西端打通后，临时道路长200米，与集灌路连接；金龙东路起自集灌路，止于灌口北路，全长1.6千米，西端打通后与安仁干道连接。

（王靓洁）

【抢通灾后路】2016年9月15日，受台风“莫兰蒂”影响，境内道路及绿化严重受损。区公路分局累计投入人员8625人次、运输车辆（农用车、后八轮、货车）809辆、机械设备（吊车、挖掘机、装载机、抓木机、油锯、抽水机）2105台，共扶正倒伏树木34000多株，修复人行道3800多平方米、道路波形防撞护栏400米、道路隔离护栏430米、路沿石及树池2000多米、路灯120多盏、交通标志牌220多面，清理绿化垃圾6250车31240吨。

（郑勇）

【公路管理】2016年，集美公路分局路产路权管理科上路巡查531车次1729人次，对国、省道、市区主干道等主要线路坚持每天两次巡查，其他线路每天一巡。发现事故损坏29起，查处路产损坏案件27起，赔偿金额12.01万元，索赔率93.1%。区交通综合执法大队检查土方运输车辆200车次，暂扣车辆170辆，纠正教育车辆当事人20人，责令自行清扫、清洗路面10起；拆除主次干道的广告条幅66条、广告牌241块；全年共受理路政许可申请件43件，审批43件，办理赔补偿费167.2万元。

（郑勇）

【规划制订】2016年，区交通运输局着力于项目前期策划工作，牵头完成《厦门市集美区枢纽区域综合交通规划》《厦门北站综合交通枢纽规划》《集美区公交提升专项规划》《集美区智能交通发展规划》《集美区慢行系统规划》《集美区水上旅游交通规划》《集美区“十三五”综合交通发展规划》等7个规划的制订工作；修改完善《集美区充电桩设施规划》《集美区公共自行车系统规划》；启动《集美区管理单位划分规划》《集美区近期路网梳理规划》的制订工作。同时，完成西滨路、马銮立交、集灌路、同集路、海翔大道、新国道324等市政道路绿化提升项目的初步设计方案；天马路提升改造、滨海西大道下穿工程、杏林湾路北延伸接白云大道，以及“两环六纵六横”骨架路网主要节点改造工程项目也在研究策划中。

（王靓洁）

2016年集美区公路里程表

表20

指　标	单　位	里　程	指　标	单　位	里　程
一、公路通车里程	千米	94.45	乡道	千米	5.58
其中：等级公路（一级）	千米	70.44	三、晴雨通车里程	千米	94.45
高级公路（二级）	千米	24.01	四、绿化里程	千米	94.45
二、道路等级	—	—	五、公路桥梁	座	23
国道	千米	25.50	公路桥梁长度	米	1093.40
省道	千米	9.33	互通式立交桥	座	15
县道	千米	54.04	互通式立交桥长度	米	4202.60

说明：以上数据为公路局提供。

公路运输

【概况】2016年，区交通运输局办理道路运输经营许可17件。其中，公共汽车客运经营者新增线路运营7件，公共汽车客运经营者变更线路运营3件，普通货物运输经营2件，三类汽车专项维修1件，一、二类汽车整车维修2件，汽车租赁经营许可2件。至年底，全区有客运企业6家，货运企业79家，租赁企业4家，维修企业34家，驾培机构9家。

【客货运输】2016年，集美区有客运企业6家（不含出租车和公交车公司）。其中，长途汽车客运站2家，旅游客运企业3家，长途客运企业1家，有客运车辆85辆3445座，客运量135万人，客运周转量12250万人千米；出租车企业2家，出租车200辆1000座，客运量152万人，运营里程746万千米；公交客运企业1家，在营公交车辆610辆，公交线路65条，运营线路总里程5028.9万千米，客运量11209.04万人。货运企业79家（其中危险货物运输企业6家），货运车辆1891辆，总吨位136956.36吨，货运量106013.48万吨，货运周转量100.43万吨千米。

【新开通公交线路9条】2016年，集美区新开通公交线路9条。2月5日，开通916路（厦门北站－后溪花园）；2月15日，开通917路（软件园三期－后溪花园），在满足后溪花园周边民众出行的同时，也为市车管所搬迁至后溪提前做好线路保障工作。4月1日，开通912路（软件园三期－美山小学），初步解决海上五月花、海德公园周边民众的公交出行需求。6月25日，开通918路（杏南—嘉庚公交场站），解决杏林杏东片区民众往来集美长途车站、集美万达、集美老城区的公交出行需求。6月30日，开通490路（软件园三期公寓楼—杏林湾商务中心）、491路（软件园三期—嘉庚体育馆）、492路（软件园三期—杏南）、493路（软件园三期—厦门北站）4条社区公交线路，其中491、492、493路为夜间专车，运营时间为20:00—24:00，满足软件园三期、厦门北站、高校片区和居民生活区等人流集中区域的居民出行，以及民众夜间出行的需求。11月1日，开通955路（软件园三期—七星公交场站），连通软件园三期、集美行政服务中心、集美区政府、市政府。同时，结合现有公交运营线路及民众出行需求，对902路、925路、927路、981路等公交线路进行优化调整，对902路、917路、926路、936路、958路、981路等线路首末班时间进行调整，增加902路、911路、915路、917路、918路、980路、981路等多条线路运营车辆数，加密班次。会同集美国投公司，启动宁宝、龙湖嘉誉两处公交首末站建设前期工作；协调侨英街道建设东安（海上五月花）临时公交首末站；协调市交通主管部门，新增停靠理工学院东区站，方便市民出行。是年，集美区有公交线路90条。其中，公交集团集美公司运营65条，BRT公司运营4条，其他公交公司运营21条，公交线路数、公交出行率在全市各区排名前列。

2016年，集美区新开通公交线路9条。图为新开通的912路（软件园三期－美山小学）公交车。（林碧娥 摄）

【关爱礼遇公交车司机】2016年1月31日，集美区举行“文明出行、助力春运”暨关爱礼遇公交车司机活动。组织公交车司机参加亲子趣味活动，市民代表宣读“关爱礼遇公交司机”倡议书，并为每位司机发放保温杯。10月26—27日，集美区举行“关爱礼遇公交车司机”心理讲座，邀请林赞歌等四位心理学专家就心理健康、情绪管理、压力调节等进行授课，以减轻公交驾驶员心理压力，减少交通事故。

【春运汽车客运量下降】2017年春运，从1月13日开始，至2月21日结束，为期40天。春运期间，全区旅客运输量975.83万人次，比上年下降21.56%。其中，公交客运量954.82万人次，同比下降7.39%；中长途及旅游客运量12.7万人次，同比下降58.77%；出租车客运量8.31万人次，同比下降43.85%。厦门北站共发送旅客185.58万人次，比上年增长7.63%，安全运行列车6955趟次。未发生较大以上道路交通安全事故，未发生影响恶劣的客运服务质量事件，未发生旅客滞留现象。（王靓洁）

道路交通管理

【概况】2016年，集美交警大队有民警68人。交警大队围绕“保安全、保畅通、防事故”工作目标，以道路交通安全综合整治“三年提升工程”为抓手，强化人防、物防、技防安全管控，提高路面执勤排堵保畅能力，提升预防道路交通事故综合效能；推进农村派出所参与交通管理和农村交通安全劝导站建设，形成政府、派出所、交警齐抓共管农村交通安全局面，着力解决交通热点难点问题，实现道路交通亡人事故稳中有降目标。辖区共受理交通事故761起，造成64人死亡，受伤791人，直接经济损失353.71万元。四项指数中，起数下降2.69%，死亡数下降18.99%，伤人数下降5.27%，直接经济损失上升22.87%。区道路交通事故一体化调处中心受案1890起，调结1653起，落实到位赔付款6746.21万元，其中公安行政调解受案436起，调结436起，调结率100%，落实到位赔付款1877.93万元。区交警大队查纠现场严重交通违法行为41104起，其中酒后驾驶552起、醉酒驾驶274起、“毒驾”2起、涉证9432起、涉牌9855起、超载超员1634起、现场超速152起、未戴安全头盔13337起。完成春运、“两节”“两会”、联发2016海峡两岸（集美）龙舟文化节、厦门（集美）草莓音乐节、G20杭州峰会、“9•8”投洽会、第八届海峡论坛、高考、中考等节庆及各级别警卫等交通安全保卫任务。

【交通隐患治理】2016年，集美交警大队共办理摩托车达到报废标准的公告牌证作废业务52331件，销毁逾期未处理摩托车8783辆、汽车31辆（含农

2016 年，集美区建成农村交通安全劝导站 12 个。图为三社村交通安全劝导站劝导员在检查来往车辆（林志杰 摄）

用车 1 辆）、自行车 4 辆；约谈施工单位责任人 92 人次，发出整改通知书 41 份，处罚 12 万元。走访客货运企业 578 次，检查客货运车辆 2000 余辆，责令限期整改 127 次。至年底，辖区五类重点车辆检验率提升，校车、旅游客运车辆、营转非旅游客运车辆、危化品运输车辆、公路客运车辆检验率均达 100%。是年，区、镇（街）两级财政安排预算 3950 万元（其中区财政 1300 万元、各镇街 2650 万元），用于提升改造路口红绿灯控制系统 20 处，增设闯红灯抓拍 8 处、违停抓拍系统 5 处，刷新标线 25548.88 平方米，安装震荡线 4052.4 平方米、减速带 790 米、反光道钉（柱）553 根、护栏 2593 米、警示禁令标志 195 套、爆闪灯 43 套；各镇街及道交办投入 2640 万元，完成道路及校园周边隐患点整改 109 处，纳入省、市为民办实事的 5 处农村主要出入口隐患整改工作全部完成。

【车辆驾驶人管理】 2016 年，集美交警大队共办理车管业务 78407 起、驾管业务 66357 起。民警深入签订带牌销售协议的 55 家车行，集中查验摩托车 240 批次 6951 辆，发放号牌 7329 副，办理带牌销售摩托车注册登记 8276 辆，带牌销售率 100%。

【农村派出所参与交通管理】 2016 年，集美交警大队贯彻落实市公安局《关于岛外部分公安派出所开展道路交通安全管理工作的意见》精神，与灌口派出所就各自承担的职能、业务对接和后续工作进行沟通和交流，统一思想认识，出台工作方案，推动工作实施。6 月 1 日起，灌口派出所开始参与道路交通安全管理工作。是年，灌口派出所辖区发生道路交通亡人事故 17 起，死亡 18 人，同比分别下降 15% 和 10%；在查处“五类十项”严重道路交通违法行为方面，灌口派出所查处 7045 起，同比上升 6.07%。

【农村交通安全劝导站建设】 2016 年，集美区根据福建省《进一步规范农村交通安全劝导站建设的指导意见》，进行深入调研，立足统筹规划、合理布局、实用实效，从组织机构、人员装备、经费保障、基础建设标准化入手，全力推进农村交通安全劝导站建设。至 6 月底，总斥资 80.8 万元，在灌口、后溪二镇建成农村交通安全劝导站 12 个，并按每站 2 名配置，招聘男性劝导员 24 人，构建起以交警部门为指导、以农村派出所为辐射、以各级道交办为支撑的农村交通管控体系。是年，农村交通警情数由逐年递增转为略降，交通死亡人数同比下降，且未发生重特大交通事故。（任翀）

铁路运输

【厦门北站】 2016 年，厦门北站南站房设售票窗口 16 个、自动售票机 20 台和自助取票机 10 台，与厦门站实行联网售票。每日办理客运业务动车组始发列车 47 对、经停动车 137 趟。全年共发送旅客 1523.44 万人，完成客运业务收入 14.54 亿元。其中春运期间，共发送旅客 172.43 万人，完成客运业务收入 2.33 亿元。

2016 年厦门北站、厦门站始发列车表

表 21

车次	运行区段	车次	运行区段
D2232	厦门北—重庆北	D6212	厦门—福州
G322	厦门北—北京南	G1654	厦门北—上海虹桥
D6678	厦门北—赣州	D6214	厦门—福州
G5302	厦门—武夷山东	G5306	厦门北—南昌西

续表 21

车　　次	运行区段	车　　次	运行区段
G242	厦门北—青岛	G1656	厦门北—上海虹桥
G1652	厦门北—上海虹桥	D6526	厦门北—南昌
G1680	厦门—杭州东	D378	厦门北—上海虹桥
D3216	厦门北—宁波	D3278	厦门北—汉口
D6204	厦门—福州	G1676	厦门北—徐州东
D2608	厦门北—长沙南	G1612	厦门北—合肥南
D3218	厦门北—杭州东	D2319	厦门北—深圳北
G324	厦门北—北京南	D6216	厦门—福州
D6524	厦门北—南昌西	D380	厦门北—杭州东
D3274	厦门北—汉口	G1678	厦门北—南京南
G1688	厦门北—贵阳北	G1694	厦门北—长沙南
D3208	厦门北—上海虹桥	D3232	厦门北—杭州东
D4091	厦门北—深圳北	G1658	厦门北—上海虹桥
G1684	厦门北 – 昆明南	D9596	厦门北 – 三明北
G356	厦门北 – 北京南	D6530	厦门北 – 南昌西
D2329	厦门北 – 深圳北	D6220	厦门 – 福州
D3306	厦门北 – 宁波	G1660	厦门北 – 上海虹桥
D2341	厦门北 – 深圳北	D9614	厦门 – 南昌西
G5206	厦门 – 南昌西	D3212	厦门北 – 宁波
D6242	厦门 – 武夷山东	D3220	厦门北 – 宁波
D2349	厦门北 – 深圳北	D4093	厦门北 – 深圳北
D6210	厦门 – 福州	D6228	厦门 – 福州
D6334	厦门 – 福鼎	D6240	厦门 – 莆田
D2345	厦门北 – 深圳北	D6478	厦门北 – 龙岩
D3206	厦门北 – 上海虹桥	D6232	厦门北 – 福州南
D2347	厦门北 – 深圳北	D6234	厦门 – 福州
D3202	厦门北 – 上海虹桥	—	—

【杏林站】位于集美区，属漳州车务段管辖内的二等货运站，拥有专用线3条，仓库12座1万平方米，大型起重机械3台（最大起重能力50吨），办理整车、集装箱、行包等运输业务。全年装车8390辆，发送货物25万吨。

（段婧　林平超）

轨道交通建设

【概况】据厦门市轨道交通建设规划，途经集美辖区或设有终点站的地铁有1号线、4号线、6号线3条。地铁1号线于2013年10月开工建设，至2016年年底，全线车站主体工程建设完成78.6%，区间掘进完成100%，计划2017年9月通车试运行，2018年初正式运营。地铁4号线和6号线正在建设，两条路线计划分别于2020年和2021年试运行。

【1号线集美段建设】地铁1号线起于岛内镇海路，终于厦门北站北广场，全程30.3千米，设站24座。其中，集美段线路总长13.6千米，设站11座、车辆基地1个。1号线集美段共征收土地130.75公顷，征收房屋总建筑面积23.45万平方米。至2016年年底，土地和房屋征收任务全部完成。1号线于2013年10月开工建设，至2016年年底，集美段11个站点及车辆基地全部围挡施工，全线车站主体工程建设完成78.6%；集美段区间掘进13.6千米，占集美段线路总长的100%。

【4号线开工建设】地铁4号线起于海沧嵩屿，终于翔安机场，途经马銮新城、灌新路、灌中路、厦门北站、海翔大道、丙洲岛、翔安西路至大嶝，全程71.2千米。设站18座，平均站间距4.09千米。设计为快线，时速120千米。工程分两期建设。第一期工程为后溪至翔安机场段，全程44.7千米，其中集美段长10千米。一期工程集美段需征收土地24.53公顷，其中集体土地6.06公顷、国有及其它土地18.48公顷，需借交通疏解用地2.27公顷；需拆迁房屋总建筑面积（红线内）4.82万平方米，其中住宅面积4.27万平方米、非住宅面积0.55万平方米。至2016年年底，首开段工程用地1.26万平方米（其中用地红线3600平方米、借地9000平方

米）提交用地。第一期工程于 2016 年 12 月底开工建设。第二期工程从嵩屿至后溪段，全程 26.5 千米，集美段长 6 千米，计划 2017 年 6 月开工建设。

【6 号线征地拆迁】6 号线起于海沧林棣，终于同安新店仔，途经马銮新城、西滨路、杏北路、杏林湾路、集美大道、同集路至同安小西门，总长 45.43 千米，设站 32 个，平均站间距 1.42 千米。其中集美段长 16.54 千米，设站 13 个，平均站间距 1.27 千米。6 号线在集美区需征地 45.81 公顷，征拆房屋 17.58 万平方米，其中住宅 6.3 万平方米、非住宅 11.28 万平方米。6 号线首开段（马銮中心站至西滨路口站）建设即将开工。（官文捷）

厦门地铁 1 号线集美学村站至园博苑站轨道铺设施工现场（林志杰 2016 年 6 月 16 日摄）

邮政业

【概况】2016 年，中国邮政集团公司厦门市集美区分公司辖支局（所）13 个、邮政储蓄网点 6 个、收投部 2 个、收投站 2 个；有员工 130 人，其中支局营业员 28 人、邮政储蓄营业员 38 人、投递员 54 人、分公司管理人员 10 人。投递段道增至 44条，其中 6 个道段为快递包裹专投段，投递邮路（单程）2015 千米。全年投递函件 998.17 万件，业务总收入 3724.61 万元，完成计划的 106.42%。

【邮政业务】2016 年，集美邮政分公司平常函件进口量 898.35 万件，比上年下降 9%；出口量 24.71 万件，同比下降 20.41%；给据函件进口量 99.82 万件，同比下降 12%；出口量 3.73 万件，同比下降 17.75%。全年办理国内函件 68.08 万件，国际及港澳台函件 19544 件，均呈下降趋势。全年邮务类完成收入 1570.2 万元，完成年计划 111.92%。其中，集邮业务收入 218.41 万元，完成计划的 87.36%；国内小包收入 85.68 万元，完成计划的 85.68%；国际小包收入 591.60 万元，完成计划的 166.65%；报刊收订 242.05 万元，完成计划的 100.02%。坚持“绿色服务进军营”活动，9 月 3 日收寄驻军部队包裹 568 件。

【快递业务】2016 年，集美区将智能快递柜建设、鼓励配送企业创新配送模式、完善城区共同配送末端网点、大力发展适应电子商务快速发展的快递物流、加快向现代物流企业转型、培育统一开放通畅高效的现代物流市场体系等纳入《厦门市集美区“十三五”物流发展规划》，为推进辖区邮政事业发展创造条件。是年，集美区有快递业独立许可企业 30 家，分支机构 49 家，末端网点 83 家，快递从业人员 1539 人。11 月 11—17 日，辖区内累计处理快件量 869 万件，同比增长 65.7%。其中，收件量 442.9 万件，同比增长 51.6%；派件量 426.1 万件，同比增长 49.8%。

【邮政安全管理】2016 年，集美区建立由综治、公安、国安、交通运输、市场监督、邮政管理等部门组成的邮件、快件寄递安全管理工作联席会议制度，加强邮政安全管理。8 月 31 日，接受省公安厅、省交通运输厅和省邮政管理局组成的 G20 峰会督导检查组对集美地区寄递网点进行安全检查。9 月，完成 G20 杭州峰会及厦门“9·8”投洽会寄递渠道安保工作。10 月，集美区综治委召开综治工作点评会，邮政管理局寄递渠道整治工作获区综治委肯定。（张少君 杨跃森）

通信与信息业

通 信

集美区电信局

【概况】2016年，集美区电信局落实固本、强渠、激流、集约四项工程，推进翼支付、互联网+、物联网、云计算等创新业务的建设，通过企业经营的转型升级，服务社会民生，满足客户各类信息化需求。全年累计完成全业务经营收入2.36亿元，年末天翼用户17.5万户，高清ITV用户2.87万户，宽带用户（含无线宽带）15万户。

【划小经营单元】2016年，区电信局根据规模适当、有效覆盖、边界清晰、不交叉不重叠、IT可支撑的原则，划小承包单元，共划分为8个经营单元：政企客户部1个、商客分局2个、城市分局3个、农村支局2个。对各承包单位按市场化机制进行资源配置，优化部分班组的薪酬分配办法，加强自有员工酬金管理，建立较为完善的“人、岗、薪”匹配的薪酬体系。同时，实行营维一体化，将装维人员和一线营销人员整合为营维一体的组织架构，挖掘装维人员的客户触点优势，组织开展装维人员业务营销能力竞赛，制订装维人员业务营销指标和激励政策，促使装维人员融入日常营销业务，带动重点业务拓展。

【营销渠道建设】2016年，区电信局根据集美辖区用户不同需求，推进电信政企市场、校园市场、公众市场的发展。政企行业市场侧重存量客户维系、重点业务及ICT拓展，累计发展天翼844部、宽带185部，全球眼监控新增项目5个；商客市场以高带宽和4G融合、领航套餐+高清ITV策略为抓手，结合四大信息化产品应用，力拓团购大单，累计发展厦门市京朋信息传媒有限公司等公司天翼、高清、宽带2000余部。校园市场采取组建学子公司，打造天翼直销团队，由校方关键人承包、学子公司外包等形式，增强销售力量。至年底，完成区教育局三通信息化、ICT项目以及厦门轻工学校、福建化工学校、厦门工学院、厦门软件学院、集美图书馆等单位精品宽带项目。公众市场重点聚焦012和真4G发展，强化小区住宅客户末梢建设，建设精品社区店11家、社区便民点50家，发挥社区店在业务发展、销售体验、服务感知、品牌宣传等方面的作用，在便民服务中挖掘商机，拓展业务。同时加强与号百的沟通协同，推进翼支付商圈建设。启动杏林文达路和集美石鼓路翼支付一条街建设，完成文达路和石鼓路翼支付门店的二维码覆盖，建立12家大中专院校校园周边翼支付商户199家。外来市场以信息公寓存量保有为主，上半年重点进行信息公寓激活，以消化账号批发替代新用户，下半年起以发展四六分成的实名信息公寓用户为重点，新装信息公寓宽带3165部。（朱婵静）

移动通信集美分公司

【概况】2016年，中国移动通信集团福建有限公司集美分公司内设综合室、市场室、政企室、网络室及高校中心5个部门，共有员工78人。公司以实施“三合一”（以“稳”为基础壮大企业实力，以“强”为根本扩展企业竞争力，以“拓”为关键提升企业发展力）为抓手，发扬企业韧劲，增强企业拼劲，提升企业后劲，保持4G领先优势，加速推进流量与信息化“双元”增长，确保企业领先胜势，开创新的发展道路。

【深化网格应用】2016年，公司加快集美网络基础设施建设，实现新城WLAN全覆盖，打造集美“无线新城”。完成集美新城区行政服务中心办事大厅、市民广场、环杏林湾绿道、中央公园、诚毅大街、卫生院、少儿图书馆等主要公共区域的WiFi覆盖，为用户提供免费高速的上网服务。2016年6月，单月使用WiFi上网的人数超万人，人均使用时长超过1小时。与此同时，着力推进各镇街、学校等单位及智能公交车站、旅游车辆、主要公园景区等公共免费WiFi的覆盖建设，让用户体验到高速网络所带来的乐趣。通过深化4GTD-LTE无线网络、有线光宽带和WiFi网络覆盖等基础建设，实现“智慧集美”的高速互联网接入服务，保证区域内企业和市民的优质通信需求，打造一流的营商软环境。在平安城市项目的基础上，公司重点从“智慧教育”“智慧医疗”“智慧交通”“智慧旅游”四个方面进行创新提升：与宏发集团签订全省首条国际专线；为集美区政府建立集美区电子政务信息系统数字认证系统，丰富网格化工作营销推广的对标标准，并累计提供4G专网卡近1000张，行业应用价值提升显著；与集美区卫计局建设全市首个远程会诊项目；与集美街道、杏滨街道、杏林街道建立海防监控项目，街道网格全面渗透。

9 月 19 日，移动集美分公司组织人员抢修遭受台风损毁的光缆。（陈雪女 摄）

【校园信息化建设】2016 年，公司持续推动集美高校信息化建设，致力于辖区高校在校园信息化建设、助学实践、智能化服务、行业共建等领域深入合作。与华厦学院取得宽带项目合作突破，并签署宽带合作协议与 WLAN 投建方案；服务厦门医高专整体搬迁集美灌口新校区，提前一年做好对接，实现 9 月前 4G 网络全覆盖、宽带网络覆盖新校区学生公寓，另配合建设 2 条广域网专线，作为学校与重点合作单位厦门口腔医院和集美大学的资源和信息互通专线；延续 2015 年与华侨大学合作的信息化项目，续签合作协议书，持续为全校师生在教学科研与学习生活等方面提供优质高速无线上网服务；与工艺美术学院在上年各项合作基础上，紧跟新建教学楼施工进度，同步布网施工，并新增固话 20 部、1.5G 互联网专线一条；为工商旅游学院开通云 MAS，并整合信息端口资源，实现校园 OA 办公以及校园软件交互，促进家长、教师短信互动。是年，集美移动高校市场份额占比持续保持第一，高校移动数据流量、ARPU 值高速增长。

【有线宽带网建设】2016 年，公司坚持三大原则，推进有线宽带稳步发展。一是高起点，投入高成本，以全光接入及全 100 兆接入能力为标准，持续推进新建小区以及对手存量较大且尚未实施光改区域的宽带建设工作。二是有重点，快速提升新建小区、合作信息公寓等特定区域覆盖及用户体验，加大网络未覆盖或者覆盖不完全的区域投入，全年建设宽带站点 100 多个。三是重融合，推出“和家庭”套餐，创新“一人消费、全家共享”的形式，实现家庭成员间的 4G 流量、宽带、互联网电视、语音通话的共享。针对 50 兆以上用户以及“和家庭”139 以上客户，以互联网电视等增值服务的嵌入与体验，提升高价值用户的优越感和存在感，提升整体融合宽带发展比例。

【抗灾抢险救网】9 月 15 日，台风“莫兰蒂”登陆厦门，移动集美分公司 110 个基站受损，456 个站点断站，20 千米光缆被摧毁。其中，集美街道、侨英街道、后溪镇一体化机房、户外机柜密集损毁；区域内高校损毁率 50%，其中华厦学院、诚毅学院一体化机房全部损毁，理工学院损毁率达 75%；后溪铁塔彻底损毁，为本次全市因灾损毁的两个大铁塔之一。据统计，集美重建机房数占全市需重建机房数的 60%。台风过后，公司高效组织、有力应对，仅用 5 天时间即基本恢复集美重灾区的通信能力，9 天恢复基站 450 多个。至 11 月 15 日，GSM、LTE 网络质量基本恢复到灾前水平。（陈雪女）

中国联通集美分公司

【概况】2016 年，中国联合网络通信有限公司集美区分公司下设集团拓展分部 3 个、建维分部 1 个、营销服务中心 3 个、营业厅 13 个，有员工 113 人。全年完成收入 1.23 亿元，有手机用户 13.8 万户、宽带用户 3.6 万户；建设 3G 宏基站 32 个、4G 宏基站 157 个；累计建设公共宽带端口 1684 个，提速改造端口 1156 个；99% 城区光纤入户完成升级改造，城乡接合部“光进铜退”任务全部完成，宽带速率提升。完成软件园三期、杏林湾 CBD 等重点园区网络覆盖、高新区三日通安装和华住酒店、交通集团、中石化等接入，为落户集美区企业提供更快捷的通信保障。

【网络服务】2016 年，集美联通分公司通过载波扩容、传输带宽扩容、城中村微站建设及无线天馈优化等多种方式，提高信号传播速率。LTE 定点测试峰值速率 146 兆，平均速率 86 兆。在 5 个专营店及核心网点开通 BookRRU 微站，速率达到 164Mbps，用户体验提升。对大学城、住宅小区、工业园区进行网络扩容，调整盘活设备，提高网络资源利用率，集美大学、诚毅学院、华大工学院等院校开学后数据流量剧增和灌口工业园区等站点 3/4G 信号问题得以解决。厦门集美草莓音乐节和“一路纯悦”（2016 厦门公益徒步）活动在园博园举办期间，联通分公司启动重大活动保障模式，提前做好覆盖优化与紧急扩容调整工作，确保通信平稳畅通。音乐节期间，语音业务量增长 3.5 倍，数据流量增长 6.3 倍，现场观众享受到联通“双 4G 双百兆”网络的极致流畅快感。

【灾后网络修复】2016年9月15日“莫兰蒂”台风袭击厦门，辖区联通线路、基站损毁，受损光缆线路皮长159.88千米，受损基站（2G、3G、4G）4897站次，有部分站点全部损毁。集美联通分公司启动防灾一级响应，全体员工坚守岗位，全力以赴，迅速查找断点，进行故障分析和熔纤测试，重新布缆955条、皮长190.83千米，一周内通信网络恢复。台风期间，辖区大面积断电，公司采用油机发电，各营业厅为市民提供免费充电、免费打电话、免费饮用水等便民服务。（黄聪毓　徐刚）

软件信息业

信息化建设

【概况】2016年，集美区出台《集美区关于落实“人文集美”战略，加快推进信息网络基础设施建设的工作方案》及《关于印发集美区加快推进信息网络基础设施建设若干措施的通知》，加大全区光宽带及无线宽带网络（WiFi）等信息基础设施建设力度，推动宽带网络优化升级和应用创新，助推“无线城市”“智慧城市”建设步伐，提升信息服务能力，优化信息消费环境。软件园三期产业聚集雏形初具，新增入驻企业182家，累计入驻企业320家，入驻企业员工7017人，全年营业收入75亿元。

【信息基础设施建设】2016年，集美区加大资金投入，推动移动、电信公司加快无线4G网络和光纤网络建设。①4G网络基础建设，集美移动分公司累计投资6.13亿元，建成TD-LTE站点925个，全区4G网络整体覆盖率超过95%，其中区政府楼宇、区行政服务中心、北站营运中心等主要场所及主干道4G网络覆盖率100%，双龙潭、白虎岩、园博苑等主要景区4G网络覆盖率超过100%。移动4G用户近47万户，占比近70%，4G用户月均流量超过1.7G。②光纤网络建设，集美移动分公司实现275个小区和城中村的线路覆盖，宽带用户7万余户，“光进铜退”用户3000多户，完成率96.8%。集美电信分公司2016年投资4130万元，进行光网改造及光纤全区覆盖建设，实现金海湾小区等60个传统LAN小区、ADSL农村地区、新建小区的电信光纤覆盖。响应国家“降费提速”号召，对原ADSL铜缆宽带用户进行光纤改造，共开通光纤用户1.8万余户，光宽带用户占比95%以上。电信天翼4G用户发展到7.3万余户，占天翼用户的54%。③公共场所WIFI建设，建成杏林湾环湖路、中央公园、集美市民广场、诚毅大街、莲花国际沿街店铺光纤网络，长度18.4千米，覆盖面积3.68平方千米，实现环杏林湾无缝覆盖。同时，集美移动公司协助区卫生局搭建远程诊疗平台。三家电信运营公司为集美区电子政务移动办公提供基于4G网络的政务专网无线应用。

【公共服务平台建设】2016年，集美区不断完善公共服务平台建设。①网格化管理平台。推动网格信息体系化，探索建设综合治理信息系统。因地制宜，合理划分，形成社区网格化与其他业务网格的互动机制。至年底，社区网格、“两违”网格、医疗网格、消防网格完成网格信息化建设。全区共划分为380个社区网格，完成所辖64个村（居）、1156名网格员的网格划分工作。②数字城市管理平台。至年底，该平台已涵盖全区各类各级部门186个，受理事件59156万件。其中，市长专线8560件，“110”联动1586件，市数字城管12047件，区数字城管22653件，区官方网站和微信6729件，“两违”巡查4922件，社区（村）2628件，其他31件。③新媒体服务平台。2016年，集美区继“天下集美”微信公众号之后，打造又一新媒体平台——“人文集美”手机APP服务平台。该平台设置资讯、视听、游走、浔江潮4个栏目，以弘扬嘉庚精神、传递侨乡资讯、展现集美人文为宗旨，以最快速度传递当天新闻资讯，展现集美深厚人文底蕴，挖掘旅游服务资源，以图文并茂、视听兼容的方式，呈现老百姓最想了解的内容。④互联网+群防群治工作平台。2016年，集美区有群防群治队伍116支，包括义务巡防、专职巡防、保安公司、志愿者及其他队伍，共有专兼职人员1万名。该平台配备专业采集和工作设备，对专职群防群治人员进行网格化管理，整合公安户籍、计生、暂住、门禁、社工和群防群治队伍，共享采集多方数据，提升社会综合管理能力。

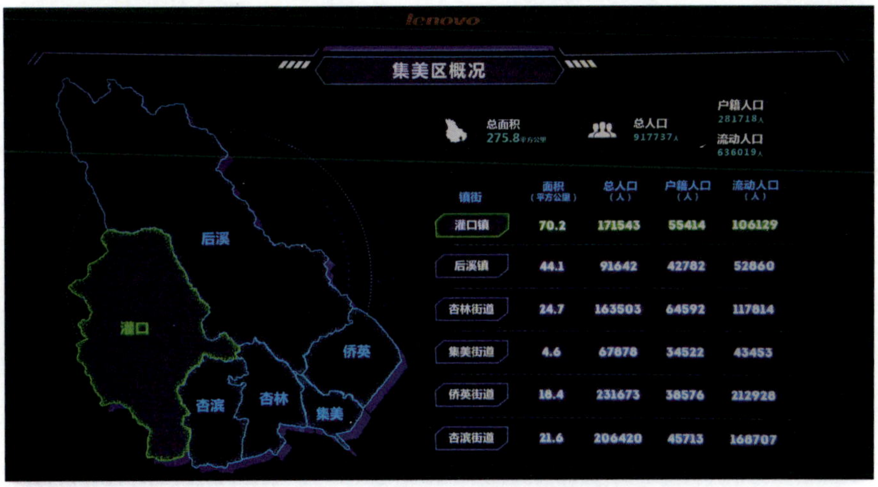

集美区公共信息服务平台

【门户网站运维】2016年，集美区坚持“平台化、一体化，共享性、协同性”原则，实行“统一平台、统一建设、分级管理”模式，推进网站群建设。区政府网站设置“走进集美”“信息公开”“办事服务”“民生集美”“公众参与”5个频道和英文版、繁体版、“厦门集美”官方微信平台（xmjmgov）、APP（人文集美）及移动门户网站。下设子网站130个、专题60个、栏目6636个，覆盖所有区级行政机关、镇（街）、社区（村）及部分企事业单位。全年发布文章147036篇，日平均点击率5600余人次。网站“在线访谈”栏目建于2011年12月，2016年举办“在线访谈”活动12期。“政民互动”栏目全年受理市民来函6721件，其中咨询类2779件、投诉类3408件、建议类534件，答复率100%。网站设有专业的客服人员和客服电话（0592-6074444），为群众提供公开、透明、高效的公共服务。

【信息应用示范建设】2016年，集美区继续做好信息应用示范建设工作。①数字家庭示范村建设。是年，该区出台政策，推动各通信营运商在田头、白石等村居开展“三全”小区、农村数字家庭示范村建设。②公共监控视频应用示范。依托公安视综平台和互联网，整合全区各类监控点、各单位数字移动单兵、车载视频等监控信号。各级财政投融资的监控点位以专网方式接入视综平台，社会投资的商家、小区监控点接入互联网平台。全年投入建设资金1.9368亿元，其中区级财政1.1亿元，镇街财政0.83亿元，用于新增建设视频监控摄像头2133个，基本可覆盖主要路口、街道、人口密集处。加强对北站内环及外环交通治安的监管，促成120套监控设备投入使用，安装人脸卡口、图像分析等系统。完成2000多条道路视频监控的规划、设计和建设工作，增加校园周边监控点位1000余个。③应急指挥中心资源整合应用。采用集约建设模式，依托原集美区合成作战指挥队伍，整合“110”联动、数字城管、网格化指挥中心，建设区级指挥中心。2016年，中心共有民警18人，区编外用工38人，参与指挥中心24小时运作。根据专项业务和分级管理原则，设置防汛抗旱森林防火应急指挥中心、执法局分级指挥中心和各镇（街）指挥中心。以区指挥中心为核心，调动和协助其他指挥中心的运作，实现有序运转和全流程信息化管理。

（黄世凤 谢茗）

软件园三期众创服务站（林志杰 摄）

软件园三期

【概况】2016年，集美区按照市委、市政府关于“加大软件园三期招商引资力度，尽快形成产业集聚态势”的要求，完善促进产业发展的管理服务模式，推进三期创新城区建设，打造特色示范园区，引进更多知名龙头企业落户。软件百强之一北京宇信、纽交所上市企业北京正保教育等一批龙头企业落户软件园三期。至年底，新增入驻企业182家，新增员工3717人；累计入驻企业320家，入驻企业员工7017人，全年营业收入75亿元。累计通过入园审核企业545家，核准面积257.4万平方米，落地企业注册资本32.86亿元，比2015年增长32%。

【园区配套服务】2016年，软件三期园区新增餐饮、便利店、诊所、咖啡饮品、健身中心等配套服务项目25项，新开通公交线路11条，累计有公交线路15条。同时，开通为企业员工定制的公交线路8条。全年投入使用公寓楼538套，举办政策宣讲、沙龙讲座、人才招聘等活动60场，吸引6000余人参加。

【打造创新城区】2016年，软件园三期园区新设“创+”驿站、众创服务站、“创+”会议中心，延伸“创+在线”服务。在园区现有9家众创空间的基础上，与中国智能穿戴联盟、北京华体电竞、斯玛特三维技术、厦门VR协会、卓翼智造空间、台湾自由软体创业基地、中国青年创业基地等单位对接，打造集新潮电子信息产品、文创工作室、动漫游戏、电竞等主题的数字文创商圈。（黄世凤）

信息产业

【概况】2016年，集美区政府与厦门火

炬高新区管委会联合制订《关于鼓励软件和信息服务业发展奖励暂行办法》及申报细则，对信息安全、动漫游戏、电子商务、智慧城市及行业应用、集成电路设计、移动互联六大重点领域的企业，在装修补贴、营收奖励、增量奖励、人才奖励和研发奖励等方面进行扶持。是年，全区共有限额以上软件信息服务业企业 15 家，实现营业收入 48.85 亿元，同比增长 100.37%；规模以上电子工业企业 27 家，完成工业产值 119.23 亿元，同比增长 8.7%，占全区工业总产值的 14.23%。其中，产值 10 亿元以上的企业有宏发电声、TDK、宸展光电 3 家，产值分别为 22.16 亿元、20.10 亿元、10.03 亿元。

4 月 24 日，阿里云“创客 +”落户软件园三期。图为签约仪式（郭妮妮 摄）

【产业集聚雏形初具】至 2016 年年底，软件园三期首个自建项目雅马哈信息研发大楼完工并搬迁入驻。中国移动手机动漫基地、中国电信海峡通信枢纽中心、中国数码港海西运营中心、罗普特科技园、网宿科技股份研发中心、吉比特集美园等在建项目进展顺利。咪咕动漫有限公司、厦门雷霆信息技术有限公司、厦门一品威客网络科技有限公司、厦门市东东东电子商务有限公司、厦门路桥信息股份有限公司、厦门集微科技有限公司、厦门易贝城网络科技有限公司、福建长潮信息科技股份有限公司、厦门物之联智能科技有限公司、厦门巨创科技有限公司、厦门鑫沛榕通信息技术有限公司、福建宏腾达信息科技有限公司、盛发电力科技（厦门）等规模以上软件信息企业营业收入快速增长，产业集聚效应突显。

【企业年度获奖】2016 年，厦门宏发电声股份有限公司再次入围中国电子信息百强企业榜，位列第 98 位。罗普特（厦门）科技集团有限公司、厦门蓝斯通信股份有限公司入选福建省科技小巨人计划。咪咕动漫有限公司通过国家动漫企业认定。厦门雷霆信息技术有限公司出品的《问道手游》荣获“金翎奖”的最佳原创移动游戏奖。

【吉比特公司深耕客户端游戏市场】吉比特是一家专业从事网络游戏创意策划、研发制作及商业化运营的国家级重点软件企业，成立于 2004 年。2015 年，吉比特集美园落户软件园三期，注册公司为厦门雷霆信息技术有限公司。吉比特深耕客户端游戏市场，成功研发出《问道》《斗仙》等多款立足于中国传统文化的客户端游戏。《问道》2016 年 4 月开测首日即登 AppStore付费榜第一位，5 月位列全球iOS 收入榜第九位。吉比特积极拓展产品结构，推出集换式卡牌网页游戏《乱战》、模拟经营与冒险战略手游《地下城堡》、回合制策略探索手游《不思议迷宫》、基于虚拟现实设备（VR）的游戏等多款产品，用户遍及中国、日本、印尼、马来西亚、韩国、美国、加拿大等多个国家。

【罗普特公司落户软件园三期】罗普特是一家专业从事社会公共安全事业的高科技企业，为国家重点高新技术企业、福建省骨干软件企业、厦门市重点上市培育企业、全国十大安防品牌之一、中国安防五十强之一，获机密级军工企业认证。2016 年，该公司落户软件园三期，在园区建设罗普特（厦门）科技园，项目用地面积 26721 平方米，总建筑面积 82749 平方米，项目总投资 9.25 亿元。（黄世凤）

商贸服务与旅游业

商贸服务业

综　述

【概况】2016年，集美区商贸市场繁荣，社会消费稳定增长。全区完成批发零售贸易业销售总额308.52亿元，同比增长19.8%，增幅位居全市第三位。其中，限额以上商品销售额191（176.71）亿元，同比增长26.57%，增幅位居全市第三位；住宿餐饮业营业额25.26（6.7）亿元，同比增长11.6%，增幅位居全市第一位。社会消费品零售总额124.11亿元，同比增长12%，增幅居全市第三位，其中批发零售贸易业销售总额104.27亿元、住宿餐饮业19.84亿元。

【商圈布局】2016年，集美区"一心四片"的城市框架基本形成。集美新城中影星美、华谊兄弟电影中心等相继开业，商业配套不断完善；传统商圈逐步升级转型，形成以集源路为中心的集美传统商圈、以万科里为中心的杏东商圈、以欣融泰和杏西广场为中心的杏西商圈、以凤泉商业广场为中心的灌口商圈，规模化、组织化、信息化水平逐渐提高。同时，大力培育新型商圈，引进厦门王府井购物中心充实北站片区商贸业态，推动国贸商城（美岁天地）建设、招商，丰富嘉庚体育馆周边商贸服务业配套。杏林湾商务营运中心、北站营运中心、创业大厦等总部经济集聚区建设与招商工作稳步推进。至年底，北大青鸟、东娱传媒、好慷在家等企业相继进驻办公，累计吸引500多家企业、近万名员工入驻。其中，杏林湾营运中心入驻企业349家；厦门北站商务营运中心引入企业147家，入驻企业55家；创业大厦引入企业39家，入驻企业39家。

【零售业态】2016年，集美区进一步完善零售业态，以中型购物中心、仓储式商场、中型百货商店、社区型购物中心、大型综合超市、中型超市、生鲜超市、便利店以及各类专业店、专卖店等业态优势互补、互为特色的商贸流通格局逐步成熟。10月，杏林万科里社区型购物中心开业，营业面积2.7万平方米，辐射杏东生活区。国贸商城美岁天地建成招商，引进大润发、大地影院、宝乐迪等商家，嘉庚体育馆周边商业配套进一步提升。IOI棕榈城、中交•和美新城、新城际广场等综合体建设进展顺利。引进厦门王府井购物中心入驻圣果院商业中心，带动北站片区的商业繁荣。实施社区便民服务工程，推进社区连锁便利店建设，新增中交和美新城店、杏南中学店、龙湖嘉誉二店、悦士九天湖六里店、橡树湾三期店5家见福便利店，见福便利店累计34家。

2016年集美区重点批发零售企业主营业务收入情况表

表22　　　　单位：亿元

企业名称	主营业务收入	企业名称	主营业务收入
住重中骏（厦门）建机有限公司	10.34	厦门闽亿源工贸有限公司	5.81
厦门厦工国际贸易有限公司	9.10	厦门森那美信昌机器工程有限公司	4.08
厦门建发凯迪汽车有限公司	8.78	—	—

（戴燕婷）

【新兴服务业态】2016年，集美区加快落实商务部提出的"互联网+流通"行动计划，大力发展电子商务，推动商贸领域线上线下融合发展，东东东、一品威客、中商惠民等电商企业业务快速拓展，悠度、知足等网络零售企业逐步壮大。至年底，全区纳入统计的电子商务应用企业54家，同比增长42%；实现交易额32.85亿元，同比增长26.2%；实现营业收入87.5亿元，同比增长37.9%。支持家政服务业与互联网深度融合，引进好慷在家专业家政服务平台企业，填补家政服务业市场空白；成立集美区服务贸易与服务外包领导小组，服务外包产业起步发展。至年底，集美区服务外包执行额439.33万美元，同比增长87.73%；离岸执行额234.03万美元，同比增长26.19%，成功引进东娱（福建）文化传媒有限公司。

【住宿餐饮业】2016年，集美区住宿餐饮业营业额25.26亿元，同比增长11.6%，增幅位居全市第一位。年底，共有宾馆饭店102家，客房7755间，床位11849张。其中，当年新增住宿单位19家，客房808间，床位1148张；星级饭店7家，客房1117间，床位数1772张；非星级酒店95家，客房6638间，床位10077张。是年，宾馆饭店共接待277.6万人次，比上年增长41.37%。

2016年集美区限额以上住宿餐饮法人企业经营情况表

表23　　单位：万元

指标名称	法人企业个数	年末从业人员数	营业额（万元）	客房数（间）	床位数（个）	餐位数（位）	年末餐饮营业面积（平方米）
总计	27	4206	67045	3018	4756	28933	77109
一、住宿业	16	1853	36407	2954	4643	6793	36755
1. 按住宿行业分							
旅游饭店	10	1640	32089	2299	3667	5490	25542
一般旅馆	5	183	3866	534	844	1303	11213
其他住宿业	1	30	452	121	132	—	—
2. 按登记注册类型分							
内资企业	16	1853	36407	2954	4643	6793	36755
国有企业	3	545	12581	787	1255	2000	10548
有限责任公司	6	435	8585	796	1190	2293	18262
私营企业	7	873	15241	1371	2198	2500	7945
3. 按控股情况分							
国有控股	4	582	14037	875	1412	2800	20548
私人控股	10	1201	21631	1877	2987	3893	15907
其他	2	70	739	202	244	100	300
4. 按经营形式分							
独立门店	11	1311	26675	2222	3608	4890	32688
连锁门店	3	77	1672	380	564	103	213
其他	2	465	8061	352	471	1800	2354
5. 按单位规模分							
大型	1	398	10528	641	986	1000	8548
中型	4	964	18005	1022	1617	3790	15694
小型	11	491	7875	1291	2040	2003	12513
6. 按星级分							
五星	1	435	7609	231	339	1800	3854
四星	1	115	2920	316	509	170	1666
三星	3	165	3439	234	398	1400	11000
其他	11	1138	22440	2173	3398	3423	20235
二、餐饮业	11	2353	30638	64	113	22140	40354
1. 按餐饮行业小类分							
正餐服务	10	2239	28191	64	113	21980	40154
快餐服务	1	114	2447	—	—	160	200
2. 按登记注册类型分							
内资企业	11	2353	30638	64	113	22140	40354
国有企业	1	455	6772	—	—	12660	9900
有限责任公司	5	430	9903	—	—	6770	16300
私营企业	5	1468	13962	64	113	2710	14154

续表 23

指标名称	法人企业个数	年末从业人员数	营业额（万元）	客房数（间）	床位数（个）	餐位数（位）	年末餐饮营业面积（平方米）
3. 按控股情况分							
国有控股	2	521	7958	—	—	17660	19900
私人控股	9	1832	22680	64	113	4480	20454
4. 按经营形式分							
独立门店	6	1462	13007	64	113	3660	16754
连锁总店	1	63	3464			140	2700
连锁门店	2	307	6209	—	—	680	1000
其他	2	521	7958	—	—	17660	19900
5. 按单位规模分							
中型	5	1948	22267	—	—	14940	21400
小型	6	405	8371	64	113	7200	18954

（张岳俊）

2016 年集美区星级酒店接待情况表

表 24

酒店名称	星级	客房数	床位数	接待情况（人天数）
厦门北海湾万达嘉华酒店	五星	219	296	83369
厦门日东花园酒店	四星	212	340	67799
明珠海湾大酒店	四星	319	514	110738
厦门山水宾馆	三星	132	245	30947
杏花村酒店	三星	87	131	17055
华舒酒店	三星	68	98	17808
集美大学国际学术交流中心	三星	80	148	32289
合计	—	1117	1772	360005

【现代物流】 2016 年，集美区依托集美物流园、厦门北站片区和前场铁路大型货场，推进物流服务载体及重点项目建设，重点发展冷链物流、汽车物流和电商物流，已形成以旺墩冷储、源香冷储为主的冷链物流集群和以航空港物流、建发物流为主的集汽车配送、销售、售后服务为一体的汽车物流链。12 月 31 日，厦门车管所迁至后溪。随着车管所的搬迁和厦门汽车物流中心建发二手车交易市场建设加快推进，厦门汽车市场将向集美区转移，带动集美汽车商圈和商贸物流业发展。2016 年，汽车 4S 店销售收入 26.02 亿元。电商物流取得新进展，电商谷项目一期总建筑面积 12 万平方米的 26 栋大楼主体建成，年度完成投资 5710 万元；海翼工业物流中心项目一期、嘉晟供应链项目一期竣工试投产，年度完成投资 7450 万元。

【商贸发展环境】 2016 年，集美区相继出台《集美区鼓励商贸业发展扶持办法》《关于促进商贸物流业灾后恢复生产的若干意见》，扶持企业做大做强，促进商贸业持续健康发展。是年，根据《集美区鼓励物流业发展奖励办法》，奖励物流企业 110.93 万元；根据《集美区促进电子商务发展试行办法》，发放电商企业补贴 123.12 万元；根据《厦门市人民政府关于印发促进电子商务发展若干措施的通知》，指导 6 家企业申报市级电商发展政策扶持资金 242.75 万元。

【商贸安全生产】 2016 年，集美区推进商贸企业安全生产标准化创建，有 42 家商贸企业安全标准化达标。其中，三级达标商贸企业 22 家，小微达标企业有佳和乐商贸有限公司集美店等 20 家。开展重大节假日期间商贸安全专项检查、安全生产月活动，全年共出动督查人员 535 人次，检查商贸企业 486 家次，对商场安全标识、电梯安全使用、消防安全等进行督查，未发现重大安全隐患。

【打击侵权假冒】 2016 年，集美区打击侵犯知识产权和制售假冒伪劣商品工作领导小组办公室协调有关职能部门，开展联合执法检查和集中宣传活动。全区各行政执法部门共出动执法人员6499人次，检查生产经营单位3552家次。打击虚开发票案件2起、虚开增值税专用发票的犯罪窝案1起，窝案涉案金额27亿元，查获假烟334件、烟丝1.9吨，案值414.17万元。公安机关立案89起，破案89起，核查并查实参与集群战役3起，捣毁制假窝点28个，逮捕9人，起诉7人。辖区无因侵权假冒大案要案引发群体性事件发生。

【酒类市场管理】2016年，集美区酒类行业监督管理工作，在梳理完善行政监督检查权力清单的基础上，建立“双随机”抽查机制，坚持日常监管与集中整治相结合，依法依规开展酒类流通行业监督管理，落实酒类经营者备案登记制度和随附单制度，发放“请勿向未成年人售酒”警示标识，推广应用厦门市“酒管系统”。全年新增备案登记经营者157家，累计办证1971家，发放各类宣传资料1170余份，出动执法人员680人次，检查酒类经营单位980家次，处置投诉3起。（戴燕婷）

粮食贸易

【概况】2016年，集美区粮油市场继续呈现购销两旺的态势。粮食企业购入粮食29.5万吨（原粮，下同），其中从省外购进20万吨；支出粮食29万吨，其中口粮销售18.5万吨、工业用粮1.1万吨、饲料用粮5.9万吨，期末社会库存粮食2.5万吨。食用植物油经营企业购进食用油9890吨，销售9780吨。粮食和食用油价格均略有上涨。

【粮食产销协作交流】2016年6月18日，厦门市粮食局第二分局组织集美区金香穗米业公司等5家粮企，参加省粮食局在福州市举办的第十二届九省粮食产销协作（福建）洽谈会、第十五届福建省内产销区粮食产销协作洽谈会和粮油产品及设备技术展，签订粮食产销协作意向书，协议购粮27万吨，其中省内6万吨、省外21万吨。全年实际从省外购进粮食20万吨，其中国有粮食购销公司购进1万吨，用于储备粮轮换。

【储备粮管理】2016年，集美区粮储企业坚持绿色储粮和节能减排理念，利用无公害杀虫灯物理防治诱杀储粮害虫，减少化学药剂熏蒸，达到节约储粮成本，延缓储备粮品质劣变。继续开展应用食品级惰性粉防虫实验等储粮技术创新和技术攻关，提升储备粮管理水平。坚持季度储备粮库存检查制度和月度应急成品粮库存检查制度，做到“有仓必到”“有粮必查”。经查，辖区储备粮实物（含应急成品粮）库存账账相符、账实相符，质量符合国家粮食质量标准中等以上质量要求，粮食安全得到有效保障。

【粮食流通监督检查】2016年，粮食二分局对辖区粮企下达最高、最低库存量指标。配合市粮食局、市粮油质监站，开展辖区季度粮食质量检查考评工作，协助抽检各类粮油6批次、样品18份，受检样品合格率100%。金香穗米业公司继续保持国家粮食行业协会授予的“全国放心粮油示范企业”称号，盛宝粮油公司继续保持福建省粮食行业协会授予的“福建省放心粮油示范企业”称号。

【爱粮节粮和粮食安全宣传】2016年5月20日，粮食二分局在杏滨街道中铁时代家园小区举办粮食科技活动周暨“放心粮油进社区”活动，发放爱粮节粮宣传手册600册。6月24日，在海沧区法制文化公园举办食品安全周、安全生产月宣传暨“放心粮油进社区活动”，利用广场LED大显示屏滚动播放《粮足民安》宣传片，现场发送“安全生产”和“爱粮节粮”宣传单（册）600份；组织10多家粮油企业现场销售名优粮油产品，提供便民服务。10月16日，在集美区（杏林）文体中心广场举办纪念第36个“世界粮食日”暨“放心粮油进社区”活动，以及配合市局做好2016“厦门十大好米”评选活动，宣传科学用粮和粮食安全知识，现场发送宣传单（册）1000份。金香穗米业公司继续保持国家粮食局和教育部授予的“全国爱粮节粮教育社会实践活动基地”称号。（余智毅）

烟草专卖

【概况】2016年，集美区烟草专卖局（分公司）累计销售卷烟5.28万箱，同比下降1.6%；实现销售收入13.65亿元，同比增长3.94%；税利4.56亿元，同比增长10.46%。查处各类违法案件189起，破获国标网络案件2起，查获违法卷烟86.35箱、烟丝1.9吨，拘留涉案嫌疑人8人，逮捕7人，判刑11人。

【卷烟营销】2016年，区专卖局（分公司）以稳定卷烟销量和提升客户满意度为目标，从市场状态出发，挖掘辖区新建工程和新型商圈周边市场潜力，加大新品卷烟上柜宣传力度，开展“豪迈起航”“好运相随，厦门欢迎你”“红色五月”“走遍天下难忘厦门”“你有喜事，我添祝福”“引爆沁凉”等主题营销活动和高端酒会跨界营销活动，提升卷烟销售结构。引导客户建立“主导规格3个、护卫规格3个、辅助规格N个”的梯形品类结构，形成高价位多样化、中价位个性化、低价位共性化的格局，满足市场需求。在全区推广“一人一商圈、一部一标杆、一片一明星”建设工作，打造精品商圈13个、明星终端23户，提升现代零售终端影响力。探索区域价格自律模式，通过客户自律和互相监督的方式，维护零售客户盈利水平。以市场分析报告和课题研究为抓手，收集精益营销合理化建议18条，开展现场服务改善项目 3 个，完成“微”课题 14 个，培养营销人员文字表达、数据分析、发现问题和解决问题的能力，着力提升营销队伍素质。

【市场监管】2016 年，区专卖局（分公司）坚持分类关注、突出治理，确保市场管控无盲区。突出真烟流动整治，开展“百日行动”“清网打非”等专项整治行动 4 次，查获 5 万元以上真烟案件 2 起，案值 26.08 万元；突出重点区域整治，不定期对鳌园景区、厦门北站等重点区域进行明察暗访和错时检查，遏制售假售私行为；突出物流运假整治，与公安、邮政、物流办建立案件协查联动机制，加大对违法涉烟物流快递行为的惩戒力度，全年共查处无证运输案件 11 起，其中破获“1•18”物流运假案件，并将案件运作成为涉及 9 个以上省市、涉案金额超 5000 万元的重大案件；突出无证经营整治，加大对无证户的宣传和查处力度，全年共查处无证案件 101 起，占全年查处案件的 53%；突出网络售烟整治，携手公安部门走进集大、华大等高校，开展“创业有道，向网络售烟说不”专题宣传活动，并成功破获第一起微信销售走私烟案件，查获违法卷烟 33 条。

【打假综治网格化防控体系建设】2016 年 4 月，集美区委、区政府制订并下发《集美区开展打击制售假烟综合治理工作实施方案》，将卷烟打假工作纳入社会管理综合治理范畴，建立区、镇（街）、村（居）三级联动的卷烟打假综合治理机制。将卷烟打假工作责任分解到各个村（居），发挥治安协管员、综治网格员、土地巡查员、安全监督员、护林防火员的作用，加强网格化巡查，建立“以网定格、以格定责、以责定人”的打假防控责任机制。梳理分析辖区历年打假数据，结合辖区环境特点，确定风险影响因素 11 个，综合运用层次分析法、两两比较法、专家评分法等方式，构建辖区网格风险等级评估数理模型，通过风险等级划分，实现“覆盖性”排查到“分类性”排查的转变，提高制假窝点排查的准确性。2016 年，实现辖区内卷烟制假案件零发案。（李佳玮）

2016 年集美区限额以上批发和零售法人企业情况表

表 25　　单位：万元

指标名称	法人企业数（个）	年末从业人员数(人)	商品购进额（万元）	商品销售额（万元）	年末商品库存额(万元)	年末零售营业面积（平方米）
合计	165	5969	1588542	1767149	194810	160561
一、批发业	122	3133	1252880	1365071	154838	11430
农林牧产品批发	10	90	96977	114614	15225	
食品、饮料及烟草制品批发	1	8	14853	16888	628	
纺织、服装及家庭用品批发	26	725	140788	174099	11236	4760
文化、体育用品及器材批发	4	128	22074	23212	2108	
医药及医疗器材批发	3	182	24704	27973	3165	2200
矿产品、建材及化工产品批发	43	667	476784	474579	46789	850
机械设备、五金交电及电子产品批发	35	1333	476701	533706	75688	3620
二、零售业	43	2836	335662	402078	39972	149131
综合零售	5	161	8093	8535	2874	11119
食品、饮料及烟草制品专门零售	1	192	1696	6988	226	11145
纺织、服装及日用品专门零售	1	785	32673	60910	12046	54980
医药及医疗器材专门零售	3	299	11114	15980	2013	7601
汽车、摩托车、燃料及零部件专门零售	23	1054	262128	286232	18868	60791
家用电器及电子产品专门零售	2	122	3273	3352	1467	220
五金、家具及室内装修材料专门零售	4	133	11822	13674	1592	3175
货摊、无店铺及其他零售业	4	90	4863	6407	88	100

对外和港澳台贸易

【概况】2016 年，集美区有进出口实绩的企业 842 家，其中出口有实绩的企业 747 家，进口有实绩的企业 467 家。全年进出口总额 374.23 亿美元，同比增长 0.3%，高于全市水平 1.8 个百分点，增幅位居全市第三。其中，出口总额 313.64 亿美元，同比增长 0.5%；进口总额 60.59 亿美元，同比下降 1%，增幅分别位居全市第二位和第三位。一般贸易出口总额180.5亿美元，同比增长8.39%，占全区出口总额的57.55%；加工贸易出口总额133.1美亿元，同比下降8.51%，占全区出口总额的42.44%。美国仍然为集美区主要出口市场，出口贸易额121.2亿美元，同比增长6.58%，占全区出口总额的38.64%；其次为日本、德国和中国香港、台湾地区，出口额均在10亿美元以上，同比均有所下降。

【出口信保助力外贸发展】2016年，区政府继续与厦门出口信用保险公司合作，按照“政府牵头、信保支持、企业获益”的模式，发挥出口信保政策性功能，在风险补偿、保障业务、支持融资、助力小微企业等方面，为出口企业构筑防范风险屏障，并加大对投保企业出口信用保险费、资信调查费的扶持力度。全年参加出口信保企业120家，同比增加22家，其中投保小微企业40家，同比增加9家，累计投保出口金额18.51亿美元，同比下降6.28%，占全区出口总额约37.7%。是年，新增受理可损案件40宗，可损金额1858.56万美元，处理完结并赔付案件15宗，赔款总金额736.15万美元，支持元保、信华、涌泉、大金龙等企业通过出口信用保险融资平台实现融资2100万美元，提供海外买家资信调查超过2000份。103家次企业获得出口信用保费、资信调查费财政补贴1314.94万元。

2016年集美区重点外贸企业进出口情况表

表26　　单位：亿美元

企业名称	进出口总额	其中	
		出口额	进口额
厦门TDK有限公司	20.55	15.86	4.69
厦门金龙联合汽车工业有限公司	19.23	17.51	1.72
厦门宏发电声股份有限公司	15.70	14.07	1.63
厦门海莱照明有限公司	7.13	6.24	0.89
际诺思（厦门）轻工制品有限公司	12.96	12.02	0.94

（戴燕婷）

物流园区

【概况】2016年，集美区继续推动前场铁路大型货场、集美物流园和厦门北站片区建设，取得实质进展。其中，厦门前场铁路大型货场12月30日开通运营；集美物流园水电路等配套设施进一步完善，电商谷、海翼工业物流、嘉晟供应链、典泰新兴一期试投产，百世物流、顺丰快递、优速等40多家企业入驻运营，中马（普洛斯）进场施工，全年完成固定资产投资2.68亿元；厦门北站片区汽车物流中心建设进展顺利，厦门车管所12月31日迁入，14家4S店建成开业，恒晋雷诺等5家4S店在建，1号整车仓储体结构验收完成，公共服务中心完成主体施工。

【前场铁路货场一期开通运营】为续建项目。横跨集美、海沧两区，总投资70亿元以上，规划面积353.33公顷。2016年，铁路作业区一期工程累计投资约15.6亿元，前场二站4条站线，铁路作业区9条场线和联络线，6万平方米仓库，年作业能力30万标箱的集装箱作业区，年吞吐能力100万吨的长大笨重作业区建成，12月30日投产运营，标志着厦门铁路货运发展实现新跨越。铁路作业区二期完成交付土地的场平施工。物流功能区需收储土地108.67公顷，至年底累计完成80.47公顷。其中，集美区应征收土地74.27公顷，完成交地；应征迁房屋52幢，完成拆迁51幢。2016年计划投资3.2亿元，实际完成投资3.57亿元，累计完成征地拆迁、市政道路（一、二、三期）、场平及绿化、综合管线等工程投资近8.55亿元。其中，场平工程基本完成；市政道路一期、二期分别完成工程总量的90.5%和81.2%；市政道路（三期）、供电、村庄改造及园区绿化等园区配套项目正在办理建设前期手续；一期启动项目于2016年8月进场开工。

【集美物流园一期试投产】为续建项目。园区总面积170.2公顷，一期挂牌出让用地面积48.9公顷，六个项目落户，分别为：厦门嵩海国际货运代理公司，计划投资2亿元建设典泰新兴海峡物流园，占地面积3.67公顷；厦门中马进出口有限公司，计划投资4亿元建设中马（普洛斯）冷链物流园，占地面积5.67公顷；电商谷（厦门）发展有限公司，计划投资10亿元建设厦门电商谷，占地面积12.5公顷；厦门金龙汽车物流有限公司，计划投资1.3亿元建设海翼工业物流中心，占地面积5公顷；厦门市嘉晟对外贸易有限公司，计划投资4.9亿元建设嘉晟供应链，占地面积18.99公顷；顺通达集团有限公司，计划投资0.95亿元建设顺通达农副食品仓储物流基地，占地面积3公顷。至2016年年底，电商谷、海翼工业物流、

集美物流园一期工程（颜志伟 2016年12月摄）

2015年12月，一期工程竣工，2016年5月完成验收。一期建筑面积11.4万平方米，其中27号楼4层4737平方米、28号楼4层4765平方米，用于园区餐饮配套。签约电商、物流、电商第三方配套服务等企业65家，实际入住企业10多家。

【海翼工业物流中心一期竣工】 海翼工业物流中心位于集美物流园区，占地面积5公顷，建筑面积5万平方米，总投资1.3亿元，分三期实施。一期工程建筑面积0.8万平方米，投资额0.42亿元，2015年5月竣工投入使用，由厦门众诚百川物流有限公司租赁试运营。

嘉晟、典泰新兴一期试投产，二期加快推进中；中马（普洛斯）进场施工；百世物流、顺丰快递、优速等40多家企业入驻运营。园区水电路等配套设施逐步完善，给水工程于2015年完成从西滨路引至前潮路的DN800给水管建设，2016年完成前潮路、杏美路、浦林路给水管道敷设，正在办理通水事宜。电力建设工程于2015年完成4号开闭所建设，建筑面积160平方米，二进十二出，其中中亚变至4号开闭所通电，灌南变到4号开闭所预计2017年通电；园区内浦林路电力管沟完工，电商谷、嘉晟供应链、中马冷链物流园正式用电；杏美路、前潮路电力管沟于2016年11月1日进场施工。市政道路工程，至2016年年底，浦林路基本满足企业建设施工需要，杏美路、前潮路主车道基本建成。（周益敏）

物流企业

【概况】 2016年10月10日，集美区出台《关于促进商贸物流业灾后恢复生产的若干意见》，推动"莫兰蒂"风灾后商贸物流企业恢复重建工作。是年，根据《集美区鼓励物流业发展奖励办法》，奖励金龙汽车物流、德邦运输、锦园物流、杏林永顺4家企业110.93万元。集美区重点发展冷链物流、汽车物流、电商物流和公铁联运，现代物流业快速发展，现代物流服务体系初步形成。全区有物流企业400多家（不含寄递企业204家），年纳税总额10万元以上的有44家，年纳税总额合计3987万元，区级税收合计964万元。其中，年纳税百万元以上10家，合计2930万元；区级税收百万元以上有全程德邦、德邦运输、联冠和金龙汽车物流4家，合计428万元。是年，纳入统计的有17家，年营业收入合计12.28亿元，同比增长6.97%，其中亿元以上的物流企业有全程德邦（5.4亿元）、杏林永顺（1.3亿元）2家。国家4A级企业有金龙汽车物流、中港物流2家，国家3A级企业有锦集物流、旺墩冷冻仓储、联冠物流和杏林永顺运输4家。市级重点物流企业有全程德邦、金龙汽车物流、联冠物流3家，市级重点物流项目有电商谷、嘉晟供应链、海翼工业物流中心、宏谦储存配送中心、中马冷链物流园5个。

【厦门电商谷一期竣工】 厦门电商谷位于集美物流园区，占地面积12.5公顷，建筑面积28万平方米，总投资10亿元。

【嘉晟供应链物流基地一期验收】 嘉晟供应链物流基地位于集美物流园，占地面积19万平方米，一期建筑面积4.7万平方米，投资额1.5亿元；二期约18万平方米，投资3亿元。2016年底，一期工程通过结构验收，拟由顺丰、优速等18家物流企业租赁。二期工程办理前期手续，并与德邦、百世汇通洽谈租赁，配套建设1万平方米倒班宿舍和餐饮区。

【典泰新兴海峡食品物流园试产】 典泰新兴海峡食品物流园位于集美物流园区，占地面积3.7万平方米，建筑面积3.6万平方米，总投资8000万元，全部由百事汇通租赁。2016年10月，7500平方米办公生活配套楼房和1.1万平方米1号仓完成主体验收，11月投入试生产。1.6万平方米2号仓（4层）在建。

【厦门汽车物流中心建设】 2016年，厦门汽车物流中心建设进展顺利。兆翔临港置业项目占地面积19.44万平方米，计划总投资8.8亿元，年内完成投资10678万元，累计完成投资56848万元，一汽大众、上海大众、新成功瑞集、信达克莱斯勒、信达JEEP、信达菲亚特、信达福特、比捷长安、比捷铃木、长安汽车、万国长城、宝骏汽车、五菱汽车13家4S店建成开业。2号整车仓储及汽配城完工并投用，1号整车仓储主体结构完成验收，11号地块公共服务中心主体施工结束。建发项目由汽车4S店和二手车交易市场两大部分组成，占地面积7.73万平方米。其中，汽车4S店占地面积3.23万平方米，规划建4S店4个，进口大众、凯迪拉克、捷豹路虎3个4S店业建成，完成投资约6500万元。二手车交易市场项目总投资6亿元，用地面积4.5万平方米，总建筑面积14.7万平方米，建设用地落实，并完成项目设计方案，进入审批立项阶段。

【厦门宏谦物流中心竣工】厦门宏谦物流中心位于孙坂路与福厦铁路交叉处，占地面积9.33万平方米，总建筑面积20万平方米，总投资5.5亿元。2016年，区域性仓储中心、生产物料分拨配送中心、生活消费品分拨配送中心、大型商业中心（大卖场、专业市场）和综合服务中心竣工，由万科控股51%，业态待定。

2016年度集美区纳税百万元以上物流企业纳税情况表

表27　　单位：万元

企业名称	年纳税额	区级税收	企业名称	年纳税额	区级税收
厦门全程德邦物流有限公司	631	124	德邦（上海）运输有限公司厦门分公司	360	104
厦门金龙汽车物流有限公司	433	100	泉州顺路物流有限公司厦门分公司	192	31
厦门市杏林永顺运输有限公司	265	70	厦门峰砾物流有限公司	154	40
厦门勇腾仓储有限公司	155	51	厦门迅一物流有限公司	143	37
厦门锦园物流有限公司	147	37	合计	2931	694
联冠物流（福建）股份有限公司	451	100	—	—	—

（周益敏）

旅游业

综　述

【概况】2016年，集美区编制《集美区“十三五”旅游业发展规划》，开辟“嘉庚味+国际范”全域旅游新模式，举办世界旅游小姐中国赛区总决赛、首届国际集美节、世界气球艺术节、集美草莓音乐节、“集美泡泡之旅”大型欢乐跑、集美新城荧光夜跑等大型品牌活动，旅游业快速发展。全区共接待游客1003.3万人次，同比增长58.41%；其中过夜游客277.6万人次，同比增长41.37%；景区接待游客725.7万人次，同比增长66.08%；旅游收入50.4亿元，同比增长38.80%。

【世界旅游小姐大赛中国赛区总决赛】2016年5月6日，全球五大选美赛事之一的世界旅游小姐中国赛区总决赛在厦门园博苑举行。本次世界旅游小姐大赛中国区总决赛作为第十二届海峡旅游博览会重要配套活动，由厦门市旅游局、集美区政府支持，厦门市天下集美文广传媒有限责任公司和世界旅游小姐（MTW）中国区组委会联合主办。大赛以“集众美于集美”为主题，设置泳装、时尚装、晚礼服、新中装四个主题秀场，寓意“海纳百川”“爱拼敢赢”“礼貌好客”“庄重大方”。经过大赛评委评选，来自福建的一号选手王雨从22名入围总决赛的候选佳丽中脱颖而出，摘取桂冠。

5月6日，世界旅游小姐大赛中国赛区总决赛在园博苑举行。图为冠军王雨上台领奖。（林志杰 摄）

12 月 20 日，“集美新城荧光夜跑”获 2016 年度中国十佳节庆活动奖。（林志杰 摄）

【“嘉庚味＋国际范”全域旅游新模式】2016年，集美区贯彻“创新、协调、绿色、开放、共享”五大发展理念，开辟“嘉庚味＋国际范”即“品牌活动＋旅游体验＋刷朋友圈”全域旅游新模式。通过整合区内景区、酒店、活动的资源，串联岛内外，推出首届国际“集美节”、中国（集美）世界气球艺术节、让“美，JI 在一起”等活动，举办国际草莓（厦门集美）音乐节、国际阿尔勒（厦门集美）摄影节、“咪咕年度盛典”等大型主题活动，为游客提供吃、喝、玩、乐、住“一条龙”贴心化服务。国庆黄金周，全区平均每天吸引游客 10 万人，接待总量超过 70 万人次，比 2015 年增长 70%，具有闽南文化特色的老院子景区同比增长超过 300%。

【厦门首届国际集美节】2016 年 11 月 28 日，2016 厦门首届国际集美节正式启动。本届集美节以“美，JI 在一起”为活动主题，以“中国最美侨乡、生态人文集美”为主题定位，把嘉庚精神和华侨文化、现代闽南文化、集美学村文化有机融合，举行集美新城荧光夜跑、世界大学生三对三篮球联赛、厦门（集美）草莓音乐节、“中国杯”赛艇多人艇公开赛暨中国赛艇大师赛等活动，吸引了 23 个国家的众多知名企业代表、表演艺术家，100 余名国际大学生，1000 余名全国各地的专业体育运动员和数十万中外游客。首届国际集美节打造“嘉庚味＋国际范”的集美模式，将各大景区、集美节系列活动、产品路线、集美产业串珠成线，实现集美旅游资源的全域融合。

【世界气球艺术节】2016 年 10 月 1—7 日，2016 中国（集美）AEMI 世界气球艺术节在集美新城市民广场城市展览馆举办。此次气球艺术节使用气球 40 万个，由来自全球 20 多个文化都市的 100 位国际气球艺术家合作，打造以“古老中国迎接世界未来”为主题的气球艺术展。同时，还举办世界气球艺术史上的第一次气球艺术城市大巡游。国际气球艺术家与音乐家、舞蹈演员、艺术模特以及 400 名志愿者组成 36 个方阵，以 30 个风格各异的气球艺术造型群，展示卡通王国、动物世界、蔚蓝海洋、时尚与未来、集美之美等世界艺术主题。此次世界气球艺术节向吉尼斯世界纪录委员会申请“世界最大气球艺术展”——全球规模最大、面积最大、气球最多的现场认证，将打造属于厦门集美的吉尼斯世界纪录。

【厦门（集美）草莓音乐节】10 月 29—30 日，2016 厦门（集美）草莓音乐节在厦门园博苑举办。本届草莓音乐节由厦门市天下集美文广传媒有限责任公司与北京摩登天空文化发展有限公司联合主办，厦门广播电视广告有限公司、厦门海天建旅传播顾问有限公司、厦门市天视文化传媒股份有限公司、上海摩登天空文化传播有限公司共同承办。此次活动设有超过 6 万平方米面积的场地、3 个舞台，有近 40 组海内外各类艺人连续狂欢两天，是厦门史上单场音乐节人数最多的活动，现场参与人数超过 3.5 万人；厦门史上关注度最高的活动之一，吸引了超过 3000 万人次点击和关注。

【“JM手势”旅游衍生品获奖】2016 年 4 月 1 日，“JM手势”旅游衍生品入选 2015 厦门文化产业年度风云榜“年度文创伴手礼”。“JM 手势”蕴含集美的“一精神三文化”（嘉庚精神、闽南文化、华侨文化、学村文化），是人文集美的集中呈现。“JM 手势”旅游衍生品，包括 U 盘、长尾夹、3D 打印可书写笔、笔记本、LED 光控小夜灯和手机座六样创意礼品，礼盒套装，寓意深厚，内容丰富。

【“集美泡泡之旅”大型欢乐跑】2016 年 8 月 27 日，“咪咕善跑青柠之夏集美泡泡之旅”大型欢乐跑活动在集美新城市民广场举行。本次活动由集美区政府指导，集美城市发展有限公司主办，咪咕动漫有限公司和咪咕互娱有限公司承办。此次“咪咕善跑青柠之夏泡泡之旅”以“泡”为形，以“跑”为实，上千名身着荧光色 T 恤的跑友，在彩色的泡泡世界中奔跑。

【集美荧光夜跑获中国十佳节庆活动奖】2016 年 12 月 20 日，厦门集美新城荧光夜跑获中国会展业年度大奖——

"2016 年度中国十佳节庆活动奖"。集美新城荧光夜跑是一项全民参与、接地气、娱乐性的跑步活动，将体育、娱乐、旅游跨界融合，倡导一种健康向上的生活方式。活动由集美区委宣传部、集美区文体广电出版旅游局、集美新城开发建设指挥部办公室指导，厦门市天下集美文广传媒有限公司主办，于 2015 年创办。两次荧光夜跑共吸引市民和游客 3 万人次参加活动，成为厦门市除厦门国际马拉松之外规模最大的全民健身体育活动。

【新增两家国家 AAAA级景区】2016 年 12 月 21 日，经福建省旅游景区质量等级评定委员会评定，厦门诚毅科技探索中心、厦门老院子民俗文化风情园景区被评为国家 AAAA 级旅游景区。诚毅科技探索中心是全国首家以"探索"为主题的室内大型科普乐园。中心围绕航空航天、航海、自然灾害、信息通信四大主题，设有梦想启航、星际探索、航空实验室、航海实验室、海洋总动员、自然启示录、沟通无限七大展区，已经成为厦门亲子游的重要场所。厦门老院子民俗文化风情园景区是一个独具闽南特色的景区。民俗文化风情园以浓厚的地域特色集中展示闽南文化精粹，《闽南传奇》秀将高科技技术、前沿时尚艺术及千年闽南文化故事相结合，是诠释闽南风土人情和华夏儿女追梦路上的恢宏诗篇。

【集美汽车小镇入选全省特色小镇】2016 年 9 月，福建省公布首批 28 个特色小镇名单，集美汽车小镇入围，为全市唯一的省级特色小镇。集美汽车小镇位于灌口镇机械工业集中区西北部，规划面积 421 公顷，产业定位以中大型客车整车制造和汽车文化旅游比赛为主，突出汽车文化及旅游，是一座以汽车特色产业为主导，产城融合发展，环境优美、宜居宜业的特色小镇。（陈威）

集美鳌园景区

【概况】2016 年，集美鳌园景区接待游客 52.21 万人次，比 2015 年下降 23.67%；接待免费入园接受爱国主义教育 12.91 万人次，同比增长 19.88%，其中接待集美大学新生 2.3 万人次。协助做好大型交响乐《陈嘉庚》和海峡两岸大型真人秀电视节目《味解之谜》（第二季）的采风和取景拍摄工作。与集美大学导游志愿者团联合主办第二届"嘉庚杯"导游风采大赛，在陈嘉庚故居为集美第二小学开展第二课堂爱国主义教育宣教活动。2016 年 3 月，集美鳌园景区获评厦门市"巾帼文明岗"称号。

【嘉庚纸模创意赛与嘉庚建筑场景赛】2016 年 10 月 23 日，集美学校委员会与厦门市体育局、市教育局、市科协、共青团厦门市委联合举办的厦门市青少年建筑模型竞赛暨第三届嘉庚建筑纸模比赛在集美中学附属滨水学校开赛。共有来自全市 39 所学校代表队的 400 余名中小学生参加"南风微薰"嘉庚纸模创意赛与嘉庚建筑场景赛。小小建筑师们动手制作"华侨博物院""集美学村大门""集美解放纪念碑""斗拱"等建筑纸模，或合作设计、制作嘉庚建筑场景，以此铭记爱国华侨陈嘉庚，感悟嘉庚精神。10 月 29—31 日，该次活动的近百件获奖作品，参加第十三届中国厦门人居环境展示会暨中国（厦门）国际建筑节能博览会展览。（何雯芳）

陈嘉庚纪念馆

【概况】2016 年，陈嘉庚纪念馆先后举办"我的文学行当——黄永玉作品展"等展览 7 场；邀请白岩松、李辉等知名人士到集美举办讲座；主办 2016 年度"嘉庚讲坛"；协办"嘉庚论坛"并获颁"中国华侨国际文化交流基地"牌匾；成为民盟福建省委会"传统教育基地"；召开"博物馆与文化景观"研讨会；出版研究丛书《烽火弦歌：集美学校抗战内迁办学史》；征集到《义成公司约章》等文物；参与第七届"博博会"并获"优秀组织奖"；抗击"莫兰蒂"台风，顺利完成灾后重建工作。全年人工讲解 414 场次，接待海内外领导嘉宾 42 场次，实现观众"零投诉"。

【我的文学行当——黄永玉作品展】2016 年4 月8 日，"我的文学行当——黄永玉作品展"在陈嘉庚纪念馆开幕。展览由"太阳下的风景""比我老的老头""罐斋二重唱"三部分组成，共展出黄永玉文学创作手稿、文学作品插图、自创文学体裁的"文与画"和与文学有关的绘画、书法、设计等不同样式的作品 200 多件。同时，由黄永玉授权陈嘉庚纪念馆专印的黄永玉作品系列明信片配套展览出版。

2016 年集美鳌园景区接待主要来宾情况表

表 28

时　间	来　宾
1 月 15 日	马来西亚华文电视台（AstroAEC）《八点最热报》栏目摄制组
2 月 10 日	全国政协副主席万钢偕夫人一行
4 月 9 日	人民文学出版社副社长李春凯
4 月 23 日	金门县原副县长颜达仁
6 月 17-20 日	中国音乐学院作曲系教授王宁
6 月 24 日	中国银行总行董事张奇、张向东
7 月 25 日	东京大学研究院综合文化研究科副教授谷垣真理子

（何雯芳）

2016 年陈嘉庚纪念馆接待来宾情况表

表 29

时间	来宾
6 月 11 日	省委宣传部处长赖文忠一行 3 人
7 月 14 日	台湾新北市中和区参访团中国国民党中央委员丘委益一行 30 人
7 月 19 日	香港青年协会团长许珍珍一行 111 人
8 月 9 日	央网信办局长孙爱萍一行 5 人
8 月 25 日	中央文明办二局局长吴向东一行 5 人
9 月 5 日	民盟中央副主席郑兰荪、郑惠强一行 80 人
9 月 9 日	菲律宾华商经贸联合会会长蔡鸿语一行 13 人
10 月 6 日	中国音乐学院作曲系教授王宁一行 2 人
10 月 19 日	国际郑和协会会长陈达生一行 3 人
11 月 9 日	全国人大常委会副委员长张宝文一行 20 人
11 月 30 日	厦门市委常委、统战部部长张灿民
12 月 7 日	厦门市纪委书记孙明忠一行 20 人
12 月 13 日	福建省纪委书记刘学新一行 10 人

（洪扬扬）

【紫玉涵光——当代端砚精品展】2016 年 7 月 15 日，“紫玉涵光——当代端砚精品展”在陈嘉庚纪念馆展出，共展出端砚作品 113 件。展览作品题材多样，石质优良，雕刻精湛，具有极高的艺术价值、欣赏价值和收藏价值。展览持续到 8 月 30 日。

【古生物化石展】2016 年 9 月 3 日，“古生物化石展”在陈嘉庚纪念馆开展。展览展示珍贵古生物化石 129 件，均为人类史前地质历史时期形成并赋存于地层中的生物遗体和活动遗迹，包括植物、无脊椎动物、脊椎动物等化石及其遗迹化石，是研究生物起源和进化的科学依据。

【中国海上丝绸之路文物精品图片展】2016 年 4 月 21 日，“丝路帆远——中国海上丝绸之路文物精品图片展”在台北当代设计工艺分馆开展，陈嘉庚纪念馆精选 16 件文物参展，并派员参加展览布展、开幕及首届闽台大学生文创艺术设计大赛启动仪式。

【陈嘉庚与南侨机工图片展】2016 年 9 月 29 日，陈嘉庚纪念馆和伊春市博物馆共同主办“侨之魂、华之光——陈嘉庚与南侨机工”图片展，于伊春市博物馆展出。此次展览以陈嘉庚与抗日战争、陈嘉庚与南侨机工为主线，体现陈嘉庚为中国人民抗日战争胜利作出的巨大贡献，生动再现南侨机工不畏艰险支援祖国抗战的惊心动魄的历史。

【纪念陈嘉庚诞辰 142 周年集美校友书画展】2016 年 11 月 4 日至 12 月 7 日，陈嘉庚纪念馆推出“道南风薰学子情——纪念陈嘉庚先生诞辰 142 周年校友书画展”。国际博物馆协会副主席安来顺、九三学社中央组织部部长杨玲以及来自全国各地的文博专家出席展览开幕式，此次展览共展出作品 100 多件。

【壶容乾坤 · 中国鼻烟壶主题展】2016 年 12 月 20 日，由陈嘉庚纪念馆、衡水内画艺术博物馆、河北习三内画博物馆共同举办的“壶容乾坤 • 中国鼻烟壶主题展”在陈嘉庚纪念馆开展。这是有“集中国多种工艺之大成的袖珍艺术品”之美誉的中国鼻烟壶，以主题文化专展的形式在厦门市乃至福建省的首次亮相。本次展览共展出鼻烟壶 277 件。展览持续至 2017 年 2 月 20 日。

【2016 年度“嘉庚讲坛”】2016 年 10 月 25—26 日，2016 年度“嘉庚讲坛”分别在集美中学、双十中学举行。中科院院士、著名数学家杨乐教授应邀，以《数学 • 应用 • 创新》为题，为集美中学、双十中学的师生作科普讲座。这是“嘉庚讲坛”首次走进中学，也是落实“完善博物馆青少年教育功能试点”、拓展博物馆未成年人教育的一项新举措。“嘉庚讲坛”由陈嘉庚纪念馆和中国科学院陈嘉庚科学奖基金会联合主办。

【获颁“中国华侨国际文化交流基地”牌匾】2016 年 4 月 8 日，由国家文化软实力研究协同创新中心会同中国华侨国际文化交流促进会、福建省归国华侨联合会、中国企业投资协会等单位主办，集美校友总会和陈嘉庚纪念馆等单位协办的首届“嘉庚论坛”在集美区开幕。来自五大洲的 100 多位华侨代表和 100 多位国内学界、政界、企业界代表与会，探讨新时代背景下的嘉庚精神传承，凝聚侨心侨力共谋发展。开幕式上，中国侨联副主席康晓萍与中国侨联副主席、福建省侨联主席王亚君为陈嘉庚纪念馆颁发“中国华侨国际文化交流基地”牌匾。陈嘉庚纪念馆两篇文章入选《首届嘉庚论坛文集》。

【民盟省委会传统教育基地揭牌】2016 年 9 月 5 日，民盟福建省委会“传统教育基地”揭牌仪式在陈嘉庚纪念馆举行。民盟中央副主席、福建省政协副主席、民盟福建省委会主委郑兰荪，民盟中央副主席、上海市人大常委会副主任、民盟上海市委会主委郑惠强，福建省政协常委、副秘书长、民盟福建省委会专职副主委刘泓等领导以及相关人员近百人参加此次仪式。

【博物馆与文化景观研讨会】2016年11月4日，“博物馆与文化景观”研讨会在陈嘉庚纪念馆召开。国际博物馆协会副主席、中国博物馆协会副理事长兼秘书长安来顺及国内20多家知名博物馆的馆长、专家学者30余人出席会议，共同对鳌园景区“命世亭伟人雕像复位陈列”和“华侨墙”两处文化景观建设方案展开研讨，为该两个项目的后续具体实施提供理论和实践依据。

【《烽火弦歌：集美学校抗战内迁办学史》出版】由陈嘉庚纪念馆馆长陈呈主编，集美校友总会秘书长颜如璇为副主编的研究丛书——《烽火弦歌：集美学校抗战内迁办学史》在人民日报出版社正式出版。本书通过“烽火燃起、辗转内迁”“艰苦支撑、弦歌不辍”“复仇血热、许国心丹”“嘉庚精神、诚毅之光”4个部分，展现集美学校师生在抗日烽火中，不畏艰险、弦歌不辍的光辉业绩。

【参加“厦门可移动文物普查成果展”】2016年5月10日至6月8日，厦门市文物普查办举办的全市首次“厦门可移动文物普查成果展”在厦门市博物馆展出。陈嘉庚纪念馆挑选出精品文物13件参加此次展览。

【文物征收与保护】2016年3月，陈嘉庚纪念馆接受由马来西亚陈瑜莹女士捐赠的《义成公司约章》。该《约章》原为集美乡贤陈同福所藏，记录陈嘉庚与其他四位华侨出资设立义成公司，以其红利为厦大、集美二校筹措经费的历史。章程后面附有出资者签名，极具收藏和研究价值。4月，接收校委会鳌园管理处移交的大型文物10余件。此批文物为原先陈放于归来堂的家私用品及装饰器具。8月，接收陈文确陈六使纪念馆转赠的一批名人遗物与研究文集。

【参与第七届“博博会”】2016年9月14—19日，第七届“中国博物馆及相关产品与技术博览会”（简称“博博会”）在四川省成都市举办。9月9—20日，陈嘉庚纪念馆派出8名工作人员，参与中国博物馆协会和志愿者专业委员会共同举办的志愿者业务培训，并获第七届博博会优秀组织奖。

5月21日，陈嘉庚纪念馆邀请中央电视台著名主持人白岩松到集美举办“我眼中的这些老头”讲座。（林志杰 摄）

【员工队伍建设】2016年5月18日，陈嘉庚纪念馆特邀作家、《文汇报》笔会副刊主编周毅女士举办《无愁河的浪荡汉子》讲座。5月21日，白岩松应邀到集美学村开讲《我眼中的这些老头》。7月20—21日，副馆长陈群言赴长春参加2016年度文博法律培训班。9月12—21日，派员参加广播剧《陈嘉庚与南侨机工——再会吧，南洋》宣传采访团，在印尼、马来西亚、新加坡三国共征集相关资料文献资料36种。11月，副馆长刘晓斌带员赴长沙参加博物馆保管专业第十六届学术研讨会，并在会上交流论文。

【嘉庚精神进校园巡展活动】2016年，陈嘉庚纪念馆在厦门市74所中小学开展“嘉庚精神进校园百日行动”校园巡展活动，内容包括印象南洋——舌尖上的丝绸之路、嘉庚精神讲解培训活动、“8•15”博物馆青少年教育、小小讲解员培训班、嘉庚建筑纸模、集美大学航海学院2014级邮轮专业培训班、2016博物馆文化进边陲等系列活动。

【灾后恢复】在2016年9月15日“莫兰蒂”风灾中，陈嘉庚纪念馆受到重创。主体建筑屋顶漏水、屋檐损坏，临展厅外天花板吊顶损毁严重，外墙涂料脱落，钢结构工棚完全倒塌，若干玻璃受损，树木大量倒伏，路灯、监控系统探头及配套设施瘫痪。灾后全馆员工在部队官兵、学生志愿者等的支援下，重建工作顺利完成，并于10月1日重新开馆。（洪扬扬）

园博苑

【概况】2016年，园博苑景区管理处有干部职工323人。园区先后举办“金猴闹春、欢聚园博”新春喜乐会、“园博寻美”互动、春秋复古运动会和郁金香、大地、荷花三大花展等活动30多项，接待中外游客39.41万人次。7月14日，厦门市湿地保护管理中心揭牌。9月15日至年底，因遭受“莫兰蒂”强台风侵袭，破坏严重，闭园整修。是年，景区接待39.42万人次。

【景区品牌推广】2016年春节期间，园博苑举办以“金猴闹春、欢聚园博”为主题的新春喜乐会，接待游客7.30万人次。五一节期间，利用承办世界旅游小姐大赛中国区总决赛的契机，举办“园博寻美”互动活动及“园博寻美”文艺会演，为入园市民、游客奉献热情桑巴、Powerjzaa、气球小丑等演出，接待游客3.19万人次。端午节期间，举办春秋复古运动会，包括投壶、蹴鞠、手绘风筝三个活动项目，现场工作人员穿汉服、行汉礼，营造传统文化氛围。

【三大花展】2016年春节期间，园博苑在日本园举办为期一个月的郁金香展，展出郁金香21个品种，并搭配展出洋水仙、风信子各5个品种，总数量达10万盆。在海洋岛展出以虞美人、油菜花、波斯菊为主要花卉，草花面积达1.9万平方米的大地花卉展，为入园游客呈现满园春色的花卉景观。6月18日至7月18日，举办以“影荷”为主题的第七届荷花展，设影荷主题展区、品种展区、塘栽展区三大区域。其中品种展区展出荷花品种300多种，展出数量3.5万缸（盆）。

【灾后恢复】2016年9月15日，园博苑遭受“莫兰蒂”台风重创，树木受损32140株，其中倒伏18046株，折损14094株，80%以上绿化面积受损。多处展园屋顶被掀翻，门窗破裂，墙体脱落，部分建筑坍塌。灾后，管理处全体职工齐心协力抗台救灾。9月20日完成倒伏树木扶正重植，9月22日完成折损树木修剪扶正，11月2日全面完成园区的绿化垃圾清理工作，园容园貌恢复如初。（肖印红）

★链 接

厦门园博苑位于集美区杏林湾西侧，2007年落成，当年9月23日于此举办第六届中国国际园林花卉博览会。该苑总面积10.82平方千米，其中陆域面积5.55平方千米，共有9个岛屿和2个半岛，其中5个展园岛，4个生态景观岛，由15座景观桥相连。园区采用“多岛结构、众星拱月”形式，以园林流派为单位布局，体现“展园精致，景观优美，生态和谐，海峡两岸风情浓郁，可持续发展”的宗旨。

全园分为北方园区、江南园区、岭南园区、民族风情园区、现代园区、国际园区、闽台园区、中华教育园区和公共园区，拥有98个室外展园，成为荟萃国内各大流派园林景观的海上花园。各园区风格各异，特色鲜明。江南园小桥流水，粉墙黛瓦；北方园雕梁画栋，尽显皇家气派；国际园凸显各国标志建筑，浓缩异域风情；闽台园风格独特，体现两岸同根同源。中华教育园以恢宏、通俗的形式，集中展示中华文化教育的演化历程和辉煌成就，集旅游与教育于一园。2009年建成的名校风华园，展示国家重点建设的“985工程”大学、“211工程”大学和港澳台著名大学，以及福建省、厦门市重点建设的高校。通过建筑模型、雕塑、图片、文字、多媒体等形式，展现当代中国著名高校的演变历程、办学特色与成就，记录中国从高等教育大国迈向高等教育强国的奋斗历程。

园区的多岛结构使园区岸线曲折丰富，岸线总长29.69千米，保留了大量的原生植物群落，有各种植物1500余种；在园区栖息的鸟类有14目38科98种，成为水生动植物的天然港湾。

厦门园博苑集园林展示、休闲度假、文化娱乐和教育生活为一体，为全国水域面积最广、流派最多、规模最大的园博园。2008年9月，园博苑被国家建设部评为国家重点公园；2009年3月，获评国家4A级旅游景区，并通过“ISO环境／质量管理体系”认证。

双龙潭生态运动景区

【概况】2016年1月1日至9月14日，双龙潭生态运动景区进入游客52.66万人次，场地接待游客8.10万人次，营业收入220.76万元，比上年同期分别增长3.57%、3.57%和13.38%，仅实现年度300万元营业收入预算的73.59%。9月15日，双龙潭生态运动景区遭受2016第14号“莫兰蒂”台风侵袭，受到重创，9月15日至12月31日停止游客接待，运动、拓展、休闲三大板块的经营项目全部停业，进行灾害治理与恢复改造。

【景区开发与维护】2016年，双龙潭景区投入资金200多万元，对景区入口段的道路、绿地进行修缮和提升改造。修建景区游客进出步行道，改变原来人车混流的状况，保障游客的游乐安全。对停车场、游客服务中心周边绿地进行美化，补植多种灌木、乔木，建设休息亭、廊，改善了游客的旅游休闲环境。

【台风灾情】2016年9月15日凌晨，双龙潭生态运动景区在“莫兰蒂”狂风暴雨的肆虐下，遭受了毁灭性的打击，运动、拓展、休闲各个场地设施受损严重。地处景区核心的二龙潭水库水位急速上涨，水坝排洪闸门被挤压变形溃口，库水汹涌而下，导致排洪渠不堪重负而决口，大水冲入景区停车场、水上拓展场。水上拓展水塘水坝亦遭水流冲击而决口，山体滑坡严重。景区大门、进出道路、停车场、绿地等公共区域一片水乡泽国，树木倒伏，地面塌陷，道路断裂，水土流失，一地狼藉。滑草场的滑车、滑鞋场四周防护垫全部被风吹垮，游客步道多处塌方，架设在滑草场排水渠上空的桥梁被冲垮，引水涵洞塌陷，滑草场地周界围栏铁门、铁丝围网破损倒伏；滑索滑道场区域的管式滑车上升牵引轨道因山体滑坡造成轨道钢支架移位整体下沉，直线拖牵轨道被扭曲变形；射箭场区域的外侧围网倒塌，射箭标靶背板摧毁，钢架扭曲变形；攀岩场区域的人造岩壁板局部吹脱，CS 对战场四周围网破损倒伏，仓库屋顶被掀开，器械装备泡水损坏。拓展设施方面，高空、低空、台地等五个主要拓展设施均遭受不同程度损坏，水上拓展场地因洪水冲刷，水塘内侧边坡垮塌，外侧塘坝决口，观众看台与进入台阶塌陷，周边树木被连根拔起，满塘泥沙淤积，九大闯关项目设施全部毁坏被泥土覆盖。游客休憩与公共服务区域，森林人家度假木屋或门窗破损或屋顶掀开，家具、布草、电器全部淋湿受损，水上休闲木屋及游憩、垂钓木栈道、平台被水淹没，屋内家具、电器、休闲设施泡水受损，游客服务中心正立面玻璃幕墙、铝合金大门全部内凹变形破损，游客餐厅门窗破损，吊顶脱落，一地渣土。

【灾后恢复】2016 年 9 月 14 日，景区组织员工对景区的运动、拓展设施、器具进行收归、整理，坚壁清野。15 日凌晨，台风来临，景区瞬时断水断电，无网络无手机信号，值班人员坚守岗位，用内部对讲机互相联系。天亮后，值班人员查看损失情况，清扫游客服务中心，抢救被风雨淋湿的办公电脑和资料，清理楼前的倒树，打开通道。上班后，全体员工齐心协力投入应急自救和灾后恢复工作。至 10 月上旬，景区的入口道路、停车场、绿地、游客服务中心、场地游客步道、各个运动拓展场地等处所的倒伏树木全部扶正，断枝落叶、泥沙落石基本清理，各个运动拓展场地的活动设施逐步修复，破损的游客服务中心、CS 仓库、员工餐厅等建筑物基本修复。（陈宏）

诚毅科技探索中心

“神舟十号”返回舱实物在诚毅科技探索中心展出。（郭妮妮 摄）

【概况】诚毅科技探索中心位于集美新城核心区杏林湾路 339 号，占地面积 2.05 万平方米，总建筑面积 5.18 万平方米，地上 4 层，由主展馆和 2 个特种影院组成，采用现代嘉庚建筑风格设计；地下 1 层，设有航海和航空 2 个主题餐厅。中心以“创意、艺术、体验、科技”的设计理念，围绕航海、航空航天、自然灾害和信息通信四大主题，运用声、光、电等高科技手段，巧妙地布设贯穿展馆立体空间的主题秀场、遍布展馆的主题互动体验区、穿插于展馆的主题学习探索区，形成相互融合、宜动宜静、独具特色的展示体系。中心设有航空实验室、航海实验室、“海洋总动员”“自然启示录”“沟通无限”五个主题展厅，“X-FIGHT 时空探险”特种影院、“欢乐时光之旅”特种影院、星际探索、巨型滑梯、“中庭光影秀”五个大型互动核心展项，以及面向儿童的梦想启航站展厅。同时设有航空特色餐厅、航海特色餐厅、主题纪念品商店、航模比赛场地等富有吸引力的配套项目。项目于 2011 年 3 月开工，2015 年 2 月竣工，7 月 16 日开业。同年 9 月 19 日，诚毅科技探索中心获评厦门市科普教育基地。2016 年，景区共接待游客 36.16 万人次，实现营业收入 1140.48 万元。

【景区活动】2016 年 3 月，中国偶像团体 TFBOYS 新剧《超少年密码 Finding Soul》到诚毅科技探索中心现场取景拍摄；4 月，超人气真人秀节目《奔跑吧兄弟》剧组到中心现场取景拍摄。11 月 19 日，中国航天 60 周年成就主题展在诚毅科技探索中心开展，曾于 2013 年 6 月承载航天员聂海胜、张晓光、王亚平往返于天地之间的神舟十号飞船返回舱实物“空降”厦门，展期延至 12 月 25 日。此次展览分为“进入太空”“利用太空”“探索太空”“神舟家园”四部分，除了备受瞩目的神舟十号飞船返回舱外，尚陆续展出返回舱降落伞，航天员舱内服、舱外服、企鹅服，神舟十号教具，神舟十号国旗、党旗、军旗等航天实物，每件展品均为绝世孤品。

【灾后恢复】2016年9月15日凌晨，“莫兰蒂”台风袭击集美，诚毅科技探索中心屋顶被掀，红墙瓦脱落 1500 余平方米，中庭屋顶破裂 70 余块，中庭玻璃损毁 300 平方米，中心内部设备大部遭雨水浸泡，外围绿化树木刮倒 100 余株。台风过后，万舜文化投资公司第一时间赶到科探中心检查受灾情况，部署救灾重建工作。经过 48 小时抢修，中心外围交通通畅，重点危险源全部予以隔离，9 月 24 日恢复开门迎客。（陈威）

厦门老院子景区

【概况】厦门老院子景区由山东华夏文化旅游集团斥资28亿元建设。景区位于厦门北站南400米处，占地10公顷，总建筑面积9.18万平方米，包括老院子民俗文化风情园和神游华夏大剧院两部分。民俗文化风情园分为妈祖文化园、民俗文化村和中华姓氏文化园，通过闽南渔家百姓寻常的生活场景，讲述下南洋几代人的生活、创业经历，集观赏性、体验性、文化性于一体，多角度展示闽南的渔村文化、民俗文化、妈祖文化、南洋文化以及寻根溯源的始祖文化。景区在建筑风格及布局样式上注重体现闽南的文化符号，集休闲娱乐、餐饮、购物于一体，成为具有浓郁地方文化特色的休憩园区。神游华夏大剧院为一外观呈椭圆形的银色“巨蛋”建筑，采用5585个螺栓球作连接点，以巨大的钢结构为支撑，穹顶最大跨度150米，距地面垂直高度50米，外表由数万块银灰色钨面板拼接而成，号称“世界第一穹顶”。蛋形空间中心设观众席3000个，实景舞台围绕观众席成一圆圈，首创室内360度实景舞台及360度旋转行走巨轮观众席，舞台建设采用新技术专利28项。演出内容为360度大型室内山水实景剧《闽南传奇》。该剧分为“天造鹭岛”“岛城大战”“南洋历险”“渔村人家”“龙的传人”“福佑华夏”6幕，以闽南文化为主线，集声、光、电高科技手段与国际最新的演艺技术于一体，演绎鹭岛传说、英雄战歌和闽南人的奋斗史，成为国际领先的超大型室内实景演艺秀，震撼程度媲美世界级高端演艺秀。2016年，接待游客230万人，收入11984万元。

【景区活动】2016年11月28日，厦门首届集美节“旅游+”启动仪式暨老院子景区南洋华侨寻根祭祖活动在厦门老院子民俗文化风情园举行，来自越南、柬埔寨、老挝、菲律宾、缅甸、印尼、马来西亚等国的百余名华人华侨代表参加寻根祭祖典礼。此次活动由厦门市旅游局、厦门市归国华侨联合会、集美区政府指导，集美区文体广电出版旅游局、集美区归国华侨联合会主办。

【灾后恢复】2016年9月15日“莫兰蒂”台风登陆后，景区大剧院屋面板被刮开缺口1800多平方米，屋顶中央排烟窗全部损坏，剧院内大部分设备淋湿损坏无法使用，1000多平方米的LED大屏、进口灯光音响全部泡水，演出大船被砸坏，附属园区及其他各建筑屋顶红英瓦损坏1600平方米，室外绿化、景观灯、指示牌及演出用妈祖像均遭损坏，直接经济损失2600万元。受灾后，景区第一时间组织救灾，山东总部也派出专业团队支援救灾。10月1日，景区恢复对外营业。（陈威）

灵玲国际马戏城

【概况】厦门灵玲国际马戏城位于集美新城片区杏锦路与杏林湾路交叉口北侧，占地面积9.23万平方米，总建筑面积15.91万平方米，总投资10亿元。马戏城由大型室内马戏表演场、超五星级马戏主题酒店、马戏魔术演艺一条街和自然标本博物馆四大板块组成。主体工程马戏表演场呈椭圆形，最大跨度120米，高50米，能容纳1万名观众同时观看，是世界上最大的马戏表演场。2014年5月1日开始试营业，7月正式营业。2015年10月，因景区配套项目建设暂停营业，2016年7月恢复营业，马戏表演每周一至周五每天一场，周末每天两场。至年底，共接待游客36万人次，实现营业收入3670万元。

【景区活动】从2015年起，灵玲国际马戏城不定期推出感恩惠民活动，以门票特惠方式让利于民、回馈社会，特别为厦门市民推出门票特惠政策：门票原价480元，优惠价199元；普通座票原价280元，优惠价99元；身高1.2米以下（含）儿童在成人陪同下免费观看。同时推出“包场看马戏”营销模式，为企业量身打造专属品牌包场活动。包场既可包场地，也可包节目；既可到马戏城包场看演出，马戏城也可走出去演出。

【灾后恢复】2016年9月15日，“莫兰蒂”台风肆虐集美，马戏城表演剧院圆形拱顶被吹走，剧院内价值数千万元的舞台设备损坏，总损失超5000万元。灾后，马戏城召开恢复生产专题会议，成立灾后抢修指挥中心，开始救灾工作。清除隐患，疏通渠道，排除积水，清理垃圾，制订恢复重建方案。10月1日，景区恢复开门营业。（陈威）

经济与财税管理

发展计划管理

【概况】2016年，集美区发展和改革局发挥综合经济管理部门的职能作用，牵头完成《集美区国民经济和社会发展第十三个五年规划纲要》、各专项规划和财政性投资建设投资计划，加强基建项目投资管理，推进地铁集美段等重大项目建设。跟踪落实省、市级重大项目19个，年度计划投资69.5亿元。安排财政性投资建设项目190项，计划总投资93483万元，年度计划投资54849万元；批复政府性投资项目290项，批复总投资概算190167.49万元。贯彻落实《集美区“十三五”重点产业链（群）发展工作方案》，推动机械装备制造、软件信息服务、商务商贸物流、文化演艺传媒四大重点产业链（群）发展；继续构建“4+X”现代产业体系，推动产业转型、城市转型、社会转型，推进全区经济社会健康协调发展。

【主要经济指标制订与实施】2016年，区发展和改革局在调查研究、客观分析的基础上，提出全区主要经济发展年度预期目标，为区委、区政府制订年度经济发展目标提供决策依据。2016年，全区经济社会发展主要预期目标为：地区生产总值增长9%，规上工业产值增长4.3%，社会消费品零售总额增长12%，合同利用外资、实际利用外资均为1亿美元，财政总收入、区级财政收入均增长8%，城乡居民人均可支配收入均增长9%以上。是年，全区转型升级成果显现，工业企业盈利能力增强，城镇投资拉动固定资产投资增长，项目建设稳步推进。全区累计完成生产总值547.5亿元，比2015年增长8.7%，增速位居全市第一位；规模以上工业总产值785.63亿元，比增5.1%，增速位居全市第二位；全社会固定资产投资377.92亿元，总量排名全市第三位；社会消费品零售总额124.11亿元，比增12%，增速位居全市第三位；住宿餐饮业零售总额19.84亿元，比增11.6%，增速位居全市第二位；批发零售贸易业销售总额104.27亿元，比增19.8%，增速位居全市第三位；财政总收入106.64亿元，区级财政收入30.82亿元，比增分别为11.5%和14.9%，增速均位居全市第三位。

【财政性投资计划制订与审批】2016年，区发展和改革局按照强基础、补短板、惠民生的要求，策划和储备一批符合上级投资导向、前期进展快、建设条件成熟的投资项目，策划并草拟全区财政性投资建设投资计划4批次，共安排财政性投资建设项目190项，计划总投资93483万元，年度计划投资54849万元。全年批复政府性投资项目290项，批复总投资概算190167.49万元，批复项目类别包括基础设施、社会事业、生态环境、村庄整治提升及收储地块整理5类。

【基建项目投资管理】2016年，区发展和改革局加强基建项目概估算审核工作。全区财政性投资建设概（估）算送审项目359个，送审项目总投资411248.13万元，审定投资额330168.6万元，核减投资81079.53万元，核减率19.72%。同时，出具“可研”通知函20份，完成“可研”评估论证及批复25项。办理社会资本投资项目核准、备案66项（核准3项、备案63项），总投资1225639万元，项目类别包括基础设施类、社会事业类、工业生产类和充电桩4类。

【重大项目建设】2016年，区发展和改革局跟踪落实省级重大项目14个，年度计划投资69.3亿元。其中，由集美区政府作为责任单位的项目5个，年度计划5.2亿元，2016年累计完成10.26亿元，完成年度计划的197.31%；其他属地项目9个，年度计划投资64.1亿元，2016年累计完成75.52亿元，完成年度计划的117.81%。跟踪落实市级重大项目5个，年度计划投资0.2亿元，其中由集美区政府作为主要责任单位的项目2个（集美新城医院和厦门国际创新产业园）。至年底，新城医院项目完成选址等前期手续办理，厦门国际创新产业园项目取得建设用地。集美区政府为第二责任单位的项目3个。

【地铁集美段建设】2016年，区发展和改革局继续跟踪服务轨道交通建设。地铁1号线集美段线路总长约13.6千米，设站11座及车辆基地1个，需征收土地130.76公顷，征收房屋总建筑面积23.45万平方米。6月，征地拆迁任务全部完成；7月，11个站点主体施工完成；10月，园博苑站作为试验段完成铺轨并完成机车试验；12月，1号线集美段全线洞穿，进入机电安装阶段。是年，地铁4号线后溪至翔安机场段完成规划、地勘，并启动地铁4号线控制性工程——厦门北站至同安食品工业园市政隧道工程用地征收工作，征收面积9980平方米；地铁6号线完成全线规划和地勘，并确定首开段为集美区西滨路口站。

【众创空间建设】2016 年，区发展和改革局继续推进“大众创业、万众创新”工作。是年，投入运营的众创空间 32 家。其中，厦门理工工业设计众创空间、一品威客创客空间被认定为国家级众创空间；百度（集美区）创新中心、厦门游戏创新中心、厦门小样青年社区等 23 家被认定为厦门市级众创空间。由区众创办牵头，会同区产业投资公司共同举办集美区创新创业项目评审会，参评创新创业企业 68 家，补助金额 415 万元；举办 2016AsiaBeat、第二届中国（厦门）大学生创新创业大赛暨首届中国（福建）女大学生创新创业大赛、第二十五届时报金犊奖、创业松鼠中国智能硬件大赛、爱普众创“DemoDay”、首届中国大学生创业交易等系列创新创业大赛。

【“6·18”项目成果征集】2016 年，区发展和改革局征集 6 大领域项目 55 个，总投资 4.1 亿元。并开展产业需求、企业需求的规划和梳理工作，征集企业技术需求 5 个。利用报刊、网络等手段，开展项目成果征集工作，推介典型对接项目 3 个。组织 6 家企业参加以“美丽厦门·智慧城市”为主题的展会，多家参展企业与参会企业达成初步合作意向。（王晓燕）

国土资源管理

【概况】2016 年，厦门市国土资源管理局集美分局办理农转用地 13 个批次，面积 90.36 公顷（其中耕地 48.28 公顷），比上年增长 18.2%；办理用地预审 38 宗，供应建设项目用地 77 宗，用地面积 298.5 公顷，同比增长 10.3%。其中，划拨用地 51 宗，面积 181.6 公顷；储备用地 10 宗，面积 74.16 公顷；公开出让 6 宗，面积 23.42 公顷，出让金额 57.58 亿元；其他 10 宗，面积 19.32 公顷。在公开出让项目中，经营性房地产用地 3 宗，面积 9.62 公顷；工业用地 1 宗，面积 1.86 公顷。签订国有土地使用权有偿出让合同书 4 宗，用地面积 10.25 公顷，成交价 28.62 亿元；签订补充合同 20 份，补交地价款 1525.93 万元。拟发征地通告 9 个，审核后溪工业组团工业招拍挂 4 号地块、杏林湾华侨大学东侧招拍挂 3 号地块、杏林湾华侨大学东侧 1 号和 2 号收储地块等项目征地面积 23.76 公顷（356.47 亩），金额 334.99 万元（包括地上物补偿费用部分）。

【房地产市场监管】2016 年 1—9 月，集美区销售商品房 13070 套，占全市的 23.8%，比上年同期增长 7.12%；面积 100.93 万平方米，占全市的 23%，同比下降 7.91%；金额 188.50 亿元，占全市的 21.9%，同比增长 12.24%；均价 18676 元 / 平方米，为全市均价的 95.2%。其中，住宅销售 4333 套，占全市的 17.7%；面积 55.36 万平方米，占全市 19.6%；金额 133.10 亿元，占全市 19.6%；均价 24041 元 / 平方米，为全市均价的 99.96%。年末，集美区商品房总存量 603 万平方米，其中自持存量 117 万平方米。8 月 26 日，禹洲地产以 27.88 亿元竞得灌口镇安仁大道与学府路交叉口北侧地块，用途为城镇住宅批发零售，面积 42656 平方米，楼面价 32685 元 / 平方米，溢价率 182%。集美区房地产市场去库存成效明显，呈现量跌价涨、供地矛盾突出的态势。集美分局加强对房地产市场的监管服务，定期收集、整理房地产运行数据材料，编写房地产市场运行简报 9 期。

【矿山与地灾防治】2016 年，集美分局编制实施《2016 年集美区地灾防治方案》，重新修订《集美区村（居）汛期地质灾害防御群众转移方案》。联合各镇街、市地勘院，对辖区 29 处高陡边坡进行勘察，制作分发标有 8 处地灾点和 29 处高陡边坡的编号、地点、影响人数、转移地点和镇、村、国土所责任人联系方式的地灾易发区及地灾点分布影像图；联合区水利局、气象局，对全区 156 名村居两委干部进行地灾防治培训，发放宣传材料 650 份；组织易受地灾威胁的居民 92 人次参加防灾应急演练。在“莫兰蒂”“鲇鱼”“海马”台风来临前，组织市地勘院对西滨、前场、锦园社区 3 处高陡边坡进行应急处置，配合区政府完成天马山隧道口堆土滑坡应急排险和后溪镇岩内村西菇坑山废弃渣土整治工作。

2016 年，集美区商品房销售面积占全市 23%。图为位于灌口镇的联发欣悦湾小区（颜志伟 摄）

【土地行政执法】2016年，集美分局按照“政府主导、部门联动、权责一致、疏堵结合、标本兼治”要求，依托查违网格管理平台，加大巡查力度。联合区执法局，制订违法用地动态巡查问题预查处机制，健全执法监管共同责任机制。组织巡查4467人次，制止各类土地违法行为为324宗，面积16.94公顷（其中耕地0.51公顷）。出具土地合法性确认函1725份，配合执法部门强制拆除违法建设50宗，面积1.3公顷。加强土地卫片整改工作。2015年，集美区共有疑似违法图斑56个，面积9.85公顷（含耕地2.38公顷）。区政府多次召开专题会议，逐宗落实整改措施，督促整改。至2016年底，立案23宗（其中立案整改16宗），非立案处理33宗，未处理到位7宗；履职到位率100%，整改到位率87.5%。配合有关部门，开展“两违”治理，累计拆除违法建设面积211.02万平方米，腾出土地面积195.52万平方米（含马銮湾海域183万平方米）。组织对“杏林欣苑”“电商谷”等涉嫌销售“小产权”项目进行调查，约谈当事人，并在《厦门日报》上刊登通告，提示购买者以免利益受到损害。

【农村土地房屋权属登记】2016年，集美分局办理农村土地房屋权属登记26宗，面积3313.53平方米；办理房屋抵押登记1宗，抵押金额97万元；办理涉及征地拆迁土地房屋权证注销登记20宗，土地面积2524.01平方米，建筑面积1064.95平方米。配合林业部门，做好农村土地承包经营权确权工作。全区办林权证15卷（村）、169本。

【土地法制宣传】2016年4月，集美分局联合区教育局，在双岭小学举办“爱地球，爱集美，热爱我们的家园”主题征文、手抄报比赛活动。在双岭小学、集美小学举办世界地球日知识讲座2场，吸引200多名学生参加。围绕“节约集约利用资源，倡导绿色简约生活”主题，制作宣传栏2版，向两所学校学生赠送宣传小册子、画报500余册。6月25日，联合区司法局、行政执法局，通过发放宣传材料、举办有奖问答等方式，开展全国“土地日”宣传活动6场。（邱国清）

国有资产管理

【概况】2016年，集美区国有资产投资有限公司完成固定资产投资65.16亿元，其中土地购置费61.57亿元，工程建设投资3.59亿元，营业收入4037.73万元，净利润1514.13万元，缴纳各项税费1652.31万元。

【土地储备】2016年，区国投公司在政府统筹安排的基础上持续推动土地储备工作，办理收储前期工作函项目27个，土地面积56.58公顷。其中，收储项目6个，土地面积7.88公顷；预收储项目21个，土地面积48.70公顷。申报收储规划意见函项目7个，土地面积18.65公顷，均已批复；申报农转用项目3个，土地面积7.97公顷，未批复。已批复收储红线的项目2个，土地面积11.10公顷；委托镇（街）征收的预收储项目21个，土地面积48.70公顷；镇街提供征地补偿协议项目15个，土地面积79.27公顷（其中收储项目6个，土地面积28.88公顷；预收储项目9个，土地面积50.38公顷，其中4个项目已办理土地交接手续，土地面积23.16公顷）；提前完成机械工业集中区三期启步区41.44公顷农转用、收储红线（分4个地块），以及洋亭路北侧工业用地的前期工作函、规划意见函（2个地块）。

【土地挂牌出让】2016年，区国投公司办理区级商业、居住和工业用地的出让工作，并跟踪落实辖区内市级项目地块出让进度，共完成出让项目用地5宗，土地面积18.4公顷，成交总价30.79亿元。其中，区级出让项目3宗，成交金额28.69亿元；市级出让项目2宗，成交金额2.10亿元。辖区内区级地块出让情况，经营性用地项目2宗，土地面积4.53公顷，建筑面积8.58万平方米，成交总价28.59亿元；工业用地项目1宗，土地面积1.86公顷，出让收入0.10亿元。跟踪落实市土地总公司在集美辖区内地块的招拍挂进度，顺利出让经营性产业用地2宗，土地面积12.02公顷，建筑面积43.41万平方米，成交总价2.10亿元。

【资产存量壮大】2016年，区国投公司及时接收新增资产，不断壮大资产存量。至年底，存量资产总建筑面积170856.01平方米，全年资产出租总收入3098.16万元，比2015年增加349.01万元，增长幅度12.7%，其中自有资产租金收入490.07万元、托管资产租金收入2156.1万元、土地租金收入451.99万元。新增经营性资产3个，建筑面积1370.16平方米，分别为：文康花园安置房303号101–105、107店面，总建筑面积1096.74平方米，正在办理租金评估结果备案手续；禹洲中央海岸项目配套生鲜超市便利店2处，建筑面积分别为25.80平方米和51.36平方米，公开招租及资产划转的相关手续办理中；灌口龙湖二期项目配套生鲜超市便利店2处，建筑面积分别为99.40平方米和96.86平方米，公开招租及资产划转的相关手续办理中。

【资产运营管理】2016年，区国投公司加强重大资产运营管理。完成购买厦门软件园三期研发楼项目，总建筑面积78545.21平方米，总购房款40843.51万元。完成永祥新城仁德里42号01单元大商场、银亭路28号房产（原现代时装厦门有限公司一期、二期厂房）的招租工作。竞拍取得厦门西华家俱有限公司和厦门锡华木业有限公司资产。完成厦门北站商务营运中心资产移交工作。启动迈士通项目地块盘活利用的策划和续建工作。

【工程项目建设】2016年，区国投公司

按照“重点项目责任分解表”和“第三批产业项目百日行动分解表”的要求，着重做好重点建设项目的代建、出让地块的整理、电力杆线的迁改和市政配套的建设工作。提升机械工业集中区三期和后溪拓展园区场平进度，完成机械工业集中区三期地块清表（含场平）面积约 36.67 公顷；完成后溪工业组团“员工服务中心”项目主体的建设，中央空调、电梯、给水和燃气管道的施工；完成深青公交场站及配套工程项目方案施工图设计，已进行概算编制；启动集美区中小学社会实践基地项目前期工作，项目工可报告编制完成。电力杆线迁改有较大突破，已完成影响联发二期开发用地的李安、李后线及李铁线、李碑线、李杏线的迁改工作。持续推动已挂牌出让用地公建配套建设，按计划先后完成龙湖 3 号开闭所、后溪工业组团 4 号开闭所、凤凰花城 1 号开闭所的建设任务。同时，大力推进工业园区的建设，深青工业园区规划道路基本建成，后溪工业组团污水处理站建成并投入使用，深青、后溪两大工业组团的污水改造基本完成。（陈婕）

市场监督管理

【概况】2016 年，集美区市场监督管理局推进国家食品安全示范城市创建工作，辖区食药安全形势平稳向好，守住不发生重大食药安全事件的底线，获评厦门市食品安全工作绩效考评第一名。建立重大活动保障机制，完成嘉庚论坛、龙舟文化节、全国赛艇锦标赛、草莓音乐节等多项重大活动保障任务。区市场监督管理局党总支获市委授予的“全市先进基层党组织”称号。至年底，登记商事主体总量突破 6 万户，位居岛外各区首位。

【商事主体增长】2016 年，集美区深入推进商事登记制度改革，进一步简政放权，支持“大众创业，万众创新”，推动营商环境不断优化，各类商事主体稳步发展。全年新增商事主体 12102 户，比上年增长 21.35%。其中，私营企业新增 4928 户，同比增长 21.41%；个体工商户新增 7044 户，同比增长 22.44%。落实“一照一码”登记制度，全年新设“一照一码”商事主体 4260 户，同比增长 21.71%；为存量企业更换“一照一码”营业执照 11223 份。

【“三办”登记制度建立】2016 年，集美区市场监督管理局建立“特殊项目跟踪办、重点项目领导办、紧急项目提速办”的“三办”登记制度，主动对接招商引资工作。先后为中铁海峡建设集团、北大青鸟（厦门）文化产业有限公司等企业的落户提供登记业务支持。加强与镇（街）、杏林湾营运中心、各产业园区配合，解决招商引资过程中企业注册登记遇到的难题，支持企业在集美区投资兴业。全年新设立注册资本 1000 万元以上的企业 389 家，同比增长 39.71%。利用动产抵押登记职能，办理动产抵押登记 11 件，主债权 15135.41 万元；注销动产抵押登记 13 件，主债权 17541.7 万元，支持企业发展。

【商事主体监管】2016 年，区市场监督管理局做好商事主体年度报告和企业信息公示工作。全区商事主体年报公示率 93.38%，居全市各区第二位。采取邮寄检查、实地核查、信息比对、会计师事务所审计等方式，对 372 家被抽查企业公示的年报和即时信息进行检查，对发现涉嫌虚假年报的企业进行立案调查。同时加强对商事主体失信行为的惩戒力度，通过公示信息平台，先后公示未按时公示年度报告或无法联系的商事主体 12352 户，并将其载入经营异常名录。

【16 件商标获评著名（驰名）商标】2016 年，区市场监督管理局深入重点企业开展一对一商标培育工作，推荐参评福建省著名商标 11 件、厦门市著名商标 9 件。新获评中国驰名商标 1 件、福建省著名商标 9 件、厦门市著名商标 6 件，累计有驰名商标 23 件、省著 105 件、市著 114 件。持续开展打击侵犯知识产权和制售假冒伪劣商品专项行动，全年查处商标侵权案件 40 件。

2016 年集美区新增著名（驰名）商标名录

表 30

商标名称	注册日期	注册人	授予单位
王者	2005 年 10 月 21 日	厦门安妮股份有限公司	国家工商行政管理总局商标局
MAKE	2010 年 12 月 28 日	厦门美科安防科技有限公司	福建省工商局
[illegible]	2015 年 6 月 14 日	来明工业（厦门）有限公司	福建省工商局
[illegible]	2014 年 1 月 28 日	厦门松元电子有限公司	福建省工商局
厦牌卫浴	2010 年 10 月 13 日	厦门金诚霖建材有限公司	福建省工商局
[illegible]	1996 年 6 月 21 日	厦门豪盛塑料制品有限公司	福建省工商局
yodo	2015 年 1 月 21 日	厦门恒好旅游用品有限公司	福建省工商局

续表 30

商标名称	注册日期	注册人	授予单位
B	2010 年 12 月 28 日	厦门博特运动器材有限公司	福建省工商局
	1999 年 9 月 14 日	厦门集万利食品有限公司	福建省工商局
惠盈动保	2014 年 2 月 28 日	厦门惠盈动物科技有限公司	福建省工商局
H	2006 年 6 月 28 日	厦门厦晖橡胶金属工业有限公司	厦门市著名商标认定委员会
MAKE	2010 年 12 月 28 日	厦门美科安防科技有限公司	厦门市著名商标认定委员会
	2015 年 6 月 14 日	来明工业（厦门）有限公司	厦门市著名商标认定委员会
yodo	2015 年 1 月 21 日	厦门恒好旅游用品有限公司	厦门市著名商标认定委员会
	1999 年 9 月 14 日	厦门集万利食品有限公司	厦门市著名商标认定委员会
惠盈动保	2014 年 2 月 28 日	厦门惠盈动物科技有限公司	厦门市著名商标认定委员会

【户外广告清理】 2016 年，区市场监督管理局联合区城市管理行政执法部门，开展户外广告清理整治工作。拆除违法违规设置的广告 1000 余块，立案查处广告案件 19 件。10 月 28 日《厦门经济特区户外广告设施设置管理办法》颁布后，区市场监督管理局逐步将户外广告设施设置的许可、监管等职权移交城市管理行政执法部门。

【51 家企业获评省市“守合同重信用”企业】 2016 年，区市场监督管理局开展 2014—2015 年度“守合同重信用”企业推荐评选工作，共有厦门市杏林建设开发有限公司等 39 家企业获评“市级守合同重信用企业”，厦门兴海湾工程管理有限公司等 12 家企业获评“省级守合同重信用企业”。针对辖区汽车经销产业兴起，汽车消费纠纷增多的情况，选取具有代表性的建发、盈众、信达等汽车 4S 店作为示范点，推广使用“汽车买卖合同”示范文本，以点带面促进规范。省级守合同重信用企业：厦门兴海湾工程管理有限公司、厦门圆兴商贸有限公司、厦门聚富塑胶制品有限公司、圆兴（厦门）精密工具有限公司、厦门永信隆塑胶包装有限公司、厦门市吉兴集团建设有限公司、杏林通利彩印有限公司、厦门宗顺建筑工程有限公司、厦门市金香穗米业有限公司、厦门唐荣房地产开发有限公司、厦门永昕实业有限公司、厦门永祥宏集团投资管理有限公司。市级守合同重信用企业：厦门市杏林建设开发有限公司、厦门永信隆塑胶包装有限公司、厦门兴海湾工程管理有限公司、厦门圆兴商贸有限公司、厦门聚富塑胶制品有限公司、厦门市集美建设发展有限公司、厦门康柏机械集团有限公司、杏林通利彩印有限公司、厦门宗顺建筑工程有限公司、厦门唐荣房地产开发有限公司、厦门雅丽商贸有限公司、厦门市金香穗米业有限公司、厦门祥发时尚百货有限公司、厦门永昕实业有限公司、厦门永祥宏集团投资管理有限公司、厦门延生药业有限公司、厦门市广科建设有限公司、厦门市永祥建设工程有限公司、厦门市吉兴集团建设有限公司、厦门龙湖恒嘉置业有限公司、迈贝特（厦门）新能源有限公司、厦门开心上校餐饮管理有限公司、圆兴（厦门）精密工具有限公司、厦门清亚丽建设工程有限公司、厦门市上厦不锈钢有限公司、厦门印天电子科技有限公司、厦门恒好旅游用品有限公司、厦门协兴龙塑胶有限公司、麦卡伦（厦门）润滑油有限公司、厦门亿同新印刷科技有限公司、中汽客汽车零部件（厦门）有限公司、厦门利德宝电子科技有限公司、厦门荣兴达旅游用品有限公司、厦门力巨自动化科技有限公司、厦门新景发工贸有限公司、厦门纵横通电动车有限公司、厦门海非生物技术有限公司、厦门图展伞业有限公司、电商谷（厦门）发展有限公司。

【执法稽查】 2016 年，区市场监督管理局紧扣社会关注、群众关切的热点问题，加大执法力度。全年立案 168 起，罚没金额 330.71 万元。针对房地产投诉频发问题，逐一检查辖区房地产项目，立案查处房地产广告违法行为 5 起，罚没 31.15 万元；针对食品安全问题，查处无证生产经营糖果、无证从事餐饮配送等违法行为，查获问题肉品 1.25 吨、私宰鸡鸭 1300 多只。开展“无传销区”创建工作，集美区被省工商局评为 2016 年创建“无传销县（市、区）”省级达标单位。

【消费维权】 2016 年，区市场监督管理局受理各类投诉举报 2599 件，比上年增长 45.60%。及时排查消费纠纷隐患，对新建景点提前介入检查，发现问题责令限期整改，避免消费纠纷产生；积极应对职业打假人，规范投诉举报处理程序，妥善处理职业打假 204 起；建立重大舆情事件的跨部门协作机制，妥善处理某汽车 4S 店消费者群体投诉事件 187 件、某景区购票宣传引发的群体性投诉 96 起。

【健全食药监管体制】 2016 年，集美区持续构建食品药品“三级网络”监管体系。发挥区食安办平台作用，将食药安全工作列入镇（街）年度绩效考核；明确属地管理责任，六个镇街分别成立食品安全工作领导小组，建立食品药品安全监管站，健全镇（街）食药

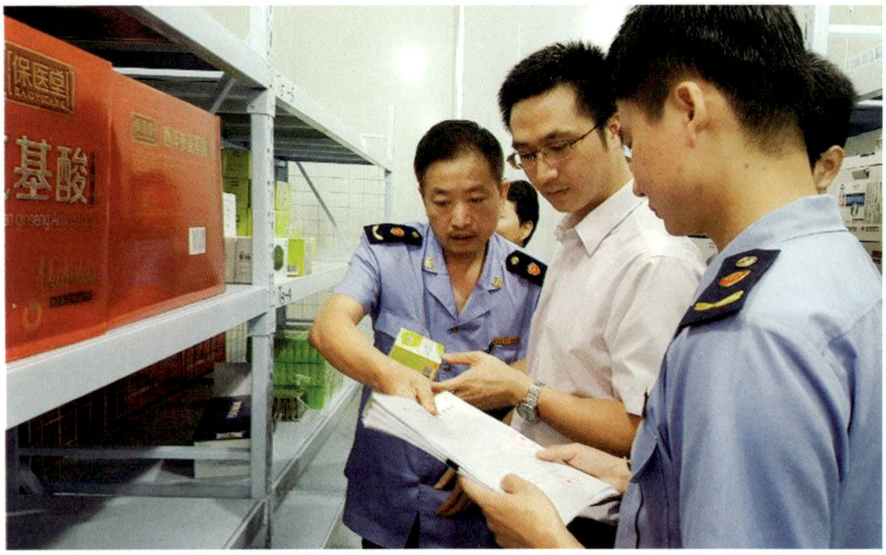

2016 年 10 月，区市场监督管理局开展保健食品专项治理。（区市场监督管理局 供图）

安全工作机构；建立村居食药协管员队伍，延伸食药安全监管触角，增强基层食药安全工作力量，形成区、镇街、村居三级食药安全共治的责任网络。依托集美区社会治理综合管理平台，开发“食品药品网格化监管系统”，将区、镇街、村居三个层级的食药监管机构和监管人员纳入网格化体系，解决网格化监管网格碎片化、人员监督难、档案维护难、数据不共享、统计效率低、公众参与难六个方面难题。

【行业自律协会成立】2016 年 4 月 29 日，集美区食品餐饮行业自律协会成立，为厦门市首家。首批涵盖食品生产、流通及餐饮等环节的 30 家食品餐饮企业入会；5 月 18 日，集美区食品餐饮行业自律协会集美分会成立，28 家单位成为分会成员。会员签订自律公约，协会开展检查监督，强化自律约束。推行先行赔付制度，建立风险代偿基金，对于事实清楚、证据充分的索赔，由协会先行赔付，解决旅游景区赔付慢的问题；引进会员商业保险，出现食品和相关公共安全问题，由保险公司承担经济赔偿责任，提高商家偿付能力。至年底，有 24 家会员参保。

【明厨亮灶工程建设】2016 年，集美区实施“明厨亮灶”工程，采取“透明式厨房”“闭路电视展示”“云端视频监控”等多种形式，推进“明厨亮灶”工程建设。各镇（街）累计投资 200 余万元，为辖区公办学校食堂安装厨房图像采集装置，建设云端视频监控系统。至年底，全区有 85 个集体食堂安装视频监控系统，其中 33 个实现云端化，实现全区公办幼儿园、中学和部分大学“云端监控”全覆盖。

【规范食品药品市场秩序】2016 年，集美区集中开展无证餐饮、私宰猪肉、非法添加等专项整治行动 40 多次。其中，开展无证餐饮整治，累计新办许可 2554 户，基本扭转无证餐饮大面积存在的局面；组织快检 296 批次，处置抽检不合格食品 28 批次，立案 6 起，其中 2 起非法添加硼砂案移交公安部门追究刑事责任。药品安全方面，先后组织开展问题疫苗、体外诊断试剂等专项整治，抽检“三品一械”158 批次，立案查处违法行为 15 起，罚没入库 38.5 万元。

【食堂和餐饮食品示范建设】2016 年，集美区加大示范建设力度，以华侨大学食堂、集美万达商业广场、厦门北站到达层为试点，开展创建示范学校食堂和餐饮服务食品安全示范街活动。同时，创建流通环节食品安全信用体系试点单位 6 个、餐饮服务食品安全示范店 30 家。通过示范引领，以点带面，提高食品餐饮行业的规范水平。是年，德芳源面制品厂等 3 家小作坊获评厦门市小作坊创建示范点，夏商民兴超市有限公司大学康城店等 3 家店获评流通环节食品质量可追溯体系省级示范点。（赖基伟）

★链 接

集美区个体劳动者协会
集美区私营企业协会

2016 年年底，集美区个体劳动者协会和私营企业协会（简称个私协会）有个体工商户会员 27443 户，私营企业会员 19318 家。协会以深化服务为重点，定期举办会员乒乓球赛、登山等文体活动，促进会员间的交流与互动；利用“3·15”消费者权益日、“12·4”法制宣传日，举办个私企业会员普法知识竞赛，提高会员守法意识；配合区市场监管局开展“小个专”非公经济党的组织和工作覆盖“百日攻坚行动”与“集中攻坚行动”，培育、指导非公党建工作联系点（示范点）5 家。春节前夕，区个私协会组织慰问特困个体户 15 家，为他们送去关爱与温暖；区个协灌口分会与农工党厦门市委一起举办“红红火火过大年”活动，为群众免费书写春联 200 多副，将祝福送到群众手中；六一儿童节前夕，灌口个协关工委慰问镇辖区 10 所小学的 50 名单亲和贫困学生，为每位学生送上节日慰问金和学习用品。（赖基伟）

质量技术监督管理

【概况】2016 年，市质监局第二分局以质量强区和标准化战略为抓手，开展特种设备、消费品安全监管和民生计量器具管理工作。检查电梯使用单位 142 家、民生计量器具使用单位 31 家、工许企业80家、3C企业56家，监管重点消费品生产企业57家，处理群众投诉举报96件、检验机构报告重大问题17件，办结行政处罚案件3起，立案处罚企业2家，罚没款14.90万元。

【特种设备安全监察】2016年，市质监局第二分局先后开展专项整治12次，累计检查电梯使用单位142家，消除安全隐患48处。指导3个住宅小区开展争创电梯安全管理标准化示范小区活动。处理群众投诉举报96件、检验机构报告重大问题17件，下达监察指令书3份，办结行政处罚案件3起，罚没款14.90万元。以《厦门市电梯安全管理办法》3月1日开始实施为契机，加大电梯安全宣传力度，印发《电梯乘坐安全》7万册，并制作《安全乘坐电梯》动画短片在全区所有小区的电梯视频上播放。携手集美区安监局、文教区管委会，开展特种设备宣传进学校“四个一”活动，提高师生电梯安全意识。

【消费品安全监管】2016年，市质监局第二分局先后检查工许企业80家、3C企业56家，开展为期三个月的家具类产品质量提升专项整治行动。通过行业协会、经信、市场监督、街道和代码数据库等多种渠道，筛查、整理出拟监管的涉及11类重点消费品生产企业57家。采用坐标式定位、网格化监管的模式，对企业进行实地调查，督促企业公开承诺产品质量，并依据历年监督抽查、风险监测、投诉举报等情况，对企业实施分类分级分等监管。

【民生计量器具监管】2016年，市质监局第二分局先后对10家医疗机构、8家验配镜店、7家加油站、4家生鲜超市和2家液化气充装站开展专项检查，核实企业计量器具配备、检定和使用情况，宣传计量监督管理等相关法律知识。对11家企业的19批定量包装商品净含量进行抽查，发现3批商品净含量不合格，责令1家企业整改，立案处罚企业2家。（蔡碧芬）

安全生产监督管理

【概况】2016年，集美区落实“党政同责、一岗双责、齐抓共管、失职追责”要求，开展安全生产大检查和隐患排查治理，持续推进工贸行业较大危险因素辨识管控、标准化建设提升三年行动和重点行业领域安全生产专项整治，加强安全生产法律法规和安全生产知识宣传教育培训，构建风险分级管控和隐患排查治理双重预防工作机制，为建设“五大发展”示范区提供良好的安全环境。是年，全区共发生生产安全事故80起，死亡16人，受伤21人，直接经济损失263.97万元；未发生较大以上生产安全事故，安全生产形势持续保持平稳态势。安全生产信息报送和采用数位居全市排行榜首位，工贸行业较大危险因素辨识与管控工作采取政府购买服务的做法被厦门市安委办转发推广。

【健全安全生产责任机制】2016年4月6日，集美区制订《集美区安全生产“党政同责、一岗双责、齐抓共管、失职追责”工作机制》，进一步健全完善目标责任管理、议事协调、齐抓共管、履职点评通报、重点工作跟踪落实、挂牌督办和“一票否决”7个方面机制，强化各级党委、政府对安全生产工作的领导，加强安全生产重点工作的跟踪落实，健全安全生产挂牌督办机制。

【落实防台措施】2016年，集美区先后遭受14号台风“莫兰蒂”和17号台风“鲇鱼”侵袭。台风来临前，安监部门成立3个专项督查组，深入危险化学品、非煤矿山企业开展防台防汛安全检查，督查企业54家，发现隐患18处，协助厦化硫化生产线、东海洋冷冻排除安全隐患，指导各加油站建立应急救援车辆加油“绿色通道”。台风期间，全区生产经营单位总体情况较好，未发生人员伤亡，未出现爆炸、泄漏、坍塌等灾害事故。

【重点行业专项排查整治】2016年，集美区突出重点行业领域专项排查整治工作。道路交通安全监管：以道路交通安全综合整治“三年提升工程”和道路交通综合整治“百日行动”为契机，打击各类道路交通违法行为，加强营运客车、旅游车、危险货物运输车、渣土车等车辆安全检查，强化“两客一危”车辆监管，开展道路运输车辆动态监控专项整治活动。危化品和烟花爆竹安全监管：以危险化学品、烟花爆竹、散装汽油“一体化”监管改革为契机，开展危险品、危化品、烟花爆竹、散装汽油专项整治活动。捣毁成品油地下油库1个，缴获成品油93.99吨，查处违法经营危险化学品企业2家，现场转移危险化学品6.6吨，罚款20余万元，查缴各类烟花爆竹700余件。燃气与油气输送管道安全监管：持续开展查处非法生产、储运、销售“黑气”专项整治和餐饮场所燃气隐患排查整治，重点对辖区燃气使用安全进行检查，查处取缔“黑气”窝点4个，暂扣“黑气”651瓶；消防安全监管：开展易燃易爆单位场所检查、夏季消防检查等专项行动，共检查单位2361家，督促整改火灾隐患1527处，发出责令改正通知书752份、行政处罚决定书73份，临时查封12处，责令“三停”18家，罚款76.74万元，拘留3人，挂牌督办并销案重大火灾隐患单位1家。建筑施工安全监管：开展质量安全文明施工“双随机”监督执法检查、质量月巡查、扬尘污染督查、渣土整治等工作，共巡查工程项目109个，检查塔吊61台、电梯46台、高大模板16次，发现质量安全隐患546处，发出隐患整改通知单94份，局部停工2个，记入不良行为记录29次。对工程施工中违法违规行为实施行政处罚，处罚2起，处罚7万元。职业健康安全监管：开展粉尘涉爆企业安全生产专项整治和

11 月 15 日，区长何东宁（前排中）带队督查厦门厦化实业有限公司危化品安全生产工作。（胡朝光 摄）

陶瓷生产、耐火材料制造、水泥生产、石材加工企业粉尘危害专项治理，检查企业 104 家；加大对企业的职业健康体检、作业场所检测、劳动合同告知、警示标识等检查力度，推动职业病危害项目申报工作，全区有 271 家企业完成网上申报备案，列全市第一位。特种设备安全监管：开展电梯使用单位与维保单位执法检查、电梯安全攻坚战、暑期电梯安全检查和液氨制冷企业检查等各类专项检查，共出动检查人员 524 人次，检查使用单位 142 家次、电梯维保单位 7 家、气体充装站和加气站 9 家，立案查处特种设备违法行为 3 起，消除各类安全隐患 51 处。文化旅游安全监管：开展旅游景点市场秩序专项整治、旅游市场综合大检查和净化社会文化环境专项整治行动，检查景区、旅游酒店、旅行社、旅游运输等企业 959 家次，查处“黑网吧”案件 8 起，查扣收缴电脑 403 台，收缴违法所得 3.71 万元，行政罚款 12.40 万元；查处出版物市场案件 1 起，收缴违法所得 0.12 万元，行政罚款 17.54 万元。寄递行业安全监管：强化寄递行业安全隐患排查整改和突出问题重点整治，落实“收寄验视＋实名收寄＋过机安检”三项措施，推动寄递安全管理专项治理。注销快递业务经营许可证 4 家，取缔快递网点 8 家。其它领域安全监管：开展水利工程、渔业渔船、农机安全生产检查；打击无证行医违法行为，查处“黑诊所”23 家，罚款 12.4 万元；对利用不具备生产经营条件的民房从事生产经营活动的行为进行排查，排查民房 3000 余家，发现隐患 589 处，逐一建档，落实整改措施。

【执法机制建设】2016 年，集美区继续完善执法机制。推进安全生产信用体系建设：制订出台《集美区企业安全生产信用体系建设实施方案》和《集美区生产经营单位安全生产不良记录“黑名单”管理暂行规定》，有 2 家企业（厦门金龙江申车架有限公司、上杭县东南建筑工程有限公司）被纳入安全生产不良记录“黑名单”管理。推进较大危险因素辨识管控：按照《厦门市开展工贸企业较大危险因素辨识管控提升防范事故能力行动计划实施方案》要求，完成冶金等工贸企业较大危险因素辨识与管控工作 166 家。工贸行业较大危险因素辨识与管控工作采取政府购买服务和先行试点的做法被厦门市安委办在全市推广。推进遏制重特大事故工作机制建设：围绕构建“源头治理、风险管控、隐患整治、社会共治、智慧监管、应急管理、宣传教育”系统性、整体性的遏制重特大事故工作体系，制订《集美区防范和遏制重特大生产安全事故工作方案》，建立行业安全风险网格化管理、分级管控、公告预警制度和隐患排查治理闭环管理制度。推行安全生产“双随机”执法模式：完成“两库一单”建立，启动安全生产“双随机”执法抽查，推动“五个一批”落实，曝光重大隐患 60 项，惩治典型违法行为 851 起，取缔违法企业 45 家。推进安全生产标准化建设提升工程三年行动：制订《2016 年安全生产标准化建设提升工程三年行动工作的意见》，调整充实“提升工程三年行动”工作领导小组成员和安全生产标准化建设专家指导组成员名单。全区企业安全生产标准化建设达标 5296 家，超指标完成市政府下达的指标。向上年通过达标评审的 135 家企业发放奖金 137 万元。加大社会公共安全基础建设投入：区、镇（街）两级财政预算 3950 万元，用于提升改造路口红绿灯控制，增设闯红灯、违停抓拍系统，安装震荡线、减速带、反光道钉、护栏、警示禁令标志、爆闪灯等。安装龙舟池沿岸安全围栏 1520米。建立软件园三期安全监管机制：火炬高新区集美安监站于 7 月 4 日挂牌运行。初步摸清园区 206 家入驻企业名单和行业类型，开展安全生产检查 22 家，签订安全生产责任书 22 份，发现并指导企业改进安全管理方面的问题 109 条。迎接市对区安全生产巡查：9 月 1 日至 11 日，集美区接受市安全生产委员会对安全生产工作落实情况的巡查。事前，区安委办对 9 个方面 95 个巡查要点，逐条逐项进行内业资料收集、整理、建档，高标准完成接受市安全生产巡查任务。并按照市安委会《关于对集美区政府安全生产巡查情况的反馈意见》，对安全生产工作中存在的问题进行分解细化，明确责任单位、整改期限，定期跟踪督促，推进隐患问题整改落实。

【安全宣教培训】2016年，集美区强化安全宣教培训工作。6月，组织安全生产月活动，各镇（街）、各部门和企事业单位共投入安全宣传教育经费107万元，悬挂安全宣传横幅317条，展出安全生产知识宣传板413块，发放各类宣传品、宣传资料10.89万份，发送安全提示、问候短信776万条，播放安全宣教电影38场，组织生产安全事故应急演练47场，开展全区性活动19项、区域（行业）性活动13项。6月16日下午，区安委办会同灌口镇政府，在灌口风景湖公园开展“安全生产咨询日”活动，41个单位、500多家企业代表和近千名市民参加该项活动。强化安全生产宣教培训。组织生产经营单位主要负责人和专（兼）职安全生产管理人员、危险化学品（包括生产、经营、储存）单位主要负责人、危化品从业人员进行资格培训，全年培训480余人。6月13日，消防部门到集美公交公司开展消防安全培训，培训公交公司驾驶员、保安、车间维修工120人。组织各类应急救援演练。全区各级各部门和企事业单位开展防火灾、防台风、防汛、防震、防电及特种设备应用演练50余场，动用演练装备46台次，参与人数7800余人，投入演练资金18万元。做好安全生产信息报送工作。在国家、省、市、区安监部门网站刊载安全生产信息1503篇（国家级2篇、省级106篇、市级811篇、区级584篇），在全市排名第一位；在节假日等重要节点，借助移动短信平台，向市民发送安全信息短信720万条；设立“集美安全生产”微信订阅号，发布安全生产工作动态和安全知识信息53条。（曹国臣）

6月16日，区安委办在灌口镇风景湖公园开展“安全生产咨询日”活动，向群众讲授灭火器使用方法。（冯立东 摄）

进出口商品检验检疫

【概况】2016年，杏林检验检疫局受理报检6158批，货值3.01亿美元，其中出境货物5098批，货值2.08亿美元；入境货物1060批，货值0.93亿美元。办理无纸化通关5061份，货值1.81亿美元；签发各类检验检疫证书1280份，货值1.02亿美元。完成出口退运单数据采集281份。签发产地证19135份，其中一般原产地证4470份，金额1.76亿美元；普惠制证书5104份，金额1.84亿美元；区域性优惠原产地证9561份，金额2.61亿美元。累计助集美区企业减免进口方关税1.5亿元人民币。

【福建省首起缺陷进口消费品召回】2016年8月，杏林检验检疫局通过12365投诉举报中心受理的投诉信息发现线索，经现场缺陷调查和政策讲解，促使企业自愿召回其进口自日本和意大利的SHOEI、AGV两个品牌11个型号摩托车头盔2046顶，价值约人民币400万元。这是质检总局颁布《缺陷消费品召回管理办法》后，福建省首例缺陷进口消费品大规模主动召回案件。

【与地方部门对口协作】2016年4月，杏林检验检疫局与集美区农林水利局签署协作备忘录，建立动植物疫情监测、调查与应急防控的联动机制，共同防范外来有害生物入侵，促进农产品出口。7月，联合举办集美区农业工作者外来有害生物防控培训班，区农林局、镇（街）农业科技人员、分管农业村干部、村农技员、蔬菜安全示范农户、无公害农产品企业代表等共60余人参加培训。杏林检验检疫局进行“生物入侵和动植物检疫”宣讲。

【助集美企业用好用足自贸协定规则】2016年，杏林检验检疫局主动融入“一带一路”和自贸区战略，强化自贸协定原产地签证工作精细化服务和帮扶工作，通过“网上申请、在线审核、双向快递”的模式，实现产地证备案及申报无纸化，并通过邮寄服务实现无缝对接。3月，组织33家企业40多人进行原产地证“单一窗口”货物申报培训。全年签发自贸协定优惠原产地证9561份，比上年增长127.7%。

【集美区食品安全示范城市建设】2016年，杏林检验检疫局积极参加集美区食品安全示范城市建设。为辖区企业举办质量体系培训4场，帮助出口备案企业建立实施HACCP体系，引导企业发展“同线同标同质”优质产品。辅导建立的灌口豆芽菜种植基地管理模式，受到市领导肯定。参加集美区食安办组织的“尚德守法，共治共享食品安全”主题宣传进广场、进村居、进社区活动，通过展板、宣传资料、现场讲座、样品展示等方式，展现检验检疫机构工作风貌与工作成效，普及进出口食品安全知识，提升进出口食品生产经营企业的法制和责任意识。

【进口设备后续监管】2016 年，杏林检验检疫局对进口的超声波诊断仪等医疗器械和旧机械设备进行专项检查，出动执法人员 10 人次，检查两家企业的设备 4 批 19 台。质检人员收集相关信息，建立相应工作档案，就设备的安全、卫生、环保等项目是否符合国家强制性要求进行排查，及时跟踪不合格项目整改落实情况。9 月，在对集美区某企业实施进口设备后续监管中发现，该企业于两年前从美国进口的 3 批 8 台货值 387 万美元的高精度数控刃磨机床主要部件发生故障，无法正常工作，立即进行现场查勘，迅速出具证书，助该企业成功向外方换货索赔。

【指导企业应对台湾中药材新规】2016 年，台湾地区制订中药材二氧化硫、黄曲霉毒素及重金属限量要求，对大陆输台中药材企业影响较大。杏林检验检疫局通过门户网站、微信、电话、邮件等方式，第一时间告知企业台湾地区最新限量要求；派员深入企业车间一线，详细了解具体情况，有针对性地提出解决输台中药材检验问题的思路和方法，并及时将企业反映的问题与厦门检验检疫局主管处室沟通协调。此外，针对药材贸易的时效性及受船运时间限制影响，指导企业将检测关口前移，对列入输台中药材应施查验项目提前抽样检测，缩短检测时间 7 ~ 10 天，提高通关速度，保障药材质量安全。

【服务文博会】2016 年 11 月 4—7 日，第九届海峡两岸（厦门）文化产业博览交易会在厦门国际会展中心举办。组委会特邀东盟（集美）文化艺术中心在文博会设立分会场。杏林检验检疫局在展会前提前介入，指导代理商进行参展商品报检，主动了解进境展品情况，提前做好检验检疫工作安排。提供即到即检、现场集中查验服务，保证展会展品快速通关验放，确保文博会展品的检验检疫安全。

【公开权责清单】2016 年，杏林检验检疫局规范权力运行，全面梳理行政职权，在门户网站、办事大厅公布《杏林出入境检验检疫局权力清单和责任清单》《杏林出入境检验检疫局 27 项行政权力运行流程图》，以及本部门行政许可事项的服务指南、服务规范，方便服务对象。

【普及国门安全知识】2016 年，杏林检验检疫局先后在国检广场、后溪镇后垵村等处开展多场次国门安全宣传活动。除科普视频、有害生物标本、进口水果展品和宣传展板外，还针对青少年心理特点和知识特点，作了知识性、趣味性强的国门安全专题讲座和检疫犬现场搜寻演示。（*卢婷*）

价格管理

【概况】2016 年，集美区物价主管部门（发改局）注重监督，强化市场调控，为全区经济稳增长、调结构、促改革、惠民生创造良好的外部环境，实现将居民消费价格涨幅控制在 3% 左右的调控目标，全年居民消费价格比上年上涨 1.7%。其中，服务项目价格上涨 2.5%，消费品价格上涨 1.3%。

【行政事业性收费监管】2016 年 1 月 1 日起，统一取消收费许可证制度，变事前监管为事中事后监管，创新收费监管方式，持续推进“阳光价费”，全区各行政事业性单位整体收费政策执行情况良好，未发现违规行为。是年，集美区共有 10 个收费部门、47 家收费单位、43 个收费项目，全年收费金额 76479.43 万元。其中，涉企收费 5 个部门、5 家单位、8 个收费项目，全年涉企收费总额 500.89 万元。与 2015 年比较，2016 年收费总额增加的项目有：教育类收费 75769.62 万元，增加 950.65 万元；人力资源和社会保障类收费 98.89 万元，增加 21.62 万元；水利部门收费 184.65 万元，增加 79.76 万元；与 2015 年比较，2016 年涉企收费总额减少的项目有：公安部门的涉企收费 58.03 万元，减少 106.68 万元；卫生部门的委托性卫生防疫服务费 7.3 万元，减少 4.3 万元；建设局人防办的防空地下室易地建设费 166.8 万元，减少 351.09 万元；法院诉讼费 84.11 万元，减少 197.61 万元。结合收费统计，对辖区内 47 家行政事业性收费单位及其收费项目进行审核，并将 43 家具有收费资质的收费单位名单及收费项目在集美区发展和改革局网站对社会公布。

【价格监督管理】2016 年，区物价主管部门继续做好涉农、涉企行政事业性收费政策宣传工作。“110”联动宣传周、“3•15”消费者权益保护日和“12•4”国家宪法日，在辖区主要街道和交通要点设立宣传咨询台，悬挂宣传条幅，向消费者发放价格法律法规宣传资料，接待群众价格咨询、投诉和建议；春节、五一、端午、中秋、国庆等节假日，多措并举加强市场价格监管，基本实现节假日价格举报零投诉。加强对电商价格标示、停车场收费及前期物业收费相关法律法规的宣传工作，从源头上解决投诉多的问题。与区教育局联合对民办幼儿园收费和收费公示情况进行检查。督促民办园规范收费项目，理清收费明细，正确进行收费公示。对新开办和调价的幼儿园，做好收费标准和项目备案工作，全年报备民办非财政补贴幼儿园 15 家，审核签订分级收费限价管理协议 104 家，继续做好参与政府财政补贴民办幼儿园的收费标准和项目的确认工作。继续做好推广“双随机”抽查机制、行政执法与刑事司法信息衔接共享平台案件录入工作。制订《物价检查落实随机抽查规范事中事后监管工作实施方案》，创新管理方式，规范市场价格监管行为，提高监管效能，营造公平竞争的市场价格环境。落实明码标价和收费公示制度，加强中介服务收费的监督检查，督促中介机构落实明码标价和收费公示制度，查处各种变相提高收费标准及相互串通、操纵市场价格等行为。

【平价超市监督检查】2016 年，集美区共有政府指定平价商场 9 家：新华都集美店、新华都杏林店、永辉超市万达店、闽蓝超市杏林店、乐海超市灌口店、民兴超市大学康城店、民兴超市滨水小区店、民兴超市古龙御景店、金中意集源店；新增夏商农贸市场政府指定平价蔬菜售卖点 4 个：夏商集美市场点、白泉市场点、杏滨市场点、杏西市场点。9 月 16 日，台风“莫兰蒂”过后，区发改局组织两个工作小组对辖区内农副产品平价商店进行巡查，重点检查平价蔬菜价格情况。针对平价蔬菜供应中存在的个别品种等级不达标、品种较少、销售无专柜、供应数量少、未按规定在平价农副产品销售区醒目位置张贴或悬挂承诺书、设立公示栏、公示平价商品价格、“12358”价格举报电话、商店服务电话、食品检测报告，未按规定使用统一标识牌和标价签等问题，提出整改要求，并明确整改时限。同时分发《厦门市农副产品平价商店管理实施细则》和《厦门市关于灾后重建期间价格政策提醒函》，并于 9 月 17—20 日组织回头再检查，严控灾后蔬菜价格。

【价格投诉举报执法】2016 年，区物价部门受理国家“12358”投诉举报平台及市价监局“鹭价通”投诉举报平台案件 125 件，其中停车收费与物业管理 11 件，咨询停车场收费标准，反映个别停车场收费告示牌不规范问题；商品零售业 30 件，反映个别商家明码标价不规范等问题；药品和医疗服务 6 件，反映在药店购买的药品价格偏高，咨询和投诉民办医院、诊所医疗服务收费价格高，标价不规范问题；宾馆酒店 3 件，主要是标价不规范问题；教育类 6 件，反映转学退费、收费公示不规范问题；交通运输业 3 件，房地产 1 件，资源价格 4 件，反映明码标价不规范等问题；网络购物 61 件，主要是职业举报人投诉商家涉嫌价格欺诈要求退一赔三等问题。另收到集美官网数字城市管理系统转办的政民互动及市长专线 42 件、市和区信访局转办的信访件 5 件。其中 45 件自行和解，54 件撤诉，26 件拒绝调解，答复咨询 47 件。（洪毅忠）

财政管理

【概况】2016 年，集美区财政总收入 106.64 亿元，完成预算的 101.32%，比 2015 年增长 11.53%。其中区级财政收入 30.82 亿元，完成预算的 100.35%，比上年同口径增长 14.94%。全区政府性基金收入 27.66 亿元，完成预算的 102.44%；全区国有资本经营收入 0.41 亿元，完成预算的 102.45%。财政总收入及区级收入增幅均位列全市第三位。

2016 年集美区区级财政收入支出情况表

表 31　　　　单位：万元

预　算　收　入	收入数	预　算　收　入	支出数
一、税收收入	242584	一、一般公共预算支出	544084
增值税	54976	一般公共服务	40102
营业税	32010	国防	1042
企业所得税	45731	公共安全	25386
个人所得税	12736	教育	153133
资源税	1	科学技术	22003
城市维护建设税	14797	文化体育与传媒	17172
房产税	6955	社会保障和就业	39526
印花税	3089	医疗卫生与计划生育	35034
城镇土地使用税	1783	节能环保	2551
土地增值税	68935	城乡社区支出	130939
耕地占用税	1571	农林水支出	33745
二、非税收入	65581	交通运输	3122
行政事业性收费收入	3180	资源勘探信息等支出	24170

续表 31

预　算　收　入	收入数	预　算　收　入	支出数
罚没收入	711	商业服务业等支出	1674
国有资源（资产）有偿使用收入	41445	国土海洋气象等支出	75
其他收入	3420	住房保障	705
专项收入	16825	粮油物资储备支出	376
三、政府性基金收入	276581	债务发行费用支出	11
四、国有资本经营收入	4098	其他支出	13318
—	—	二、政府性基金支出	341015
—	—	三、国有资本经营支出	4015

【推动产业转型升级】2016年，区财政局积极参与《集美区信用担保管理办法》等产业扶持政策、银行支持地方经济发展奖励办法以及商贸、物流、软件、电商、影视、总部经济等一系列扶持政策的研究和制订工作。做好企业扶持政策兑现工作，规范企业政策兑现审核的相关办法，全年共支出各类扶持企业资金8621.53万元，其中用于众创空间、“双百人才”等创新创业企业扶持5722.36万元。降低小微企业担保申请门槛及担保费率，创新反担保方式，解决小型微型企业融资担保困境，累计为101家企业和9253名被征地人员提供融资担保服务，全年担保总额6.75亿元。发挥产业引导基金杠杆作用，引导设立子基金14支，总规模40.9亿元，数量及规模全市第一位。

【实施积极的财政政策】2016年，集美区全面落实减税降费、营改增扩围、高新技术企业和小微企业税收优惠等结构性减税政策。落实降成本措施，降低社保缴费等涉企收费。逐步完善城市减灾防灾、农业灾害保险、农村受损住房重建补助等政策，将灾后恢复重建工作同提升城市建设管理、补齐民生事业短板有机结合，增强防灾抗灾能力。“莫兰蒂”台风后，落实促进工业、农业、商贸、文化旅游、建筑业等一揽子灾后重建和恢复生产扶持政策，助力企业尽快恢复生产。开辟资金拨付、政府采购和金融保险服务绿色通道，支持灾后恢复重建。

【保障和改善民生】2016年，集美区健全与经济发展相适宜的民生投入增长机制，民生支出占总支出的比例超过78%。坚持教育投入优先，支持教育均衡发展，教育支出15.31亿元，新建改建和扩建中小学2所、幼儿园4所，新增学位2840个；实行民办学校分级管理和分级补助办学经费制度，落实各类困难学生资助政策。医疗卫生与计划生育支出3.5亿元，提高医疗一站式救助、计生特殊家庭补助标准；推进市第二医院、后溪镇卫生院基础设施建设，加快灌口镇中心卫生院提升为二级院工作步伐，推进妇幼保健标准化提升工作。完善基本公共服务经费保障机制，支持医疗卫生信息化建设，推进家庭医生签约服务。文化体育与传媒支出1.71亿元，支持举办海峡两岸龙舟文化节、阿尔勒国际摄影季、草莓音乐节、AEMI世界气球艺术节、世界旅游小姐大赛、中国大学生篮球联赛等大型文体赛事活动；支持自助图书馆、三馆一站免费开放等基本公共文化服务。社会保障和就业支出3.95亿元，落实农村富余劳动力社保补贴、优抚安置和各项扶残助残政策；多渠道多形式支持就业创业，鼓励企业外出招聘，支持企业招用就业困难人员及应届毕业生；支持社区综合服务中心、农村幸福院、老年人日间照料中心建设，加快社会养老服务产业发展。城乡社区支出13.09亿元，其中投入3.33亿元用于加强农村基础设施建设，安排共同缔造“以奖代补”建设项目资金3000万元。

【预算绩效改革】2016年，区财政局依托项目库系统，完善绩效目标编报与部门预算编报、目标批复与预算批复同步的工作机制，提高绩效目标资金覆盖率。改进绩效评审方式，建立包括会计师事务所、工程咨询公司、资产评估机构和咨询服务机构在内的4大类12家第三方机构参与的财政资金绩效评价工作机制。选择2个部门的整体支出项目、3个政策类项目和8个重点支出类项目，首次引入第三方开展绩效评价工作，涉及资金2.82亿元，并将评价结果作为安排预算的重要依据。

【优化财政体制机制】2016年，区财政局结合镇（街）承担保障辖区社会事务的特点，逐步优化事权与支出责任相适应的财政管理体制，提高基本公共服务保障水平。完善国库集中支付体系，在六个镇街全面实施国库集中支付制度改革，将财政资金纳入国库单一账户体系管理。全面落实会计集中核算转轨，恢复39家预算单位的会计核算权和财务管理权，调动预算单位当家理财积极性。优化区级政府投资基建项目工作流程，加快投融资建设项目征收资金结算。加强库款统计分析、动态监测和形势预判，切实防范库款支付风险。梳理购买服务审批流程，修订政府购买服务目录，规范政府购买服务经费标准，提高资源配置效率和公共服务水平。推进 PPP 项目试点，配合市财政做好集美新城医院、马銮湾新城城市基础设施等项目的 PPP 融资试点工作。

【财政监督管理】2016 年，集美区制订权责清单、“双随机”抽查事项清单、抽查工作细则等，并对代理记账机构、政府采购法规和政策的执行情况等进行监督检查。制订年度会计信息和专项检查方案，开展 2016 年会计信息质量和专项资金监督检查工作，对全区 15 家行政事业单位和 2 家重点行业单位开展检查。完善公务支出标准体系，调整差旅住宿标准，加强会议定点管理，推进公务用车改革，继续落实“八项规定”和“约法三章”，规范津补贴管理，压缩“三公”经费。是年，全区“三公”经费支出 908.98 万元，比上年下降 17.15%。

【灾后重建资金保障】2016 年 9 月“莫兰蒂”台风过后，区财政局制订《关于加强灾后恢复重建财政保障工作的意见》，规定优先保障安排环境整治、市政设施、农田及水利设施、公共服务设施恢复重建资金以及受灾房屋重建政府补助，企业恢复生产政府补助，受灾农作物政府补助，受灾群众生活救济补助等资金；简化工作流程，开辟资金拨付绿色通道，预算资金预拨、集中支付、财政审核、政府采购等各个环节采取“容缺受理”“特事特办”“马上就办”措施，保障救灾工作顺利进行。9 月 14 日，召开资金保障会议，要求各科室主动联系对口部门，了解支出需求，提前做好应急资金支出保障。9 月 17 日，协调市财政紧急调度资金 4.3 亿元，协调区金库代理银行提前运作，清理各项结余和暂存款项，积极争取上级救灾专项补助，统筹用于灾后重建。灾后首个工作日，即安排区产业投资公司工作人员分批深入所投资和担保的 60 多家企业走访，了解企业受灾情况和帮扶需求。会同区经信、商务、农林水利等部门，出台工业企业、商贸物流企业、农业等灾后重建恢复生产政策扶持措施，对受灾企业厂房设备、温室大棚、农作物、芽苗菜生产基地等重建给予专项财政扶持，对企业融资担保、应急还贷资金等方面给予扶持，帮助企业尽快恢复生产。召开集美区金融机构支持灾后重建会议，协调金融机构支持受灾企业恢复生产。召开集美区企业与保险公司灾后理赔工作对接会，加快受灾企业保险理赔进度。（徐杨璇）

2016 年，集美区民生支出占总支出比例超过 78%。图为新建的西亭十年制学校（颜志伟 摄）

国家税务管理

【概况】2016 年，区国税局以贯彻落实《深化国税、地税征管体制改革方案》为主线，紧抓“营改增”扩围、金税三期上线、国地税合作等重点工作，组织自征收入 42.15 亿元，完成市局下达任务的 103.11%。是年，集美区国税局领导班子调整，陈宁虹任局党组书记、局长，林建钟、叶长青任局党组成员、副局长，陈劲松任局党组成员、纪检组长，蔡少强任总经济师。局机关下设办公室（绩效办）、财务科、人事教育科、监察室、政策法规科、征收管理科、稽查局、税源管理一科、税源管理二科、收入核算科、纳税服务科、杏林分局、灌口分局 13 个职能科室（局）；人员编制 126 人，年末干部职工 123 人，其中编制干部 113 人、系统合同工 10 人。

【税收征管】2016 年，区国税局多措并举，力促改革发展，提升征管质效，税收管理实现新突破。①“营改增”落地：与集美地税携手，成立“营改增”工作领导小组，联合开展税源调查、数据测算和征管衔接，接收试点纳税人 12001 户，新增“营改增”纳税人 1589 户。组织各行业纳税人实体培训 13 场 11793 人次，确保“营改增”工作有序推进和平稳落地。②“金三”上线：举办金三系统个人所得税系统优化版操作培训 8 场，成立“金三”数据清理补录小组，逐户逐笔进行数据核实、清理与录入；强化节点控制，开展业务双轨试运行、人海压力测试，确保“金三”系统顺利上线。③国地税合作：贯彻落实《国家税务局、地方税务局合作工作规范》，合力打造集美国地税合作示范区。多次召开国地税合作交流会和联席会议，联合搭建纳税服务平台，联合强化税收风险管理，联合服务区域经济发展。与“一品威客”网签订委托代征协议，为厦门市虚拟经济行业首例；推出全市首个“大企业个性化服务方案”，提升大企业税收遵从度；与三明市清流县国地税开启跨区域国地税合作新模式；与集美区工商局、建设局、市场监督局开展跨部门税收合作，推进涉税信息共享。④各税管理：推进税收风险管理，规范纳税评估工作流程，全年直接补税入库税额及加收滞纳金1989.61万元，调减亏损额6231.54万元，累计成果3558.89万元。在落实增值税小微企业优惠方面，共为22991户次减免增值税税额4503.96万元。加强所得税管理，落实小微企业所得税优惠政策，为839户次减免所得税额610.30万元，实现应享尽享。

【依法治税】2016年，区国税局依法治税，开展违规插手涉税中介经营活动检查，加强执法监察子系统疑点核查，组织核查疑点数据1118条，核查面100%，补税金额59.68万元，退税7.46万元。加大税警合作力度，成立厦门市公安局集美分局派驻税务联络机制办公室，联合开展打击涉税违法犯罪活动，破获集美区2016年最大虚开增值税专用发票“7•8”案件，核实涉案金额27亿元、涉案企业1176户。全年查结案件72起，审结58起；查补税款1.3亿元，入库税款5612万元。

【出口退税】2016年，区国税局根据《国家税务总局关于推进出口退（免）税无纸化管理试点工作的通知》精神和“严控风险、企业自愿”的原则，对出口退（免）税分类管理类别为一类、二类的生产性出口企业推行申报无纸化管理试点。至2016年7月，使用远程申报系统申报退税的出口企业占辖区内出口企业的100%。全年累计审核免抵税额17.4亿元，办理退税额16.7亿元。

【纳税服务】2016年，区国税局把握办税需求，优化纳税服务，征纳关系更趋和谐。①优化窗口资源配置。整合文书柜台与申报柜台，推行除发票申购外的全能型综合业务；设立“营改增”绿色通道、行政审批绿色通道、“三证合一”绿色通道、预约服务室，提高办税效率；设立应急处理窗口，及时处理各类疑难涉税问题或突发舆情。②提升纳税服务质量。深化政策辅导，全年共举办纳税人学堂60次，总参训18171人次；推广网上办税、全市通办事项、无纸化办税、实名制办税、“二维码”一次性告知，提供省时、省事、省心的贴心服务；推行网上申领发票和网上代开发票工作；在区党群活动服务中心成立第五个国地税联合纳税人维权服务点；设置4个国地税业务通办窗口，共同办理6项涉税业务，实现“前台一家受理，后台分别处理，限时办结反馈”的合作模式。③首创“‘营改增’纳税人涉税事项办理流程图”和首创核实前置，实行“容缺受理”，让纳税人少跑腿、少磨嘴，提升服务质量；设立厦门市首个驻点企业的国地税联合服务站，为两岸创客提供“进一道门，办两家事，解决多个问题”的服务新模式。④开展信用等级评定，深化税银互动，助力企业壮大发展。全年集美国地税联合授予2015年度纳税信用级别A级纳税人410户，推出A级纳税人服务举措8项，推进诚信体系建设。帮助辖区内89家企业与合作银行签订贷款协议，取得48.3亿元贷款。

【虚开增值税专用发票案件侦破】2016年，区国地税加强与区公安部门的合作，成功侦破集美区2016年最大的虚开增值税专用发票案件——“7•8”虚开增值税专用发票窝案。犯罪团伙隐藏于居民楼，明确分工、组织严密，利用虚假注册地址，多次变更生产经营地址、工商登记信息和法人代表，在无货交易情况下编造虚假经营，长时间虚开增值税专用发票。初步核实涉案金额27亿元，涉及全国28省市1176户企业。（林丽萍）

地方税务管理

【概况】2016年，集美区地方税务局实现“十三五”时期集美地税事业良好开局。全年组织入库各项收入86.78亿元，比2015年减收1.1亿元，下降1.26%。其中，税收收入入库54.29亿元，同比减收5.83亿元，下降9.7%，扣除“营改增”因素，则同比增收4.53亿元，增长9.1%，完成市局调整后年度任务54.2亿元的100.16%，完成区政府调整后年收入计划53.45亿元的103.94%；组织社保费入库29.25亿元，比增4.89亿元，同比增长20.08%。税收收入总量位列全市六区第三位、岛外四区第一位。

【税收特点】2016年，区地税局税收收入呈现四个特点：“营改增”后税收增速减缓，出现负增长，地税收入逐季增幅分别为13.03%、8.47%、-5.98%、-9.7%；主体税种结构发生变化，土地增值税和所得税成为主导税种；受总收入影响，三大行业收入均不同程度下降，但比重结构未发生明显变化，房地产业依然支撑全局收入；重点税源企业贡献集中度依然较高，全区地税收入年缴纳500万元以上企业70户，同比增加1户，占局管户数0.18%，入库税收40.26亿元，同比增收0.72亿元，增长1.83%，占税收总收入的77.19%，同比提高5.9个百分点。

【税收改革】2016年，区地税局紧扣税收现代化要求，以深化征管体制改革方案为指导，拓展国地税合作，实行全面“营改增”试点，推进税收改革进程。深化拓展国地税合作：签订《深化国地税征管体制改革的工作方案》，从征管、纳服、稽查和队伍建设等6个方面38项90个具体工作项目统筹推进；落实“纳税服务合作协议书”

明确的 14 项合作办税内容，方便纳税人；联合创立“四合一”服务站、维权点、山海合作点及税校实践教学基地，拓展合作内涵。全面实施“营改增”：主动争取区委、区政府及各职能部门的支持，区政府召开联席会议，专题研究，统筹部署，形成合力。组织开展营业税信息基础数据核查，推进委托代征，开设“绿色通道”，清理清缴发票，推进“营改增”顺利实施。推进“金三”上线运行：采取提前消化工作量、设置网上办税服务点、更新表证单书范本、落实领导带队值班制度、落实预约服务等措施，实现“金税三期”系统如期上线，“金三”个税扣缴客户端下载安装近 1.8 万户，初始化率 100%，申报户数 17166 户，申报率 97.2%，初始化率、申报率均居全市首位。

4 月 1 日，区国地税联合在海峡两岸青年创业基地设立服务站。（陈春晖　摄）

【税收征管】2016 年，区地税局落实征收管理规范与行政执法规范，严格执行权力清单、公共服务事项清单、责任清单和行政审批事项目录。开展企业所得税和个人独资合伙企业个人所得税汇算清缴 3208 户，补缴税款 1.85 亿元；完成年所得 12 万元以上个人所得税自行申报 7304 人次；开展土地增值税清算审核项目 7 个，审核补缴税款 1.17 亿元；强化“以地控税”，制作“一地一表”4552 户次，调增应税土地面积 7 万平方米，补缴税款 565 万元。加强风险管理，持续完善风控中心实体化运作机制，全年风险识别命中率达 56.74%，评估补缴税款、滞纳金、罚款共 2.11 亿元，补缴金额位列市地税系统首位。加强欠税欠费管理，累计清理欠税（费）2.07 亿元，最大单户清欠额达 5615 万元；规费清欠率达到 80.76%，比上年提升 19.41 个百分点，取得最好成绩。

【税收法治】2016 年，区地税局持续推进税收法治建设，采取专案重查、提速审理等手段清理陈年积案，实现检查和审理环节零积案；突出重大涉税违法案件的查处，对 14 户立案企业和 5 户往年未结案企业开展稽查，查补税款 1.34 亿元；受理举报案件 22 户，查处 27 户次企业 1665 份发票违法问题，票面金额近 0.3 亿元，补滞罚合计 289.59 万元。注重税收执法监察，严格执行税务行政处罚裁量权基准，开展税收执法督察和电子监察，加强行政审批业务的日常管理监督，强化依法行政意识。坚持依法收税原则，坚决不收过头税，落实优惠减负政策，减免税收 2.47 亿元；落实养老保险、医疗保险、失业保险、工伤保险减负政策，减负 2.4 亿元，帮扶企业可持续发展。

【纳税服务】2016 年，区地税局落实纳税服务规范，推进“互联网+税务”，推广电子签章、涉税（费）事项全流程网上办理等新举措，累计办理 CA 业务 35 户、电子签章 753 户、电子签章文书 1723 份，便利纳税人。创新税收服务管理，推进落实 10 类 142 项涉税（费）业务同城通办；推行税银互动，89 家纳税信用等级优良的企业与 4 家银行签订 48.3 亿元贷款协议；简并涉税资料，免填单范围从原来 33 个服务事项扩大到 46 个，实现 29 种表、证、单、书免填。完善微信平台宣传，拓展微预约、微缴费、微指南、微课堂等功能，打造“聆听税月”全市首个国地税联合“有声”宣传品牌。区局在总局满意度调查中取得 84.32 分，在全国 426 个区县排名中列第 161 位；在省局调查中，区局取得综合 91.27 分，后溪分局取得 94.44 分，并列全市系统 36 个分局（所）第三位，受到市局通报表扬。（侯鹏程）

★ 链　接

2016 年度集美区纳税大户企业名单

纳税 1 亿元以上企业（23 家）：
厦门万特福房地产开发有限公司、厦门海合美地产有限公司、厦门正新橡胶工业有限公司、厦门翔洲房地产开发有限公司、厦门国贸天同房地产有限公司、厦门市双子兴房地产开发有限公司、世纪宝姿（厦门）实业有限公司、厦门恒大置业有限公司、厦门市东区开发有限公司、厦门富铭杏博置业有限公司、厦门国贸海湾投资发展有限公司、厦门市杏林建设开发有限公司、海通证券股份有限公司厦门乐海北里证券营业部、厦门禹洲海景城房地产有限公司、厦门夏商房地产有限公司、厦门龙湖德嘉置业有限公司、厦门金龙联合汽车工业有限公司、联发集团有限公司、厦门厦工机械股份有限公司、福建中联盛房地产开发有限公司、中交（厦门）投资有限公司、华懋（厦门）新材料科技股份有限公司 IOI（厦门）置业有限公司。

纳税 5000 万元 –1 亿元（15 家）： 厦门ＴＤＫ有限公司、厦门宏发汽车电子有限公司、厦门金鹭特种合金有限公司、招商局地产（厦门）有限公司、厦门东森信源置业有限公司、厦门市万科滨海置业有限公司、厦门宏发电力电器有限公司、厦门富铭九天湖置业有限公司、住重中骏（厦门）建机有限公司、华润置地（厦门）有限公司、厦门唐荣房地产开发有限公司、厦门联发（集团）房地产有限公司、厦门虹鹭钨钼工业有限公司、路达（厦门）工业有限公司、浙商证券股份有限公司厦门文康路证券营业部

统计管理

【概况】2016 年，集美区统计局做好全年农业、工业、固定资产投资、建筑业、房地产业、贸易业、住宿餐饮业、劳动工资、服务业、文化产业等专业月度、季度定期报表及各专业年度报表统计工作，开展农业普查和基本单位清查、主要畜禽生产调查、规模以下工业整群调查等抽样调查工作，撰写各种分析材料 40 余篇，为区委、区政府提供准确的数据依据，为有关部门和社会各界提供统计咨询服务 100 余人次。

【抽样调查】2016 年，区统计局开展统计用区划和城乡划分代码调整、基本单位清查、主要畜禽生产调查、规模以下工业整群抽样调查、工业生产者价格调查、农村固定资产投资抽样调查、限下贸易业整群抽样调查、城乡住户一体化调查、农民工抽样调查、劳动力调查、人口抽样、小微企业抽样等调查工作。完成工业企业市场竞争力调查、工业企业质量竞争力指数调查等调查任务。协助区效能办完成 2016 年度集美区绩效管理考评工作，协助省统计局开展科技年度报表、劳动力调查表验收、调研工作。

【农业普查准备】2016 年，区统计局认真做好全国第三次农业普查的各项准备工作，牵头组建普查机构，组织普查指导员和普查员培训，完成农业普查小区划分和地图绘制、入户清查摸底等工作。这次普查涉及集美区灌口、后溪、杏林、侨英、杏滨 5 个镇（街）、32 个村（居）委会、13000 多个农业经营户及 300 多个农业经营单位。普查内容包括农业从业者情况、乡村治理情况、乡镇社会经济发展状况、主要农作物种植等空间分布情况。普查工作从 2017 年 1 月 1 日开始。

【统计服务】2016 年，区统计局利用统计数据信息资源，加强统计分析，全年共撰写各种分析材料 40 余篇，为市局、区委、区政府和区地方志等部门提供文字材料，为有关部门和社会各界提供统计咨询服务 100 余人次，为企业申报名牌、评优等活动提供统计数据核对 199 个次。完成《厦门市集美区统计年鉴》（2016 年）编印工作。

【统计法治宣传】2016 年，区统计局利用统计年报布置会，组织全区统计人员 1000 余人学习新修订的《中华人民共和国统计法》；利用“3·15”消费日、“9·20”统计开放日、“12·4”法治宣传日、“12·8”《统计法》宣传日，以 LED 电子屏幕、横幅和发放《统计法》、《统计知识问答》宣传材料等，开展普法宣传活动。同时加大统计执法力度，用“双随机”法开展日常统计监督检查，严格按照自由裁量权相关制度开展行政执法工作，处理虚报瞒报统计资料案件 2 起。

【统计队伍建设】2016 年，集美区各镇政府、街道办事处加挂统计站牌子，各新增事业编制人员 1 人。2016 年，区统计局以会代训方式，举办业务研究会 4 次，分别对住户专业辅助调查员、村（居）统计员、镇（街）统计工作人员等 100 余人进行业务培训，交流经验，解决问题，提高统计人员的业务素质和服务水平。

【统计信息化建设】2016 年，区统计局执行《全国统计系统基本单位名录库建设维护与使用管理暂行办法》及其实施细则，贯彻“先进库、再有数”和“不进库、不出数”的原则，及时做好新增、破产、关闭等调查单位和调查单位基本信息变更的调查核实工作。至年底，基本单位库共有单位 15583 家。加强与 116 家重点工业企业交流，收集企业生产经营遇到的各种问题以及企业的合理化建议，做好企业服务工作，帮助企业健康有序发展。 （王跃平）

审计管理

【概况】2016 年，集美区审计局内设综合科、审计科，在岗公务员 8 人。下设审计事务中心，事业单位，在岗工作人员 4 人。制订并实施《便民服务投诉咨询管理制度及工作流程》，重新梳理行政权力清单和责任清单，经梳理后保留行政权力 20 项和责任事项 34 项。全年审计单位 13 个，查出主要问题金额 11943 万元，出具审计报告和专项审计调查报告 26 篇，提出审计建议 39 条、审计信息 45 篇，被审计领导干部 10 人，编发审计简报 42 篇。是年，区审计局获省厅授予的“县级审计机关统计工作先进单位”称号，选送的审计项目获 2016 年市局 OA 项目考核一等奖；审计信息工作获评市局二等奖，傅伟滨个人

获评二等奖。

【审计业务】2016年，区审计局完成2015年度预算执行情况审计及其他财政收支情况审计、经济责任审计（6个）、区属国有企业财务收支审计（1个）、上级审计机关交办的同安区纪委监察局财政资金使用情况专项审计（1个）和市审计局安排的稳增长促改革调结构惠民生政策措施落实情况跟踪审计等审计工作。查出违规金额1030万元，管理不规范金额10913万元，非金额计量问题38项，损益（收支）不实金额34万元。提交审计报告及专项审计调查报告26篇，移送处理事项1项，移送处理金额48万元。提出审计建议39条，被采纳29条；被审单位采纳意见并制订整改措施5项。

【预算执行审计】2016年，区审计局组织对区财政局实施2015年度区本级预算执行情况和其他财政收支情况进行审计；抽查审计区委办、区人大办、区工会、团区委、区委文明办、区商务局、区科技局、区安监局8家单位部门预算执行情况；抽查审计城市建设维护费、政策扶持资金、卫计专项资金、教育专项资金、区级城市规划编制专项资金的管理、使用情况。出具审计报告2篇，审计查出主要问题金额2119万元，提出审计建议6条，被采纳6条。

【经济责任审计】2016年，区审计局加强与纪检监察、组织人事等部门协作和配合，推进经济责任审计工作向纵深发展。完成10位领导干部的经济责任审计，其中任中审计4人、离任审计6人；党委领导3人、政府领导5人、国有企业领导2人。查出主要问题金额9822万元，其中违规金额673万元，管理不规范金额9149万元。

【审计监督管理】2016年，区审计局配合区委办及上级审计机关，开展落实党风廉政建设责任制专项检查；配合区纪委开展扶贫资金检查；联合财政、人社等部门进行津补贴、“三公”经费专项检查；配合上级审计机关开展2015年度涉农资金“最后一公里”专项督查工作。（傅伟滨）

2016年集美区审计工作综合情况表

表32

指标名称	计量单位	审计结果	指标名称	计量单位	审计结果
一、审计单位	个	13	审计处理处罚	万元	8167
审计	个	13	其中：应上缴财政	万元	727
专项审计调查	个	0	应归还原渠道资金	万元	7401
二、审计查出主要问题金额	万元	11943	应调账处理金额	万元	38
违规金额	万元	1030	八、审计处理结果落实情况	—	—
管理不规范金额	万元	10913	审计促进整改落实资金	万元	1269
三、损益（收支）不实	万元	34	其中：增收节支	万元	1269
四、审计发现非金额计量问题	个	38	已上缴财政	万元	228
五、审计期间整改金额	万元	679	已归还原渠道资金	万元	1041
六、审计报告和专项审计调查报告	篇	26	已调账处理金额	万元	0
七、审计处理情况	—	—	九、审计成果利用情况	—	—
审计提出建议	条	39	信息简报	篇	42
被采纳审计建议	条	29	被批示、采用审计信息	篇（次）	25
提交审计信息	篇	45	信息简报	篇（次）	25
审计专题、综合性报告	篇	3	十、被审计领导干部	人	10

教育与科技

教　育

综　述

【概况】2016年，集美区改建、扩建中学2所，新增义务教育学位1400个；新增幼儿园4所，新增学前教育学位1440个。至2016年9月，完成固定资产投资37440万元。新校杏东中学、美山小学、新亭小学通过义务教育阶段学校标准化区级验收。区教育局制订《关于进一步加强义务教育阶段教学质量管理的意见（征求意见稿）》。2016年，集美区有幼儿园146所，在园幼儿28690人；小学45所，在校学生48665人；中学15所，其中完中6所，初中4所，九年一贯制学校5所，在校学生33008人；中等职业技术学校8所，在校学生20503人；成人培训机构4所（含教师进修学校），学员4595人。实施外来务工人员随迁子女积分入学政策，共接纳6853人。免除符合统筹条件的民办校进城务工人员随迁子女学费4778人次，共745.88万元；实行"两证"减免政策，减免4037人次，共119.79万元。实行民办中职学校免学费政策3916人次，共396.05万元。民办园分级补助受惠幼儿9875人次，共928.13万元。发放民办中职学校国家助学金116人，共11.6万元。有教职工9180人，其中专任教师6908人。

2015—2016年集美区各级各类学校情况表

表33

学校类型	学校数	在校学生数				教职工数				
		合计	其中			合计	其中：专任教师			
			小学	初中	高中		小计	小学	初中	高中
全区合计	228	245635	57281	16622	7770	18159	12663	2850	1168	649
一、高等学校	9	109877	—	—	—	8108	5202	—	—	—
二、基础教育	207	110660	57281	16622	7770	8838	6510	2850	1168	649
1. 中学	15	33008	8616	16622	7770	2705	2311	394	1168	649
完全中学	6	19581	—	11811	7770	1804	1465	—	816	649
初级中学	4	2826	—	2826	—	279	220	—	220	—
九年一贯制学校	5	10601	8616	1985	—	622	526	394	132	—
2. 小学	45	48665	48665	—	—	2667	2456	2456	—	—
3. 特殊教育	1	44	—	—	—	26	10	—	—	—
4. 幼儿园	146	28690	—	—	—	3440	1833	—	—	—
5. 成人小学扫盲班	—	253	—	—	—	—	—	—	—	—
三、中等职业教育	12	25098	—	—	—	1213	951	—	—	—
1. 中等职业学校	8	20503	—	—	—	1147	894	—	—	—
2. 成人培训机构	4	4595	—	—	—	66	57	—	—	—
职业技术培训机构	3	484	—	—	—	37	31	—	—	—
教师进修学校	1	4111	—	—	—	29	26	—	—	—

【廉政教育进校园】2016年，集美区教育纪工委从形式创新、阵地建设、制度保障等多方面入手，用铁律杜绝违纪行为的同时，创新举措营造良好的廉政文化软环境。在建设集美二小、厦门十中两处第一批廉政文化园试点基础上，推进全面从严治党向基层延伸，又确定厦门十中、内林小学为"党建工作示范校"，杏南中学、集美第

二小学、后溪中心小学为“廉政建设示范校”、集美区滨水学校、后溪中心小学为“廉政文化园示范点”。

【平安校园等级创建活动】2016年10月13日至11月2日，由区综治、教育、公安、安监四部门组成考评组，结合综治安全责任制年度考核工作，对第二、三批申报“平安校园”等级创建的67所学校进行考评验收。参加创建的90所公民办学校全部通过考评验收，通过率100%。其中，被授予AAAAA级学校62所，AAAA级19所，AAA级9所。区教育局被评为安全教育实验区“全国示范单位”，杏东小学、英村（兑山）幼儿园被评为安全教育实验区“全国示范学校”，厦门十中获评全国学校毒品预防教育工作先进单位。

【军警校联合反恐宣传教育进校园】2016年3月4日，集美区教育局联合中国人民解放军92762部队、集美区应急处突大队，共同举办集美区军警校联合反恐宣传教育进校园启动仪式，近5000名师生参加。此次军警校联合反恐宣传教育为期三个月，内容有反恐宣传教育图片巡回展、实战型反恐演练、制作手抄报、召开主题班会等。

【嘉庚精神进学校百日行动】2016年3—6月，根据区委的统一部署，全区各级各类学校开展“嘉庚精神进校园百日行动”，把嘉庚精神作为培育和践行社会主义核心价值观的重要载体，从校园、课堂、教材、团队及德育五个方面入手，多部门联动形成合力，结合学校教育、管理、学习、生活实际，举办包括嘉庚精神知识竞赛、“烽火弦歌”校园巡回图片展、嘉庚建筑模型大赛、嘉庚语录心中记、现场硬笔书法比赛等活动537场次。（苏燕婷）

幼儿教育

【概况】2016年，集美区继续加大公办幼儿园建设力度，新建西亭、锦城、寰宇、滨湖4所幼儿园，新增学位1440个。全区有各类幼儿园146所、1000班，在园幼儿28690人，适龄儿童入园率94.62%。其中普惠性幼儿园107所，享受分级管理财政补助幼儿10406人，约占民办、集体办在园适龄儿童总数的56.5%。共有教职工3440人，其中专任教师1833人。

【学前教育惠民补助】2016年春季，全区共有享受分级管理财政补助幼儿9875人，约占民办、集体办在园适龄儿童总数的38.3%，比2015年秋季增加1110人。秋季，全区普惠性幼儿园共107所，约占参与评估定级的民办幼儿园总数的86.3%。（苏燕婷）

【集美幼儿园】2016年，集美幼儿园分设总园和岑东分园，共有教职工78人，其中区级学科带头人培养对象1人、市级骨干教师5人。2015—2016学年度第二学期设班17个，在园幼儿597人；2016—2017学年度第一学期设班17个，在园幼儿598人。是年，幼儿园全面推进幼儿区域自主游戏，各班增设材料区，提供低结构材料供幼儿自由取放，通过户外游戏、角色游戏、建构游戏、表演游戏等，提高幼儿解决问题的能力。在省、市、区各项比赛中，幼儿获区一等奖5项、市一等奖3项、市二等奖2项、省级银奖1项，教师获区一等奖5项。（许碧莲）

【集美区实验幼儿园】2016年，集美区实验幼儿园有教学班12个，在园幼儿420人；教职工60人，其中专任教师28人。专任教师中，省幼儿园学科带头人1人，市幼儿园学科带头人2人，区幼儿园学科带头人2人，市级骨干教师5人，区教学新秀2人。在省、市、区各项比赛中，幼儿获区一等奖2项，市二、三等奖各1项，省一、二等奖各1项；教师获市一等奖1项。幼儿园获评“十二五”集美区教师继续教育先进集体。（曾梅芬）

【杏林中心幼儿园】2016年秋季，杏林中心幼儿园杏东分园停办。总园和金博分园共设班21个，在园幼儿769人，教职工112人。是年，幼儿园被评为区5A级平安校园、学校安全标准化建设一级达标单位，幼儿获区、市、省级比赛一等奖各1项，教师获区级比赛一等奖1项。（洪彩玲）

【灌口中心幼儿园】2016年，灌口中心幼儿园设黄庄总园和幸福分园，24个班，在园幼儿825人；有教职工101人，保健医生2人，其中省级骨干教师1人、市级骨干教师3人、区级学科带头人培养对象1人。在园区建立“莫兰蒂”观察角、“变废为宝”创意作坊、泥塑区和“野战自主游戏区”，引导幼儿发挥想象力、创造力，自主进行户外活动。组织教师开展区级课题“幼儿园户外自主游戏的实践研究”和“指南背景下幼儿探索性活动区游戏的实践研究”，微型课题“在区域活动中培养幼儿成长能力策略的研究”“小班幼儿自我服务能力的培养策略”结题。幼儿参加区级比赛，获一等奖1人、二等奖2人、三等奖6人；教师参加市、区级比赛，获市级一等奖1人，区级一等奖2人（黄淑贞）

小学教育

【概况】2016年，全区有小学45所，在校学生48665人。新办的美山小学、新亭小学通过义务教育阶段学校标准化区级验收。共有教职工2667人，其中专任教师2456人。秋季一年级招生，90%以上外来进城务工人员子女入读公办中学。曾营小学、灌口小学、乐海小学、集美二小、集美小学、宁宝小学、侨英小学7所学校通过厦门市“义务教育管理标准化学校”评估。

【杏东小学建立家校社教育网络】2016

美山小学图书馆一隅（高晓玄 摄）

10 月，开展“向国旗敬礼，做一个有道德的人”主题活动，邀请全国自励自强模范“无臂天使”李智华老师作《生命·力量》为主题的励志演讲。12 月，举办名校教育特色展示、名师名课堂展示、海峡两岸与香港澳门地区少儿书画展、曾营小学科技创意成果展和曾营小学建校 105 周年纪念活动，展现曾营小学百年的发展风貌。并与杭州竞舟小学开展教学交流活动。学生参加各级经典诵读、征文、书法比赛，获市级团体奖项 8 次、区级团体奖项 10 次，近 60 人次获奖；教师获区一等奖 2 项、三等奖 1 项，市一等奖、三等奖各 1 项。学校获评省义务教育管理示范校。（王荣）

年 6 月 5—7 日，杏东小学举行主题为“核心素养下家校社‘三结合’教育”研讨活动。杏东小学 2013 年成立后，与所在地的宁海社区共搭平台，以“三爱”教育为主题，依托学校守望广场，在放学时段不定期举办各种活动，通过守望书院、守望安全台、守望劳动园、读书·艺术沙龙等主题教育活动，编织家校社“三结合”教育工作网络，将学校“三爱教育”融入社区，推行教育社区化、社区教育化。此次研讨活动尚邀请台湾金门县湖埔小学参加。

【中央电教馆在线研讨活动】2016 年 12 月 29 日，中央电教馆“一师一优课，一课一名师”在线优课教研室第 41 期活动由福建省电化教育馆主办，集美区教师进修学校、灌口小学承办。活动在灌口小学录播教室举行，并面向全国教师进行网络直播。集美大学理学院教授、基础数学研究室主任、研究生导师刘小辉，集美区教师进修学校副校长、中小学高级教师王颖羡，美山小学部级“优课”获得者、中小学高级教师刘晓玫，灌口小学副校长、中小学高级教师洪菲菲参与研讨。（苏燕婷）

【集美小学】2016 年，集美小学设教学班 36 个，在校学生 1667 人，在编教职工 77 人，其中高级教师 7 名。4 月 1 日，厦门市教育学会校长专业委员会换届选举暨 2016 年年会在集美小学召开。3 月 11 日，新加坡国专长老会小学校长张庆玲一行到集美小学参观考察，就学校文化、特色建设、家校联系等进行交流。11 月 15 日，“2016 汉语桥——美国校长访华之旅”代表团到校交流访问。在各级比赛中，学生获区、市级比赛一等奖 24 人次、二等奖 41 人次、三等奖 27 人次，学校获评全国国际象棋特色学校、福建省义务教育管理标准化学校、厦门市全民健康生活方式行动健康学校、2016 厦门市“嘉庚语录心中记”中小学生现场硬笔书法比赛优秀组织奖。（陈志良 吴玉叶）

【曾营小学】2016 年，曾营小学设教学班 39 个，在校学生 1857 人，教职工 100 人，其中专任教师 97 人、副高及中级职称教师 50 人。3 月，开展“嘉庚精神进校园”百日活动，举行嘉庚事迹报告会、嘉庚语录书法比赛、弘扬嘉庚精神诵读和绘画比赛、聆听嘉庚系列故事等活动。9 月，组织师生举行为与病魔斗争的时代楷模全国特级优秀人民警察陈清洲祈祷祝福活动。

【集美第二小学】2016 年，集美第二小学设教学班 36 个，有学生 1643 人。有编内外教师 88 人，其中高级教师 2 人、一级教师 45 人、二级教师 22 人、见习教师 2 人；大专及以上学历 86 人；省特级教师、省学科带头人、省骨干教师、市专家型教师、市级学科带头人及培养对象、市级骨干教师、区学科带头人、区教坛新秀共 35 人，占教师总数 39.77%。是年，学校举办“学雷锋、献爱心”义卖、“知法守法用法、守护人生绿灯”法制教育、“让生命充满爱”主题演讲、纪念中国共产党成立 95 周年暨红军长征胜利 80 周年、“三爱”教育、“雏鹰假日小队”和“文明小白鹭”社会实践、首届贸易节、嘉庚精神教育、智慧妈妈进校园等校园活动。有师生 200 余人次分获国家、省、市、区级个人或集体奖项。其中，在全国“五好小公民”主题教育读书征文比赛中，方舒婷、连悦琦分获小学组二、三等奖，林速端、连惠宽分获指导二、三等奖。在全国“同心构筑梦想、学习创领未来”少儿主题教育活动中，赵心宇作品获三等奖，林佳豪等 10 人获优秀作品奖，张艺芸获优秀指导奖，学校获优秀集体奖。学校朗诵队分获“纪念中国共产党成立 95 周年暨红军长征胜利 80

周年”诵读比赛省、市赛一等奖；学校体操队获第五届全国全民健身操舞大赛（福建赛区）省二等奖和规定套路小学乙组一套有氧比赛（福建赛区）省一等奖。学校获评区防抗“莫兰蒂”台风及灾后恢复重建工作先进集体、区学校安全标准化建设和学校综治安全目标责任考评优秀单位、市示范家长学校、省“五一先锋号”。

（王颖惠 蒋诗凡）

【厦门实验小学集美分校】2016年，厦门实验小学集美分校（灌口小学）设教学班48个，在校学生2149人。有编内教职工89人，编外26人。其中，省级骨干教师和省学科带头人各1人，市专家型教师、市杰出教师、市十佳班主任各1人，市学科带头人4人，市专家型培养对象2人，市级骨干教师30人，高级教师11人。是年，学校举行厦门实验小学集美分校挂牌十周年、云智慧课堂探寻、国旗下微课堂、嘉庚精神宣传月、红领巾相约中国梦、红色文化保护传承弘扬、故事爸爸妈妈进课堂、文明如厕等校园活动。11月25日，教育部重点课题“国际阅读素养框架下的我国小学阅读教学和测试改革的实践研究”第四次研究成果交流会在学校举办。12月29日，中央电教馆组织的“一师一优课，一课一名师”在线优课教研室活动在学校录播室举行。40余名教师参加省、市、区“一师一优课、一课一名师”活动和教学技能、青年教师岗位练兵等比赛活动，获各种奖项85项。学生参加区级以上各类比赛，获奖190人次，其中范亦婷获第十九届全国青少年五好小公民征文二等奖，刘奕乐获第十一届“老百晓杯”全国小学生原创网络作文大赛五年级组二等奖。学校获评厦门市优秀家长学校，高分通过省“义务教育管理标准化学校”评估。（郭宏君 苏小燕）

【集美区特殊教育学校】2016年9月，集美区特殊教育学校教育向职业高中延伸。学校有学生51人，其中送教上门学生7人、在校生44人（智障学生31人，自闭症学生13人），设4个教学班；有教职工15人（编制内教师12人，职员1人，顶编教师2人），其中研究生学历1人、本科学历12人、大专学历2人。学校设普通教室10间，感统室、科学探索实验室、游戏认知室、心理咨询室（集美区特殊教育资源与指导中心）、情绪管理室、沙游室、抚触室、个训室（3间）、录播音乐律动小舞台三合一多功能活动室等功能室22间，各室配备齐全，达到省级一类标准，硬件设施达到福建省特殊教育标准化学校评估要求。学校教学经费执行《福建省特殊教育三年提升计划（2014—2016）》标准：生均公用经费，小学生每年每生11170元，初中及职高学生每年每生11290元。学校制订有“24小时无缝管理”等安全管理制度，对学生实行封闭式管理。教师获区级比赛一等奖1项、市级比赛三等奖1项、省评比第四名1人。学生参加市特殊教育学生生活与劳动技能展示，获一等奖4项、二等奖3项、三等奖3项；参加厦门市特奥运动会，获一等奖1项、二等奖5项、三等奖5项。（杨立雅）

普通中学教育

【概况】2016年，集美区新改建、扩建中学2所，新增义务教育学位1400个。杏东中学通过义务教育阶段学校标准化区级验收，杏南中学通过省一级达标学校验收。2016年，辖区内共有普通中学15所。其中，市属中学3所（集美中学、英才学校、启明学校），区直10所（厦门十中、杏南中学、灌口中学、乐安中学、上塘中学、后溪中学、杏东中学、集美中学附属滨水学校、集美中学附属园博学校、集美中学附属西亭学校、英贤学校），在校学生33008人；共有教职工2705人，其中专任教师2211人。高考本一、本二、大专上线人数均超额完成市教育局下达的指标。

【杏南中学被确认为省一级达标校】2016年4月28日，杏南中学接受省一级达标高中现场评估。省评估组10位专家分别对35个项目进行审查，采取查阅档案材料、随机听课、检查功能用室及食堂、抽查学生化学实验操作、学生个别访谈、校园实地察看等形式对学校创建工作进行全面、细致的现场评估。杏南中学拥有全国中学最大的校园屋顶太阳能光伏电站，年发电量可达1380千瓦时，相当于一座小型发电站；建有福建省最大的校园中水回收循环利用系统，每天可回收中水综合利用500吨；同时还建有水上植物园、百果园，是福建省高标准绿色生态校园。杏南中学创建升省一级达标高中工作受到专家们肯定。6月2日，杏南中学高中部被确认为“福建省一级达标高中”。

【灌口中学举行六十周年校庆】2016年11月26日，灌口中学举行建校60周年校庆。灌口中学创办于1955年8月，由旅缅归侨陈水成等21位乡贤共同筹资兴建。1970年增办高中，成为完全中学。2006年2月，确定为省普通中学三级达标学校。同年11月25日，“厦门一中集美分校”挂牌。2015年3月，高中部被确认为福建省一级达标高中。2008年后，集美区委、区政府先后投入3亿多元，对学校实施改扩建工程，校园面积由5.33公顷扩大至10公顷，新建艺术综合楼、高中教学楼、多功能实验楼、图书馆办公综合楼、体育馆，改建食堂、宿舍等，添置大批现代化教学设备，校舍建筑面积达到6.7万平方米，跻身厦门市大规模中学校园行列，教育教学质量跨越发展，实现省三级达标校、省二级达标校、省一级达标校的“三级跳”。校庆期间，举行陈水成先生塑像揭幕、校史馆开馆、北大门启用和学生宿舍食堂综合楼奠基仪式。（苏燕婷）

【集美中学】2016年8月31日，集美中学设教学班93个，在校学生4200人。在编教职工353人，其中专任教师301人。专任教师中，特级教师4人，高级教师92人，占32%；中级教师116人，占39%；省教学名师1人，省学科带头人12人，市专家型教师4人，市学科带头人12人，硕士以上学历62人。是年高考，本一录取率52.35%，本科录取率95.29%，中考成绩区第一名。学校先后举办（包括主办、承办、协办）厦门市首个市直属学校嘉庚主题冬令营、全国向上向善好青年李智华“生命·力量”大型励志演讲会、防骗“非常6＋1”家校联盟、“闽南传统文化·南音进校园”集美中学专场、“三爱在心间，践行价值观”夏令营、“红色之旅——井冈山之行”厦吉中学生夏令营、厦门市中学生姓氏文化夏令营、2016年度“嘉庚讲坛”暨陈嘉庚科学奖报告会、集美区“法治进校园”中学系列巡讲等活动，学校获集美区“未成年人阳光帮扶基地”授牌，与泰国邦高皇家圣谕中学结成友好合作交流学校。学校师生参加全国和省市各项比赛，教师获市一等奖4项，省一、二、三等奖各1项，全国一等奖1项；学生获市金奖1项、市一等奖12项、市前三名3项，省一等奖1项。（林红晖）

【厦门市第十中学】2016年，厦门市第十中学设教学班90个，其中初中60个、高中30个，在校学生4249人。在编教职工274人，其中专任教师246人。专任教师中，研究生21人，大学本科学历220人；中级职称109人，高级职称96人；青年教师占教师总数50%以上。是年高考，本一上线78人，本二以上上线349人，本科上线率88.1%。中考成绩P值（评估）居全区市属、区属中学第一名，获评厦门市初中教育均衡发展工作先进校。学校继续彰显办学特色，深入推进毒品预防教育和心理健康教育，获评全国学校毒品预防教育工作先进单位，被市禁毒委员会办公室推荐为福建省“六个专项治理”展示项目。学校制订“师德十规范”和教育教学事故认定处理暂行办法，建立党员与后进生“一帮一”制度；成立“温馨室”，创办“温馨专刊”，开辟心理板报专栏，开展心理健康宣传教育。申报的“中国心理健康教育行动研究”子课题“中学实施心理健康教育的途径探索”获准并开题，获评福建省心理健康教育示范校。教师在区级以上各类刊物发表论文92篇，其中CN论文41篇；教师参加各级各类教育教学技能竞赛，获区级三等奖以上103人次，市级一等奖7人次、二等奖19人次、三等奖45人次、园丁奖1人次，省级一等奖1人次、二等奖2人次、三等奖3人次；教师参加2015年集美区中学教师命题说题比赛，获三等奖以上86人，其中一等奖17人。《2015年厦门十中教育教学论文集》编辑成册。学生参加各级各类学科竞赛，获区三等奖以上280人次。学校被评为厦门市篮球传统校、福建省青少年校园足球特色学校。（张秀红）

【厦门一中集美分校】（灌口中学）2016年，厦门一中集美分校有教职工287人，其中专任教师244人。专任教师中，高级教师59人，中级教师67人；研究生学历23人，专业硕士3人，本科学历218人；省学科带头人1人，市专家型教师2人，市学科带头人10人，市骨干教师53人，区教坛新秀32人。设教学班74个，在校学生3650人，其中高中班28个，学生1350人；初中班46个，学生2300人。学生高考，本一上线50人，本二上线255人，艺术体育本科上线54人，周金泳以全国统一高考639分获集海片区理科“状元”；高中会考合格率100%，优良率98.4%，居考区第一位。学生参加学科竞赛，获奖217项，其中国家级20项、省级23项、市级101项、区级73项。黄智宇获第十八届全国青少年航空航天模型教育竞赛活动纸折飞机直线距离赛二等奖，曾锦鹏获第九届国际发明展览会银奖。参加体育比赛，获全区体育总锦标第二名，初二14班获厦门市中小学生田径运动会学生广播体操比赛中学组一等奖。教师撰写论文66篇，获各级技能竞赛奖135人次。张鹏展获福建省卢嘉锡科技教育奖，石进德获第三十一届全国青少年科技创新大赛二等奖，余祥辉的《高一排球——正面双手垫球》获中国教育学会体育与卫生分会“十城市”大数据下学生体质健康现状与发展研讨会教学案例评比二等奖，魏欣欣获第十八届全国青少年航空航天模型教育竞赛活动“优秀辅导员”称号。学校获评集美区学校安全标准化建设提升工程三年行动工作一级达标单位、集美区学校综治安全目标管理责任考评优秀单位、集美区教育系统信息工作先进单位、厦门市五星职工之家、厦门市示范家长学校、厦门市首批智慧校园试点学校、厦门市青少年航空模型训练基地、厦门市第十五届文明学校、福建优秀传统文化特色学校研究基地、全国德育科研先进单位，获厦门市青少年航天航空模型竞赛组织奖、厦门市青少年科技创新大赛优秀组织奖、为厦门国际马拉松喝彩啦啦队比赛团体银奖和最佳才智奖。（钟顺利）

中等专业职业教育

【概况】2016年7月，由福建省教育厅批准，原集美轻工业学校和福建化工学校合并，设立集美工业学校，隶属厦门市教育局，为公办职业学校。年底，集美辖区内有中等专业职业学校8所，在校学生25098人。集美职业技术学校连续四年获国赛金牌，综合成绩居全省前列。

【集美工业学校成立】2016年12月28日，整合集美轻工业学校、福建化工学校而成立的集美工业学校揭牌。集美轻工业学校前身为陈嘉庚创办于1920年的集美学校商科，20世纪1950年代初易名集美财经学校。1959年，与厦门纺织学校、泉州食品工业学校等校合并，改名集美轻工业学校。1965年，与南平造纸学校合并，更名福建轻工业学校，迁址南平市。1970年停办，1974年复办后迁回杏林，1985年9月恢复原校名。1994年，被确认为国家级重点中专学校。福建化工学校，直属省化工厅。1958年，以原厦门大同中学高中部为基础创建，1985年迁至现址。1993年，省政府批准为省部级重点普通中专学校。2011年，厦门市为优化资源配置，实现教育资源共享，提高办学规模和效益，做大做强中等职业教育，开始酝酿两校合并。经过五年的酝酿、协商和磨合，两校合并的条件已经成熟。2016年6月27日、8月22日，省教育厅、市委编办先后批复同意集美轻工业学校、福建化工学校合并为集美工业学校。11月1日，集美工业学校正式启用新校名；12月1日，中共厦门市委批复同意设立集美工业学校党委、纪委；12月28日，市教育局任命学校领导班子并为学校揭牌。

【区职业学校技能水平位于福建前列】2016年，集美职业技术学校连续四年斩获全国职业技能竞赛金牌，其中学生刘韦韦在职组液压与气动系统装配与维护项目比赛中获一等奖。是年，在全国中等职业学校技能竞赛中，集美区共获得金牌1枚、银牌3枚、铜牌10枚，综合成绩居全省前列。此外，在正式对外公布的2016年福建省中职学校职业技能竞赛中，集美区共获得一等奖5个、二等奖7个、三等奖8个、优秀奖5个，其中焊接、服装、数控车加工、数控铣加工4个项目获得一等奖。是年，集美职业技术学校加入世界中餐业联合会，为福建省首家加入该组织的中职院校。　　（苏燕婷）

★ 小资料

世界中餐业联合会（原世界中国烹饪联合会），是1991年经中国政府批准成立的世界性中餐业促进组织，由全球各个国家和地区从事中餐服务活动、中餐教育研究、中餐管理咨询及餐饮相关产业的企事业单位、社会团体和个人自愿组成。是国际性非营利社会组织，总部设在中国北京。下设国际中餐名厨专业委员会、国际饮食文化研究分会、时尚休闲委员会、中国服务委员会、咖啡产业分会、国际烹饪教育分会、旅游饭店餐饮委员会、企业家委员会八个分支机构，及《餐饮世界》杂志社。会员遍及中国、美国、加拿大、法国、荷兰、英国、德国、西班牙、日本、新加坡、马来西亚、韩国、澳大利亚、阿联酋以及港澳台等40多个国家和地区，有会员单位500余个。

【集美工业学校】2016年年末，学校有编制内教职工349人，其中高级职称109人、中级职称126人；在校生3502人，当年招生2302人，毕业1582人，落实就业单位1062人，升高职就学427人。4月21日，学校以“制冷和空调设备运用与维修专业项目”成为福建省第二批中职组现代学徒制项目培育学校。6月27日，学校与大金空调投资有限公司、福建鑫通森机电设备安装服务有限公司合作实行现代学徒制项目启动揭牌仪式在学校大金实训中心举行。9月26日，学校成为中国非物质文化遗产保护协会、非物质文化遗产职业教育专业委员会首批入会单位，是福建省第一家入会的职业学校。学校启动闽南传统工艺传习中心建设，成立闽南传统工艺传习中心、闽南传统工艺传承基地、闽南传统工艺现代学徒制基地。10月26日，学校与福建省工业合作协会、青创中心基地、知彦教育咨询（厦门）有限公司以及厦门倾国倾城婚纱影楼校企合作点签约揭牌仪式在学校数字媒体教学工厂举行。12月16日，学校成立首批先进制造、现代交通专业（群）建设指导委员会，16名教师参加厦门市骨干教师培训，12名教师参加厦门市首批学科带头人培训。是年，学校学生参加全国、省、市技能比赛，获全国职业院校学生技能比赛一等奖1项、二等奖6项、三等奖12项，获省职业院校学生技能比赛一等奖3项、二等奖10项、三等奖13项，获市职

12月28日，集美工业学校成立。图为揭牌仪式（张剑华　摄）

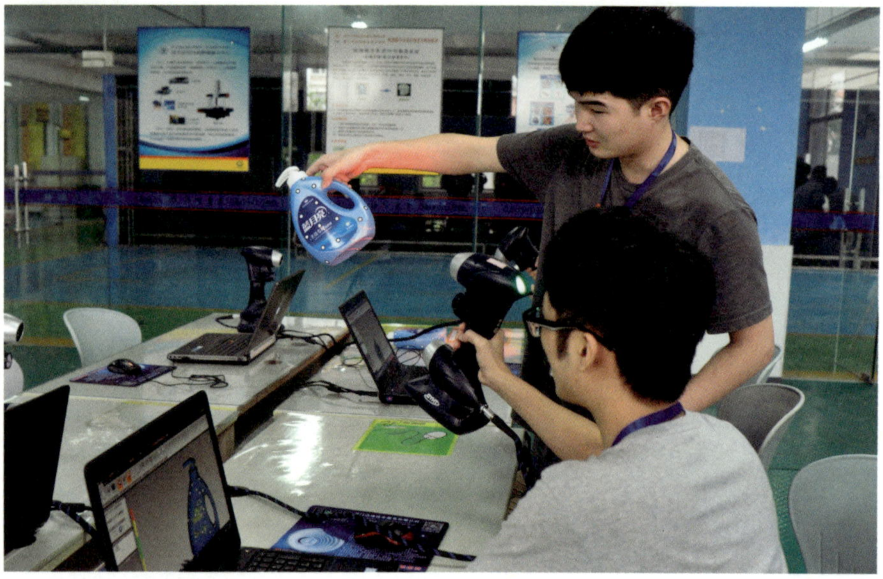

10月26日，厦门市“3D”模塑师工业设计技能竞赛在集美职校灌口机电LED实训中心举行。图为参赛选手扫描三维数据（集美职校供图）

业院校学生技能比赛一等奖20项、二等奖29项、三等奖47项，获全国信息化教学大赛一等奖1项、二等奖2项、三等奖3项，名列厦门第一；教师获全国“创新杯”说课比赛一等奖、二等奖各1项，获厦门市中职青年教师岗位大练兵比赛一等奖2人、二等奖5人、三等奖6人，总分第一，并获优秀组织奖。学校田径队获市中小学中职学生田径锦标赛团体总分、甲组团体总分、乙组团体总分三项冠军，省中职学校第十一届田径运动会男女团体冠军；教工代表队获省职业院校教工健身运动会和市教育系统教工趣味运动会两项冠军。原集美轻工业学校、福建化工学校同获“福建省教育信息化示范学校”称号，集美工业学校获“2016市民最喜爱的厦门职业院校”称号。（吴锦欢）

【集美职业技术学校】2016年，集美职业技术学校招收新生1125人，共有全日制在校学生3458人，教职工282人，其中专任教师212人。是年，学校与中国焊接协会共建机器人焊接厦门培训基地，承办市中等职业学校在线开放课程建设研讨会、市第二十二届职工技术比赛汽车焊工项目比赛暨“金龙匠心”汽车焊工技能大赛、市“3D模塑师”工业设计技能竞赛等多项培训及赛事，成为福建省首个设在中职校的省级智能制造公共实训基地、省级职业教育重点课题研究专项《公共实训基地建设与运行实践研究》立项单位，承担全省公共实训基地标准研究与制订任务。学校以机电LED实训中心为载体，参与承接中央关于职业教育产教融合发展工程建设规划项目，建设项目包括现代制造技术实训中心、DMG先进制造技术实训中心、智能制造技术实训中心。成功申报“福建省示范性现代职业院校建设工程”，并聘请约尔格·吉斯（德国）、杨锦辉、蔡子华、林思煌和谢相勇等为学校省示范性现代职业院校建设工程指导委员会专家。4月，闽台职业教育与训练产学合作签约仪式暨两岸技职人才双核心能力竞赛与交流启动仪式在学校灌口机电LED实训中心举行。学生参加全国职业技能竞赛，获1金3银10铜，折算积分位列全省第三位；参加省中职学校职业技能竞赛，获一等奖5个、二等奖7个、三等奖8个、优秀奖5个，综合成绩列全省第五位。（洪怡鹭）

【厦门工商旅游学校】2016年，厦门工商旅游学校校园占地22.7公顷，校舍建筑面积15.58万平方米；在校学生5888人，毕业1881人，招收新生2041人；教职工331人，其中专家型教师和市学科带头人3人、副高级以上职称96人。学校开设高职、中专专业有：港口与航运管理（五年专）、旅游管理（五年专）、学前教育（五年专）、汽车检测与维修技术（五年专）、航空服务、学前教育（幼儿方向）、美容美体（形象设计）、旅游服务与管理、导游服务、中餐烹饪（中、西餐及面点）、汽车运用与维修、汽车整车与配件营销（汽车商务）、会计、商务英语、物流服务与管理、商品经营（夏商班）、电子商务、计算机网络技术、数字媒体技术应用、计算机动漫与游戏制作等。毕业生就业率99.36%，对口就业率90.42%。3名教师获全国职业院校教师信息化教学大赛课堂教学赛一等奖，另获二等奖2项、三等奖3项。校团委选送的“小厨宝大作用——农民工子女烹饪技能养成计划”志愿服务项目获评第三届中国青年志愿服务项目大赛银奖。学校获省第三届“青海杯”黄炎培职业教育奖优秀学校奖。

（马荣村）

成人、社区和校外教育

【集美区教师进修学校】2016年，集美区教师进修学校举办重点项目31项、培训班35期，其他项目104项、培训120场，培训11212人次，全区教师参训率100%，每人年均受训时间96课时。10月和12月，先后在集美新日幼儿园、厦门十中和乐海小学，举行幼儿园（第十二届）、中学（第十三届）和小学（第十二届）教学教研经验交流会暨课堂教学观摩研讨活动。11月，先后举办幼儿园、小学、中学与中职校青年教师“五项基本功”比赛。2049名教师参与“一师一优课，一课一名师”活动，691名教师共晒课773节，获市级优课100节、省级优课21节。对英贤学校、乐安中学、集美二小、后溪中心幼儿园（总园）等24所中小学、幼儿园开展全面教学视导。立项集美区2016年度教育科研规划课题74项，其中重点课题7项、一般课题43项、单位资助课题24项。开展国家、省、市各级各类课题申报的组织与指导工作，确定省教育科学规划课题5项、省基础教育研究课题3项、市教育科学规划课题8项、市第四批基础教育课程改革课题17项。完成区2015年度126个微型课题的结题鉴定工作，编辑出版《集美教育》4期，收入文章143篇。（李涛）

【集美区社区学院】2016年，集美区社区学院走出校门“送课下社区”，举办各种讲座近20场，向各社区提供传统文化、法律法规、教育问题、心理健康、邻里和谐、休闲养生等“接地气、易融入”、社区居民喜闻乐见的课程。组织各社区开展形式多样的终身教育活动，培育居民共同精神，提升道德环境，增进居民和谐。是年，集美区获中国全民终身学习活动周工作小组、中国成人教育协会颁发的“全国全民终身学习活动周成功组织奖”。（魏蔚萱）

【集美区青少年宫】2016年，集美区青少年宫招生8000人次，开设春季班、暑假班、秋季班，春季班、秋季班时长12周，暑假班时长4周。先后承办或参与承办集美区青少年乒乓球友谊赛、优秀童谣和最美家风家训作品征集比赛、中小学生器乐比赛、中小幼学生美术书法现场比赛、“爱，毅起飞”关爱留守儿童公益夏令营、青少年普法安全知识竞赛、第四届少儿小主持人大赛、少儿摄影大赛、第五届少儿故事大王比赛、中小学小记者大赛等赛事活动。优秀童谣作品征集比赛收到参赛作品453篇，其中学生组271篇、教师组182篇，评选出教师组1～3等奖52篇，学生组1～3等奖作品59篇。中小学生器乐比赛，共有30所中小学的450多名选手参赛，分为钢琴四手联弹、古筝、西洋乐、民乐等组别。“爱，毅起飞”夏令营，招募全区五个建筑工地和正新等企业外来员工来厦团聚子女26名，免费参加五天四夜的课程学习。第五届少儿故事大王比赛，有辖区40所小学、幼儿园的50名小选手参加，参赛年龄4～11周岁。中小学小记者大赛，参赛小记者110人，比赛分为小学三、四年级组和小学五、六年级组。9月，区青少年宫获省青少年宫协会、省校外教育测评中心授予的“福建省校外教育先进单位”称号。（邱程亮）

招生考试

【义务教育阶段招生】2016年，全区招收幼儿8680人，学前三年教育入园率94.62%。小学招生继续采用积分入学系统，简化认证程序，推行网上确认、电子入学通知书凭证、微信登记平台，实现家长足不出户就可完成登记、报名、确认工作。秋季小学招收一年级新生10599人，其中男性5823人、女性4776人、本市户籍及港澳台侨外籍生3737人、进城务工人员随迁子女5405人。初中招生仍实行“划片招生，免试就近入学，不择优择校”原则。是年，小学毕业生6381人，全区升学人数6182人，其中集美区户籍学生1922人、外来务工人员子女近4500人。在确保集美区户籍小学毕业生全部进入公办中学的前提下，区属各公办中学挖潜扩容，将全部空学位用来录取在集美区小学就读的进城务工人员子女。根据划片安排，有1087名非厦门市户籍公办小学毕业生参加派位，2200多名符合条件非本集美区户籍公办小学毕业生按毕业学校划入对应片区中学。民办小学进城务工人员子女按空学位分片区进行电脑派位，三个片区共450人。除市直属特色校在集美区录取200多人外，初中一年级招生5107人，外来进城务工人员子女进公办中学比例在90%以上。

【高中招生】2016年，集美区中考设考点10个，报名点12个，报名人数4412人，其中非厦门市户籍2512人。经过考试，集美区公民办中学共录取初中新生5980人，包括集美中学880人、民办英贤学校373人。总录取人数中，外来进城务工人员子女进公办中学比例在90%以上。是年，全区公民办学校中考P值53.85，居岛外四区首位。（苏燕婷）

教师队伍与教学条件

【教师队伍建设】2016年，全区各级各类学校（不含辖区高校）共有教职工9104人（含民办），其中专任教师6841人。在专任教师中，幼儿园教师1678人，均为女性；小学教师2622人，其中女性占78%，35岁以下占89%；初中教师1049人，其中女性占64%，35岁以下占50%；高中教师640人，其中女性占52.3%，35岁以下占72.2%；中等专业技术学校教师852人，其中女性占53.2%，35岁以下占48%。2016年，集美区新招聘教师235名。全区举办重点培训班31项35期，其他项目104项120场培训，培训人数达11212人次，全区教师参训率达100%，每年每人平均受训时间达96课时。是年，共有6名教师被认定为市专家型教师，139人被认定为市级骨干教师，3人被确认为市级骨干班主任培养对象，51人被确认为市级骨干教师培养对象。在市第六届基础教育课堂教学改革创新大赛中，灌口小学获团体奖，全区25人获个人奖，其中，曾营小学叶秀萍、灌口小学洪菲菲、上塘中学林振文获一等奖。区教育局出台《关于落实党风廉政建设党工委主体责任、纪工委监督责任实施细则》《集美区教育系统廉政风险评估预警暂行办法》，制订或完善教育系统外出审批制度、公务用车管理办法、局机关工作制度、机关工作人员岗位职责、教育系统财务管理制度、工程和集中采购项目运作规范等。开展"两学一做"学习教育，举办专题学习培训5场，组织党员参观廉政教育基地，开展"学党章守党纪"知识竞赛。设立纪工委谈话室，约谈相关责任人38人次，提醒谈话37人次，诫勉谈话1人。

【教学条件建设】2016年，集美区新改造公办幼儿园4所，分别为西亭幼儿园、寰宇幼儿园、滨湖幼儿园、锦城幼儿园，总投资4836万元，总建筑面积15795平方米，新增学位1440个。新建、改建中小学项目2个：乐安中学新建教学综合楼、厦门十中图书综合楼，总投资4546万元，总建筑面积13835平方米，新增学位1400个。（苏燕婷）

附：驻区高校

华侨大学

【概况】2016年，华侨大学设有34个学院、140个研究院（所、中心）、21个博士学位授权点、111个硕士学位授权点、20个硕士专业学位授权点、94个本科专业，拥有哲学、经济学、法学、教育学、文学、历史学、理学、工学、农学、医学、管理学、艺术学12个学科门类，形成文理渗透、理工结合、工管相济、协调发展的学科体系。有2个学科进入ESI世界排名前100位，学校位居全国高校第75位；2015年国家社会科学基金立项项目中，学校有21个项目获得资助立项，立项数在全国高校排名第34位。学校有国家重点学科、省部级重点学科41个，有国家级实验教学示范中心、教育部工程研究中心、国务院侨办侨务理论研究基地、中国旅游研究院旅游安全研究基地、福建省2011协同创新中心、福建省社会科学研究基地、福建省高校人文社会科学研究基地、博士后流动站、福建省商务研究基地、省级重点实验室、省级工程技术研究中心、省高校重点实验室、省级实验教学示范中心、省研究生教育创新基地等国家级和省部级教学科研平台55个。有教职工2654人，其中专任教师1541名。专任教师中，拥有高级职称人员736名，占专任教师总数的47.76%；具有博士学位教师885人，占专任教师总数的57.43%；有双聘院士5人。有博士生、硕士生5567人，全日制普通本科生24704人，全日制普通专科生911人，其他成教学生13320人；其中来自50多个国家和地区的华侨华人、港澳台和外国学生4405人，是全国拥有境外学生最多的大学之一。

【新一轮华侨大学共建】2016年3月11日，国务院侨务办公室与福建省人民政府、泉州市人民政府和厦门市人民政府分别签署协议，开始新一轮共建华侨大学工作。根据协议，国务院侨办、福建省、泉州市和厦门市四方将共向华侨大学投入15.25亿元，支持华侨大学2016年至2020年的建设与发展。

【首次招收香港副学位毕业生】2016年3月18日，香港特区政府宣布推出《香港副学位毕业生升读华侨大学衔接学位课程的试行计划》，香港副学位毕业生将可入读华侨大学衔接本科学位课程继续深造，获取更高的学位。华大是首个试点招收香港副学位毕业生就读衔接本科学位课程的内地大学，开创内地与香港高等教育对接先河。

【校长特别奖设立】2016年，华侨大学开始设立校长特别奖，嘉奖在专业学习、科技创新、学术研究、社会工作、文体活动、社会实践、志愿服务、道德品行等方面表现突出或有其他特殊贡献的学生个人或团队。2016年9月4日，该奖项首度颁奖，里约奥运会羽毛球男子单打冠军谌龙、女子单打第四名李雪芮、男子双打第四名洪炜等12名学生，"舒愈"液体创可贴创业团队等8个学生团队获奖。

【《华侨大学哲学社会科学文库》首发】2016年11月15日，由社会科学文献出版社出版、华侨大学学者打造的高水平原创性学术精品力作——《华侨大学哲学社会科学文库》首发。《文库》由华侨大学校长贾益民担任主编，已出版著作25部，还有23部著作正在出版程序中。社会科学文献出版社首家学术资源建设基地同时在华侨大学揭牌。

【第二届海丝高端论坛在华大召开】2016年12月17日，由华侨大学发起，中联部当代世界研究中心、中国社会科学院亚太与全球战略研究院、中国与全球化智库共同主办的第二届21世纪海上丝绸之路高端论坛在厦门校区召开。来自海上丝绸之路沿线多个国家和地区的政要、前政要、知名学者参加研讨和交流。此前，学校加入由中共中央对外联络部牵头，联合国务院发展研究中心、中国社会科学院、复旦大学成立的"一带一路"智库合作联盟，并于9月7日在厦门召开21世纪海上丝绸之路建设暨国际产能合作研讨会，与当代世界研究中心签署合作协议，共同打造服务国家"一带一路"战略的高水平智库、高端培训基地和国际化研究平台。同时，学校与多家海外学术研究机构在马来西亚、澳大利亚等地开办学术研究会和交流论坛，积极搭建"海丝"研究新平台，多措并举，加速华侨大学"海丝"研究跻身国内第一方阵。

【侨学研究成果】2016年，华侨大学编撰的《泰国蓝皮书（2016）》《华侨华人研究报告（2016）》《搭桥引路：华侨华人与"一带一路"》《华侨华人/中外关系书系》（4部）、《世界华文教育年鉴（2015）》先后出版，教育部重大项目《海外华侨在中国软实力建设中的作用研究》被列入教育部重大成果出版计划，"海外华文教育情况普查及动态数据库”建设稳步推进。学校成功举办第五届中泰战略研讨会、中国国际关系期刊研究会成立大会、第二届华侨华人与中国周边公共外交研讨会，学术话语权和影响力不断提升。与马来西亚马华公会、中央党校签署友好合作协议，设立华侨大学华侨华人文献中心——“马华专柜”，聘请外交部前部长李肇星担任国际关系学院名誉院长。组织学生参加第十五届全国大学生外交外事礼仪大赛，获得优秀团队奖；《华侨华人文献学刊》获社科文献2016年度优秀新创集刊奖。

9月4日，华侨大学校长特别奖首度颁奖，里约奥运会羽毛球男子单打冠军谌龙等12名学生获奖。（吴江辉 摄）

【发起成立省高校创新创业教育联盟】 2016年，华侨大学出台《创新创业学院/学生就业指导中心建设方案》，成立创新创业学院，完善就业创业工作体制机制；发起成立省高校创新创业教育联盟，设立大学生创新创业扶持基金200万元；制订《华侨大学大学生就业创业导师管理办法》，建立就业创业导师库，首聘导师121人。设立就业创业共建单位13个、实践基地17个，丰泽创新创业园开工建设。获立省级创新创业教育改革试点专业1个、服务产业特色专业10个、精品资源共享课程3门。

【拓展国际国内交流合作】 2016年，华侨大学与加拿大、日本、英国等7个国家和中国香港地区的17所高校签署合作协议，聘请18个国家和地区的专家及外籍教师134人次。接待各类外事活动团组20余个700余人。举办第四期世界杰出华人科学家讲堂，成立全英文教学专家委员会，制订《国际学院中长期发展规划》，稳步推进《中美人才培养计划》121双学位项目、英国名校硕士预备项目、台湾高校交流生项目等核心合作项目，20名学生被英国名校硕士预备项目（MPP）录取，选拔167名学生赴台交流学习。《中美人才培养计划》121项目获2015—2016年度中方院校唯一特别贡献奖。成功举办2016世界大学生三对三篮球联赛和锦标赛。

【科研能力提升】 2016年，华侨大学组织申报各类纵向科技项目408项，获各类各级科技项目318项，经费7123.7万元。其中，纵向项目229项，经费5602.93万元；横向项目89项，经费1520.77万元。此外，校内项目立项74项，经费5639万元。获国家级科技项目60项，其中国家自然科学基金资助项目52项、参与国家支撑计划项目2项、国家科技基础条件平台教学标本子平台子课题1项、国家级重点实验室开放课题5项；获省部级科技项目100项、市级项目18项、其他类别科研项目51项。是年，华侨大学获市级以上科学技术奖25项，其中2015年度福建省科学技术奖二等奖5项、三等奖3项，2016年度厦门市科学技术进步奖三等奖1项；获市级以上自然科学优秀学术论文奖49篇。被SCI、EI、CPCI-S三大检索收录科技论文698篇，其中SCIE收录290篇、EI收录372篇、CPCI-S收录36篇。教授吴季怀入选2015年中国高被引学者“材料科学”领域榜单。化学、工程学2个学科进入ESI全球前100名，材料学科被引频次达到阈值的97.5%。全年申请国内专利510项，其中发明专利353件、实用新型专利156件、外观设计专利1件；获专利授权277件，其中发明专利146件、实用新型专利104件、外观设计专利27件。取得软件著作权备案登记9件。继续加大科技创新平台申报和建设力度，新增福建省石墨烯粉体及复合材料工程技术研究中心，获批组建厦门市城市水环境生态规划与修复工程技术研究中心。

【举办高级别学术会议】 2016年，华侨大学举办高级别学术会议、论坛、讲座300余场。其中，主办或承办科技类学术会议10余场，包括第七届国际表示论会议、中国电子学会第二十三届信息论学术年会、颗粒流物理研讨会、2016年应用统计与数据挖掘研讨会、可持续结构工程与防灾学术论坛、第九届能源、材料与纳米科技国际学术会议（简称EMN2016）、2016海峡科技专家论坛•海峡两岸智能制造（泉州）研讨会、第一届化工和环境与生物学科研究生论坛、福建省生物化工技术重点实验室（华侨大学）学术委员会会议等；主办或承办社科类学术会议30余场，包括“互联网+”华文教育暨汉语国际教学研讨会、“经典诠释与政治哲学”2016年全国博士后论坛、第三届中国语用学专题论坛、中国海外发展国际学术研讨会、21世纪海上丝绸之路建设暨国际产能合作研讨会、首届“一带一路：海上丝绸之路”国际学术研讨会、东亚司法改革前沿问题国际研讨会、第四届国际共产主义运动论坛、21世纪海上丝绸之路青年发展论坛•闽澳青年菁英座谈会、首届华人宗教国际学术研讨会、第六届语言学与华语二语教学国际研讨会、华侨华人与“一带一路”学术研讨会、华侨大学两岸关系论坛（2016）“两岸关系走向何处”、2016年福建省社会科学界学术年会“以新理念、新思想、新战略引领中国特色社会主义新实践”分论坛、中国高校人文社会科学文献中心华东南地区会议、2016中国宏观经济学术研讨会、第二届华侨华人与中国周边公共外交研讨会、2016年创新创业教育高峰论坛、哲学创新与时代精神论坛、2016年中国青年金融学者联谊会（第八次）全体会议暨中国青年金融学术论坛、第二届21世纪海上丝绸之路高端论坛等。高级别学术会议参会人数3500余人。邀请院士许智宏、郝吉明、杨华勇、刘加平、吴硕贤等校外专家学者到校做报告260余场次。

【校企、校地合作】2016年，华侨大学加强校企、校地合作，助推地方经济发展。在第十四届“6•18”海峡项目成果交易会上，生物医学学院与福建银丰干细胞工程有限公司合作开发的“福建省细胞组织资源库”项目、工学院与湖南长海现代实验室设备有限公司合作开发的“实验室大数据智能测控系统平台”项目实现对接。在“6•18”第三届福建海洋生物医药产业峰会上，化工学院与福建绿麒食品胶体有限公司就“海藻多糖植物胶囊系列产品及规模化制备关键技术研发”项目签署合作协议。在龙岩市第十四届“6•18”项目对接会暨签约仪式上，建筑学院与福建天利高新材料有限公司就“建筑用相变储能材料应用及评价技术”项目签署合作协议。在第九届厦门文博会上，学校将展区分为“工艺美术”“视觉传达”“工业设计”“产品设计”“数字动画”五大板块，展示全国美展获奖作品、红点和IF获奖作品、视传、数媒、微电影、VR作品45件。在海峡两岸高校设计奖活动中，学校推荐参评作品56件，其中9件入围。美术学院作品“仙人掌加湿器”获产品设计类铜奖，计算机科学与技术学院作品“鲤魂”获数字动画类铜奖。在第三届（2016）福建最具创意文化产品评选中，美术学院作品“一壶两杯”获最佳概念设计奖。在两岸高校产学研项目对接会上，机电学院和计算机学院3个项目入围十强，并进行项目路演和推介。学校与面对面创新驿站科技有限公司联合主办专场对接会5期；与厦门中开信息技术有限公司（科易网）联合主办华侨大学生物医药领域专场对接交流会；与厦门市集美区科技局共同举办智能制造专场产学研与科技成果转化对接会。学校组织教师先后参加德国工业4.0人才项目对接会、厦门工博会首届海峡两岸智能可穿戴产业论坛、福建省科技成果转化现场交流会、软件园三期校企对接交流会、知识产权管理体系内审员培训、软件园三期2016年高新技术企业政策培训会、第十三期创新创业与知识产权管理培训、2016年两岸光电产业科技成果对接会、两岸物联网创新创业对接会、第十八届中国国际高新技术成果交易会、2016年中国专利周泉州地区系列活动、思明/高校院所/企业/投资机构科技项目对接会等活动。（庄蕾）

5月31日至6月3日，集美大学顺利通过教育部的本科教学工作审核评估。图为教育部审核评估专家组实地考察食品与生物工程学院（集美大学 供图）

集美大学

【概况】2016年，集美大学设20个学院、1个教研部、68个本科专业，涵盖经济学、法学、教育学、文学、理学、工学、农学、管理学和艺术学9个学科门类，基本形成经济、法、教育、文、理、工、农、管理、艺术等综合性的专业结构体系。有省一级重点学科8个（其中特色重点学科2个）、博士后科研流动站1个（水产学科）、一级学科博士点2个（水产、船舶与海洋工程）、硕士学位授权一级学科点9

个（覆盖 56 个硕士二级点），有硕士专业学位领域 30 个，分布在农业、工程、教育、税务等 4 个类别。学校有教职工 2300 余人，其中专任教师 1500 余人。专任教师中，享受国务院政府特殊津贴专家 8 人，百千万人才工程国家级人选 1 人，闽江学者特聘教授 1 人、讲座教授 6 人，入选福建省优秀人才、杰出科技人才、高层次创新人才、科技创新领军人才、哲学社会科学领军人才、青年科技奖等高层次人才 85 人次，福建省高校科技创新团队 4 个，水产学入选福建省企事业人才高地。学校有在校生 27000 余人，其中全日制本科生 26000 余人、各类研究生 1200 余人。学校拥有国家级专业综合改革试点项目 3 个，国家级“卓越人才”培养计划专业 6 个，国家级特色专业 4 个，国家级教学团队 1 个，国家级实验教学示范中心 2 个，国家级虚拟仿真实验教学中心 1 个，国家级大学生校外实践教育基地 1 个，省级特色专业建设点和省级专业综合改革试点各 11 个，省服务产业特色专业 8 个，省创新创业教育改革试点专业 4 个，省级教学团队 7 个，省级实验教学示范中心 15 个，省级虚拟仿真实验教学中心 1 个，国家地方联合工程研究中心 2 个，省（部）级科研创新平台 11 个。与美国、英国、澳大利亚等国家和港澳台地区的 100 多所高校、科研机构及国际海事组织（IMO）、国际航标协会（IALA）、国际海事大学联合会（IAMU）等建立合作交流关系。图书馆有馆藏纸质文献 283.8 万册，中外文纸质现刊 2000 余种，引进中外文数据库 37 个，自建特色数据库 6 个。是年，学校编制出台《集美大学“十三五”发展规划》，通过教育部审核评估专家组的本科教学工作审核评估。学校海洋食品加工与安全研究生实践教育基地获评“全国首批农业专业学位研究生实践教育示范基地”。

【人才培养】2016 年，集美大学现代物流专业群、电子信息专业群等 3 个专业群入选福建省本科高校应用型人才培养专业群试点项目，物流管理等 8 个专业获批福建省服务产业特色专业。学校扩大工学、农学专业规模，工、农在校生比例提高到占全校学生数的 53.50%；推动以提高科研创新能力为目标的学术型研究生和以提升职业技术能力为导向的专业学位研究生培养方式改革，加强创新创业教育，学校共获批国家级项目立项 33 项、省级大学生创新创业训练计划项目 52 项；推进校务微博、班级微博、校园微信公众号建设，获评“中国大学新媒体百强之优胜高校”；开展社会主义核心价值观教育，“青马工程”项目获 2016 年福建省高校校园文化建设优秀成果一等奖，校团委获评全国大中专学生暑期“三下乡”社会实践活动优秀单位。学生参加各类学科竞赛，获美国大学生数学建模竞赛国际一等奖、全国大学生智能汽车竞赛全国总决赛一等奖等国际和国家级奖项 99 项。

【科研工作】2016 年，集美大学新增国家级科研平台——水产品深加工技术国家地方联合工程研究中心，水产学人才高地入选福建省首批企事业人才高地建设单位。2016 年到校经费 10637 万元，连续三年到校经费突破亿元。新增国家级科研项目 20 项、授权专利 64 项。获省、市科研成果奖 29 项，其中省部级科技奖 3 项、省社科优秀成果奖 6 项。在国家和地方重大战略中主动作为，参与“十三五”国家交通运输领域重点项目申报策划工作和“十三五”国家海洋可再生能源领域重点项目申报指南制订工作。

【师资队伍】2016 年，学校修订《集美大学师资引进管理办法》，建立高层次人才引进快速通道，提高引进人才的待遇，试行杰出人才协议年薪制。是年，新增享受国务院政府特殊津贴人选 1 人、闽江学者讲座教授 4 人、第二批福建特殊支持计划人才“双百计划”科技创新领军人才 2 人、哲学社会科学领军人才 1 人。引进专任教师 35 人，具有博士学位的教师占专任教师总数的 30%。

【参与修订国际海事示范课程】2016 年 2 月 1—5 日，在英国伦敦召开的国际海事组织（IMO）“人的因素、培训和值班分委会”（HTW3）会议上，由集美大学航海学院教师参与的交通部海事局专家团队承担修订的《IMO 示范课程 1.07 雷达导航（操作级）》获一次性通过，成为新的航海雷达适任教学、培训和评估的国际海事标准。这是中国首次独立承担 IMO 示范课程开发修订工作，该教材由 IMO 正式出版发行，在全球应用。

【与教育部共建出国留学培训基地】2016 年 5 月 6 日，集美大学与教育部（中国）留学服务中心在北京签订共建出国留学培训基地合作协议，成为福建省继厦门大学之后又一所和教育部（中国）留学服务中心签订战略合作协议的高校，成为该中心在全国的 10 个战略合作伙伴高校和 17 个出国留学培训共建基地院校之一。根据协议，教育部（中国）留学服务中心将推动集美大学留学培训基地项目的规范化运作，为集大对接引进境外优质资源提供政策咨询和业务指导，参与出国留学培训项目设计，为培训基地学生提供学历学位认证、档案存放、落户派遣、回国工作信息等服务。

【嘉庚建筑入选中国 20 世纪建筑遗产名录】2016 年 9 月 29 日，由中国文物学会、中国建筑学会联合公布的“首批中国 20 世纪建筑遗产”名录在北京公布。以嘉庚式建筑为主体的集美学村入选“首批中国 20 世纪建筑遗产”名录。集美大学有建于 20 世纪初的嘉庚式建筑 13 栋，其中 8 栋被国务院列为第六批全国重点文物保护单位。（周龙飞）

厦门理工学院

【概况】2016年，厦门理工学院设学院（部）20个、省级重点学科5个、工程硕士领域2个、本科专业56个、单独招生的专业方向72个。有全日制在校生2.1万余人（含研究生、留学生），专任教师1000余人。教师中，拥有硕、博士学历的占92%，高级职称的占49%，有“双聘院士”和长江学者9人，获得全国优秀教师称号的3人，获得国务院政府特殊津贴的7人。有国家级特色专业1个，国家级综合改革试点专业1个，省级综合改革试点专业7个，省级特色专业9个，省级高等学校服务产业特色专业8个，国家“卓越工程师教育培养计划”实施专业5个，省级“卓越工程师教育培养计划”实施专业6个，省级人才培养模式创新实验区9个，省级精品课程39门，国家级大学生创新创业训练项目144项，省级大学生创新创业训练项目265项。有省级教学名师12人，省级教学团队2个，省级教学改革试点项目9项。有国家级实验教学示范中心1个，省级实验教学示范中心10个，省级虚拟仿真实验教学中心1个。是年，获批国家自然科学基金项目26项，国家社会科学基金项目3项，省部级项目75项，纵向科研经费4096.5万元。新增省部级科技奖及人文社科奖励8项，市级科技奖励15项，校长陈文哲教授获“2016年度厦门市科技创新杰出人才奖”。新获批建设省级科研平台1个（福建省新能源汽车与安全技术研究院）、省教育厅科研平台2个（“环境生物技术福建省高校重点实验室”和“两岸创意经济研究中心福建省高校人文社会科学研究基地）、市级平台2个（厦门市3D创意设计与打印公共服务平台”与市重大项目“厦门市风工程公共技术服务平台”）。

【产学研融合】2016年，厦门理工学院着重优化政产学研用的对接机制，与联芯集成电路制造（厦门）有限公司合作成立微电子学院，与“冠捷科技”共同建设全球Android系统开发中心，与“宸鸿科技”共建触控产品检测中心；强化对龙岩地区厦龙工程技术研究院、泉州地区泉州厦理工智能技术有限公司和漳州地区厦门理工学院技术转移中心的主体作用，年度外驻机构涉及的立项项目总金额近1000万元。重点培育校企、校地合作平台及项目，为思明区提供鼓浪屿、海港及沙坡尾等老城区文化建设服务，在湖里区设立3D打印研发中心，与集美区政府共建集美区工业设计公共服务平台，与海沧区政府合作筹建厦门卫浴行业智能制造公共服务平台，与中国（福建）自由贸易试验区厦门片区共建中国厦门（厨卫）知识产权快速维权中心。利用展会宣传平台，推介研发成果；组织自主研发的科研成果与科技产品参加“6•18”中国•海峡项目成果交易会、文博会、工业博览会、深交会等，累计宣传科技成果200余项。是年，共获得专利授权402件，其中发明专利授权51件、实用新型及外观设计专利授权351件、软件著作权授权12件（不含软件著作权）。

【国际交流合作】2016年，厦门理工学院先后与美国约翰•霍普金斯大学、美国叶史瓦大学、澳大利亚西澳大学、加拿大不列颠哥伦比亚大学、爱尔兰科克大学、澳大利亚莫纳什大学等高校，在机械工程、车辆工程、应用数学、商务管理、电气电子、数字媒体、翻译、艺术设计等20多个专业上，开展本硕联合培养项目。还与德国特里尔应用科技大学、台北科技大学实施创新硕士项目。进一步拓宽与美国德克萨斯大学奥斯汀分校、澳大利亚西澳大学、澳大利亚莫纳什大学、泰国清迈大学、韩国全北大学等高校的校际交换生、交流生和短期跨文化学术交流项目，全年共组织近120名学生参加各项学术交流和实习实践活动。全年共聘请外籍专家50多名，加拿大籍戴黎明教授、日本籍坂井猛教授等带领的五个团队获评国家外专局高端外国专家团队项目；日本籍水野幸治、英国籍Mark Robinson、加拿大籍Edward等3人获评福建省“外专百人”。扩大招收中国政府奖学金生，全年共招收留学生86人，其中学历生45人（本科留学生31人、硕士生14人）。

【闽台交流合作】2016年，厦门理工学院全年接待到访台湾师生45批次340人。与台湾科技大学、中原大学签署合作协议；举办两岸金融科技研讨会、第二届海峡两岸电视主持人高峰论坛、第四届中国文化遗产高峰论坛暨两岸文化遗产资源保护与产业开发问题专题研讨会等大型研讨会及两岸专业学术讲座25场。出访台湾65批次784人，其中学生697人，含13个专业的652名“闽台合作联合培养人才3＋1”项目学生，赴台湾13所合作高校进行课程学习。年内，成功申报“微电子科学与工程专业”，“文化产业管理专业（媒体创意）”为闽台“4＋0”特色专业；联合台北科技大学、元智大学，共培训福建省理工类师资118人。聘请台湾科技大学魏荣宗教授为闽江学者。

【学生竞赛获奖】2016年，厦门理工学院学生参加省级及以上各类学科竞赛重点赛事，获奖项550项，获奖1100余人次。主要奖项有：2016年中国汽车工程学会巴哈大赛一等奖、中国大学生方程式汽车大赛一等奖、全国大学生结构设计竞赛一等奖、第二十八届韩素音青年翻译奖竞赛最高奖项——英译汉一等奖、第九届全国大学生网络商务创新应用大赛全国总决赛特等奖、2016中国工程机器人大赛暨国际公开赛一等奖、第七届全国大学生机械创新设计大赛一等奖、三门青年大学生创业计划书总决赛金奖、第五届中国创新创业大赛新能源与节能环保行业赛团队组第一名、第二十四届新丝路中国模特大赛全国总决赛男模和女模总冠军、2016年世界健美操冠军赛亚军3项和季军1项等，所获奖项级别、数量居省内同类高校前列。

【学校综合改革】2016年，厦门理工学院实施综合改革，出台《综合改革行动计划》《二级学院管理实施细则》以及《职能部门权责清单》等相关配套制度，推动管理重心下移，明晰校院两级权责边界。实施“一院一策”，完善目标管理指标体系，与二级学院签订目标责任书。各二级学院分别制订和实施学院综改实施方案，并与教师签订工作任务书。学校对部分机构及学院进行调整，成立产学融合发展处，品质管理处更名规划与品质管理处，科技处更名科研处；整合组建经济与管理学院、文化产业与旅游学院、数字创意与传播学院；设立教学机构——研究生学院，成立微电子学院；在创新创业园区基础上，成立创新创业学院；思想政治理论课教研部更名马克思主义学院。

【推行“班导师制”】2015年，厦门理工学院印发实施《中层以上（含中层）干部担任兼职班导师实施意见》，校院两级主要领导、全体中层及以上领导干部均担任班导师，实现新生班级全覆盖。2016年，班导师与班级交流互动累计1450次。其中，召开主题班会510次，参加学生活动303次，走访公寓宿舍276次，进课堂361次。通过推行班导师制，构建班导师与学生之间长期、互信、良好的互动关系，巩固和深化党的群众路线教育实践活动成果，学生和教师均从中获益。2016年10月26日，省委教育工委、教育厅主办的《教育工作简报》（第19期）刊发文章《厦门理工学院推行“班导师制”落实全员育人》，介绍厦门理工学院实施“班导师制”的做法、经验和取得的成效。（钟然）

5月20日，厦门理工学院赛车队代表中国首次参加国际越野车大赛持久耐力赛，获第六名。（王玉敏 摄）

厦门工学院

【概况】2016年，厦门工学院内设校长办公室、教务处、人力资源处、学生工作处、计划与财务处、后勤保障处、安全处、科研处8个职能处室；下设图书馆、工程坊、事务服务中心、大数据中心、科学与技术研究院、教师发展与教学研究中心、创客坊、物业服务公司、资产经营有限公司、餐饮管理有限公司、厦门工学院附属中学11个直属单位；设置机械与材料工程学院、电子信息与电气工程学院、建筑与土木工程学院、文化与传播学院、商学院、国际教育学院、理学院、继续教育学院、体育系9个二级学院和直属系；新设信息与计算科学、机械电子工程、物联网工程3个招生专业，共有本科专业26个。是年，录取新生2659人，毕业1999人，有在校学生9876人；2016届毕业生总体就业率97.09%，签约率53.4%。有专任教师417人，其中拥有副高以上职称的占23.02%，硕士以上学位的占69.06%；聘任院士和长江学者各1人。是年，中共厦门工学院委员会和厦门工学院工会成立，林建华担任学院首任党委书记。

【教改科研成果】2016年，学校共完成各类科研项目申报17项。其中，福建省中青年教师教育科研项目社科A类立项8项、科技A类立项6项，福建省教育科学“十三五”规划2016年度海峡两岸职业教育专项研究课题立项1项，2位教师入选福建省高校杰出青年科研人才培育计划。学校获批省级高校服务产业特色专业4项、省级本科高校教育教学改革研究项目3项、省级实验教学示范中心项目1项、省级高校向应用型转变专业群试点项目2项；探索小规模限制性在线课程（SPOC）教学模式，应用省高校在线教育联盟跨校互选课程——机电传动控制、外经贸英语函电，进行翻转课堂等新兴教学方法试点。是年，学校教师共发表论文15篇，其中《科学引文索引》（SCI）收录3篇，《工程索引》（EI）收录3篇。学校完成信息管理与信息系统、工程管理、光电子技术科学、新能源材料与器件4个专业的学士学位授权审核评估，建筑学、传播学、工程造价、工程管理、市场营销、动画、音乐表演、信息管理与信息系统8个专业增列学士学位授权完成专家组实地考察评审，自动化和汽车服务工程两个新专业完成申报材料报送。

【与西交大深化合作关系】2016年3月17日，厦门工学院与西安交通大学签订深化战略合作协议，在研究生教育、师资队伍建设、本科生联合培养等方面展开深度合作。9月，厦门工学院第一批29名“联培生”赴西安交通大学就读，学期两年，学习经历在国家教育部备案确认，期满后返回厦门工学院继续学习。同时，西安交大选派包括一名院士、一名长江学者在内的5名专家、教授以“双聘”的形式到厦门工学院工作，厦门工学院亦派遣3名教师前往西安交通大学访学。协议尚规定，厦门工学院学生报考西安交大硕士研究生，在满足条件的情况下，可以优先录取；厦门工学院协助西安交大在东南沿海地区拓展教学和创新基地，并在创新研究院、大学生创新创业培养等方面开展深度合作。

（林建森）

集美大学诚毅学院

【概况】2016年，集美大学诚毅学院设置经济系、人文科学系、体育与艺术系、机械工程系、食品工程系、信息工程系、商船系、管理系、中软国际互联网学院、华为信息与网络技术学院、布塔云计算学院、继续教育学院、国际学院13个教学院系，外语、数理、思政、公体4个教学部，开设34个本科专业，初步形成以工学、管理学、经济学专业为主体，文学、法学、理学、教育学、艺术学专业同步发展的学科专业体系。是年，面向全国29个省（市、自治区）招生，录取普通本科2692人，高职招考159人，专升本667人，其中普通本科福建省投档线再创历史新高，文理科分别高出57分和50分。有教职工468人，在校生14276人，其中普通本科12587人、专升本1689人。2016届毕业生4437人，获学位证书4394人，就业率94.28%。10月21日，学院董事会召开三届四次会议，增补集美大学副校长曹敏杰为董事。院关工委获“全国教育系统关心下一代工作先进集体”称号，实验管理中心党支部获“福建省高校先进基层党组织”称号，人文科学系获“集美区2011—2015年度法治宣传教育先进集体”称号。

【本科教学项目】2016年，诚毅学院获教育部产学合作专业综合改革项目立项1项，国家体育总局体育哲学社会科学研究项目立项1项，省高等学校服务产业特色专业立项建设3项，省高等学校创新创业教育改革试点专业立项2项，省高等学校精品资源共享课立项1项，省级实验教学示范中心1项，大学生创新创业训练计划项目国家级9项、省级21项、院级45项。教师科研项目获国家级立项2项、省级31项、市级1项、横向课题1项，获省科研优秀成果评选二等奖1项、三等奖4项。

【对外合作交流】2016年，诚毅学院成立华为信息与网络技术学院、布塔云计算学院，其中华为信息与网络技术学院是华为公司在福建省授权的第一个华为网院。与福建国科、深圳明日空间、福州网胜等7家公司签订共建实验室等合作协议；与英国哈德斯菲尔德大学联合举办“专升硕1＋1”硕士预科项目；与台湾中原大学、台湾富邦金控集团及厦门银行签订合作共建协议；与新加坡Kaplan高等教育学院、韩国湖南大学、台湾明新科技大学等6家境外学校及机构签订合作办学协议。厦门市临家餐饮投资有限公司和罗普特（厦门）科技集团分别捐赠100万元，在学院设立“临家向上向善奖学金”和“罗普特学科竞赛奖学奖教金”。学院选派104名学生赴美国、日本和中国台湾等地参加“4＋1”项目、带薪社会实践项目、短期学习和艺术考察等；接待世界华人联合总会教育委员会、美国、英国、澳大利亚和中国台湾等机构、学校来访人员20余批。

【师资队伍建设】2016年，学院有专任教师250人，其中高级职称占24%，硕士以上学位占90%。另有外聘专任教师670多人、客座教授48人，首次聘任退休教授3人，在院内公开选任中层副职领导2名。选派省2016年“师资闽台联合培养计划”14人、国内访问学者6人。教师科研项目获国家级立项2项、省级31项、市级1项、横向课题1项，获省科研优秀成果评选二等奖1项、三等奖4项，省第三届高校青年教师教学竞赛三等奖。

【学生就业创业】2016年10月21日，集美大学诚毅学院创新创业基地揭牌。基地创业孵化园面积500余平方米，入驻项目15个（其中7个注册公司）；在集美区创业大厦设立校外创业基地，入驻项目12个（其中5个注册公司）。出台鼓励大学生自主创业新政策，设立创业专项经费10万元。推荐150多个创业项目参加各级各类创业大赛，获全国级1项、省级15项，其中“创客猫”项目获第二届中国“互联网＋”大学生创新创业大赛初赛银奖，并获省第二届“互联网＋”大学生创新创业大赛成长组银奖、第三届“创青春”福建省青年创新创业大赛互联网初创组一等奖。学院尚获福建省第二届“互联网＋”大学生创新创业大赛铜奖1个，省2016年大学生电子商务“创新、创意及创业”挑战赛二等奖3个、三等奖2个、单项奖3个，省第二届青年创新创业大赛三等奖1个，省“创青春”大赛奖项4个。

【学生参赛获奖】2016年，诚毅学院学生参加各类学科竞赛，获国际级奖项5项、国家级20项、省级70项：2016美国大学生数学建模竞赛二等奖4个、全国大学生数学建模竞赛二等奖6个；

全国大学生机械创新设计大赛一等奖2个；省大学生电子设计竞赛一等奖4项、二等奖3项、三等奖4项；全国大学生海洋知识竞赛一等奖；全国大学生智能汽车竞赛二等奖1个，华南赛区一等奖5个、二等奖1个；全国数据挖掘挑战赛二等奖1个、三等奖2个；全国中高等院校建筑信息模型（BIM）应用技能比赛单项冠军1个、二等奖2个；大学生财务决策大赛南区二等奖1个；全国大学生机械创新大赛暨第十届福建省大学生机械创新大赛一、二等奖各5个、三等奖2个；全国大学生电子商务“创新、创意及创业”挑战赛福建赛区二等奖3个、三等奖2个、单项奖3个；全国大学生物流仿真运营设计大赛福建赛区二、三等奖各1个；省大学生单片机应用设计竞赛二等奖2个、三等奖9个；海峡两岸信息服务创新大赛暨福建省计算机软件设计大赛一、二等奖各1个；海峡论坛•海峡两岸青少年中华姓氏源流知识竞赛和征文比赛大学组一等奖；“嘉庚杯”“敬贤杯”第三届龙舟拔河公开赛男子组第三名；省健身气功比赛学生组团体总分第二名等。

10月15日，集美大学诚毅学院创客猫团队获得第二届中国“互联网+”大学生创新创业大赛总决赛银奖。（诚毅学院 供图）

【移动互联网实验室成立】2016年1月11日，诚毅学院与福州网胜通讯共建的移动互联网实验室举行揭牌仪式。该实验室预计投入2000多万元，搭造全真的移动通信工程实验室，引进包括交换、基站控制器、基站、终端、数据存储设备、应用服务器、安全防火墙、互联网网盒等，建设成为一个以通信技术为核心的互联网技术操作平台，为通信工程、电子信息工程等专业学生提供在校实训、岗前培训、定岗实践、推荐就业与职业技能提升的实践教学环境。

【华为信息与技术学院成立】2016年7月7日，诚毅学院与华为技术有限公司签订校企合作协议，成立二级学院——华为信息与网络技术学院。根据协议，双方共同实施华为信息与网络技术学院实训项目，校方提供教学资源（师资、实验室建设），华为授权华为信息与网络技术学院设置相关实训课程，校方将授权的课程纳入选（必）修课程体系，或以实训专班的形式完成相关的课程，华为为校方学生提供实习实践岗位。

【布塔云计算学院成立】2016年7月12日，诚毅学院与厦门布塔信息技术股份有限公司签订校企深度合作协议，共建二级学院——布塔云计算学院。布塔云计算学院开设数学与应用数学、工商管理、网络空间安全、计算机科学与技术和数字媒体技术专业，采取“3＋1”的模式培养人才，即学生大一至大三学年在诚毅学院学习，大四学年到布塔公司等企业共建的大学生创新创业实训基地实训学习，借助企业优质资源，培养大数据产业发展所需要的应用型、复合型云计算及大数据人才。

【第八届模糊信息与工程国际学术会议】2016年6月26日，第八届模糊信息与工程国际学术会议在诚毅学院召开。此次会议由中国运筹学会模糊信息与工程分会主办，来自中国、美国、加拿大、意大利等国家的100多名专家学者就模糊信息与工程理论及其应用方面的成果展开交流，并首次将模糊集合理论与大数据相结合，共同探讨模糊集合理论在模糊信息与工程方面的应用研究。

【海峡两岸畲族体育文化研讨会】2016年3月26日，海峡两岸畲族体育文化研讨会在诚毅学院举行，来自国家体育总局和江苏、安徽、浙江等省，以及集美大学、福建师范大学、郑州大学、台湾树德科技大学、台湾屏东大学等两岸高校的50余名专家学者，围绕“延续民族文化血脉，推动畲族体育持续发展”主题展开研讨。此次研讨会由福建省体育科学学会、福建省体育社会发展研究会和集美大学诚毅学院联合主办，收到论文40多篇。

【省第一届大学生智能车竞赛】2016年5月8日，第一届福建省大学生智能车竞赛在诚毅学院举行。该赛事由福建省自动化学会主办，来自省内的厦门大学、福州大学等8所高校的60支队伍、200多名师生参赛。福建省大学生智能车竞赛起源于厦门市智能车交流赛，2016 年升级为由福建省自动化学会主办的全省性大学生智能车竞赛。此次赛事旨在加强全省各高校间的沟通与交流，并为参加“恩智浦”全国大学生智能汽车竞赛选拔队伍。

【第十八届 CUBA 四强赛】2016 年 6 月 12—14 日，第十八届中国大学生篮球联赛（CUBA）四强赛在诚毅学院举行，来自三个不同的赛区，从 1300 多支参赛队伍中脱颖而出的 8 支队伍进行角逐。最后，北京师范大学队女篮第六次夺冠，清华大学队男篮首次夺得 CUBA 联赛男篮总冠军。此次赛事由中国大学生体育协会主办，厦门市集美城市发展有限公司、华侨大学承办，中国大学生体育协会篮球分会、集美大学诚毅学院协办。

【购置首艘龙舟】2016 年 3 月 30 日，诚毅学院举行龙舟点睛仪式。龙舟为 22 人龙舟训练船，长 18.4 米，船重 300 千克。2005 年，诚毅学院组建龙舟队，并相继成立龙舟协会、开设龙舟课。2009 年，学院龙舟队参加首届中国龙舟文化节，获龙舟艺术展演赛银奖；2014 年，获中国首次龙舟拔河赛第一名；2015 年，在中华龙舟大赛中获三个小组赛第一名。龙舟队在历年的“嘉庚杯”“敬贤杯”海峡两岸龙舟赛中屡获佳绩。

【央视主持人白岩松莅校举办讲座】2016 年 5 月 21 日，中央电视台主持人白岩松做客诚毅学院，与上千名师生分享“我眼中的这些老头”——黄永玉、韩美林、黄苗子、郁风、季羡林等老一辈文化人的故事。作为“黄永玉——我的文学行当”展览系列讲座之一，此次活动由陈嘉庚纪念馆主办，集美校友总会、集美大学诚毅学院协办。

【救灾工作】2016 年，受 14 号强台风“莫兰蒂”影响，诚毅学院损失惨重，共损失建筑物价值 1000 万元，设备 500 万元，绿化 2500 万元。台风过后，学院立即召开灾后重建工作会议，在全院师生及丹田物业的共同努力下，台风过后第三天，水电餐饮和对外通讯恢复正常，校园主要道路清障工作基本完成，恢复交通，师生的基本生活得到保障，正常教学、生活秩序全面恢复。（张臻颖）

福州大学厦门工艺美术学院

【概况】2016 年，福州大学厦门工艺美术学院设有 12 个系部：绘画系、雕塑系、工艺美术系、工业设计系、视觉传达设计系、环境设计系、数字媒体艺术系、产品设计系、服装与服饰设计系、艺术史论系、公共文化教学部、体育教学部。拥有美术学、设计学两个一级学科硕士授权点，其中设计学为省级重点学科；拥有艺术硕士、工业设计工程专业型硕士学位授权点。设有《艺术·生活》杂志社、地域建筑与环境艺术研究所、服装与时尚艺术研究所、游戏设计研究所、雕塑与公共艺术研究所、工艺美术研究所、文化创意与设计研究所、闽南建筑与景观研究所、艺术知识产权研究所。有教职工 213 人，其中专任教师 156 人。专任教师中，教授 15 人，副教授 41 人，高级工艺美术师 8 人。在校学生 3059 人，其中本科生 2927 人、研究生 132 人。

【学科建设与科研】2016 年，学院围绕建设高水平大学的目标愿景和学院的战略构想，以学科建设为龙头，优化布局，整合资源，实施学科振兴计划，不断增强综合实力。在总结“十二五”期间取得的成绩和不足的基础上，广泛征求意见，形成《学院“十三五”发展规划纲要》。落实《学院高水平大学建设行动计划（2014—2017）》，完成高水平大学建设行动计划中期总结报告，细化各项建设举措。搭建学科发展平台，拓展学科优势。是年，福建省包装联合会设计委员会秘书处在学院挂牌；省经信委、科技厅、财政厅、教育厅联合批准的省级科研平台——福建省工艺美术行业技术开发基地亦落户该院，彰显学院工艺美术学科的引领作用。2016 年，学院有纵向科研立项项目 15 项，横向课题立项项目 12 项。“锡器工艺创新及文化创意产业推广服务应用平台”获省经信委“2016 年省级技术创新重点项目”立项；“服装与服饰时尚产业服务平台”通过省经信委、教育厅、财政厅立项的服务型制造公共服务平台的评审。

【教学工作】2016 年，学院顺利通过 7 个专业的学位评估，取得 7 个专业的艺术学学士学位授予权。根据国家高等教育的改革方向和产业的发展需求，调整和完善人才培养方案，加大专业实践教学的创新和改革力度，提高人才培养模式的创新性和系统性。组织学生参加各类专业赛事和展览，获得由教育部组织的中美创客大赛唯一的一等奖和最佳人气奖，以及其他数十项各类奖项。坚持政产学研用的办学模式，构建创新实践基地和实践平台，与企业签订实践基地合作协议 16 个。邀请国家级、省级工艺美术大师走进课堂给学生传授技艺。在厦门美术馆举办以“创意宣言”为主题的毕业生优秀作品展，主动接受社会对人才培养质量的检阅。

【对外合作交流】2016 年，学院先后与韩国公州大学、俄罗斯人民友谊大学、俄罗斯特殊艺术大学、俄罗斯 STREAM 电视公司、美国萨凡纳艺术与设计学院、柏林艺术大学、北德克萨斯州立大学、东华大学、上海视觉艺术学院等举行各种交流活动，举办学术讲座 20 余场。围绕提升学院国际化水平和核心竞争力的目标，进一步优化“有特色、高水平”的对外合作与交流体系。学院与韩国公州大学开展交流与合作，选派5名研究生赴韩国公州大学短期研修；与韩国公州大学签订《学术交流暨环太平洋国际教授作品展合作协议》，与集美大学和韩国公州大学共同主办的"2016环太平洋国际交流展"取得成功；推动中韩游戏设计研究中心落户学院；推进与英国诺丁汉特伦特大学的合作办学进程。利用厦门对台区域优势，促进海峡两岸人才智力的双向交流，邀请国（境）外专家学者到院开展学术交流讲座10余场次，选派本硕生赴台湾科技大学、台湾艺术大学、东海大学等院校交流学习。

【师资队伍建设】2016年，学院出台《关于进一步加强教师队伍建设若干意见》《"鹭潮学者"奖励支持计划实施办法》，新引进具有博士学位教师3人，发放引进人才安家补贴13.26万元，拨付科研启动费14万元。评聘教授4人、副教授6人、副研究员1人、高级工艺美术师1人，1名教授入选厦门台湾特聘专家中的柔性引进专家项目。

【后勤保障建设】2016年，学院投入建设资金1003万元，新增建筑面积3771.85平方米，零星基建修缮59项。2600平方米的实训三楼已经竣工验收。加强实验室的投入和建设，完成多媒体教室、雕塑工作室、玉石雕刻工作室、漆艺创作工作室、陶艺拉坯工作室、陶艺烧制工作室的设备采购及安装。完成高水平大学专项建设——艺术创意设计与制作实验中心提升建设计划，总建设资金100万元。图书馆全年采购图书5304册，入库书刊5593册，入库电子图书5072册。

【学生工作】2016年，学院学生志愿者注册率80%，志愿服务的地区扩大到省内6个设区市6个村4所小学3个社区，志愿服务总时长10350小时，活动得到社会各界广泛关注，中国网、搜狐焦点、中国新闻网等10余家媒体予以报道。共有46家企业到校招聘，提供就业岗位580个，2016届毕业生就业率98.3%，排名全校第三。学生在校内外各项创新创业比赛中共获得一、二、三等奖各2项，优秀奖1项。学院大学生创业孵化区5月正式落成，至年底共登记在册创业团队18个，其中4个团队已注册公司。（郑青）

厦门华厦学院

【概况】2016年，厦门华厦学院设6个系、10个本科专业、38个专科专业；在校生5290人，年内招收新生2064人，招生计划录取完成率100%，毕业生初次就业率92.32%；教职员工378人，其中正高职称31人，副高职称95人。是年，学校先后参与主办（含承办、协办）"移动时代的学习变革暨通识教育创新思维"研讨会、第三届厦台高校物流案例分析邀请赛暨厦门市首届供应链沙盘技能竞赛、中日韩分析化学研讨会、第三届食品药品和环境分析测试学术研讨会，派员参加由教育部学校规划建设发展中心和应用技术大学（学院）联盟主办的第三届产教融合发展战略国际论坛、由教育部学校规划建设发展中心和中兴通讯股份有限公司联合主办的"一带一路"产教融合与企业国际化发展论坛暨国际校企合作成果展。9月6日，中共厦门市委教育工委、厦门市教育局任命张剑辉为厦门华厦学院委员会书记。11月8日，华厦大学生新闻中心暨华厦电视台举行揭牌仪式。11月18日，学校"教育部—中兴通讯ICT产教融合创新基地"通过教育部评估。

【学术研究】2016年，学校在福建省15个高校科研平台的遴选中，获得"环境监测福建省高校重点实验室"和"新一代信息通信技术与智慧教育福建省高校工程研究中心"2个项目。获得2015年度国家星火计划项目立项，入选福建省普通本科高校向应用型转变专业群试点项目名单，"食品质量与安全"、"物流工程"两个专业获福建省教育厅服务产业特色专业建设立项。承担的厦门市科学技术局高校科技创新项目"功能化石墨烯修饰天然材料在重金属离子富集与水体净化中的研究与应用"通过验收，并申报发明专利和实用新型专利各1项。"理化分析实验教学中心"成为学校首个获批的省级实验教学示范中心。入选2016年第一批厦门市众创空间项目，25个大学生创新创业计划获省级立项，其中"校园ICT孵化工厂""室内车内空气污染物快速检测技术服务""营养海带丸的制作开发""非营利性民办高校基层团组织活力提升创新研究""华厦大学生电商创孵中心"5个项目获推国家级大学生创新创业训练计划项目。

【学术交流合作】3月30日，学校与深圳国泰安教育技术股份有限公司签署校企战略合作协议。双方围绕共建实验及教学环境、提升学校专业学科建设顶层设计、共建华厦学院就业创业学院及创业实训基地、共建学生职业素养拓展与服务平台等开展深度合作，实现校企之间优势互补、资源共享、合作共赢。11月25日，华厦学院"SAP大学联盟项目成员院校"揭牌暨"AHK中德职业教育合作意向书"签字仪式在校内举行。学校正式成为"SAP大学联盟"项目成员院校，并与AHK达成中德职业教育合作共识。同日，华厦学院与德国工商会、SAP大学联盟合作成立"中德合作创新中心"。该中心聘请SAP、厦门弘信精密技术、林德叉车等企业工程师担任专项课程讲师，对骨干师资进行专项培训，推动中德合作项目的持续开拓和具体落实。在人才培养方面，与德国SAP公司合作，致力推广全球最前沿、最具实战性的企业信息管理商业系统，打造"课程—平台—服务—社区"四位一体的生态圈。

11 月 25 日，华厦学院正式成为“SAP“大学联盟项目成员院校。（潘艺超 摄）

【学生创新创业】3 月 30 日，学校大学生创新创业实践基地入驻厦门中亚城大学生创业孵化基地。学校 2012 级物流管理专业毕业生刘伟明、万磊创业团队开办的厦门谦济人力资源管理有限公司经过基地孵化，正式注册公司并实现盈利。5 月，学校两支创业团队入驻海峡两岸高校创新创业园。2013 级计算机网络技术 1 班学生张斌创立的厦门晟世扬名文化传媒有限公司，以平面设计、广告制作、网站设计建设与企业一键定制为主营项目；2008 级机电一体化专业毕业生杨杰祥创立的厦门心思源环保科技有限公司，主要经营利用物理脉冲进行自来水管内壁污垢清洗等绿色环保项目。两个创业项目采用校团委对接引导、集美团区委沟通协调、集美区产业投资有限公司运营管理的模式运作。

【学生参赛获奖】2016 年，学校组织学生参加全国和省、市各项技能比赛。在全国大学生数学建模竞赛中，获省级一等奖和二等奖；在“税友衡信杯”全国税务技能大赛（本科组）中，分获福建省赛三等奖和厦门市赛三等奖；在全国金融与证券投资模拟实训大赛中，获本科组二等奖 1 项、三等奖 2 项；在福建省高职院校技能竞赛中，获二等奖 4 项、三等奖 9 项、优秀奖 12 项；在全国职业院校技能大赛“4G 全网建设技术”赛项中获三等奖。（苏文雅）

厦门兴才职业技术学院

【概况】2016 年，厦门兴才职业技术学院以课程体系和教学内容改革为突破口，大胆改革，勇于实践，初步形成“一院一特色”的专业群人才培养模式。成立工业机器人研究所和兴才（厦门）智能科技有限公司，构筑研发设计技术平台。启动“兴才智谷”创业园项目，分设孵化区、沙龙区、成型区，打造集创业、办公、生活、休闲于一体的大学生创业元和方便快捷的“一站式”办事服务平台。是年，有全日制在校生 5800 多人，教职工 347 人，其中拥有高级职称者占 30%、硕士及以上学位者占 35%、“双师素质”者占 65%。学校计划招生 2230 人，实际录取 1817 人，完成计划 81.48%，实际报到 1471 人，报到率 80.96%，录取率和招生计划完成率在同类高职院校中名列前茅。2016 届毕业生 1728 人，就业率 98.8%，用人单位满意度 98.07%；学校获福建省高职院校技能大赛一等奖 3 个、二等奖 4 个、三等奖 13 个，获厦门市高职院校职业技能大赛一等奖 1 个、二等奖 3 个、三等奖 8 个。

【一院一特色】厦门兴才职业技术学院 2010 年通过首轮评估后，坚持“以德为先、以生为本、特色兴校、质量强校”的办学理念，将课程体系和教学内容改革作为教学改革的突破口，大胆改革，勇于实践，初步形成各具特色的专业群人才培养模式，即“一院一特色”。工学院以校企共建专业和省级示范校内生产性实训基地为依托，实施“三段式”实践教学，构建“高职工科专业校企合作培养技术技能人才”模式；管理学院以课程体系和教学内容重构为抓手，将课程教学与考证、技能竞赛有机地融为一体，构建“基于课证融合、课赛融通的课程体系与教学内容改革”模式；商贸学院以电子商务专业为试点，加强培养学生的创新创业精神和实操能力，构建“构筑商贸专业群创新创业教育实践平台”模式；艺术与建筑学院以名师工作室为引领，在省级示范专业“建筑室内设计”率先实施“工作室化”教学模式，并带动专业群整体推进，构建“以名师工作室为引领的工作室化教学”模式；教育学院针对幼教专业特点，注重中华优秀传统文化的心灵教化和人格力量，构建“以国学礼仪教育提升幼教学生师德修养”模式。专业人才培养模式的改革创新，促进了专业发展和专业水平的提升。至 2016 年，学校拥有中央财政支持校内生产性实训基地 2 个、省级示范专业 2 个，省级示范校内生产性实训基地 1 个、市级重点专业 3 个。

【工业机器人研究所成立】2016 年 5 月 24 日，厦门兴才职业技术学院工业机器人研究所和兴才（厦门）智能科技有限公司成立。研究所和科技公司共同构筑技术平台，承担研发设计工作。至年底，运行状况良好，获企业“机器人换工”横向课题 1 项，项目合同经费 33.8 万元。另有数家企业的横向项目在洽谈中。

【兴才智谷建设】2016 年 6 月，厦门兴才职业技术学院启动“兴才智谷”创业园项目。该项目占地 1000 余平方米，由师生共同设计并全程参与。智谷秉承“以创业促就业，以创新促发展”的理念，打造集创业、办公、生活、休闲于一体的大学生创业元和方便快捷的“一站式”办事服务平台，建立方式多样、门类齐全的全程创业培训体系，提供包括创业启动资金、风投基金、小额贷款、创业补贴、税收优惠等“一揽子”金融解决方案，为创业者创新创业创造良好的环境。兴才智谷分为孵化区、沙龙区、成型区。孵化区由项目评审室、路演厅（为学生的创业项目提供集中讲解展示场所）、创业厅（为学生创业项目提供孵化空间）、创业工作坊、运营管理部（为入驻项目提供创业服务咨询，运营管理服务和项目孵化等）构成；沙龙区具有自然和园林特色，为学生提供休闲交流场所，设有创业休闲、洽谈、讨论及创业书屋等。成型区有大赛孵化、引企入校等项目入驻。

【师生获奖】2016 年，厦门兴才职业技术学院在厦门市高职院校职业技能竞赛中成绩斐然。会计技能和市场营销技能两个赛项分别包揽团体一、二等奖；电子商务技能和现代物流技能获得团体二等奖，银行综合业务获团体三等奖 1 个、个人三等奖 5 个，移动互联网软件应用开发获团体三等奖；西餐宴会服务、中餐主题宴会服务获团体二等奖、个人三等奖，团体总分名列全市高职院校第三名。商贸学院在第七届“外研社杯”比赛中，获个人三等奖 3 个；艺术与建筑学院在首届海峡两岸民宿设计策划大赛中，获团体三等奖；在国家级第二十五届“时报金犊奖”大学生广告设计大赛中，参加项目《永和豆浆》平面广告设计获优秀奖。是年，厦门兴才职业技术学院共有 22 个项目参加福建省高职院校技能大赛，获一等奖 3 个、二等奖 4 个、三等奖 13 个，获奖团体总分 96 分，比 2015 年提高 11 分。其中，市场营销技能参赛团队以第一名的成绩获省赛一等奖，4G 全网建设技术参赛师生团队以第三名的成绩获得省赛二等奖，这两个项目首次代表福建省高职院校参加全国职业院校技能大赛均获三等奖。（付蒙蒙）

厦门软件职业技术学院

【概况】2016 年，厦门软件职业技术学院以深化内涵建设为中心，加强教学质量保障体系和生产性实训基地建设。是年，共开设 30 个专业方向，面向全国 26 个省市招生 1653 人，毕业生 1652 人，初次就业率 99.88%。成功申报“动漫设计与制作专业现代学徒制建设”和“软件技术专业现代学徒制建设”省级项目 2 个、创新创业教育改革项目 2 个、服务产业专业群建设项目 1 个（软件信息服务专业群）。党委书记钟远南的《坚定理想信念，永葆基层党员先进性》党课入选福建省高校“两学一做”学习教育活动“书记好党课”，学校获评“厦门市学校综治安全目标管理先进单位”。

【技能鉴定】2016 年，厦门软件职业技术学院面向社会举办技能鉴定 11 场次，鉴定人数 1498 人；完成劳动系统、公务员系统、财政系统、银行金融等系统职业技能鉴定考试 2.3 万人次。与九牧集团有限公司共建电子商务生产性实训基地，11 月 11 日，单日单店销售额 1.1 亿元，全年销售额 2.4 亿元。学校通过省教育厅函授站工作检查评估，被省经信委授予“福建省软件适用人才重点培训基地”。

【赛事获奖】2016 年，厦门软件职业技术学院承办厦门市高职院校技能大赛移动互联网应用软件开发、三维动画制作、电子商务技能 3 个赛项。在 2016 福建省职业院校技能大赛中，获一等奖 2 个、二等奖 8 个、三等奖 9 个、优秀奖 8 个和团体二等奖，并获 2016 年全省高校建筑信息管理（BIM）应用创新大赛一等奖 3 个、其他省级大赛一等奖 2 个，实现省赛获奖历史性突破。另获得的奖项有：第一届海峡两岸大学生优秀工业设计大赛“未来设计之星”奖、“最具材料创新”奖、“乐活达人”奖；厦门市第三届高职会计技能和企业沙盘模拟经营技能竞赛会计技能团队二等奖、三等奖，个人赛项一等奖 1 个、二等奖 2 个、三等奖 5 个和企业沙盘模拟经营团队三等奖；厦门市高职院校银行综合业务技能大赛团队三等奖、手工技能项目（个人）二等奖 1 个、三等奖 4 个；第五届海峡两岸信息服务创新大赛暨福建省第九届计算机软件设计大赛校园 O2O 移动支付专题组二等奖、创客组二等奖及创意设计组三等奖；第四届福建省大学生影像大赛剧情类三等奖 1 个、纪录片类三等奖 2 个。教师获评第五届福建省“十佳辅导员”1 人、厦门市“优秀辅导员”1 人、福建省辅导员职业能力赛“优秀奖”各 1 人。（吴光喆）

科　技

【概况】2016 年，集美区继续增加全社会科技投入，完善科技和创新体系建设，发展高新技术产业，提升自主创新能力。新认定高新技术企业 50 家、市级企业技术中心 2 家、市级工程技术研究中心 1 家。全区有重点实验室 26 家、企业技术中心 35 家、工程技术研究中心 30 家、博士后科研工作站 7 家、高新技术企业 171 家。获厦门市科技进步奖 12 项，其中一等奖 1 项、二等奖 4 项、三等奖 7 项。国内专利申请量 3932 件，其中发明专利申请 1058 件，比 2015 年增长 17.9%；国内专利授权量 2496 件，其中发明专利授权 339 件，同比增长 38.4%。

【50 家企业通过高新技术企业认定】2016 年 8 月 18 日，集美区根据国家新修订的高新技术企业认定办法，在软件园三期园区举办高新技术企业政策培训会，近 200 人参加培训。厦门创想无限信息科技有限公司、厦门夏谷软件有限公司、厦门海荭兴仪器股份有限公司、厦门一联高科信息技术有限公司、厦门数知海信息技术有限公司、厦门亿实软件科技有限公司等 50 家企业通过高新技术企业认定，至年底，全区共有高新技术企业 171 家。是年，集美区规模以上高新技术产业完成工业总产值 534.39 亿元，占全区规模以上工业产值 63.8%；完成工业增加值 128.57 亿元，累计增速 4.2%。继续以实施科技计划项目为重点，推进高新技术产业做大做强，下达区级科技计划项目 3 批，三达膜科技（厦门）有限公司、厦门利德宝电子科技股份有限公司、厦门松元电子有限公司等实施的 24 个项目获得资助，项目资金 2775.6 万元，将引导带动企业研发投入 2.14 亿元。

【“产城学人”深度融合】2016 年，集美区探索高校院所与产业领域等多方面合作的协同创新机制，推动快速制造国家工程研究中心厦门研发中心和卢秉恒院士工作站落户创业大厦。举办校企科技成果对接会，落实集美区产、城、学、人融合发展战略，推动高校科技创新成果落地转化，加快产业转型升级。4 月 20 日，组织来自厦门宏发电声股份有限公司等辖区企业近 40 名高管，参加市委组织部举办的中德工业“4.0 人才”项目对接会，与来自德国智能制造和现代服务领域的企业家、专家进行技术交流。7 月 13 日，厦门软件园校企对接交流会在软件园三期“创＋驿站”举行，集美大学、华侨大学、厦门理工学院、福大厦门工艺美院、厦门工学院、厦门软件职业技术学院、华厦学院、厦门兴才职业技术学院 8 所高校及 80 多家软件园入驻企业代表逾 150 人参加。7 月 14 日，区科技局联合集美大学，举办集美大学－集美区机械专场校企精准对接交流会，辖区内近 30 家企业代表和机械与能源学院 10 多位专家教授参加交流会。11 月 11 日，区科技局联合华侨大学，在创业大厦共同举办智能制造专场产学研与科技成果转化对接会，来自辖区智能制造领域的立林科技、宏发股份、罗普特、庸博电气等 20 余家企业，华侨大学机电学院、计算机学院、信息学院的 18 位专家教授应邀参加。

【国内专利申请 3932 件】2016 年，集美区政府以纪念第十六个“4•26”世界知识产权日为契机，联合厦门理工学院，开展“知识产权进校园”和“知识产权进社区”普及性系列宣传活动，营造自主知识产权形成和产业化环境，引导、支持企事业单位开展技术创新和发明创造。同时，加大政策扶持力度，审核通过市级专利授权资助 948 件，资助金额 335.2 万元；审核批准区级专利授权资助 953 件，资助金额 343.3 万元。是年，全区国内专利申请量 3932 件，其中发明专利申请 1058 件，同比增长 17.9%；国内专利授权量 2496 件，其中发明专利授权 339 件，同比增长 38.4%。

【科普宣传】2016 年 1 月 15—19 日，区科技局联合文化、卫生部门，在后溪镇霞城城隍庙、灌口镇凤泉广场、杏滨街道山后张广场、侨英街道北区广场，举办科技、文化、卫生“三下乡”活动，以图片展览、有奖知识问答、现场咨询等形式，向居民与外来员工宣传科普知识，现场分发《地震灾害与预防》《当代科学技术及管理》《低碳节能 365》《常见慢性病防治》《饮食安全与健康小常识》《中国公民健康素养 66 条》《生态文明公民读本》等科普宣传册近千册。6 月 28 日至 8 月 5 日，区科协科普志愿者组织侨英小学、兑山小学、高浦小学、上塘中学、灌口中学等学校，参与“制作环保香皂”“小小科学家”“回顾历史，翘首未来”“童心童趣，金色童年”“学会合作，快乐成长”等 18 个夏令营，有 986 名青少年参与活动。

【与清华海峡研究院签订合作协议】2016 年 4 月 19 日，集美区政府与清华海峡研究院（厦门）联合举办的“2016 海外清华校友创业行”活动在集美举行，19 位在海外发展的清华校友受邀实地考察集美的投资环境，并举行创业人才项目对接会。20 余家基金（风投）机构与海外清华校友进行现场项目对接洽谈，集美区委组织部、商务局、科技局、经信局等部门也在现场就集美投资环境、扶持政策、人才引进政策等进行解答。集美区与清华海峡研究院签订全面合作共建协议。

【十佳科技创新企业】2016 年 2 月 29 日，集美区政府下发《关于表彰 2015 年度集美区十大纳税企业、十佳科技创新企业以及十佳品牌创建企业的决定》，授予三达膜科技（厦门）有限公司、路达（厦门）工业有限公司、厦门建霖工业有限公司、厦门宏发电声股份有限公司、国安达股份有限公司、厦门安妮股份有限公司、厦门立林科技有限公司、厦门革新金属制造有限公司、厦门金龙联合汽车工业有限公司、厦门一品威客网络科技有限公司 10 家企业“2015 年度集美区十佳科技创新企业”称号。

【罗普特（厦门）科技园奠基】2016 年 12 月 19 日，罗普特（厦门）科技园在软件园三期园区举行奠基开工仪式。罗普特（厦门）科技园项目用地面积 2.67 万平方米，总建筑面积 8.27 万平方米，包括大数据中心、云计算机中心和基础性实验室、行业研究实验室、产品体验中心等，项目总投资 9.25 亿元。罗普特（厦门）科技集团是是国家军工企业，长期致力于公共安全产品的研发生产，

2016年入驻软件园三期，是集美区军民融合产业的典型代表。

【创新创业补助奖励实施细则出台】2016年7月13日，《集美区创新创业补助奖励实施细则》出台。《细则》规定，入驻集美的众创空间、创新创业项目乃至服务创新创业的中介机构均可获得奖励。经认定为市级、区级的众创空间，一次性给予100万元奖励；升格为省级、国家级众创空间，奖励分别补足到200万元和500万元；众创空间购买公共软件、开发工具和公用设备，经认定后可获得不超过购置费用80%的补助，每家众创空间最高不超过100万元；众创空间举办全国性或国际性创新创业大赛，经申报认定审核后可获得80%的补助，每家众创空间最高不超过100万元。入驻集美众创空间的创新创业项目，根据不同情况可获得3万元至30万元不等的启动扶持资金；获得全国性或国际性创新创业大赛优胜项目落地集美创办企业的，给予一次性奖励20万元。此外，创新创业企业每招聘一名员工并签订两年以上合同，且连续工作满一年的，区政府提供廉租公寓或给予最高每人每月600元的租房、交通补贴；创新创业项目在集美区正式落地转化，另行在集美区租赁场所创办企业的，可获得按不超过软件园三期租金标准的90%的办公场所租金补贴。对众创空间内的创新创业项目获得种子基金、天使基金或其他风险投资的，区政府按投资金额1%至3%的比例给予一次性奖励，单个项目或企业最高不超过100万元。对中介机构为入驻众创空间的创新创业项目、股权投资类企业提供新设立或者迁址入集美区的商事登记和税务登记等手续服务的，中介机构每服务一家创新创业企业最高可获得5000元补助。

4月9日，厦门市青少年电脑机器人竞赛在诚毅科技探索中心举行。（郭妮妮 摄）

【厦门青少年电脑机器人竞赛】2016年4月9日，由厦门市科协、市教育局联合主办的2016年厦门市青少年电脑机器人竞赛在集美新城诚毅科技探索中心举行，共有44所学校、109支代表队、238人报名参赛。竞赛设VEX挑战赛、FLL挑战赛、创意比赛、综合技能比赛和足球比赛5个项目。集美区侨英小学的刘君豪、李子豪被选拔参加第十四届福建省青少年机器人竞赛，获得一等奖。

【阿里云“创客+”落户集美】2016年4月24日，集美区政府与阿里云计算有限公司、优客工场正式签约，三方共同建立厦门阿里云“创客+”基地。基地设在集美新城杏林湾商务营运中心，面积3000平方米，由签约三方合作运营。三方将整合优势资源，共同打造面向全球“互联网+”创新创业企业的聚集孵化基地。阿里云“创客+”基地落户集美，将与集美区产业集群以及高校、人才资源形成“优势叠加”，并有序引入阿里巴巴集团各大板块的技术及流量资源，加速人才培养、项目孵化，加快创新要素的集聚。

【厦门青少年航天梦主题活动】2016年6月19日，由中国空间技术研究院、厦门市委宣传部、集美区委、集美区政府联合主办，厦门住宅建设集团有限公司承办的厦门青少年航天梦主题活动在集美新城诚毅科技探索中心正式启动。活动内容有海峡两岸青少年航天梦创意绘画大赛、航天夏令营、海峡两岸青少年航天梦交流报告会、青少年航天梦实物图文暨互动体验展等系列航天科技主题活动，历时179天，于12月15日结束，活动现场参与人数超过20万人次。

【中国航天科普体验基地落户集美】2016年6月19日，在厦门青少年航天梦主题活动启动仪式上，中国空间技术研究院副院长李忠宝向集美诚毅科技探索中心授予“中国航天科普体验基地”牌匾。这是国内第一个由“空间院”授牌的航天科普体验基地。与此同时，诚毅科技探索中心运营管理单位万舜文投公司还与厦门航天测控站举行合作共建签约仪式，共同推动航天科普教育。

【厦门航天梦创意绘画大赛作品展】2016年8月29日，海峡两岸（厦门）青少年航天梦创意绘画大赛作品展在集美新城诚毅科技探索中心开幕。此次展览为厦门青少年航天梦主题系列活动之一，于6月30日启动，共征集到绘画作品2000余幅。经过线上、线

3 月 17—19 日，亚洲创业大赛在嘉庚剧院，图为冠军的“禅大师”创业项目代表上台领奖。（林志杰 摄）

下评选，展出两岸青少年学生作品 517 幅，展览持续至国庆期间。

【亚洲服务设计创新论坛】2016 年 11 月 5 日，2016 亚洲服务设计创新论坛在集美区举行。此次论坛立足国内现代服务业发展，结合国际服务设计发展趋势，就服务设计、用户体验设计、交互设计、商业模式、产业经济、社会创新等不同主题进行探讨，通过思想碰撞和互动科技艺术展，促进创意设计与相关产业深度融合，助力文化创意产业服务大众创业。该论坛是国内关于服务设计的高端论坛，拥有服务设计及与之相关领域的最新研究观点及资源。在此次论坛上，国际 3D 打印论坛主席、原国际工业设计联合会（ICSID）主席、韩国首尔设计中心主席李淳寅，创新工场设计顾问吴卓浩，零点研究咨询集团董事长、创业管理服务机构飞马旅创始人、CEO 袁岳，美国爱荷华州立大学博士、原台湾艺术大学校长谢颙丞，福建省工业设计协会会长、福州大学厦门工艺美术学院产品设计系主任林伟等嘉宾相继登台，带来关于设计服务领域前沿观点的分享与交流。

【亚洲创业大赛】2016 年 3 月 17—19 日，2016ASIABEATXIAMEN亚洲创业大赛在集美区嘉庚剧院举行。大赛由主题会议、路演大赛及产品成果展览三部分组成，所涉领域包括人工智能、VR、AR、物联网等。蔡文胜、李竹、李丰等 42 位嘉宾到场演讲，来自美国、加拿大、日本、韩国、新加坡等 18 个国家和地区的 3503 名创业者参赛，为历届之最。其间，举办路演 92 场，6Estates、智能口罩、kungfu、蓝店、微租车、VMfivescheletric、Vanitee、SAIHU、呆毛 TV 等 11 个团队获得优秀奖，厦门蝉大师团队获得大会奖。同时，由来自中国、新加坡、韩国、马来西亚、以色列等国的 15 家加速器和科技媒体联合组建的“带路创业联盟”成立。

【神舟飞船返回舱“飞来”集美】2016 年 11 月 19 日至 12 月 25 日，神舟十号飞船返回舱在集美新城诚毅科技探索中心举办的中国航天 60 周年成就主题展上亮相，与位于三楼“星际探索展区”的高仿真一比一模型“神舟飞船”和“天宫一号”“再续前缘”。该主题展由中国空间技术研究院、市委宣传部、集美区委、集美区政府、市教育局、市科协联合主办，厦门住宅集团承办。主题展上还展出世界上最大的降落伞——有三个篮球场大的返回舱降落伞，以及太空育种的南瓜、葫芦等珍贵的航天实物。参观者还可体验模拟飞向月球、登月探测及太空出舱行走全过程。此外还有长征系列火箭模型、北斗卫星组网模型和火星探测车模型等。

【首届中国大学生创业交易会】2016 年 11 月 26 日，由共青团厦门市委指导，集美区众创办、集美团区委、黑马会厦门分会、天使汇联合主办，集美区产业投资有限公司、集美区高校创新创业园、校创客（厦门）科技有限公司承办的“校创客杯”首届中国大学生创业交易会在集美区创业大厦开幕。交易会以“新理念、新经济、新技术”为主题，以落地的创业交易为主要形式，为创业者尤其是大学生创业者提供项目交易展示及社会资源对接平台。共有 3000 余人次到现场参加活动，有 30 多名投资人到场考察项目，并对部分项目进行路演和对接。此外，主办方还从报名参展的 30 个企业项目和来自 126 所学校 1116 名学生的报名项目中，筛选出 42 个项目进行现场展出。此次活动开设线上线下两个投票环节，线上投票达到 10 万人次，线下投票超过 1.5 万人次。共有 30 个参展项目获奖，其中三明学院的“车小秘”、台湾的“咔哒家自行车”、诚毅学院的“所见云印”等多个项目得到投资人及现场嘉宾的青睐。开幕式上，由共青团厦门市委打造的“厦门市台湾青年创业就业实训基地”落户集美。

【厦门青少年航天梦报告会】2016 年 12 月 15 日，由中国载人航天工程办公室指导，中国空间技术研究院、厦门市委宣传部、集美区委、集美区政府、厦门市教育局、厦门市科学技术协会主办，厦门住宅建设集团有限公司承办的“汇聚厦门、筑梦航天”2016厦门青少年航天梦交流报告会在集美新城诚毅科技探索中心举办。此项活动是“2016厦门青少年航天梦主题活动”的重要组成部分。中国载人航天工程办公室副主任、航天英雄杨利伟，航天专家、中国工程院院士戚发轫参加活动。北京空间科技信息研究所所长原民辉和空间技术专家、神舟号飞船总设计师戚发轫，分别作《世界航天器的发展》和《航天技术与中国航天》的航天科普讲座。两位专家和航天英雄杨利伟与参加讲座的青少年分享他们的航天梦及感人的航天故事，并解答他们提出的问题。（纪敦敦）

2016年集美区获市科技进步奖项目表

表34

项目名称	等级	主要完成单位	授奖单位	主要完成人
工程机械减振降噪关键技术创新及其应用	1	厦门大学厦门厦工机械股份有限公司	市政府	侯亮 郭涛 蔡惠坤
并联非对称永磁磁路的研究及其在智能家居控制用继电器的应用	2	厦门宏发电声股份有限公司	市政府	蔡文智 刘金枪 曹宏江
轿车子午胎关键技术攻关及产业化	2	厦门正新橡胶工业有限公司	市政府	曹和胜 谢文生 黄焕智
磁控管钼支杆组件	2	厦门虹鹭钨钼工业有限公司	市政府	朱武 郑春财 罗梦文
新能源客车关键技术研发及产业化项目	2	厦门金龙联合汽车工业有限公司	市政府	徐一凡 叶伟宏 刘强生
鱼类加工下脚料多元化利用技术	3	集美大学	市政府	翁武银 苏文金 陈俊
基于GIS的城市配电网规划设计与分析关键技术研究	3	厦门理工学院国网福建省电力有限公司 厦门亿力吉奥信息科技有限公司	市政府	朱顺痣 刘永清 聂芹
手机动漫播放关键技术应用与研究	3	华侨大学、厦门卓讯信息技术有限公司	市政府	陈叶旺 王成 邹培利
适合自动化装配的高可靠导电汽车继电器的研发及产业化	3	厦门宏发汽车电子有限公司	市政府	吴子明 彭文超 池礼贤
重型有轨自由穿梭物流系统	3	厦门思尔特机器人系统股份公司	市政府	陈成芳 杨冬云 冯清华
铁皮石斛资源引进扩繁及驯化推广	3	厦门塔斯曼生物工程有限公司	市政府	卢绍基 郭顺财 谢加木
汽车变速箱齿轮渗碳淬火的热处理方法	3	厦门真冈热处理有限公司、厦门理工学院	市政府	胡大维 张雪梅 葛晓宏

（纪敦敦）

附：驻区科研单位

中国科学院城市环境研究所

【概况】2016年，中国科学院城市环境研究所（简称“城市环境所”）在职职工233人，其中科技人员185人、科技支撑人员48人。在科技和科技支撑人员中，研究员及正高级工程技术人员30人，副研究员及高级工程技术人员41人；全所进入创新岗位182人。是年，研究所新增“大气过滤技术创新中心”（盐城）和“智能化环境功能材料量产中试平台”（宁波）2个科研平台；研究所总收入1.75亿元。

【科研重点与计划】2016年，城市环境所围绕“三个重大突破”（城市群大气灰霾污染的形成机制与调控技术、生物质废弃物资源化关键技术研究与集成示范、景感生态学与城市生态文明）、“五个重点培育方向”（东南地区水源水和饮用水微生物污染机理及控制技术、新兴环境污染物的健康风险和分子作用机制、城市—城郊地球关键带过程与机制、环境污染防治滤膜材料、城市系统物质能量代谢过程及生态风险评估的理论与方法），按照中国科学院“率先行动”计划的总体要求，并结合研究所自身的实际情况，重点开展针对城市化的生态环境效应进行基础科学研究（科学发现层面）；针对城市污染源头控制与废物资源化，开展技术研发、集成与工程示范（技术创新层面）；通过环境物联网的构建与应用，为可持续城镇规划、建设与管理提供科技支撑（规划管理层面）。

【科研成果与推广】2016年，城市环境所发表论文340余篇，其中被《科学引文索引》（SCI）收录的论文272篇，被《中国科学引文数据库》（CSCD）收录的论文67篇；申请专利64件（发明专利52件、实用新型专利12件），授权发明专利21件，实用新型专利12件，出版专著2部，登记软件著作权10项，牵头制订并获批发布《PM2.5防护口罩》团体标准。研究所与甘肃省白银市、漳州市平和县、上海师范大学、青海师范大学、厦门市政集团、永清环保、中科鼎实环境工程有限公司等单位签署战略合作协议，与宁波市北仑区、沈阳新松公司在宁波城市环境观测研究站共建“智能化环境功能材料量产中试平台”，与江苏盐城环保科技城管委会共建“大气过滤技术创新中心”，与社会资本共同设立中科同和（厦门）环境技术有限公司、中科天达（厦门）科技有限公司。受厦门市委托，编制的《厦门市“十三五”能源规划》《厦门市能源发展战略规划（2016-2050）》通过专家组评审。参与福建省农村污水处理应用示范工作，作为技术支撑单位全程参与福建省首个国家科技惠民项目“九龙江北溪流域农村生活污水处理技术应用示范”，各示范工程得到福建省、厦门市、漳州市领导的好评。

【国际合作与交流】2016 年，城市环境所因公出访 125 人次，涉及 28 个国家和地区。共接待来自美国、日本、英国、中国台湾等 22 个国家和地区的科研人员 101 人次。通过“国际人才计划”和“中拉青年科学家交流计划”引进访问学者 6 人。主持召开第一届海峡两岸城市环境研讨会、“2016 北京论坛：化学污染物环境过程与风险国际研讨会”、2016 中英环境抗生素抗性联合研讨会、第二届流域城镇化—可持续发展国际研讨会、城市健康与福祉的政策与实施建模国际研讨会、国际城市健康与福祉计划第九届科学委员会会议等一系列国际会议。

【科研条件与基地建设】2016 年，城市环境所 2014—2015 年平台危险废物鉴别技术中心建成验收；仪器设备实验中心所新增仪器计值 360 万元，宁波站新增仪器计值 1200 余万元，并有 11 台仪器加入院大型仪器共享网，并将仪器共享网的刷卡系统更新到 3.0 版本。是年，所级中心的设备运行整体情况良好，加入共享网的 50 台仪器总开机时间 116387 小时，其中使用机时 87543 小时，总使用效率 118.46%。中国科学院厦门生物产业技术研究开发公共服务平台全年服务企业 60 家，出具测试报告 244 份，总测试费用收入 238 万元，并多次举办仪器使用研讨培训班，提升地区科研、技术人员仪器设备使用水平。

【科研队伍建设】2016 年，城市环境所有博士生导师 28 人，在国际组织任职 17 人次；共有国家“万人计划”科技创新领军人才 3 人（新增 2 人），国家杰出青年科学基金获得者 4 人（新增 1 人），国家“百千万人才工程”入选者 3 人（新增 1 人），科技部中青年科技创新领军人才 2 人，国家海外高层次人才引进计划“青年千人计划”入选者 1 人，中国科学院“百人计划”入选者 11 人（新增 1 人），国家优秀青年科学基金获得者 1 人，福建省杰出青年科学基金获得者 4 人，福建省引进高层次创业创新人才入选者 3 人，厦门市“双百计划人才”入选者 7 人（新增 2 人）。毕业研究生合计 38 人，其中 2 名获中科院院长奖，1 名获朱李月华优秀博士生奖，2 名获中科集团环保奖学金。

【科研项目】2016 年，城市环境所获得科研项目 127 项，到位经费 9512 万元。其中，国家自然基金项目 20 项，横向项目 53 项，中科院项目 12 项，省市级科研项目 27 项。1 月 18 日，城市环境研究所作为第一起草单位牵头编制的《PM2.5 防护口罩》团体标准（TAJ1001-2015）在北京正式发布。该标准是我国第一个正式向社会发布的防雾霾口罩标准，于 2016 年 3 月 1 日起正式施行；与中科贝思达（厦门）环保科技股份有限公司共同开发的“中科贝思达 PM2.5 防护口罩”首家通过该标准全项性能测试，并获得首张授权证书。8 月，受海沧区人民政府委托，承担的“海沧区大气污染物源解析及调控策略研究项目”结题，并获得与会评审专家的高度认可。12 月，城市环境所受厦门市发改委委托编写的《厦门市“十三五”碳减排目标与实现路径研究》通过专家组评审。专家组认为，该研究通过建立模型和情景分析，对厦门市的碳减排潜力进行了深入分析，所确定的减排目标、任务、保障措施和指标体系合理可行，可作为厦门市低碳城市建设的重要依据。（聂璇 卢新）

文化与体育

文　化

综　述

【概况】2016年，集美区文化部门继续贯彻实施“人文集美”发展战略，巩固全国文化先进区创建成果，推动集美“文化强区”建设。加快构建现代公共文化服务体系，制订《集美区加快构建现代公共文化服务体系实施方案》和《集美区基本公共文化服务标准》，统筹推进公共文化服务均衡化发展，公共文化服务水平再上新台阶；3个镇（街）、18个村（社区）综合文化服务中心通过市基层综合性文化服务中心建设验收，基层公共文化设施进一步完善提升；举办海峡两岸龙舟文化节、厦门（集美）草莓音乐节、集美阿尔勒国际摄影季、“人文集美•悦读季”等特色品牌活动，文化影响力进一步提升；举办文艺演出、文化进村（居）巡演巡展和各类艺术培训近40场次，群众文化活动内涵更加丰富；依法加强文化市场监管与服务，顺利通过省文明城区和全国文明城市测评，进一步强化制度建设，首办未经许可擅自从事印刷经营案，首次开展文化市场“双随机”检查，开展安全生产标准化建设提升三年行动，始终保持打击无证网吧和“扫黄打非”高压态势，整顿规范文化市场取得明显成效；公布第二批非遗保护项目和传承人名单，对集美区非物质文化遗产项目和代表性传承人给予经费补助，办好集美区闽南曲艺创作基地和中小学“闽南戏曲示范点”，实施地方戏曲振兴工程，文化遗产保护工作持续推进；以影视、动漫、音乐三类产业项目为抓手，促进文化产业发展，国家音乐产业基地总部、中影星美杏林湾影城落户集美，依托优势教育、艺术资源，促进兑山艺术区、海峡两岸青少年文创交流基地等园区建设，集美区在“2016厦门文化产业年度风云榜”年度事件、年度人物、年度企业、年度创意区街活动等项目中获奖。

【《集美区“十三五”文化事业发展规划》出台】2016年，集美区文体广电出版旅游局牵头编制《集美区“十三五”文化事业发展规划》。《规划》总结“十二五”时期全区文化事业发展的主要成就，制订“十三五”时期全区文化事业发展的指导思想、基本原则、发展目标、主要任务和保障措施，提出一批重大文化建设项目。规划基期为2015年，规划期为2016—2020年。

【构建现代公共文化服务体系方案出台】2016年2月，区委办、区政府办下发《集美区加快构建现代公共文化服务体系实施方案》，明确并落实构建集美区现代公共文化服务体系的目标任务、工作重点和保障措施。成立由区委常委、宣传部部长和分管副区长任正副组长的集美区公共文化服务体系建设协调领导小组，组织协调相关工作。制订《集美区基本公共文化服务标准》，明确基本公共文化服务的内容、种类、数量和水平，建立健全标准体系和管理制度。

【完善基层综合性文化服务场所】2016年，集美区对照新制定的《厦门市基层公共文化设施建设标准（试行）》，指导基层公共文化服务场所提升服务设施和管理水平。灌口镇、集美街道、杏滨街道等3个镇（街）综合文化服务中心，灌口镇第一社区、黄庄社区、深青村、田头村，后溪镇后溪村、英村社区、龙山社区，集美街道盛光社区、浔江社区，侨英街道滨水社区、兑山社区、乐海社区，杏滨街道康城社区、锦鹤社区、日东社区，杏林街道曾营社区、宁宝社区、高浦社区18个村（社区）综合文化服务中心分两批通过市基层综合性文化服务中心建设验收，其中3个镇（街）6个社区被评为优秀。是年，新设立杏滨街道图书分馆、海军南方局图书分馆、武警水电支队分馆。区文化共享工程支中心与区政务信息中心联合建设基层文化共享工程统一管理平台。

【群众文艺创作】2016年，区文化部门组织创作各类文艺作品参加各级比赛及展示活动，成果丰硕。摄影作品《云中游》（高爱民）入选“大美黄山道遥四季”第五届中国黄山国际摄影展；国画作品《妆》（郑丽香）入选第五届“海峡杯”全国书画作品展，国画《鹭岛初晓》（陈禾青）、《月是故乡明》（郑丽香）、《舞春》（陈鹭莹）、《相依》（陈鹭凌）、《春韵》（石昭宏）、《小憩》（陈美云）入选2016年“中华情•中国梦”美术书法作品展；国画作品《黄中造像》（郑丽香）获“美丽苏区•诗画邵武”全省书画大赛美术组三等奖，《国画》（郑丽香）入选厦门市美术家协会、福建省收藏文化协会联合主办的第一届“汉风韩流•翰墨拱秀”2016中韩书画名家作品联展，《秋潭•晓雾》（陈严飏）、《故园轶事》（吴良才）

获福建省第七届工笔画大展优秀作品奖，国画《巾帼固海防》（郭鑫）、《丰碑屹太行》（吴淑清）获“传承红色基因、共建巩固国防”全省美术、书法、篆刻大赛作品展二等奖；文化馆组织创编的广场舞《四季厦门》（赵秀英、王丽表）参加“特区建设者之春——2017 厦门职工春晚”海选总决赛，晋级五强并获评“十佳节目”和“春晚之星”，被市舞蹈家协会列入厦门文艺大讲堂进行推广；南音《元宵十五》（集美南乐社）获厦门市第十九届南音比赛二等奖；组织创作以反映抗台救灾为主题的歌曲《彩虹桥·幸福桥》、歌仔说唱《厦门的明天水当当》《咱厝边的好模范——献给灾后重建的建设者》、闽南童谣《重建美丽新城市》等作品，举办“践行嘉庚精神、守护美丽家园”集美区抗击“莫兰蒂”台风、重建美丽家园诗书画摄影展，讴歌抗台救灾先进事迹，弘扬众志成城、同舟共济集美精神。歌曲《彩虹桥·幸福桥》（康宁词、赵秀英曲）获 2016 年音乐厦门城市之歌全国原创作品征集活动季度优秀作品。（苏艳琦）

文化活动

【概况】2016 年，集美区先后举办海峡两岸（集美）龙舟文化节、第五届“龙舟唱晚”集美学村音乐节、集美·阿尔勒国际摄影季、厦门（集美）草莓音乐节、“人文集美·悦读季”系列读书活动等品牌文化活动。区文化部门根据各层次群众需求，先后举办集美区延平闽南戏曲艺术团成立首场演出、“人文集美·向党献礼”集美区纪念建党 95 周年文艺晚会、“爱曲艺·爱闽南”集美区闽南戏曲进村居传习活动、集美区纪念红军长征胜利八十周年歌咏朗诵会、“特区建设者之春”2017 厦门职工春晚节目海选集美区专场、庆祝厦门经济特区建设 35 周年书画展摄影展等活动近 40 场次，展现人文集美的文化魅力，丰富群众的精神文化生活。文化馆开办广场舞、民间舞、戏剧曲艺、群众合唱声乐、摄影、少儿书画、少儿朗诵、外来务工人员声乐等各种公益培训班 10 余期，受益群众 1000 余人次。

【首届兑山艺术区年展】2016 年 1 月 29 日至 2 月 29 日，首届兑山艺术区年展在当天揭牌的兑山艺术区举办。此次展览共展出厦门顶尖艺术家创作的绘画、雕塑、新媒体艺术作品等 60 多件。参展作者有王新伦、佘国华、赵胜利、麻显钢、张立平、林泽洪等 20 多位艺术家，并特邀多名知名艺术家。展览由集美区委宣传部、集美区文联指导，厦门市美协主办。

★ 小资料

兑山艺术区

兑山艺术区的前身为集美大学城艺术街。艺术区位于华侨大学旁，结合艺术街莲花尚院及创意城建设等自身社区优势，引进专业团队和文化创意运营管理人才，整合入驻艺术家和周边高校大学生资源，为集美文化艺术发展及闽台青年在地创意、创业提供服务。艺术区功能区包括艺术家工作室、兑山画廊、众创空间、大学生创意集市、市民文化休闲与商业区等，有王新伦、戚彧、佘国华等 20 多位厦门艺术家入驻。

【灌口第四届闽南童玩文化节】2016 年 2 月 18—23 日，厦门灌口第四届闽南童玩文化节暨 2017 元宵节在灌口风景湖公园举办。本届灌口童玩文化节沿袭往届以“闽南童玩童乐”为文化载体的传统，延续竞赛、表演、展览、游戏、交流 5 个部分，在原有的舞台表演区、童玩童趣区、闽南童玩竞技区、趣味游戏区、亲子活动区、儿童职业体验营、民俗研习营、特色美食一条街的基础上，增设童话区及“阅读天地”，共有各类童玩项目 40 余个。同时，在集美新城市民广场增设分会场，结合“小黄人展”举办免费童玩体验及童玩展示。此届灌口童玩暨元宵节由集美区委宣传部、区委文明办指导，灌口镇人民政府主办，厦门广播电视广告有限公司承办。

【延平闽南戏曲艺术团首场演出】2016 年 2 月 19 日晚上，集美区延平闽南戏曲艺术团在集美文体中心广场首次演出，举办专场元宵晚会。该艺术团成

9 月 26 日，厦门中秋博饼旅游嘉年华活动在园博苑举行。图为博饼决赛现场（林志杰 摄）

立于2015年10月，由集美区戏剧曲艺家协会副主席、"歌仔说唱"省级传承人张月萍任团长，知名民间歌仔戏表演团体"陆萍坊"的发起人钟萍萍任副团长，汇聚来自各行各业以"80后""90后"为主的闽南戏曲表演者和爱好者45人，以表演歌仔说唱、答嘴鼓、歌仔戏、高甲戏、小戏、芗曲小品、南音等地方戏曲为主。艺术团利用业余时间聘请专家教授团员唱腔、身段等技艺，提升团队整体艺术水平。

【三影堂摄影艺术中心原作收藏展】 2016年3月12日至5月13日，三影堂摄影艺术中心精心选取馆藏的19位艺术家摄影原作，在三影堂厦门摄影艺术中心展出。

【"嘉庚颂"大型诗文诵读会】 2016年4月8日晚，由国家文化软实力研究协同创新中心、中国华侨国际文化交流促进会、福建省归国华侨联合会、中国企业投资协会主办，集美区海外联谊会、集美区归国华侨联合会、集美城市发展有限公司承办，厦门大学、华侨大学、集美大学、集美校友总会、陈嘉庚纪念馆、陈嘉庚研究会等协办的"嘉庚颂"诗文诵读会在集美新城嘉庚艺术中心举行，为2016首届嘉庚论坛的配套活动之一。诵读会由《永远的丰碑》《倾资兴学赤子心》《烽火中的民族光辉》和《光荣与梦想》4个部分组成，生动展现陈嘉庚光辉的一生和伟大的精神品格。诵读会由厦门大学、集美大学、集美中学、集美小学以及厦门小白鹭民间舞团献演。

【"人文集美·悦读季"系列读书活动】 2016年4月23日，由集美区委宣传部、集美区文体广电出版旅游局主办，厦门晚报社、集美区少儿图书馆、集美广播电视台承办的"人文集美·悦读季"系列读书活动拉开序幕。此次活动以"集美阅读、悦读极美"为主题，举办"本土作家作品征集""作家作品分享会""阅读达人""品味书香征文""书香家庭""藏书达人""换书活动""图书交换站"等单项活动。其中，开、闭幕式举办的两场换书活动吸引辖区师生和居民近千人参与，场面火爆，营造了全民阅读、全民参与的浓厚氛围；本土作家作品征集活动，征集到17位本土作家、学者的著述2000多种；作家作品分享会，作家晓玲叮当、余秀华、邱汐岩分别举行作家分享会，传递阅读无处不在的信念；"阅读达人"活动，根据集美图书馆、集美区少儿图书馆和辖区各高校图书馆2015年的借阅量和网络投票进行评选，连雪林、梁志怡、李宁、戴林欣、陈凤敏、黄森光、江灵欣（江锦丰）、王诺萌、徐燕、王锦容获评"阅读达人"；"品味书香"征文活动历时3个月，分为未成年组和成年组，收到文章200余篇，获得征文大奖的20篇；"书香家庭"评选活动，华晓春家庭获特别奖，董靓、罗文明、林进辉、袁雄天、林佳、陈学霖、陈小五、高明枝、施祖烈、许弘明获评"十大书香家庭"；"藏书达人"评选活动，骆中民、欧阳传、张德民、夏敏、高明团、吴德福、陈育斌、邹标、魏礼辉、陈茂才获评"十大藏书人"。悦读季期间，泉水湾小区、海蛎文创空间、集美少儿图书馆、金博水岸小区集美区首批4个"极美图书交换站"启用。活动于11月27日结束。

【海峡两岸龙舟文化节】 2016年5月28—29日，2016海峡两岸（集美）龙舟文化节在集美龙舟池举行。本届龙舟文化节由国家体育总局社会体育指导中心、中国龙舟协会、政协厦门市委员会、福建省体育局主办，集美区政府、厦门市体育局、集美学校委员会、厦门文广传媒集团承办。文化节包括两大赛事一项活动，即第十一届"嘉庚杯""敬贤杯"海峡两岸龙舟赛、第三届中国龙舟拔河公开赛（集美站）、"五个端午"（风雅端午、古礼端午、民俗端午、童趣端午、印象端午）系列龙舟文化活动。活动以"两岸赛龙舟、端午看集美"为主题，围绕弘扬嘉庚精神、传承中国文化、加强两岸交流、提升赛事品牌四大着力点，挖掘中华优秀传统龙舟文化和端午文化的内涵，彰显嘉庚精神和华侨文化、闽南文化、学村文化的集美文化特质，内容精彩纷呈，吸引10万人次观光。其中，"人文集美·风雅端午"包括第十二届海峡两岸（集美）端午文化论坛、"我们的节日·端午"经典诵读、集美端午"山海缘"诗歌日活动；"人文集美·古礼端午"包括海峡两岸端午大祭典、古礼端午游园会、"古之韵、礼之美"古礼端午表演专场；"人文集美·民俗端午"包括闽南端午民俗"捉鸭子"比赛、"美丽厦门、棕香鹭岛"包粽子亲子比赛、闽南曲艺表演专场、"中华舞龙、两岸圆梦"端午舞龙会；"人文集美·童趣端午"包括"童心绘端午"儿童绘画比赛、"美丽童谣唱响两岸"闽南童谣表演专场、"时间去哪儿"闽南童玩游园会；"人文集美·印象端午"包括"印象集美、相约华文"集美东南亚文化节、"端午集美行、涂鸦中国梦"全民涂鸦秀、"端午集美行"集美龙舟庙会。此外，特别策划"端午集美行"文化节手绘导览图首发和"嘉庚故里行"花船游园会。东南卫视向全国直播此次赛事。

【纪念中国共产党成立95周年朗诵会】 2016年6月29日晚，"浔江夜读声情集美"纪念中国共产党成立95周年朗诵会在陈嘉庚纪念馆上演，集美区朗诵艺术协会的近百名会员汇聚一堂，用16首诗朗诵向党献上95周岁生日祝福。此次活动由集美区委宣传部、集美区委文明办指导，集美区朗诵艺术协会主办，陈嘉庚纪念馆、集美诚毅志愿者联盟协办。此次朗诵晚会的16个朗诵篇目，均经过精挑细选，其中大多数是舒婷、老舍、席慕蓉等名

5 月 29 日，海峡两岸龙舟赛在集美龙舟池举行。图为男子社会组 500 米决赛（林志杰 摄）

家之作，也有不少是集美文艺人才的原创作品。集美区朗诵艺术协会成立于 5 月 22 日，汇集集美辖区内优秀的专业播音主持工作者、文化学者、企业员工、高校和中小学师生等众多社会各界的朗诵爱好者。

【纪念建党 95 周年文艺晚会】2016 年 6 月 30 日晚，“人文集美·向党献礼”集美区纪念建党 95 周年文艺晚会在杏林文体中心广场举行。晚会由区委宣传部、区文体广电出版旅游局、区文联主办，区文化馆承办。整台晚会以“人文集美、向党献礼”为主题，分为“党的光辉礼赞”“人文集美颂歌”两个篇章，集美敬贤歌友会、区吉他协会、集美延平闽南戏曲艺术团、灌口镇叶力同心舞蹈队等艺术团体先后登台，演唱管弦乐《没有共产党就没有新中国》、大合唱《四渡赤水》、红歌联唱《映山红》等经典曲目和《新长征路上的摇滚》、京剧舞蹈《梦北京》、荷叶说唱《阮厝边的好党员》等创新性节目。

【纪念长征胜利 80 周年文化活动】2016 年，集美区举办纪念红军长征胜利 80 周年系列文化活动。9 月 30 日，集美区庆祝建国 67 周年暨纪念长征胜利 80 周年文艺晚会在集美文体中心广场举行。活动由集美区委宣传部、区文体广电出版旅游局、区文联主办，区文化馆、音乐舞蹈家协会、戏剧曲艺家协会、朗诵艺术协会承办。10 月 1 日，由区文体广电出版旅游局、区文联主办，区文化馆、区老年书画家协会承办的“光辉长征、人文集美”纪念长征胜利 80 周年书画作品展在区文化馆展厅开展，展出以长征为主题的书法、篆刻作品 55 幅，国画、花鸟、山水画 45 幅，庆祝长征胜利欢庆腰鼓人物长卷 1 幅，作者均来自集美区的书画家，年龄最大的 95 岁。10 月 18 日，集美区组织人员参加厦门市纪念红军长征胜利 80 周年大型交响合唱《长征组歌》专场文艺晚会。10 月 25 日，集美区纪念红军长征胜利 80 周年歌咏朗诵会在集美文体中心广场举行，活动由集美区委宣传部、区文体广电出版旅游局、区文联主办。集美区纪念长征胜利图片展同步展出。

【戏曲进村居传习活动】2016 年 10 月 5 日起，“爱曲艺·爱闽南”集美区闽南戏曲进村居传习系列活动先后走进各社区戏台，把木偶戏、南音、布袋戏、歌仔戏、答嘴鼓、芗剧、荷叶说唱等传统曲艺送到百姓“家门口”。每场活动以一个曲艺门类为主。10 月 5 日晚，首场演出在杏林文化广场举行。集美区延平闽南戏曲艺术团、陆萍坊闽南戏曲艺术工作室联袂奉上歌仔戏专场演出。10 月 24 日，集美区浔美芗剧社走进山后张文化广场，演出芗剧《安安寻母》《唐伯虎点秋香》等经典剧目，现场还进行芗剧教学和有奖问答；10 月 25 日晚，集美区鑫华园歌仔戏剧团在集美大社戏台上演歌仔戏专场；10 月 30 日，集美区黄月娇木偶戏剧团在灌口镇黄庄戏台上演木偶戏专场。闽南戏曲进村居传习系列活动持续至 2017 年 8 月 31 日。

【福建华侨华人书画作品特展】2016 年 10 月 27 日至 11 月 2 日，第三届世界华侨华人美术书法展福建展区作品特展在集美兑山艺术区开幕。活动由中国华侨公益基金会、省归国华侨联合会、华侨大学、集美区政府、省美术家协会主办。此次特展共有 80 件作品参展，其中 50 件遴选自在中国华侨历史博物馆举办的“第三届世界华侨华人美术书法展”参展佳作，30 件作品为福建艺术家作品。参展作者不仅有国内著名艺术家，还有来自欧美、非洲、南美洲、大洋洲、东南亚各国及中国港澳台地区的海外侨领、书画家、书画爱好者。作品题材丰富，艺术形式多样，美术作品涵盖国画、油画、版画、漆画、水粉、水彩等众多门类；书法作品囊括篆、隶、楷、行、草、甲骨文、金文等各种书体。

【厦门（集美）草莓音乐节】2016 年 10 月 29—30 日，2016 厦门（集美）草莓音乐节在厦门园博苑举行。集美草莓音乐节连续两年作为厦门国际时尚周的重要配套活动，2016 厦门（集美）草莓音乐节从硬件设施到周边细节，从视听体验到娱乐活动均进行了全方位的升级。此届草莓音乐节由厦门市天下集美文广传媒有限责任公司与北京摩登天空文化发展有限公司联合主办，厦门广播电视广告有限公司、厦门海天建旅传播顾问有限公司、厦门市天视文化传媒股份有限公司、上海摩登天空文化传播有限公司共同承办，厦门市园博园景区管理处协办。

【抗击台风重建家园诗书画摄影展】2016年11月1—29日，“践行嘉庚精神，守护美丽家园”——集美区抗击“莫兰蒂”台风、重建美丽家园诗书画摄影展在集美区文化馆展厅展出。本次展览由集美区委宣传部、区文体广电出版旅游局、区文联主办，区文化馆、书画家协会、作家协会、摄影家协会承办。展览展出以“践行嘉庚精神，守护美丽家园”为主题，以抗击“莫兰蒂”台风、重建美丽家园为内容的诗词、美术、书法、摄影作品100多件。通过多种文艺形式，真实记录2016年9月全区军民抗击“莫兰蒂”台风，重建家园的画面和壮举。

【“龙舟唱晚”集美学村音乐节】2016年11月5—6日，2016“龙舟唱晚”集美学村音乐节在集美学村龙舟池畔南堤公园举办。本土乐队Redor、MIGO、大耳朵乐队及曾获第十一届音乐风云榜最佳摇滚乐队、第十八届东方风云榜最佳乐队的反光镜乐队等受邀演出。活动现场还设立创意市集（为创业大学生提供展示的平台）、美食区、赞助商区。“龙舟唱晚”音乐节由集美区委宣传部、区文广新旅游出版局、集美街道办事处、福建省流行音乐学会、厦门闽南语音乐学会指导，由国家音乐产业基地、北大青鸟文化产业集团主办。

【中国厦门当代雕塑艺术展】2016年11月5日，2016首届艺术产业园区发展论坛暨中国厦门当代雕塑艺术展在集美兑山艺术区开幕。此次展览的主题是“至上之形——央美当代雕塑的裂变发展”，由卢征远、金钕、杨心广等10位中央美院毕业的新锐雕塑家展示雕塑裂变。此次展览分为4期，每期由王春辰博士推荐十位左右央美新锐的当代雕塑青年艺术家参展，展现央美当代雕塑的裂变发展，展览持续至2017年1月8日。

【集美·阿尔勒国际摄影季】2016年11月20日至12月19日，2016集美•阿尔勒国际摄影季在集美举行。此次摄影季共展示年度阿尔勒、“集美•阿尔勒”发现奖、亚洲影汇、蜷川实花个展、影史回眸、在地行动、藏家故事、无界影像等30多个板块、2000多件艺术作品，并邀请当代艺术与摄影领域的多名专家，举办专题论坛、专家见面会、研讨会和影像放映会等活动，主题涵盖“摄影节的国际合作与在地联结”“影像收藏”“中国摄影史”“女性”等议题。展览及相关活动同时在集美新城市民广场展览馆及三影堂厦门摄影艺术中心举行，并联动多个城市内部的艺文空间，打造全城联动的“摄影季”活动。此次“摄影季”由三影堂摄影艺术中心与厦门市天下集美文广传媒有限责任公司联合主办。

【《陈嘉庚》交响音乐会】2016年11月26日晚，由市委宣传部、市委统战部、集美学校委员会主办的《陈嘉庚》大型交响音乐会在闽南大戏院首次演出。这部由我国著名作曲家、中国音乐学院作曲系教授、博士生导师王宁创作的音乐作品，生动演绎了陈嘉庚光辉的一生和伟大的精神。陈嘉庚的孙子陈君宝、孙女陈佩仪，以及厦门民主党派人士、非公经济人士、归侨侨眷、留学归国人员、中小学及高校师生、国有企事业单位干部职工、部队官兵等社会各界人士近1300人参加音乐会。

【庆祝厦门特区建设35周年书画展】2016年12月27日，由集美区委宣传部、区文体广电出版旅游局、区文学艺术界联合会主办，区书画家协会、区文化馆承办的“集美区庆祝厦门经济特区建设35周年书画作品展”在集美区文化馆展厅开展。展览展出区书画家创作的书画精品100幅，作品以不同的角度、多彩的形式，反映35年来厦门经济特区及侨乡集美所发生的巨大变化和取得的辉煌成就。展览延续到2017年1月13日。

【纪念厦门特区建设35周年摄影作品展】2016年12月31日，集美区纪念厦门经济特区建设35周年摄影作品展在厦门市美术馆展厅开展。本次摄影展由集美区委宣传部、区文体广电出版旅游局、区文联主办，区摄影家协会承办。展览共展出集美区摄影家协

11月5-6日，“龙舟唱晚”集美学村音乐节在南堤公园举行。图为magic live乐队演出（郭妮妮 摄）

省级“非遗”项目歌仔说唱传承人张月萍在滨水学校授课。（刘平 摄）

会会员创作的摄影作品100幅，以独特的艺术语言和技巧，记录集美35年来的沧桑巨变，展示当前人文集美的建设热潮。展览持续至2017年1月6日。

（苏艳琦）

文化遗产保护

【概况】2016年，集美区以保护和传承为重点，持续推进文化遗产保护工作。实施《集美区非物质文化遗产保护和传承暂行办法》和《集美区进一步加强文物保护工作的通知》，规范文化遗产保护工作；公布第二批集美区非物质文化遗产项目及代表性传承人，完善“非遗”保护传承体系；给予集美区非物质文化遗产项目和代表性传承人经费补助，扶持“非遗”项目，支持代表性传承人开展工作；举办集美区第十一个文化遗产日宣传活动暨非物质文化遗产展演和摄影作品展，宣传非遗保护工作；推进闽南生态文化保护区示范点建设，实施地方戏曲振兴工程，办好集美区闽南曲艺创作基地和中小学“闽南戏曲示范点”，加大对区延平闽南戏曲艺术团等民间文艺团体的扶持力度；传承弘扬闽南文化；做好文物保护单位的日常维护和宣传工作，配合市规划委做好集美学村申报“省级历史文化街区”工作。

【第二批非遗项目及传承人公布】2016年，集美区开展第二批非物质文化遗产项目及代表性传承人申报评审工作。经区“非遗”专家评审组评审及区“非遗”评审小组审核，确认并公布集美南音、高浦高氏祭祖信俗、马銮杜氏祭祖信俗3个项目为集美区第二批非物质文化遗产代表性项目，林福成等为第二批非物质文化遗产代表性传承人，其中林福成为歌仔说唱传承人，郭韶勇为答嘴鼓传承人，林丽春为闽南童谣传承人，黄明辉、黄建顺为集美木偶戏传承人。

【非物质文化遗产展演】2016年6月17日，由区文体局主办、区文化馆承办的2016集美区第十一个文化遗产日宣传活动暨非物质文化遗产展演在集美文体中心广场举行。木偶戏《武松打虎》、闽南答嘴鼓《笑疗》、闽南童谣《中秋博饼》、荷叶说唱《中国梦》等具有浓郁闽南乡土气息、蕴含乡音乡愁的非物质文化遗产节目，给现场观众带来艺术享受。

【推动闽南文化传承】2016年，区文体广电出版旅游局和集美一小、集美中学分别举办南乐培训班，邀请黄月娇、张月萍、林惠真、郭韶勇等“非遗”传承人，到示范点学校讲授闽南文化知识，作闽南戏曲和曲艺示范表演，言传身教。张月萍到双塔小学、滨水小学、宁宝幼儿园开办闽南歌仔说唱兴趣班，有近百名学生参加练习。8月12日，区文体广电出版旅游局召开2016集美区非物质文化遗产工作会议，对集美区16个非物质文化遗产项目（传习中心）和19位代表性传承人给予50万元经费补助。补助标准根据《集美区非物质文化遗产项目和代表性传承人经费补助方案》的有关规定，以非物质文化遗产项目和代表性传承人的级别划定，区级、市级、省级、国家级非遗项目经费分别为1万～4万元，代表性传承人3000元以上。

（苏艳琦）

文化产业

【概况】文化产业是集美区战略性新兴产业和十大千亿产业链之一。2016年，区文体广电出版旅游局以影视、动漫、音乐三类产业项目为抓手，依托教育、艺术资源，促进兑山艺术区、海峡两岸青少年文创交流基地等园区建设；通过举办亚洲服务设计论坛、海峡两岸青少年新媒体文创论坛、中国（集美）世界气球艺术节、集美新城荧光夜跑、厦门（集美）草莓音乐节、咪咕次元盛典、集美·阿尔勒国际摄影季等大型文化品牌活动，树立城市品牌形象。用好文化产业专项资金和影视产业发展扶持办法，支持厦门老院子民俗风情园、灵玲国际马戏城、嘉庚剧院、诚毅科技探索中心等文化产业项目发展，着力打造城市演艺中心。推进重点文化产业项目建设，“北大青鸟国家音乐产业基地”项目签约；推进泛娱乐产业发展，与咪咕动漫签订战略合作协议；推动影视产业发展，完成集美集影视文创园一期改造工程，虎影科技、剧加影视、东娱传媒等知名影视企业落户集美区，华谊兄弟院线投入运营。建成东盟（集美）艺术交流中心、兑山艺术区、海蛎文创空间等文创园区。区属国有文化企业天下集美文广传媒有限公司，获评厦门市重点文化企业，取得较好的社会效益和经济效益。办好第九届海峡两岸文博会集美分会场，举办亚洲服务设计创新论坛、第二届海峡两岸青少年新媒体文创论坛、“两岸•映像纪”影视专场、2016集美双栖青年影像季等文化会展活动，产生较大影响。（陈威 纪小翠）

【国家音乐产业基地总部落户集美】 2016年11月4日，国家音乐产业基地厦门基地签约仪式在集美区政府诚毅厅举行，厦门基地将成为国家音乐产业的总部。项目规划建设用地1.33公顷，前期投资5亿元，建设海峡两岸音乐产业交易平台、音乐家工作室集群、北大青鸟明星学院和流行音乐演艺中心4大板块。按照协议，厦门基地每年举办音乐演出活动200场以上，包括音乐大赛、音乐颁奖礼、驻场音乐剧、明星演唱会等多种形式，成为中国音乐最重要的演出场地之一。

【入选厦门文化产业风云榜】 2016年3月17日，厦门市文化改革发展工作领导小组办公室和厦门日报社联合举行“2016厦门文化产业年度风云榜”颁奖仪式。2016年1月1日，大型室内山水实景剧《闽南传奇》在厦门老院子神游华夏大剧院正式对外演出，填补国内大型360实景演艺的空白；2016年10月1日，中国（集美）世界气球艺术节开幕，全球80多位艺术家打造上万平方米气球梦幻世界，获“世界上最大的气球展”吉尼斯认证，双双跻身“风云榜•年度事件”。“集美新城荧光夜跑”跻身“风云榜•年度创意区街活动”。天下集美文广传媒有限公司董事长、总经理琚若圩，厦门住宅集团万舜文化产业投资发展有限公司执行董事詹锐跻身“风云榜•年度人物”。

【中视传媒集团福建节目制作中心进驻集美】 2016年11月4日，中视传媒福建制作中心进驻集美，并与集美区委宣传部达成战略合作框架。中视传媒福建制作中心将通过电视传播、电影制作、新媒体输出、音像出版等相互支撑的多媒体宣传，以高效的媒体回报、优质的影视制作、广泛的传播渠道，助力集美城市形象宣传，增强集美城市品牌传播，提高集美在全国及世界上的关注度。

【东盟（集美）文化艺术交流中心开馆】 2016年11月4日，坐落于集源路27号的东盟（集美）文化艺术交流中心正式开馆。中心由总部位于泰国的东盟加六国贸易促进会牵头成立，是专门从事民族文化艺术精品征集、保护、展示的实体运营机构。其拥有东盟国家的广阔资源，将为集美走向东盟各国，带动集美区经贸发展搭建强有力的平台，成为与东南亚华侨华人合作互动的桥梁和纽带。

【中影星美电影城落户集美】 2016年5月6日，中影星美杏林湾影城开业仪式在集美新城举行。中影星美电影院线是全国最大的跨省电影院线。杏林湾影城由中影星美院线统一规划，由厦门赤雨影城有限公司投资2200万元筹建，营业面积6000平方米。影城设有7个影厅共1300个座位，其中VIP影厅设有66个VIP座位。影城拥有全厦门最大的杜比全景声影厅，设座位525个。（陈威）

文化市场管理

【概况】 2016年，区文体广电出版旅游局受理各类文化服务项目行政审批47件。其中，营业性演出核准23件，申请及变更娱乐经营许可证4件，营业性演出场所经营单位备案1件，文艺表演团体设立审批2件，互联网上网服务营业场所经营单位设立审批2件，艺术品经营单位备案3件，申请出版物经营许可证12件。至年底，全区共有出版物零售经营单位75家；文化娱乐场所129家，其中电影院6家、歌舞游艺娱乐场所43家、网络文化经营单位44家、营业性演出场所5家、各类娱乐服务民办非企业单位和协会14家、健身娱乐等其他场所17家，从业人员近3400人。全年，区文化市场综合执法大队共出动检查人员2414人次、车辆422辆次，收缴盗版音像制品1184片、违规经营书籍63本、非法卫星地面接收设施4个、电脑403台、违法所得3.83万元，受理各类案件16起（其中立案查处无证网吧11起）、投诉114件，处以行政罚款29.95万元。

【首办擅自从事印刷经营案】 2016年3月16日，区文化市场综合执法大队立案查处“韩华油墨”未经许可擅自从事印刷经营案，对当事人做出收缴违法所得1224.21元、处以行政罚款17.55万元的行政处罚。经过行政复议和诉讼，复议机关和法院均判定当事人败诉。2月6日，国务院发布第666号令《关于修改部分行政法规的决定》，修订后的《印刷业管理条例》将查处擅自从事印刷经营活动的职责转移给出版行政部门。该案为厦门市在国务院第666号令发布后查处的首案。

【首次开展文化市场“双随机”检查】 2016年，区文体广电出版旅游局在核实文化市场经营单位情况的基础上，对照法律法规和权力清单，建立“一单、两库、一细则”，制订随机抽查流程，并于8月正式展开抽查工作，做到全程留痕，实现过程可溯源、责任可追溯。

【“扫黄打非”专项行动】 2016年，区文化市场综合执法大队联合市支队、

歌德电子借阅机（施那君　摄）

区民族与宗教事务局，两次开展非法宗教出版物联合检查行动。先后查访灌口凤山庙、灌口旧街商家、霞城城隍庙等地，收缴《认识佛教、三皈传授》等光盘 18 片、《玉历宝钞》等出版书籍 5 本。在“扫黄打非·护苗 2016”专项行动中，区文化市场综合执法大队采取开设讲座、分发绿书签、张贴海报、组织签名仪式、扫描微信公众号、邀请新闻媒体采访报道等多种形式，先后在灌口中学、灌口实验小学和灌口风景湖广场进行宣传教育活动，引导青少年远离并抵制非法有害少儿出版物。活动期间，共发放绿书签 6500 个，张贴海报 20 张。是年，区文化市场综合执法大队查扣和销毁盗版光碟 1277 片，盗版非法书刊 110 册。（孙鹏云）

图书与方志

集美图书馆

【概况】2016 年，集美图书馆有分馆、服务点 8 家。采集入藏各类文献 4857 种 13544 册，其中少儿图书 1309 种 5039 册、期刊合订本 587 种 2475 册、接受捐赠图书 264 册。订阅少儿报刊 147 种、成人报刊 523 种、境外报纸 5 种、港台期刊 19 种。做新书推荐 31 期 248 种，编辑发行《图书馆信息》12 期，每期 500 册。接待读者 391046 人次，其中文献借阅中心接待读者 287631 人次、报刊接待读者 103415 人次。新增借书证 2192 个，全年共外借图书 24652 种 290648 册，其中成人读者借阅 9829 种 48069 册、少儿读者借阅 1.4 万种 242579 册。总图书还回 23785 种 188135 册，外借图书 34 万余册次。举办各类读者活动 92 场，参与读者 3 万余人次。是年，集美图书馆获评福建省古籍保护工作先进单位，获厦门市第二十二届职工技术比赛之图书资料人员业务技能竞赛优秀组织奖。

【嘉庚研究工作】2016 年，集美图书馆完成嘉庚研究文章 21 篇，并上传至研究成果数据库。编撰《南侨回忆录》微阅读《南侨回忆录那些事儿》21 篇。同时收集嘉庚研究外稿多篇，选取、审核、编辑整理发表在《图书馆信息》上。完成《厦门日报》等多份报纸与嘉庚研究、集美地方咨询相关篇章的剪报工作。

【集美图书馆门户微信上线】2016 年 3 月 25 日，集美图书馆网站新版及门户微信上线，定期推送公告通知、最新的图书信息、读者活动等，方便读者直观便捷地了解集美图书馆的动态。读者还可以直接在微信上进行图书检索，利用集美图书馆馆藏数字资源——有声数字图书馆等。

【歌德电子借阅机投入使用】2016 年元月，集美图书馆采购的歌德电子借阅机在博文楼一楼大厅安装调试完成并投入运行。通过二维码“扫一扫”，无须识别证件、输入密码和交纳借书押金，即可将正版电子图书下载至手机，离线阅读，让图书馆跟你走。歌德电子借阅机内置电子书 3000 册、电子期刊 100 种，电子书每月自动更新 150 册，直接在线阅读、扫描下载均可。图书馆特藏的嘉庚文献全部提供歌德电子借阅机下载阅读。

【有声数字图书馆上线】2016 年 5 月 23 日，集美图书馆馆藏数字资源——有声数字图书馆正式上线集美图书馆微信公众号。有声数字图书馆分为小说、休闲、儿童、经管、文化、文艺、生活、励志、教育、外文等类。所有作品均由专业播音人员播出，可对图书精华内容进行复制、保存，还可以对全文进行在线预览及下载。使用方法便捷，可以采用网页方式：集美图书馆网站（www.jmlib.cn）→在线点播（限馆内使用）；也可采用微信方式：关注集美图书馆公众服务号→我的图书→有声图书馆在线点播（使用范围不限）。

【楹联文化展及主题书展】2016 年 1 月 25 日至 3 月 11 日，集美图书馆举办“同筑中国梦，共度书香年”楹联文化展活动。楹联文化展分为楹联展和楹联主题书展两部分。楹联展在集美图书馆博文楼一楼走廊展出，分楹联概述、楹联分类、楹联形式以及楹联创作 4 个单元，以赏析传统佳联与展示反映当代小康生活的创作联为主，介绍楹联的起源、特点和文化内涵，展出楹联 40 幅；楹联主题书展在博文楼一楼大厅举行，展出《海外楹联集锦》《厦门楹联大观》《中华楹联大全》等馆藏楹联图书31种，参观读者2715人。

【“我与中华古籍”创客大赛优秀作品展】 2016年6月8日，由中国图书馆学会、国家古籍保护中心主办，集美图书馆承办的创客@图书馆——“我与中华古籍”创客大赛优秀作品展在集美图书馆一楼走廊展出。展览内容包括图书馆与创客空间、图书馆与古籍元素、古籍元素与创意设计3个部分。

【经典诵读】 2016年，集美图书馆继续携手集美大学文学院海律诗社，举办经典诵读系列活动。先后举办“我与诗歌”中华经典诵读闭幕会演、“绿树宝贝”“阅读之旅”“阳光心态，健康成长”“同学之情”“我有一双勤劳的手”“我是少年君子”“端正态度，奋发向上”“思亲”“有一种快乐叫分享”10场主题经典诵读活动，共有400余人参与活动。

【道德讲堂】 2016年，集美图书馆主办道德讲堂3场。6月7日，集美大学工程技术学院党委副书记郭金锭主讲“新时期家风建设与传承——夫妻好商量，家和万事兴”；9月7日，厦门市老党员志愿者宣讲团成员、厦门教育系统关工委讲师团成员、集美区关工委报告团副团长冯沿江主讲“一心跟党走的爱国侨领陈嘉庚”；11月2日，集美法院研究室助理审判员李晨主讲“多元化解民事纠纷，共建和谐无讼社会”。集美图书馆、集美学校委员会、嘉庚纪念馆等单位员工共150余人聆听讲座。

【专题讲座】 2016年，集美图书馆举办知识讲座多场，主题分别为“快乐书法——如何写好硬笔书法”“各国特色文化节日漫谈”“U型管教”“未来属于全脑儿童”等。此外，集美文艺讲堂系列公益讲座第十五讲《美的语言诵读美的文字：朗诵的语言技巧》由厦门理工学院播音主持张军民教授主讲，有370人次聆听讲座。

【公益活动】 2016年，集美图书馆先后举办小王子主题书展、儿童漫画展、楹联主题书展、热点散文主题展、绘本主题书展、建党95周年主题书展、教育主题书展、长征胜利80周年主题展等8个主题图书展，近3万人次参观展览。先后举办“庆元宵、猜谜语”“《黄金游戏》荐读”“悦读沙龙——好书交流分享会”“书香集图、掌上阅读——嘉庚文献移动阅读正式上线”“夏日绘清凉，扇出创意风”亲子绘扇子等公益活动，共有286人次参加活动。

。

【双语演讲】 2016年，集美图书馆继续携手集美双语演讲俱乐部举办演讲活动24场。分别是以“fitness”“seeoff”“hangout”“new semester”“newstart”“thesenseof time”“grandtravel”“toastmaster 福建区2016春季演讲比赛”“Be responsibleinyourpart”“Graduation memory”“WhatamItalkingabout whenItalkaboutlife”“Graduation travel”“Freshstart”“Useyour prehistoricalpowers”“Whoyouthisnot confused?”“Theartofreading”“How wasyourDoubleEleven”等为主题的英文演讲，以“真诚”“安全感”“那些读书交给我的事”“青春纪念册”“就这一次，我和我的倔强”“不止读书，读书不止”等为主题的中文演讲。双语演讲拥有一批固定的参与者，全年共有500余人次参加该项活动。（刘建勋）

集美区少年儿童图书馆

【概况】 2016年，集美区少儿图书馆坚持“读者为本”服务理念，以国家一级图书馆标准要求，强化管理，提高服务水平，进馆读者不断增加。是年，新增加办证读者4152人，总有效持证读者1.47万人，图书年借阅量628779册次，年流通总量451646人次，开展图书下乡、游园、讲座、征文、图片展、绘画比赛、影片展播等读者活动161场次，其中优秀儿童影片展播87场、讲座10场、展览11场，共有21458人参加各项活动。

【图书馆延伸服务】 2016年，区少儿图书馆继续建设馆外图书服务点，做好图书馆延伸服务工作。为丰富军营文化生活，满足官兵看书需求，4月28日和11月2日，先后在辖区海军部队营区、武警部队支队营区建设图书分

4月23日，集美区开展“人文集美、好书共享”赠书活动。（林志杰 摄）

馆或设立图书流通点，首批图书1.5万册已经上架。7月13日、11月8日，先后在康城社区书院和深青老年活动中心设立馆外图书流通点。12月16日，在杏滨街道设立的联网图书分馆对外开放，首批图书1.5万册全部到位。

【迎新春、庆元宵系列活动】2016年元旦至2月29日，区少儿图书馆先后开展庆元旦进社区家教知识宣传、《青少年心理健康及心理安全》图片展、迎新春“三下乡”活动、“少儿剪纸”冬令营、儿童创意彩绘比赛、“同筑中国梦、共度书香年”楹联文化展、喜迎元宵读者游园等系列活动12场，共有2550位辖区群众参与活动。

【第五届少儿读书月活动】2016年，区少儿图书馆继续承办以“人文集美、以书育人”为主题的集美区少儿读书月活动。3月5日至4月23日，先后开展“人文集美、好书共享”现场图书捐赠交换活动、“从书中学到与人为善”征文比赛、“美丽家园、从我做起”少儿演讲比赛、“同读一本书”读书交流会、写作指导公益讲座、少儿才艺表演6场活动，吸引5000多位读者参与活动。

【图书馆服务宣传周活动】2016年5月28日、29日，图书馆志愿者相继开展“人文集美·手绘家园”庆“六一”少儿绘画比赛、“棋乐无穷”庆“六一”少儿围棋友谊赛、庆“六一”亲子游园以及图书展销、新书推荐等活动，5场活动共吸引770多位读者参与。

【暑期读者活动】2016年7—8月暑假期间，区少儿图书馆开展形式多样、活泼有趣的读者活动，包括“我与中华古籍”创客大赛成果展、《中华优秀传统文化》图片展、第七届“手工艺术制作”夏令营、“个性阅读”讲座、少儿手工拼图比赛、青少年心理健康公益讲座、“鹭江讲堂·你吃的安全吗”、《青少年远离毒品、烟草》图片展等活动。

【“书香鹭岛”全民读书月活动】2016年10—11月，区少儿图书馆继续开展“书香鹭岛”全民读书月活动。共有“纪念长征胜利80周年”图片展及有奖知识问答活动、“鹭江讲坛”、投资理财知识讲座、道德模范事迹展览、终身教育宣传、影片欣赏等活动32场，共吸引3700人次参与各项活动。

（集美区少年儿童图书馆）

地方志

【概况】2016年，集美区地方志办公室完成《集美年鉴（2016）》编辑出版和《厦门年鉴·集美区概况》撰稿工作，参与《福建乡规民约》和《嘉风嘉训》资料收集及编撰工作，供稿6篇，刊用4篇。全年发行《集美区志》《集美年鉴》等书籍152册，收集各种新闻媒体资料1398篇，新增藏书152册。

【《集美年鉴（2016）》出版】2016年12月，2016年卷《集美年鉴》由中华书局出版。该卷卷首设《辉煌“十二五”——集美区经济社会发展成就回眸》图集，主体部分设区情概览、大事记、中共集美区委、集美区人大常委会、集美区人民政府、集美区政协、法治与军事、民主党派与群众团体、农业与水利、工业与建筑业、建设与环保、交通与物流业、电信与信息业、商贸服务与旅游业、经济与财税管理、科技与创新、教育、文化与体育、卫生与计划生育、社会与民生、镇与街道、人物与先进集体22个类目，下设111个一级分目、121个分目、1181个子目，收入图片169张、表格52张，全书81万字。

【志鉴获奖】2016年，2013年版《集美区志》和2014年卷《集美年鉴》双双获奖。《厦门市集美区志》为大度16开全彩精装本，中华书局2013年8月出版，印数6000册。全书设专志38章、146节、557个分目、1764个子目、437个细目，附文29篇，表格323张，地图9幅，照片355张。专志前设彩页、序言、凡例、目录、概述、大事记，后殿附录、索引、编后记，全书194.5万字。是集美区迄今篇幅最大、门类最广、内容最为丰富、时间跨度最长的一部地情百科全书，是集美区历史上的第一部区志。该书资料来自各行业单位的档案和各级档案馆、图书馆、博物馆、统计局及正史、谱牒、报刊、碑刻、口碑等，具有权威性和可靠性；述、记、志、传、图、表、录一应俱全，体例完备；设有“陈嘉庚专传”“华侨华人”“民俗方言”“民间信仰”“集美学村记”等专章专节和附文，特色鲜明；前有目录，后有索引，检索方便，一册在手，千年区情一目了然。2014年，获美国金墨奖银奖；2016年12月，获厦门市第十次（2013—2015年度）社会科学优秀成果一等奖。同年7月，《集美年鉴（2014）》获全国地方志优秀成果（年鉴类）一等奖。（区志办）

新闻传媒

集美报

【概况】2016年，《集美报》出版50期，刊发各类稿件2600余篇。新闻报道组有近千篇新闻作品被中央、省、市以上媒体采用，并在互联网上转发；有4篇作品获厦门市新闻奖。并配合《厦门日报》完成“区街专递”专栏的采写任务。

【全方位组织报道】2016年，集美区新闻报道组继2015年推出《集美报》月末8版后，朝着每期8版的目标，做好扩版的过渡工作。策划和实施人文集美发展战略、打造区域创新中心、“四大百日行动”、纪念长征胜利80周年、集美新城建设、抗击“莫兰蒂”台风、

"9•8"投洽会、海峡两岸龙舟文化节、荧光夜跑、草莓音乐节、阿尔勒国际摄影季、全国汽车场地越野锦标赛等主题宣传。在抗击"莫兰蒂"台风的宣传报道中，记者第一时间赶赴抗台抢险救灾第一线，报道各镇街各单位抗击台风、自救重建情况以及涌现出的先进典型事迹。《集美报》于9月19日和9月26日连续出版2期防抗台风专刊，用13个版面推出大型专题报道《众志成城防抗"莫兰蒂"，齐心协力重建家园》，并配发评论员文章，全面反映集美区防抗"莫兰蒂"台风、灾后恢复重建的情况。同时，协助"天下集美公众号"编辑制作抗灾新闻节目，发挥新媒体传播优势；配合省、市媒体完成抗击台风重大主题新闻报道任务。是年，区报道组先后接待上级主流媒体数百人次来集采访，配合推出专题报道80多版700余篇，其中在《厦门日报》用稿200余篇（幅）。

【拓展业务职能】2016年，区新闻报道组利用报纸改版、媒体整合、"走转改"等契机，加强新闻队伍业务学习，组织记者深入基层、深入实际、深入生活"接地气"，提高队伍素质。王德胜、刘德英、林小芬、林志杰的4篇新闻作品荣获厦门市新闻奖。发挥媒体人优势，积极参与社会公共事务治理，借助区政协、区委统战部、民革、民建等渠道建言献策。刘德英、林小芬分别获得民革市委会、民建市委会优秀党员（会员）表彰。团队积极转型，参与"天下集美"区属媒体官方微信公众号的供稿编辑制作，推出"人文集美"手机APP客户端，全年为"天下集美"微信公众号提供稿件，成为区属媒体矩阵主要的内容提供方。（刘德英）

集美区广播电视台

【概况】2016年，集美区广播电视台内设办公室、时政部、技术部、播出部和广播节目部，有编辑记者、播音员主持人、工程师、技工等专业技术人员30人（编内23人，编外7人），其中新闻系列副高级及以上专业技术职务3人、中级2人，全年采编制播电视节目657档、广播节目3780小时。是年，新闻作品和文艺类作品获省级奖项1个、市级奖项15个；区广播电视台获评厦门市慈善突出贡献先进单位、集美区法治宣传教育先进集体，时政部丁跃武获厦门市"防抗'莫兰蒂'台风及灾后重建工作先进个人"称号。

【节目设置】2016年，区广播电视台与有关部门合作，继续办好"集美新闻""纪实集美""今日视区""集美新声""台海宽频""集美水当当""集美先锋视界"等栏目。全年采编制播节目3780小时，其中"集美新闻"270档、"纪实集美"21档、"今日视区"54档、"集美新声"52档、"台海宽频"248档、"集美先锋视界"12档。

【调频广播】2016年，集美调频广播（FM89.2MHZ）除转播中央、省、市台节目外，自办"集美新闻"（普通话、闽南语双语播出）、"集美零距离""城市漫生活""892上班路""金星撞火星""虾米大学""经典也流行""集美水当当""动漫梦工厂""High客来了"和"心灵绿洲"11个栏目。播出时间为每日6时至24时，其中自办节目7个小时、成品录播节目6个小时、音乐节目4.5个小时、转播新闻0.5个小时。

【主体宣传】2016年，区广播电视台先后派出记者2300多人（次），分赴区直部门、镇街、村居、企业、学校、军营采写新闻报道，全方位、多视角地宣传报道集美经济、社会、人文集美建设和各项事业发展进步情况。"莫兰蒂"台风过后，举全台之力，精心创作电视专题片《万众一心、重建家园——集美区抗击"莫兰蒂"台风纪实》，集中反映全区人民众志成城、奋起防抗超强台风的壮举。10月24日，市委、市政府作出开展向陈清洲同志学习的决定。区广播电视台发挥自身优势，挖掘内部潜力，开辟栏目，采写系列报道，制作电视专题，播出"向陈清洲同志先进典型学习、做党的忠诚卫士""人民卫士、时代楷模——陈清洲""学习陈清洲精神、深入践行'两学一做'"等节目视频，营造浓厚的学习宣传氛围。

【作品获奖】2016年，集美区广播电视台参与创作的广播剧《陈嘉庚与南侨机工——再会吧，南洋》获"福建省广播电视艺术奖"一等奖；独立创作的《陈嘉庚抗战的故事》获"福建省文艺奖"三等奖，采写的《陈嘉庚的故事》获"福建省新闻奖广播专题奖"三等奖；新闻长消息《为嘉庚故里坚守造船技艺》、新闻短消息《美国学生学南节》、新闻访谈《走近陈嘉庚之赤子公心》等15篇广播、电视新闻作品，获"厦门新闻奖"一、二、三等奖。（王辉腾 吴会明）

天下集美文广传媒有限公司

【概况】2016年，厦门市天下集美文广传媒有限责任公司有正式员工57人，其中硕士研究生6人，"海归"2人，本科及以上学历超过90%，平均年龄28岁。下设营销部、活动部、媒体事业部、园区运营管理部、行政部、财务部和人力资源部。是年，形成文化产业理论研究与平台建设、新媒体开发与内容生产、城市公共艺术建设与城市文明创建、书院管理运营与社区书院指导中心管理运营、区街镇文化宣传和共同缔造建设五大社会效益版块，区属媒体广告经营、影视内容投资与制作、品牌活动策划与执行、文创园区运营与管理、文化旅游产业开发、演艺产业开发、文创礼品开发、电商平台开发等十二大内容产业版块。是年，"集美新城荧光夜跑"活动获第十三

12 月 31 日，台湾导演蔡明亮（右一）在集美双栖青年影像季与影迷互动。（颜志坚 摄）

届中国会展行业年会和全国会展评选活动办公室联合颁发的“2016 年度中国十佳节庆活动奖”，获评 2016 厦门文化产业年度风云榜“年度创意区街”活动；集美手绘文创礼品在第三届福建最具创意文化产品评选中获“最受欢迎文化创意设计奖”；公司被评定为“厦门市重点文化企业”，获 2016 年度厦门市“会展协会奖”最佳组展诚信企业称号；琚若圩跻身 2016 厦门文化产业年度风云榜“年度人物”。

【“集美新城荧光夜跑”获中国十佳节庆活动奖】2016 年 12 月 15 日晚，天下集美文广传媒有限责任公司主办的以“爱运动、爱旅游、爱集美”为主题的集美新城荧光夜跑在市民广场开跑。15000 余名市民和游客沿着杏林湾营运中心、诚毅东路、新洲大桥和软件园三期 5000 米长的荧光赛道奔跑，其中有热恋中的情侣，有结伴而来的三五好友，有刚刚下班的夫妻，还有几代同堂的大家庭。他们用脚步丈量新城之美，用奔跑感受新城之变，传递着健康向上的家庭和谐之美，彰显出“人文集美”的城市品位和丰富内涵。此项活动创始于 2015 年，连续两届参与者 3 万余人，市场化招商收入超过 300 万元，成为厦门市除国际马拉松之外规模最大的全民健身体育活动，成为“人文集美”的品牌活动和重要名片之一。2016 年 12 月，“集美新城荧光夜跑”活动获第十三届中国会展行业年会和全国会展评选活动办公室颁发的“2016 年度中国十佳节庆活动奖”。

【海蛎文创空间投入使用】2016 年 1 月，天下集美文广传媒有限责任公司海峡两岸青少年文创交流基地——“海蛎文创空间”建成投入使用。此项目占地 4000 平方米，可供 50 个创业项目团队入驻使用。基地分为产业聚集区、公共服务区和管理配套区，设有完善的多功能会议厅、大会议室及洽谈室，配备 LED 屏、投影仪及用于项目路演及新闻发布的数码电视。至年底，洛米文化、初象艺术品、大域智能、银庄素果生态农业、一岂科技等 32 家文创企业入驻。2016 年 12 月，海蛎文创空间被厦门市科技局认定为“厦门市级众创空间”。

【拓展业务领域】2016 年，天下集美文广传媒有限责任公司在继续办好集美新城荧光夜跑、厦门（集美）草莓音乐节、集美·阿尔勒国际摄影季、海峡两岸青少年新媒体文创论坛等活动的同时，拓展业务领域。开发集美·双栖青年影像季，吸引两岸众多重量级导演、艺术家和制片人参与，并邀请到台湾著名导演、威尼斯影展金狮奖获得者蔡明亮以及金马影帝李康生首次到厦门举办《无无眠》作品特展；自主引进 2015—2016 年世界旅游小姐大赛中国区总决赛，借助大赛国际文化交流大使的桥梁作用，把集美丰富的城市特色、人文底蕴、历史文化、嘉庚建筑推向世界，提升人文集美、美丽厦门、清新福建的品牌影响力。承接建设文明行为示范园、纺织路社会主义核心价值观主题街道改造、杏林街道莲花工作站文化宣传布置、集美街道美食地图等项目。推出汇集集美旅游政策的中英文版本、笔记本、旅游台历五件套和“阿集小美惠集美”动漫片、“集美 6 分钟”沙画版、“答嘴鼓”等 3 部视频宣传片。完成集美区政法委工作汇报视频、集美区道交办交通安全工作视频、集美区法院工作汇报视频、福建诚毅技术学校招生宣传片、集美区检察院反贪局警示专题片等视频创意拍摄制作。接管厦门市杏林书院的运营，与厦门大学文学院、集美大学文学院、华侨大学人文社科学院、诚毅学院文学院等高校达成书院共建、师资共享的意向合作协议，与知恩学堂、爱乐学堂、中正学堂、朱子书院等几十家社会机构达成合作意向。中标园博苑全年活动运营项目，获得浙江卫视《奔跑吧兄弟》录制购买服务，与厦门住宅集团达成“集美新城荧光夜跑”三年冠名协议。

【媒体宣传】2016 年 10 月 9 日，“人文集美”APP 上线。是年，“天下集美”微信公众号共推送文字、图片 1821 篇，用户订阅 5 万人次，阅读 250 余万人次，获点赞超过 2 万个，被转发分享 22.53 万次，后台回答读者问题 15 万个，传播力、勤勉度分别超过 89.2% 和 98.3% 的运营者，点击量超过 10 万的 2 篇。

抗击“莫兰蒂”台风期间，微信团队出动拍摄人员20余次，发布集美灾后重建微信20余篇，总点击量突破10万次。（纪小翠 陈婧）

体 育

少儿体校

【概况】2016年，集美区少年儿童体育学校有教职员工20人，其中专职教练员10人。专职教练员中，硕士研究生学历1人，本科学历7人，大专学历2人；中级教练员职称1人，初级教练员职称5人。另聘请兼职教练员30余人。设有篮球、击剑、举重、田径、武术、游泳等运动训练项目。是年，少体校向市级训练单位输送竞技体育后备人才28人。原少体校武术运动员王文忠入选解放军队和国家队后，获第八届世界杯武术散打比赛85公斤级世界冠军、第九届亚洲武术锦标赛90公斤级冠军和全国散打冠军赛90公斤级冠军。

【专项训练与人才输送】2016年，区少体校聘用篮球、武术、击剑、田径、举重等项目专职教练员10人，同时聘请30余名小学体育教师为兼职教练员，分布在杏林文体中心体育馆、青少年校外体育活动中心体育馆及全区各中小学的27个训练网点。运动员在训总人数近400人，其中田径175人、武术50人、举重16人、篮球48人、游泳39人、射击射箭10人、击剑42人。暑假期间，少体校田径队选拔44名优秀苗子进行集中封闭式训练，并组织选拔比赛。全年共向市级训练单位输送运动员28名，包括篮球、举重、击剑、射击、射箭、柔道、皮划赛艇等项目。

【体育赛事获奖】2016年，区少体校运动员参加各项市级比赛，取得较好成绩。在厦门市中小学生皮划（激流）赛艇锦标赛中，分获皮划（激流）和赛艇团体总分第二名；在厦门市中小学生射击锦标赛中，获少体校组女子团体总分第一名、男子团体总分第四名、中学组男子团体总分第二名、个人项目金牌2枚银牌1枚；在厦门市中小学生举重锦标赛中，获金牌9枚、银牌5枚、铜牌2枚和团体总分第三名；在厦门市中小学生跆拳道锦标赛中，获得金牌3枚；在市三大球联赛中，区篮球队获男、女甲组和男子乙组比赛冠军。（连玉盛）

群众体育

【概况】2016年，集美区认真贯彻落实《全民健身条例》，进一步完善基层体育设施，引导市民参加各种健身活动。推动成立单项运动协会，发展社会体育指导员队伍，单项运动协会发展到14个，社会体育指导员发展到千余人。举办集美区第三届全民健身运动会。是年，区下拨市体彩公益金800余万元，用于各镇街和相关单位公共体育场地、健身路径、体育设施建设和添置体育健身器材，体育活动条件进一步改善。

【集美区第三届全民健身运动会】2016年10月28日至12月15日，集美区第三届全民健身运动会在集美区青少年校外体育活动中心、杏林文体中心举行。本届运动会由集美区全民健身领导小组主办，区文体广电出版旅游局、区体育总会承办。比赛项目有拔河、气排球、围棋、象棋、游泳、趣味体育、乒乓球、篮球、网球、羽毛球、自行车、体育舞蹈、太极拳、足球14个，共有来自各镇街、机关、企事业单位、高校、中小学的4000余名运动员参赛，是一次集中展示集美群众健身成果和精神风貌的体育盛会。

【单项体育协会】2016年，集美区羽毛球协会成立。至年底，全区共有乒乓球、长跑、象棋、自行车、龙舟、体育舞蹈、太极拳、武术、气排球、网球、足球、国际象棋、游泳、羽毛球单项体育协会14个，另有区体育总会、区老年人体育协会、区农民体育协会和集美学村体育协会，共有会员2000余人。

【社会体育指导员】2016年，集美区举办福建省健身气功巡回教学集美站培训班，共培训健身气功三级社会体育指导员89人。至年底，全区共有国家级社会体育指导员3人、一级社会体育指导员14人、二级11人、三级1043人。

【老年人体育健身活动】2016年，“老年人健身康乐家园”第二批创建示范点康城、锦鹤、滨水、浒井、浔江、内林、高浦、田头、仑上、上许10个村（居），分别通过市、区老体协检查评审，达到创建标准，其中康城、锦鹤社区被评为省级“康乐家园”示范点。是年，区老体协先后举办广场舞、健身功气球、柔力球、门球、健身球操5个项目培训班，开展迎新春健步行、门球、乒乓球、象棋、地掷球、气排球、门球、柔力球、重阳千人登山等活动20余次，参加7000余人次。

【青少年体育活动中心】2016年，集美区青少年校外体育活动中心场馆使用人流量近9.2万人次，创历史新高。其中，游泳馆接待泳客1.93万人次，开设游泳培训班3期，培训学员258人。区少体校和青少年校外体育活动中心先后承办由市体育局、区文体局、区教育局主办的厦门市青少年篮球联赛、中小学生跆拳道锦标赛，集美区中小学生乒乓球比赛、跳绳比赛、健美操锦标赛、篮球锦标赛、羽毛球锦标赛、第三届全民健身运动会系列项目的比赛及部分企事业单位的赛事活动。

【杏林文体中心体育馆】2016年，杏林文体中心体育馆全年共接待5.5万人。8月8日，全馆对外免费开放，乒乓球馆对青少年免费开放一周。全年免费为全区各企事业单位文体比赛活动提供场地服务42场次，受惠3.5万人。体育馆全年举办乒乓球、篮球、游泳、羽毛球、网球培训班各6期，约1300人参训。协办省、市、区体育赛事23场，主要赛事有集美区第三届全民健身运动会篮球、乒乓球、体育舞蹈、太极拳比赛，台湾“黑松油切麦茶杯”乒乓球公开赛，第二届世界大学生三对三篮球赛，集美区“郎牌特曲杯”全国部分城市气排球邀请赛等。（连玉盛）

体育赛事

【概况】2016年，集美区先后举办厦门杏林湾半程马拉松赛、“体彩杯”厦门集美第五届海峡自行车公开赛、“嘉庚杯”“敬贤杯”海峡两岸龙舟赛、环青海湖自行车联赛厦门站暨“乐活骑行”两岸骑游交流活动赛、第十八届CUBA中国大学生篮球联赛总决赛、第五届海峡两岸“台湾黑松油切麦茶杯”乒乓球邀请赛、第二届世界大学生三对三篮球联赛、“中国杯”赛艇多人艇公开赛暨中国赛艇大师赛、“正新轮胎杯”厦门集美中国汽车场地越野锦标赛等重大赛事。

【厦门杏林湾半程马拉松赛】2016年4月17日，2016厦门杏林湾半程马拉松赛在集美杏林湾开跑，来自大陆16省与台湾、香港地区，及美国、英国、法国、德国、加拿大、丹麦、土耳其等国的980名运动爱好者参赛。本次比赛由集美区文体广电出版旅游局、区体育总会主办，厦门哈吉体育文化有限公司承办。设半程马拉松（21.0975千米）和迷你马拉松（6千米）两个组别的比赛，参赛选手中年龄最大的70多岁，最小的才5岁。通过比赛，男子半程组冠、亚、季军分别为叶伟（用时1小时17分38秒）、牛智明（用时1小时21分49秒）、李勇辉（用时1小时23分43秒）；女子半程组冠、亚、季军分别为陈恩宁（用时1小时35分40秒）、林琳（用时1小时44分47秒）、许娇蕊（用时1小时52分51秒）。

【第五届海峡自行车公开赛】2016年4月30日，“体彩杯”厦门集美第五届海峡自行车公开赛在园博苑举行，共有台湾春保森拉天时、香港QUICK快客车队、阳光（中国）车队、银贝斯/兰帕达车队、MISSILE中国车队、福建闪电骑士会、狼途UbikeU等50支国内知名车队和省内外自行车协会、俱乐部的700多名国内外选手参加竞赛。此次赛事由集美区政府及文体广电出版旅游局主办，区自行车协会承办。通过比赛，获男子公路精英组前三名为：冠军胡志超（银贝斯/兰帕达车队）、亚军林成丹（志庆-ESSEN复仇者车队）、季军黄国基；获男子山地精英组前三名为：冠军胡紫云、亚军黄暖堂（志庆-ESSEN复仇者车队）、季军邱浩（银贝斯/兰帕达车队）；获骑跑两项体验组前三名为：冠军曹建华（速尔骑行）、亚军王国龙（兰帕达中国车队）、季军陈家栋；获男子山地中年组前三名为：冠军吴刚、亚军吴明俊、刘立强（慢点骑俱乐部）；获女子山地公开组前三名为：冠军薛叶青（连江逸飞自行车俱乐部）、亚军吴丽珊、季军余雪。

12月10日，集美区第三届全民健身运动会太极拳交流赛在区文体中心举行。（文体旅游局 供图）

【第十一届“嘉庚杯”“敬贤杯”两岸龙舟赛】2016年5月29日，2016“嘉庚杯”“敬贤杯”海峡两岸龙舟文化节落幕。来自台湾、香港和福建厦门等省市的59支代表队（其中台湾24支、香港1支），参加此届龙舟文化节的两大赛事：“嘉庚杯”“敬贤杯”海峡两岸龙舟赛和第三届中国龙舟拔河公开赛（集美站）。广州白云人和龙舟队、集美街道龙舟女队分获“嘉庚杯”和“敬贤杯”，集美大学男子龙舟队、集美街道龙舟男队、集美大学诚毅男子龙舟队分获第三届中国龙舟拔河公开赛（集美站）冠、亚、季军。此届赛事由国家体育总局社会体育指导中心、中国龙舟协会、厦门市政协、福建省体育局主办，集美区政府等机构承办。

【环青海湖自行车联赛厦门站】2016年5月29日，2016环青海湖自行车联赛厦门站在园博苑景区开赛。本次比赛由环青海湖国际公路自行车赛组委会主办，青海体育赛事有限公司、北京奥天国际体育发展有限公司承办，集美区自行车协会、厦门势搏体育推广

10月23日，2016“中国杯”赛艇多人艇公开赛暨中国赛艇大师赛在杏林湾水上运动中心举行。（林志杰 摄）

有限公司协办，共吸引近300名车手来此骑游和竞技。环青海湖自行车联赛是环青海湖国际公路自行车赛的衍生品牌，旨在让更多业余车手和骑行爱好者参与到环湖赛中来。环青海湖自行车联赛设成都、上海、无锡、厦门和广州5个分赛区，总决赛区设在青海省海宴县。银贝斯/兰帕达18岁小将陈寅正，在男子公路组中单飞夺冠。此外，还举行了“乐活骑行”厦金两地车友骑游交流活动。

【第十八届CUBA总决赛】2016年6月14日，第十八届中国大学生篮球联赛（CUBA）总决赛在集美大学诚毅学院体育馆落下帷幕。此届赛事由中国大学生体育协会主办，华侨大学承办，中国大学生体育协会篮球分会、厦门市集美城市发展有限公司和集美区体育总会协办。总决赛实行CUBA与CUBS（中国大学生篮球超级联赛）合并，来自大学生篮球超级联赛的专业运动员与来自CUBA的学生运动员同场竞技，赛事的水平和精彩度大为提升。经过比赛，获得男子组前四名的球队为清华大学、太原理工大学、中国民航大学、中南大学男子篮球队，获得女子组前四名的球队为北京师范大学、北京大学、清华大学、中国人民大学女子篮球队。

【第五届海峡两岸乒乓球邀请赛】2016年7月31日，第五届海峡两岸“黑松油切麦茶杯”乒乓球邀请赛在杏林文体中心体育馆落幕。此届乒乓球赛由集美区体育总会、黑松商贸（苏州）有限公司联合主办，集美区杏林街道办、杏滨街道办、厦门万荟贸易有限公司协办，集美区乒乓球协会承办。参加赛事的有中国国家队和台湾、金门、福建地区的40支专业代表队，并特别邀请厦门市各小学的14支代表队，共300多人。此次赛事是历届赛事中规模最大、参赛选手水平最高、奖金金额最高、参赛的国家队队员最多的一次。智欣集团、晋江俊通、集美乒协和安井公司代表队分获男子团体前四名。

【第二届世界大学生三对三篮球联赛】2016年10月21—23日，2016第二届世界大学生三对三篮球联赛总决赛在杏林体育馆举行。参加总决赛的有来自世界五大洲22个国家和地区的32支篮球队，男子组和女子组各16支。经过小组循环赛、八强淘汰赛和四强决赛，加拿大麦吉尔大学、法国波尔多大学、塞尔维亚克拉古耶瓦茨大学分获男子组冠、亚、季军，立陶宛体育大学、加拿大里贾纳大学、中国台湾中国文化大学分获女子组冠、亚、季军。世界大学生三对三篮球联赛是由国际大学生体育联合会主办的一项国际性大学生体育赛事，2015年举办首届，比赛地点设在集美。此届与第一届相比，参赛队伍由男女各12支增至男女各16支，参赛方式改邀请为分五大赛区预赛产生。其间，还举行了男子扣篮大赛、女子投篮大赛等活动。此届赛事由中国大学生体育协会和华侨大学承办，厦门市政府、福建省体育局、集美区政府为支持单位。

【“中国杯”赛艇多人艇公开赛】2016年10月23日，2016“中国杯”赛艇多人艇公开赛暨中国赛艇大师赛在集美杏林湾水上运动中心落幕，作为中国境内最具影响力的水上运动赛事，“中国杯”赛艇多人艇公开赛吸引来自全国的27支队伍461名运动员参赛，大师赛则有来自全国的47支队伍610名运动员参赛。赛事由国家体育总局水上运动管理中心、中国赛艇协会、厦门市体育局、集美区政府主办，厦门市集美城市发展有限公司、厦门文广传媒集团有限公司、厦门文广体育有限公司承办，福建省船艇运动协会协办，网易新闻客户端体育频道进行全程直播。此届赛事是国内种类最多、内容最丰富、参与人数最多、规格最高的赛事。经过比赛，最终决出13个项目的冠、亚、季军，其中“中国杯”5项、“大师赛”8项。

【中国汽车场地越野锦标赛】 2016年12月3—6日，2016“正新轮胎杯”厦门集美中国汽车场地越野锦标赛在正新汽车国际文化中心举办。此届越野赛由中国汽车摩托车运动联合会、厦门市体育局、集美区政府主办，厦门市集美城市发展有限公司、厦门文广体育有限公司承办，厦门正新橡胶工业有限公司、集美区文体广电出版旅游局、灌口镇政府、北京中汽摩运动发展公司、厦门文广传媒集团有限公司协办，共吸引全国各地150多名选手参赛。经过四天的激烈角逐，众泰T600越野车队车手鹿丙龙获汽油厂商组冠军，哈弗征途赛车车队车手刘加裕获柴油厂商组冠军，大庆老窖车队车手赵向前获汽油改装组冠军，福建长泰漂流赛车队车手连吴滨获柴油改装组冠军，湖北猎人四驱泰利达车队车手牟来奎获公开组冠军，湖北仙桃添祉赛车队车手李继明获UTV组冠军，普宁市狼队越野俱乐部车手许楚炜获开放组冠军，福建长泰漂流赛车队获汽油改装组俱乐部杯冠军，福建长泰漂流赛车队获柴油改装组俱乐部杯冠军，湖北猎人四驱泰利达车队获公开组俱乐部杯冠军，独行侠体育运动赛车队获UTV组俱乐部杯冠军，厦门巅峰越野车队获开放组俱乐部杯冠军，众泰T600越野车队获汽油厂商组厂商杯冠军，哈弗征途赛车车队获柴油厂商组厂商杯冠军。 （连玉盛）

2016年集美区青少年比赛成绩表

表35

项目	姓名	性别	比赛名称	组别	比赛项目	名次
帆船帆板	刘嘉华	男	2016年全国OP帆船锦标赛	男子丙组	男子丙组场地赛	2
	谢梦琳	女	2016年全国青少年帆板锦标赛	女子乙组	女子乙组T293场地赛	3
	谢梦琳	女	2016年全国青少年帆板锦标赛	女子乙组	女子乙组T293障碍赛	4
	谢梦琳	女	2016年全国青少年帆板锦标赛	女子乙组	女子乙组T293长距离赛	5
	王伟杰	男	2016年全国青少年帆板锦标赛	男子乙组	男子乙组帆板RS：X障碍赛	2
	王伟杰	男	2016年全国青少年帆板锦标赛	男子乙组	男子乙组帆板RS：X长距离赛	3
	王子昀	男	2016年全国青少年帆板锦标赛	男子乙组	男子乙组T293场地赛	7
	王子昀	男	2016年全国青少年帆板锦标赛	男子乙组	男子乙组T293障碍赛	5
	王子昀	男	2016年全国青少年帆板锦标赛	男子乙组	男子乙组T293长距离赛	2
	谢梦琳	女	2016年全国帆板锦标赛	女子组	女子组T293场地赛	2
	王伟杰	男	2016年全国帆板锦标赛	男子组	男子组T293长距离赛	8
	王子昀	男	2016年全国帆板锦标赛	男子组	男子组T293长距离赛	5
赛艇	张贺民	男	2016年全国青年U-16赛艇锦标赛	男子组	男子组双人双浆1000米	8
	沈文彦	男	2016年全国青年U-16赛艇锦标赛	男子组	男子组四人双浆1000米	7
	沈文彦	男	2016年全国青年U-16赛艇锦标赛	男子组	男子组双人双浆2000米	4
	燕子脩旸	男	2016年全国青年U-16赛艇锦标赛	男子组	男子组四人双浆1000米	7
皮划艇	陈泽昭	男	2016年全国青年U-16皮划艇锦标赛	男子组	男子组双人划艇500米	4
	陈泽昭	男	2016年全国青年U-16皮划艇锦标赛	男子组	男子组双人划艇100米	4
	杨藤垚	男	2016年全国青年U-16皮划艇锦标赛	男子组	男子组双人划艇500米	4
	杨藤垚	男	2016年全国青年U-16皮划艇锦标赛	男子组	男子组双人划艇100米	4
帆船帆板	刘嘉华	男	2016年福建省青少年帆船帆板锦标赛	男子乙组	OP级乙组队赛	2
	张文彬	男	2016年福建省青少年帆船帆板锦标赛	男子丙组	OP级丙组队赛	1
	王子昀	男	2016年福建省青少年帆船帆板锦标赛	男子甲组	男子甲组奥林匹克航线赛	3
	王子昀	男	2016年福建省青少年帆船帆板锦标赛	男子甲组	男子甲组长距离赛	5
	王伟杰	男	2016年福建省青少年帆船帆板锦标赛	男子乙组	男子乙组奥林匹克航线赛	1
	王伟杰	男	2016年福建省青少年帆船帆板锦标赛	男子乙组	男子乙组长距离赛	1
	谢梦琳	女	2016年福建省青少年帆船帆板锦标赛	女子乙组	女子乙组奥林匹克航线赛	1
	谢梦琳	女	2016年福建省青少年帆船帆板锦标赛	女子乙组	女子乙组长距离赛	1

续表 35

项目	姓名	性别	比　赛　名　称	组别	比　赛　项　目	名次
赛艇	王远浩	男	2016 年福建省青少年赛艇锦标赛	男子甲组	男子甲组轻量级双人单桨 2000 米	4
	陈启江	男	2016 年福建省青少年赛艇锦标赛	男子乙组	男子乙组轻量级单人双桨 2000 米	6
	陈启江	男	2016 年福建省青少年赛艇锦标赛	男子乙组	男子乙组轻量级双人双桨 2000 米	5
	吴艾伟	男	2016 年福建省青少年赛艇锦标赛	男子乙组	男子乙组轻量级双人单桨 2000 米	4
	沈文彦	男	2016 年福建省青少年赛艇锦标赛	男子乙组	男子乙组公开级双人双桨 2000 米	2
	沈文彦	男	2016 年福建省青少年赛艇锦标赛	男子乙组	男子乙组公开级单人双桨 2000 米	6
	张俊杰	男	2016 年福建省青少年赛艇锦标赛	男子乙组	男子乙组公开级双人单桨 2000 米	4
	林宇哲	男	2016 年福建省青少年赛艇锦标赛	男子乙组	男子乙组公开级双人单桨 2000 米	4
	杨　辛	女	2016 年福建省青少年赛艇锦标赛	女子甲组	女子甲组公开级双人双桨 2000 米	1
	杨　辛	女	2016 年福建省青少年赛艇锦标赛	女子甲组	女子甲组公开级单人双桨 2000 米	3
皮划艇	刘燚强	男	2016 年福建省青少年皮划艇锦标赛	男子甲组	男甲单人皮艇 1000 米	3
	杨藤垚	男	2016 年福建省青少年皮划艇锦标赛	男子乙组	男乙双人划艇 1000 米	5
	—	—	厦门市中小学生皮划（激流）赛艇锦标赛	—	皮划（激流）团体总分	2
赛艇	—	—	厦门市中小学生皮划（激流）赛艇锦标赛	—	赛艇团体总分	2
篮球	—	—	2016 年厦门市青少年篮球联赛	男子甲组	—	1
	—	—	2016 年厦门市青少年篮球联赛	女子甲组	—	1
	—	—	2016 年厦门市青少年篮球联赛	男子乙组	—	1
	—	—	2016 年厦门市青少年篮球联赛	女子乙组	—	2
	—	—	2016 年厦门市青少年篮球联赛	男子丙组	—	4
	—	—	2016 年厦门市青少年篮球联赛	女子丙组	—	3
足球	—	—	2016 年厦门市青少年足球联赛	儿童男子组	—	4
排球	—	—	2016 年厦门市青少年排球联赛	男子甲组	—	4
	—	—	2016 年厦门市青少年排球联赛	男子乙组	—	3
	—	—	2016 年厦门市青少年排球联赛	男子丙组	—	3
	—	—	2016 年厦门市青少年排球联赛	女子甲组	—	6
	—	—	2016 年厦门市青少年排球联赛	女子乙组	—	4
	—	—	2016 年厦门市青少年排球联赛	女子丙组	—	4
跆拳道	陈婧如	女	2016 厦门市中小学生跆拳道锦标赛	女子乙组	46 公斤级	1
	王晓坤	男	2016 厦门市中小学生跆拳道锦标赛	男子甲组	59 公斤级	1
	毛　林	男	2016 厦门市中小学生跆拳道锦标赛	男子甲组	55 公斤级	1
射箭	朱首盛	男	2016 厦门市中小学生射箭锦标赛	男子乙组	—	2
	—	—	2016 厦门市中小学生射箭锦标赛	—	男子团体总分	4
射击	蔡小凤	女	2016 厦门市中小学生射击锦标赛	少体校组	女子 10 米气手枪	1
	郑文助	男	2016 厦门市中小学生射击锦标赛	中学组	男子 10 米气步枪 20 发	1
	吴剑萍	女	2016 厦门市中小学生射击锦标赛	少体校组	女子 10 米气手枪	2
	黄珍珍	女	2016 厦门市中小学生射击锦标赛	少体校组	女子 10 米气手枪	3
	黄　斌	男	2016 厦门市中小学生射击锦标赛	少体校组	男子 10 米气手枪	5
举重	吴　鑫	女	2016 厦门市中小学生举重锦标赛	女子甲组	44 公斤	1
	林佳茵	女	2016 厦门市中小学生举重锦标赛	女子甲组	58 公斤	1
	林伟平	男	2016 厦门市中小学生举重锦标赛	男子甲组	36 公斤	1
	吴国伟	男	2016 厦门市中小学生举重锦标赛	男子甲组	40 公斤	1

续表 35

项目	姓名	性别	比赛名称	组别	比赛项目	名次
举重	杜俊逸	男	2016 厦门市中小学生举重锦标赛	男子甲组	56 公斤	1
	詹林鑫	男	2016 厦门市中小学生举重锦标赛	男子丙组	40 公斤	1
	林汐睿	男	2016 厦门市中小学生举重锦标赛	男子丙组	48 公斤	1
	王伟德	男	2016 厦门市中小学生举重锦标赛	男子丁组	36 公斤	1
	陈柏勋	男	2016 厦门市中小学生举重锦标赛	男子丁组	48 公斤	1
	林志宝	男	2016 厦门市中小学生举重锦标赛	男子甲组	44 公斤	2
	吴伟彬	男	2016 厦门市中小学生举重锦标赛	男子甲组	62 公斤	2
	张超	男	2016 厦门市中小学生举重锦标赛	男子丙组	32 公斤	2
	元浩	男	2016 厦门市中小学生举重锦标赛	男子丙组	36 公斤	2
	白毅伟	男	2016 厦门市中小学生举重锦标赛	男子丁组	32 公斤	2
	林志生	男	2016 厦门市中小学生举重锦标赛	男子丙组	40 公斤	4
	叶鑫豪	男	2016 厦门市中小学生举重锦标赛	男子丙组	28 公斤	4
	肖文鑫	男	2016 厦门市中小学生举重锦标赛	男子乙组	36 公斤	6

附：驻区体育单位

福建省皮划赛艇运动管理中心

【概况】2016 年，福建省皮划赛艇运动管理中心内设办公室、竞赛训练科、科研医疗室、后勤装备科、基地管理科，下设赛艇队、皮划艇（静水）队、皮划艇激流回旋队和厦门集美划船训练基地、漳州长泰皮划艇激流回旋训练基地、泉州南安（中国）皮划艇激流回旋训练基地（在建中）3 个训练基地）。中心拥有国家级教练员 2 人、高中级教练员 14 人，在训运动员 233 人。至年底，中心已获“国际级运动健将”称号 15 人、“国家级运动健将”称号 66 人、国家一级运动员 112 人。是年，中心向国家集训队、国家青年队输送优秀运动员和教练员 17 人次，组织参加全国比赛 11 次，获赛场体育道德风尚奖 26 人次。成功承办在厦门集美举行的全国赛艇锦标赛、大学生全国赛艇锦标赛和亚洲赛艇教练员研讨班暨全国赛艇教练员大会。经福建省民政厅核准，福建省船艇运动协会成立，先后组织和参加福建省全民健身运动会休闲皮划艇群众体验活动（6 次）、陆上划船器选拔赛暨全民体验活动（2 站）、陆上划船器总决赛暨全民体验活动、中国将乐国际皮划艇马拉松公开赛暨中国体育彩票全国群众漂流大赛，协助集美区政府举办 2016“中国杯”赛艇多人艇公开赛、2016 中国赛艇大师赛。

【比赛成绩】2016 年，皮划赛艇运动管理中心以支持国家奥运战略为重心，同时做好备战全运会队伍建设工作。输送到国家集训队的福建省赛艇运动员段静莉，获第三十一届巴西里约奥运会铜牌，实现中国赛艇女子单人双桨项目在奥运会奖牌榜的历史性突破；运动员陈弦恒、陈弦峰、包永智、刘明洋、陈锐、齐英立在亚洲锦标赛和亚洲青年锦标赛上获两个第一名。是年，中心运动员在全国性比赛中共获金牌 8 枚、银牌 11 枚、铜牌 7 枚。

2016 年福建省皮划赛艇运动管理中心国际比赛成绩表

表 36

时间	地点	比赛名称	项目	姓名	名次
4 月	意大利雷泽	2016 年赛艇世界杯第一站	女子 2000 米单人双桨	段静莉	6
5 月	瑞士卢塞恩	2016 年赛艇世界杯第二站	女子 2000 米单人双桨	段静莉	4
8 月	巴西里约	2016 年第 31 届奥运会	赛艇女子 2000 米单人双桨	段静莉	3
9 月	中国浙江嘉善	2016 年亚洲赛艇锦标赛	男子 2000 米八人单桨有舵手（国家队配艇）	陈弦峰 陈弦恒 包永智 刘明洋 陈锐	1
11 月	泰国	2016 年亚洲青年赛艇锦标赛	男子 2000 米四人单桨（国家队配艇）	齐英立	1

2016年福建省赛艇队参加全国性比赛成绩表

表37

项目	姓名	名次
一、全国赛艇冠军赛，时间：2016年4月；地点：浙江千岛湖		
男子2000米八人单桨有舵手	陈弦恒 刘明洋 齐英立 包永智 林亚楠 乔博博 陈弦峰 沈建昆 王炳鑫	5
男子2000米单人双桨	关 新	6
男子2000米双人双桨	陈弦峰 苏睿豪	7
男子2000米四人单桨	齐英立 包永智 乔博博 刘 洋	8
二、全国青年赛艇U-18锦标赛，时间：2016年7月；地点：北京顺义		
女子2000米双人单桨	王 欢 韩香悦	1
男子2000米双人单桨	李雨晗 刘明洋	2
男子2000米双人双桨	詹嘉荣 郝 鑫	2
女子2000米四人双桨	邹 紫 童昊芳 杨婉卿 吴雪滢	3
男子2000米四人双桨	张博文 廖贤城 郝清正 张维领	4
男子2000米单人双桨	郝清正	4
男子2000米双人单桨	高昊龙 张忠政	7
男子2000米单人双桨	廖贤城	7
三、全国赛艇锦标赛，时间：2016年10月；地点：福建厦门		
男子2000米八人单桨有舵手	陈弦恒 刘明洋 陈弦峰 包永智 林亚楠 苏睿豪 沈建昆 王国栋 王炳鑫	5
女子2000米八人单桨有舵手	韩香悦 冀梦可 侯正华 王佳音 邹紫童 王欢 夏珂珂 吴雪滢 韩雨昕	6
男子2000米单人双桨	李雨晗	6

2016年福建省皮划艇（静水）队参加全国性比赛成绩表

表38

项目	姓名	名次
一、全国皮划艇（静水）春季冠军赛，时间：2016年3月；地点：上海		
男子5000米单人划艇	黄志鹏	1
女子200米单人划艇	林文君	1
男子1000米双人皮艇	黄志鹏 闫 峰	2
男子200米双人划艇	林宇涵 刘 洋	2
女子500米单人划艇	林文君	3
男子1000米单人划艇	黄志鹏	4
女子200米单人划艇	陈汪婷	4
女子500米单人划艇	陈汪婷	5
男子200米双人划艇	林宇涵 刘 洋	6
男子200米单人皮艇	姜 涛	7
男子200米单人划艇	刘 洋	7
女子500米单人皮艇	康佳美	7
女子500米四人皮艇	康佳美 余雪琴 钟梦淋 连林静	7
男子1000米双人皮艇	姜 涛 闫 东	8
女子200米单人皮艇	康佳美	8
二、全国皮划艇（静水）青年锦标赛，时间：2016年6月；地点：上海		
男子200米单人皮艇	苟 越	1
男子1000米双人皮艇（国青队配艇）	闫 峰	1

续表 38

项　　目	姓　　名	名次
男子 1000 米四人皮艇（国青队配艇）	苟 越 闫 峰	1
男子 200 米四人皮艇（国青队配艇）	苟 越 闫 峰	1
男子 500 米单人皮艇	闫 峰	2
男子 200 米双人划艇	商 杨 廖生汰	3
男子 500 米双人划艇	商 杨 廖生汰	4
男子 1000 米单人划艇	叶俊鑫	5
男子 1000 米双人划艇	黄峰贤 廖生汰	5
男子 500 米单人划艇	叶俊鑫	6
男子 1000 米单人皮艇	闫 峰	6
男子 200 米单人划艇	黄贵琳	7
男子 500 米单人划艇	黄贵琳	7
男子 200 米单人划艇	叶俊鑫	8
男子 1000 米单人皮艇	苟 越	8
三、全国皮划艇（静水）U-23 锦标赛，时间：2016 年 6 月；地点：上海		
男子200 米单人划艇	林宇涵	1
女子500 米单人划艇	林文君	1
女子200 米单人划艇	陈汪婷	1
女子500 米单人划艇	陈汪婷	2
女子200 米单人划艇	林文君	2
男子200 米单人皮艇	姜 涛	2
男子1000 米双人皮艇	肖堃良 郭治磊	2
男子200 米双人划艇	林宇涵 刘洋	3
男子500 米单人皮艇	郭治磊	4
女子1000 米四人皮艇	钟梦琳 温桂馨 连林静 张爱民	4
男子1000 米单人皮艇	郭治磊	5
男子200 米单人划艇	杨煌坤	5
男子500 米单人划艇	杨煌坤	5
男子500 米单人划艇	林宇涵	6
男子500 米单人皮艇	曾雄辉	6
男子500 米双人皮艇	肖堃良 郭治磊	6
女子 500 米四人皮艇	钟梦淋 余雪琴 连林静 张爱民	6
男子200 米双人皮艇	艾尼尔 姜 涛	6
男子1000 米单人皮艇	肖堃良	7
女子 200 米单人皮艇	余雪琴	8
四、全国皮划艇（静水）锦标赛，时间：2016 年 9 月；地点：福建长乐		
女子 200 米单人划艇	林文君	1
女子 500 米单人划艇	林文君	2
女子 200 米单人划艇	陈汪婷	4
女子 500 米单人划艇	陈汪婷	4
男子 500 米四人皮艇（国家二队配艇）	苟 越 闫 峰	4
女子 200 米单人皮艇	孙琳娜	5
男子200 米单人皮艇	姜 涛	6
男子 200 米双人划艇	林宇涵 胡宗鹏	6

续表 38

项　　目	姓　名	名次
女子 200 米单人皮艇	康佳美	7
男子 1000 米双人划艇	林宇涵 胡宗鹏	7
男子 200 米四人划艇	杨煌坤 刘洋 林宇涵 胡宗鹏	7
男子 500 米四人划艇	杨煌坤 刘洋 林宇涵 胡宗鹏	7

2016 年福建省皮划艇（激流回旋）队参加全国性比赛成绩表

表 39

项　　目	姓　名	名次
一、全国皮划艇（激流回旋）春季冠军赛，时间：2016 年 5 月；地点：河南洛阳		
男子单人皮艇	黄存光	1
男子双人划艇	王晓东 谢远聪	1
男子单人划艇	王晓东	2
男子单人皮艇	全 鑫	2
女子单人划艇	许燕茹	3
女子单人划艇	吕敏贞	4
男子单人划艇	郑家欣	5
男子双人划艇	叶泳涛 黄永泽	5
女子单人皮艇	许燕茹	6
女子单人划艇	郭琳珑	6
女子单人皮艇	郭琳珑	8
男子单人皮艇	苏剑艺	8
男子单人划艇	陈芳佳	8
二、全国皮划艇（激流回旋）夏季冠军赛，时间：2016 年 7 月；地点：贵州下司		
男子单人皮艇	全 鑫	1
男子双人划艇	叶泳涛 黄永泽	2
女子单人划艇	管 丹	2
女子单人划艇	黄燕芝	3
男子单人皮艇	黄存光	3
男子双人划艇	王晓东 谢远聪	5
女子单人皮艇	许燕茹	5
女子单人皮艇	郭琳珑	6
男子单人皮艇	苏剑艺	7
男子单人划艇	陈芳佳	7
男子单人划艇	王晓东	8
三、全国皮划艇（激流回旋）青少年锦标赛，时间：2016 年 7 月；地点：贵州下司		
女子青年组单人皮艇	陈 琳	1
女子青年组单人划艇	吕敏贞	1
男子青年组双人划艇	舒 亮 刘 煜	2
男子青年组单人皮艇团体赛	刘 煜 朱容波 许美金	2
女子青年组单人皮艇	吕敏贞	3
男子青年组双人划艇	罗 凯 罗 旋	4
男子青年组单人皮艇	刘 煜	6
男子青年组单人划艇	罗 凯	6

续表 39

项目	姓名	名次
男子青年组单人划艇	舒 亮	7
男子青少年组单人皮艇	李 昕	8
女子青少年组单人皮艇	张司琦	8
四、全国皮划艇（激流回旋）锦标赛，时间：2016 年 9 月；地点：河南洛阳		
男子单人皮艇	全 鑫	1
男子双人划艇	叶泳涛 黄永泽	1
男子单人皮艇	黄存光	2
女子单人皮艇	许燕茹	2
男子单人皮艇团体赛	全 鑫 苏剑艺 黄存光	2
女子单人划艇团体赛	郭琳珑 吕敏贞 许燕茹	2
女子单人皮艇团体赛	郭琳珑 陈 琳 许燕茹	3
男子单人划艇	郑家欣	3
女子单人划艇	吕敏贞	3
男子单人划艇	王晓东	4
女子单人划艇	郭琳珑	4
男子单人划艇团体赛	陈芳佳 王晓东 郑家欣	4

（王秀娟）

福建省帆船帆板运动管理中心

【概况】2016 年，福建省帆船帆板运动管理中心人员 97 人，其中管理人员 8 人、专业技术人员 16 人、运动员 73 人。运动员代表国家队、福建省参加各类国际性、全国性重大比赛，获金牌 34 枚、银牌 24 枚、铜牌 18 枚。

【比赛成绩】2016 年，福建省帆船帆板运动管理中心运动员代表国家队、福建省参加全国帆船帆板赛事 9 次，国际赛事 2 次，获前三名 76 项，其中金牌 34 枚，银牌 24 枚，铜牌 18 枚。9 月，5 名运动员参加国际帆联在青岛举办的世界杯帆船帆板比赛，刘春壮获男子帆板场地赛 RS:X 级别冠军，叶兵获男子帆板场地赛 RS:X 级别第二名，黄先婷获女子帆板场地赛 RS:X 级别第四名，吴侠、林志伟分获男子帆板场地赛 RS:X 级别第七、第八名。12 月，2 名运动员参加 2016 年墨尔本帆船帆板世界杯总决赛，卢云秀获女子帆板场地赛 RS:X 级别第三名，刘春壮获男子帆板场地赛 RS:X 级别第六名。

2016 年福建省帆船帆板运动管理中心运动员参加国际比赛成绩表

表 40

项目	姓名	比赛名称及比赛小项	名次	时间	地点
帆板	刘春壮	2016 国际帆联世界杯帆船赛青岛站男子 RS:X 级	1	2016 年 9 月	山东青岛
	叶 兵	2017 国际帆联世界杯帆船赛青岛站男子 RS:X 级	2	2016 年 9 月	
	吴 侠	2018 国际帆联世界杯帆船赛青岛站男子 RS:X 级	7	2016 年 9 月	
	林志伟	2019 国际帆联世界杯帆船赛青岛站男子 RS:X 级	8	2016 年 9 月	
	黄先婷	2020 国际帆联世界杯帆船赛青岛站女子 RS:X 级	4	2016 年 9 月	
	刘春壮	2021 国际帆联世界杯帆船赛青岛站男子 RS:X 级	6	2016 年 12 月	澳大利亚墨尔本
	卢云秀	2022 国际帆联世界杯帆船赛青岛站女子 RS:X 级	3	2016 年 12 月	

2016 年福建省帆船帆板运动管理中心运动员参加全国比赛成绩表

表 41

项目	姓名	比赛名称及比赛小项	名次	时间	地点
帆板	蔡荣耀	2016 中国青年帆船帆板精英赛男子 T293 级	1	4 月 27 日—5 月 3 日	安徽合肥
	陈思蓉	2016 中国青年帆船帆板精英赛女子 RS:X 级	2		

续表 41

项目	姓　名	比赛名称及比赛小项	名次	时　间	地点
帆板	陈思蓉	2016 中国青年帆船帆板精英赛女子 RS:X 障碍赛	1	4 月 27 日—5 月 3 日	安徽合肥
	蔡荣耀	2016 中国青年帆船帆板精英赛男子 T293 级障碍赛	1		
帆船	邱晓明 许少芸	2016 中国长沙湘江杯国际帆船赛女子 470 级	3	4 月 28—29 日	湖南长沙
	邱钰龙	2016 中国长沙湘江杯国际帆船赛男子激光级	1		
OP	蔡雅婷	全国 OP 帆船锦标赛女子团体（甲组）	3	5 月 18—24 日	广东阳江
	苏　涓	全国 OP 帆船锦标赛女子团体（甲组）	3		
	王宝鑫	全国 OP 帆船锦标赛男子团体（甲组）	1		
	陈永超	全国 OP 帆船锦标赛男子团体（甲组）	1		
	郑伟强	全国 OP 帆船锦标赛男子团体（甲组）	1		
	王宝鑫	全国 OP 帆船锦标赛男子甲组	1		
	蔡雅婷	全国 OP 帆船锦标赛女子甲组	1		
	郑惠玲	全国 OP 帆船锦标赛女子丙组	3		
帆板	林志伟	全国帆船帆板冠军赛男子 RS:X 级长距离	3	6 月 2—9 日	大连瓦房店
	卢云秀	全国帆船帆板冠军赛女子 RS:X 级长距离	2		
	陈思蓉	全国帆船帆板冠军赛女子 T293 级长距离	1		
	林志伟	全国帆船帆板冠军赛男子 RS:X 级障碍赛	2		
	卢云秀	全国帆船帆板冠军赛女子 RS:X 级障碍赛	2		
	苏剑阳	全国帆船帆板冠军赛男子 T293 级障碍赛	2		
	陈秀惠	全国帆船帆板冠军赛女子 T293 级障碍赛	1		
	陈思蓉	全国帆船帆板冠军赛女子 T293 级障碍赛	2		
	刘春壮	全国帆船帆板冠军赛男子 RS:X 级场地赛	2		
	叶　兵	全国帆船帆板冠军赛男子 RS:X 级场地赛	3		
	卢云秀	全国帆船帆板冠军赛女子 RS:X 级场地赛	2		
	苏剑阳	全国帆船帆板冠军赛男子 T293 级场地赛	2		
	蔡荣耀	全国帆船帆板冠军赛男子 T293 级场地赛	3		
	陈思蓉	全国帆船帆板冠军赛女子 T293 级场地赛	1		
帆船	邱晓明 许少芸	全国帆船帆板冠军赛女子 470 级长距离	3	6 月 2—9 日	大连瓦房店
	邱钰龙	全国帆船帆板冠军赛男子激光级长距离	1		
	陈惠超	全国帆船帆板冠军赛男子激光级长距离	2		
	林桂坤	全国帆船帆板冠军赛男子激光级长距离	3		
	李买华	全国帆船帆板冠军赛男子芬兰人级长距离	1		
	念　龙	全国帆船帆板冠军赛男子芬兰人级长距离	2		
	罗仁焕	全国帆船帆板冠军赛男子芬兰人级长距离	3		
	陈惠超	全国帆船帆板冠军赛男子激光级场地赛	2		
	李买华	全国帆船帆板冠军赛男子芬兰人级场地赛	1		
	谢止平 许栋栋	全国青年帆船锦标赛男子 420 级长距离	3	7 月 4—10 日	浙江宁波
	王俊龙	全国青年帆船锦标赛男子激光级长距离	2		
	杨　毅	全国青年帆船锦标赛男子雷迪尔长距离	1		
	陈华奇	全国青年帆船锦标赛男子芬兰人级长距离	1		

续表 41

项目	姓　名	比赛名称及比赛小项	名次	时　间	地点
帆船	谢止平 许栋栋	全国青年帆船锦标赛男子 420 级场地赛	1	7 月 4—10 日	浙江宁波
	王俊龙	全国青年帆船锦标赛男子激光级场地赛	2		
	杨　毅	全国青年帆船锦标赛男子雷迪尔场地赛	2		
	陈华奇	全国青年帆船锦标赛男子芬兰人级场地赛	3		
帆板	蔡荣耀	全国青少年帆板锦标赛男子甲组 T293 级长距离	1	8 月 24—28 日	河北秦皇岛
	柯余蓁	全国青少年帆板锦标赛男子甲组 T293 级长距离	2		
	陈思蓉	全国青少年帆板锦标赛女子甲组 T293 级长距离	1		
	蔡荣耀	全国青少年帆板锦标赛男子甲组 T293 级障碍赛	1		
	陈思蓉	全国青少年帆板锦标赛女子甲组 T293 级障碍赛	1		
	杨敏海	全国青少年帆板锦标赛男子甲组 RS:X 级场地赛	3		
	蔡荣耀	全国青少年帆板锦标赛男子甲组 T293 级场地赛	1		
	柯余蓁	全国青少年帆板锦标赛男子甲组 T293 级场地赛	2		
	陈思蓉	全国青少年帆板锦标赛女子甲组 T293 级场地赛	1		
帆板	肖垒业	全国帆板锦标赛男子 T293 级长距离	1	9 月 5—12 日	山东烟台
	蔡荣耀	全国帆板锦标赛男子 T293 级长距离	2		
	卢云秀	全国帆板锦标赛女子 RS:X 级长距离	1		
	黄先婷	全国帆板锦标赛女子 RS:X 级长距离	2		
	刘春壮	全国帆板锦标赛男子 RS:X 级障碍赛	2		
	蔡荣耀	全国帆板锦标赛男子 T293 级障碍赛	1		
	柯余蓁	全国帆板锦标赛男子 T293 级障碍赛	3		
	陈思蓉	全国帆板锦标赛女子 T293 级障碍赛	1		
	刘春壮	全国帆板锦标赛男子 RS:X 级场地赛	2		
	叶　兵	全国帆板锦标赛男子 RS:X 级场地赛	3		
	卢云秀	全国帆板锦标赛女子 RS:X 级场地赛	1		
	蔡荣耀	全国帆板锦标赛男子 T293 场地赛	1		
	陈思蓉	全国帆板锦标赛女子 T293 场地赛	1		
OP	江升隆	全国 OP 帆船冠军赛男子丙组	1	9 月 21—27 日	浙江湖州
	曹宇浩天	全国 OP 帆船冠军赛男子丙组	2		
	郭烨斌	全国 OP 帆船冠军赛男子丙组	3		
	张秋兰	全国 OP 帆船冠军赛女子丙组	3		
帆船	杨　斌	全国帆船锦标赛男子芬兰人长距离	1	10 月 18—23 日	广东珠海
	李买华	全国帆船锦标赛男子芬兰人长距离	3		
	杨　斌	全国帆船锦标赛男子芬兰人场地赛	1		
	罗仁焕	全国帆船锦标赛男子芬兰人场地赛	2		
	陈惠超	全国帆船锦标赛男子激光级场地赛	1		

（张娅芬）

卫生与计划生育

卫 生

综 述

【概况】2016 年，集美区卫生事业围绕医药卫生体制改革，以“三师共管”（大医院专科医师、基层全科医师和健康管理师）家庭医生签约为重点，继续推进分级诊疗制度，加强妇幼保健和基层医疗卫生机构建设，集美区获省级“妇幼健康优质服务示范区”称号，灌口镇中心卫生院和后溪镇卫生院被评为国家级“2015-2016 年度群众满意的乡镇卫生院”；做好“莫兰蒂”台风灾后群众医疗救治和防疫消杀工作，实现大灾后无大疫。至年底，全区共注册医疗卫生机构 218 家。其中，二级及以上医疗机构 4 家（市第二医院、市第一医院杏林分院、厦门百姓妇产医院、厦门锦园中医院），市、区两级公卫机构 5 家，社区卫生服务中心 4 家，卫生院 2 家；共有医务人员 3332 人，每万人口拥有卫技人员 52 人；共有病床 1706 张，每千人口拥有床位 2.67 张。

2016 年集美区卫生防疫单位基本情况表

表 42

单位名称	年末职工人数	固定资产（万元）	门诊数（万人次）	病 床（张）	业务用房面积（平方米）
合计	2460	100086	264	1608	206804
集美区疾病预防控制中心	45	2507	—	—	5239
集美区妇幼保健院	67	1459	5	—	4638
厦门第二医院	1314	62344	105	1100	120974
厦门第一医院杏林分院	599	24601	65	428	47086
灌口镇中心卫生院	106	3012	14	50	8160
后溪镇卫生院	63	2121	14	30	7810
集美街道社区卫生服务中心	33	312	11	—	1664
杏林街道社区卫生服务中心	39	554	11	—	1650
侨英街道社区卫生服务中心	71	1096	14	—	5659
杏滨街道社区卫生服务中心	54	1722	24	—	3600
集美区卫生与计划生育监督所	69	358	—	—	324

【医药卫生体制改革】2016 年，集美区基层医疗卫生机构门诊量共计 74.70 万人次，比上年增长 32.91%。共有全科团队 59 支，36 名专家医生下基层坐诊 1084 次。完成家庭医生签约 56462 人，签约覆盖率 23.28%。其中，普通人群签约 39904 人；高血压签约病人 15025 人，签约率 41.18%；糖尿病签约病人 6268 人，签约率 33.30%；65 岁以上老年人签约 11470 人，签约率 50.79%。“三师两网”（专科医师、全科医师、健康管理师；高友网、糖友网）续签率 84.76%，服务内容知晓率 62.90%，满意度 93.44%。4 月，灌口镇中心卫生院、杏滨街道社区卫生服务中心和杏林街道社区卫生服务中心作为厦门市第一医院杏林分院协作单位正式挂牌。12 月初，集美街道社区卫生服务中心作为福建中医药大学附属康复医院医联体协作医院挂牌成立。落实基本公共卫生均等化，全区累计建立健康档案 502560 份，建档率 76.94%。开展常住居民健康教育工作，发放印刷资料 26.94 万份，举办讲座等健康宣传活动 292 次，参加健康宣传活动及接受健康教育咨询 3.09 万人次。

【项目建设】2016 年，集美区按照“一村一所”要求，持续推进镇村卫生服务一体化。累计建成村卫生所（社区卫生服务站）31 所，并开通医保刷卡服务。后溪卫生院住院楼竣工，预防保健规范化门诊提升项目竣工并投入使用。杏滨街道社区卫生服务中心扩建项目完成方案设计，消防系统和污水处理系统改建项目完成方案设计、概算评审、立项，进入招标程序。12 月，区委、区政府召开医疗规划布局专题会议，决定做大做强市第一医院杏林分院，实施区妇幼保健院住院部、灌口医院、锦园社区卫生服务中心和北部新城社区卫生服务中心等建设项目。（周源源）

厦门市第二医院

【概况】2016 年，厦门市第二医院有职工 1314 人，其中医疗技术人员 1111 人，占职工总数的 84.55%。医技人员中，高级专业人才 169 人，博士 17 人，硕士 213 人，本科学历 401 人。拥有一个市级医学中心——厦门市呼吸疾病诊治中心和慢性肾病诊疗、泌尿结石诊疗、妇科腔镜、职业病中毒救治、脑卒中预警综合诊治、肿瘤放射诊断六个市级规划重点专科。全年门诊量 1052667 人次，出院 32855 人次，住院手术 6838 例，门诊手术 17397 例，病床使用率 79.33%。申报各级各类科研项目 25 项，其中国家级 2 项、省部级 1 项、市厅级 15 项、校级 7 项。医院门诊预约诊疗率 78.83%，复诊预约率 74.5%，口腔、产前检查复诊预约率 85%。全年派出 5 名中、高级职称医师，对口帮扶漳州市华安县医院，接收对方进修医务人员 2 人次；派出 20 人次，帮扶集美区二镇四街卫生院和社区卫生中心。

2016 年厦门市第二医院医疗业务情况表

表 43

年度	门、急诊量（人次）			住院手术量（例）	血液透析治疗（例）	消化内镜检查（例）	出院病人	出院病人治愈好转率（%）	危重病人抢救成功率（%）	病床使用率（%）	床位周转次数	出院患者平均住院日
	门诊量	急诊量	合计									
2015	683739	298607	982346	7368	23605	10415	28670	95.18	81.65	94.25	35.84	9.68
2016	703765	348902	1052667	8223	28737	11591	33132	95.45	81.16	79.49	31.56	9.19
对比（%）	2.93	16.84	7.16	11.6	21.74	11.29	15.56	0.27	−0.49	−14.76	−11.94	−5.06

【医技住院综合大楼启用】2016 年 2 月 1 日，医院新建的医技住院综合大楼启用。综合大楼位于院区西北角，占地面积 2 万平方米，建筑面积 63077 平方米，共 20 层（含地下一层），设标准病房 332 间，始建于 2012 年 12 月 30 日，2015 年 7 月 14 日竣工，投入资金总额 3.26 亿元，其中市财政拨款 1.65 亿元，集美校委会出资 0.3 亿元，集美区财政拨款 0.49 亿元，医院自筹 0.81 亿元，新添置高端能谱 CT、DRX 光机、高端彩超等医疗设备 1.2 亿元。启用后，放射影像科、检验科、超声影像科、心功能科、输血科、消化内镜室、血透室、重症医学科、信息网络部、产科、麻醉手术科、供应室、妇科、心胸外科、心血管内科、胃肠外科、肝胆外科、乳腺外科、烧伤整形外科、神经外科、骨科、泌尿外科、耳鼻喉头颈外科、肛肠外科迁入新大楼。

【呼吸病医院授牌】2016 年 7 月 29 日，厦门市第二医院专科医院—厦门呼吸病医院获厦门市卫生计生委授牌，正式成立。厦门呼吸病医院源于鼓浪屿肺科，有百年历史。2002 年，成立厦门市呼吸中心，是厦门市成立的第一批医学中心。2016 年，有医务人员 212 人，其中教授、副教授 6 人，硕士生导师导 2 人，高级职称 25 人，博士学位 4 人。中心主任柯明耀主编和参编各类专著 4 部；发表论文 80 余篇，其中 SCI 文章 5 篇；组织鉴定科技成果 3 项；获各级各类资助科研项目 14 项、资助金额 224 万元，获福建省医学科技进步二等奖 1 项、福建省科学技术进步三等奖 1 项、厦门市科学技术进步三等奖 1 项、国家发明及实用新型专利 4 项。呼吸介入技术为其特色专科技术，技术水平处国内前列，在国内有较高的影响力，2014 年进入中国名医百强榜。呼吸病医院设呼吸内科Ⅰ病区、呼吸内科Ⅱ病区、肺部肿瘤科、肿瘤内科、呼吸介入科、RICU、呼吸内镜中心、胸外科、放疗科、核医学科、影像科、病理科及呼吸中心实验室，开设床位 300 张，年收治患者 8000 人次。集门急诊、病房、呼吸内镜中心、手术室、放射科、放疗科、核医学科、病理科、呼吸中心实验室为一体，实现基础、临床互为依托，医、教、研有机联动的“院中院”发展模式，是闽西南最大、水平最高的呼吸系统疾病专科医院。

【改善医疗服务行动计划】2016 年，市第二医院根据国家、省、市卫生计生行政部门要求，落实改善医疗服务行动各项措施，切实提升医疗质量、优化服务流程、保障医疗安全，为当地人民群众提供高效、优质、安全的医疗服务。医务部组织召开专题会议，将 2016 年改善医疗服务行动的重点放在预约诊疗、医疗质量、信息推送、结算服务、药事服务、急诊急救、优质护理、人文关怀等工作上，努力提升医疗服务水平，改善人民群众看病就医感受。根据2015年三级医院评价专家的反馈意见，该院日间手术开展例数的统计口径为24小时内入出院，同时重新梳理日间手术的病种和术式，修订日间手术的制度与流程。至2016年11月底，开展日间手术病种16个744例，占总住院手术台数的11.54%。

【省级卫生应急救援队组建】2016年，市第二医院根据省卫生计生委、省财政厅制订的《福建省省级卫生应急队伍装备建设项目实施方案》要求，牵头组建省级卫生厦门应急医学救援队。厦门应急医学救援队由市医疗急救中心、市疾病预防控制中心、市第二医院组成，共有队员42人，其中二院队员32人。6月，二院医务部编制《厦门省级卫生应急队制度汇编》，并打印成册；10月，联合市急救中心、市疾控中心，在二院4号楼前开展为期5天的集中实战培训演练；11月10—11日，组织参加市政府、市卫生计生委组织的夏金湾应急卫生综合演练；12月2—3日，组织参加全省“健康使命2016”紧急医学救援大型演练。

【药事管理制度】2016年，市第二医院药事委员会定期召开药事管理及药物治疗学会议，讨论药品采购、抗菌药物使用、合理用药管理等问题。加强药物安全管理和高警示药品分类、标识、警示、差错防护等管理，制订细胞毒药物暴露防护方案，为高接触临床科室配备防护箱，开展防护演练、讲解。规范统一全院药品标识，引入二维码扫描系统，贯穿静配整个流程，实现操作全记录及工作质量和量化的跟踪监测。定期开展常规、专项、大金额处方点评工作，全年点评门诊处方11826张，不合理处方218张，合理率98.16%；点评病历3520份，不合理病历399份，合理率88.66%。定期抽查病历，进行用药合理性分析，药师对处方进行干预登记，处方干预2352

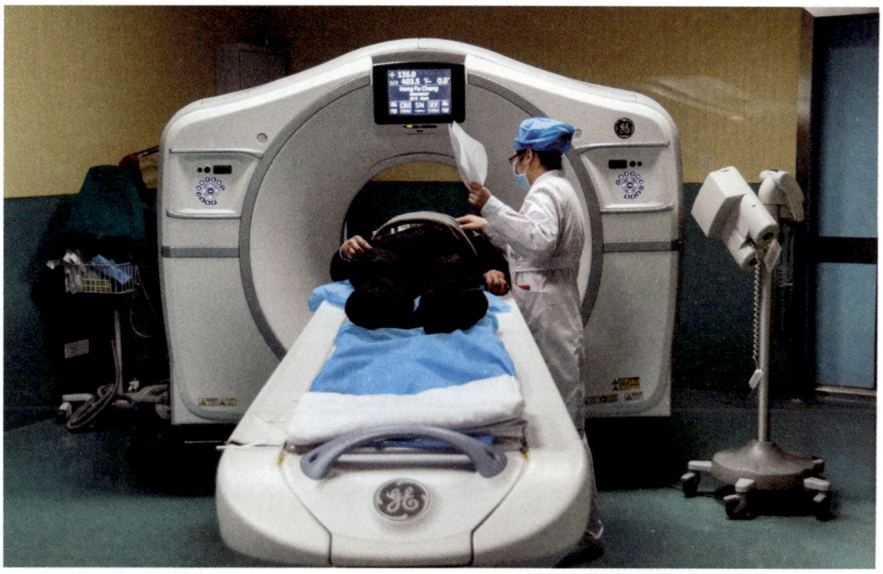

2月1日，厦门市第二医院医技综合楼投用，新添置先进医疗设备价值1.2亿元。图为放射科的高端能谱CT机（林志杰 摄）

人次。同时将分析结果公示于院内网，对不合理案例给予相关责任人质控扣分，并与绩效奖金挂钩，促进临床医师合理用药。

【慢性病分级诊疗】2016年，市第二医院继续推进分级诊疗工作。在上年选派内分泌科、心血管内科、中医科专科医师到社区医疗机构坐诊的基础上，增加选派神经内科、康复医学科、呼吸内科专业的高年资专科医师每周到社区坐诊。主动承担辖区各社区医疗机构全科医师、护士的业务培训工作，免费接收全科医师、护士进修学习20人。医院对社区转诊病人实行就诊绿色服务，对持有“双向转诊单”的上转病人给予优先安排就诊及相关的辅助检查。至11月底，医院派出下社区的专科医师、专家312人次。

【信息化建设】2016年，市第二医院根据医院改善服务行动计划，主动向患者推送各类诊疗信息，新增信息推送和“互联网+”医疗创新服务15项，实现手机微信端移动支付功能。配合医技住院综合大楼启用，完成整体内外部网络规划与改造，内外网均启用新的核心交换机和汇聚交换机，内网实现双核心交换虚拟化和整体网络三层架构，为临床的信息化应用提供坚实的基础。完成信息网络部一、二期机房配电改造，将三期机房UPS电源向一期和二期机房设备供电，提高原有旧机房供电的可靠性和冗余性。新增虚拟机服务器3台，新建虚拟机42个。实施信息集成平台项目，整合原有独立的应用系统，完成心电和手术麻醉系统的接入。在两个病区试用移动护理和移动查房信息系统，年底前完成23个病区的内部无线网络建设并应用移动护理信息系统。推进远程会诊医疗，密切与优势医院及社区联系。至11月30日，与解放军总医院（301医院）远程医学中心完成远程会诊病例25例；通过厦门市医联体平台，为基层医疗卫生机构完成心电会诊、检验检查2000余例。

【平安医院建设】2016年，市第二医院先后制订《2016年火灾隐患排查整治实施方案》《夏季消防安全专项整治工作方案》《2016年“安全生产月”活动实施方案》《消防安全标准化管理达标创建活动工作方案》《防范遏制重特大事故工作制度》，强化安全生产制度化、标准化管理。定期召开安全生产工作专题会议，贯彻落实上级有关安全生产工作的指示，对医院的安全生产工作作出计划、部署及进行检查督导。将安全生产任务分解到各相关科室，与科室签订安全生产责任书，将安全生产制度落实到位。

【继续医学教育】2016年，市第二医院获得省级以上继续医学教育项目9项，先后举办“肺癌微创介入诊疗新技术”“支气管镜相关并发症的预防与处理”“气道内超声新进展”“血液学基础理论与诊疗技术新进展”“风湿免疫学基础理论与诊疗技术新进展”“妇科微创手术新进展”“心脏超声诊断”“GE能谱CT临床应用”“围手术期——麻醉全期护理”学习研讨班9期，参会学员2300名。申报2017年省级继续医学教育项目7项。组织全院职工参与继续医学教育，完成2015年全院医技人员继续医学教育年审工作：2015年应做年审人数430人，通过年审人数424人，其中高级职称通过134人，年审通过率97.10%，中级职称157人，年审通过率99.36%；初级职称139人，年审通过率99.28%；年审总通过率98.61%。2016年，全院共有680名职工申报远程网络继续医学教育。（李晓兰）

厦门大学附属第一医院杏林分院

【概况】2016年，厦门大学附属第一医院杏林分院在职职工599人，其中医生227人、护士269人。医护人员中，副高以上职称94人，硕士、博士52人。全年门急诊诊疗653175人次，比2015年增长3.25%；出院17333人次，同比增长4.3%；平均住院日8.07日，同比减少0.37日；手术5373台次，同比增长8.26%。完成厦门医高专实习生68人次、教学生30人次，感染科、肺科见习生128人次的临床带教工作，完成泰山医学院200多学时的教学工作。接收护生69名，并进行实习前的岗前培训。全院医护人员发表国家级论文11篇、SCI论文4篇、省级论文19篇、护理论文59篇。

【分级诊疗工作】2016年，杏林分院开展分级诊疗工作，与3个社区制订长期合作计划，分别与灌口镇中心卫生院、杏林街道社区卫生服务中心、杏滨街道社区卫生服务中心签订合作意向书。分院内科、妇产科、骨科、手术室等科室与灌口镇中心卫生院对应科室进行对接，接收对方医务人员来分院进修。从2015年11月1日至2016年10月31日，共组织专家20人次，到杏林、杏滨社区卫生服务中心和灌口中心卫生院坐诊606人次，进行结对帮扶，“两网”（糖尿病、高血压）家庭医生签约9359人次。组织下社区义诊服务90人次，并对基层社区全科医师进行糖尿病、高血压等慢病诊疗培训。与社区患者互动，推广高血压保健操指导36人次，发放高血压保健宣传手册120册、糖尿病友服务手册120册。指导健康管理师对社区内慢性病患者进行建档、随访工作，服务慢病患者11618人次。4月29日，分院与灌口镇中心卫生院建立合作关系，灌口镇中心卫生院增挂“厦门大学附属第一医院杏林分院协作医院”牌子。从6月开始，分院派出内科医生与灌口镇中心卫生院合作，到灌口镇各社区、村开展义诊活动。

【医疗安全管理】2016年，杏林分院坚持每月组织院内专家对在架病历及归档病历、死亡病例进行病历质量检查，共检查病历841份，其中甲级病历830份，甲级率98%；每季度对输血病历进行检查，并及时反馈检查中存在的问题。是年，医院组织业务学习7次、举办健康教育讲座4次、慢病培训讲座3次，业务讲座14次、多科室病例讨论10次、院外会诊562次；出健康教育宣传栏2期、专栏18版。举行黄热病应急演练1次、“多重耐药菌院感预防与控制技术”“医疗废弃物及职业暴露”培训2次，对新入院的74名实习生进行医院感染知识培训和考试。进行“中东呼吸综合征防控”知识培训2次，并组织相关人员30人次到ICU及负压病房进行防护用品穿脱流程考核，达标率100%。认真做好院感工作和网络直报及各项监测工作，实时进行数据统计分析、上报，严防传染病漏报。（杏林分院综合办）

集美区疾病预防控制中心

【概况】2016年，集美区疾病预防控制中心年末在职职工45人。其中，正高职称2人，副高4人，中级12人，初级13人；研究生学历4人，本科17人，大中专10人。是年，儿童卡介苗接种率、脊灰糖丸接种率、百白破三联苗接种率、乙脑疫苗接种率、流脑疫苗接种率、甲肝疫苗接种率均为100%，麻风疫苗接种率和乙肝疫苗接种率均为99.98%。收到预警信号305条，经核实均为非疑似事件。全年无甲类传染病报告；乙类传染病1984例，发病率313.04/10万，比上年同期上升22.07%；丙类传染病3169例，发病率500.02/10万，同比上升50.72%。在村（居）健康小屋全覆盖的基础上，新增人员密集和重点区域健康小屋3家。

【业务质量管理】2016年，区疾控中心发放检测报告485份，内容涉及水质、食品、病原微生物、职业卫生监测、公共场所监测。完成中心《质量手册》和《程序文件汇编》第C版的修订，添置新的国家标准图书33册。疾控中心专业技术人员参加“好医生”远程继续教育及福建通讯继续教育28人，参加省、市级业务培训52人次，完成卫生专业技术人员学分验证28人。举办“寨卡病毒防控知识培训”“食源性疾病监测方案解读”专业培训2期。向区卫计局报送简讯（报道）40篇，更新中心网站信息37条，通过集美疾控微信公众号发布疾病预防信息 91 条。

【重点疾病监测】①霍乱监测。2016 年，全区各级医疗单位肠道门诊报告腹泻病例 472 例，粪检 277 例，未检出霍乱弧菌，未发现霍乱病人和带菌者。5—10 月，在农贸市场、水产品养殖场等场所采集水产品 240 份、养殖水 180 份，均未检出霍乱弧菌。②人感染高致病性禽流感监测。在 6 个镇街活禽交易市场采集环境标本 35 份，其中 H7N9 核酸阴性 34 份，H7N9 核酸阳性 1 份，未接到禽流感（H7N9）感染疫情报告。③鼠疫监测。4—9 月，在杏滨街道前场村、灌口镇双岭村和后溪镇前进村监测点开展鼠疫监测，捕获鼠型动物 288 只，检集蚤类 1 匹，鼠血清间接血凝试验和肝脾反向血凝试验结果均为阴性。④疟疾监测。6—10 月，采用通宵人诱法，在灌口镇双岭村开展蚊媒监测 6 次，6、7、8 和 10 月按蚊密度分别为 3 只 / 人夜、2 只 / 人夜、1.5 只 / 人夜和 1.5 只 / 人夜。调查处置由境外输入的疟疾感染病例 2 例。灌口医院“三热”病人血检疟原虫 250 人，无阳性病例。⑤登革热监测。5 月和 11 月，在灌口镇监测健康人群 200 人，抽取血标本检测，抗体水平均为正常值。6—10 月，在杏林西亭、灌口双岭、灌口中心卫生院、杏林长途汽车站、厦门第一医院杏林分院、京闽北海湾酒店和天地人酒店，每月开展一次登革热媒介监测，全区平均布雷图指数为 14.6，登革热传播风险等级属于中度传播风险。全年处理输入性疫情 3 起，未发现本地登革热病例。制作《预防登革热》动漫视频，在 18 个公共场所视频播放平台定时播放。⑥碘缺乏病监测。5—6 月，配合省、市地方病防治专家组对 5 所小学 210 名 8 ～ 10 岁儿童进行甲状腺 B 超检查，采集家用食盐和尿液进行碘营养检测；6 月，对 100 名孕妇采集家用食盐和尿液进行碘营养检测。10 月，联合省、市疾控专家在杏北社区开展人群碘营养监测、甲状腺 B 超检查和甲状腺结节相关危险因素问卷调查。⑦艾滋病防治与管理。全年报告 HIV 感染者 / 艾滋病病人首次流调率、现存活病人随访率均为 100%，所有病例均完成结核病筛查。完成艾滋病人和感染者 CD4 细胞随访检测 136 例，检测率 94.3%。转介并成功抗病毒治疗 132 人，治疗覆盖率 89.7%。完成发廊、桑拿、按摩店等人员干预 1267 人次，抽血检测 HIV 抗体 731 份，检出阳性血清 5 份；男性行为人群干预 509 人次，抽血检测 HIV 抗体 201 份，检出阳性血清 14 份；完成志愿者咨询检测 HIV 抗体检测 40 人，检出阳性 6 例。⑧结核病防治。全年非结防机构报告肺结核患者转诊到位率 99.78%，追踪到位率 100%，完成初治涂阳新病人 158 例，督导免费治疗肺结核病 318 人，新涂阳病人治愈率 85.6%，新涂阳病人治疗满 2 个月转阴率 73.6%，系统管理率 96.9%，新涂阳患者密切接触者 455 人，筛查率 100%。“三师共管”分级诊疗试点单位灌口中心卫生院，专报累计登记 78 例，签约入网 78 例，入网率 100%；密切接触者筛查 37 例，高危人群筛查 1845 例，可疑者筛查 28 例，合计筛查 1910 例，筛查者中未发现肺结核病人。联合华侨大学举办第 21 个“世界防治结核病日”宣传活动，在华侨大学厦门、泉州校区举办“结核病”主题摄影大赛，收到作品 10 幅。举办乡村结防人员培训班 1 期 62 人。慰问贫困结核病患者 17 名。⑨计划免疫相对传染病监测。发现并调查麻疹疑似病例 47 例，其中阳性病例 29 例。AFP 检测并调查病例 5 例，均已排除。未发现 15 岁以下乙肝、新生儿破伤风、乙脑、流脑、白喉、百日咳等疫情。疑似预防接种异常反应报告 24 例，监测处置 24 例。⑩重性精神疾病管理。全区累计建档严重精神障碍患者 2356 例，在册患者 2306 例，患者在册率 3.69‰。现有在管患者 1997 人，管理率 86.60%。6 个镇（街）卫生院（社区卫生服务中心）均与市精神卫生医疗机构建立患者双向转诊制度。2016 年精神卫生知识知晓率调查结果：知晓度好占 52%，基本知晓占 36%，知晓度低占 12%。⑪死因监测。完成 2015 年户籍居民死因漏报调查，并撰写漏报调查报告，漏报率 1.04%，远低于全国漏报率水平（16%）；完成 2015 年户籍居民死因监测报告，粗死亡率为 4.34‰；完成 2016 年居民死因监测工作，报告 1246 例。⑫肿瘤登记管理。完成 2008—2014 年肿瘤发病数据库随访 1781 例，2008—2015 年肿瘤发病数据地址核实 4420 例。⑬伤害监测。集美区为国家伤害监测点，“伤害监测报告”云平台完成改造并正式投入使用，全年收集报告 17489 例。⑭心脑血管事件报告。厦门二院、厦门一院杏林分院和六家镇街卫生院（社区卫生服务中心）每月上报数据，全年收集报告卡 1671张。⑮健康素养监测。集美区为国家健康素养和中医药健康文化素养调查监测点，完成入户国家健康素养调查问卷 245 份、中医药健康文化素养调查问卷 270 份；完成 2016 年厦门市公民健康素养监测任务，居民健康素养知晓率 82.75%，农村居民 75.11%，总体为 81.15%；城市居民行为形成率 79.70%，农村居民 71.94%，总体为 77.40%。⑯健康危害因素监测。完成公共场所委托监测 306 家次，合格 235 家次，合格率 76.8%；检测项目 1976 项，合格 1900 项，合格率 96.15%；监督抽检 13 家次，合格 7 家次，合格率 53.8%。检测项目 295 项，合格 286 项，合格率 96.9%。生活饮用水采集 56 点次，合格 49 点次，合格率 87.5%。采集末梢水 36 份，合格 31 份，合格率 86.1%；采集二次供水 20 份，合格 18 份，合格率 90%。抽检 14 所中小学的教学环境卫生。处置食源性疾病暴发事件 6 起，均未达到突发公共卫生事件级别。参与集美区食品安全事件联合应急演练 1 次。完成食品安全风险监测 31 份食物样品采集、191 份食源性病例报表审核、88 份有毒有害作业工人健康监护汇总表审核任务。⑰膳食营养调查：配合做好福建省第六次中国总膳食营养调查项目的调查，与杏林街道社区卫生服务中心合作完成54名乳母的基本情况调查及生物样本采集（母乳+血清），并采集13类79种食物样品送省疾控中心。

【免疫预防接种】2016年，儿童常规免疫接种：卡介苗实种12214人，接种率100%；脊灰糖丸实种12918人，接种率100%；百白破三联苗实种13400人，接种率100%；麻风疫苗接种13588人，接种率99.98%；乙肝疫苗实种13097人，接种率99.98%；乙脑疫苗实种13534人，接种率100%；流脑疫苗实种12500人，接种率100%；甲肝疫苗实种12750人，接种率100%。加强免疫接种人数：百白破三联疫苗12511人，麻腮风疫苗13113人，乙脑（1.5～2岁）12703人，流脑A+C（3岁）9916人，流脑A+C（6岁）7662人。4—5月，开展2011—2015年出生未按免疫程序完成接种儿童的查漏补种活动。调查适龄儿童43697人，查出漏种2400人。全区摸底调查适龄儿童共65796人，目标儿童7796人，其中含麻类疫苗应种1344人，实种1320人，补种率98.2%；脊灰疫苗应种2470人，实种2397人，补种率97.0%。快速接种率评估，共抽查适龄儿童70名，发现目标儿童17人，其中含麻类疫苗应种8人，实种8人，脊灰疫苗应种儿童9人，实种9人，快速评估接种率为100%。

【公共卫生事件处置】2016年，辖区共报告传染病聚集性疫情34起，导致226人发病；食源性疾病暴发事件6起，波及56人，均规范处置，未新增病例。"莫兰蒂"台风应急监测：9月15日台风袭击后，中心组成3个应急防疫小组，深入6个镇街村居、卫生所、学校幼儿园等重点场所进行督导和监测。病媒生物监测，布雷图指数平均值10.57，白纹伊蚊成蚊密度平均0.5只/人小时，蝇类孳生物阳性率平均值5.9%，成蝇平均密度每平方米0.62只；饮用水监测，采集各类型水样35份、末梢水18份，末梢水合格率100%，分散式供水合格率35.3%，主要为细菌指标超标；开展灾后应急健康教育，发布灾后防疫宣传微信11条，发放小折页9000份，海报1500张；开展防疫消杀技术培训10场次，培训人数500余人次。

【传染病疫情信息管理】2016年，中心收到预警信号305条，经核实均为非疑似事件。全年无甲类传染病报告。乙类传染病11种1129例（包括外地流动人口），无死亡病例报告，发病率178.14/10万，比上年增长19.42%，发病数前五位依次为肺结核、肝炎、梅毒、淋病、猩红热；丙类传染病6种3174例，发病率500.80/10万，比上年上升53.10%，发病数前五位依次为手足口病、其他感染性腹泻、流行性腮腺炎、流行性感冒、急性出血性结膜炎。

【健康教育】2016年，中心围绕重大疾病、重点传染病、主要慢性病的防治，举办技能培训6场，培训215人；健康知识讲座240场，听众16084人；健康咨询、义诊63场，受益23165人；每周播放健康教育短片6次，中心微信平台发布健康知识信息95条，编辑呼吸道传染病、烟草危害知识宣传栏4期344版，健康知识与卫生防病资料入户率100%。指导创建"无烟学校"5所；联合50所中小学举办"拒吸第一支烟，做不吸烟新一代"签名活动，2万名学生参与签名；协助完成厦门市烟草流行状况现场调查工作任务，入户调查500户。（李标雄）

集美区妇幼保健院

【概况】2016年，集美区妇幼保健院年末在职职工67人，其中卫生专业技术人员56人。卫技人员中，副高以上职称6人，中级28人，初级23人；本科学历46人，大专14人，中专3人。全区妇女孕早期检查率96.6%，孕妇建卡率99.4%，孕产妇系统保健管理率96%，住院分娩率100%，产后访视率97%，出生缺陷发生率13.7‰，剖宫产率35.4%，6个月母乳喂养率91.5%，7岁以下儿童健康管理率96.9%，3岁以下儿童系统管理率95%，妇女常见病筛查率90.4%，婚前医学检查率96%，新生儿死亡率2‰，婴儿死亡率2.4‰，孕产妇死亡率0，孕产妇艾滋病病毒检测率99.5%，孕产妇梅毒检测率99.5%，孕产妇乙肝病毒检测率99.5%，孕产妇产前筛查率95%，新生儿访视率97.7%，新生儿疾病筛查率99.3%，新生儿听力筛查率99.3%，新生儿听力障碍发生率0.3%。是年，集美区获评"福建省妇幼健康优质服务示范区"，周素芬获厦门市卫生计生系统"最美护士"称号，潘陵玉获集美区"优秀共产党员"称号。

【婚育中心开诊】2016年1月，集美区整合计划生育服务机构与妇幼保健院，成立集美区婚育服务中心。按照《福建省婚前保健规范化门诊标准》设置相关科室、流程，实行婚姻登记、婚检、孕前检查"一站式"服务。婚育中心于9月3日对外开诊，至年底，共婚检3553人，婚检率97.26%，孕前优生健康检查任务数3950人，体检8222人，完成率208.15%。

【妇幼健康教育】2016年，区妇幼保健院坚持定期举办孕妇宣教班，每周2次，开设孕期营养、母乳喂养、优生优育、孕期糖尿病预防等课程，采取授课与播放录像相结合，并发放各种宣传资料人手一份。定期开办婴幼儿喂养及早期教育宣教班，每月1次，医生直接授课，讲解婴幼儿喂养的基本知识及早期教育的基本技能。另外，在妇幼保健院网站开设健康知识栏目，宣传母婴保健知识；建立妇幼保健院微信平台，发布妇幼健康信息。利用“三下乡”、母乳喂养宣传周等时间，进行义诊咨询活动。全年印发《儿童健康手册》《早期智力开发量表》、妇幼健康基本信息彩页、婴幼儿心理发育宣传折页和婚前保健、孕前保健、服用叶酸、预防艾滋病母婴传播、母乳喂养、围绝经期保健、预防乳腺癌、宫颈癌等健康教育宣传材料8万余份。

灌口镇中心卫生院工作人员在灌口市场进行灾后防疫消毒（苏碧蓉 摄）

【孕产妇系统保健管理】2016年，区妇幼保健院根据《国家基本公共卫生服务规范·孕产期保健规范》及《厦门市孕产妇系统管理规范》要求，以中国妇幼保健中心开展“孕产妇及新生儿健康监测和母婴健康动态追踪研究监测项目”为契机，开展孕产妇系统保健工作，按照系统保健规范项目、内容，做好孕妇建卡、产前检查及高危孕妇筛查、高危孕妇转诊追踪管理工作。全年完成孕产妇系统保健建卡14114人，高危孕妇筛查8458人，高危孕妇筛查率59.93%。按照《厦门市高危孕产妇转诊救治网络建设实施方案》要求，与市妇幼保健院签订高危孕妇双向转诊协议，转诊高危孕妇475例，同时做好转诊登记、辖区高危孕妇专案管理及跟踪随访工作，高危孕妇管理率100%。

【儿童系统保健管理】2016年，区妇幼保健院执行福建省新的《儿童保健系统管理办法》规定，加强对儿童生长发育的监测。开展听力筛查，做好医院筛查未通过婴儿的听力筛查，筛查392人，对34例筛查未通过的婴儿，及时转厦门市听力筛查诊断中心确诊，对71例确诊听力障碍婴幼儿进行追踪随访。做好新生儿疾病筛查阳性病例召回随访工作，对91例疑似甲低病例和苯丙酮尿症召回进一步检查。开展儿童心理保健门诊，做儿童神经发育筛查和行为发育评估1802人。开展集体儿童视力筛查，对在园儿童进行验光检查及眼外疾病筛查，共筛查16205人；对入园儿童进行眼外疾病心理发育筛查，完成入园入托体检19009人，把好入园、入托体检关。开展托幼机构儿童行为发育筛查，在4家公办幼儿园大班开展感觉统合筛查儿童541名，筛查发现感觉统合失调率40%。加强卫生保健培训，举办托幼机构保健老师卫生保健培训班2次，召开卫生保健例会4次，举办卫生保健讲座3次，完成新上岗保健老师体检2832人。

【计划生育技术服务】2016年，区妇幼保健院根据《福建省人口与计划生育条例》精神及《计划生育技术服务质量管理规范》，提供计划生育免费服务。放置宫内节育器203例，取出1500例，换环55例，实施人流术26例，取出皮下埋植剂8例，上报计划生育避孕药具不良反应215例。完善避孕药具管理制度，做到计划免费发放，并做好药具使用的随访服务。在原有发放网点的基础上，增设社区中心、卫生院发放点6个，新增避孕药具免费自助发放机8台，全区共有发放网点218个、自助发放机39台。全年共发放避孕套106.48万只，使用有效率在95%以上，药具避孕随访率98%。

【落实公共卫生项目】2016年，区妇幼保健院继续落实农村妇女“两癌”检查工作。全年筛查4032人，筛查率100.8%；对细胞学异常对象进行随访，细胞学异常88人，在院做阴道镜检查53人，发现CIN1级24例、CIN2级7例、CIN3级9例，宫颈癌、乳腺癌各1例，转上级医院进行治疗。落实孕产妇住院分娩补助项目，发放辖区户籍产妇分娩补助1800人，完成率100%。落实免费增补叶酸预防神经管缺陷项目，通过6个社区卫生服务中心和卫生院，免费发放叶酸3486人，完成率193.7%。开展预防艾滋病、梅毒、乙肝病毒筛查，做HIV筛查17806人，梅毒筛查11272人，乙肝病毒筛查11532人。开展孕期产前筛查，完成产前筛查3729人。（刘绍娇）

镇街卫生机构

【灌口镇中心卫生院】2016年，灌口镇中心卫生院设妇产科、外科、内儿科、口腔科、耳鼻喉科、康复理疗科、中医科、B超与心电图科、检验科、放射科、药剂科、防疫科、儿保科13个科室，下设标准化村卫生所11所，社区卫生服务站2个，开通医保12家。年末在职职工106人，有编内职工87人，编外顶岗19名。医疗业务：全年门诊 142585人次（校正后比上年增长33%），化验检查 150105 人次，B 超心电图检查 10289 人次，放射检查 14109 人次，住院 286 人次，出院 283 人次，抢救急、重、危病人 27 人次，业务收入 1275万元。健康教育：设置健康教育宣传栏 21 个，更新内容 120 期，举办讲座等健康宣传活动177 场次，接受健康教育咨询 13650 人，发放常见病、多发病防治宣传资料56800份。累计建立居民健康档案 98122 份，规范建档 96739 份，规范电子建档率 76.24％，健康档案使用率 50%。儿童保健：新建儿童保健卡 4067 人，建卡率 99%；3 岁以下系统管理 2422 人，占 97.54%；5 岁以下和 7 岁以下儿童体检率分别为 97.2% 和 96.84%。高危儿管理616 人，集体儿童龋齿预防 12105 人次。建预防接种证 4691 人，建证率 95%，常规免疫接种一类苗 46818 针次、二类苗 4392针次，接种率大于 95%。妇女保健：全镇总活产数 1600 人，其中本地户籍 886 人，省内流动 260 人，省外流动 454 人。本地建卡率、早建卡率、产后访视率、42 天健康体检率、产检 5 次率均为 98%，产检筛查高危孕妇630 人，临产高危并住院分娩 630 人，孕管规范化管理率 96.2%，育龄妇女死亡 6 人，孕产死亡 0 人。办理分娩补助 328 人，计 131200 元。叶酸服用 404 人。“两癌”普查 1780 人。老年人保健：建立 65 岁以上老年人健康档案并规范管理 4632 份，65 岁以上老年人体格检查 2940 人，体检率 63.20%。慢性病管理：高血压病建档 3722 人，健康管理率 19.23%，随访 25104 人次；糖尿病患者建档 1653 人，健康管理率 16.55%，随访 10959 次。重性精神疾病管理：重性精神疾病患者建卡 549 例，规范管理率 87.07%，完成精神疾病知识问卷调查 100 份。传染病管理：填报传染病报告卡 68 人，死因管理 212 人，协助管理非住院结核病人 94 人。中医药健康管理：为 65 岁以上老年人提供中医药健康管理服务 2095 人次，覆盖率 45%。（苏碧蓉）

【后溪镇卫生院】2016 年，后溪镇卫生院设内、外、妇、儿、骨伤、中医、口腔、五官、皮肤、医技、预防保健等科室，下设永祥、英村、新村、三兴、黄地 5 个卫生站（室）。年末在职职工 63 人，核定人员编制 74 人，在职职工 83 人，其中卫技人员 72 人。卫技人员中，高级职称 3 人，中级 22 人，初级 41 人，其他 6 人。开放病床 30 张，使用率 60% 以上。全年门诊量 143142 人次，比上年增长 9.31%。是年，医院承办厦门市第四届“全科医生与三师共管”分享会；与厦门市第二医院签订建立医疗联合体协议，构建医联体共建模式；完成中医百草园建设，栽植各种中药材近 260 种。医院获国家级“群众满意的乡镇卫生院”称号，李翠存护士获厦门市“有人情味护士”称号，陈拥军获市委、市政府授予的防抗“莫兰蒂”台风及灾后恢复重建工作先进个人称号，黄宝玉获集美区纪念“厦门经济特区建设 35 周年”演讲比赛一等奖。（黄禾庚）

【集美街道社区卫生服务中心】2016 年，集美街道社区卫生服务中心设预防保健科、全科医疗科、内科、外科、妇产科、妇女保健科、儿科、儿童保健科、口腔科、精神科、急诊医学科、医学检验科、医学影像科、中医科 14 个科室，下设社区卫生服务站 1个。在岗人员 33 人，其中副高职称 3 人、中级 8 人、初级 17 人、乡医 2 人。①医疗业务。全年门诊 106481 人次（校正后比上年增长 48.5%），总收入 1092.22 万元；预防接种 15216 人次，二类疫苗收入 70.68 万元。银亭服务站门诊人次 2814 人次，收入 22.7 万元。②健康教育。设置健康教育宣传栏 7 个，更新内容 42 期，开展群众健康讲座 82 次、宣传活动 25 次；院内健康教育讲座 12 次，义诊 13 次。接受健康教育咨询 11547 人，发放常见病、多发病防治宣传资料36985份。新建居民健康档案 4359 份，累计完成 42869 人，建档率 81.2%。③儿童保健。新生儿家庭访视 806 人次，健康管理（0 ~ 3 岁）1067 人次，学前管理（3 ~ 6 岁）4985 人次，儿童健康管理率 98.34%，儿童系统管理管理率 94.26%，建卡率 100%，建证率 100%，第二针含麻类、第二针乙脑苗、甲肝接种率 100%。④妇女保健。孕妇建卡 855 人，产前体检 860 人次，叶酸发放 1397 瓶，“两癌”筛查 209 名，分娩补助发放 216 人，产后随访 1612 人次。⑤老年人保健。65 岁以上老年人 3090 人，体检 2156 人，体检率 69.56%。⑥慢性病管理。管理高血压患者 3842 人，管理率 48.15%，体检 2379 人，规范管理率 62%；管理糖尿病患者 1462 人，管理率 35.51%，体检 985 人，规范管理率 67%。⑦重性精神疾病管理。在册严重精神障碍患者 241 人，在册率 4.54‰，达到指标要求，规范管理 206 人，管理率 85.5%，服药率 75%。⑧传染病管理。传染病16 例，无突发公共卫生事件，死因管理 83 人，协助管理非住院结核病人 9 人，管理率 100%，服药率 100%。⑨中医药健康管理：儿童中医保健人数 2177 人，65 岁以上老年人中医体质辨识 1961 人，服务率 48%。⑩家庭签约。已签约 6075 人，签约率 21.12%，其中高血压签约率 47.22%，糖尿病签约率 37.92%，65 岁以上老年人 55.73%。“三师两网”转签率 93.56%，辖区内 80 岁以上 102 名行动不便的老年人，由全科团队提供每月 1 至 2 次的上门服务，上门服务 3561 人次，街道居家养老给予上门服务补助 49080 元。⑪特色中医药服务：中医、理疗科为该中心特色科室，有主任中医师 1 人，主治中医师 3 名，能开展针灸、推拿、穴位贴敷、拔罐、艾灸、刮痧、小针刀、放血、药膳等疗法，夏季还根据冬病夏治的特点开展三伏灸，并设有煎药房，方便辖区群众中医药方面的需求。2016 年 1—11 月中医门诊 19986 人次，理疗门诊 13898 人次，中药饮片处方占比 6.56%，非药物处方占比 5.21%。⑫中心搭建信息化平台，设立预约系统，开通门诊全预约服务、心电协同，推广“厦门e健康APP”，上传心电图1792人次，接受咨询139人次，指导1869人次；与集美街道居家养老协作，开展上门服务3561人次；与福建省中医药大学附属康复医院签订医疗联合体协议，省康复医院专家每周五全天定期到中心坐诊。（黄慧玲）

【杏林街道社区卫生服务中心】2016年，杏林街道社区卫生服务中心门诊108546人次，比2015年增长50.40%；检验科检查35572人次，B超检查1961人次，放射科检查420人次，心电图检查1231人次。①预防接种：新建卡5251人，建卡率100%。全年疫苗接种51111人次。4月，开展查漏补种月活动，摸底适龄儿童12401名，目标儿童2232名，接种2576人，接种率97.53%；10月，在幼儿园、小学查漏补种，摸底适龄儿童11102人，目标儿童2012人，补种率90.75%。②儿童健康管理：2015年10月1日至2016年9月31日，户籍7岁以下儿童3804人，体检3767人，儿童保健率99.02%；高危儿225人，高危筛查率5.91%，高危儿管理率100%；新生儿疾病筛查991人，未发现苯丙酮尿症及甲状腺功能低下病例；听力筛查991人，未发现听力障碍病例。5岁以下儿童2997人，体检2969人，儿童保健率99.06%。其中，低体重38人，患病率1.27%；生长发育迟缓43人，患病率1.44%；超重491人，超重率16.53%；肥胖129人，肥胖率4.34%。血红蛋白检测2526人，贫血165人，贫血患病率6.53%，其中中、重度贫血患病率0.23%。3岁以下儿童2082人，系统管理2013人，系管率96.68%；6个月母乳喂养调查886人，母乳喂养834人，母乳喂养率94.13%；其中纯母乳喂养594人，纯母乳喂养率67.04%。新生儿访视980人，访视率98.39%。5岁以下儿童、婴儿、新生儿死亡均为3例，死亡率分别为0.1‰、0.14‰、0.14‰。省外流动人口5岁以下儿童无死亡病例。流动高危儿筛查244人，管理率100%。2016年1月1日至2016年12月13日，儿童体检15932人次，3岁以下中医药保健指导10037人次，保健指导6839人，指导率68.13%。杏林街道幼儿园46所，儿童8378人，体格检查应检7236人，实检7150人，检查率98.8%；龋齿防治应做15351人次，实做15068人次，防治率98.1%。③孕产妇健康管理：2015年10月1日至2016年10月31日，杏林街道共有产妇984人，新生儿活产数996人，接受产前检查979人，产前检查率98.29%；孕早期建卡978人，孕早期检查率98.19%；产后访视971人，访视率97.48%；高危孕产妇724人，管理率100%。孕产妇系统管理968人，系统管理率97.1%；孕产妇住院分娩率100%，新生儿破伤风和孕产妇死亡率为零。④老年人和特殊人群健康管理：老年人健康体检1560人，累计规范健康管理4980人；高血压患者5475人，随访4370人次；糖尿病患者2020人，随访1610人次；重性精神疾病患者管理317人，规范管理率83.64%，服药率76%；登记传染病41人，上报41人，传染病疫情报告率100%。⑤分级诊疗：专家下基层206人次，组建家庭医生签约服务团队5个，家庭医生签约10517人，签约覆盖率19.79%。⑥健康教育：出宣传栏30期，发放资料61272份，举办健康讲座31次，参加健康宣传活动及接受健康咨询6484人。建立居民健康档案80305份，规范化电子建档率84.3%。⑦中医药综合服务：中医门诊人数增长，中医康复科开展三伏贴、三九贴等特色中医治疗。中医中药处方数占总处方数6.39%，中医非药物治疗处方数占总处方数1.71%，老年人中医药体质辨识1252人次，残疾人康复97人次。（李婉婷）

【侨英街道社区卫生服务中心】2016年，侨英街道社区卫生服务中心招聘编内人员5人。中心设业务科室9个、职能科室3个、社区卫生服务站4个，实际在编在岗人员71人。中心门诊14万人次，比上年增长30.86%；预防接种65861人次，传染病报告12例次；中小学学生体检8123人，儿童体检26892人次，幼儿园口腔保健、龋齿防治15424人；孕妇产后随访641人，访视率96.2%，孕妇建卡2409人，“两癌”普查670人；老年人建档2338人，老年人体检1466人；慢性病管理，高血压4278人，糖尿病1568人，有效管理重性精神病366人，管理率83.88%；中医保健体质辨识4813人；累计建立居民健康电子档案114524份，建档率为81.52%；下乡开展健康教育活动40次，现场义诊开展健康宣传活动40次，发放资料19970份。家庭医师入户签约8961人，其中高血压1931人、糖尿病852人、65岁以上老年人1330人，办理健康证4352人次。完成辖区残疾人建档评估432份，进行各类康复训练2933人次。厦门市第二医院心血管、糖尿病、神经内科、中医科5名专家定期下社区坐诊，为辖区居民提供优质服务。（官德平）

【杏滨街道社区卫生服务中心】2016年，杏滨街道社区卫生服务中心编制78人，有职工68人，其中卫生技术人员62人。在卫技人员中，中级以上职称17人，副高3人，正高1人，全科医师15名。全年门诊量239728人次，医疗收入1665万元；预防接种62326人次，二类疫苗收入184.2万元，年总收入3592万元。累计完成居民健康档案110900人，建档率76%，当年上门入户920人次，电话随访7448人次。中医药健康管理11007人次，其中0～3岁儿童9093人次，65岁以上老年人1914人次。举办讲座等健康教育宣传活动53场次，累计参加活动及接受健康教育咨询5288人次，发放宣传材料11.96万份，更新宣传栏9次。建立预防接种证5194人次，常规免疫接种62326人次。新生儿访视1613人，共计3226人次，

0 ~ 6 岁应管儿童 15229 人，纳入规范管理 13951 人，开展儿童体检 18073 人次；应管孕产妇 5026 人，其中规范管理 1893 人，随访 2244 人次，产后 28 天访视 1593 人，产前随访 19547 人次，产后随访 3186 人次；辖区 65 岁以上老年人 3329 人，建档 3329 人，其中规范管理 2786 人，开展 65 岁以上老年人免费体检 2332 人；高血压规范管理 5036 人，随访 25017 人次；糖尿病规范管理 2123 人，随访 13443 人次；登记并填报传染病报告卡 134 人，协助开展传染病调查、随访及死因调查等 225 人次，协助管理非住院结核病人 372 人；登记重性精神疾病患者 436 人，纳入规范管理 355 人；完成辖区 10 所中小学、61 所幼儿园学生体检 24070 人次，为幼儿进行口腔保健、龋齿防治 15202 人次。（李丽璇 李拓江）

集美区卫生和计划生育监督所

【概况】2016 年，集美区卫生和计划生育监督所办理卫生许可证 1468 件，公共服务事项 109 件；受理各类投诉举报 175 起，其中医疗投诉件 114 起、公共场所 24 起、其他 37 起，回复率和办结率均为 100%；检查各类公共场所、二次供水管理单位、学校卫生共 1748 家次；取缔无证行医 29 起，其中立案 21 起，打击“两非”立案 13 起。完成省文明城（区）指数测评、“9·8”投洽会、中高考等重要接待卫生监督保障任务和“莫兰蒂”台风过后卫生防疫工作。是年，所党支部分获厦门市“先进基层党组织”和集美区“先进基层党支部”称号。

【卫生行政许可】2016 年，区卫生和计划生育监督所精简办事事项，删除或修改行政许可项目 15 项、公共服务项目 5 项。精简办事材料，取消无谓证明，删减申请材料 216 项，取消证明 60 余项，共涉及 53 项行政许可和公共项目。重新明确各事项的承诺时限，“即办件”由 11 项增至 27 项，凡涉及人员的许可项目一律当场办结。全年共办理公共场所卫生许可证 247 个，供水单位卫生许可 84 件，二次供水设施设计审查 42 件，放射诊疗许可 9 件，放射工作人员许可 2 件，医疗机构执业许可 333 家（其中名称核定与设置 45 件，医疗机构执业登记 34 件，医疗机构变更 27 件，医疗机构校验 157 件，医疗机构延续有效期 46 件，医疗机构注销 24 件），医师执业注册 458 件，护士执业注册（包括首次注册、重新注册、变更、延续、注销）261 件，母婴保健技术服务人员执业许可 14 件，母婴保健（计划生育）技术服务机构执业许可 4 件，医疗广告 4 件，乡村医生执业许可 9 件，医师多点执业备案 1 件。

9 月 20 日，区卫生监督所工作人员检测集美中学二次供水水质情况。（林统伟 摄）

【医疗服务市场整治】2016 年，集美区加强医疗机构监督执法，开展打击“两非”专项行动，立案调查涉嫌“两非”案件 13 起，结案 10 起，罚款 20.8 万元，没收 B 型超声诊断仪 13 台。打击无证行医，取缔无证行医 29 起，其中立案 21 起，罚款 15.5 万元，没收违法所得 1.32 万元，没收牙医医疗器械 3 台、药品 20 箱。

【卫生监督稽查】2016 年，区卫生和计划生育监督所规范文书领用制度及案件交接工作。建立较为完善的文书领用登记制度，制作文书分类目录，做好简易程序、违规记分的文书交接登记工作，做好一般处罚程序的交接、报送领导的批示工作。执行行政处罚自由裁量权，结案 31 起，其中当处 4 起、一般程序 27 起，共罚款 23.02 万元，没收违法所得 2.22 万元和药品、器械及其它违法生产经营工具。

【公共场所卫生】2016 年，区卫生和计划生育监督所新制《公共场所法律法规文件汇编》《公共场所卫生管理制度汇编》《公共场所卫生管理档案夹》1000 余份，修改完善“禁止标志”“禁浴标识”“消毒及五病调离记录”“清洗消毒方法标识”“办证通知”及各类标签 8000 多份，统一全区卫生监督标识标牌。举办首次二次供水卫生管理培训会，有 159 家管理单位参加培训。组织游泳场所专项整治，采集 20 家游泳池水水样 42 份，检测结果全部合格。检查各类公共场所、二次供水管理单位、学校卫生1748家次，发放办证通知267份、相关材料1762份，通知复核换证481家次，监督检测51家，下达监督意见书437份。

【灾后卫生防疫】2016年9月15日“莫兰蒂”台风过后，区卫生和计划生育监督所开展灾后救治防疫工作，检查二次供水152家次，其中7家二次供水设施因灾被水浸泡，监督修复；快检二次供水56家、280项次，未发现不合格项目。检查农村水井325口，消毒水井146口，快速检测水井水质401份、2005项次，未发现不合格项目。市政末梢水采样18份，经区疾控中心检测均为合格。共发放各类宣传材料764份，入户指导群众安全用水462户次，推送饮水安全信息521条。全区未发生因饮用水卫生问题导致的公共卫生事件。（周文君）

计划生育

【概况】2016年（计生统计年度），集美区总人口596777人，其中户籍人口255998人、流入人口340779人；出生17103人，其中户籍人口4008人、流入人口13095人；出生人口政策符合率94.84%，其中户籍人口95.31%、流入人口94.69%，比市下达的指标高4.84个百分点；出生人口性别比111.75，其中户籍人口109.40、流入人口112.48，控制在市下达的指标113以下；人口信息统计准确率98.87%，比市下达的指标高3.87个百分点。立案查处“两非”案件13起，结案10起，罚款20.8万元，没收B超13台。人口计生工作通过省、市年度目标管理责任制考核，获2016年度福建省计划生育先进区和福建省计划生育创新奖。

【计生管理与服务】2016年，集美区制订《优化整合基层妇幼保健和计划生育技术服务资源实施方案》，全区六个镇（街）基层妇幼保健和计划生育技术服务资源整合完成。专门设立优生咨询门诊，加强高龄孕产妇、再生育和不孕不育人群的服务和指导，为1576位符合条件准备再生育的人群免费提供取环、复通等计划生育基本技术服务。加强孕前优生检查，孕前健康覆盖率达208.15%。落实避孕方法知情选择，开展计划生育生殖健康科普宣传和服务，全年发放药具计值25.16万元，免费发放避孕套110万只。运用“i厦门”一站式惠民服务平台，推行网上办证服务，服务内容涵盖办理一孩和二孩登记、再生育服务证及其他相关计生证明，申请各项奖励等功能，在各办事中心建立一、二孩生育服务登记和再生育审批办事窗口，公开办事指南、办事流程。

【计生宣传与教育】2016年，集美区继续推进区卫生计生局网站建设，依托“天下集美”和区卫计局微信公众号等服务平台，构建“互联网+计生宣传”工作模式。运用集美动漫形象使者“阿集”“小美”，制作《计生惠民五项新政》《流动人口计生条例》《健康小屋》等系列动漫短片，通过快速公交系统、公交车等厦门移动电视终端平台播出，加强卫生计生宣传力度。

【计生奖励与扶助】2016年，集美区延伸计划生育奖励扶助范围，对户籍从外省迁入的，从原先居住满5年扩大为落户集美区后的第二年起，凡符合区计划生育奖励扶助条件即可列入奖励扶助范围；扩大计划生育“生育关怀行动”项目，将户籍人口中属于独生子女和农村二女户家庭中子女患癌症等重大疾病处于治疗期间的家庭纳入计生特殊家庭“生育关怀救助”行动，按伤残二级以上的同类标准给予一次性紧急救助2万元。做好计生特殊家庭“四个一”工作，为全区131个计生特殊家庭建立联系人制度，实现一户一档。建立计生特殊家庭就医绿色通道，为全区计生特殊家庭投保计生意外伤害险，与辖区8家医疗单位签订就医绿色通道协议，制作个人VIP便民就医卡220张，持卡人可享受“先诊疗、后结算”服务。全年救助失独家庭7户19.5万元；救助贫困母亲42人12.7万元；帮扶农村计生家庭108户49万元；筹集金秋助学资金43.4万元，资助贫困儿童202人；为13户计生家庭申请“幸福工程”小额贴息贷款130万元；为75户计划生育女孩困难家庭发放帮扶资金29.65万元。是年，全区各类计生奖励扶助政策兑现到位：农村奖励扶助1337人，城镇奖励扶助2012人；区级城镇奖励扶助974人，其中计生奖励扶助低保户14人；农村二女结扎奖励5586人；计生家庭特别扶助84人，其中特别扶助低保户4人；农村计生贡献奖励766人；区级计生特殊家庭精神抚慰112人；升学奖励176人。兑现各项奖励扶助资金1403万元。

【流动人口服务与管理】2016年，集美区积极推进流动人口基本公共卫生计生服务均等化。投入试点经费50万元，免费为外来育妇提供健康检查2226人；安排路达公司450名外来已婚育妇分批进行免费健康检查。将生育关怀紧急救助、计生帮扶等覆盖到外来人口，为6位贫困母亲实施关爱“幸福工程”，慰问流动人口贫困家庭19户。着力搭建流动人口社会融合平台，灌口镇黄庄社区、后溪镇新村社区、侨英街道乐海社区、杏林街道曾营社区通过区级社会融合示范点验收，路达公司通过区企业社会融合示范点验收。

（周源源）

2016 年集美区计划生育情况表

表 44

项目	计量单位	合计	灌口镇	后溪镇	集美街道	杏林街道	侨英街道	杏滨街道
一、全年出生人数	人	4008	843	659	369	812	646	594
男	人	2094	447	346	183	424	336	314
女	人	1914	396	313	186	388	310	280
出生率	‰	16.19	16.61	17.92	13.99	789	20.18	15.84
（一）一孩数	人	1905	350	286	197	397	346	289
一孩率	%	47.53	41.52	43.4	53.59	48.89	53.56	48.65
计划内出生人数	人	1905	350	286	197	397	346	289
（二）二孩数	人	2002	459	352	170	399	287	291
二孩率	%	49.95	54.45	53.41	46.07	49.14	44.43	48.99
计划内出生人数	人	1863	424	335	157	379	261	265
（三）多孩数	人	101	34	21	2	16	13	14
多孩率	%	2052	4.03	3.19	0.54	1.97	2.01	2.36
计划内出生人数	人	52	13	8	1	13	9	7
（四）计划外出生人数	人	188	56	30	14	23	30	33
计划生育率	%	95.31	93.56	95.45	96.21	97.17	95.36	94.44
二、全年死亡人数	人	1065	223	182	129	212	111	176
死亡率	‰	4.3	4.39	4.95	4.89	4.12	3.47	4.69
三、全年自然净增人口数	人	2943	620	477	240	600	535	418
自然增长率	‰	11.89	12.22	12.97	9.10	11.64	16.71	11.15
四、领证数	人	13053	2043	1773	1931	3257	1835	1996
已婚育龄妇女数	人	57792	11643	8636	5996	12728	8365	9382
领证率	%	22.59	17.55	20.53	32.2	25.59	21.94	21.27
五、女性初婚数	人	1772	365	251	199	336	295	283
女晚婚数	人	1575	303	218	187	313	270	244
晚婚率	%	88.88	83.01	86.85	93.97	93.15	91.53	86.22
六、15-49 岁妇女数	人	74994	14368	10413	7554	15886	10209	11533
已婚育龄妇女数	人	57792	11643	8636	5996	12728	8365	9382
其中：生二孩	人	16756	4403	3025	1039	3089	2072	2809
生多孩	人	1358	309	220	101	281	187	240
已落实节育措施人数	人	45911	9716	7238	5038	10761	4133	8182
节育率	%	79.44	83.45	83.81	84.02	84.55	49.41	87.21

社会与民生

劳动保障

劳动就业

【概况】2016年，集美区实现城镇失业人员再就业8498人，完成市下达任务数的190.54%，其中城镇就业困难人员再就业1960人，完成市下达任务数的148.48%。实现农村富余劳动力转移就业1958人，完成市下达任务数的117.95%；开发公益岗位288个，报送创业项目48个，通过专家实地评审入选市级优质创业项目库18个。

【兑现奖补政策】2016年，集美区累计审核发放各项优惠1.2亿元，惠及290281人次，惠及企业10121家次。其中，核发灵活就业社保补贴3771.59万元、就业困难人员就业补助153.65万元；核发用人单位招用就业困难人员社保补贴、补差855.93万元，惠及企业1180家次；核发本市农村劳动力社保补差5674.35万元，惠及182737人次；核发劳务协作奖励743.48万元，惠及企业1084家次。鼓励用人单位招用应届高校和职校毕业生、厦门生源毕业生、引进外地生源在校生和毕业生来厦工作，核发奖补736万元，惠及17844人次。

【入驻区行政服务中心】2016年，集美区对出台的劳动就业政策进行全面梳理，统一入驻区行政服务中心窗口，集中办理与辖区企业及居民密切相关的各类优惠奖补业务，为企业和居民提供“一站式”服务。同时简化申报材料，规范办理流程，将办理流程压缩在5个环节以内，并将入驻中心的事项、所需材料和流程制作成“办事指南”，通过多种媒介向社会公开，并安排业务骨干轮流坐岗政务中心窗口咨询台，为群众宣传解读政策，提供优质便捷的服务。

【“金蓝领”人才培养工程启动】2016年，集美区出台《“金蓝领”人才培养工程实施意见》，颁发《关于贯彻落实“金蓝领”人才培养工程实施意见的通知》，建立政府搭台、校企互动、产学结合、资源共享、校企双赢的人才培养合作机制，推进院校和企业全方位、深层次、多形式合作，加快培养适应经济转型急需的知识技能复合型人才步伐。

【高校毕业生就业创业】2016年，集美区出台《关于进一步做好普通高等院校毕业生就业创业工作的实施意见》，并下发《关于贯彻落实进一步做好普通高等院校毕业生就业创业工作实施意见的通知》，鼓励辖区企业吸纳高校毕业生就业。规定辖区企业每招收一名集美区生源的普通高校应届毕业生或离校未就业毕业生就业，并签订一年以上劳动合同且缴纳社保满6个月以上的企业，区财政给予企业每人2000元的一次性奖励；对离校未就业的家庭经济困难并就业困难的高校毕业生，由区财政给予每人2000元的一次性求职创业补贴。并扩大创业政策扶持对象，不再局限于集美区户籍毕业生创业，对于毕业年度内的在校大学生及毕业后五年内的高校毕业生来集创业的，均可享受创业社保补贴、开业补贴、创业扶持资金等优惠政策。同时，区劳动部门在辖区重点用工单位、入驻软件园三期企业和人力资源协会会员企业中广泛征集见习岗位，建立高校毕业生职业见习基地24个，征集到见习岗位654个，并通过局网站对外发布，推动落实职业见习68人。

【市冬季创业项目推介会】2016年12月16日，集美区承办的2016年厦门市冬季创业项目推介会在后溪镇厦门北站南广场创业大街举办，展示推介创业项目109个，吸引4000余人参会，有近1100人次与109家参展商达成项目共识，表达合作意向。是年，通过政策扶持，引导和鼓励劳动者创业创新，核发创业类奖励和补贴65.80万元，惠及经营实体114家次。全年经个人申请、街道推荐，银行审贷受理11人小额担保贷款230万元。

【建立省外用工招聘平台】2016年11月，集美区劳动部门在劳务输出大省云南省曲靖市设立用工招聘办事处，派人在驻地开展招聘活动，并与曲靖市人力资源和社会保障局签订《维护农民工合法权益联动合作协议书》，开展两地劳务协作。至年底，共组织3批次企业赴云南楚雄、曲靖、昭通等地招聘，核发校企合作招聘补贴7.49万元，惠济企业13家。

【职业技能培训】2016年，集美区贯彻“以培训带动就业”工作方针，开展各种职业技能培训活动。至年末，组织免费“1+1群”创业培训93人，农民工技能提升培训1966人；组织农村富余劳动力培训1209人，完成下达任务数的159%；组织城镇失业人员再就业培训660人，完成下达任务数的220%；组织到厦务工劳动者技能提升培训1966人，完成下达任务数的197%；组织外来务工人员岗前培训6497人，并开展客房服务员、电焊工(初级工)职工技术比赛。是年，落实鼓励企业开展员工技能提升培训实施办法，发放企业员工技能提升培训奖励金75.55万元；落实对农村富余劳动力和就业困难人员参加职业培训期间生活补贴政策，发放培训期间生活补贴1342人53.30万元；落实集美区户籍青年入读区属公办中职学校补贴政策，发放生活补贴422人次105.50万元；落实企业高技能人才政府津贴政策，发放高技能人才政府津贴1036人次112.62万元。（王娟）

2016年集美区城镇非私营单位从业人员及工资情况表

表45

行　业	单位	合　计	国有单位	集体单位	其他单位
年末从业人数	人	167185	24907	1366	140839
年平均人数	人	167277	21917	1367	169597
年工资总额	万元	1056342	217906	9067	964806
年平均工资	元	63149	99424	66328	56888
1. 农林牧渔业					
年末人数	人	304	304	—	—
年平均人数	人	304	304	—	—
年工资总额	万元	1238	1238	—	—
年平均工资	元	40714	40714	—	—
2. 制造业					
年末人数	人	102603	76	50	102477
年平均人数	人	123621	76	50	123495
年工资总额	万元	691509	475	164	690870
年平均工资	元	55938	62461	32800	55943
3. 电力、燃气、及水的生产和供应业					
年末人数	人	385		—	385
年平均人数	人	382		—	382
年工资总额	万元	3597		—	3597
年平均工资	元	94173		—	94173
4. 建筑业					
年末人数	人	17242	—	120	17122
年平均人数	人	26242	—	120	26122
年工资总额	万元	132289	—	648	131641
年平均工资	元	50411	—	54008	50395
5.批发零售贸易业					
年末人数	人	3892	11	31	3850
年平均人数	人	3834	12	31	3791
年工资总额	万元	23923	39	113	23771
年平均工资	元	62396	32167	36419	62704
6.交通运输、仓储和邮政业					
年末人数	人	3930	5	62	3863
年平均人数	人	4522	5	64	4453
年工资总额	万元	25722	328	382	25302
年平均工资	元	56883	75800	59766	56821

续表 45

行业	单位	合计	国有单位	集体单位	其他单位
7.住宿和餐饮业					
年末人数	人	2621	1755	—	866
年平均人数	人	1937	1024	—	913
年工资总额	万元	8839	4891	—	3948
年平均工资	元	45636	47767	—	43246
8.信息传输、计算机服务和软件业					
年末人数	人	1249		—	1249
年平均人数	人	1355		—	1355
年工资总额	万元	13540		—	13540
年平均工资	元	99925		—	99925
9. 金融业					
年末人数	人	12	—	—	12
年平均人数	人	10	—	—	10
年工资总额	万元	200	—	—	200
年平均工资	元	200100	—	—	200100
10. 房地产业					
年末人数	人	3228	489	—	2739
年平均人数	人	3235	486	—	2740
年工资总额	万元	31817	4580	—	27237
年平均工资	元	98352	94235	—	99080
11. 租赁和商务服务业					
年末人数	人	3083	3046	7	30
年平均人数	人	2205	2174	7	24
年工资总额	万元	8557	82858	25	244
年平均工资	元	38809	38126	35429	101583
12. 科学研究、技术服务业					
年末人数	人	672	389	33	250
年平均人数	人	653	365	33	255
年工资总额	万元	6596	4965	242	1389
年平均工资	元	101009	136030	73303	54467
13. 水利、环境和公共设施管理业					
年末人数	人	2818	2222	491	105
年平均人数	人	2777	2183	491	103
年工资总额	万元	14128	11163	2504	461
年平均工资	元	50877	51136	50098	44806
14. 居民服务、修理和其他服务业					
年末人数	人	4972	13	55	4904
年平均人数	人	3271	13	55	3203
年工资总额	万元	18436	95	280	18061
年平均工资	元	56364	73231	50891	56390
15. 教育					
年末人数	人	14979	12309	294	2376
年平均人数	人	14604	12038	294	2272

续表 45

行　　业	单位	合　　计	国有单位	集体单位	其他单位
年工资总额	万元	161632	137611	2571	21450
年平均工资	元	61847	124310	87459	94411
16. 卫生和社会工作					
年末人数	人	1951	1728	223	—
年平均人数	人	1896	1674	222	—
年工资总额	万元	18131	15993	2138	—
年平均工资	元	95626	95538	96288	—
17. 文化体育和娱乐业					
年末人数	人	898	365	—	533
年平均人数	人	828	358	—	470
年工资总额	万元	5517	2424	—	3093
年平均工资	元	66632	67718	—	65804
18. 公共管理、社会保障和社会组织					
年末人数	人	2195	2195	—	—
年平均人数	人	2173	2173	—	—
年工资总额	万元	26106	26106	—	—
年平均工资	元	120139	120139	—	—

劳动管理

【概况】 2016 年，集美区下发《关于给予举报违反劳动保障法律法规行为奖励的通知》《预防和治理建设施工领域拖欠农民工工资问题的若干意见》，开展解决农民工工资支付检查、人力资源市场秩序整顿、防暑降温暨规范用工大检查等劳动保障监察专项执法行动，维护劳动者的合法权益，构建和谐劳动关系。区劳动保障监察大队全年受理各类投诉举报信访件 1281 起，清理解决企业拖欠农民工工资 3248 万元。区劳动争议仲裁院收案 822 件，审限结案率 100%；新成立 300 人以上企业劳动争议调解委员会 97 家，组建率 93.2%。

【举报违反劳动法规行为奖励规定出台】 2016 年1 月，区人力资源和社会保障局、区财政局联合颁发《关于给予举报违反劳动保障法律法规行为奖励的通知》，规定对用人单位使用童工、强迫劳动或者其他禁忌劳动、拖欠劳动者工资、未与职工签订劳动合同、未给职工交社会保险，以及其他违反劳动保障法律、法规的行为进行举报，并提供主要线索和证据者给予奖励，奖励标准为每案 200 ~ 2000 元不等。

【拖欠农民工工资治理意见出台】 2016 年 12 月，集美区出台《预防和治理建设施工领域拖欠农民工工资问题的若干意见》。《意见》要求区解决企业工资拖欠问题联席会议发挥牵头组织和协调作用，落实督办农民工工资支付保障工作；区人力资源和社会保障局履行对企业遵守有关工资支付法律、法规的监督职责，负责农民工工资支付保障工作；区建设局履行行业主管部门职责，对建筑企业遵守有关工资支付规定的情况进行监督管理。规定实行项目施工现场农民工实名制、工资实名制，工资由建设单位施工项目部单独列账，通过银行直接发放给农民工，不允许由“包工头”或“班组长”代发。推进企业工资支付诚信体系建设，在集美区政府官网建立违法企业“曝光台”，对拖欠农民工工资的建设施工企业进行曝光，将恶意欠薪、影响恶劣者纳入建筑业信用考核体系。对拒不支付劳动者劳动报酬，造成严重后果的人员，按照有关法律追究当事人的刑事责任。通过建立建设施工领域欠薪处理责任制，从源头上预防和治理因层层转包引发的建筑施工领域农民工欠薪顽疾。

【劳动保障监察专项执法行动】 2015 年 11 月至 2016 年 2 月，区人力资源和社会保障局开展解决农民工工资支付专项检查行动，重点检查招用外来务工人员较多的房建市政工程、高速公路、铁路等在建施工项目的施工单位，以及加工制造、餐饮服务、其他中小型劳动密集型企业和个体工商户，检查用人单位落实国家关于企业工资支付有关规定及最低工资规定的执行情况、拖欠工资后的整改情况、国家关于职工休息休假规定执行情况、加班工资支付情况、与劳动者签订劳动合同等劳动保障法律法规执行的情况。春节前，督促 154 家未能及时发放工资的企业补发工资 681.50 万元。2—3 月，区劳动保障监察大队开展清理整顿人力资源市场秩序专项行动，对人力资源市场的职业中介机构、从事职业中介活动的组织和个人、各类招工用人单位进行清理整顿，共检查职介机构35家，开展规范用工宣传2场，发放宣传材料1000多份，取缔非法职介摊位2个。同时，开展每天不少于两次的重点巡查，发现问题及时整改，规范职介市场。6—8月，开展防暑降温暨规范用工大检查，区劳动保障监察大队出动执法人员89人次，检查各类用人单位40余家，发出整改指令书14份，责令补签劳动合同107人，追讨工资2.9万元。（刘桂龙）

社会保险

【概况】2016年，集美区贯彻落实中央关于“三去一降一补”精神，按照市委、市政府减轻企业负担的部署和要求，做好降低企业生产经营成本、减轻企业负担的政策落实工作。职工“五险”费率由原来的25.63%降低到20.04%，降低5.59个百分点，为企业减负25990万元。同时做好企业稳岗补贴审核发放工作，审核发放2814家企业补贴金额1993.76万元。落实“全民社保登记计划”全国试点工作，完成4855人的数据调查采集工作，全区参保登记率100%。是年，全区社会保险参保总人数500035人，比上年增长3.81%。其中，企业职工参保27.49万人，同比增长5.65%；参加城镇职工养老、医疗、失业、工伤、生育保险分别为26.45万人、27.38万人、25.52万人、25.63万人、24.02万人，同比分别增长7.60%、5.69%、5.52%、7.15%、5.88%；城乡居民和未成年人基本医疗保险及大学生基本医疗保险参保224613人，同比增长1.62%；社会保险综合增长率为6.38%。集美区社会保险管理中心被人力资源和社会保障部评为“全国人社系统优质服务窗口”。

【企业职工养老保险】自2016年1月起，厦门市用人单位为职工缴交基本养老保险费率下降2个百分点，企业缴费率从14%降为12%。6月1日起，进一步调整职工基本养老保险缴费基数下限，由上一年度城镇非私营单位在岗职工月平均工资的60%，调整为不低于厦门市最低工资标准（2016年度最低工资标准1500元），执行期限截至2017年12月31日。2016年1月1日起，企业退休及退养人员基本养老金，首次采用“定额调整、挂钩调整与适当倾斜相结合”的方法，总调整比例为7.01%。月增加标准由定额调整部分与挂钩调整部分构成，对符合条件的人员予以适当倾斜。定额调整部分，企业退休人员、被征地退休人员、未安置就业上山下乡退休人员，每月增发125元；外来员工退休人员，每月增发75元。挂钩调整部分，上述人员在定额调整的基础上，按本人2015年12月基本养老金标准的3%调整增加。适当倾斜部分，对2015年12月31日前办理退休手续的企业军转干部，其2015年12月的基本养老金低于3118元的，补齐至3118元后再参加此次基本养老金调整。2016年，全区办理企业职工退养971人，比上年增长23.38%。至2016年底，全区企业职工平均养老金为每月3291元。

【被征地人员基本养老保险】2016年，集美区新增被征地人员办理养老保险参保手续1719人（其中贷款参保233人），同比增长10.26%；新增被征地人员办理退养手续1126人，落实被征地人员参保财政补助2383.72万元。至年底，全区有24501人开始享受养老待遇，人均月退养金1503元，有27803人参加被征地人员养老保险，区级财政累计补助3.63亿元。

【机关事业单位基本养老保险】2016年4月，集美区开展机关事业单位养老保险工作。5月，完成各参保单位及人员信息的搜集工作，与市财政统发中心进行数据对接后，将集美区机关事业单位退休人员1421人养老金纳入社保社会化发放（统发人数1363人，非统发人数58人）。7月，完成机关事业单位参保人员的补缴及清算审核工作。8月，开始机关事业单位在职人员养老保险参保缴费工作。至年底，全区机关事业单位养老保险参保登记单位347个，参保登记在职8789人、退休1514人，合计10303人。机关事业单位基本养老保险基金收入7538.1万元，职业年金1231.24万元，合计8769.33万元。完成待遇发放单位数128个，人员数1527人，发放养老待遇6911.74万元。

【城乡居民养老保险】2016年，集美区继续推行城乡居民养老保险工作。加大对原农村养老保险数据的清理力度，清理人数41703人。6月，全面完成农村养老保险转城乡居民养老保险工作。落实《集美区推行城乡居民养老保险工作实施（修订）方案》，加大对厦门市户籍居民参加城乡居民养老保险的扶持力度。至年末，全区城乡居民参加养老保险累计16251人，同比增长6.76%。从7月1日起，城乡居民养老保险基础养老金月标准提高至260元，其中具有厦门市户籍不满5年的城乡居民养老保险待遇享受人员的基础养老金月标准由原来的75元提高至100元。城乡居民养老待遇位居全省第一位，46周岁以上目标人群参加城乡居民养老保险参保率100%。

【基本医疗保险】自2016年3月起，厦门市城镇职工基本医疗保险用人单位缴费费率在原有基础上下调1个百分点，本市人员从8%降为7%，外来人员从4%降为3%，期限1年（从2016年3月至2017年2月）。6月起，进一步降低本市城镇职工基本医疗保险费单位缴费费率1个百分点，由7%降为6%，执行时间为2016年6月至2017年12月31日。2016年医保年度，城乡居民基本医疗保险的筹资标准继续执行每人每年600元，其中财政对居民医保的补助标准为470元，个人缴纳基本医疗保险费标准为130元。集美区城乡居民参加医保104929人，财政补助个人缴费部分1049.3万元；全区城乡居民及未成年人、大学生参加基本医保224613人，同比增长1.62%。城乡居民基本医疗保险参保率达到100%。至年末，全区审核支付医疗报销3934人次，同比增长18.60%；审核支付金额508.93万元，同比增长22.38%。审核支付本区医疗困难补助1727人次513.74万元，同比增长10.63%；转外就医、异地工作异地安置医疗报备154人次。从2016年7月起，厦门市医保“漫游”服务再次升级，参保人省外异地医疗省外一站式结算地区在原来北京、上海、广州的基础上，新增南昌、杭州、南京3市，省外一站式结算试点医院也新增8家，从24家增至32家。

【失业、工伤、生育保险】2016年，集美区执行厦门市调整后的失业、工伤、生育保险缴费率。失业保险单位缴交费率从1.5%下调至1%，执行时间为2016年6月至2017年12月31日；工伤保险行业基准费率由0.68%降至0.34%，执行时间同失业保险；生育保险，自2016年7月起，用人单位缴费费率从0.8%降为0.7%，下调0.1个百分点。同时提高工伤保险定期待遇水平。伤残津贴：一至六级伤残职工每人每月增加的伤残津贴分别为270元、255元、240元、225元、210元、180元，调整后一至六级伤残津贴保底金额分别为2895元、2734元、2573元、2412元、2252元、1930元。生活护理费：按照生活护理等级相应比例，每人每月增发生活护理费，生活完全不能自理的150元，生活大部分不能自理的120元，生活部分不能自理的90元。供养亲属抚恤金，增加额按不同的供养对象，属配偶的，每人每月增发120元；属其他亲属的，每人每月增发90元。供养对象同时属孤寡老人或孤儿的，在其增加标准基础上再提高10%计发。按时足额发放工伤保险待遇，全年共审核工伤保险待遇1876人次，核发金额3519.56万元；审核本市失业人员保险2183人，发放失业保险金1563.70万元；审核生育保险待遇6020人次，发放金额5143.69万元。受理外来员工领取生活补助金564人，发放一次性生活补助63.90万元。

2016年集美区社会保险基本情况统计表

表46

项目		2015年	2016年	同比（%）	本年度区财政补助（万元）
全区各险种参保总人数		481692	500035	3.81	—
企、事业“五险”参保情况	职工参保总人数	260210	274919	5.65	—
	基本养老保险	245779	264460	7.60	—
	基本医疗保险	259057	273793	5.69	—
	失业保险	241859	255214	5.52	—
	工伤保险	239261	256293	7.14	—
	生育保险	226906	240249	5.88	—
被征地人员参加基本养老保险	参保人数	1559	1719	10.26	2383.72
	退养人数	1560	1126	−27.82	—
城乡居民及未成年人基本医疗保险	参保人数	221036	224613	1.62	1049.29
城乡居民养老保险	参保人数	15221	16251	6.76	163.99
	退养人数	98	108	10.20	—
农村养老保险	历年人数	全部并入城乡居民养老保险		—	—
	退养人数				
企业人员领取退休金	退休人数	787	971	23.38	—
医保享受退休待遇	总人数	834	772	−7.43	—
社会保险关系转移	总人数	5232	5080	−2.90	—
本市户籍领取失业金	人数	2705	2183	−19.29	—
	领取金额（万元）	2046.20	1563.70	−23.58	
外来人口领取生活补助	人数	704	564	−19.88	—
	领取金额（万元）	67.69	63.90	−5.59	

续表 46

项目		2015 年	2016 年	同比（%）	本年度区财政补助（万元）
工伤保险待遇	人数	2123	1876	-11.63	—
	支付金额（万元）	3658.47	3519.56	-3.79	
基本医疗费用报销	人数	3317	3934	18.60	—
	支付金额（万元）	415.86	508.93	22.38	
生育保险待遇支付	人数	4778	6020	25.99	—
	支付金额（万元）	4196.41	5143.69	22.57	
医疗困难补助	人数	1561	1727	10.63	—
	支付金额（万元）	504.29	513.74	1.87	

（王智进）

住房保障

【安置房建设】2016 年底，集美区有安置房项目 22 个，总建筑面积 377.83 万平方米，总住宅面积 302.92 万平方米，总套数 27747 套。22 个安置房项目中，交付使用 17 个，总建筑面积 218.75 万平方米，总住宅面积 180.78 万平方米，套数 15707 套。在建项目 5 个，总建筑面积 159.08 万平方米，住宅面积 122.14 万平方米，套数 12040 套。其中，厦门火车（新）站 1 号、3 号、5 号地块安置房，位于后溪崎沟村、孙坂路两侧，用地面积 13.13 万平方米，建筑面积 29.76 万平方米，投资约 8 亿元，住宅套数 2178 套；西亭安置房位于集美文教区，用地面积 19.65 万平方米，建筑面积 72.40 万平方米，投资 17.5 亿元；西客明珠安置房位于后溪新店社，用地面积 5.52 万平方米，投资约 5.1 亿元，住宅套数 1934 套，由 3 幢 27 层、7 幢 34 层住宅楼和 1 幢 3 层幼儿园舍组成；碧溪花园位于后溪孙坂路西南侧，用地面积 5.16 万平方米，建筑面积 22.52 万平方米，其中地上建筑面积 19.52 万平方米，地下建筑面积 3 万平方米，投资 4.67 亿元，住宅套数 1843 套，由 8 幢高层住宅楼组成；井城安置房位于灌口镇西南方向、牛冈岭山东南麓，用地面积 1.45 万平方米，建筑面积 4.62 万平方米，投资 1.5 亿元，住宅 240 套。

【安置房配售管理】至 2016 年年底，22 套安置房分配福厦铁路等拆迁项目安置房源 18480 套，面积 202.3 万平方米。办理入住手续 6131 套，其中永祥新城 1326 套、宝华花园 183 套、许庄安置房 276 套、上塘 34 套、幸福家园 1155 套、华雅花园 199 套、兑山安置房 1176 套、英村安置房 841 套、广科花园 2 套、文康花园 80 套、西亭 15 套、滨海花园 147 套、集安广场 245 套、同集路集美段旧城改造安置房 452 套。继续推行安置房百分之百二次分户验收制度，完成铁山安置房、上塘安置房、广科安置房、滨海花园安置房、集安广场、碧溪花园的二次分户验收工作，以及西亭安置房 A1-1、A1-2、碧溪花园 3 ~ 8 号楼的实体检测工作。全年新增安置房项目权属初始登记 2 个，新增个人产权证办理 464 套。至年底，全区累计完成 16 个项目权属初始登记，完成率 94.1%，进入个人产权办理的 2508 套。其中，累计完成拆迁补偿协议确认审核 2508 套，旧证注销 1946 套，契税缴交 1702 套，个人产权证办理 1475 套。

【保障性住房】根据《厦门市社会保障性住房管理条例实施办法》《厦门市社会保障性住房申请手册》规定，保障性安居工程由市级部门统一建设和管理，各区负责社会保障性住房首次申请的受理、审核和社会保障性住房的使用监管工作，受委托承担续租申请的受理和审核工作。2016 年，集美区完成 4 批次共 687 户保障性租赁房申请审核、37 户变更审核、555 户续租审核工作。参与保障性租赁房违规使用查处行动 126 起，审核拨付租金补助 494.42 万元，受惠家庭 1100 余户。

（张永桥）

退管工作

【概况】2016 年，集美区进入社会化管理退休人员 32440 人，其中当年新增 8630 人，同比增长 35.69%。社会化管理率 99% 以上。区退管中心获评厦门市第二届“敬老文明号”。从 2016 年 6 月 1 日起，不再向企业或个人收取每人 600 元的退休人员移交社会化管理活动费，所需经费由公共财政承担，完成全区 7016 名退休老人移交社会化管理手续。全年受理进入社会化管理退休人员困难资助金申请 166 人次，审批发放困难资助金 79.41 万元。

【节日慰问】2016 年，集美区开展春节、敬老节慰问老人活动。春节期间，共慰问老人 25589 人次，发放慰问金 42.39 万元，发放食用油、大米等慰问品计值 299.05 万元；敬老节期间，共慰问老人 25865 人次，发放慰问品计

2016 年，集美区交通通讯类的消费支出同比增长 16.3%，居八大消费支出增长项目首位。图为位于厦门北站的汽车城及厦门市二手车交易中心（林志杰 摄）

值 167.93 万元。全年共组织活动 49 场次，8850 人次老人参加活动，支付经费 33.88 万元。

【老人心理关爱】2016 年，集美区努力探索在老人群体中推广积极心理学思想，并在日东社区设立“夕阳红心灵氧吧”，开展老人心理关爱工作。9 月上旬，10 多名经过培训的老人志愿者开始进入日东社区“夕阳红心灵氧吧”的工作。每周一、三、五上午，均安排两名老人志愿者作为心理健康骨干，为上门的老人提供咨询与关爱服务。（徐声平）

居民生活

【城镇居民收入】2016 年，集美区城镇居民人均可支配收入 41110 元，比上年增长 8.7%。①工资增长是城镇居民增收的主要支撑。持续提升的社会工资水平推动居民工资性收入稳步增长，全年城镇居民人均工资性收入 29674 元，同比增长 5.1%，增速排名四项收入第四位。同时工资性收入也是城镇居民收入的主要组成部分，占家庭总收入的 72.2%。②经营状况持续向好，经营收入较快增长。随着政府对于个体工商户以及自主创业扶持力度的不断加大，城镇居民创业意识增强，从事个体经营人数不断增加，城镇居民人均经营净收入较快增长。全年城镇居民人均经营净收入 4220 元，同比增长 17.3%，增速排名四项收入第二位。③租赁市场持续繁荣，居民增收渠道拓宽。随着城市改造力度增强和城镇化进程加快，居民家庭住房“由购转租”和“以租养贷”现象日趋普遍，城镇居民房屋租赁收入不断增加。房地产市场的总体升温拉动居民房租租金收入增长，城镇居民房屋出租收入比上年增长 11.4%；全年城镇居民人均财产净收入为 3868 元，同比增长 15.2%，增速排名四项收入第三位。④城乡社会保障体系不断完善，带动转移性收入增长。近年来社会保障体系建设步伐加快，保障机制逐步完善，城镇居民养老金标准不断提高，最低生活保障范围扩大、低保标准提高，城镇贫困群体享受到经济社会发展所带来的成果。全年城镇居民人均转移净收入 3348 元，同比增长 27.3%，增速排名四项收入第一位。

【城镇居民消费】2016 年，集美区城镇居民人均消费支出 26426 元，同比增长 7.3%。八大类消费支出呈“六涨二跌”格局，其中交通和通信类增长 16.3%、医疗保健类增长 14.1%、生活用品及服务类增长 12.9%、食品类增长 11.3%、教育文化娱乐服务类增长 10.5%、衣着类增长 6.7%、居住类下降 10.1%、其他商品及服务类下降 1%。①交通通信类支出保持快速增长。信息网络的建设和发展，移动通信设备和移动支付手段的创新，带来的网络速度提升和智能手机广泛进入居民生活，推动居民的信息消费不断升高，居民智能手机的普及以及更新换代速度的加快拉动通信类消费增长；同时，居民汽车拥有量的提高带来汽车消费普及，均使居民交通通信类消费支出维持较高增速。2016 年城镇居民人均用于交通和通信的消费 4341 元，同比增长 16.3%，成为八大类消费中增长最快的一项。②医疗保健日益受重视。随着人们生活节奏的加快和观念的转变，健康保健意识逐渐增强，养生保健日益受到重视。2016 年城镇居民人均医疗保健消费支出达 1424 元，增长 14.1%，仅次于交通通信类增幅。③生活用品及服务消费较快增长。随着经济的不断发展，生活用品种类日渐繁多，城镇居民在生活用品方面及服务上更加注重质的提高。2016 年城镇居民人均生活用品及服务支出 1724 元，同比增长 12.9%。④食品消费稳定增长。随着经济的不断发展，食品种类日渐繁多，食品烟酒支出仍是居民生活消费支出中最重要的组成部分。2016 年城镇居民人均食品烟酒支出 9101 元，同比增长 11.3%，占消费支出的比重为 34.4%。⑤教育文化娱乐消费仍是消费亮点。近年来，随着城镇居民收入水平的不断提高，居民的消费观念也在不断更新，旅游、休闲、健身活动已成为人们生活中不可缺少的内容，节假日和闲暇时去电影院、健身房、酒吧、茶楼成为消费潮流；同时，居民对孩子综合素质教育日益重视，读外语、音乐、舞蹈等兴趣班的支出增长迅速。2016 年城镇居民人均教育文化娱乐消费支出2933元，比上年增加279元，增长10.5%。⑥衣着消费稳定增长。随着生活水平的提高，服装消费档次提高，品牌消费和高档消费逐渐成为习惯，服装购买量及金额不断增长。2016年城镇居民人均衣着支出1851元，同比增长6.7%。占消费支出的比重为7%。

【农村居民收入】2016年，集美区农村居民人均可支配收入22999元，同比增长7.8%。收入构成中，工资性收入依然占据主体地位，人均收入16959元，占人均可支配收入的73.8%；经营净收入次之，人均为3524元，占15.3%。由财产净收入和转移净收入组成的非经营性收入人均为2516元，占10.9%。①工资性收入平稳增长。2016年农村居民人均工资性收入16959元，增长5.4%。在新增的1659元人均可支配收入中工资性收入贡献863元，贡献率52%，直接拉动人均收入增幅3.7个百分点。②经营净收入稳定增长。2016年农村居民经营净收入人均3524元，同比增长9.3%，对增收的贡献率18%，重要性仅次于工资性收入。③非生产经营性收入较快增长。2016年农村居民非生产经营性收入人均2516元，增长24.6%。其中由利息、集体分配股息和红利、其他股息和红利、租金、其他投资收益等组成的财产净收入人均1429元，同比增长26.2%；由农村亲友支付赡养费、各项补贴收入、其他收入等组成的转移净收入人均1087元，增长22.5%。

【农村居民消费】随着农村居民收入水平的不断提高，生活消费水平也水涨船高，生活质量明显改善。据农村住户抽样调查资料显示，2016年，集美区农村居民人均消费支出21773元，同比增长6.3%。生活消费八大类支出有七大类增长，呈现出以下特点：①农村居民对健康的重视程度提高，医疗保健消费快速增长。农村居民除了生病及时就医外，更加注重身体的锻炼和滋补品的服用。2016年农村居民人均医疗保健支出573元，同比增长37.7%，增幅居所有消费类增幅首位。②教育文化娱乐及其他用品和服务消费较快增长。旅游、健身、看电影等文化娱乐活动为更多的农村居民所青睐，成为工作之余的新兴休闲方式和主要消费热点。全年教育文化娱乐服务支出人均1543元，同比增长29.7%。随着生活水平的不断提高，农村居民购买首饰等其他商品和服务消费支出也有较快增长。购买首饰等其他用品和服务消费人均支出428元，同比增长18.6%。③衣着消费和交通通信消费稳定增长。信息网络的建设和发展，移动通信设备和移动支付手段的创新，智能手机在农村基本普及，信息消费不断升高；同时，农民汽车拥有量逐年提高，带来农民交通通信类消费支出增速稳定。全年交通和通信消费支出3928元，增长12.4%。农村居民穿衣不仅讲究款式、花色、质量，而且开始追求时尚。全年农村居民人均该项支出1270元，增长16%。④食品消费和生活用品及服务消费支出小幅增长。2016年农村居民人均食品消费支出7896元，增长9.7%。居民生活用品及服务消费全年人均支出1163元，增长1%。 （高凌）

民　政

【概况】2016年，集美区民政局充实完善社会救助“绿洲计划”内容，加大社会福利和救灾救济工作力度，重新修订《集美区医疗救助实施细则》和《集美区临时生活困难救助办法》，推行城市社区网格化管理、政府购买社会服务和养老为老工作，提高婚姻登记与殡葬管理服务质量，加强社会组织、区划、地名勘界管理，按时完成年度退役士兵安置任务。

【实施“绿洲计划”】2016年，集美区继续实行“绿洲计划”，推出惠民政策77项，涉及就业、养老、医疗、教育等12个方面的救助工作。全年支出20343.84万元，惠及542972人次。其中，贫有所济10项，救济17348人次，支出1101.6万元；学有所教8项，惠及10019人次，支出1739.06万元；病有所医9项，惠及270726人次，支出2590.34万元；老有所养10项，惠及24415人次，支出2967.9万元；住有所居4项，惠及2812人，支出850万元；灾有所救1项，惠及1714户次，支出415.29万元；难有所帮14项，惠及12081人次，支出2646.1万元；劳有所得11项，惠及201470人次，支出6717万元；残有所助10项，惠及4101人次，支出1316.49万元。

【救灾救济】2016年，区民政局认真做好救灾救济工作。医疗救助一站式即时结算服务救助29902人次，支出664.4万元；临时生活困难救助796人次，支出174万元；非义务教育补助389人次，支出63.73万元；供养“三无”（由民政部门收养的无生活来源、无劳动能力、无法定抚养义务人的公民）、“五保”（保吃、保穿、保医、保住、保葬）人员42人（集中供养13人，散居29人），统一供养费50.83万元，委托机构供养费69.8万元，抚养孤儿5人。借助居民家庭经济状况核对平台，开展社会救助对象家庭经济状况核对工作，出具比对报告680户次1314人，比对率100%。提高城乡居民最低生活保障标准，由原来每人每月550元提高至610元，全区低保户568户885人，低收入家庭520人，全年共有6239户次9569人次享受最低生活保障，累计发放保障金591.83万元。开展精准扶贫工作，全区制定脱贫措施的低保户758人、低收入520人。会同区农林水利局向集美区城市发展有限公司推荐困难家庭33人，安排从事城市管理、城市绿化等工作。全区建设避灾安置点78个，为64万常住人口缴交自然灾害公众责任险 15.36 万元，为 23036 户农户缴交农房保险费 63349 元。是年，杏滨街道康城社区、灌口镇铁山社区获“全国防灾减灾示范社区”称号。9 月 15 日“莫兰蒂”风灾后，全区共发放专项救灾款 4573 万元，救灾物资 5 批次，出具农房统保理赔证明 1674 份，获理赔款 119.16 万元，重建、修缮唯一住宅受损房屋 26 户。

【社区建设】2016 年，集美区推进社区居委会与社区工作站职能剥离工作，梳理政府公共服务下放社区工作站事项 102 项。落实城乡社区民主协商制度，制订《集美区城乡社区协商工作实施方案》及《集美区城乡社区流程图》。召开社会组织孵化园社工机构与镇（街）部门对接会，推动政府购买服务工作，政府购买社工服务项目增至 17 个，购买总金额 334.4 万元。

【老龄工作】2016 年，区民政局稳步推进养老工作，加快养老机构发展，全区 3 处养老机构（区社会福利中心、爱欣老年公寓和厦门兴锦园老年公寓），核定养老床位 778 张。推动民间资本介入养老事业，民营出资建设的厦门兴锦园养老公寓进入试营运阶段。建成社区（村）居家养老服务站 61 个，依托服务站整合社区服务资源，为 519 名困难、失能、空巢老人提供政府购买的居家养老服务，共投入购买服务经费 140 万元。落实《集美区老年人入住养老机构补助实施办法》，符合政策入住养老院的老人每人每月补助 500 元至 1000 元，累计受理 47 名符合条件的老人入住补助申请，补助金额 22.95 万元。施行高龄养老津贴制度，为 4010 名 80 岁以上老年人（机关事业单位退休除外）发放高龄养老津贴 546.3 万元。施行老年人幸福安康保险，为 3 万余名老年人购买意外伤害险 146 万元。

【双拥支前】2016 年，集美区落实《集美区现役立功受奖军人奖励实施办法》，奖励驻集部队立功官兵 220 人，奖金 23 万元。开展“双拥”慰问工作，春节、八一期间，区领导带队慰问驻集部队单位 80 个，慰问金额 112 万元；“莫兰蒂”风灾后，慰问驻集部队慰问金 124 万元。投入 50 万元，帮助七三一三六部队建设“智慧军营”，支持三十一军演出队实施“菜篮子”工程。

【优抚安置】2016 年，集美区接收退役士兵 82 人，发放退役士兵自主就业补助金 492.33 万元，增发 46 名立功受奖的退役士兵义务兵家属优待金 8.83 万元。接收转业士官 4 名。是年，全区有各类优抚对象 1093 人。其中，“三属”（烈属、因公牺牲军人家属、病逝军人家属）21 人，在乡复员军人 22 人，革命伤残人员 69 人，带病回乡退伍军人 28 人，参战退役人员 246 人，铀矿开采退役人员 3 人，老烈士子女 2 人，义务兵家属 224 户，无军籍职工 6 人，原“海工一团”退役人员 79 人，60 周岁以上农村籍贯退役士兵 393 人。其中重点优抚对象 316 人、原“海工一团”退役人员 74 人享受定期抚恤、生活补助，60 周岁以上农村籍退役士兵 393 人享受老年生活补助。全年发放定期抚恤金、生活补助金等 1028.45 万元。

【社会组织管理】2016 年，全区有社会组织 583 家，其中社会团体 80 家、民办非企业单位 174 家、备案社区社会组织 329 家。办结社会团体、民办非企业单位名称核准、登记、变更、年检 203 件。完善区社会组织孵化园，入驻专业社工机构 8 家，培育 3A 级以上社会组织 11 家。社会组织统一社会信用代码新赋码 254 家，赋码率 100%。

【婚姻收养殡仪服务】2016 年，区民政局办理国内公民结婚登记 2329 对、离婚登记 843 对，补领婚姻证书 316 件，出具婚姻记录证明 15 件。2016 年 5 月起，免收婚姻和收养登记相关费用。清明节期间，集美区殡仪服务站共接待祭祀人员 48400 人次、车辆 2200 部。全年收运尸体 946 具，其中公安交办 133 具、交警交办 69 具，迁坟 450 座。全年实施惠民政策惠及居民 389 人次，免除金额 34.7 万元。

【区划地名管理】2016 年，区民政局完成 6 个镇、街标准门楼牌号码的排查工作，受理地名命名更名申请 73 份，办理门楼牌申请 739 份，共制作门牌 72690 块，开具门楼牌证明 470 份。“莫兰蒂”风灾后，修复受损广告式路名牌 516 块、单杆式路名牌 97 块、小区导向牌 11 块。通过国务院全国第二次地名普查监理组对集美区二普补查工作的项目监理；完成与海沧区间的县级界线联合检查，与海沧区签订平安边界共建协议。（王娟 陈霖）

镇与街道

灌口镇

【概况】 2016年，灌口镇下设12个行政村、6个社区居委会，镇域面积70.2平方千米；常住人口12.83万人，其中户籍人口5.13万人。实现工业总产值236亿元，其中规模以上工业112家，实现工业总产值223亿元；规模以上服务业9家，完成营业额3.16亿元；限额以上贸易业33家，完成销售额40.4亿元。资质以上建筑业9家，完成建筑业产值16亿元。财政总收入12.48亿元，其中镇级收入1.5亿元；实现国内招商32.39亿元，合同利用外资3779万美元，实际到资855万美元；完成固定资产投资49亿元，其中城镇项目36.49亿元，房地产项目12.51亿元。农民人均可支配收入22948元。是年，灌口镇获评福建省文明乡镇、福建省农村宣传思想文化工作示范镇、厦门市防抗"莫兰蒂"台风及灾后恢复重建工作先进集体、厦门市"六五"普法先进单位。

【农业】 2016年，灌口镇种植业、畜牧业（家禽）、水产业生产减少。种植业：全年种植水稻171.27公顷，总产1001.9吨；种植花生70.67公顷，总产174.9吨；种植蔬菜604.67公顷，不含复种指数），总产9210吨；种植花卉241.47公顷，其中草皮面积121.47公顷，绿化苗木、室内观叶植物花卉120公顷；种植水果626.33公顷，其中荔枝、龙眼产量2160吨。畜牧业：家禽存栏551580羽，其中专业户118户存栏蛋鸭306862羽、肉禽77688羽；肉鸽32户存栏165530羽；孔雀1500羽。家禽出栏1156220羽（其中肉鸽962000羽），产鸭蛋5682吨。水产业：养殖面积200.67公顷，放养鱼苗850万尾，虾苗4000万尾。生产水产品2409吨，其中鱼1907吨，南美白对虾502吨。是年，加强溪流整治，制订"一河一策"工作机制。推广杂交水稻"特优100""搏优253""深两优"品种；推广蔬菜、花卉设施栽培及地膜应用；推广运用"性诱剂""杀虫灯""粘虫板"诱杀虫害，发放太阳能杀虫灯800盏、粘虫板8万片、配方化肥31吨。应急防治红火蚁面积630公顷。全年抽检蔬菜样品705份，均达标。完成春、夏、秋三季消毒灭源3次（含H7N9消毒），用药1850千克，消毒面积170.64万平方米。采集重大动物疫病和养殖环境监测血清样品420份、棉试子580份、环境样品280份，均检测合格。抽检水产品药残8批次92个样品，均检测合格。水产监测点24个，开具水产品产地证明120份。办理农资综合补贴4500户，补贴102.85万元。组织科普和实用技术培训16期，受众820人；发出实用技术材料1200份。

【工业】 2016年，灌口镇完成国内招商32.39亿元，注册资金500万元以上项目168个，其中新设105个、迁址36个、增资27个。是年，灌口镇着力推动产业转型升级，金龙客车新能源技术创新获国家级认可，获评省属企业技术创新先进单位；正新橡胶轮胎滚阻试验机成功对标欧盟标准；厦工与中航系合资设立机器人公司；中汽客公司车载超细干粉自动灭火装置通过公安部消防产品合格评定中心检查，取得国家强制性产品认证（3C认证）。至年底，深青工业组团7家企业进驻投产；亚南机电、唐松机器人建成；正新集美新厂一期投产，二期用地征地拆迁和生活配套区建设中；集美物流园电商谷一期、海翼物流一期、嘉晟一期项目建成；新兴海峡物流园建设中；普洛斯中马供应链项目奠基建设；海翼物流二期、嘉晟二期及顺通达完成前期手续办理；软件园三期莱奇偏光科技项目用地待挂拍；招商莱顿小镇一期主体封顶销售，二期建设中；翔鹭湖畔学府建设中；禹洲房地产J2016P01和龙湖J2016P03两个商住地块前期手续办理中。

【固定资产投资】 2016年，灌口镇完成固定资产投资49亿元，其中城镇项目36.49亿元，房地产项目12.51亿元。固定资产项目87个（当年新增项目33个），其中财政投资项目56个，社会投资项目31个。社会投资项目中，工业项目13个，服务业项目18个。集灌路（集美北大道—G324线段）、集美物流园、杏美路、前潮路、前场七路、浦林路、贞林路、杜岱一路项目建设中；灌口小城镇东部新区学府路、鱼孚路、三李路、金龙东路道路工程收尾，东部片区、物流园区配套项目建设中；灌前路（集美北大道－海翔大道段）项目建设完成。

【征地拆迁】 2016年，灌口镇实施征地拆迁项目30个，其中省市重点项目17个、区重点项目13个，需征地565.24公顷、拆迁22.21万平方米。全年完成征地565.24公顷、拆迁40.32万平方米。其中完成项目13个，分别是集美新城医院；集美物流园；杏美路；前潮路；前场七路道路工程；国道324（凤

位于灌口镇井陈村的集美物流园建设工地（杨辉　摄）

南—角美段）改线；集灌路（集美北大道 -G324 线段）提升改造工程；灌口中路一期；马銮湾新城基础设施及配套（含海沧新城部分区域）；双桥小区二期地块；东李溪拆迁项目；新324国道与洋亭路交叉口东南侧一、二、三、四号地块用地；大岭—安泰宫道路交通隐患整改工程。

【基础设施建设】2016 年，灌口镇投入2180 万元，启动东辉村坑山、东辉村崎圳、三社村洪茂、浦林村潮瑶 4 个美丽乡村建设项目。完成 40 个分散式污水处理站建设。27 个集中式纳管项目中，石星、上头亭社区、深青村、铁山社区建设完成；大路墘、黄庄社区、苍头、尾厝、第一社区、第二社区、文山、鱼孚、溪南、张庄完成 60%，其余完成招投标进入施工阶段。11 个集中式农村污水治理管网、污水处理设施及 3 个河道改造工程建成。灌口东部新区公园、井城幼儿园项目建成；龙湖嘉屿城 3 号开闭所工程收尾；铁山社区自来水改造工程竣工。完成 5 个地质灾害点整治；完成第一社区、黄庄社区、三社村、田头村、双岭村、坑内村 6 个隐患点和大岭至安泰宫道路灾后勘察，完成 10 处应急项目建设。

【教育事业】2016 年，灌口镇小学、初中学龄人口入学率分别为 99.92%、99.21%。省内外户籍小学、初中在校生年辍学率分别为 0.01%、0.62%。以户籍人口数、考试数计算，应届初中毕业生升入高中阶段的升学率分别为96.21%、100%。学前三年教育入园率95.15%。6 ～ 14 周岁三类残疾儿童入学率 100%。15 ～ 50 周岁人口文盲率0.71%。是年，投入 340 万元，用于辖区学校设施及配套建设。全年解决 14名拆迁户子女上学问题。创建学习型家庭 20 户。采取“以测代扫”扫除青壮年文盲 140 人。

【文化事业】2016 年，灌口镇文化站、第一社区文化站、黄庄社区文化站 3个第一批验收点取得优秀等级，深青村文化站、田头村文化站 2 个第二批验收点取得合格等级。全年开展群众性文体活动及文艺演出 30 余场，春节、元宵节期间组织木偶戏、腰鼓表演、门球赛、写对联、3D 电影下村（居）、曲艺专场表演活动，组织“五一”乒乓球赛、国庆篮球赛。投入 25 万元，与市歌仔戏研习传承中心送戏下村（居）10 场。举办厦门（灌口）第四届闽南童玩文化节暨 2016 年元宵灯会，吸引市民游客6 万余人次。鹰坑谷民俗文化园每周六、日举行民俗文艺演出。推进“非遗”项目、传习中心及灌口“十大文化项目”建设，开展“非遗”项目、木偶戏、答嘴鼓进校园进社区展演活动。

【卫生事业】2016 年，灌口镇发放灭蚊防病宣传材料 3100 份，发放灭蚊灭鼠药物 660 千克、灭蟑药 2 万包，消除蚊虫滋生地 960 处。清除乱张贴、乱涂写 2200 处，清理土头垃圾 80 余吨、堆杂 50 车。实施主干道每周一次、其余道路半月一次清洗，12 个村密闭环卫车投用。完成 603 名慢性病人社区诊断工作，举办健康讲座 18 场。开展“莫兰蒂”台风灾后卫生防疫，培训卫生防疫员 195 人，开展联合义诊 1 次；发放健康教育折页 1.55 万张，制作版面 230 版，发送短信 5 万条；使用消杀器械 176 台（个），发放漂白粉片 1.36万片，漂白粉、消毒粉 2380 千克，消毒剂 620 瓶，开展消杀 266 次，消杀面积 100 万平方米；出动 1.8 万人次、清运车辆 70 辆、社会救灾车辆 3000 辆次，清运垃圾 8000 余吨。

【计划生育】2016 年，灌口镇全镇育龄妇女 37565 人，已婚育龄妇女 30952 人。户籍人口女性初婚 365 例，落实节育术 145 例。全年办理独生子女父母光荣证 196 本，办理生育服务登记 609 人、再生育服务证 29 本，流动人口生育登记 3 例。参加优检 1242 人，其中流入人口 228 例。审核外来务工人员子女计生状况证明 2985 份。查处涉嫌非法鉴定胎儿性别行为 2 例。发放避孕药具 1.2 万盒。开展生殖健康、“两癌”普查 18 次，参与人数 800 人。查环查孕 16560 人次，落实政策外怀孕补救措施 26 例。办理计生家庭意外伤害险6465 户，补助 64.65 万元。审批幸福工程小额贴息贷款 12 户。开展各类计生帮扶救助活动，发放救助金 32 万元，惠及 337 户（人）。审核计生“一票否决”148 批次，否决 6 人（拆迁安置

5人，招聘1人）。审核“增加一人份额”8批次69人，兑现14.64万元。办理“失地农民养老保险”计生审核492人。兑现长效节育奖励115人37.1万元、三项优惠政策奖励189人21.25万元。补贴优检对象24.84万元，补贴困难计生家庭旧房翻建2.5万元。

【社会综合治理】2016年，灌口镇深入开展平安家庭、平安企业、平安景区和平安行业创建工作，全镇“平安家庭”13532户。全年受理上级转办信访件323起，办结311起，办结率96.28%。党政主要领导接访4起13人次。接收社区服刑人员50人，解除矫正人员32人，在册65人；接收安置帮教对象27人，解除24人，在册161人。全年调解纠纷148起，涉及303人2850.69万元。发生刑事案件991起、治安案件1133起。投入208万元，改造学校周边道路安全防护工程。投入50万元，在田头村、双岭村、上塘村、三社村主要道路设置交通安全劝导站8个，配备交通劝导员16人。开展打击酒驾、超限超载和渣土车专项行动238次，出动警力6574人次，查处违法行为6410起，行政拘留46人，查扣无牌无证摩托车、助力车2097辆。制作平安宣传横幅100条，分发宣传材料1.6万份。增设电子监控91路，安装门禁通系统563套。

【安全生产】2016年，灌口镇下达安全生产、消防管理目标责任书。全年检查企业2930家（含个体户），督促整改隐患6378处，签订承诺书2778份。责令搬迁非法使用危险化学品企业3家，打击非法存储窝点1处，查处危险化学品23.4吨。取缔非法电镀加工作坊2处。打击非法储存、销售烟花爆竹7起，收缴烟花爆竹147箱，行政拘留6人。推进企业安全生产标准化建设，24家大中型企业完成网上申报，11家通过三级达标评审，其余待评审；120家小微企业通过达标评审；579家个体户完成标准化创建工作。开展燃气安全专项整治，配合解决中石化油气长输管道安全隐患5处。划分18个村（居）为5个片区，完成消防器材室建设，6个社区微型消防站挂牌。派出检查组475次950人次，检查餐饮店475家，开出整改通知书38份。开展劳动密集型企业“除火患、保平安”专项整治，检查劳动密集型企业41家，督促整改火灾隐患点104处。开展食品安全专项整治7次，出动执法人员3268人次，检查食品经营企业1634家。投入安全宣传经费25万元，发送短信54万条，悬挂横幅72条，制作展板22块、安全警示牌3780个，举办安全培训20场，培训1400人。辖区企业法人及安全管理人员133人参加资格取证（复审）培训。

【民生保障】2016年，灌口镇各项民生保障事业协调发展。①低保工作：全年发放城镇低保金26.19万元，惠及357户492人；发放农村低保金75.26万元，惠及1071户1645人。供养“五保人员”143人，补助12.29万元。补助平安铃电话费108户3240元。镇爱心超市发放物资价值14.41万元，惠及792户1209人。②残疾人救助：全年新办残疾证149本，发放瘫痪重度残疾人居家护理补助665人次212.1万元，新增申请135人。发放困难残疾人生活补助234人次84.63万元，新增申请77人。实施各类残疾救助285人次。慰问残疾人3398人次43.72万元，发放残疾用品40套。补助残疾人自主创业129人45.93万元。③老年人关爱：全年发放高龄老人津贴10691人次121.63万元；发放居家养老政府购买服务费1048人15.22万元。办理丧葬补贴10人。协助异地退休认证96人。办理老年人优待证753本，实施老年人免费体检惠及3619人。建成田头村、顶许村两个老年健身康乐家园，推行深青村居家养老服务试点，建设田头村、铁山社区农村幸福院。慰问老人1245人次37.62万元。④临时救助：全年实施临时救济479人次54.41万元，医疗救助6328人165.28万元，教育救助331人40.83万元。发放抗台风救灾食品895箱，食用油、大米169份。发放南平市捐赠的救灾肉食品1200千克、奶制品317箱、大米320包、鸡蛋及蔬菜71箱。发放台湾慈济捐赠的爱心物资惠及257户626人。慰问困难对象1580人次51.36万元。⑤就业扶持：全年实现失业人员再就业1264人。开设富余劳动力转移培训班9个，培训367人；农村富余劳动力新增转移598人。提供公益性就业岗位62个，组织1507家企业提供就业职位5218个岗位23751个，应聘人数8854人，成功就业2467人。认定就业困难人员464人、灵活就业人员297人、自由职业者灵活就业345人。复核灵活就业人员411人，办理停止303人。发放各类就业补贴3219人614.4万元。发放残疾学员午餐劳动津贴12.44万元，完成手工件155万个，金额3.7万元。办理小额创业担保贷款11人，企业担保贷款1家。⑥社会保障：全年完成基本医疗保险参保31619人，补助151.54万元，办理社保卡业务69人。新增失地养老保险参保519人；城乡养老保险参保6165人，补助30.83万元。失地养老保险退休392人，城乡养老保险退休政策性补缴16人，补缴金额2700元；老农保退保26人8743元，合并50人2.66万元；失地退休人员移交社会化管理2817人，累计社会化管理7780人、抚恤人员48人。⑦优抚安置补助：全年办理优抚对象医疗补助171人17.02万元；发放病故军人家属、在乡复员军人、退役参战军人补贴1600人180万元；发放60周岁以上复员人员一次性生活补贴150人20万元；组织152名享受定补优抚对象免费体检；发放30名2014年至2015年入伍参军义务兵家属优待金52万元，发放14名自主择业一次性补助99.55万元。

【汽车小镇建设】2016年，灌口汽车小镇被列入福建省第一批特色小镇建设计划。根据规划，汽车小镇总用地面积344.58公顷，其中城市建设用地222.95公顷，总建筑面积310万平方米，平均毛容积率0.9，将打造“特色鲜明的产业形态、和谐宜居的美丽环境、便捷完善的设施服务、独具特色的汽车文化”的产、城、人、文协同发展的特色小镇，计划3年内建成。是年，汽车小镇项目库入库项目22个，其中基础设施配套10个、公共配套4个、产业项目8个。灌口镇重点推进汽车零部件四期、正新汽车文化中心、厦晖气门嘴、金龙豪华客车、机械三期起步区市政配套等项目进展，累计完成固定资产投资3.3亿元。完成新324国道征地拆迁，机械工业集中区二期纵一路、纵二路、横五路竣工，机械工业集中区三期起步区市政道路、集美职业技术学校完成前期手续办理，公租房项目主体封顶，汽车小镇项目建设有序推进。

【精神文明建设】2016年，灌口镇开展嘉庚精神和核心价值观宣讲36场次，发送精神文明宣传短信2万条，制作悬挂横幅24条，发放《习近平总书记系列重要讲话读本》《摆脱贫困》1万册。投入3000余万元，用于道路、排水、自来水、路灯、环卫、文体设施项目建设；投入精神文明创建经费200余万元，发放门前三包、清洁家园、灾后重建宣传单6000份，完善厦门卫星测控站、深青古驿、灌口历史文化古迹博物馆等教育基地设施，打造黄庄社区书院精神文化培育点。举办“爱毅起飞”公益晚会、厦门日报社“新闻大篷车”进凤山书院活动、“粽叶飘香迎端午，共促和谐邻里情”包粽子比赛、“情暖冬至，心系邻里”等精神文化活动10余场，在《求是》《厦门日报》《海峡导报》《海西晨报》《集美报》等主流媒体刊登灌口新型城镇化建设、社会综合治理等系列报道20余篇，在“灌口百姓”微信公众号刊登灌口宣传文章290篇。

【抢险救灾】2016年9月15日，受“莫兰蒂”台风影响，全镇受灾6000余人，房屋受淹500多处、倒塌23间，大棚损失66万余平方米，农作物受灾1万余亩，水产养殖受灾6000余亩，铁皮屋被掀25万平方米，行道树倒伏1.6万余棵，车辆被砸被淹1100多辆，直接经济损失5.58亿元。防台期间，该镇把确保人民群众生命财产安全放在第一位，在台风来临前短时间内转移处于隐患点的村民939人，在台风登陆后第一时间解救受困村民181人，做到人员零死亡。台风过后，镇党委、政府领导及各包村干部立即到村居指导落实灾后重建工作。18个村居成立家园自救组织，配合派出所、城管、护村队及预备役等专业应急队伍，投入道路清障工作，确保救灾交通畅通。累计投入抢险人数3万余人次，抢救设备50余台班，清理树木1000余棵、铁皮屋1万余平方米，镇环卫站累计出动1000余人次，各种车辆80余辆，清理堆杂400余堆、卫生死角土头垃圾70余吨共260余车，清理转运树枝杂物200余车，镇区主干道和主要村庄道路恢复通行。（王小杰）

2016年，灌口汽车小镇跻身“福建省特色小镇”行列。图为2016“正新轮胎杯”厦门集美中国汽车场地越野锦标赛在正新汽车文化中心汽车越野赛场地举行（林志杰 摄）

后溪镇

【概况】2016年底，后溪镇有常住人口59338人，流动人口21475人。实现工业总产值70.8亿元，比上年增长63%；财政总收入9.84亿元，镇本级财政收入1.52亿元，分别比上年增长112.07%和36.94%；国内招商56.59亿元，合同外资招商1362万美元，外资招商实际到资826万美元；固定资产投资136亿元；农民人均纯收入17058元，同比增长8.12%。

【基本建设】2016年，后溪片区实行“大协调沟通机制＋X”征拆工作方式，完成征地86.70公顷，完成拆迁17.53万平方米，分别完成任务量的101.09%和143.1%。投入720万元，完成农村道路硬化2.8千米、排水改造4.5千米，建设文体休闲场所2个；投入210万元，整治黄地村屋后边坡地质灾害3处。投入4980万元，建设宜居环境美丽乡村项目5个（新村社区官地社、第二农场埭溪桥社、前进村苏营社、东宅村白石社、后垵村后垵社）。是年，新增农村污水收集纳管项目11个，总投资7897万元。始终保持对辖区内违建打击的高压态势，拆除“两违”65起，占地面积14.5万平方米，建筑面积10.1万平方米。其中，拆除新增“两违”31起，占地面积0.82万平方米，建筑面积0.84万平方米；拆除历史违建34起，占地面积13.68万平方米，建筑面积9.26万平方米，完成区下达的10万平方米拆违年度任务指标。

【农业】2016年，后溪镇主要农作物播种面积757.73公顷，总产量13827吨；水果种植面积1149.33公顷，总产量10830吨；种植花卉23.33公顷、绿化苗木38公顷、草皮19.67公顷。家禽存栏300985羽，出栏198750羽，其中蛋鸭存栏192700羽，禽蛋产量1734.3吨。水产养殖面积78.80公顷，产量368.48吨，产值322.2万元。养殖蜜蜂蜂王3661只，其中中蜂3057只，意蜂188只，产蜂业春夏两季产值261.29万元。推广“企业＋合作社＋农户”经营模式，推广应用无公害现代农业管理技术，培植特色农产品基地，提高规模化生产水平，扶持壮大“一村一品”特色农产品品牌，促进农业结构由粗耕粗放型向精细集约型转变。完成农村富余劳动力转移就业423人，完成区下达任务数的103.1%。继续抓好农业科技培训和农作物优良品种引进工作，引进农作物优良品种3个、蔬菜优良品种18个、水果优良品种3个，进行试种和试验。组织农民和重点专业户参加远程实用技术培训12期，参加人数1243人次；组织重点专业户、农技员和防检员参加市级举办的农业专业培训4期，参加人数128人次。

【社会事业】2016年，后溪镇投入250余万元，用于学校校园文化建设、学校硬件改造等。完成崎沟村、三兴社区、永祥小区10套健身路径建设，为村民健身提供活动场所。全年举办文化活动170余场，参与人数1.8万人次；组队参加“嘉庚杯”“敬贤杯”海峡两岸龙舟赛活动，获社会女子组500米直道赛第三名和社会女子组团体第三名。完成妇幼保健和计划生育技术服务资源的优化整合，加快镇村一体化标准卫生所建设，后溪卫生院获评国家级“群众满意的乡镇卫生院”。进一步推进“1118”和谐劳动关系示范工程建设，积极创建省级劳动关系和谐乡镇。推进治安防控体系建设，深化“互联网＋群防群治”建设，发挥“厦门百姓”作用，发动群众参与综合治理工作。镇村多元化纠纷解决机制逐步健全，共调解成功157起，调处成功率100%，调解金额600多万元。强化安全生产监管，整治各类安全隐患651项，打击非法、违法、违规、违章行为207件，全部整改完毕。

后溪流域慢行系统自行车道（林志杰 摄）

【民生保障】2016年，后溪镇城乡居民医疗保险参保21432人，养老保险参保3813人，参保率均为100%；完成失业人员再就业1428人，完成区下达任务数的250%；完善“一对一”就业引导帮扶机制，建立台账，明确帮扶任务，挖掘公益性岗位，招聘47人，完成区下达任务的117.5%；发挥永祥人力资源市场作用，举办招聘会4场，邀请65家企业参会，提供职位229个，岗位981个，应聘567人，就业192人；创建新村、三兴、英村3个村改居充分就业社区，接收、走访失业人员3416次，分类管理2354人，岗位收集5256个。

【生态环境保护】2016年，后溪镇将流域整治与新农村建设紧密结合，打造碧溪农业公园，成立花卉、果蔬、药材农业专业合作社12家，吸纳村民300余人，推动土地流转。建立“一河一档”、“一河一策”，办公室成员单位定期开展联合督查，执法部门严格执法。投入资金280多万元，做好溪流养护工作，共投入养护工5500多人次、垃圾运输车辆350台班、割草机械250台班，清理淤泥土头2.6万平方米、杂草水葫芦28万平方米，关停后溪流域排污口18处，停产洗砂场8处，取缔非法电镀厂6家，回收电镀液2桶，捣毁电镀机9台。

【精神文明建设】2016年，后溪镇出动1500多人次，清理乱张贴、乱涂写10341处，清运土头798车、杂草杂物431车，计4312吨。在13个村（居）成立社区志愿服务站，组织志愿者开展“情暖后溪”“清洁家园”“雨露育青苗”等志愿服务活动，参与7800

余人次；开展各类主题教育活动107场次，受教育人数3万余人次。携手后溪司法所、集美司法所，到辖区学校开展法制知识宣传教育活动11场，受教育人数3510人。东宅双湖公园、溪西村下庄社等地建设文化手绘墙，以“嘉庚精神”“图说我们的价值观”等为主要内容，营造浓郁的文明氛围。

【抢险救灾】受2016年14号强台风“莫兰蒂”的影响，后溪镇农作物受灾3960亩（264公顷），水产养殖受灾1180.7亩（78.71公顷）。倒伏树木3769棵，积水道路1处，主次干道及村道无法通行，倒塌房屋302间、铁皮房屋12万平方米。13个村（居）1.5万人停水、停电、通信中断，安全转移751人。灾后，全镇快速响应、上下联动，18名党员领导干部、108名机关党员分成13组，村民自发组建救灾小分队52支300余人，参与搬移倒树、抢通道路、清除垃圾、疏通管道。全镇累计投入1.2万人次，出动车辆2135辆次、挖掘机120辆、吊车105辆、土炮运输车100辆、土方车47辆、铲车60辆、农用车180辆、农用三轮车200辆、油锯180台，清运绿化垃圾2010车14000吨、生活垃圾1779车5950吨、其它垃圾126车540吨。向全镇低保户、五保户、低收入户民123户249人发放大米4980千克、食用油249桶，发放低保户、五保户每人生活补助金200元、低收入户每人100元，共计发放现金41800元。至9月22日，道路清障、积水排除、环境清扫完成，水、电、电信、交通恢复。 （何凌）

集美街道

【概况】2016年，集美街道下辖岑东、岑西、浔江、盛光、银亭5个社区居委会，年末总人口38099人，其中常住人口29479人，流动人口8620人（不包括在校学生）。实现税收总收入69096万元，比上年增收5712万元，增长9.01%；街道本级税收总收入761.89万元，同比增收1454万元，增长7.5%。是年，集美街道办事处获评集美区防抗“莫兰蒂”台风及灾后恢复重建工作先进集体，银亭社区获省人社厅授予的“充分就业星级社区”称号。

【招商引资】2016年，集美街道实现对内招商25.91亿元，其中注册自贸区的14.44亿元，辖区新设立69项，注册资金5.3亿元；增资18项，注册资金5.6亿元，增资1000万元以上企业有9家；迁入6项，注册资金5277万元。新注册企业资金1000万元以上企业有75家，注册资金1亿元以上的企业有厦门创丰昕锐创业投资合伙企业、厦门再保资产管理有限公司、厦门创丰鑫文创业投资合伙企业、厦门泛荣高科技服务业创业投资合伙企业（有限合伙）4家。

【固定资产投资】2016年，集美街道完成固定资产投资额10.50亿元。其中，5000万元以上城镇项目8.17亿元，5000万元以下城镇项目2.08亿元，房地产项目2544万元。主要项目有高集海堤开口改造清淤工程、集灌路（集杏海堤段）提升改造工程，全部完工。

【基础设施建设】2016年，集美街道推进基础设施改造，在5个社区全面实施集中式生活污水治理工程，涉及人口68829人。街道投入145万元，实施集美大社文创旅游街区祠前路、祠后路雨污水及给水（含消防）工程；投入451万元，实施大社路雨污水、给水(含消防)改造工程，投入209万元，实施渡南路雨污水及给水（含消防）工程，全部完工。投入逾2000万元，建设自行车慢行系统，路线覆盖辖区5条主干路、1条次干路、2条旅游路线，设总站点48个，配置公共自行车1256辆，打造生态、低碳、人本的“自行车+公交”出行模式。

【社会事业】2016年，集美街道受理中低收入家庭租赁房申请82户；办理被征地人员基本养老保险62人，城乡居民养老保险276人，被征地人员参加基本养老保险退休23人，城乡居民医疗保险6516人，困难医疗补助111人。办理失业证606人，实现就业困难人员就业138人、灵活就业585人，以上三项新申请人数171人。接收管理退休人员2521人、进入社会化管理企业退休人员2521人、退休人员遗属54人，为85名特困、重病对象发放慰问金3.3万元。常住人口新生婴儿出生369人，政策外生育14人（其中政策外多孩2个），政策符合率96.20%，政策外多孩率0.27%；常住新生婴儿中男性183人、女性186人，性别比为98.38 ∶ 100；流动人口新生婴儿出生269人，其中男139人、女130人，政策外出生6人，政策符合率97.77%，流动人口新生婴儿性别比106.92 ∶ 100。免费孕前检查504人，检查率138.46%。办理独生子女父母光荣证140个、二孩证220个。政策外生育立案1例，破获“两非”案件1例。“家庭医生”签约3000余户，发放区级抚慰费18人18.24万元，特殊家庭扶助29人42.06万元，升学奖励49人31万元，独生子女奖励费914人164.52万元。另上报困难女孩奖励2人。

【民生保障】2016年，集美街道新进低保户32户39人，补助22.19万元。发放低保“三无”人员零用金1户1人1000元，低保户电费补贴32户39人2040.22元，低保户、“五老”、重点优抚对象临时价格补贴51户58人5800元，“五老”人员1户1人12250元，40%精减人员1户1人10200元，遗属补助7户7人11.39万元，因病因灾临时救济58户196人21.05万元，医疗救助3071人52.17万元，低保户、“三无”人员、“五老”人员、40%精减人员节日慰问金38户60人7.17万元，残疾军人等重点优抚对象抚恤金12人23.05万元，参战退役人员定补金7.70万元，退伍军人自谋职业补助6人44.89万元，义务兵家属优待金6人10.23万元，优抚对象体检费15人9000元，优抚对象医疗养老保险补助6人5.40万元，春节慰问29人4.06万元，建军节慰问20人2.9万元，烈士纪念日慰问烈属3人3000元，60周岁以上农村籍退役士兵生活补助5人7515元，春节、“八一”慰问辖区驻军9个单位8.8万元。发放高龄老人津贴4428人次51.81万元，其中80～90周岁老人3862人次39.88万元，90～99周岁老人548人次11.33万元，100周岁以上老人18人次6000元。协助市、区、街残联慰问477人19.05万元，全国助残日慰问精神残疾及援助中心人员104人2.08万元，居家护理补助185人52.85万元，困难重度残疾人生活补助1人450元，困难残疾人生活补助88人24.09万元，重度残疾人护理补贴81人3.59万元，困难残疾人临时救济11人1.45万元，残疾人医疗救助30人16.08万元，自付医疗费困难补助15人6.97万元，残疾人自主创业补助5人1.5万元，残疾人就学补助19人2.95万元，残疾人个体工商户“两险”补助11人6.30万元。与集美学校委员会联合资助高考贫困生41人7.9万元。

大社文创旅游街区的行道陶艺创意中心（颜志伟 摄）

【平安创建】2016年，集美街道投入综治平安建设专项经费1100余万元。街道有协警162人、专职巡逻队40人、群防群治队伍1225人。2016年，共抓获犯罪嫌疑人75人，协破案件646起，发放群众参与打击犯罪奖励金11万元。街道、社区调解民间矛盾纠纷8起，调处成功率100%。办理政民互动、市长专线582件，办结582件；受理来信来访13件，办结11件，正在办理2件，未发生不可控矛盾纠纷和赴省、进京越级上访。开展创建“无违建”示范街道、“百日治违”及台风灾后“两违”专项整治行动，利用数字城管系统和网格化管理手段，遏制和查处“两违”建设，拆除违法建设38处共11740.52平方米，其中历史违建9处10371.68平方米、住宅小区违建隐患29处1368.84平方米，超额17.74%完成区年初下达的年度“两违”拆除任务；拆后利用（或还原）率100%。全年查处交通违法行为15020起，其中酒驾87起、醉驾24起、毒驾1起、无证411起、未戴安全头盔1061起、摩托车超员332起、未年检161起、货车超载50起、未系安全带143起、逆向行驶45起、货车不安全装置67起；同时查处违法停车7886起，查扣摩托车1110辆。排查交通安全隐患30处，全部整改到位。向100家生产经营单位下达“2016年度集美街道安全生产目标管理责任书”，签订集美区安全生产告知承诺书；与西海夜市、集岑路小商品街165名业主和40艘船舶船民签订安全生产目标管理责任书。全年共检查生产经营单位162家次，查处安全隐患87条，督促整改86条，1条正在整改中；对新开业或需要年审、变更手续的43家经营单位进行前置安全检查，全部审批通过。全年未发生重、特大安全生产事故。

【大社文创旅游街区建设】2016年2月，集美大社文创旅游街区完成招标工作。至年底，祠前、祠后路地面铺设及地下管网改造工程竣工验收；大社路地面及地下管网改造工程完成三分之二，集美大社池塘环境改造工程竣工，二期景观提升改造完成；祠前、祠后路鹅卵石铺设工程完工，二次提升项目亦已完成。签约意向商户36户，签订正式租赁合同商户17户。其中，非遗项目（“珠光青瓷”、“招治薄饼”）2个，经营民宿4家、文创6家、旅游产品4家、餐饮小吃12家、饮品6家、特产1家、伴手礼1家，大社海蛎饼、禾本、合式、Wopaiwo复合型照相馆等6家开业，5家正在装修。另外，台湾夜市小吃团队成员约40家，拟全体进驻祠后路，打造大社风情美食街。是年，集美街道举办“音乐厦门，中国好声音”海选集美分场；参评“厦门文化产业年度风云榜”，获“年度最具创意街区”奖；举办“国庆七天乐，吃过逛大社”美食节；参与第九届海峡两岸文博会宣传推介活动；举办第六届海峡两岸高校文化与创意论坛暨“2016海丝”大学生创新创业大赛；“海丝”东盟文化艺术展暨东盟文化艺术交流中心于11月4日举行开馆仪式。同时筹办“人文集美，学村飘歌”系列活动。

【抢险救灾】9月15日，2016年第14号超强台风“莫兰蒂”袭击厦门，集美街道受灾人口395人，铁皮房屋倒塌

49 处，车辆受损 312 辆，树木倒伏 572 棵，渔船受损 10 艘，挡墙倒塌 3 处，供水、供电、交通中断 13 小时，通讯中断 10 小时，直接经济损失 13706.78 万元。台风来临前，在 5 个社区设置群众临时安置避险点 6 处，转移安置人员 335 人，启用救灾毛巾被 60 多条，草席 60 多张，应急灯 50 多盏，购买安置点群众食品 6000 多元。台风过后，接收南平市捐赠物资 4 批；抽调街道青壮年干部 20 人，组建街道应急抢险队；安排 122 名机关干部职工、120 名社区工作者下到小区、学校、主次干道帮助重建。抢险救灾中，环卫站 240 余名环卫工人、3 台压缩车、3 台铲车、9 台农用车全员出动；街道下属东海公司和集美建筑公司派出 60 名工作人员，携带运渣车 2 辆、货车 9 辆、电锯 5 台；中交一公局厦门工程有限公司派出工作人员 60 名、装载机 4 辆、自卸运渣车 18 辆；集美城发出动吊车 7 部、挖掘机 14 台、高空作业车 4 台、“龙吸水”2 台、柴油泵 6 台；集美大社陈氏宗亲理事会组织闽南建筑和飞阳建工的企业员工、义务巡逻队员及宗亲子弟，组成百人抗灾自救队；集美幼儿园 60 名老师志愿者、集美小学近 300 名学生家长自发参与，共同投入抗台救灾工作。街道投入 13 万元，购买消杀设备和药品，组织各社区消杀员对辖区主干道、政府机关、学校、农贸市场、住宅小区等重点区域进行消杀，消杀面积 14.40 万平方米。灾后，街道管委会第一时间分发《致居民的一封信》2000 份、《致企业的一封信》300 份，号召辖区市民和企业职工投入救灾，并运用集美街道微信公众号、各社区微信平台宣传报道抢险救灾情况和事迹，推送《集万众之力，复学村之美——集美街道打响“莫兰蒂”台风灾后救灾善后攻坚战役》《重建，我们携手并肩》《最美志愿者小郑》《因爱绽放，五色花开遍嘉庚故里》《行动是最好的领导》《奋战路上，你们都是真心英雄》等文章 15 篇，累计阅读量 19000 次。 （陈鹭晶）

杏林街道

【概况】2016 年，杏林街道增设内林社区。至年底，辖宁宝、纺织、曾营、杏北、宁海、园博、内林 7 个社区居委会和高浦、杏林、西亭 3 个“村改居”社区居委会，总面积 24.7 平方千米，总人口 100361 人，其中常住人口 55937 人、流动人口 44424 人。辖区规模以上工业总产值 87.58 亿元，比上年增长 11.51%；实现财政总收入 25.59 亿元，同比增长 7.20%，其中街道本级收入 2.77 亿元，与上年持平。完成固定资产投资 99.63 亿元。其中，房地产项目 60.63 亿元，占 60.86%；其他建设项目 39 亿元，占 39.14%。

【招商引资】2016 年，杏林街道完成国内招商 61.43 亿元，合同外资 4144 万美元，外资实际到资 829 万美元。内资招商企业 727 家，其中增资企业 111 家、新设立企业 474 家、迁入企业 142 家。其中 1000 万元及以上企业 55 家，较大的企业有厦门日上集团股份有限公司增资 4.66 亿元，集美区产业投资有限公司增资 4 亿元，福建福百瑞商贸有限公司注册 1 亿元，集美区融资担保有限公司增资 1 亿元等。合同利用外资 48 家，主要为自贸区招商企业。其中，福建自贸试验区厦门片区韩城投资管理有限公司注册 1508 万美元，厦门凯众德贸易有限公司注册 774 万美元，曼琳翠（厦门）有限公司注册 277.20 万美元等。实际到资 18 家。软件园三期通过入园审核企业 526 家，入驻园区 320 家，入园工作 7018 人，实现销售额 63.02 亿元。自贸区跨区招商完成企业注册 450 家，注册资本 35.78 亿元；外资 27 家，注册资本 3288.17 万美元。

【基础设施建设】2016 年，杏林街道投入 1600 余万元，用于 10 个社区道路建设、污水管网改造、路灯装设等 31 个基础设施项目建设。推动杏东公园、宁宝公园、月美池公园、文滨公园、文达路小公园等一批公园设施的建设，推动宁宝公园、杏东公园公共停车场规划，改善老城停车难题。至年底，辖区所有“村改居”社区实行上门收集生活垃圾，10 条主干道实行 16 小时保洁管理，居民生产生活环境得到改善。

【征地拆迁】2016 年，杏林街道辖区共有省、市、区重点项目 41 项，包括市对区考核项目 5 个，招拍挂用地 2 个，需征地 32.53 公顷，拆迁 12 万平方米。街道主动作为，集中力量攻坚，全力推进重点项目征拆和工程建设保障工作。全年完成征地，完成年度任务 100%；拆迁 12.9 万平方米，完成年度任务 107.5%；其中省重点项目曾营变项目如期交地；杏滨路提升改造、轨道交通一号线、集灌路提升改造、轻化校提升整合、软件三期市政道路二期等 5 个市对区年度考核任务全部完成；大明寺及大明广场顺利开工，亭北学校交付场平，诚毅科技馆西侧用地具备挂牌出让，服务业集中区 7、9 号地块完成集体土地征收。

【工业】2016 年，杏林街道辖区规模以上工业企业 25 家，完成工业总产值 87.58 亿元，同比上升 10.13%。其中年产值亿元以上企业 9 家，完成工业产值 80.88 亿元，比增 10.57%。产值增长较多的有：路达（厦门）工业有限公司增加 4.84 亿元，比增 11.71%；华懋（厦门）新材料科技公司增加 2.23 亿元，比增 28.78%；厦门新长诚钢构工程有限公司增加 9082 万元，比增 14.74%；庸博（厦门）电气技术有限公司增加 5753 万元，比增 130.13%；厦门市科力电子有限公司增加 3913 万元，比增 23.34%；华懋（厦门）织造染整有限公司增加 3084 万元，比增 6.95%。

【社会事业】2016 年，杏林街道继续以“美丽厦门共同缔造”为抓手，完成曾营嘉源新城小区、宁海守望广场、纺织东路沿线整治、宁宝文华苑小区以奖代补项目验收，通过审核金额313.5万元。同时挖掘高浦、杏林、内茂橡树湾等示范点文化资源，收集居民需求意见35项。杏前路、杏东路、杏北路3条主干道整治提升改造工程完成。进一步完善社区服务体系，培育纺织社区“情暖空巢”、曾营社区义务理发等一批特色志愿服务品牌，开展“大手牵小手”关爱外来务工子女志愿服务活动。下拨经费249万元，推进公共文化设施建设，开展社区群众性文体活动；投入225.5万元，改善学校教学设备、办学条件，杏东中学、西亭学校9月开始招生。是年，辖区出生1015人，出生率1.81%，出生人口政策符合率99.41%，出生性别比121.62。安排综治经费1610万元，推进社会管理网格化建设，曾营社区“我爱我家”安居示范工程和高浦“城中村”专项整治取得良好成效，辖区发案率下降，居民安全感增强。

【民生保障】2016年，杏林街道各项民生保障事业协调发展。①低保工作：全年发放城市低保金74.46万元，惠及1071户1435人；供养“三无人员”64人次，补助55.04万元。街道爱心超市发放物资价值3.2万元，惠及86户112人。②残疾人救助：新增申请52人，新办残疾证105本。全年发放瘫痪重度残疾人居家护理补助124.42万元，惠及3764人次。新增申请困难残疾人生活补助27人，全年发放困难残疾人生活补助45.78万元，惠及1399人次。实施各类残疾救助147人次。慰问残疾人1011人次，发放慰问金39.82万元，残疾用品56套。补助残疾人自主创业15人6.3万元。③老年人关爱：全年发放高龄津贴10109人次111.82万元，发放居家养老政府购买服务费22.28万元。办理丧葬补贴80人。协助异地退休认证394人、医疗费办理10人次，办理退休人员迁移57人。办理老年优待证197本。建成内林社区、高浦社区两个老年健身康乐家园，与老年大学联合办学投入经费6.70万元，下拨基层老年活动经费24.30万元。慰问老人251人次14.01万元，在纺织、宁宝、杏北三个社区开展“暖巢暖心”为老服务项目合计投入28万元。④临时救助：全年实施临时救济146人19.32万元，医疗救助5095人108.64万元，教育救助60人10.71万元。慰问困难对象784人次48.07万元。⑤就业扶持：全年实现失业人员再就业1868人，举办下岗失业再就业及富余劳动力转移培训班6个，培训276人；农村富余劳动力新增转移246人。提供公益性就业岗位32个。认定就业困难人员450人、灵活就业人员576人。复核灵活就业人员829人，办理停止362人。发放残疾学员午餐劳动津贴97820元。完成手工50475个，金额2019元。办理小额创业担保贷款14人。⑥社会保障：全年完成基本医疗保险参保17648人，补助88.24万元。新增失地养老保险参保267人、城乡养老保险参保2556人，补助12.78万元。失地养老保险退休125人，城乡养老保险退休16人，失地退休人员移交社会化管理3145人，累计社会化管理7311人，抚恤人员120人。⑦优抚安置补助：全年办理优抚对象医疗补助50人次5.02万元；发放病故军人家属、在乡复员军人、退役参战军人、革命伤残军人、海工一团人员定补抚恤及临时价格补助676人次108万元，发放60周岁以上复员人员一次性生活补贴41人5.25万元；组织49名享受定补优抚对象免费体检；发放23名入伍参军义务兵家属优待金39.20万元，发放12人自主择业一次性补助32.93万元。春节、八一建军节慰问225人，慰问金30.86万元。（郭琰煌　郑媛妮）

侨英街道

【概况】2016年，侨英街道下辖浒井、叶厝、凤林美、孙厝、东安、兑山、乐海、滨水、海凤9个社区居委会。常住人口221036人，其中户籍人口34712人，流动人口186324人。侨英街道经济以工业为主，辖区有企业1500多家，其中规模以上工业企业98家，产值上亿元工业企业31家。实现工业总产值238.1亿元，国内招商38.9亿元，比上年增长18.42%；利用合同外资8224万美元，同比增长429.90%；实际到资1689万美元，同比增长29.52%；固定资产投资58亿元，完成区下达任务的107.4%；财政总收入28.5亿元，同比增长27.23%；街级财政收入1.87亿元，同比增长24.67%。

【工业】2016年，街道实现工业总产值238.1亿元，完成预期任务（251亿元）的94.86%。有规模以上工业企业98家，总产值232.11亿元，占工业总产值的97.48%，同比下降1.87%。产值过亿元企业38家，其中同比实现增长的23家，累计完成工业总产值197.36亿元，占街道规模工业总产值82.89%，是辖区工业发展的主动力。规模以上工业企业实现工业销售值208.54亿元，累计产销率89.85%，同比增长6.89%。实现出口交货值90.22亿元，同比增长5.40%，产品出口持续增长。

【基础设施建设】2016年，街道基础设施建设总投资1.24亿元，其中街道投资9214.7万元，用于社区雨污水管网改造、路灯安装、道路硬化及增设隔离栏等硬件设施建设。路灯安装工程4个，总投资368.66万元；各社区道路及雨、污水管网改造项目25个，总投资5250万元；美丽乡村建设项目3个，总投资635万元；其他项目建设总投资6113.7万元。推进美山中学、莲花小学、浒井幼儿园、东安幼儿园、凤林幼儿园等项目建设，东安、乐海、孙厝、浒井4个社区综合服务中心建设，进展顺利。

【征地拆迁】2016年，街道涉及征地拆

兑山艺术区的行云美术培训中心（王坚峰 摄）

迁项目14个，计划征地39.71公顷，拆迁24733.47平方米。完成征地50.63公顷，完成任务的127.51%；拆迁27692.87平方米，完成任务的112%。杏林湾华侨大学东侧招拍挂二号地块、杏林湾华侨大学东侧一号收储地块、杏林湾华侨大学东侧二号收储地块、杏林湾白石片区招拍挂一号地块、集美新城白石片区市政道路三期工程、集美新城白石片区市政道路二期工程、东海域清淤清表项目、同集路（集杏海堤—同安城区段）提升改造工程、同安新城滨海旅游浪漫线9个征地项目，天马种猪场、华侨大学、集美北部新城区市政道路、同集路（银湖中路—印斗路）拓宽改造工程（集美段）、同集路（集杏海堤—同安城区段）提升改造工程等5个拆迁项目全部完成。

【计划生育】2016年，街道户籍人口出生646人，出生人口性别比108.39，出生人口政策符合率95.36%，户籍人口政策外多孩率0.62%；非户籍流入人口出生4641人，出生人口性别比115.1，出生人口政策符合率94.52%；免费孕前优生健康检查覆盖率87.11%。落实计生各项奖励政策，发放奖励金117万元。慰问计划生育困难家庭、“金秋助学”和携手“爱心超市”等活动投入帮扶资金近30万元。

【民生保障】2016年，街道发放低保、社会救助、优抚、老龄、残疾人等各类补助金、生活补贴和慰问金426万余元。失业人员再就业1051人，开发公益性岗位39个，转移农村富余劳动力275人。进街道人力资源市场招聘的企业974家，提供职位3578个、岗位17318个，促成就业596人。城乡医疗保险参保14636人，符合补助对象12577人，补助金额163.5万元。困难医疗补助191人次，补助金额55.74万元。

【精神文明建设】2016年，侨英街道开展“弘扬嘉庚精神，践行核心价值观”教育实践活动，举办讲座20余场。依托各级媒体、LED屏、户外广告、建筑工地围挡、社区宣传栏等媒介载体，宣传社会主义核心价值观，投放公益广告版面90余个。以社会主义核心价值观、“图说嘉庚精神”、道德模范先进事迹、市民文明行为等题材，发放宣传材料3000余份。围绕春节、清明、端午、中秋、重阳等传统节日，开展祭扫英烈、海峡两岸龙舟赛等“我们的节日”系列主题活动20余场。深化未成年人思想道德建设，协调辖区各学校开展经典诵读和文明小博客等道德实践活动，加强文明礼仪教育；组织清明网上祭英烈、“六一”学习和争做美德少年、“七一”童心向党、“十一”向国旗敬礼四项集中性活动，参与优秀童谣征集活动。

【公证法律服务入社区】2016年，侨英街道在辖区9个社区分别设立公证处工作点，邀请厦门市鹭江公证处公证员到各个社区讲解公证的相关法律、法规，现场解答群众的有关法律问题，为行动不便的居民提供预约上门服务，给社区困难户、低保户和外来务工人员降低和减免公证费，全年共办理涉及辖区范围内的各类公证近200件。

【海凤社区居委会成立】2016年4月10日，海凤社区居委会成立。海凤社区位于集美北部新城区，东至集美东路，西至天安路，南至乐海路，北至凤林中路、乐天路、凤林路、浔江北路、海凤路，面积70.85万平方米，户籍人口3763人。辖区有区法院、区检察院、嘉庚体育馆等机关和企事业单位，有古龙御景、泉舜•泉水湾、颐海嘉园、丰融尚城和国贸商城•集悦等小区以及国贸商城、新华都等大型商贸中心。

【兑山艺术区揭牌】2016年1月29日，兑山艺术区正式揭牌，并举办首届兑山艺术区文化节。该艺术区设有艺术家工作室、兑山画廊、展厅、艺术超市、众创空间、大学生创意集市、市民文化休闲与商业区等。首批20位艺术家入驻，首届年展展出作品60多件。

【居家养老社会服务试点启动】2016年，侨英街道在滨水社区进行居家养老社会服务“百日行动”试点。由区老龄办拨付经费12万元，采用购买服务方式，委托集美区爱欣乐龄社工为社区居民提供居家供养社会服务。举办“双节共庆——端午安康、父亲节快乐”主题互动体验活动和若水乐龄居家养老消夏电影场，成立滨水居家快乐相约DIY种植小组，组织社区健康老人参加广场舞、太极拳、乒乓球等娱乐活动，受到社区居民的欢迎。

【"幸福银龄"社区课堂开课】2016年8月，区民政局拨付基层老年教育补助经费2万元，购买欣立社工服务，在侨英街道5个社区开设社区课堂5课时，讲课内容为健康养生、防诈骗、重视家教、保持阳光心态和低碳生活等，社区居民近300人次参加学习，12月底完成所有课程。

【抢险救灾】2016年9月15日凌晨3时05分，2016年第14号台风"莫兰蒂"正面登陆厦门，侨英街道辖区遭受严重损失：房屋受淹21处，树木倒伏50220株，船只沉没2条、受损2条，鸡鸭死亡2000只，车辆损失3045辆，地下车库受淹1处，铁皮屋倒塌154400平方米，直接经济损失6958万元（不包括生产性经营企业）。台风来临前，街道三次召开防台工作部署动员会，成立由派出所、安监站、卫生院等部门组成的防台应急分队，随时待命。120名包居干部分成9组，深入社区督促、指导防台工作，进行拉网式排查，转移218人。驻街单位侨英中队、侨英派出所、凤安边防派出所积极开展防台工作。侨英中队落实24小时值班制度，对存在安全隐患的模板市场做好宣传和模板转移工作。侨英派出所社区民警、协警下到社区，逐户宣传"莫兰蒂"超强台风的危害及防风常识。凤安边防派出所出动警力40人次，劝离海边游玩群众120人次，帮助渔民稳固船舶20艘次，规劝渔民14人次、船舶6艘次，转移群众260人次。台风过后，街道党工委、办事处召开动员会，部署灾后自救重建工作。街道环卫站500多名职工全力抢险救灾，从9月15日至21日，共投入人力4100人次、垃圾运输车和作业机械412台，清运树枝和垃圾约6000吨。侨英中队取消中秋节假日，出动执勤人员378人次、执法车138辆次，清理辖区主干道和校园周边道路倒伏树木，保证交通安全和学生正常上学。侨英派出所全员取消休假，出动警力170人，动员社会力量1000余人次，全力投入抢险救灾和灾后维稳等工作。凤安边防派出所出动警力200余人次，清理辖区主干道倒伏树木80棵，扶正交通安全标示10余处。集美城发公司安排职工和车辆27部，协助灾后清理工作。侨英市场监督管理所工作人员全体出动，组织400多名商户进行自救，发动姚明织带、远山机械、鸿人伞业等50家企业，对工厂周边倒伏树木进行扶正加固。厦门喜盈门家居广场向集美区受灾群众捐赠救灾款100万元，支援灾后重建。新华都超市捐赠纯净水、饮料、糕点等物资，帮助受灾群众。辖区部队三十一集团军、武警水电部队第六支队、海军厦门水警区应急分队、海军天马山库区、陆军防空团、集美消防大队、集美大桥武警中队等部队支持侨英街道抗台救灾，共出动车辆30多台次、人员500人次，抽吸积水9000立方米，清理倒伏树木和路面各类垃圾。至9月21日17时，侨英辖区内未发生人员伤亡事故，道路交通全线恢复通行，电力、自来水、天然气恢复供应，受灾群众的生产生活全面恢复。（简琛华）

杏滨街道

【概况】2016年，杏滨街道下辖马銮、西滨、前场、锦园、三秀、日东、锦鹤、康城8个社区，总人口17.3万人，其中流动人口13.2万人，占76.3%。完成工业总产值198.2亿元，其中规模以上工业产值186.7亿元。合同利用外资204万美元，外资实际到位985万美元。国内招商17.43亿元，比2015年增长27.51%。财政总收入13.45亿元，同比增长27.97%，其中国税收入7.28亿元，地税收入6.1亿元；街道本级财政收入1.4亿元，同比增长38.61%。城镇居民人均可支配收入41053元，同比增长8%。

【招商引资】2016年，杏滨街道国内招商17.43亿元，比2015年增长24.36%，合同利用外资204万美元。辖区工商企业新注册625家，注册资本共计12.90亿元，其中注册资本500万元以上的93家。注册企业中，从区外迁入的企业134家，内资增资106家，增资额7.63亿元。新设立企业中，除了传统的工业企业，另有一批服务业、科技型企业，其中厦门安妮知识产权服务有限公司注册资本2000万元。

【固定资产投资】2016年，杏滨街道完成固定资产投资22.16亿元，其中房地产项目5项，投资额4.58亿元；基础设施项目28项，投资额13.19亿元。主要有马銮湾新城片区生态修复（一期）工程、集灌路（杏林大桥—沈海高建路段）提升改造工程、西滨路与新阳大桥连接线立交工程。美丽乡村建设有前场市头等7个自然村，总投资1520万元，年底全部完工。

【征地拆迁】2016年，杏滨街道辖区共有马銮湾新城生态修复一期、集美新城医院等征地拆迁项目8个，其中市对区考核项目4个，征收房屋面积7.81万平方米，完成率93.54%。马銮湾新城片区生态修复（一期）工程，需征收集体土地内湾退养海域面积331.33公顷（4970亩），涉及马銮、西滨、前场3个社区，对接交地313.33公顷（4700亩），完成市对区考核任务数100%。集美新城一号收储地块（新城医院），涉及征收锦园社区集体土地10公顷（150亩），其中拆迁无合法批建手续非法住宅约2万平方米，年内签订征地补偿协议并审核通过，征地款项已拨至社区；合法住宅2万平方米已全部签订协议并拆迁完成。杏滨提升改造工程为城市"两环八射"项目，该项目于4月底全面完成。杏滨路与杏北路交叉口奥体中心项目需征收锦园社区集体土地16.2公顷（243亩），已签订征地补偿协议并审核通过，补偿款已拨至社区，交地3公顷（45亩），拆迁非法住宅4户，面积27988平方米。

【养殖管理】2016年，街道辖区尚有家禽养殖户483户，其中专业户13户、散户470户。至年底，家禽存栏11.3万只，其中专业户存栏5.4万只、散户存栏5.9万只。春秋两季实行全面强制免疫，免疫密度100%，无人员感染禽流感疫情发生。配合市海洋与渔业局、区农林水利局、行政执法局、公安局、环卫处、边防派出所等单位，开展马銮内湾海域养殖设施联合整治工作。整治面积包括马銮、西滨两社区海域共227.33公顷（3410亩），并进行海域常态化监督管理。

【社会事业】2016年，杏滨街道投入106.39万元，支持辖区各类学校建设。投入130万元，用于社区篮球场、健身路径等健身设施的建设和更新。街道、社区全年共举办晚会、文体比赛、游园等各项活动40场。继续推进社区建设，新补充社区工作人员44名，新取得社区助理师、社工师以上职称12人。创新社会管理模式，在锦鹤社区进行"居站分离"体制改革试点；在三秀、日东社区进行城乡社区协商试点，明确协商内容、协商主体，探索协商形式，并逐步推广到其他社区。康城社区与台湾湖滨里在"第三届海峡两岸社区治理论坛"上签订《康城社区与湖滨里社区建设交流合作协议书》。7月，街道投入19.3万元，购买社区服务项目——"德育锦鹤、幸福花开"妇儿关爱服务项目。

【卫生与计划生育】2016年，杏滨街道结合"道路整治提升百日行动"，清理道路两旁土头垃圾5040立方米，清运车数524车，清理面积8.1万平方米。在前场、西滨、马銮、锦园4个农村社区实行上门收集生活垃圾管理。"莫兰蒂"风灾后，环卫站10天中出动环卫作业人员6117人次，转运各类垃圾4314吨。计生工作方面，开展计生协会"四联创"活动，累计组建企业计生协会118家，实行免费孕前优生健康检查1238人、流动人口妇科普查899人，分别完成任务的174.12%和105%。出生统计准确率、奖励兑现率100%，无行政侵权案件及重大恶性案件发生。

【平安杏滨建设】2016年，杏滨街道排查调解民间纠纷63起，排查率、调解率、成功率均为100%。落实主要领导每月接访和重点人员约访、下访制度，全年接访27件，接受信访件55批，已化解50件。投入100万元，建成社区网格化指挥平台；投入70余万元，建设马銮、西滨、锦园三个社区门禁通系统；投入80余万元，用于重点时段维稳工作及改造老旧生活小区安保措施；投入500余万元，用于新建监控和消防监控；投入400余万元，用于改造交通设施配置和危险品安全监管。对辖区仓储物流和危化品、有毒气体等生产、销售、运输企业进行排查和建档。加大日常排查和定期查访力度，开出问题查单，督促整改提升，抓获生产、销售有毒有害食品嫌疑人3人，未发生危化品事件。开展毒品专项整治，对辖区吸毒戒毒人员登记造册，定期走访和抽检；抓获毒品犯罪嫌疑人48人。开展扫黄禁赌、"两抢一盗"专项整治，打击卖淫窝点4个，破获涉黄刑案4起、涉赌刑案14起、盗窃案件15起。持续开展防诈骗和创建无诈骗社区试点工作，杏滨派出所劝阻各类虚假信息诈骗案22起，涉及金额58万余元。

【民生保障】2016年，杏滨街道继续实施"绿洲计划"，共为低保户、"三无"人员、孤儿、优抚对象、老年人等1922人次发放社区救助金和慰问金638.32万元。新（补）办理残疾人证124本，注销45本，为残疾人提供康复服务339人次。发放灵活就业人员社保补贴3093人次592.48万元、白内障手术补贴29839元。完成城乡居民及就业困难人员就业工资性补助申请142人次，失业人员再就业1756人，农村富余劳动力转移1107人，招收公益性岗位人员63人。举办农村富余劳动力培训和失业人员再就业培训5期，合计192人。做好各项社会保险参保工作，新增失地农民养老保险参保290人、城乡居民养老保险参保2509人、全民医保参保22475人，其中医疗困难人员自费医疗补助申请316人。办理各种养老退养手续156人、死亡减退手续785人。

【社区"三有"建设】2016年，杏滨街道加强社区"三有"建设，确保各社区"有人管事，有钱办事，有场地议事"。各社区配备专职党务工作者1名，全年街道党建经费91.06万元，确保每个党员活动经费不少于200元。投入4346万元，推动各社区综合服务中心标准化建设。至年底，三秀、日东、锦鹤、康城4个社区服务中心已投入使用，锦园社区服务中心已预收，前场社区服务中心主体完工，马銮社区服务中心主体封顶，西滨社区服务中心正办理前期施工手续。另安排450万元，支持锦园、前场、马銮、西滨4个村改居社区工作和建设。

【精神文明建设】2016年，街道党工委理论中心组举行学习会57次，参加学习的党员干部1100多人次。请区委党校和区委报告团宣讲习主席"七一"讲话和社会主义核心价值观2场，举办道德讲堂12期，1300余人次接受教育。日东公园和康城社区分别入选省、市建设社会主义核心价值观主题公园和社区点。推进志愿者队伍建设，建立业务巡逻队、文明督导队、党员志愿队、巾帼志愿队和平安社区志愿队，开展学雷锋志愿服务40场，各类志愿服务18场，文化、卫生、科技进社区服务18场。组建未成年人教育志愿者队伍10支，举办心理健康讲座9场。联合派出所、驻地部队、物业等单位，建立多方共爱关爱模式，呵护未成年人成长。对辖区58所幼儿园开展消防安全整治，清除学校周边非法游商、无证摊点等。组织慰问困难中小学生65人、14岁以下特困儿童28人。

【创建“五有”基层老年学校】2016年，杏滨街道有老年基层学校24所。马銮社区老年学校创建于2008年8月，拥有280平方米教室和电脑、彩电、投影仪、照相机、音响等教学设备及各种健身器材，配有专兼职老师5人。学员人数由最初的20多人增加到200多人，老年人入学率达到70%。课程设置坚持老有所学，做到教学有计划、上课有教室、期末有总结。学校组织学员参加各类文体活动和关心下一代工作，有的学员担任马銮小学校外辅导员，发挥余热。是年，马銮老人学校被评为“五有”基层老年学校。康城社区老年学校成立于2013年8月，拥有500多平方米的教室、阅览室、公共网吧、健身室。学校整合辖区资源，聘请专家、学者、大学生和机关工作人员为老年人上课。采用“课程＋活动”的模式，开设舞蹈、歌唱、腰鼓、太极、国画、书法等教学班，举办隔代教育、健康饮食、预防心血管疾病等讲座20多次。并与市老龄办共建全市第一个“八方银龄荟”阵地，举办各类活动，

9月14日，杏滨街道马銮湾边防派出所官兵帮助渔船民做好抗台准备工作。（万正波 摄）

引导老年人走出家庭，融入社区，营造“八方老人一家亲，八方老人共参与”的社区文化。

【抢险救灾】2016年9月14日，“莫兰蒂”台风来临前夕，杏滨街道启动防台应急预案，组织624人排查各社区隐患点，转移疏散1138人。15日，街道成立灾后恢复重建工作领导小组，党工委书记李大出任组长，党工委委员、街道领导9人任副组长，街道各部门，驻辖区各市、区属单位，各社区书记共19人为成员。领导小组成员分工入驻各社区，指导灾后重建工作。组织党员突击队、团员突击队、社区志愿者、保障组民兵应急分队等30余支，动员居民、驻地部队、企业员工、非公党员等11270人次参与抢险救灾。租用对讲机40部，开设重建工作微信群，跟踪重建进展。集中力量打通辖区交通主干线，投入挖掘机2部、装载机7部、土方车辆26辆、农用车17辆、油锯35台，打通道路135条。及时处理生活垃圾及全面消毒，共清运障碍物及垃圾4580吨，无害化处理死亡家禽4.8万只，消毒养殖散户380户、专业养殖场12个，使用消毒药品160千克，消毒面积14.8万平方米。街道主要领导带队走访辖区正新轮胎、朗美运动器材、春保钨钢、革新塑胶、厦门化工等重点企业，协调解决水、电问题，帮助企业恢复生产。加强治安管理，组织辖区派出所、民警协警、社区平安志愿者加强日常巡逻，调处因灾纠纷5起。（杨亚明）

人物与先进名录

新任区级干部

【李钦辉】男，汉族，福建惠安人。1963年2月出生，1985年8月参加工作，1992年7月加入中国共产党，在职研究生学历，主任技师。1980年9月至1985年7月，上海第一医学院基础医学部医学工程专业学习。1985年8月至1991年5月，福建省厦门市第一医院电脑室助理工程师。1991年5月至1993年8月，厦门市第一医院信息科主管技师。1993年8月至1995年7月，厦门市第一医院信息科副科长。1995年7月至1998年2月，厦门市第一医院信息科科长、副主任技师。1998年2月至2000年6月，厦门市医疗保险管理中心副主任。2000年6月至2002年6月，厦门市医疗保险管理中心主任、党支部书记、主任技师。2002年6月至2004年11月，厦门市劳动和社会保障局副局长、党组成员。2004年9月至2006年12月，参加厦门大学行政管理专业硕士研究生学习，获管理学硕士学位。2004年11月至2011年1月，厦门市劳动和社会保障局副局长、党组成员，兼市总工会副主席。2011年1月至2012年2月，厦门市人力资源和社会保障局副局长、党组成员，兼市总工会副主席。2012年2月至2014年9月，厦门市人力资源和社会保障局局长、党组书记，兼市总工会副主席。2014年9月至2015年8月，厦门市人力资源和社会保障局（市公务员局）局长、党组副书记，兼市总工会副主席。2015年8月至2016年1月，厦门市人民政府副秘书长，市政府办公厅主任、党组副书记。2016年1月至2016年7月，厦门市思明区委副书记、区政府区长。2016年7月起，厦门市集美区委书记。

【胡旭彬】男，汉族，江苏溧阳人。1971年2月出生，1994年8月参加工作，1992年11月加入中国共产党，在职研究生学历，助理经济师。1990年9月至1994年7月，厦门大学计统系经济信息专业学习。1994年8月至1994年12月，福建省厦门海沧投资总公司投资经营部干部。1994年12月至1998年12月，厦门海沧杏林台商投资区党工委组织部、人事劳工局干部处科员。1998年9月至2002年7月，参加厦门大学工商管理专业研究生学习，获研究生学历、工商管理硕士学位。1998年12月至2002年4月，厦门海沧台商投资区党工委组织部、人事劳工局干部处副处长。2002年4月至2003年12月，厦门海沧台商投资区党工委组织部、人事劳工局干部处处长。2003年3月至2003年9月，借调市委组织部干部二处工作。2003年12月至2004年9月，厦门市海沧区委组织部副部长、老干部局局长。2004年9月至2006年3月，厦门市海沧区委组织部副部长、老干部局局长、党校常务副校长（正处级）。2006年3月至2010年12月，厦门市海沧区委组织部副部长（保留正处级）。2005年9月至2009年12月，参加厦门大学人口、资源与环境经济学博士研究生学习，获经济学博士学位。2007年7月至2010年7月，挂职任西藏米林县县委副书记。2010年12月至2011年7月，厦门市海沧区委副巡视员。2011年7月至2012年12月，厦门市集美区委常委、组织部部长。2012年12月至2016年7月，厦门市集美区委常委、组织部部长、区委党校校长、老年大学校长。2016年7月起，厦门市集美区委副书记。

【蔡冬梅】女，汉族，福建厦门人。1968年11月出生，1990年7月参加工作，1997年8月加入中国共产党，大学学历，助理翻译。1986年9月至1990年7月，华东师范大学外语系法语专业学习。1990年7月至1993年11月，福建省厦门市侨办国外处干部。1993年11月至1997年7月，厦门市侨办国外处科员。1997年7月至2002年12月，厦门市侨办国外处副处长。1999年8月至2000年7月，福建省委党校第十二期党政干部专业培训班学习。2001年2月至2002年10月，厦门市集美区后溪镇挂职任副书记。2002年12月至2006年4月，厦门市侨办国外处处长。2006年4月至2007年8月，厦门市侨办人秘处处长。2007年8月至2008年3月，厦门市侨办副主任、党组成员、人秘处处长。2008年3月至2011年7月，厦门市侨办副主任、党组成员。2011年7月至2015年7月，厦门市集美区政府副区长。2015年7月至2016年1月，厦门市集美区委常委、区工会主席。2016年1月至2016年7月，厦门市集美区委常委、区总工会主席、区直机关党工委书记。2016年7月起，厦门市集美区委常委、区直机关党工委书记。

【刘琦龙】男，汉族，福建仙游人。1971年10月出生，1994年8月参加工作，1993年6月加入中国共产党，大学学历，助理农艺师。1990年9月至1994年8月，福建农业大学土地与环境学系土壤与植物营养专业学习。

1994年8月至1998年4月，厦门市湖里区农林水办农技中心干部。1998年4月至1999年10月，厦门市湖里区委组织部综合科科长。1999年10月至2002年11月，厦门市湖里区禾山镇党委委员。2002年11月至2003年12月，厦门市湖里区禾山镇党委副书记。2001年9月至2004年12月，参加华中科技大学公共管理硕士学位学习。2003年12月至2011年7月，厦门市湖里区人事劳动和社会保障局局长。2011年7月至2011年10月，厦门市湖里区政府副区长（公选）、区人事劳动和社会保障局局长。2011年10月至2016年7月，厦门市湖里区政府副区长。2016年7月起，厦门市集美区委常委、纪委书记。

【孙建辉】男，汉族，山东乳山人。1968年11月出生，1991年4月加入中国共产党，1991年8月参加工作，在职研究生学历。1987年9月至1991年7月，厦门大学哲学系哲学专业学习。1991年7月至1995年11月，厦门大桥管理处干部。1995年11月至1998年4月，厦门市交通局（委）科员。1998年4月至1999年4月，厦门市交通委助理调研员。1999年4月至2000年12月，厦门市交通委办公室副主任。2000年12月至2003年12月，厦门市政府办公厅助理调研员。2003年12月至2006年9月，厦门市政府办公厅调研员（2003年3月任潘世建副市长秘书）。2004年9月至2007年7月，参加厦门大学财政学专业研究生学习，获经济学硕士学位。2006年9月至2012年3月，厦门市政府办公厅秘书三处处长。2012年3月至2016年7月，厦门市政府办公厅副主任、党组成员。2016年7月起，厦门市集美区委常委、集美区政府副区长。

【肖峰】男，汉族，湖北荆州人。1976年12月出生，1999年7月参加工作，2007年10月加入中国共产党，大学学历。1995年9月至1999年7月，中南财经大学投资经济系国际投资管理专业学生。1999年7月至2002年3月，厦门信达股份有限公司职员。2002年3月至2003年11月，厦门物资集团有限公司职员。2003年2月至2005年10月，厦门市发展计划委干部、科员。2005年10月至2008年10月，厦门市发展和改革委（发展计划委员会）主任科员。2008年10月至2011年5月，厦门市发展和改革委综合规划处副处长。2011年5月至2012年3月，厦门市发展和改革委投资处副处长。2012年3月至2012年6月，厦门市发展和改革委经济体制改革处处长。2012年6月至2012年11月，厦门市发展和改革委综合配套改革处（经济体制改革处）处长。2012年11月至2016年7月，厦门市委组织部人才工作处处长。2016年7月起，厦门市集美区委常委、组织部部长。

【黄颖】女，汉族，福建福州人。1978年10月出生，2003年11月参加工作，1998年6月加入中国共产党，研究生学历。1998年9月至2002年7月，乌克兰基辅国立工艺与设计大学工程经济系企业管理专业学习。2002年9月至2003年6月，乌克兰基辅国立工艺与设计大学工程经济系企业经济专业学习。2003年8月至2003年11月，中海集装箱公司福州分公司职员。2003年11月至2005年1月，厦门市科技局组织人事处见习人员。2005年1月至2006年12月，厦门市科技局组织人事处主任科员。2005年12月至2006年12月，挂职任同安区发展与改革局局长助理。2006年12月至2007年11月，厦门市科技局综合处主任科员。2007年11月至2009年5月，共青团厦门市委常委、学校部副部长。2009年5月至2009年11月，共青团厦门市委常委、经济部副部长。2009年11月至2012年10月，共青团厦门市委常委、机关党委专职副书记。2012年1月至2012年2月，挂职任厦门中国青年旅行社党支部书记。2012年10月至2016年7月，共青团厦门市委副书记。2014年5月至2015年4月，挂职任厦门市委（市政府）信访局副局级信访督查专员。2016年7月起，厦门市集美区政府副区长。

【林声群】女，汉族，福建连城人。1967年2月出生，1990年8月参加工作，1995年12月加入中国共产党，大学学历。1986年9月至1990年7月，厦门大学哲学系学习。1990年8月至1999年8月，厦门市杏林区委宣传部干部。1996年6月至1997年8月，厦门大学新闻系进修学习。1999年8月至2002年9月，厦门市杏林区杏林镇党委宣传委员。2002年9月至2003年11月，厦门市杏林区政府办公室副主任。2003年11月至2005年5月，厦门市集美区灌口镇党委委员（组织）。2005年5月至2007年3月，厦门市集美区灌口镇党委副书记、副镇长。2007年3月至2011年5月，厦门市集美区妇联主席。2011年5月至2011年11月，厦门市集美区委办副主任（正处级）。2011年11月至2015年8月，厦门市集美区侨英街道党工委副书记、办事处主任。2015年8月至2016年1月，厦门市集美区政府副区长、侨英街道党工委副书记、办事处主任。2016年1月起，厦门市集美区政府副区长。

【丁加生】男，回族，福建厦门人。1964年1月出生，1984年8月参加工作，2005年2月加入中国农工民主党，党校大学学历，助理工程师。1981年9月至1984年7月，福建林业学校学生。1984年8月至1996年7月，厦门市集美区水土办干部。1996年7月至1997年7月，厦门市集美区灌口镇土地管理所所长、招商引资办公室主任。1995年6月至1996年12月，参加厦门大学哲学系社会工作与管理专业证书班学习。1997年7月至2002年9月，厦门市集美区灌口镇副镇长。2002年9月至2002年10月，厦门市集美区建设局助理调研员。2002 年 10 月至 2007 年 3 月，厦门市集美区建设局副局长。2000 年 9 月至 2003 年 6 月，参加中央党校函授学院行政管理专业大专班学习。2003 年 8 月至 2005 年 12 月，参加中央党校函授学院行政管理专业本科班学习。2007 年 3 月至 2007 年 5 月，厦门市集美文教区管委会副主任（正处级）。2007 年 5 月至 2010 年 1 月，厦门市集美文教区管委会副主任、建设处处长。2010 年 1 月至 2016 年 7 月，厦门市集美区人民政府办公室副主任（正处级）、区重点办主任。2016 年 7 月起，厦门市集美区人大常委会副主任、区人民政府办公室副主任（正处级）、区重点办主任。

【胡亚才】男，汉族，福建厦门人。1963 年 10 月出生，1982 年 8 月参加工作，1986 年 11 月加入中国共产党，党校大学学历，小学高级教师。1980 年 9 月至 1982 年 7 月，厦门师范学校学习。1982 年 8 月至 1988 年 8 月，厦门市第一农场小学教师。1988 年 8 月至 1990 年 8 月，厦门市东孚莲花中心小学副校长。1990 年 8 月至 1993 年 1 月，厦门市集美区教育局初教股副股长。1993 年 1 月至 1996 年 4 月，厦门市集美小学校长（区副局长级）。1996 年 4 月至 1998 年 11 月，厦门市集美区教育局党委副书记、纪委书记。1995 年 6 月至 1996 年 12 月，参加厦门大学成人教育学院社会工作与管理专业证书班学习。1998 年 11 月至 1999 年 3 月，厦门市集美区委办公室副主任。1993 年 3 月至 2003 年 9 月，厦门市集美区委办公室主任。1997 年 8 月至 2000 年 6 月，参加中央党校函授学院大专班党政管理专业学习。1997 年 12 月至 1999 年 12 月，参加厦门大学哲学系马克思主义哲学专业研究生课程班学习。2000 年 8 月至 2002 年 12 月，参加中央党校函授学院领导干部本科班经济管理专业学习。2003 年 9 月至 2010 年 11 月，厦门市集美区委常委、区委办公室主任。2010 年 11 月至 2011 年 7 月，厦门市集美区委常委、区纪委书记。2011 年 7 月至 2016 年 7 月，厦门市湖里区委常委、区纪委书记。2016 年 7 月至 2016 年 12 月，厦门市集美区政协党组书记。2016 年 12 月起，厦门市集美区政协主席、政协党组书记。

【温文华】女，汉族，天津人。1967 年 7 出生，1987 年 1 月加入中国共产党，1989 年 8 月参加工作，在职研究生学历。1985 年 9 月至 1989 年 7 月，厦门大学法律系法学专业学习。1989 年 8 月至 1990 年 9 月，厦门市中级人民法院人事处书记员。1990 年 9 月至 1992 年 1 月，厦门海事法院海商庭书记员。1992 年 1 月至 1997 年 3 月，厦门海事法院海商庭科员级助审员。1997 年 3 月至 1998 年 8 月，厦门海事法院海商庭庭长助理。1998 年 8 月至 1999 年 12 月，厦门海事法院海商庭正科级助审员、庭长助理。1999 年 12 月至 2000 年 8 月，厦门海事法院海商庭审判员、庭长助理。2000 年 8 月至 2003 年 3 月，厦门海事法院福州法庭审判长、庭长助理。1998 年 10 月至 2001 年 7 月，参加厦门大学法律硕士专业学习。2002 年 3 月至 2003 年 1 月，厦门海事法院告诉申诉庭副庭长（副处级）。2003 年 1 月至 2006 年 3 月，厦门海事法院立案庭副庭长。2006 年 3 月至 2006 年 7 月，厦门海事法院海商庭副庭长。2006 年 7 月至 2012 年 2 月，厦门海事法院海商庭庭长。2012 年 2 月至 2013 年 12 月，厦门海事法院审判委员会委员、海商庭庭长。2013 年 12 月至 2016 年 1 月，厦门海事法院审判委员会委员、东山法庭庭长。2016 年 1 月起，厦门市集美区人民法院院长、党组书记。

【彭明武】男，汉族，福建厦门人。1962 年 8 月出生，1985 年 8 月参加工作，1992 年 8 月加入中国共产党，大学学历。1981 年 9 月至 1985 年 7 月，西南政法学院法律系法律专业学习。1985 年 8 月至 1992 年 10 月，厦门市人大常委会法制委干部。1991 年 3 月至 1991 年 9 月，参加社教驻点大嶝乡东埕村。1992 年 10 月至 1994 年 2 月，厦门市人大常委会法制委秘书处副处长（1994 年 2 月确定为副处级）。1996 年 11 月至 1998 年 4 月，挂职任厦门市人民检察院民行处副处长。1995 年 9 月至 1998 年 11 月，参加市委党校县处级进修班学习。1998 年 4 月至 1999 年 3 月，厦门市人民检察院政治部法警处副处长。2000 年 7 月至 2001 年 4 月，厦门市人民检察院民行处副处长。2001 年 4 月至 2003 年 9 月，厦门市人民检察院预防犯罪处处长。2003 年 9 月至 2012 年 5 月，厦门市人民检察院职务犯罪预防处处长。2012 年 5 月至 2016 年 7 月，厦门市人民检察院控告申诉检察处处长。2016 年 7 月至 2016 年 12 月，厦门市集美区人民检察院党组书记、副检察长、代理检察长。2016 年 12 月起，厦门市集美区人民检察院检察长、党组书记。

（组织部）

逝世人物

【林赐福】男，集美前场人。集美区首位省级非物质文化遗产项目“歌仔说唱”代表性传承人。1935 年 2 月生，2016 年 4 月 26 日逝世，享年 82 岁。

林赐福 13 岁时，在芗剧团学戏，27 岁师从荷叶说唱大师苏朝润学荷叶说唱。1963 年，参加福建省群众文艺会演，他表演的荷叶说唱《海上轻骑兵》获优秀奖。是年家乡大旱，他自创自演歌仔说唱《抗旱尖兵》，经常到田间演出，鼓励村民战胜困难，受到村民欢迎。荷叶说唱通常是演员一人自打节奏，自唱自演。后来，他改良原有的说唱

形式，将一人独演发展为三五人又说又唱的“荷叶群”。其主要代表作有《海上轻骑兵》《抗旱尖兵》《邓小平巧用葫芦兵》《陈毅拜会陈嘉庚》等。在他的影响带动下，集美前场村被厦门市列为“歌仔说唱”传习中心、民间曲艺示范点。2002 年，他和女儿表演的《邓小平巧用葫芦兵》，在第二届福建省曲艺会演上获得表演金奖，他带领的荷叶说唱表演队获团体银奖。2008 年 6 月，被评为省级非物质文化遗产“荷叶说唱”代表性传承人。2010 年，荣获厦门市“从事文艺工作 60 年荣誉奖”。生前，他牵挂“荷叶说唱”的传承问题，再三叮嘱女儿也是自己的弟子林惠真：“无论多难，荷叶说唱都不能断在你们手上。”（杨亚明）

【陈锡瑜】男，祖籍集美区集美社，1957 年出生于新加坡，2016 年 5 月逝世，享年 60 岁。陈锡瑜系新加坡爱国华侨领袖陈六使三公子陈永琼之子，历任新加坡顶金资源集团首席执行经理、董事，受聘任集美区归国华侨联合会第七届委员会名誉主席。陈锡瑜传承弘扬父祖辈爱国爱乡精神，多次捐资支持家乡教育和慈善公益事业，被集美大学聘任为常务校董。2011 年，获省政府颁发的“福建省捐赠公益事业贡献奖”金质奖章、奖匾和证书。

（王昌泽）

【陈嘉麟】男，祖籍集美区集美社，1949 年出生于新加坡，2016 年 6 月逝世，享年 68 岁。陈嘉麟是爱国华侨领袖陈六使侄孙、新加坡乡贤陈永进之子，曾任新加坡陈永进控股公司总经理，受聘任集美区归国华侨联合会第六届、第七届名誉主席。陈嘉麟热心支持家乡教育和慈善公益事业，资助集美二小兴建教学楼——永进楼，捐资设立集美二小“素香奖教奖学基金”和“集美社陈嘉麟奖学基金”，资助集美大学兴建学生公寓，被集美大学聘为常务校董。2011 年，获省政府颁发的“福建省捐赠公益事业贡献奖”金质奖章、奖匾和证书。（王昌泽）

先进人物

【柯明耀】柯明耀，男，1964 年 2 月生，福建厦门人，主任医师，教授。2016 年，第三次荣登“中国名医百强榜”。1985 年毕业于上海第二军医大学，曾赴日深造，现任厦门第二医院厦门市呼吸病医院执行院长，兼中国医师协会呼吸内镜专委会副主任委员、中华医学会呼吸分会介入学组委员、中国抗癌协会肿瘤微创与个体化治疗专家委员会常委、海峡两岸医药卫生交流协会胸部肿瘤学组常委、福建省抗癌协会肺癌专业委员会副主委等多项职务。2004 年，厦门市呼吸病治疗中心搬迁到集美，在设备不足、医护人员严重短缺的情况下，他临危受命，担起呼吸中心二次创业的重任。12 年间，在他的引领下，市呼吸中心从 3 名医生、40 张床位、1 条电子支气管镜，发展到拥有 6 个病区 350 张床位、包括技术设备一流的呼吸内镜诊疗部的呼吸病医院。他以精湛的技术享誉国内外，在呼吸介入领域成绩斐然，2014 ~ 2016 年连续三年荣登“中国名医百强榜”。自主研发“介入治疗安全气管导管”“硬镜密封装置”等多项发明专利，在气道支架置入领域堪称中国第一人。他扎根集美，在福建省率先开通气道梗阻“绿色通道”，挽救了许多气道梗阻危重症患者；率先开展的“硬质支气管镜下介入诊疗”及“超声支气管镜下放射性粒子植入”等多项技术填补省内国内空白，出版有《经可弯曲支气管镜实用介入技术》等多部专著。2008 年被评为“厦门市劳动模范”，1998 年获厦门市卫生局颁发的“林巧稚奖章”，1997 年获卫生部授予的“全国卫生系统青年岗位能手”称号。（李晓兰）

【陈玉琴】陈玉琴，女，1966 年 5 月生，福建南安人，集美区泰良育苗场场长助理。2016 年 10 月，获 2016 年厦门市践行社会主义核心价值观基层“最美人物·最美农民”称号。1996 年，陈玉琴率先在灌口镇养殖罗氏沼虾，1997 年引进建鲤混养，1998 年进行吴郭鱼大面积高产养殖试验，1999 年尝试红罗非鱼与刀额新对虾混养试验，均获成功。2004 年，陈玉琴从广西引进星洲红鱼进行试养。根据广西当地养殖经验，结合本地气候条件，适当调整养殖方式，详细记录红鱼生长情况。经过繁殖试验、推广示范、选育提纯、筛选良种等一系列试验，星洲红鱼的养殖取得突破性发展，在全区示范推广 1200 余亩，并辐射到周边的同安、泉州、龙岩以及天津等地区。2010 年，陈玉琴又从福建永定引进厚唇鱼与本地的南美白对虾进行混养，通过一年的精心管理，达到预期指标，鱼虾双双获得丰收。2013 年，陈玉琴承担区科技局“水产健康养殖与现代渔业产业技术示范基地建设”项目，带动周边 5 家养殖户开展水产健康养殖 99 亩，生产水产品 19800 千克，实现年销售收入 146.5 万元，年净利润 89 万元，为 100 多人提供就业岗位。（宣传部）

【孙碧禄家庭】孙碧禄，女，1968年9月生，集美孙厝人，厦门晖晔投资有限公司总经理，厦门市女企业家协会副会长兼慈善公益部部长；丈夫孙民胜，1968年1月生，集美孙厝人，厦门市建安集团有限公司常务副总经理；孙晖，孙碧禄和孙民胜之女，1990年11月生，毕业于加拿大哥伦比亚大学；孙晔，孙碧禄和孙民胜之子，1995年1月生，就读加拿大哥伦比亚大学。2016年3月，孙碧禄家庭获“全国五好文明家庭”称号。孙碧禄出生于归侨家庭，秉承家族的优良传统，一家人爱国守法，夫妻和睦，尊老爱幼，热心公益事业。夫妻二人在经营企业的同时，心系弱势群体。每年岁末年初，均走访慰问困难户，持之不懈；六一儿童节，为困难学生送上钱款及生活、学习用品；金秋时分，走入社区、敬老院和困难家庭，为老人送去关怀。2014年，他们携手厦门什绵高尔夫球队捐建长汀什绵南安小学教学楼。2013年，孙碧禄担任厦门市女企业家协会副会长兼慈善公益部部长后，以“小善大爱，人人可为”“女企公益，爱心参与”的理念，带领协会400多名姐妹做慈善事业。三年多来，共组织百商万人献血、粉红丝带活动、关爱自闭症儿童、关爱孤寡老人、爱心大编织等大型慈善活动80多场，为弱势群体送去女企姐妹的爱心和温暖。

（张应欣）

【董欣赏】董欣赏，男，1977年1月生，厦门宏发电声股份有限公司信号总工程师。2016年1月，获2015年厦门市践行社会主义核心价值观基层“最美人物·最美职工”称号。作为宏发信号继电器技术团队核心带头人，董欣赏把全部精力投入工作中，认真钻研一个又一个技术难题。先后组织参与国家重点技术“第三代（HFD3）新型通信继电器技术改造项目”、国家高技术产业化“新型超小型信号继电器产业化（HFD4）项目”，打破国外长期对高端信号继电器市场垄断地位，技术团队自主研发、更新换代信号继电器技术形成产业规模。至2016年底，累计生产销售信号继电器4.3亿只，销售额10.2亿元，年销售额超过2亿元。同时，带领技术团队参与多项技术攻关项目，在带料、嵌件多部件一体化复合注塑技术、研发全共轭凸轮式（类似德国比勒机结构、OKU设备技术）生产线、研制用于测量通信继电器的综合测试仪、激光焊接、激光校正、触点带料点焊、CCD影像测量、磁校正、继电器表面贴装化（SMT）等方面均有成果，为科技强国做出贡献。（宣传部）

先进名录

2016年集美区先进集体表

表47

单位名称	荣誉称号	授予单位	授予时间
灌口中学	全国德育科研先进单位	北京师范大学生命教育研究中心	2016年1月
厦门市第十中学	全国学校毒品预防教育工作先进单位	国家禁毒委员会办公室　教育部	2016年1月
乐安中学	2014—2015年度全国校园足球突出贡献单位	中国中学生体育协会 中国中学生体育协会足球分会	2016年1月
集美法院	福建省青年突击队	共青团福建省委　福建省高院	2016年2月
集美区文体广电出版旅游局	福建省厕所革命先进单位	福建省旅游局	2016年3月
集美街道银亭社区	省级充分就业星级社区	福建省人力资源和社会保障厅	2016年4月
集美法院刑一庭	2014—2015年度青少年维权岗	共青团福建省委　福建省高院	2016年4月
三达膜科技（厦门）有限公司研发部陶瓷膜研发组	福建省工人先锋号	福建省总工会	2016年5月
厦门思尔特机器人系统股份公司制造部装配组	福建省工人先锋号	福建省总工会	2016年5月
后溪中学	五一先锋号	福建省总工会　福建省教育厅	2016年5月
乐安中学	福建省优秀传统文化特色学校研究基地	福建省学习科学学会	2016年5月
灌口中学	福建优秀传统文化特色学校研究基地	福建省学习科学学会	2016年5月
中国科学院城市环境研究所	“环境砷污染过程及其控制原理项目”2015年度福建省自然科学奖三等奖	福建省人民政府	2016年6月

续表 47

单位名称	荣誉称号	授予单位	授予时间
中共集美大学诚毅学院实验管理中心党支部	福建省高校先进基层党组织	中共福建省委教育工作委员会	2016 年 6 月
集美区卫生和计划生育监督所党支部	全市先进基层党组织	中共厦门市委	2016 年 7 月
集美法院	全省法院党建工作先进集体	福建省高级人民法院	2016 年 7 月
集美区未成年人心理健康辅导站	心理教育工作先进集体	中国心理学会心理学普及工作委员会	2016 年 7 月
宣传部	全国首批心理科学普及推广示范基地	中国心理学会心理学普及工作委员会	2016 年 7 月
中共集美区市场监督管理局总支部委员会	全市先进基层党组织	中共厦门市委	2016 年 7 月
集美区执法局北站中队支部委员会	全市先进基层党组织	中共厦门市委	2016 年 7 月
杏林街道纺织社区居委会	厦门市先进基层党组织	中共厦门市委	2016 年 7 月
厦门市第十中学	福建省中小学心理健康教育特色学校	福建省教育厅	2016 年 9 月
集美区教育局	全国安全教育示范单位	中国教育学会	2016 年 9 月
英村（兑山）幼儿园	2015—2016 年度安全教育实验区全国示范校	中国教育学会	2016 年 9 月
杏东小学	全国安全教育示范校	中国教育学会	2016 年 9 月
厦门市第十中学	福建省中小学心理健康教育特色学校	福建省教育厅	2016 年 9 月
集美区青少年宫	福建省青少年校外教育先进单位	福建省青少年宫协会 福建省青少年校外教育测评中心	2016 年 9 月
集美区灌口镇人民政府	厦门市防抗“莫兰蒂”台风及灾后恢复重建工作先进集体	中共厦门市委　厦门市政府	2016 年 10 月
集美区建设局	厦门市防抗“莫兰蒂”台风及灾后恢复重建先进集体	中共厦门市委　厦门市政府	2016 年 11 月
集美区后溪镇人民政府	厦门市防抗“莫兰蒂”台风及灾后恢复重建工作先进集体	中共厦门市委　厦门市政府	2016 年 11 月
集美区人民政府集美街道办事处	厦门市防抗“莫兰蒂”台风及灾后恢复重建工作先进集体	中共厦门市委　厦门市政府	2016 年 11 月
集美区人民政府杏林街道办事处	厦门市防抗“莫兰蒂”台风及灾后恢复重建工作先进集体	中共厦门市委　厦门市政府	2016 年 11 月
集美区人民政府侨英街道办事处	厦门市防抗“莫兰蒂”台风及灾后恢复重建工作先进集体	中共厦门市委　厦门市政府	2016 年 11 月
集美区人民政府杏滨街道办事处	厦门市防抗“莫兰蒂”台风及灾后恢复重建工作先进集体	中共厦门市委　厦门市政府	2016 年 11 月
厦门市集美城市发展有限公司	厦门市防抗“莫兰蒂”台风及灾后恢复重建工作先进集体	中共厦门市委　厦门市政府	2016 年 11 月
集美区侨乡经济促进会	厦门市防抗“莫兰蒂”台风及灾后恢复重建工作先进集体	中共厦门市委　厦门市政府	2016 年 11 月
厦门公交集团集美公共交通有限公司	厦门市防抗“莫兰蒂”台风及灾后恢复重建工作先进集体	中共厦门市委　厦门市政府	2016 年 11 月
集美区建设工程质量安全监督站	厦门市防抗“莫兰蒂”台风及灾后恢复重建工作先进集体	中共厦门市委　厦门市政府	2016 年 11 月
集美中学	福建省青少年校园足球特色学校示范学校	福建省教育厅	2016 年 11 月
集美区文学艺术界联合会	全省文联系统先进集体	福建省人力资源和社会保障厅 福建省文学艺术界联合会	2016 年 11 月
集美第二小学工会（语文教研组）	福建省五一先锋号	福建省总工会　福建省教育厅	2016 年 11 月

续表 47

单位名称	荣誉称号	授予单位	授予时间
厦门市第十中学	福建省青少年校园足球特色学校	国家体育总局青少司	2016 年 12 月
集美检察院控申科	2013-2015 年度全省检察机关文明接待室	福建省人民检察院	2016 年 12 月
集美中学	老年人健身康乐家园	福建省体育局　省委文明办 老龄委办　省老年人体育协会	2016 年 12 月
集美中学	义务教育管理标准化学校	福建省教育厅	2016 年 12 月
集美区教育局	国家义务教育质量监测实施 县级优秀组织单位	教育部基础教育质量监测中心	2016 年 12 月
乐安中学	“五一”先锋号	福建省总工会福建省教育厅	2016 年 12 月
集美区直机关党工委	全省机关工委系统先进集体	中共福建省委省直机关工委 福建省人力资源和社会保障厅	2016 年 12 月

（区志办）

2016 年集美区先进个人表

表 48

姓名	性别	荣誉称号	工作单位	授予单位	授予时间
丁跃武	男	厦门市防抗“莫兰蒂”台风 及灾后恢复重建工作先进个人	厦门市集美区广播电视台	中共厦门市委　厦门市政府	2016 年 11 月
马呈润	男	厦门市防抗“莫兰蒂”台风 及灾后恢复重建工作先进个人	厦门市园博苑	中共厦门市委　厦门市政府	2016 年 11 月
王小如	女	第三届“清海杯”黄炎培职业教育 杰出校长奖	厦门华厦学院	福建省中华职业教育社	2016 年 12 月
王向东	男	厦门市防抗“莫兰蒂”台风 及灾后恢复重建工作先进个人	集美区杏滨街道前场社区	中共厦门市委　厦门市政府	2016 年 11 月
王志端	男	厦门市防抗“莫兰蒂”台风 及灾后恢复重建先进个人	集美区建设工程质量安全监督站	中共厦门市委　厦门市政府	2016 年 11 月
方政晴	女	厦门市防抗“莫兰蒂”台风 及灾后恢复重建工作先进个人	集美区杏林街道综合服务中心	中共厦门市委　厦门市政府	2016 年 11 月
叶开发	男	厦门市防抗“莫兰蒂”台风 及灾后恢复重建工作先进个人	灌口镇东辉村	中共厦门市委　厦门市政府	2016 年 10 月
付明来	男	福建省科学技术进步奖三等奖	中国科学院城市环境研究所	福建省人民政府	2016 年 6 月
吕峻岭	男	厦门市防抗“莫兰蒂”台风 及灾后恢复重建工作先进个人	厦门市公路局集美分局	中共厦门市委　厦门市政府	2016 年 11 月
朱何琪	男	厦门市防抗“莫兰蒂”台风 及灾后重建工作先进个人	区执法局灌口中队	中共厦门市委　厦门市政府	2016 年 11 月
朱俊杰	男	厦门市防抗“莫兰蒂”台风 及灾后重建工作先进个人	厦门市集美城市发展有限公司	中共厦门市委　厦门市政府	2016 年 11 月
刘开元	男	厦门市防抗“莫兰蒂”台风 及灾后恢复重建工作先进个人	集美区后溪镇三兴社区	中共厦门市委　厦门市人民政府	2016 年 11 月
刘永春	男	厦门市防抗“莫兰蒂”台风 及灾后恢复重建工作先进个人	集美新城开发建设指挥部办公室	中共厦门市委　厦门市政府	2016 年 11 月
刘治敏	女	心理教育工作先进个人	未成年人思想道德建设中心	中国心理学会心理学 普及工作委员会	2016 年 7 月
刘　康	男	厦门市防抗“莫兰蒂”台风 及灾后恢复重建工作先进个人	集美区杏林街道	中共厦门市委　厦门市政府	2016 年 11 月

续表 48

姓名	性别	荣誉称号	工作单位	授予单位	授予时间
江峰	男	厦门市防抗“莫兰蒂”台风 及灾后恢复重建工作先进个人	区执法局集美中队	中共厦门市委　厦门厦门市政府	2016 年 11 月
汤迎东	男	厦门市防抗“莫兰蒂”台风 及灾后恢复重建工作先进个人	集美区应急处突大队	中共厦门市委　厦门市政府	2016 年 11 月
许文毅	男	厦门市防抗“莫兰蒂”台风 及灾后恢复重建工作先进个人	灌口镇顶许村	中共厦门市委　厦门市政府	2016 年 10 月
许碧莲 颜伦和	女 男	福建省最美家庭	集美幼儿园	福建省妇联福建省委文明办	2016 年 5 月
孙碧禄 孙民胜	女 男	全国五好文明家庭	厦门晖烨投资有限公司 厦门市建安集团有限公司	全国妇联	2016 年 3 月
苏小豫	女	第三届厦门市十佳班主任	灌口小学	中共厦门市委　厦门市政府	2016 年 9 月
苏文忠	男	厦门市防抗“莫兰蒂”台风 及灾后恢复重建工作先进个人	厦门市公安局集美派出所	中共厦门市委　厦门市政府	2016 年 11 月
苏敏昌	男	全省法院在全国“两会”期间 驻京接访工作先进个人	集美区人民法院	福建省高院	2016 年 5 月
李乐	男	全省法院党建工作先进个人	集美区人民法院	福建省高院	2016 年 7 月
李芳祝	女	厦门市防抗“莫兰蒂”台风 及灾后恢复重建工作先进个人	集美区侨英街道	中共厦门市委　厦门市政府	2016 年 11 月
李娟	女	厦门市防抗“莫兰蒂”台风 及灾后恢复重建工作先进个人	中国石油福建厦门销售公司 园博苑加油站	中共厦门市委　厦门市政府	2016 年 11 月
杨永赞	男	厦门市防抗“莫兰蒂”台风 及灾后恢复重建工作先进个人	集美区天马种猪场	中共厦门市委　厦门市政府	2016 年 11 月
吴万能	男	厦门市防抗“莫兰蒂”台风 及灾后恢复重建工作先进个人	集美区后溪镇新村社区	中共厦门市委　厦门市政府	2016 年 11 月
吴冬达	男	厦门市防抗“莫兰蒂”台风 及灾后恢复重建工作先进个人	厦门坂头国有防护林场	中共厦门市委厦门市政府	2016 年 11 月
邱程亮	男	福建省青少年校外教育优秀教师	集美区青少年宫	省青少年宫协会 省青少年校外教育测评中心	2016 年 9 月
何文章	男	厦门市防抗“莫兰蒂”台风 及灾后恢复重建工作先进个人	厦门市集美第一国土资源管理所	中共厦门市委　厦门市政府	2016 年 11 月
何婕	女	厦门市防抗“莫兰蒂”台风 及灾后恢复重建工作先进个人	厦门理工学院助理研究员	中共厦门市委厦门市政府	2016 年 11 月
邹荣生	男	厦门市防抗“莫兰蒂”台风 及灾后恢复重建先进个人	集美区建设局	中共厦门市委　厦门市政府	2016 年 11 月
汪晓兰	女	全国计划生育协会先进个人	集美街道银亭社区	中国计划生育协会	2016 年 5 月
张永勇	男	厦门市防抗“莫兰蒂”台风 及灾后恢复重建工作先进个人	集美街道	中共厦门市委　厦门市政府	2016 年 11 月
张进强	男	厦门市防抗“莫兰蒂”台风 及灾后恢复重建工作先进个人	集美区侨英街道浒井社区	中共厦门市委　厦门市政府	2016 年 11 月
张军民	男	厦门市防抗“莫兰蒂”台风 及灾后恢复重建工作先进个人	集美·诚毅志愿者联盟	中共厦门市委　厦门市政府	2016 年 11 月
张惠敏	女	厦门市防抗“莫兰蒂”台风 及灾后恢复重建工作先进个人	集美街道岑东社区	中共厦门市委　厦门市政府	2016 年 11 月
陈于婧	女	全省法院党建工作先进个人	集美法院	福建省高院	2016 年 7 月
陈龙飞	男	厦门市防抗“莫兰蒂”台风 及灾后恢复重建工作先进个人	集美区杏滨街道办事处	中共厦门市委　厦门市政府	2016 年 11 月

续表 48

姓名	性别	荣誉称号	工作单位	授予单位	授予时间
陈志强	男	厦门市防抗“莫兰蒂”台风及灾后恢复重建工作先进个人	集美城市发展有限公司	中共厦门市委　厦门市政府	2016年11月
陈丽卿	女	厦门市防抗“莫兰蒂”台风及灾后恢复重建工作先进个人	集美街道浔江社区	中共厦门市委　厦门市政府	2016年11月
陈杰明	男	全省法院离退休干部老有所为先进个人	集美法院	福建省高院	2016年11月
陈拥军	男	厦门市防抗“莫兰蒂”台风及灾后恢复重建工作先进个人	集美区后溪镇卫生院	中共厦门市委　厦门市政府	2016年11月
陈季玉	男	厦门市防抗“莫兰蒂”台风及灾后恢复重建工作先进个人	集美区新闻报道组	中共厦门市委　厦门市政府	2016年11月
陈金城	男	厦门市防抗“莫兰蒂”台风及灾后恢复重建工作先进个人	集美区后溪镇	中共厦门市委　厦门市政府	2016年11月
陈　思	男	厦门市防抗“莫兰蒂”台风及灾后恢复重建工作先进个人	厦门市公安局交警支队杏林大桥中队	中共厦门市委　厦门市人民政府	2016年11月
陈美章	男	厦门市防抗“莫兰蒂”台风及灾后恢复重建工作先进个人	厦门市集美新城公安驻勤点	中共厦门市委　厦门市政府	2016年11月
陈锡育	男	全省优秀党务工作者	杏林街道曾营社区居委会	中共福建省委	2016年7月
林玉成	男	厦门市防抗“莫兰蒂”台风及灾后恢复重建工作先进个人	厦门市集美新城公安驻勤点	中共厦门市委　厦门市人民政府	2016年11月
林永钦	男	厦门市防抗“莫兰蒂”台风及灾后恢复重建工作先进个人	厦门铁塔股份有限公司厦门市分公司同安和集美区域建设项目部	中共厦门市委　厦门市政府	2016年11月
林茂荣	男	福建省青少年校外教育优秀工作者	集美区青少年宫	省青少年宫协会　省青少年校外教育测评中心	2016年9月
林剑锋	男	厦门市防抗“莫兰蒂”台风及灾后恢复重建工作先进个人	集美区三社小学	中共厦门市委　厦门市政府	2016年11月
林　艳	女	厦门市防抗“莫兰蒂”台风及灾后恢复重建工作先进个人	集美区杏滨中心幼儿园	中共厦门市委　厦门市政府	2016年11月
林福仁	男	厦门市防抗“莫兰蒂”台风及灾后恢复重建工作先进个人	灌口镇综治办	中共厦门市委　厦门市政府	2016年10月
罗小秋	女	福建省五一劳动奖章	厦门谊瑞货架有限公司	福建省总工会	2016年5月
周云明	男	福建省五一劳动奖章	厦门EPCOS有限公司	福建省总工会	2016年5月
周文阵	男	厦门市防抗“莫兰蒂”台风及灾后恢复重建工作先进个人	厦门市集美市政园林有限公司	中共厦门市委　厦门市政府	2016年11月
周建毅	男	厦门市防抗“莫兰蒂”台风及灾后恢复重建工作先进个人	集美区杏林街道杏林社区居委会	中共厦门市委　厦门市政府	2016年11月
郑艺娟	女	2013-2015年度全省检察机关优秀接待员	集美检察院	福建省人民检察院	2016年12月
房一伟	男	厦门市防抗“莫兰蒂”台风及灾后恢复重建工作先进个人	华侨大学后勤餐饮服务中心	中共厦门市委　厦门市政府	2016年11月
赵　峰	男	第十三届福建青年科技奖	中国科学院城市环境研究所	福建省科学技术协会	2016年12月
钟乾华	男	全省法院党建工作先进个人	集美法院	福建省高院	2016年7月
侯瑞心	女	福建省红十字会系统先进工作者	集美区红十字会	省人力资源和社会保障厅　省红十字会	2016年5月
洪菲菲	女	厦门市第四届杰出教师	灌口小学	中共厦门市委　厦门市政府	2016年9月
洪智勇	男	厦门市防抗“莫兰蒂”台风及灾后恢复重建工作先进个人	厦门集美中学总务处	中共厦门市委　厦门市政府	2016年11月

续表 48

姓名	性别	荣誉称号	工作单位	授予单位	授予时间
徐明亮	男	厦门市防抗“莫兰蒂”台风及灾后恢复重建工作先进个人	厦门工商旅游学校总务处	中共厦门市委　厦门市政府	2016 年 11 月
徐淑英	女	全市优秀共产党员	退休	中共厦门市委	2016 年 7 月
翁博超	男	厦门市防抗“莫兰蒂”台风及灾后恢复重建工作先进个人	厦门市公安局集美分局巡特警反恐大队	中共厦门市委　厦门市政府	2016 年 11 月
高婉瑛	女	厦门市防抗“莫兰蒂”台风及灾后恢复重建工作先进个人	集美区杏滨街道环卫站	中共厦门市委　厦门市政府	2016 年 11 月
郭宏君	女	福建省青年岗位能手	灌口小学	共青团福建省委	2016 年 5 月
郭素珠	女	厦门市防抗“莫兰蒂”台风及灾后恢复重建工作先进个人	集美区防汛办	中共厦门市委　厦门市政府	2016 年 11 月
唐晓利	男	厦门市防抗“莫兰蒂”台风及灾后恢复重建工作先进个人	厦门市第二医院后勤保障部	中共厦门市委　厦门市政府	2016 年 11 月
黄世凤	男	全省人防系统先进工作者	集美区建设局	省人力资源与社会保障厅　省人防办	2016 年 8 月
黄建伟	男	厦门市防抗“莫兰蒂”台风及灾后恢复重建工作先进个人	集美区民政局综合科	中共厦门市委　厦门市政府	2016 年 11 月
常亚锋	男	厦门市防抗“莫兰蒂”台风及灾后重建工作先进个人	区执法局侨英中队	中共厦门市委　厦门市政府	2016 年 11 月
彭福生	男	厦门市防抗“莫兰蒂”台风及灾后恢复重建工作先进个人	集美新城开发建设指挥部办公室	中共厦门市委　厦门市政府	2016 年 11 月
蔡明晖	男	厦门市防抗“莫兰蒂”台风及灾后恢复重建工作先进个人	厦门市交通综合行政执法支队集美大队	中共厦门市委　厦门市政府	2016 年 11 月
蔡锦村	男	厦门市防抗“莫兰蒂”台风及灾后恢复重建工作先进个人	集美大学	中共厦门市委　厦门市政府	2016 年 11 月
戴益平	男	厦门市防抗“莫兰蒂”台风及灾后恢复重建工作先进个人	集美区防汛办	中共厦门市委　厦门市政府	2016 年 11 月

（区志办）

附 录

文献辑存

深化人文集美建设，打造区域创新中心 为建成美丽厦门示范区而努力奋斗

——在中国共产党厦门市集美区第八次代表大会上的报告

（2016 年 7 月 27 日）

李钦辉

同志们：

现在，我代表中国共产党厦门市集美区第七届委员会向大会作报告。

中国共产党厦门市集美区第八次代表大会，是在我区全面践行五大发展理念，引领经济发展新常态，深入实施“十三五”规划的关键时期召开的一次十分重要的会议。大会的主要任务是：以马克思列宁主义、毛泽东思想、邓小平理论、“三个代表”重要思想和科学发展观为指导，深入贯彻落实党的十八大以来中央各项决策部署和习近平总书记系列重要讲话精神，回顾总结区第七次党代会以来的主要工作，确定今后五年经济社会发展和党的建设的目标任务，选举产生中共集美区第八届委员会和纪律检查委员会，选举集美区出席厦门市第十二次党代会代表，团结和动员全区广大党员和干部群众，进一步解放思想勇担当、真抓实干促转型，为深化人文集美建设，打造区域创新中心，建成美丽厦门示范区而努力奋斗。

一、过去五年的主要工作和基本经验

区第七次党代会以来的五年，是集美应对挑战、爬坡过坎并取得重大成就的五年。在省委、市委的坚强领导下，区委团结带领广大党员干部群众，紧紧围绕发展关键点、群众关注点，抓主抓重，务实担当，攻坚克难，较好地完成“十二五”规划和区第七次党代会确定的各项主要任务，为加快创新转型发展，全面建成小康社会奠定了坚实基础。

这五年，经济平稳较快增长，综合实力显著增强。在外部环境总体偏紧的情况下，顶住压力、保持定力，加快转变经济发展方式，经济规模和发展质量同步提升。2015 年实现地区生产总值 494 亿元、财政总收入 95.61 亿元、区级财政收入 28.43 亿元，分别是 2010 年的 1.73 倍、2.35 倍和 3.37 倍。固定资产投资累计完成 1463 亿元，超出规划目标 213 亿元。“4+X”现代产业体系初步建立，建成软件园三期起步区、杏林湾商务营运中心等一批产业载体，产业生态体系更加完善，软件信息服务业势头良好，总部经济快速突破，文化演艺生成新产业，现代农业展现新活力，三次产业结构从 0.58:61.84:37.58 调整为 0.46:51.19:48.35。创新能力进一步提升，创客空间渐成规模，建成全市首个“机器人及数控技术应用研发平台”，宏发电声等 3 家企业获工信部“两化融合管理体系贯标”认证，高新技术产业工业产值占比位列全市第一。

这五年，集美新城跃然崛起，功能品质大幅提升。注重规划先行，完成“多规合一”整合和主体功能区划分。集美新城累计完成投资 1000 多亿元，绿化提升、道路联网、商气集聚等“亮点工程”和创新城区建设扎实推进，从“骨架”（基础设施配套）、“血肉”（新兴产业发展）到“灵魂”（“一精神三文化”）的完整城市形态初步形成；2015 年新城 GDP、财税收入、固定资产投资分别占全区总量的 20%、30%、50%，成为我区新的经济增长点和岛内外一体化建设样板。灌口小城镇建设初具规模，马銮湾片区启动开发，全区城市建成区面积达 78 平方公里。厦深铁路、厦安高速建成通车，同集路等城市快速路改造、轨道 1 号线集美段启动建设。全省首创基层环保目标责任制考核，通过国家级生态区验收。全面开展流域截污整治，启动农村污水治理，天马山生态红线示范段等一批生态工程建成投用，水环境治理成效显著。获评国家园林城市。完善“大城管”机制，“两违”整治持续深入，数字城管平台成为全市样板，城市形象显著提升。

这五年，社会事业繁荣发展，群众得到更多实惠。始终致力于让更多的改革发展成果惠及于民，全区财政一般预算 75% 以上投入民生和社会事业。科技创新型城区建设深入推

进，依托“聚贤集美”人才计划引进各类专家人才89名；支持辖区高校院所发展，与37所高校院所建立合作关系推进产学研一体化；专利申请和授权量均位列全市前列。全面实施“乐业富民”工程，城镇失业人员再就业2.6万人次，转移农村富余劳动力1.33万人次，城镇居民、农村居民人均可支配收入分别从30146元、14586元增至37823元、21340元。教育资源配置进一步优化，各级各类教育全面发展，新改扩建中小学34所，新增学位35300个、省一级达标高中2所，首批通过省教育强区初评。“绿洲计划”社会救助体系不断完善，基本建成全民社保城区。医疗分级诊疗体系初步建立，厦门第二医院成为辖区首家三甲医院，集美新城综合性三甲医院完成规划选址。深入开展美丽厦门共同缔造行动，多路径推动简政放权及便民服务改革，推动优质资源下沉社区，全区半数以上社区进入典范行列。山海协作、对口帮扶工作扎实推进。人口计生、老龄、妇女儿童、档案、保密、地方志等各项工作都取得了新成绩，获评全国义务教育发展基本均衡区、就业先进工作单位等10多个国家级称号。

这五年，人文魅力日益彰显，文化实力显著增强。大力传承弘扬“一精神三文化”，成功举办纪念陈嘉庚先生创办集美学校100周年、首届嘉庚论坛、“弘扬嘉庚精神，践行核心价值观”等系列活动，编写出版《嘉庚精神简明读本》、有声绘本《陈嘉庚的故事》，“图说嘉庚精神”公益广告，嘉庚精神的领航基地知名度大增。不断深化文明创建工作，打造“心灵绿洲”、诚毅志愿者联盟等品牌。推动文化事业繁荣发展，健全公共文化服务体系，精心创作电影《侨女日记》、电视动画片《陈嘉庚的故事》、广播剧《陈嘉庚和南侨机工》、歌曲《集美你最美》等一批文艺精品，《集美弄龙头阵》获中国民间文艺山花奖；成功举办海峡两岸龙舟文化节、集美学村文化艺术节、集美•阿尔勒国际摄影季、厦门（集美）草莓音乐节、集美新城荧光夜跑、全国汽车场地越野锦标赛、CUBA总决赛等高规格品牌活动；建设集美闽南曲艺创作基地，推动传统文化传承发展；成立全省首家区域性企业文联和全市首家镇街级文联。大力发展文化产业，编制全省首部县区级文化业态布局规划，出台系列扶持引导政策；灵玲国际马戏城、嘉庚剧院、诚毅科技探索中心、厦门老院子等一批文化演艺场馆投入运营，厦门演艺城初具规模；海峡两岸青少年新媒体文创交流基地、厦门市影视产业服务中心、三影堂厦门艺术中心落户，中移动手机动漫基地、集美集影视文创园、兑山艺术区、大社文创旅游街区等项目建设加快推进。着力开展城市营销，推出集美调频广播、“天下集美”微信公众号、“人文集美”手机APP及集美旅游手势，提升集美影响力和美誉度。获评全国文化先进区、第四届全省文明城区荣誉称号。

这五年，民主法制进程加快，社会保持和谐稳定。我们大力加强民主法制建设，切实凝聚发展合力和维护社会公平正义，为发展营造了良好的环境。坚持向人大、政协定期通报情况，征求人大、政协对区委常委会工作的意见。支持人大代表认真履行宪法和法律赋予的职责，广泛开展政协委员参政议政活动。认真做好统战工作，各民主党派、工商联和无党派人士参政议政、民主监督渠道进一步拓宽，民族、宗教、对台、侨务等工作取得新成绩。工会、共青团、妇联、侨联、科协、文联、残联等人民团体的桥梁纽带作用进一步增强。党管武装各项制度全面落实，国防动员和“双拥”工作富有成效。建立健全信访工作机制，开展疑难信访事项专案审议，有效化解一批信访积案。健全立体化社会治安防控体系，全面完成“六五”普法规划，获评第二批“全国法治县（市、区）创建活动先进单位”、“全省平安先行县（市、区）”等称号，社会治理综合平台获评全国社会治理创新优秀案例奖，平安集美、法治集美建设迈上新台阶。

这五年，党的建设全面加强，执政能力不断提高。深入开展党的群众路线教育实践活动、“三严三实”专题教育等主题教育活动，认真学习党的十八大和历次全会精神及习近平总书记系列重要讲话精神，打造领导干部理论学习高端平台“集美讲堂”，党员干部理想信念更加坚定、党性修养进一步提高。切实加强区委常委会自身建设，充分发挥全委会作用，坚持重大问题集体讨论、民主决策。深化干部人事制度改革，坚持“凭德才选干部、靠实绩用干部”，共提拔任用科处级干部436名，选派111名干部到项目建设等一线挂职，安排254名干部跨单位轮岗交流。强化基层组织建设，党建优秀品牌和非公企业党组织建设取得示范性成果，社区党建在社区治理创新中的引领作用明显，基层党组织战斗力和凝聚力进一步增强。严格贯彻落实中央八项规定精神，配合省委巡视组做好巡视工作，“四风”积弊得到有效整治，一批群众关注的热点难点问题得到有效解决。坚决落实“两个责任”，从严执行党风廉政建设各项制度，强化对权力运行的监督制约，严肃查办了一批违纪违法案件，营造了风清气正的良好从政环境。

同志们，回顾五年来的发展历程，成绩令人振奋，变化令人瞩目。这些成绩的取得，得益于上级党委的正确领导，得益于历届区委打下的坚实基础，归功于全区广大党员干部群众的努力拼搏和社会各界的大力支持。在此，我谨代表中共厦门市集美区第七届委员会，向全区广大党员干部群众，向所有为集美经济社会发展做出贡献的同志们和朋友们，表示衷心的感谢并致以崇高的敬意！

成绩诚然可喜，经验弥足珍贵。五年的负重奋进，需要我们认真总结并坚持：

第一，越是竞争激烈，越要完善思路、一以贯之。五年来，我们始终把解放思想、战略谋划作为引领发展的先导。2011年区委确立了“加速城市化、实现新跨越，奋力争当‘五个区’”的建设目标，几年来，我们保持战略定力，并根据形势的发展需要不断丰富其内涵。2013年作出“加快优化提升，勇当跨岛发展排头兵”的战略部署；2014年编制实施“美丽厦门·人文集美”发展战略，这一系列决策从城市建设到产业建设到文化建设环环相扣、步步递进，紧扣发展主题未曾脱节，也为主动适应、引领经济发展新常态，加快转换发展动力奠定了坚实基础。

第二，越是转型时期，越要与时俱进、勇于创新。新常态下实现经济、城市、社会的转型发展，必须把发展基点放在创新上，形成促进创新的体制架构，塑造更多依靠创新驱动、更多发挥创新优势的引领型发展。五年来，我们推动构建创新创业生态体系、机器人助力自动化升级、文化演艺传媒生成新产业、生态美促百姓富、实施人文集美系列“百日行动”等等，靠的就是开拓创新，就是敢于跳出条条框框，勇于突破瓶颈和障碍，用创新的思维和方法破解难题。

第三，越是加快发展，越要以人为本、造福百姓。五年来，我们把民生福祉作为第一取向，加大民生投入，践行共同缔造理念，全力推动创业就业，完善社会保障，优化公共服务，不断提升改善民生、服务群众的能力和水平，让改革发展的成果惠及全区人民。实践告诉我们，只有切实尊重人民群众主体地位，高度重视并积极回应群众的利益诉求，以实实在在的富民惠民成效赢得群众的支持拥护，才能把群众的智慧和力量凝聚在推动科学发展跨越发展的全过程。

第四，越是任务艰巨，越要主动作为、苦干实干。五年来，我们坚持把干部作风能力建设作为基本保障，通过给任务、压担子、严考核、重使用，构建一套行之有效的目标导向、压力传导、督查问责和激励考评机制，引导各级党员干部勇于发挥作用，真正让定下来的事情高效推进。特别是在项目建设、征地拆迁、信访维稳等急难险重的任务中，锻炼了一大批干部，取得了良好的工作成效，抓早、抓实、抓主动成为广大干部的过硬作风和生动写照。

第五，越是形势复杂，越要凝心聚力、团结协作。五年来，我们始终把发挥党委的领导核心作用，与注重发挥干部群众的积极性、主动性和创造性结合起来，把干部群众的思想统一到区委的决策部署上来，特别是各套班子团结协作、和衷共济，率先垂范讲规矩、树正气、做表率，营造了风清气正、干事创业的良好氛围。这是我们能够应对各种复杂形势，战胜各种困难，圆满完成各项任务的关键所在。

在充分肯定成绩的同时，我们也应当清醒地看到，在前进的道路上仍然面临着许多困难和挑战：运用新常态思维破解发展难题、推动创新发展的能力还有待进一步提高；经济转型、城市转型、社会转型等工作任务依然艰巨，发展动力面临转换，产业发展空间相对不足，重点项目进展不平衡，征地拆迁难度大制约集美发展的后劲；公共服务供给压力持续加大，教育医疗、社会保障、生态环境、公共安全等带来较大压力，社会治理难度也不断加大；部分党员干部思想观念、工作作风、工作理念、做群众工作能力仍有待加强等。对于这些问题，必须高度重视，采取有力措施，切实加以解决。

二、今后五年的奋斗目标和主要任务

回首过去五年，我们由衷地感觉到，城市化进程是一场拼智力、拼活力、拼耐力的接力赛；展望未来五年，我们深刻地认识到，率先全面建成小康社会，成为美丽厦门示范区，是人文集美的发展定位使然，是服务建设美丽中国典范城市的责任所系。未来五年，既迎来新一轮科技革命和产业变革带来的发展机遇，又要面对外部环境不确定因素增多的复杂形势；既迎来建设新福建和争当“五大发展”示范市指明的工作方向，又要面对集美构建产业新体系攻坚期、建设区域创新中心决胜期、促进和谐包容共享深化期“三期叠加”的关键阶段；既迎来岛内外一体化桥头堡建设和高校院所智力资源转化的发展动力，又要面对区域创新发展的资源竞争日趋激烈的巨大压力。纵观未来形势，机遇与挑战并存，机遇大于挑战。我们要准确把握战略机遇期内涵的深刻变化，强化机遇意识、忧患意识和责任意识，更加积极有效地应对各种风险挑战，加快供给侧结构性改革，着力在优化结构、增强动力、化解矛盾、补齐短板上取得新突破，不断开拓发展新境界。

基于上述认识和思考，今后五年工作的**指导思想**是：全面贯彻党的十八大和十八届三中、四中、五中全会精神，以马克思列宁主义、毛泽东思想、邓小平理论、“三个代表”重要思想、科学发展观为指导，深入贯彻习近平总书记系列重要讲话及对福建、厦门工作的重要指示精神，按照“四个全面”战略布局，以创新、协调、绿色、开放、共享的发展理念深化实施“美丽厦门·人文集美”发展战略，加快产城学人深度融合，打造区域创新中心，以加快经济、城市、社会转型为主线，以提高经济发展的质量和效益为中心，以提升人民群众获得感为目的，统筹推进经济、政治、文化、社会、生态文明和党的建设，率先全面建成小康社会，建成美丽厦门示范区，推动人文集美建设迈向新阶段。

今后五年的**主要奋斗目标**是：依据“十三五”规划确定的发展定位，着力推动综合实力、创新能力、城市品质、民生幸福、党建水平显著提升，努力实现“五个更加”：**一是转型更加科学。**经济保持平稳较快增长，GDP增速高于全市平均水平。转变经济发展方式取得重大进展，“一精神三文化”成为激发创新转型推动力，产城学人深度融合，全社会科技研发投入（R&D）占GDP的比重达4%以上，科技进步贡献率达65%以上，构建“4+X”现代产业新体系，打造区域创新中心。城乡生态环境和人居环境显著改善，生态文明制度体系更加健全，发展的全面性协调性可持续性显著增强。**二是城乡更加协调。**城市建成区面积达100平方公里，常住人口约100万。城市化进程进一步加快，“一心四片”连片成势，片区中心区规模拓展、特色各具，马銮湾新城拉开框架，国际化生态海湾新城崛起；旧城区、旧农村改造稳步推进，城乡发展的系统性、协调性显著增强。**三是社会更加和谐。**城乡居民人均收入增长较快，提前三年实现比2010年翻一番，收入差距缩小，中等收入人口比重上升。教育、卫生、文化、体育等基本公共服务均等化进一步提高。人民素质技能和社会文明程度显著提升。法治集美建设全面推进。**四是改革更加深化。**对标国内外先进水平，城市治理体系和治理能力现代化建设取得实质性突破，跻身国际一流营商环境城区行列。主动承接厦门自贸区“溢出效应”、建设中国最美侨乡、深化对台经贸文化交流取得更大成效，对内对外开放水平明显提升。**五是党建更加有力。**各级党委的领导核心作用和基层党组织的战斗堡垒作用更加坚强有力，党员干部理想信念和能力素质进一步提升，党风政风持续改善，干事创业氛围更加浓厚，政治生态不断优化。

同志们，实现上述目标，核心在发展，首要在抓实。必须突出重点，狠抓关键，着重抓好以下五方面工作：

（一）坚持创新发展，加快打造区域创新中心

创新是引领发展的第一动力。必须把发展基点放在创新上，加快要素驱动向创新驱动切换，加快建设区域创新中心，提升集美核心竞争力。

1. 彰显嘉庚精神创新内涵。嘉庚精神是以爱国主义为核心的民族精神和以改革创新为核心的时代精神有机结合之典范，也是人文集美建设的核心内核和力量源泉。进入创新发展的“大时代”，弘扬嘉庚精神的创新品格尤为重要和迫切。要着力从更高层次、更广视野践行嘉庚精神的创新价值观，切实提升认同感、践行力，营造鼓励创新、勇于创新、包容创新的良好氛围，使创新成为全社会的一种价值导向，成为引领人生的理想坐标，为新常态下实现创新发展、转型发展提供强大的精神动力、智力支持和思想保证。

2. 推进产城学人深度融合。全面对标上海闵行“三区融合、联动发展”，以“产业集聚人才、人才引领产业；宜居城市留住人才、人才红利助推城市品位提升；高校院所培育人才、人才促进高校院所内涵特色发展；满足人才的全方位需求、人才创造活力最大程度激发”为导向，统筹推进产业发展、城市发展、高校院所发展和人的发展。把降低创新创业成本、集聚创新资源要素作为创新城区建设的核心，全面提升金融法务、人才智库、政府政策和生活配套等要素。深入实施“聚贤集美”、“金蓝领人才培养工程”等人力资源提升行动计划，力促人力资源向人力资本转化。推动高校、科研院所与企业加强产学研合作，促进产业链、创新链、资金链、服务链融合，支持智力要素和技术要素更多参与创新收益分配。

3. 构建现代产业新体系。坚持“精一转二优三”，重点发展软件和信息服务、机械装备制造、商务商贸物流、文化演艺传媒4大支柱产业，扶持发展新材料、水暖厨卫、纺织服装、体育休闲等特色产业和现代都市农业，加快形成“4+X”现代产业体系，推动产业迈向中高端。把软件园三期作为建设智慧城市、引领信息消费的重中之重，强化园区建设运营，努力打造全省规模最大的软件和信息服务产业集聚区。聚焦打造海西先进制造业基地和区域现代服务业中心，加快建立完善“六个一”产业服务机制，进一步摸清家底、准确对标，特别是要围绕产业链高端和关键缺失环节，瞄准行业领军企业，主动出击、精准招商。推动全区创新主体大力开展跨界创新行动，充分发挥互联网、大数据等信息技术对提升全要素生产率、促进产业转型升级的突出作用，开展技术创新、产品创新、组织创新、商业模式创新和市场创新，积极培育新产业、新业态、新模式，促进信息化与新型工业化、城镇化、农业现代化深度融合，推动制造业服务化、高端化和服务业集群化、生态化发展。

4. 优化创新创业发展环境。深化科技体制改革，推动政府职能从科技管理向发展战略、规划、政策、布局、评估和监管等创新服务转变。建立完善有利于新技术应用、个性化生产方式发展、“互联网+”广泛拓展的配套制度。坚持实体与网络结合、创客创业创新创投联动，积极发展众创众包众扶众筹新模式，完善“创业导师+专业服务+产业园区+创投基金”的创新创业生态体系，建成国内一流、活力四射的创新创业新标杆。强化企业创新主体地位和主导作用，倡导科学精神、工匠精神，推动设立专业开放众创空间、企业发展基金，引导和支持企业开展技术、品牌、营销、管理的全面创新升级，提升创新能力和服务化水平。加强知识产权保护和运用，营造激励创新的良好生态。

（二）坚持协调发展，构建城乡一体化发展格局

坚持全区一盘棋，既要瞄准发展重点，又要瞄准薄弱环节和滞后领域，补足发展短板，在增强城市的系统性、整体性、生长性中拓展发展空间、增强发展后劲。

1. 打造高品质跨岛发展新市区。坚持“四高”标准，扎实推进城市建设和管理，力促城市发展转型。严格落实“多规合一”，落实《集美区公共艺术和城市色彩总体控制规划》，对城市标志性建筑、窗口性公共场所、门户性区域等重点部位实施嘉庚和闽南建筑风格的景观提升，构建具有地域文化内涵的记忆空间。着眼于优质均衡和城乡一体化，加快推进轨道交通、地下综合管廊等重点项目建设，高标准配置完善城市道路网络、公共交通、夜景工程和水、电、气联网等城市基础设施、公共服务设施和城市保障设施建设，提升城市综合承载力。推广物联网、云计算、大数据等信息技术在各领域各行业的应用，升级完善信息化基础工程，提速电子政务、民生集美等智慧政务建设，建成国家智慧城市试点先进城区。坚持建管并重，秉承精细化管理理念，积极推进城市管理体制创新和模式转变，加快城市综合管理服务平台信息化建设，全面优化城市管理。

2. 打造更有魅力的文化强区。巩固提升全国文化先进区创建成果，进一步繁荣文化事业和文化产业，优化集美“文化品牌”，建设国内领先的文化发展引领区。以大力弘扬嘉庚精神、培育和践行社会主义核心价值观为根本，切实加强理想信念教育和思想道德建设。全面实施公民道德素质提升行动计划，广泛开展科学知识普及和全民读书活动，加快公共场所文化氛围建设，建设书香社会和学习型城区。大力实施文化惠民工程，扎实推进文化站、图书馆等公共文化惠民设施建设，全面建成全市领先的现代公共文化服务体系。丰富文化产品供给，组织创作一批体现时代特征、带有鲜明集美特色的文艺精品。加强文化遗产保护工作，积极推进闽南文化生态保护区重点区域、集美区闽南曲艺创作基地建设，提升城市文化品质。进一步完善产业配套服务，围绕发展文化创意、影视动漫、数字内容和新媒体、文化旅游、演艺娱乐等重点产业，加大文化产业项目建设和引进力度，推动文化产业创新突破。

3. 打造社会治理创新示范区。继续深化美丽厦门共同缔造行动，不断拓展社会治理创新广度和深度。进一步理顺政府、社会组织、社区和居民等主体关系，厘清责权边界，完善权力清单，实现政府治理和社会调节、居民自治的良性互动，建立“一核多元”、“纵向到底、横向到边、协商共治”的治理体系和以群众参与为核心的有效治理方式。大力推进完整社区建设和社区服务便利化，加快社区网格化及服务管理信息平台建设，提高社区工作人员待遇，拓展延伸社区服务领域，增强社区管理服务功能。健全村（居）志愿服务组织网络。培育各类社会组织多元健康发展，简化社会组织登记制度，推进政府购买社会组织服务，加强社会组织监管，引导乡贤理事会等社区社会组织发挥积极作用。注重家庭、家教、家风有机统一，推动新时期家庭文化建设。

4. 打造一体化融合发展繁荣区。推进集美新城西亭中心区及环杏林湾建设，完善功能配套，全力促招商、促入住，加快人气商气集聚，打造繁荣街区，尽快形成城市中心。将马銮湾作为城市空间拓展的主要阵地，将集美北部新城组团、环东海域整合优化提升，形成集美滨海新城区。注重通过区内外道路交通的快速改善、大型商住配套带动、“三旧”改造以及综合体开发，加快“一心四片”融合对接、连片成势。坚持以人为核心的城镇化，加快推进灌口小城镇综合改革建设，持续推进城乡基础设施一体化、公共服务配套设施均等化，促进城乡均衡协调、共同繁荣。探索完善村（居）集体资产股份量化工作，健全资产收益分配制度，增强集体经济发展活力。加快推进农业转移人口市民化，深入实施“城乡文明融合工程”，力促村改居居民转变思想观念、改变生活方式、提高自身素质、融入城市生活。

（三）坚持绿色发展，建设国家生态文明先行示范区

坚持把生态文明建设放在更加突出的战略位置，优化城市生态布局，推进绿色循环低碳发展，加强生态治理保护，统筹生产、生活、生态发展，努力创建国家生态文明先行示范区。

1. 建成生态园林城区。落实主体功能区战略，严守生态控制线，加强山地、流域、海岸带等重要生态功能区和资源的保护与管理，推动山、海、田、城、路协调共生，打造鲜明的“山海城湾”美丽生态园林城市格局。实施“三边”绿化改造，统筹推进全区绿道网建设规划，高标准完善杏林湾环湾26公里慢行系统，加快厦门大桥至集美大桥（集美侧岸段）沙滩岸线修复项目、浪漫海岸线、天马山郊野公园等生态景观和公路、铁路沿线绿色生态廊道建设，力争2020年城区绿化覆盖率达45%。践行海绵城市理念，推进城区路网、马銮湾新城等新增长区域建设，建成杏林湾国家城市湿地公园。

2. 打造低碳环保城区。以争创国家循环化改造示范园区为抓手，严格落实节能减排降碳。大力实施工业循环经济，加强低碳技术开发应用，加快改造高耗能、高排放产业，加快建立绿色低碳循环发展产业体系，确保万元GDP能耗、主要污染物排放量强度等指标继续优于全省、全国水平。深入开展生态文明宣教活动和节能减排全民行动，推动个人和家庭践行低碳环保生活理念，倡导绿色低碳生活方式和消费模式，鼓励公交出行、绿色出行，大力推进生活垃圾分类和可再利用资源回收使用，推动形成勤俭节约、绿色环保的社会风尚。

3. 建设各具特色的美丽乡村。按照“百姓富生态美”的目标要求，全力打造“望得见山、看得见水、记得住乡愁”的乡村风景线。加强乡土自然人文景观、历史文化名村、传统村落、特色景观村落和农俗文化的保护传承，因地制宜布局发展休闲观光农业和乡村旅游业。深入开展家园清洁行动，重点推进农村垃圾、污水处理设施建设，提高村庄基础设施水平，推进优质公共服务资源向农村倾斜。推进实施生态补偿，完善“以奖代补”机制，进一步完善“资源＋合作社＋农庄”发展模式，激发促进生态文明活力。打造灌口田头、后溪城内等示范村，以点带面、稳步推进，探索不同类别的美丽乡村建设模式。

4. 强化生态环境综合治理。坚持标本兼治、精准施治和持续整治，综合整治水、大气、土壤等重点领域污染，提升区域生态环境质量。深入实施“清水”工程，全面落实《厦门市水污染防治行动计划实施方案》和《厦门市小流域综合治理工作方案》，开展安全生态水系建设，全面完成杏林湾截污整治工程和深青溪、瑶山溪、后溪溪等流域综合整治，加快推进马銮湾等生态修复工程，全区实现无劣五类水的目标。深入实施“蓝天”工程，以控制PM2.5为首要任务，深化实施清洁空气行动计划，确保空气质量优良率位居全市各区前列。深入实施“净土”工程，全面推广危险废物电子信息化监管平台，推动生活垃圾分类。进一步落实生态文明考核评价机制，健全网格化环境监管制度和环境安全管控体系，推行生态文明建设“一票否决”制。

（四）坚持开放发展，争当改革开放的清新窗口

深入实施对外开放战略，紧紧抓住福建自贸试验区和“一带一路”战略机遇，发挥好台侨传统优势，大力提升集美开放型经济水平和国际化程度。

1.积极融入对外开放大格局。依托国家“一带一路”、中国（福建）自由贸易试验区发展战略，以金融、商贸、旅游、教育、文化交流为纽带，积极探索国际国内合作的新途径、新模式、新机制，全力开拓“海丝”沿线国家等新兴市场，扶持发展服务外包、外贸综合服务等新型业态，促进海外优势产业“引进来”和我区企业“走出去”。及时跟进自贸区制度创新和产业集聚的发展动向，积极争取试点政策和经验在集美复制推广，谋划一批厦门自贸区延伸和溢出的功能配套项目。更加全面地融入厦漳泉龙同城化，进一步加强与长三角、珠三角等发达地区的经贸往来和科技文化交流。深入开展对口援助，努力帮助清流县与全省同步跨入全面小康。

2.不断深化对台交流融合。深入挖掘国家级台商投资区品牌优势，推进对台产业深度合作，积极引进台湾百大企业优质项目。支持台企龙头企业向高端化、智能化发展，实施“机器换人”行动，健全台湾生产力中心为辖区企业进行转型诊断和深度辅导常态化机制，促进台企加快转型。以推进闽台云计算产业示范区建设为契机，推动台企在集建立一批两岸人才合作培训和科研基地，吸引台湾人才来集创业创新。进一步扩大海峡两岸龙舟文化节等涉台重要活动影响力，推动闽南民间艺术展演交流和互访商演，推进音乐、摄影、影视产业合作，加强两岸基层交流和青年交流。鼓励在集台胞参与社区治理，加强和改进协调服务台胞机制，全面提升对台交流交往的实效和水平，力争在我市打造两岸交流合作战略支点城市中发挥更大作用。

3.打造中国最美侨乡。高举嘉庚旗帜，以亲情、乡情、友情为纽带，依托嘉庚论坛、陈嘉庚科学奖报告会、世界嘉庚学子联谊会、中国华侨国际文化交流基地等平台，进一步凝聚侨心、汇聚侨智、发挥侨力，打造以嘉庚精神为纽带的高层次、国家级交流平台。加强同海外华人华侨、社团的沟通联络和服务工作，完善与全球重点侨团和华裔新生代的联络机制，积极组织海内外华商双向考察交流，吸引闽籍重点侨商回乡投资兴业。筹建侨乡博物馆，推动华侨华人商协会在集设立办事机构，搭建涉侨经贸交流活动品牌。积极推进“集美学村”申遗的前期工作，保护和修缮好特色侨房，维护海外侨胞在家乡的合法权益。开展侨捐项目资料库建设，弘扬侨捐善举。

4.营造国际一流营商环境。按照市场宽松有序、政府高效透明、人文多元包容、开放便利可控、要素汇聚高效、法治公平公正、设施完善便捷的要求，推进一流营商环境营造与人文集美建设有机融合，扎实抓好市场、政府、社会、开放、法治、要素、设施等七个环境建设，争取跻身国际一流营商环境城区行列，构筑起未来一段时期支撑我区转型发展的新的竞争优势。加快城市功能国际化，着力构建符合国际化标准的基础设施和服务配套网络，布局建设国际学校、国际医院，规划建设国际化社区，推动多语种标识普及和国际语言环境营造。在政务服务理念、工作标准、运行体系等方面加快与国际接轨，提升外事外贸服务管理水平，优化外商投资服务环境，推进营商环境国际化。

（五）坚持共享发展，建设民生幸福的典范城区

围绕率先全面建成小康社会目标，注重以人为本、民生优先，大力发展社会事业，推动基本公共服务优质化、均等化，加快实现“保障型”民生向“发展型”民生转变。

1.提升公共服务供给能力。适应人口快速增长的需求，坚持普惠性、保基本、均等化的方向，建立基本公共服务财政支出增长长效机制，逐步扩大基本公共服务范围，提高保障标准，健全覆盖城乡、延伸基层的基本公共服务体系，着力解决城乡之间、群体之间基本公共服务水平差距问题。逐步推动非户籍常住人口享有与本地户籍人口同等待遇的基本公共服务。创新公共服务投入机制，积极探索民生供给多元化、优质化，制定完善政府向社会力量购买服务的指导性目录，逐步提高使用政府和社会资本合作模式的比例。

2.推动社会事业全面发展。秉承弘扬嘉庚精神，坚持优先发展教育，努力打造“全国教育强区”，全面提高教育现代化水平。切实优先保障教育投入，推进名校名师战略，支持辖区高校院所与中小学合作办学，支持和规范发展民办教育，大力推动义务教育均衡优质发展、学前教育服务普惠发展、高中阶段教育加快提升。加快发展职业教育，大力引进高端国际教育，支持高校创新发展。加快发展继续教育、特殊教育和老年教育，建设学习型社会。扎实推进国家慢性病综合防控示范区、全国基层中医药工作先进单位和妇幼健康优质服务示范区建设，积极对接省、市医药卫生体制改革，建立健全包括医疗服务、疾病预防控制、卫生监督、妇幼保健在内的公共卫生服务、医疗保障和药品供应体系。建成新城三甲医院，进一步完善镇街卫生服务中心、社区卫生服务站基础医疗服务网络，布局一批健康休闲和高端医疗产业，打造“全民健康管理服务示范区”。全面落实一对夫妇可生育两个孩子政策，促进人口长期均衡发展。广泛开展全民健身运动，推动体育强区建设，满足人民群众日益增长的健康需求。积极发展老龄、红十字、残疾人和慈善事业，切实保障妇女儿童权益。

3.推进民生保障全覆盖。实行更加积极的创业就业政策，做好高校毕业生、就业困难人员、农村转移劳动力等重点群体创业就业援助工作；加强就业观念引导和职业技能培训，实施“金蓝领培养工程”，促进高校与企业联合建设实训基地和开展订单式培训，打造充分就业城区。按照“全覆盖、保基本、多层次、可持续”方针，积极探索社会保险制度的对接和整合，建立覆盖城乡更加公平可持续的社会保障体系，打造国家级“全民社保示范区”。进一步延伸拓展“绿洲计划”，完善社会救助政策体系，全面提高社会救助水平。积极应对人口老龄化，健全养老服务体系，发展居家养老事业，积极推动医养结合。实施精准扶贫，完善重点群体“一对一”救助帮扶机制，积极帮扶救助低收入群体和困难群众。

4. 加强公共安全体系建设。树立“大平安”理念，加强平安集美建设和社会治理创新，健全公共安全监管保障机制。深化社会治安综合治理，持续完善立体化社会治安防控体系建设，强化打防管控，坚持严打方针，依法严密防范、严厉惩治两抢一盗、涉黑涉恶等各类违法犯罪活动，有效维护社会大局稳定。不断整合信息资源，深入推进“互联网＋群防群治”建设，夯实综治维稳基层基础。健全完善多元化纠纷调解机制，深入落实重大决策、重大项目建设社会稳定风险评估要求，推进信访工作制度改革，有效预防和化解社会矛盾。加强食品药品安全监管，抓好餐桌污染治理。深化安全生产管理制度，建立企业安全生产诚信体系、隐患排查治理体系和安全预防控制体系，坚决遏制重特大安全事故。加强防汛防台、地质、消防等防灾减灾基础设施建设，健全完善应急救援和处置机制，提升防灾减灾能力。

三、落实全面从严治党政治责任

推动新发展、实现新作为，关键在党，关键在人。我们必须坚持党要管党、从严治党，全面推进党的建设新的伟大工程，不断提高党的建设科学化、制度化、规范化水平，为推进经济社会更好更快发展，提供坚强保证。

（一）积极推进思想建党和制度治党紧密结合

坚持思想建党与制度治党同向发力，拧紧思想“总开关”，增强制度“硬约束”，加强党性和道德教育，引导和激励广大党员干部践行“四讲四有”，不忘初心，继续努力。深入学习习近平总书记系列重要讲话及对福建、厦门工作的重要指示精神，扎实开展“两学一做”等主题教育活动，强化思想政治理论学习培训，增强政治意识、大局意识、核心意识、看齐意识，自觉用四大意识武装头脑。严格落实党管意识形态主体责任，坚持团结、稳定、鼓劲正面宣传为主，认真组织开展社会主义核心价值观等主题宣传教育，始终把握意识形态工作的主动权和主导权。系统梳理现有的党内法规制度，深入探索制度治党的途径和方式。认真总结、及时固化我区全面从严治党实践经验，向制度建设要实效、要长效。充分发挥区委总揽全局、协调各方的领导核心作用，深入贯彻中国共产党《地方委员会工作条例》和《问责条例》，完善区委议事规则，提升科学决策、民主决策水平。充分尊重、支持和维护区人大及其常委会依法履行职能，充分发挥人大代表广泛联系人民群众的作用。充分发挥人民政协作为协商重要渠道和专门协商机构的作用，支持区政协履行政治协商、民主监督、参政议政职能。支持法院、检察院依法独立公正行使审判权、检察权，促进司法公正。巩固和发展最广泛的爱国统一战线，扎实推进群团改革，充分发挥工会、共青团、妇联等群团组织的桥梁纽带作用，推进军民融合深度发展，巩固发展军政军民团结，形成推动经济社会发展的强大合力。

（二）持续深化作风建设和党风廉政建设

坚持高标准和守底线相结合，注重规范惩戒和标本兼治，把“严”字贯穿始终，坚持坚持再坚持，确保作风建设持续深入，党风政风持续改善。强化对违反中央八项规定精神行为的监督执纪问责，坚决防止“四风”反弹回潮。紧盯作风领域问题的新形式、新动向，着力整治“为官不为”、“摆花架子”以及穿上“隐身衣”的奢靡之风等新问题。把纪律建设摆在更加突出位置，深入开展纪律教育，狠抓执纪监督，养成纪律自觉，用纪律管住干部和全体党员，严厉惩处、及时曝光顶风违纪行为，大力弘扬勤俭节约、艰苦奋斗优秀传统文化，推动作风建设返璞归真、固本培元。从严从实加强党风廉政建设，严格落实“两个责任”任务清单，加强重点领域、重要岗位和关键环节的权力制约，严肃查处各类违纪违法案件，推进党风廉政触角向基层延伸，着力解决群众身边的不正之风和腐败问题，让群众更多感受到反腐倡廉的实际成果。深化纪律检查体制改革，探索纪检监察机关体制机制创新，强化对权力运行的监督，把握用好监督执纪“四种形态”，切实把纪律和规矩挺在前面。

（三）更好发挥基层党组织战斗堡垒作用和党员先锋模范作用

始终把抓基层、打基础作为推进全面从严治党的重中之重，严格落实党（工）委抓基层党建工作责任制，树立强基固本、大抓基层的鲜明导向，全面提升基层党建工作水平。适应服务对象、服务内容、服务方式的变化和需求，积极探索不同领域党组织设置和发挥作用的有效途径，进一步强化基层党组织的政治功能和服务功能。持续推进“党建富民强村”工程，完善以社区党组织为核心的“一核多元”社区治理体系，全面推进社区党建标准化规范化建设。强化机关、国有企事业单位等基层党组织建设，加大“两新”组织党建工作力度，推进党的组织、党的工作和党员作用发挥“三个全覆盖”。深化软弱涣散基层党组织整顿，选优配强基层党组织领导班子特别是带头人。深入开展干部包片联户、结对共建等活动，落实党员干部直接联系服务群众制度，推动基层党建活动扎根基层、扎根群众。进一步做好发展党员工作，加大在高层次人才和基层优秀人才中发展党员的力度，优化结构、提升质量。从严加强党员教育管理，扎实做好流动党员工作。大力宣传基层党建工作的先进典型，宣传优秀基层干部的先进事迹，充分发挥典型示范作用。

（四）牢牢抓住干部队伍建设和领导干部这个“关键少数”

“党的干部是党的事业的骨干”。坚持把从严管理干部贯彻落实到干部队伍建设全过程，坚持从严教育、从严管理、从严监督，强化领导干部带头意识，时时处处严要求、作表率。围绕协调推进“四个全面”战略布局，不断提高各级领导干部的战略思维、辩证思维、系统思维、创新思维、底线思维的能力，贯彻新发展理念、适应把握引领经济发展新常态的能力，领导谋划推动落实改革的能力，运用法治思维法治方式解决问题的能力，从严管党治党的能力。提高教育培训质量，创新教育培训方式，开展精准化的理论、政策、科技、管理和法规培训，提高领导干部专业素养。加大实践锻炼力度，加强和改进干部到基层挂职任职工作，更加注重在改革发展主战场、维护稳定第一线、服务群众最前沿锻炼、发现、使用干部。加强干部常态化管理监督，综合运用领导干部经济责任审计、述职述廉、年度考察测评等手段，加强考核问责，强化结果运用。教育引导各级领导干部保持积极进取、奋发有为的朝气，砥砺攻坚克难、锐意创新的勇气，强化勇于负责、敢于担当的意识，以抓铁有痕、踏石留印的韧劲，脚踏实地、真抓实干的作风，把中央和省市区委各项决策部署不折不扣落实到位。坚持从严管理干部与正向激励相结合，建立健全科学管用的容错纠错机制，鼓励创新、宽容失败，加强对勤勉做事干部的关心爱护，为敢于担当的干部担当、对勇于负责的干部负责，推动形成想作为、敢作为、善作为的良好风气。

同志们，未来五年的蓝图催人奋进，使命重于泰山。让我们更加紧密地团结在以习近平同志为总书记的党中央周围，凝心聚力，奋发有为，深化人文集美转型发展，加快打造区域创新中心，努力建成美丽厦门示范区，创造出无愧于人民、无愧于时代的新业绩！

工作报告用语解释

（按名词在《报告》中出现先后为序）

1. 五大发展理念：党的十八届五中全会提出，实现“十三五”时期发展目标，破解发展难题，厚植发展优势，必须牢固树立并切实贯彻创新、协调、绿色、开放、共享的发展理念。

2.“4+X”现代产业体系：软件和信息服务、机械装备制造、商务商贸物流、文化演艺传媒4大支柱产业，“X”指新材料、水暖厨卫、纺织服装、体育休闲等优势特色产业和现代都市农业。

3.“多规合一”：在“三规合一”（城乡规划、土地利用总体规划、国民经济和社会发展规划）的基础上，进一步整合林业、市政、水利、海洋等各专项规划，形成全区空间布局“一张图”。

4.“一精神三文化”：即嘉庚精神和华侨文化、闽南文化、学村文化，是集美的文化特质。

5.“一心四片”：区委六届十七次全会提出的集美城市发展格局，“一心”指杏林湾核心区，“四片”指后溪片区、集美片区、杏林片区、灌口片区。

6. 海绵城市：国务院办公厅2015年10月印发《关于推进海绵城市建设的指导意见》，部署推进海绵城市建设工作。海绵城市，新一代城市雨洪管理概念，是指城市在适应环境变化和应对雨水带来的自然灾害等方面具有良好的“弹性”，下雨时吸水、蓄水、渗水、净水，需要时将蓄存的水“释放”并加以利用。

7.“聚贤集美”人才计划：为贯彻落实厦门市“海纳百川”人才计划，实现以重大人才工程带动全区人才队伍建设，自2013年起实施的我区人才计划。主要针对集美经济社会发展急需的7类人才（高层次创新创业人才、重点产业紧缺人才、宣传文化领域人才、教育卫生人才、旅游产业人才、高技能人才以及其他人才），从提供创业资金、创业场所、生活补贴、子女教育等方面着手，形成人才竞争优势，积极引才、留才，全面推进集美经济社会发展。

8. 奋力争当“五个区”：区委六届十九次全会提出建设岛外新城形象区、产业发展活力区、科教文化繁荣区、社会和谐示范区、党的建设先进区。

9. 人文集美系列“百日行动”：2014年10月以来，共实施嘉庚精神宣传教育活动、加快产业落地、道路整治提升和共同缔造示范点冲刺行动等3批次百日行动，通过集中一定的时间和精力，完成一定的工作量，实现一定的工作目标，不断地积小胜为大胜。自2015年5月开始，百日行动成为人文集美战略实施的常态化机制。

10.“四个全面”：全面建成小康社会、全面深化改革、全面依法治国、全面从严治党。

11.“三区融合、联动发展”：上海市闵行区建立高校区、科技园区和社区“三区联动”机制，有效实现高等教育发展与区域经济发展、产业集群布局、社会功能拓展的有机融合，为增强自主创新活力开辟了新的道路。

12.“六个一”产业服务机制：一套产业发展规律与经验指引、一套产业链条发展路线图、一套招商和技改项目库、一套项目落地空间布局、一套扶持政策和发展资金、一套工作机构。

13.“四高”：高起点、高标准、高层次、高水平。

14. 众创众包众扶众筹：依托互联网等方式出现的新型创新创业支撑平台。“众创”指通过创业创新服务平台聚集全社会各类创新资源；“众包”则是指借助互联网等手段，将传统由特定企业和机构完成的任务，向自愿参与的所有企业和个人进行分工；“众扶”指通过政府和公益机构支持、企业帮扶援助、个人互助互扶等多种途径，共助小微企业和创业者成长；“众筹”指通过互联网平台向社会募集资金。

15.“三边”绿化：山边、水边和路边绿化。

16.“机器换人”：以现代化、自动化的装备提升传统产业，推动技术红利替代人口红利，成为新的产业优化升级和经济持续增长的动力之源，是推动传统制造业实现产业转型升级的一项重要举措。

17.“四讲四有”、“两学一做”：“两学一做”即今年2月起中央在全体党员中开展的“学党章党规、学系列讲话，做合格党员”学习教育活动。“两学一做”学习教育要求广大党员做“四讲四有”的合格党员：讲政治、有信念，讲规矩、有纪律，讲道德、有品行，讲奉献、有作为。

18. 监督执纪“四种形态”：党内关系要正常化，批评和自我批评要经常开展，让咬耳扯袖、红脸出汗成为常态；党纪轻处分和组织处理要成为大多数；对严重违纪的重处分、作出重大职务调整应当是少数；而严重违纪涉嫌违法立案审查的只能是极极少数。

19.“一核多元”社区治理体系：“一核”即“一个领导核心”，以上级党委和政府为指导，以社区党组织为领导核心；“多元”即“多元主体共治”，居委会负责社区自治事务，社区工作站承接政府行政管理事务，社区服务中心承担社区公共服务，各类社区组织、物业管理公司、驻区单位等多元主体共同参与社区治理。

集美区第七次党代会以来国民经济主要经济指标增长情况

主要指标	单位	2010 年完成额	2011 年完成额	2012 年完成额	2013 年完成额	2014 年完成额	2015 年完成额	2015 年比2010 年增长 %
一、生产总值（GDP）	亿元	285.30	336.72	369.14	402.16	451.72	494.14	73.2
其中：一产	亿元	2.24	2.03	2.51	2.72	2.33	2.25	0.4
二产	亿元	174.67	207.98	220.46	234.83	247.33	252.97	44.8
三产	亿元	108.39	126.71	146.17	164.60	202.06	238.92	120.4
二、规模以上工业总产值	亿元	654.26	767.98	676.77	710.86	757.38	791.84	21.0
三、全社会固定资产投资	亿元	205.68	228.10	273.27	280.00	299.00	383.25	86.3
四、社会消费品零售总额	亿元	54.30	64.02	76.81	90.28	108.23	115.32	112.4
五、实际利用外资	亿美元	2.32	2.89	2.56	3.05	0.93	0.48	−79.3
六、财政总收入	亿元	40.64	50.02	59.18	71.20	84.78	95.61	135.0
七、地方级财政收入	亿元	8.45	11.52	14.09	18.28	23.01	28.43	237.0
八、城镇居民人均可支配收入	元	26239.00	30146.00	33759.00	31965.00	35003.00	37823.00	44.1
九、农村居民人均可支配收入	元	12237.00	14586.00	16394.00	18011.00	19894.00	21340.00	74.4

备注：2012 年起规模以上工业总产值统计口径调整；2014 年财政总收入根据市里统一口径调整；2014 年起市对区财政管理体制调整，2010-2013 年区级财政收入按 2015 年相同口径进行计算；地方级财政收入按 2015 年体制口径。本表数据由集美区发改局、财政局提供。

政府工作报告

——2016 年 12 月 20 日在厦门市集美区第十二届人民代表大会第一次会议上

区长 何东宁

各位代表：

现在，我代表区人民政府向大会报告工作，请予审议，并请政协委员和其他列席会议的同志提出意见。

一、过去五年的工作回顾

过去五年，是集美改革发展承前启后、成果丰硕的五年。在市委、市政府和区委的坚强领导下，在区人大、政协的监督支持下，区政府深入贯彻党的十八大和十八届三中、四中、五中、六中全会精神，认真落实习近平总书记系列重要讲话精神和对福建、厦门工作的重要指示，主动适应和把握经济发展新常态，抢抓跨岛发展机遇，较好完成了十一届人大一次会议确定的各项目标任务。2016 年预计全区生产总值突破 500 亿元，财政总收入突破 100 亿元，旅游人数突破 1000 万人次，固定资产五年累计完成投资超过 1600 亿元，第三产业增加值首次超过第二产业。五年来先后获评全国文化先进区、国家级生态区、省级文明城区四连冠、省级双拥模范区六连冠等荣誉称号。集美的发展站在了一个崭新的历史起点上。

（一）经济规模效益持续提升。

预计 2016 年全区实现生产总值 562 亿元，同 2011 年相比，年均增长 9.3%；财政总收入 105.25 亿元，年均增长 16%，其中区级财政收入 30.71 亿元，同口径年均增长 21.6%；社会消费品零售总额 129 亿元，年均增长 15%。三次产业结构从 2011 年的 0.78:65.03:34.19 调整为 2016 年的 0.4：49.44：50.16。“4+X”现代产业体系初步建立，产业转型升级初见成效，获评省级智能制造试点示范基地。杏林湾商务营运中心、软件园三期起步区等一批产业载体建成投用，厦门演艺城初步成型。企业科技创新能力进一步提升，引进国家“千人计划”人才 7 人、省“百人计划”22 人、市“双百计划”62 人，引入台湾生产力中心辅导 21 家企业转型升级，集聚 32 家众创空间，建成全市首个机器人及数控技术应用研发平台，宏发电声、金龙联合、蓝斯通信获工信部“两化融合”管理体系贯标认证，集美（杏林）台商投资区入选国家园区循环化改造示范试点。区域性产业扶持政策“洼地”初步成型，出台惠企政策 64 项。区产业引导基金参股设立子基金 14 支，总规模 40.9 亿元，数量及规模位居全市第一。国际一流营商环境建设扎实推进，多规合一、商事登记等改革顺利开展，商事主体增加到 57316 户，增长近 1 倍。

（二）城市功能品质完善优化。

“一心四片”的城市框架基本形成。集美新城累计投资 1120 亿元，实现五年基本建成目标，初步形成集聚态势。征地拆迁工作强力推进，完成征地 4.36 万亩，拆迁 410.96 万平方米，为城市和产业发展腾出空间，有力推动了集美新城、马銮湾新城、机械工业集中区等重大片区开发。小城镇综合改革建设试点、美丽乡村建设扎实推进，建成田头、张庄等 46 个美丽村庄，灌口镇荣获国家绿色低碳重点小城镇称号。重大基础设施建设加快推进，龙厦、厦深铁路和厦安高速等相继通车，同集路、集灌路、杏滨路等 8 个“两环八射”市级城市快速路改造项目进入收尾阶段，地铁 1 号线集美段 11 个站点站房基本建成，6 号线启动建设。高标准建设 20 公里环杏林湾绿道，集美大道地下综合管廊启用并列入国家试点项目，集美北部新城区中央公园等一批公共停车场建设有序推进。

（三）人文特质魅力彰显。

实施人文集美发展战略，大力传承和弘扬嘉庚精神，成功举办纪念陈嘉庚先生创办集美学校 100 周年、首届嘉庚论坛等系列活动，创作电视动画片《陈嘉庚的故事》等一批文艺精品，集美学村入选首批中国 20 世纪建筑遗产名录，提升了嘉庚精神领航基地知名度。推动文化事业繁荣发展，《集美弄龙阵头》获国家民间文艺最高奖项山花奖，首部《集美区志》出版并获评厦门市第十届社会科学优秀成果一等奖，《集美年鉴》（2014）获评全国地方志优秀成果一等奖。大力发展文化产业，编制全省首部县区级文化业态布局规划，打造国际集美节旅游品牌，成功举办海峡两岸龙舟文化节、国际气球艺术节、草莓音乐节、集美·阿尔勒国际摄影季、中国汽车场地越野锦标赛、全国大学生篮球联赛总决赛等高规格品牌活动。灵玲国际马戏城、嘉庚剧院、诚毅科技探索中心、厦门老院子等一批文化演艺场馆投入运营。文明创建工作不断深化，打造“心灵绿洲”、诚毅志愿者联盟等品牌，涌现出陈清洲等一批先进典型。

（四）生态文明建设成效显著。

在全省首创基层环境保护目标责任制考核机制，完成节能减排任务。投资 12.41 亿元全面开展流域截污整治，执行最严格水资源管理制度，落实“河长制”，小流域治理扎实推进；全区 208 个村庄农村污水治理全面铺开，推进农业面源整治，推广测土配方施肥 1.41 万亩，占全区农田 70%，全面完成生猪退养，区域水质明显改善。实施杏林湾环湾截污工程，在全省率先试点对初雨污染进行截流处理，在全市率先建设截污工程智能化监控系统，通过改扩建、新建污水处理设施，日污水处理能力提高 10.5 万吨。水环境治理达到省内领先水平，村庄生活污水处理项目通过住建部 2016 年中国人居环境范例奖初审。新增灌口风景湖等 34 个公园，天马山生态红线示范段等一批生态工程建成投用，建成区绿化覆盖率超过国家和省、市绿化考评标准。

（五）民生福祉持续增进。

2016 年城镇居民人均可支配收入 41416 元，农村居民人均可支配收入 23154 元，年均分别增长 10.1% 和 10%，均高于生产总值增速。坚持民生优先，民生支出占财政一般预算支出 78% 以上。新办中小学、公办幼儿园 28 所，新增中小学学位 3.5 万个、公办幼儿园学位 4110 个，新增灌口、杏南两所省一级达标高中及杏林中心幼儿园等三所省示范园，荣获全国义务教育发展基本均衡区称号。厦门医学院建成招生，市第二医院升格为岛外首家三甲医院，“基层首诊、双向转诊”的分级诊疗模式稳步推进，提前完成 2016 年家庭医生签约覆盖率目标，基层医疗机构服务质量和服务效率大幅提升。卫生和计生部门顺利整合，全面落实两孩政策，计划生育工作保持良好态势。全省首创对被征地农民和退养渔民等就业困难人员实施就业工资性补贴，核发各类就业补贴5.27亿元，新增就业2.5万人，失业人员再就业2.98万人，转移农村富余劳动力1.26万人，基本建成全民社保城区。“绿洲计划”社会救助体系更加健全，最低生活保障、教育救助、医疗救助等标准大幅提高。顺利完成两届村居换届选举，社区网格化工作实现全覆盖，新增康城、双乐等6个社区居委会。城乡社区普遍建立居民理事会或乡贤理事会，建成区级社会组织孵化园，入选全国首批社会组织建设创新示范区。《全区农村集体发展项目用地总体规划》通过审批，建成文教区后勤服务中心等5个村集体发展项目。投资1.3亿元提升改造安置房小区公共配套，办理安置房个人产权证1472套。平安集美建设迈上新台阶，立体化治安防控体系基本建成，全区安全生产形势持续稳定，建成全省县级规模最大、功能最齐全的社区矫正中心，获评全省平安先行区、平安渔业示范区，社会治理综合平台被授予全国社会治理创新优秀案例奖。

（六）政府自身建设显著加强。

坚持依法行政，完成“六五”普法，启动“七五”普法，获评全国法治区创建活动先进单位、省法治宣传教育先进区、市依法行政示范区。科学规范行政决策，区政府常务会每年两次学法，严格执行重大行政决策合法性审查等六项制度，政府法律顾问出具近200份法律意见书，完成决策实施情况评估、规范性文件清理，废止和失效61件规范性文件，决策水平不断提高。严格规范行政执法，建成投用行政执法信息化平台，强化行政复议和应诉工作，实现依法行政与法院行政审判、检察院司法监督的良性互动，2016年区政府负责人出庭率位居全市前列。自觉接受人大法律监督、工作监督和政协民主监督，办结人大代表议案3件，办理人大代表建议547件、政协委员提案533件，法定期限办复率均为100%，满意率分别为98%和97.9%。认真贯彻中央八项规定精神，深入开展党的群众路线教育实践活动和“三严三实”专题教育、“两学一做”学习教育，加大行政监察和审计监督力度，强化监督问责，完善绩效管理，加快政府职能和作风“双转变”。持续推进简政放权，完成政府机构改革，公布区、镇（街）两级行政权责清单。区行政服务中心标准化建设名列全省前茅，全省首创惠企政策集中服务平台，进驻中心的行政审批及公共服务事项增至108个窗口957项，日均办件量排名全市各区第一。特别值得一提的是，面对今年以来全球最强、也是1949年以来登陆闽南的最强台风“莫兰蒂”的正面袭击，全区党政军民众志成城、守望相助，抗御和灾后重建取得重大阶段性胜利，恢复重建的“集美速度”广获好评，让世界看到了一个有力度、有速度、有温度的人文集美。

同时，我们积极开展友好城市合作交流，扎实做好山海协作、对口支援帮扶等工作。外事、港澳台事务、侨务、民族宗教、国防动员、人防、慈善、老龄、关心下一代等工作都取得了新发展。工会、共青团、妇联、残联、科协、侨联等群团组织为推动政府工作发挥了重要作用。

过去五年所取得的成绩，是市委、市政府和区委正确领导的结果，也是全区上下团结一致、共同努力的结果。在此，我谨代表集美区人民政府，向辛勤耕耘、做出奉献的全区人民，向给予我们支持与监督的人大代表、政协委员、离退休老干部、各民主党派、工商联和无党派人士、各人民团体、社会各界人士，向大力支持我们工作的各驻区单位、驻集部队、在集高校院所，向关心支持集美建设发展的港澳同胞、台湾同胞、海外侨胞表示衷心的感谢并致以崇高的敬意！

过去五年的工作，让我们深深体会到：必须坚持推动科学发展，始终以项目、产业为抓手，做大做强经济规模，调整优化产业结构，增强城际竞争实力，实现又好又快发展。必须坚持把创新驱动发展作为核心战略，以创新引领发展，以人才支撑转型，大力发展信息软件、文化演艺等新兴产业，实现发展方式的根本转变。必须坚持优化城乡发展环境，坚持城乡一体同步发展，在环境保护上舍得大投入下功夫，大力提升城乡环境，提高城市承载力和宜居度。必须坚持以人为本改善民生，积极主动创造条件，完善公共服务配套，不断提高人民生活水平。必须坚持建设务实高效廉洁政府和人民满意政府，做到忠诚、干净、担当，提高为民服务效率和水平，坚决拒腐防变，营造风清气正的政务环境。

在充分肯定成绩的同时，我们也清醒地看到存在的困难和问题：经济增长下行压力大，二产转型升级步履维艰，三产中的新兴、主导产业短期内难以形成重要支撑，企业抗风险能力偏弱，创新成本较高；公共服务能力尚有差距，教育、卫生、文化服务供给与城市发展还不匹配；基础设施配套、生态环境离群众期望还有差距，城市管理科学化、精细化水平还不高；转变政府职能还不到位，少部分干部主动服务、争先创优的意识不足，素质、精神状态还需进一步提升。我们要正视困难和问题，并在今后的工作中努力加以解决。

二、今后五年政府的主要工作

区第八次党代会深刻分析了集美今后五年面临的机遇和挑战，作出了深化人文集美建设，打造区域创新中心，建成美丽厦门示范区的战略部署。我们要全面贯彻落实，牢牢把握历史机遇，扎实推进各项工作，努力实现经济社会又好又快发展。

政府工作的总体思路是：全面贯彻党的十八大、十九大精神，以马克思列宁主义、毛泽东思想、邓小平理论、“三个代表”重要思想、科学发展观为指导，深入贯彻习近平总书记系列重要讲话及对福建、厦门工作的重要指示精神，按照“五位一体”总体布局和“四个全面”战略布局，以创新、协调、绿色、开放、共享的发展理念深化实施人文集美发展战略，突出抓好供给侧结构性改革，加快产城学人深度融合，打造区域创新中心和跨岛发展新市区，以加快产业、城市、社会转型为主线，以提高经济发展的质量和效益为中心，以提升人民群众获得感为目的，率先全面建成小康社会，建成五大发展示范区，以优异成绩迎接中国共产党成立100周年！

力争到2021年，地区生产总值年均增长9.1%，财政总收入和区级财政收入年均增长8%，规上工业产值突破1000亿元，服务业营收超过1200亿元，五年累计固定资产投资2000亿元，城乡居民人均可支配收入年均增长9.1%以上。实现上述目标，必须重点抓好以下工作：

（一）坚持创新发展，加快打造区域创新中心。

构建"4+X"现代产业体系，提升产业竞争力，打造海西高端制造业基地、海西硅谷、厦门演艺城和区域性商贸物流中心。推进产城学人融合，学习闵行经验，实现大学校区、产业园区、城市社区三区联动，深化政产学研合作。集聚创新资源，加快产业园区、创新城区、众创空间等创新载体建设，创新科技金融服务，强化金融支撑。降低企业创新成本，发挥政策洼地优势，激励企业提高研发能力，实施知识产权示范工程，培育壮大自主品牌，引进培育领军拔尖人才。

（二）坚持协调发展，构建城乡一体化发展格局。

按照"高起点、高标准、高层次、高水平"要求，建设跨岛发展新市区。进一步提升集美新城功能品质，在新城核心区形成商业繁荣的中心街区，实现集美新城十年集聚成城的目标。以国际化生态海湾新城为目标，加快马銮湾新城建设。以"建设一片、配套一片、入驻一片、达产一片"的态势加快推进并基本建成软件园三期。着力推进基础设施、社会事业、民生保障等关键领域和薄弱环节补短板工作，坚持建管并重，实现城市管理精细化，加快旧城区的城市更新，建设一万套公租房、一万个公共停车位，建成城市综合防灾减灾体系。打造汽车小镇、动漫小镇，有序推进新型城镇化，持续推进城乡基础设施一体化、公共服务配套设施均等化，增强村集体经济发展活力，加快农业转移人口市民化。

（三）坚持绿色发展，建设国家级生态文明试验区。

推动山、海、田、城、路协调共生，打造鲜明的山海城湾美丽生态园林城市格局。强化党政领导干部生态文明建设和环境保护目标责任制，建立区级考核体系。以国家循环化改造示范园区建设为抓手，严格落实节能减排降碳，改善大气环境质量。加强水环境治理，完成三溪一库控源截污，城市建成区水体基本消除黑臭现象。建设海绵城市，推进城区雨污分流，完善城市绿地，加大林相改造力度，构筑生态保护屏障，为城市建设提供生态环境支撑，为市民提供更多的绿色福利。

（四）坚持开放发展，争当改革开放的清新窗口。

积极融入"一带一路"建设，开拓沿线国家新兴市场，扶持发展服务外包、跨境电商等新型业态，促进海外优势产业"引进来"和我区企业"走出去"。不断深化对台交流融合，深入挖掘国家级台商投资区品牌优势，推进对台产业深度合作，构筑两岸同胞融合温馨家园。建设中国最美侨乡，依托嘉庚论坛等平台，以嘉庚精神为纽带，进一步凝聚侨心、汇聚侨智、发挥侨力。营造国际一流营商环境，利用自贸区的溢出效应全面优化市场环境，积极争取试点政策和经验在集美复制推广，力争在市场准入、市场服务、社会信用、市场监管体系建设上达到国际水平。

（五）坚持共享发展，着力提升公共服务配套水平。

全方位进入高铁、地铁时代，建成福厦高铁和3条地铁线集美段，构建完善的公共交通体系。推动社会事业全面发展，建设省级教育强区，新改扩建一批中小学、幼儿园，新增中小学学位3.2万个、公办幼儿园学位7290个，推动市属名校到集美创办实质性学校。深化医改，构建预防为主的大健康体系，不断提升基层医疗卫生机构服务能力和水平，建成集美新城医院等高水平医疗机构。建设全国充分就业城区，实现新增就业2.5万人，失业人员再就业2万人，转移农村富余劳动力0.8万人，社会救助、扶贫工作深入精准。积极应对人口老龄化，加快发展养老服务业。加强和创新社会治理，加强公共安全体系建设，推动社会治安综合治理创新，促进社会更加和谐稳定。

三、2017年工作任务

2017年是党的十九大召开之年，是金砖国家领导人会晤在厦门举办之年，也是我区新一届政府的开局之年，改革发展稳定的任务十分繁重，做好全年工作意义特别重大。我们要牢固树立和贯彻落实五大发展理念，适应和引领经济发展新常态，以推进供给侧结构性改革为主线，强化创新驱动，狠抓改革攻坚，提升开放水平，突出环境提升，优化民生保障，全力促进经济持续健康发展和社会和谐稳定。经济社会发展主要预期目标为：地区生产总值增长9.1%；规上工业产值增长4.5%；社会消费品零售总额增长12%；合同利用外资1.5亿美元，实际利用外资0.6亿美元；财政总收入增长9.1%，其中区级财政收入同口径增长10.2%。城乡居民人均可支配收入均增长9.1%以上。地区生产总值和城乡居民人均可支配收入提前3年实现比2010年翻一番，率先实现全面小康。

围绕上述目标，必须扎实做好五个方面工作：

（一）转换发展动能，着力提升产业竞争力

加快建设区域创新中心。健全政产学研协同创新机制，落实"三区联动"机制，促进辖区高校院所科技成果转化落地，鼓励高校院所与企业开展技术交易，推动高校整合重点实验室、工程中心、检测中心等优质创新资源，为企业提供专业服务，积极引进西安交大等国内知名高校院所在我区设立技术转移机构。强化科技创新主体培育，推动厦门理工（集美区）工业设计技术中心等科技创新公共服务平台建设，推进中科院城市环境研究所二期、厦门稀土材料研究所等科研机构建设。加大对企业科技创新扶持力度，完善知识产权等专业服务体系，深化两岸青创基地建设，引导众创空间服务产业转型升级，进一步实施“聚贤集美”人才计划，加大高层次人才引进培育力度。继续做大做强区产业引导基金，吸引股权投资机构入驻杏林湾营运中心，初步形成基金聚集区。

优化提升先进制造业。培育增量，做大新载体、新项目。推进机械工业集中区三期、后溪工业组团拓展园等集中成片新载体建设，盘活原迈士通等闲置用地，探索推进“工改工”模式，力促旭鸣实业、康柏机械等项目投产，推动华懋新材二期、艾思珂冷链等项目开工，推进厦晖金属、姚明织带等企业增资扩产，加快立洲集团、圣格包装等项目落地。优化存量，力促企业提质增效，重点加强 13 家产值超 10 亿元大户的点对点服务。鼓励企业技术改造、机器换人，扶持机器人及数控技术应用研发平台。推进“互联网 + 制造业”融合创新，鼓励宏发电声等电子元器件企业加快“两化融合”，支持快速制造国家工程研究中心，推广 3D 打印技术。加强转型辅导，依托台湾生产力中心为企业转型导入精益生产模式。

大力发展软件信息业。加快拓展软件园三期产业空间。完善提升东片区，建成 100 万平方米，启动 230 万平方米的产业空间建设，启动西片区市政道路建设。强化招商服务，围绕移动互联、动漫游戏、电子商务、大数据信息安全、智慧城市等重点领域加快招商，和火炬管委会联手出台产业扶持政策，形成叠加效应，支持咪咕动漫、雅马哈等龙头企业做大做强，力促中移动一期、网宿科技、国家健康医疗大数据中心等正式入驻办公，推进中国数码港、吉比特、罗普特等自建项目建设，推动北京电子城、易尔通科技开工，加快软通动力、宇信科技等项目落地，力争软件与信息服务业营收突破 100 亿元。

繁荣活跃商贸物流业。策划九天湖商业街区，围绕大明广场、诚毅书城、杏林湾营运中心，打造集美新城繁荣街区，推动中交和美新城、棕榈城、万科广场、世茂璀璨天城、凤凰花城等综合体商贸部分建设，繁荣北站、新城、杏林、集美等商圈，力促王府井生活广场如期开业。做强冷链物流、汽车物流、电商物流，扶持德邦、旺墩等龙头企业做大做强，推动嘉晟供应链、电商谷、普洛斯物流等项目投产。依托车驾管办证服务中心，加快海西汽车城、汽车物流中心、二手车交易市场等专业市场建设，力争汽车物流业当年实现产值 20 亿元，5 年内年产值达到 100 亿元。

加快发展文化旅游业。以“整合营销、全域旅游”为重点，完善“三个版块、五条线路”旅游格局，促进特色化品牌化发展。加快景点建设和产品开发，力促国家音乐产业基地“星巢”项目建成投用，完善文化演艺、亲子游、研学旅行等旅游产品。强化旅游目的地营销，充实提升集美节品牌，借助中青旅营销策划平台对集美旅游资源进行高水准的整体规划、策划、宣传。加快配套设施建设，开通旅游专线车，提高旅游接待能力，力促集美湖大酒店、北海湾酒店二期、灵玲马戏亲子大酒店、月美池酒店等建成投入使用。延伸旅游产业链，实施“旅游 +”跨界融合，打造以大中型客车整车制造和汽车文化旅游为特色的灌口汽车小镇、以文创休闲旅游为特色的动漫小镇。

做优做精现代都市农业。全面完成农村土地承包经营权确权登记颁证工作，扶持农业龙头企业、农民专业合作社发展。加快休闲农业主题乐园等项目策划和建设，培育和发展都市休闲观光农业。推进农村集体发展项目建设，探索国有企业与村集体合作开发运营模式，策划实施西亭社区人才公寓、灌口东部新城农贸市场等项目。

（二）突出宜居宜业，着力增强城市承载力和吸引力

优化城市格局。加快“一心四片”融合对接、连片成势，构筑协调发展的城乡区域格局。推进集美新城在更高的起点上全方位提升完善基础设施、公共服务设施和公共环境设施，强化产业支撑，提高住宅、办公入住率，集聚人气商气，初步形成新城市中心。推动马銮湾新城继续完善各项规划，加快生态修复工程、湿地公园、骨干路网等基础设施建设。改造提升旧城区，策划推动杏东纺织片区、杏西电厂片区城市更新，启动集美老火车站片区改造，力争完成 9 个老旧小区改造。加快美丽乡村建设，做好旧村改造，实施 8 个美丽乡村项目，提升改造 11 条农村公路，启动马銮湾新城片区保留村庄的更新改造。

加快重大基础设施建设。以重点项目为抓手加快项目推进，确保地铁 1 号线通车，推进地铁 4 号线、6 号线建设。围绕地铁通车，做好换乘衔接，加快公交场站建设，构建以轨道交通和快速公交为骨干，常规公交和慢行系统为补充的公共交通体系。配合优化高铁选线规划，提升北站综合交通枢纽地位。推进路网建设，确保“两环八射”市级城市快速路上半年全线通车，加快新 324 国道等主次干道建设进度。全面提升城市防灾、减灾能力，加密布设气象自动站网，实施防洪排涝三年行动，启动月美池等一批城市排涝、黑臭水体整治项目，建成城市内涝防治监控系统，支持杏林水厂扩建，推进高集海堤开口改造工程，实施杏林湾湿地公园一期等海绵城市项目，推动软件园三期综合管廊开工。

提升城市精细化管理水平。推进城市执法体制改革及管办分离等环卫体制改革，发挥“大城管”机制优势，大力整治占道经营、流动摊点、违章停车、渣土运输污染，清理乱堆杂、卫生死角，加强在建工地管理，城区全面实施12小时保洁，重点区域加快落实16小时保洁。以“零容忍”高压态势拆除“两违”，逐路段、逐小区排查整治。推进国家智慧城市试点先进城区建设，进一步扩大无线网络覆盖面，提升社区网格化、数字城市等各类信息平台的服务和管理水平，加强治安交通视频监控系统建设。完善新老城区菜市场、超市等商业配套，加强清洁楼、公厕等环卫配套设施建设，持续推进生活垃圾分类减量工作。建成投用宁宝公园、杏滨小学地下停车场，新增1000余个公共停车位。

（三）紧扣绿色低碳，着力提升生态环境质量

大力实施“蓝天工程”。深入推进清洁空气行动计划，加强道路扬尘和工地扬尘综合整治。强化节能减排，加快制造业绿色改造升级，进一步改造和淘汰高耗能、高排放产业，支持建霖工业“绿色数字化工厂规划”项目，全面完成市政府下达的锅炉整治任务。倡导绿色出行，将清洁能源和新能源公交车辆比例提高到70%以上，加快充电桩规划、建设。推行绿色建筑，新建建筑全面执行绿色建筑标准。

深化实施“碧水工程”。落实饮用水源地安全保护性措施，巩固坂头－石兜水库畜禽养殖清退成果，建设安全生态水系。提升深青溪、瑶山溪、后溪等流域综合整治成效，深化三溪一库水体达标治理工作，全面完成杏林湾截污整治工程，力争139个村庄污水集中纳管项目全部建成，确保实现无劣五类水目标。完成海岸线砂场、大排档整治工作，打造海岸美丽景观带。加快污水处理设施建设，推动集美、杏林两个污水厂提标改造，加快建设软件园三期污水处理站和前场、灌北污水再生处理站。

着力实施“城市景观工程”。紧紧围绕“六线六片”重点区域，全方位加快园林绿化、立面整治、夜景建设等改造提升工作，投资7亿元完成41个绿化项目，全面提升进岛门户等重点片区、重要线路和节点的绿化美化水平。加快大型综合公园以及社区公园建设，重点推进天马山郊野公园、园博苑教育岛儿童公园建设，建成辖区主要市政道路及公园智能喷灌系统，进一步提升园林绿化管养精细化、标准化、规范化水平。以门户地带为重点，改造建筑外立面，规范户外广告、店牌店招，规整各类管线；对全区重要路段、主要节点夜景工程进行统一设计、全面提升，打造具有闽南特色、温馨和谐的城市景观风貌。

（四）注重普惠共享，着力提升人民幸福指数

建设教育强区。做好“教育强区”省级认定迎检准备工作。新建、续建中小学、幼儿园38所，新开办3所公办幼儿园。后溪中心幼儿园争创省级优质园。提高教学质量，推进名校名师战略，实施名师动态管理，加强教师交流、培训，不断深化提升厦门一中、厦门外国语学校、厦门实验小学、五缘实验学校与我区的合作办学成效，稳步推进智慧校园建设，完成区级无线教育城域网建设。加大扶持、规范民办教育力度，引进高端国际教育资源，争取中锐双语学校落地建设。大力发展职业教育，争创国家示范性学校。加快中小学社会实践活动基地建设。建立区政府与高校战略共建机制，重点支持辖区高校跻身国内外前列的优势学科建设。推进校园周边综合整治工作，保障校园安全。

打造“健康集美”。坚持计划生育基本国策，促进人口长期均衡发展，积极创建国家级计划生育优质服务先进单位。扎实推进国家级慢性病综合防控示范区、基层中医药工作先进单位和省级妇幼健康优质服务示范区建设。优化医疗卫生资源布局，提升区域医疗服务能力，加快推进集美新城医院项目，支持第一医院杏林分院做强做大，推动灌口镇中心卫生院提升为二级医院并努力为提升为三级医院创造条件。启动区妇幼保健院住院部建设，新建锦园、北部新城社区卫生服务中心。加强医疗卫生信息化建设，创新“互联网+”医疗服务模式。深化基层医药卫生体制综合改革，加快推进家庭医生签约服务、镇村卫生服务一体化工作，激发基层活力，实现分级诊疗的改革目标。

提升文化软实力。弘扬嘉庚精神，打造全国一流华文教育基地，深化与“一带一路”沿线国家特别是东南亚国家的对接合作。继续办好海峡两岸龙舟文化节为代表的系列品牌文体活动，拓展全民健身活动，深化海峡两岸文化体育交流，不断丰富活动内涵，进一步提升集美文化形象和影响力。推进集美学村申报省级历史文化街区，加快集美塔侨乡博物馆建设，传承城市文脉。构建现代公共文化服务体系，推进区青少年宫、灌口文体中心建设，启动集美体育中心项目，建设更多可承办国内外大型赛事的场馆。

提高就业和社会保障水平。加大对就业重点群体的技能培训和奖励扶助力度，鼓励自主创业和灵活就业。弘扬新时期工匠精神，深化实施“金蓝领人才培养工程”，启动建设高技能人才公共实训鉴定基地。实施医疗保障体制改革，巩固全民社保成果。建设适度普惠型社会福利制度，完善社会救助体系，精准帮扶低保、低收入家庭和计生特困家庭。加快发展社会养老服务业，推进12家农村幸福院投入运营，加快杏南日间照料中心建设，扶持兴锦园等民营养老机构。推进保障性安居工程，基本建成火车（新）站5号地块等安置房项目，启动福厦高铁和地铁4、6号线安置房建设，结合产业发展新建公租房和人才公寓。

加强和创新社会治理。进一步推动社区事项清单的梳理，完善社区网格化建设工作，提升社区网格化服务管理实效。深化两岸社区建设交流。完善社区、社会组织、社工“三社联动”机制，推进和规范向社会组织、行业协会商会购买服务。深化平安集美建设，加强维稳安保工作，加强技防建设，创新深化“互联网+”群防群治，不断提升路面见警率和管事率，开展和谐劳动关系示范工程创建活动，健全多元化解纠纷机制。严格落实安全生产责任制，着力加强事故多发行业和领

域专项整治，加强食品药品和农产品安全监管工作。维护民族、宗教领域和谐稳定。

（五）改进作风效能，着力抓好政府自身建设

坚持依法用权。把政府行为全面纳入法治轨道，深入贯彻落实《法治政府建设实施纲要（2015～2020年）》。坚持科学决策，规范行政执法行为，把权力关进制度的笼子里。积极做好行政复议、应诉工作，严格落实行政诉讼领导出庭制，依法化解矛盾争议。增强政府法制力量，继续发挥政府法律顾问在依法行政中的重要作用，强化政府工作人员法治思维和依法行政能力。全面推进政务公开，让权力在阳光下运行。

坚持高效服务。进一步提振精神，提高执行力，全力营造国际一流营商环境。深化效能建设，提高服务质量和效率，推行“马上就办”，强化督促检查和督查问责，做到事事有回音，件件有落实，推动各级干部焕发激情、勇于担当、攻坚克难。深化行政审批制度改革，动态管理权责清单，升级审批电子系统，进一步扩大全程电子化登记覆盖面，实现与省、市网上办事大厅对接。继续实施营造一流营商环境先期行动计划，促进开办企业、办理工程建设项目许可等7个方面的行政服务效率达到国际一流水平。

推进反腐倡廉。深入学习贯彻党的十八届六中全会精神，进一步增强“四个意识”，巩固“两学一做”教育成果，贯彻落实《关于新形势下党内政治生活的若干准则》、《中国共产党党内监督条例》，严格落实领导干部廉洁自律的各项规定和党风廉政建设责任制。筑牢拒腐防变的思想防线和制度防线，着力构建不敢腐、不能腐、不想腐的体制机制。坚持有腐必反、有贪必肃，坚持无禁区、全覆盖、零容忍。以党内监督带动其他监督、完善监督体系，自觉接受人大、监察机关、司法机关依法监督，接受政协民主监督，强化财政监督和审计监督，完善社会和舆论监督机制。

各位代表，新起点承载着新使命，新征程期盼着新跨越。我们一定要紧密团结在以习近平同志为核心的党中央周围，高举中国特色社会主义的伟大旗帜，深入贯彻落实“四个全面”战略布局，在区委的坚强领导下，抢抓机遇，锐意进取，求真务实，扎实工作，为将集美建设成为五大发展示范区而努力奋斗，以优异成绩迎接党的十九大胜利召开！

中共集美区委　集美区人民政府
关于印发《集美区贯彻落实 < 中共中央国务院关于实施全面两孩政策改革完善计划生育服务管理的决定 > 的实施意见》的通知

各镇党委、政府，各街道党工委、办事处，文教区管委会，区直各部、委、办、局，各人民团体，区属各企事业单位：

《集美区贯彻落实 < 中共中央国务院关于实施全面两孩政策改革完善计划生育服务管理的决定 > 的实施意见》已经区委、区政府同意，现印发给你们，请遵照执行。

中共集美区委员会　集美区人民政府

2016年9月22日

集美区贯彻落实《中共中央国务院关于实施全面两孩政策改革完善计划生育服务管理的决定》的实施意见

根据《中共中央国务院关于实施全面两孩政策改革完善计划生育服务管理的决定》（中发〔2015〕40号，以下简称“决定”）文件精神，为贯彻落实党的十八大和十八届三中、四中、五中全会精神，适应我区人口和经济社会发展新形势，促进人口长期均衡发展，结合我区实际，现就实施全面两孩政策，进一步改革完善计划生育服务管理，制定如下实施意见。

一、稳妥扎实有序实施全面两孩政策

（一）依法组织实施全面两孩政策。贯彻落实新修改的《中华人民共和国人口与计划生育法》和《福建省人口与计划生育条例》，综合分析全面两孩政策对经济、社会及基本公共服务等方面影响，认真研究制定全面两孩政策实施方案、配套政策措施、风险防控预案，引导群众有序生育，确保政策平稳落地。坚持“老人老办法、新人新办法”的原则，依法妥善处理政策调整前后相关政策、制度的衔接，特别是处理好计划生育奖励扶助政策的衔接问题，既维护政策的严肃性、公平性，又维护好群众的合法权益。

（二）改革生育服务管理制度。实行两孩以内生育登记服务制度，不实行审批，由家庭自主安排生育。积极探索推

进生育服务证与孕产期保健手册、预防接种证等有机结合，实现多证合一、一证多用。进一步优化办事流程，简化办理手续，全面推行网上办事，充分运用“i厦门”一站式网上惠民服务平台，逐步涵盖办理一孩、二孩生育登记、再生育服务证及其他相关计生证明，申请各项奖励等功能。依法依规查处政策外多孩生育。

（三）加强出生人口监测预测。建立出生人口监测和预警机制，科学预测出生人口变动趋势。加快推进人口基础信息库和人口健康信息化建设，推进孕产期保健、住院分娩、出生医学证明、儿童预防接种等信息共享，完善全员人口出生登记信息，及时跟踪监测孕妇数量的变化情况；加强与公安、民政、人力资源与社会保障、教育等部门的协作，实现户籍管理、婚姻、人口健康、教育、社会保障等信息共建共享，准确掌握新生儿入户、婚姻登记、儿童入学等情况，及时掌握出生人口动态。加强出生统计分析，及时掌握不同孩次出生的变化情况，科学预测出生人口变动趋势，实现政策实施过程可控、生育秩序可控、社会风险可控。

（四）合理配置公共服务资源。根据生育服务需求和人口变动情况，合理配置妇幼保健、儿童照料、学前和中小学教育、社会保障等资源，满足新增公共服务需求。引导和鼓励社会力量举办非营利性妇女儿童医院、普惠性托儿所和幼儿园等服务机构。

二、大力提升计划生育服务管理水平

（一）加强妇幼健康计划生育服务。优化整合区妇幼保健院和区计划生育服务站资源，加强妇幼健康服务体系建设，提高孕产妇和新生儿危急重症救助能力，有效扩大妇幼健康的服务供给。加强再生育咨询指导服务，在区妇幼设立再生育服务门诊，开展高龄夫妇生育评估和不孕不育等相关疾病诊治，为计划生育人群免费提供取环和复通等服务，推进优生优育全程服务。实行婚前健康检查和孕前优生健康检查一站式服务，加强孕产期保健和出生缺陷干预和综合防治，不断提高出生人口素质。

（二）推进流动人口基本公共卫生和计生服务均等化。按照常住人口标准配置服务资源，将流动人口纳入基本公共卫生和计划生育服务范围。巩固完善流动人口信息互通、服务互补、管理互动的“一盘棋”工作机制。推进网上信息核查和共享，做好流动人口的生育登记服务。广泛开展生殖健康科普宣传，增强流动人口等人群自我保健意识和防护能力。大力推进三秀、银亭、曾营、铁山、新村、乐海6个社区和路达公司开展流动人口社会融合示范试点工作，实现流动人口子女融入学校、成人融入单位、家庭融入社区、群体融入社会。

（三）强化基层基础工作。完善宣传倡导、依法管理、优质服务、政策推动、综合治理的计划生育长效工作机制。建立健全卫生和计划生育综合监督行政执法体系，进一步促进卫生计生执法融合。加强计划生育服务管理能力建设。改进社区计划生育基础工作模式，提升计划生育信息化水平，与社区网格化系统相结合，推进计生快速入户采集信息系统建设。稳定和加强计划生育工作队伍，进一步做好计生管理员一专多能培训，实现全员培训，打造一支既抓计生、又懂卫生的服务型基层队伍。取得健康管理师资格的计生管理员，作为基层公共卫生服务力量，参与基层公共卫生服务工作，享受基层公共卫生服务人员的补贴待遇。其他尚未取得健康管理师资格的计生管理员，要积极参与基层公共卫生的服务工作，并根据其开展工作情况参照基层公共卫生人员的待遇给予适当补贴。

（四）充分发挥社会组织作用。加强政府与社会协同治理，广泛动员工会、共青团、妇联等群团组织和其他社会组织共同做好计划生育工作。充分发挥计划生育协会的生力军作用，切实加强镇（街）、村（社区）计划生育协会的组织和能力建设，更好地承担宣传教育、生殖健康咨询服务、优生优育指导、计划生育家庭帮扶、权益维护和流动人口服务管理等工作。鼓励社会组织依法开展人口和计划生育公益慈善与帮扶救助活动。在社区和企事业单位中，引导群众广泛开展计划生育“自我教育、自我管理、自我服务、自我监督”活动。

三、构建有利于计划生育的家庭发展支持体系

（一）加大对计划生育家庭扶助力度。切实保障计划生育家庭合法权益，使他们优先分享改革发展的成果。对政策调整前的独生子女家庭，继续实行现行各项奖励扶助政策。持续落实好《集美区进一步加大对独生子女和农村二女户家庭奖励扶助办法》（集府〔2015〕143号），对户籍在集美辖区的，已领取《独生子女父母光荣证》或《独生子女证》的独生子女家庭，在就学、就医、就业、养老及特殊扶持等五大领域享受优先优惠政策。认真落实《厦门市人民政府办公厅转发市人口和计划生育委员会等部门关于加强计划生育特殊家庭扶助工作意见的通知》（厦府办〔2013〕213号）、《厦门市人民政府办公厅转发市卫生和计划生育委员会市财政局关于进一步加强计划生育特殊家庭扶助工作意见的通知》（厦府办〔2016〕131号）及市卫计委关于计生特殊家庭关怀扶助工作有关要求，从生活帮扶、精神帮扶、健康关怀、再生育或收养帮扶等方面做好计生特殊家庭扶助关怀工作，切实做好“四个一”制度建设，为全区计划生育特殊家庭建立档案，建立挂钩联系制度，不定期进行走访，妥善帮助解决他们在生活照料、养老保障、大病治疗和精神慰藉等方面有关的困难和问题。

（二）增强家庭养老功能。开展“智慧养老”试点，依托厦门市市民养老服务中心的12349平台等“互联网+”新技术平台，建设区级网格化健康管理信息系统平台和网络，为家庭医生提供网络服务，为服务对象提供健康监测数据等

健康管理特色服务。实行“就近养老”，开设或完善社区养老服务点，支持医疗卫生资源进入养老机构，推进符合条件的养老服务机构设置医务室或门诊部；结合机构养老，积极探索家庭养老与社区养老相结合的就近养老模式，为老年人提供就近便利的养老服务。推进医疗卫生与养老服务相结合，满足老年慢性病群众的需求。积极探索政府购买基本公共卫生服务。探索以政府购买服务模式，鼓励民营医疗机构参与基层家庭医生签约服务工作，由社区卫生服务中心全科医师、基层社区健康管理师、民营医疗机构医师组成社区健康管理团队，以基层社区为单位，开展以公共卫生服务为基础的基层签约服务。

（三）促进社会性别平等。深入开展关爱女孩行动，创造有利于女孩成长成才的社会环境。综合治理出生人口性别比偏高问题，依法严厉打击非医学需要的胎儿性别鉴定和选择性别人工终止妊娠行为，实行群防群治。

四、切实加强组织领导

（一）落实党政责任。各镇（街）要坚持计划生育党政一把手亲自抓、负总责，将实施全面两孩政策、改革完善计划生育服务管理作为全面深化改革的重要任务，加强统筹规划、政策协调和工作落实。坚持和完善计划生育目标管理责任制，确保责任到位、措施到位、投入到位、落实到位。切实加强计划生育目标管理责任的考核，严格兑现奖惩措施，对计划生育工作主要目标任务未完成、严重弄虚作假、违法行政造成恶劣影响等情形的，实行“一票否决”。

（二）加强部门协作。进一步完善计划生育领导小组制度。建立健全重大经济社会政策人口发展影响评估机制，促进相关经济社会政策与计划生育政策有效衔接。区直有关部门要认真履行职责，重点解决好政策配套、公共服务保障、执法协调、信息互通等问题，加强工作指导。

（三）做好宣传舆论引导。全区各级各部门要把思想和行动统一到中央的决策部署上来，大力宣传计划生育取得的伟大成就，做好实施全面两孩政策解读。加强政务信息和新闻报道工作，高质量、高水平地宣传卫生计生工作情况。利用重大节假日积极开展大型宣传纪念活动，采取多种形式，调动群众参与的积极性，让其参与到活动中来。探索创新宣传渠道，利用各类新兴媒体，提高居民相关健康知识的知晓率，倡导新型生育文化，引导群众依法生育、有序生育、优生优育。不断完善人口文化园、婚育新风园等宣传阵地。正确引导社会舆论，营造支持政策落实和改革创新的良好氛围。

（四）强化督导落实。各镇（街）、村（社区）和区直有关部门要按照本实施意见的要求，制定实施方案，细化工作任务，明确实施步骤。加强对各项措施的跟踪评估，及时发现和解决工作中的苗头性、倾向性问题。各镇（街）每年要向区委、区政府专题报告本镇（街）计划生育工作情况，区委、区政府将定期开展督查。

中共集美区委　集美区人民政府
关于印发《集美区推进供给侧结构性改革实施意见》的通知

各镇党委、政府，各街道党工委、办事处，文教区管委会，区直各部、委、办、局，各人民团体，区属各企事业单位：

《集美区推进供给侧结构性改革实施意见》已经区委、区政府同意，现印发给你们，请遵照执行。

中共集美区委员会　集美区人民政府

2016年11月7日

集美区推进供给侧结构性改革实施意见

为深入贯彻落实中央、省、市的决策部署，推进供给侧结构性改革，根据市第十二次党代会会议精神，结合践行“五大发展”理念，实施“人文集美”发展战略，打造“产城学人”深度融合的区域创新中心，构建“4+X”产业新体系，建设国际一流营商环境先进城区，建成厦门跨岛发展新市区，培育“十三五”期间经济发展新动力，特制订本实施意见。

一、总体要求

（一）指导思想

全面贯彻落实党的十八大和十八届三中、四中、五中全会，中央经济工作会议以及习近平总书记系列重要讲话精神，根据“十三五”规划总体部署，以创新、协调、绿色、开放、共享的发展理念为指引，在适度扩大总需求的同时，加快推进供给侧结构性改革。着力加快产业转型升级，优化供给结构，促进机械装备制造等传统优势产业高端化智能化发展，推动软件信息服务、商务商贸物流、文化演艺传媒等主导产业集聚化规模化发展；着力加快优化营商环境，降低企业成本，推进服务型政府建设；着力增强城市发展的整体性协调性，补齐城市发展短板，建设厦门跨岛发展新市区；着力推进体制机制创新，提高人才、土地、资金等要素配置效率，提高供给结构对需求变化的适应性和灵活性，提高全要素生产率，实现由低水平供需平衡向高水平供需平衡的跃升，更好满足广大人民群众需要，实现综合实力再上新台阶，为率先全面建成小康社会、打造人文新城和创意新城提供强大支撑，为全省全市发展大局作出更大贡献。

（二）主要目标

力争经过3-5年左右的努力，供给侧结构性改革取得显著进展，创新活力明显增强，产业转型取得实质成效，营商环境持续优化，企业经营成本逐步降低，城市功能和承载力进一步补强，要素资源配置效率大幅提升，新的发展动能快速壮大，形成多层次、高质量的供给体系，在更高的水平上实现新的供需平衡。

产业转型方面：创新引领转型发展的作用得到充分发挥，成为区域性创新中心，全社会科研投入（R&D）占地区生产总值的比重达4%以上，科技进步贡献率达65%以上。“4+X”产业新体系基本确立，服务业增加值占GDP的比重接近60%，建成10条产值（收入）超百亿的产业链（群），其中软件信息服务、机械装备制造和商务商贸物流3个产业集群产值（收入）超过500亿元。

营商环境方面：对标国际国内先进城区，跻身国际一流营商环境城区行列，企业经营成本逐步降低，企业获得感和满意度显著提高。

补齐短板方面：基本补齐软硬基础设施短板，教育、医疗卫生等公共服务供给有效增加，城市发展系统性、协调性大幅提高，“一心四片集聚成城”的城市格局更加完善，新增城市建成区面积20平方公里以上，集美新城规模拓展、城市新中心地位确立，马銮湾新城集美片区拉开框架、初具规模。

资源配置方面：人力资本驱动产业转型、创新发展的效用迅速增强，每万人受过高等教育的达2000人，每万人技能劳动者达3000人，高技能人才占技能劳动者比重达30%。与供给侧结构性改革相适应的产业、土地、财政、民间投资等政策体系逐步健全，长效机制进一步完善。

二、重点任务

（一）加快构建“4+X”产业新体系，优化供给结构

1. 问题

一是创新引领产业转型升级的作用不够明显，产学研合作机制还不完善，打造“产城学人”融合的区域创新中心的任务比较紧迫。二是工业持续增长难度加大，机械装备龙头

企业转型发展的压力较大，面临市场需求疲软、核心技术缺乏、高附加值关键零部件缺失等瓶颈制约。三是服务业的支撑力不足，依赖房地产业发展的结构性问题还较突出，软件和信息服务、总部经济的产业集聚效应较弱，商圈业态缺乏统筹规划，现代物流项目多处于建设期未形成新增长点，文化演艺传媒的产业链有待进一步完善，整合资源、串珠成线仍有较大空间。

2. 思路

充分发挥创新引领发展第一动力的作用，努力把集美高校院所创新资源富集的要素优势转化为推动产业转型升级的竞争优势，构建以市场为导向、以企业为主体、“产城学人”等创新资源要素深度融合的创新创业生态系统，建设活力四射的区域创新中心。充分发挥先进制造业、现代服务业的“双轮驱动”效应，振兴机械装备制造等传统优势产业，推动其向高端化、智能化方向转型升级；依托软件园三期、杏林湾商务营运中心、前场铁路大型货场等载体，推动服务业向规模化、新业态方向发展壮大。

3. 主要举措

一是建设“产城学人”深度融合的区域创新中心。打造“大众创业、万众创新”新引擎，加快形成“创业导师 + 专业服务 + 产业园区 + 创投基金”的创新创业生态体系，加快推进一批平台载体、众创空间、创新城区项目建设。强化企业创新主体地位，结合集美优势产业转型升级和新兴产业培育，

推进企业技术中心、工程技术中心、重点实验室、博士后工作站等平台建设，推动创新资源要素向企业集聚。深化政产学研用协同创新，鼓励辖区高校实施开放式办学，支持高校及科研院所与政府、企业联合组建政校企技术研发平台和产业技术创新战略联盟；完善合作对接平台载体，办好办大区产学研合作项目成果对接会。

二是促进机械装备制造高端化智能化发展。汽车制造方面，推进客车高端化、智能化和轻量化发展，支持大金龙与境内外领先企业合作，建设新能源及高端豪华客车项目，强化锂离子动力电池等关键零部件合作研发；建设汽车小镇，重点推进汽车零部件配套中心四期、正新国际汽车文化中心等产业项目及相关配套建设，打造以汽车特色产业为主导的特色小镇。工程机械方面，支持厦工结合军民融合推进中的技术嫁接转化，推进与中航工业“工程机械智能化高效电液控系统开发及业化项目”等建设；支持厦工与中铁装备深化战略合作，研发生产超大断面矩形盾构等重大工程装备。

智能装备制造方面，扶持思尔特机器人等存量企业做大做强自动化装备制造，为客户提供智能化解决方案；同时，积极对接日本发拿科、沈阳新松等国内外龙头企业，争取若干机器人大项目落地。输配电设备方面，扶持宏发电声等企业优化产品结构，开发高压直流继电器、智能继电器等输配电新产品，研发轨道交通配套输配电设备。轮胎制造方面，加大对正新轮胎等重点企业的扶持，推进正新轮胎二期基地投建投产，引导企业建设国家级橡胶制品新产品和新技术研发实验室，加大研发投入。

三是促进软件和信息服务集聚化规模化发展。一方面，突出抓好龙头支撑，打造产业集群体系。加快软件园三期开发建设，全力推进已落地大项目进度，依托中国移动手机动漫基地、中国数码港海西运营中心、中国电信海峡通信枢纽中心、雅马哈、中海创集团研究院等龙头企业和重点项目，

引进若干家带动性强的全球500强和中国软件百强企业，集聚一批发展潜力大、创新能力强的中小企业，重点发展动漫游戏、信息安全、电子商务、集成电路设计、移动互联网、智慧城市等细分行业，打造"龙头企业＋成长企业＋小微企业"的产业集群体系。另一方面，突出抓好环境提升，打造15分钟创新生活圈。结合创新城区建设，对接中高端软件人才对园区生活品质的需求，对片区产业功能和城市功能进行整体规划和布局，促进创新城区"四要素"（金融法务、人才智库、政府政策和生活配套）全面提升，加快完善园区交通、商业、金融、公寓、餐饮、休闲、娱乐、健身等生产生活服务配套，打造15分钟创新生活圈，将软件园三期片区建设成为产业特色更加突出、城市建设功能更加完善、创新生态更加完整、社会治理结构更加完善的新型城区。

四是促进商务商贸物流聚商气优业态。商务方面，加快打造总部经济产业集群，力促杏林湾商务营运中心、厦门北站商务营运中心企业全面进驻、运营，带动区域人气、商气快速凝聚；推进集美国际商务中心和环杏林湾总部地块建设招商，积极引进建筑企业区域总部；发展与戴德梁行等国际地产知名顾问行的合作，为商务楼宇提供高端化的专业服务。商贸方面，建设集美新城核心区东侧片区、厦门北站片区两大商贸集聚区；大力发展道口经济，利用轨道交通1号、4号、6号线建设机遇，提前规划布局沿线站点商业配套综合开发；支持"O2O"等新型商贸业发展，规划建设奥特莱斯。物流方面，结合前场铁路大型货场建设，发展公海铁联运；抓住车管所外迁、建设汽车检测中心等契机，发展汽车物流；依托集美物流园建设，发展电商物流和冷链物流；依托厦门邮件处理中心，建设闽西南各类邮件、散件和邮政物流的重要集散地。

五是促进文化演艺传媒特色化品牌化发展。演艺方面，依托厦门老院子景区、灵玲国际马戏城、中国音乐产业交易中心、新城核心区"三馆一城"等载体，打造城市文化演艺中心；形成"一湾一线连片"夜景，打造全新"夜游集美"品牌。旅游业方面，力促旅游产业从"景点旅游"向"全域

旅游"转变，从全域整体优化旅游环境及旅游全过程，提升配套基础设施、公共服务体系和旅游服务要素。围绕杏林湾大景区，全面形成"三个版块、五条线路"的旅游格局；发挥鳌园、集美学村等传统景区影响力，加快大社文创旅游街区建设；打造节庆赛事旅游，提升"集美·阿尔勒国际摄影节"、AEMI世界气球艺术节等品牌活动影响力，策划海峡动漫节等新品牌；加快推进灌口、后溪山区体育旅游休闲带建设，提升全国汽车场地越野锦标赛等运动赛事的影响力；发展研学教育旅游，加快整合文教区高校、辖区境外高校中国学习中心等资源；结合马銮湾新城建设，配套建设滨海文化旅游、水上竞技等设施；完善酒店、住宿、餐饮和交通等旅游配套服务体系；增强水路旅游集散功能，启动集美老火车站片区改造，建设集美轮渡码头，打造"海上门户"，与鼓浪屿实现海上对接。影视方面，加快影视产业园区建设，发挥园博苑载体潜力，策划打造绿色生态影视城，发展影视营销等业态。

六是促进特色工业"专精特优"发展。水暖厨卫方面，鼓励路达等龙头企业向智能制造转型，发展智能卫浴产品，加快路达、ABB和思尔特共建的机器人及数控技术应用研发平台建设，推进"机器换工"；支持建霖与德国西门子合作建设"4.0工厂"。新材料方面，高位对接石墨烯等新材料前沿技术研发机构，加强石墨烯在新能源电池、电子元器件等装备制造领域的产业化应用；支持金鹭特种合金、虹鹭钨钼提升研发能力，鼓励春保钨钢扩大高级硬质合金生产规模，扶持新凯开发航空航天复合材料等新产品。纺织服装方面，鼓励宝姿提升高级时装设计水平，向时尚设计和时尚产业领域进一步延伸，支持华懋织造研发应用生态印染等绿色技术。体育休闲用品方面，发挥厦门太阳镜产业集聚优势，支持来奇偏光等企业提升产品档次，打造自主品牌；支持新凯、革新、悠度等企业加大体育用品和户外休闲新产品开发力度，利用电商平台做大市场规模。

七是促进现代都市农业做精做优。鼓励发展现代设施农业，增强优质农产品保障能力。扶持现代种业，扶持塔斯曼铁皮石斛组培中心等龙头项目，发展中药材等种苗产业。发展观光休闲农业，培育推进耕作体验、田园观光等特色业态，加快碧溪农业公园建设。鼓励农民专业合作社发展，创新推进"生态资源＋合作社＋农庄"发展模式，扶持"一村一品"特色农业，推广农业品牌化、标准化、精细化生产。

4. 项目（平台）支撑

一是"双创"。加快推进厦门稀土材料研究所、厦门理工（集美）工业设计技术中心、海莱工业设计等公共服务平台建设。以创业大厦为中心，软三、杏林湾商务营运中心及老工业厂房改造为呼应，构筑"一区多园"的众创空间布局，扶持壮大一品威客、爱特众创、深港产学研基地极美创客空间等产业链服务型众创空间发展，构建以百度创业者开发中心、阿里云创客＋、腾讯众创空间等为载体的新型孵化器模式。

二是机械装备制造。机械工业集中区，重点打造汽车小镇，一期的大金龙厂区改造成高端客车生产线、零部件生产基地和客车工程研究院，启动三期建设，规划建设大金龙高端豪华客车基地，同时为争取机械工业总院等大院大所落户留足空间，推进汽车零部件配套中心四期等项目进度。力促中汽客项目落地。后溪工业组团，重点推进正新轮胎二期基

地建设。集美北部工业区，重点支持宏发等龙头企业发展。

三是软件和信息服务。动漫游戏，力促中国移动手机动漫基地、吉比特等重点企业发展壮大，加大对厦门游戏创新中心支持力度，对接中关村电子城等项目。信息安全，支持中国数码港海西运营中心、百悟科技等上游资源企业发展，对接中电30所、电子科技大学等中游技术研发机构，引入下游应用型项目。电子商务，重点发展闽南地区有产业基础的鞋服类电商平台，同时发展提供供应链服务的平台型企业。集成电路设计，吸引与联芯、清华紫光配套的上游设计企业和下游应用企业落户软三。移动互联网，力促富春通讯、网宿科技等通信服务龙头企业建成投用，吸引中关村优秀创业团队落户。智慧城市，深化智慧城市产业应用，大力发展业务范围向全国拓展的平台型企业。

四是商务商贸物流：商务，推进杏林湾商务营运中心、厦门北站商务营运中心、集美国际商务中心等总部企业集聚区建设；推动环杏林湾地块用于总部经济招商；积极引进建筑企业区域总部，加强与建研集团、中建凯源集团等大型企业接洽。商贸，新城核心区东侧片区打造城市购物中心，主要依托世茂、IOI等项目；北站商圈发展站前商业，主要依托万科广场、新城际广场等大型综合体发展，以及尚柏奥特莱斯等项目；积极对接北京王府井等知名企业。物流，加快前场铁路特大型货场、集美物流园一期等载体建设，争取建设集美物流园二期，争取厦门市快速物流产业园区落户集美，加快嘉晟物流、汽车物流中心、海翼工业物流中心、典泰新兴海峡物流园（嵩海）、厦门二手车交易市场等在建项目进度。

五是文化演艺传媒：演艺，以资源整合为核心，力促新城核心区景点、文化演艺串珠成线，实现城市演艺常态化特色化。旅游，完善研学教育游、文化演艺游、运动休闲游、美丽乡村游、夜游集美等5条精品线路；加快月美池酒店、骏豪温泉度假酒店、新景地温泉酒店等高星级酒店建设，提升旅游综合接待能力。影视，加快影视产业园区建设，推进华谊厦门电影文化小镇建设，加快虎影科技“大数据＋影视”、剧加科技影视产业创业孵化平台建设。

六是特色工业：推进科鑫电子、中汽客、华懋新材、康柏机械、旭鸣实业、稻兴科技等一批项目竣工投产。

七是现代都市农业：扶持塔斯曼铁皮石斛组培中心等现代种业龙头项目；发展观光休闲农业，加快碧溪生态农业公园建设。

（二）跻身国际一流营商环境先进城区，降低企业成本

1. 问题

一是企业创新创业成本负担还比较重，政府部门间惠企服务的统筹、衔接、配套不够，涉企政策多但知晓率不高、政策兑现手续繁琐、耗时长。

二是行政审批还有较大改进空间，审批方式和时限可以进一步改善，政务服务效率不够高。

三是信用信息归集、覆盖和应用尚不足，未建立起完善的失信惩戒和守信激励机制。

2. 思路

按照市场宽松有序、政府高效透明、人文多元包容、开放便利可控、要素汇聚高效、法治公平公正、设施完善便捷的要求，对标新加坡等国际先进地区，坚持国际先进经验和集美实践相结合，转变政府职能，建设服务型政府，发挥政府在营商环境建设中的主体作用，坚持以贴近企业实际和市场需求为导向，降低企业综合成本，提速增效，加强和优化公共服务，切实提高各类企业主体对集美营商环境的满意度，构建国际化的企业生态环境。

3. 主要举措

一是多措并举将惠企落到实处。对现行惠企政策进行梳理、评估、修订，加大扶持创业的优惠政策和各类惠企新政策的出台力度。加大惠企政策宣传力度，充分利用网站、短信平台、邮寄、召开座谈会、实地调研等渠道提高政策知晓率。建设“一站式”服务平台，规范办事流程，统一受理企业申报各项扶持资金，收件后推送给各相关单位办理，切实提高惠企政策的执行率、兑现率。实行纳税人税收优惠早享受，公开税收优惠清单，及时受理和核准纳税人申请的减免税事项。搭建政企互动平台，组建专门团队及时收集、解答、反馈企业诉求。

二是简政放权提高政府服务效率。做好市级行政审批事项的下放承接工作及区级行政审批事项的下放工作，建立行政审批目录管理制度，对行政审批进行动态评估、管理和调整。建立和完善“三张清单、一个平台”（权力清单、责任清单、公共服务事项清单和统一规范的政务服务平台）。改进审批方式，做到“五个规范”和“四个统一”，缩短建设项目等审批时限。大力推进“三集中”改革、市区联合审批和部门并联审批、全过程网上办理。深入推进商事登记制度改革，实现“一口受理”、“一表申报”、“一档存储”，减少申办手续。

三是加快建设社会信用体系。贯彻省市社会信用体系建设规划，对接上级信用数据平台，完善商事主体信用体系，健全科学的抽查机制和责任追溯制度。在重点招投标项目领域全面推行企业信用报告制度。构建鼓励全区纳税企业、个体工商户在11315全国征信系统建立和完善信用档案。建立失信黑名单企业惩戒联动机制，加强失信惩戒，大幅度提高企业失信成本。实施守信激励，评选区级守信示范企业，给予信贷、结算、金融等优惠政策。

4. 政策（平台）支撑

一是惠企方面：(1) 开发惠企政策信息推送平台，开设政府网站惠企政策专栏，在行政服务中心办事大厅开设“一站式”服务惠企窗口，集中整合各部门惠企事项，实行一个窗口收件、一次性告知，并提供惠企政策咨询服务，提高惠企政策知晓率、兑现率。(2) 依托智慧地税平台，实现小微企业自动减免税收，动态列示企业可享受的税收优惠事项。(3) 开通“968155要服务”热线和“网上政企互动”平台，让企业要服务的诉求有专门的渠道、有专业的解答、有限时的反馈平台。

二是提高政府服务效率方面：(1) 完善“多规合一”平台，提高办事效率，建立“推送协同”工作机制，对城市总体规划、土地利用总体规划、林业总体规划等法定规划进行联动修改，并按程序上报审批。(2) 推行审批全流程再造，实现建设项目审批的用地规划许可、工可批复及工程规划许可、施工图审查、施工许可、竣工验收等五个审批环节全流程再造。(3) 深化商事登记制度改革，全面推行“一照一码”，启动全程电子化登记改革。

三是建设社会信用体系方面：编制信用信息指数，积极建设信用信息共享平台，归集各部门信用数据，进一步扩大信用信息的覆盖面和开放度。加快落实和实施本区守信激励和失信惩戒政策。

（三）打造厦门跨岛发展新市区，补齐城市发展短板

1. 问题

一是城市发展整体性协调性有待加强，发展空间比较分散，工业区、生活区、城区和村庄混杂的问题亟待破解，老旧小区改造提升整体滞后。二是产城融合效应有待提升，新城区、新产业区配套设施相对薄弱。三是基础设施体系难以支撑城市快速发展需求，道路、公共交通、防灾减灾、污水处理的设施建设和流域整治需要加快推进。四是人口规模快速扩张与教育、医疗、养老等公共服务供给不足的矛盾比较突出。

2. 思路

以“统筹规划、规划统筹、创新机制、共同缔造”理念，围绕城市发展整体性和协调性，全面推动集美新城、马銮湾新城集美片区建设，改造提升杏林、集美等老城区，增强中心城市功能。加快补齐交通、水、电、气等城乡基础设施短板，提高生态宜居水平，提升城市生活品质。加快补齐教育、医疗、养老等基本公共服务供给短板，增强人民群众的获得感。

3. 主要举措

一是拓展优化城市格局。完善集美新城功能配套。推进集美新城西亭中心区及环杏林湾的建设，完善配套，全力促招商、促入住，加快人气商气集聚，形成城市中心。加快建成软件园三期起步区，重点推进白石片区市政配套完善项目建设，提升核心区、北站片区市政配套。高标准推进马銮湾

大开发大建设。将马銮湾作为城市空间拓展的主要阵地，以初步形成基础设施建设框架为目标，加快马銮湾片区征收退养。启动生态修复和清淤造地工程，推动起步区路网、护岸等项目开工。更新改造杏林、集美片区。结合轨道交通建设和“三旧”改造，挖掘存量土地潜力，推进杏林、集美等老城区改造提升，加快完善提升老城区商业、菜市场、停车场等配套建设。

二是补齐基础设施短板。完善交通基础设施体系。全面加快轨道交通1号、4号线、6号线和福厦高铁等建设，构建级配合理的路网系统，加快建设“两环八射”快速路网和“两环六横六纵”内部路网体系，贯通城市组团内部路网。加快慢行系统建设。完善市政基础设施体系。加快发展公共交通，加强公交场站建设，在新建扩建的住宅区、商业区、文教区、工业园区等客流重要集散点配套建设公交首末站，进一步调整优化公交线路。构建点线面相结合的地下空间开发利用体系，加快建设一批地下公共停车场，缓解停车难问题。提高城市绿化彩化水平，加快地下综合管廊、绿道工程建设，建设一批大型综合公园和社区公园，围绕“夜游集美”，打造“一湾一线连片”的城市夜景。提升城市精细化管理水平，加强防灾减灾能力建设，加强地下污水管网、排水管网日常清理工作，积极推进海绵城市试点。加快环保基础设施建设，推进高集海堤等一批生态类重点工程，提高污水垃圾处理水平，提高再生水回用率，继续整治城乡生态环境。加快能源与电力建设。

三是补齐公共服务短板。提升教育供给质量和水平。推动学前教育、义务教育优质普惠发展。加大公办幼儿园建设力度和比例，扶持民办幼儿园发展，探索建立政府购买普惠性民办幼儿园教育服务的机制；健全城乡一体化的义务教育发展机制，在财政拨款、基本建设、教师配备等方面，向农村和薄弱学校倾斜；加快高等职业教育优质创新发展，争创国家示范性学校；引进高端国际教育资源，推进集美双语学校建设。努力提升办医水平。深入推进医药卫生体制改革，加强医疗公共服务供给，建设集美新城综合性三甲医院，推动市妇幼集美院区落地，加快社区卫生服务中心和村卫生所建设，推进服务人口超过10万的社区卫生服务中心进行分中心建设，提高基层医疗卫生服务能力。完善文化体育设施。推进文体设施标准化建设，打造布局合理、设施完善、功能齐备、覆盖城乡的区、镇（街）、村（居）三级公共文化体育服务平台。推进养老体系建设。建设完善区、镇（街）、村（居）三级一体的养老服务体系。打造完整社区。加快建设一批社区服务中心，启动老旧小区改造工程，进一步改善提升小区建筑物本体和周边环境。

4. 项目支撑

一是新城建设方面：软件园三期、白石片区市政道路三期、集美新城基础设施及配套项目；马銮湾新城清淤、市政配套、护岸、公共建筑、绿化景观等项目。

二是老城区改造方面：杏东、杏西老旧城区改造。

三是交通基础设施方面：轨道交通，轨道交通1号线一期工程、轨道交通4号线、轨道交通6号线、北动车运用所、福厦高铁、厦门北高铁站。路网，同集路、杏滨路、集灌路、

西滨路等6条快速路，新324国道、圣岩路、天水路、灌口中路等内部路网，后溪工业组团、灌口东部新城等片区内部城市干道、支路。公共交通，深青工业组团公交场站、滨水小区东侧公交首末站、集美新城公交首末站，集大轮机学院、乐安中学、杏滨中心小学、杏东公园等6个地下停车场。

四是市政基础设施方面：绿化彩化缆化，市级地下综合管廊试点项目集美大道（中科院－海缆终端）共同沟，天马山郊野公园、集美北部中央公园等大型综合公园，铁山等8个社区公园，环湾绿道、书香绿道、城乡绿道、枢纽绿道、产业绿道等5条绿道，杏林湾商务营运中心、北站－田集连接线、文教区等夜景工程。防灾减灾，文教区排洪工程、东林－海凤路排水改造、杏北片区排水工程等，杏林湾湿地工程一期，地下污水管网、排水管网日常清理。能源与电力，西气东输三线厦门天然气利用工程、集美区110KV及以上输变电、华电集美分布式能源站。生态环保，高集海堤开口提升改造工程、月美池综合整治、软件园三期1# 污水处理站、前场污水再生处理站、灌北污水再生处理站、九天湖综合整治工程、坂头－石兜水库农业面源污染整治，瑶山溪、深青溪、后溪溪截污及绿化景观工程。

五是美丽乡村方面：按“五清楚、两特色、一机制”的要求，2016年继续开展新村官地社、前进苏营社等10个美丽乡村，打造坂头美丽乡村景观带，深化后溪城内省级传统村落的保护，谋划古驿道景观带，并启动建设。

六是基本公共服务方面：教育，新建12所以上幼儿园，新增幼儿园学位数4500个以上；新改扩建23所以上中小学，新增义务教育学位数23000个以上；推动乐安中学创建一级达标校，加快推进厦门医学高等专科学院集美校区一期、轻校化校整合提升改造项目建设，力促双语学校落地建设。医疗卫生，开工建设集美新城综合三甲医院，加快推进第一医院杏林分院医学分级诊疗中心工程；力促市妇幼集美院区落地建设，推动区妇幼保健院扩建为标准化妇幼保健机构；加快杏林社区卫生服务中心、杏滨社区卫生服务中心、后溪卫生院改扩建等项目建设。文化体育，加快灌口文体中心、青少年宫等项目建设。养老服务，推动集美社会福利中心二期工程、杏南老年人日间照料中心等项目建设。完整社区，加快建设锦园、井城、中烟、滨水等社区综合服务中心，启动地震中心住宅小区1、2号楼、工商银行宿舍、日东新村生活区、荣坪片小区等4个试点老旧小区改造，并不断总结推广。

（四）推进体制机制创新，提高资源配置效率

1. 问题

一是人力资本驱动产业升级的作用有待增强，文教区人才集聚的优势需要进一步转化为牵引城市创新发展的优势。

二是土地资源集约利用水平还不够高，部分土地闲置与产业建设用地不足并存。三是整合各类政府产业扶持资金有较大空间，专项资金交叉重叠、重复扶持和覆盖不足并存。

2. 思路

坚持市场化改革的政策取向，优化提升土地、人才、资金等资源配置效率。发挥人才创新创业引领作用，以对接“4+X”产业新体系的发展需求为核心，吸引各类高端人才、专业技术人才在区域内集聚。提升土地利用效率，以推动产业转型和城市功能更新为导向，盘活改造工业（仓储）国有建设用地，加强农村发展用地建设运营管理。打破行业垄断和壁垒，释放社会资本活力。有效整合政府各类产业扶持资金，发挥产业引导基金的撬动作用。

3. 主要举措

一是推动人力资本集聚“引”、“育”。围绕“4+X”现代产业体系，加快引导人力资本集聚，为产业发展提供强有力的人才支撑和智力支持。(1) 积极落实“聚贤集美”人才计划和“人力资本提升行动计划”，加大力度引进入选国家“千人计划”、“海外人才为国服务计划”、全省“百人计划”、全市“双百计划”、市“海纳百川”重点产业紧缺人才计划等的产业高端人才，以及各类技师人才。加大投入力度，以“4+X”骨干企业为重点，推行职业技能培训制度，着力提升职工技能和培养职工创新创造能力，完善终身教育体系，开展全员培训。(2) 探索形成有效的激励机制，完善和落实按个人所得税一定比例给予人才奖励的政策；鼓励和推动企业高端人才技术、管理等要素参股分红。引导企业注重精神激励与物质激励的有机统一，加强人文关怀，以企业文化留住人才。(3) 完善人才社会保障制度，建立健全人才住房政策、人才住房公积金补助、人才子女异地就学保障、医疗保健等制度，逐步探索鼓励非公企业建立高端人才企业年金制度。

二是盘活存量土地。(1) 盘活改造工业（仓储）国有建设用地。根据工业（仓储）国有建设用地实际利用情况，探索开展政府收储改造、保留工业性质就地转型升级改造（工改工）、业主单位自行改造、政府收储与业主单位自行改造相结合等多种形式的盘活改造，提升土地利用效率。(2) 加强农村集体发展用地建设运营管理。坚持市场化运作，探索国有企业参与农村集体发展用地开发建设新路子，鼓励农村集体发展用地开发建设商业、酒店、办公、工业、仓储物流、通用厂房、租赁住房等各类项目，为我区产业发展和城市发展提供配套；对农村集体发展用地建设项目按照有关规定，免收各项行政事业性收费和政府性基金。

三是放宽民间资本的市场准入。探索社会资本以多种方式参与基础设施、市政公用设施和社会事业领域建设项目，扩大PPP模式在文体设施建设、地铁建设运营、公立医院改制重组等方面运用。鼓励民间资本参与国有企业改制上市、兼并重组。降低物流服务、商贸服务、文化服务以及社会服务等领域市场准入标准。

四是整合成立产业引导基金。建立完善包括天使投资引导基金、创新创业投资与科技成果产业化基金（以下称“创投基金”）、产业子基金、重大产业项目投资基金、上市公司并购基金和城市发展基金等在内，涵盖天使期、初创期、成长期、成熟期等企业发展各阶段，体系完备、覆盖企业全生命周期的产业引导基金。促进产业引导基金形成“直接投资＋引导子基金”的业务模式。

4. 政策（项目）支撑

一是人才计划方面：(1) 实施人力资本提升行动计划，依托建霖工业4.0示范基地等开展智能制造技术实训，依托百度开发者创业中心对辖区传统企业、工业企业进行“互联网＋”培训，支持三影堂等培训机构开展高端技能培训。(2) 借助中国生产力中心（台湾）60年顾问实务经验，为企业培育经营管理专家和顾问级实战人才。(3) 大力实施“金蓝领人才培养工程”、员工“心灵绿洲”计划，深入开展关爱企业员工“心”计划。

二是盘活存量土地方面：(1) 在工业用地收储改造中，探索推进政府收储改造、工改工、工业改三产等试点工作。(2) 加快区级农村集体用地发展项目实施指导意见、配套资金扶持办法等政策出台及落实；推进杏林街道西亭社区集体发展用地项目，灌口镇三社、李林村集体发展用地项目，侨英街道东安社区集体发展用地项目，灌口镇铁山社区综合服务中心4个第一批项目具体可操作方案出台，加快后续集体发展项目滚动生成和落地。

三是放宽民间资本的市场准入方面：探索交通基础设施、市政公共设施（公共停车场、地下综合管廊等）和社会事业设施（医疗、教育、养老服务等）领域PPP合作模式，支持集美新城医院PPP项目试点。

四是产业引导基金方面：(1) 加快推进松禾资本、赛特传媒、易鸿资本、爱特英诺基金等天使投资引导基金成立。(2) 鼓励区产业投资公司通过项目对接会，储备、筛选和投资更多优质创投项目，壮大创投基金规模。(3) 推进华犇基金、创势仁和基金、创丰基金、深创投红土基金、建信金圆海洋基金、嘉瑞田仆基金等产业子基金协议签署及注册工作，促进泛荣高技术服务业基金、京道天琴软件信息服务业基金作用发挥。(4) 注重发挥政府基金的引导作用，推动厦门游戏创新中心、厦门一品威客网络科技有限公司等重大产业基金投资项目良性发展。(5) 继续举办和完善由区产业引导基金理事会办公室、区众创办联合举办的创客投融资对接会，促进创新创业资金供需衔接。

三、保障措施

（一）加强组织领导

进一步提高认识，把思想和行动统一到中央决策部署上来，把供给侧结构性改革作为当前和今后工作主线来抓严抓实。加强组织领导，健全工作机制，形成齐抓共管、整体推进的工作格局。成立由区主要领导挂帅的供给侧结构性改革工作领导小组，下设办公室，由区发改局、区经信局、区科技局、区国土房产局、区建设局等单位组成，负责具体统筹推进集美供给侧结构性改革工作。各责任单位要及时研究工作落实中的突出问题，以问题为导向，制定产业、金融、财政、用地、用电等配套政策，发挥政策协同作用。

（二）明确责任分工

建立完善的领导责任制、部门责任制、目标管理责任制，主要领导亲自抓，将各项工作任务分解落实，明确时间节点、进度要求、具体举措、责任主体和责任人，确保工作部署落到实处。建立全区重点工作任务台账，完善工作动态跟踪机制和政策措施。

（三）加强统筹推进

加强规划统筹，以“人文集美”发展战略为引领，以集美“十三五”规划纲要为蓝图，合理引导产业方向，科学布局各类项目。发挥好“多规合一”审批平台和“十三五”项目管理平台的协同作用，进一步优化审批流程，提高管理效率。注重采用共同缔造的理念和方法，调动和发挥群众、企业和行业组织的积极性，畅通政企沟通渠道，及时摸清问题、短板和诉求，认真听取意见建议，形成决策共谋、发展共建、建设共管、效果共评、成果共享的新机制。各镇街要深入企业、项目一线，积极跟踪企业、项目进展情况，滚动梳理企业、项目典型案例，及时总结好的经验做法，及时研究解决企业、项目建设中存在的具体困难和问题，促进项目推进有力、落实有效，提升推进供给侧结构性改革工作水平。

（四）严格督查考核

对各镇街、责任部门工作落实情况实行全过程跟踪督查，强化过程监督和结果考核，严格督查督办。各责任单位要明确工作时间表，制定实施细则，并报领导小组办公室，各责任部门每季度末向领导小组办公室报送推进落实情况。将落实供给侧结构性改革工作纳入各部门绩效考核中，按年度进行检查考核。对推诿扯皮、贻误工作的，按有关规定严格问责。

（五）加强宣传引导

充分发挥媒体的作用，广泛宣传供给侧结构性改革的重大意义、目标要求和政策措施，加强政策措施解读，及时总结推广先进经验，及时回应社会关切，正确引导社会预期，最大限度凝聚共识，调动社会各界的主动性、积极性和创造性，共同营造推进供给侧结构性改革的良好舆论氛围。

附件：

1. 集美区四个领域补短板项目汇总表（2016年第一批）
2. 集美区行政服务中心惠企窗口受理事项汇总表（截止2016年8月）
3. 厦门市进一步减轻企业负担措施汇总表（截止2016年8月）

中共集美区委　集美区人民政府
关于印发《加快人文集美建设打造区域创新中心的实施意见》的通知

各镇党委、政府，各街道党工委、办事处，文教区管委会，区直各部、委、办、局，各人民团体，区属各企事业单位：

《关于加快人文集美建设打造区域创新中心的实施意见》已经区委、区政府同意，现印发给你们，请遵照执行。

中共集美区委员会　集美区人民政府

2016 年 11 月 28 日

关于加快人文集美建设打造区域创新中心的实施意见

为深入落实区第八次党代会作出的“深化人文集美建设，打造区域创新中心”战略部署，主动融入、主动服务省市推进创新型省份、国家创新型城市建设大局，推动集美经济社会发展向更高水平迈进，特提出如下实施意见。

一、总体目标

总体目标：发挥“嘉庚精神”的引领作用，以服务厦门产业创新需求、引领闽南产业创新方向、影响海西产业创新趋势为战略目标，将集美建设成为以产业创新为主要功能的区域创新中心。

2020 年目标：形成区域创新中心的基本框架，为长远发展打下坚实基础。以企业、高校和人才为主体的“产城学人”相结合的区域创新体系基本形成，科技基础设施体系和统一开放的公共服务平台构架基本建成，科技创新人才、创新要素、创新企业、创新组织数量和质量位居海西前列。

二、基本要求

（一）提升科技支撑力。促进创新链、产业链、资源链有机融合，全面提升以大学、科研院所为主体的知识创新能力和以企业为主体的技术创新能力，使科技创新成为区域发展的核心增长要素和内驱动力。

（二）提升产业竞争力。聚焦主导产业链的关键环节、核心环节，通过科技创新，推进优势产业集聚和能级提升，提高区域产业的综合竞争力。

（三）高校发挥支撑及引领作用。加大集美大学、华侨大学、厦门理工学院、福州大学厦门工艺美院、中科院城环所等高校和科研院所产业关键核心技术攻关和转化力度，大力支持艺术产业，深化与区域内企业的合作，促进科技成果本地化应用，支撑和引领区域产业升级和经济发展。

（四）高新产业区发挥集聚和辐射作用。以软件园三期为重点，大力引进和集聚行业龙头企业和创新“引擎”企业，提升对周边区域的产业辐射能力，不断优化产业发展生态环境。

（五）城市社区发挥统筹与承载作用。政府相关部门及各镇（街）要着力发挥统筹和承载作用，做好校区、园区要素辐射的承载和承接，营造良好的城区环境和功能配套，推动产城融合发展。提升集美学村文化，将集美大学城打造成典范大学城，探索多种机制和渠道，促进优质教育资源共建共享，共同推进集美大学城建设成为“创新城、生态城、文明城”。

三、重点任务

（一）实施产业升级工程，提升产业核心竞争力

1. 推动产业跨界融合。围绕产业链布置创新链，促进新兴产业与传统产业融合发展。集聚文化演艺等资源，策划建设绿色生态影视城，努力将影视产业及其周边相关产业打造成具有较强竞争力的产业。依托智慧城市建设，加强智慧技术应用推广，培育发展智慧产业。加快发展现代都市农业，创新推进“生态资源 + 合作社 + 农庄”发展模式，扶持特色农业产业化。推动全区创新主体大力开展跨界创新行动，充分发挥互联网、大数据等信息技术对提升全要素生产率、促进产业转型升级的突出作用，推进科技与服务业、科技与文化产业深度融合。坚持文化事业与文化产业融合，推动协同创新、协同共享，打造全区文化品牌。（牵头单位：区文发办、经信局、发改局、科技局、农林水利局、文体局）

2. 推进产业开放发展。加强对外科技交流与合作，推进科技招商引资、引技、引智工作。积极融入“一带一路”建设，对接自贸区建设，深化对台经贸合作，促进区域经济技术联合协作。积极构建开放合作的科技平台，支持企业、科研院所与省外、境外有实力的单位联合在集设立研发机构。引进和培育专业化开放型的设计企业，提高企业创新设计能力。（牵头单位：经信局、科技局）

（二）实施创新主体培育工程，提升企业技术创新能力

3. 强化企业技术创新主体地位。实施科技型、高新型、创新型“三型”企业梯次培育计划，鼓励企业参与实施国家、省级重大科技计划，加大对企业自主研发新产品的补助力度，积极引导人才、科技项目、知识产权等创新资源向企业集聚，培育一批掌握核心技术、技术创新活跃的成长型中小高新技术企业。到2020年，力争10家企业进入国家级创新型企业行列。（牵头单位：科技局、经信局）

4. 支持企业研发能力建设。支持企业开展关键核心技术研发，建立市级以上工程（技术）研究中心、企业技术中心、重点实验室、博士后工作站、艺术创作中心等研发机构，鼓励企业联合高校、科研院所共建产学研研发机构。到2020年，力争大中型企业30%以上建有研发机构。引导企业增加投入，鼓励开展委托研发、购买知识产权等各类创新活动。引导外资企业加大本地创新投入，加强关键技术和本土化适应性技术研发。引导企业优化创新投入结构，提升创新全流程环节的协调性。（牵头单位：科技局、经信局）

（三）实施创新载体建设工程，提升创新资源集聚能力

5. 优化产业园区空间布局。整合产业空间资源，促进优势产业集聚发展。优化机械工业集中区、集美北部工业区等园区的空间布局，推进节约集约用地，最大限度地提高单位土地产出率。加快推进软件园三期建设，调整规划布局，增加配套设施建设。加快前场铁路大型货场、海西汽车城和汽车物流中心等园区建设，启动机械工业集中区三期、马銮湾信息科技产业组团建设。（牵头单位：经信局、发改局、科技局）

6. 改造提升老工业区。试点推广“工改工”模式，拆除违法建筑，结合自然景观，打造形态丰富的高端产业发展空间，实现建筑空间、发展模式、产业内涵和城市服务水平的全面更新。对低效工业用地，采取收购、租赁等方式，统一用于扶持有发展潜力的优质项目。推动原有企业在不改变土地使用性质前提下，拓展产业发展空间，用于发展软件与信息服务、研发设计、文化创意等现代服务业。（牵头单位：发改局、规划分局）

7. 推进建设“创新城区”。以营造良好的创新生态圈为根本，把握企业和员工作为创新创业主体、城市设施使用者、社会公共事务参与者的定位，坚持需求和问题导向，统筹考虑产业转型、城市转型和社会转型，打造完整的创新城区。推进软件园三期及周边创新城区试点建设，在试点基础上按照全域理念将集美新城打造成全市创新城区的样板区。建立“企业—社区—社会”生活圈，加快建设交通、购物、餐饮、休闲、健身、文化等功能设施，推动部分设施与周边街道、社区共建共享，做好教育、医疗等综合性配套，为企业吸引人、留住人创造良好的外部条件。加快建设形成“创业导师 + 专业服务 + 产业园区 + 创投基金”的创新创业生态体系，打造一批高质量、高水平的众创空间。（牵头单位：发改局）

8. 构建社会化科技中介服务体系。大力发展研发设计、创业孵化、检验检测认证、法律咨询、知识产权服务等各类科技服务业，建设一批科技服务业聚集区。吸纳集聚海内外知名服务机构在集创设新机构或设立分支机构。培育市场化新型研发组织、研发中介和研发服务外包新业态，发挥好行业协会、商会、基金会、科技社团等作用。（牵头单位：科技局、民政局）

9. 全面优化区域城市功能和配套。提升城区承载和服务功能，推进产城融合发展，从创新创业人才的工作和生活根本需求出发，在环境生态、教育卫生、人才公寓、文体设施等方面进一步优化配套设施，有效推进文教区基础设施建设，切实改善文教区创新创业环境，提高城区对人才的支撑和服务功能，帮助创新创业主体吸引和集聚优质创新创业人才，打造宜居宜业的新城区。加快完善交通设施配套，加快推进区域快速干道和轨道交通建设，做好产业园区公交系统的配套，解决园区企业、文教区出行“最后一公里”的问题。（牵头单位：发改局、建设局、交通局）

（四）实施产学研一体化工程，提升协同创新能力

10. 积极推进一流大学和一流学科建设。建立地方政府与高校战略共建机制，重点支持高校跻身国内外前列的优势学科，实现高校优势学科与地方产业发展、城市建设、社会治理全面对接，更好服务产业转型、城市转型和社会转型。重点支持高校联合区域内企业培育共建协同创新中心，通过汇聚人才、协同创新、产学研用，促进科技成果转化。引入社会资本和市场机制，做好对中小型科技企业的开放服务，重点建设一批支撑产业创新的公共技术服务平台，推动高校院所优势学科服务区域产业创新。实施省市高校优势学科配套工程，加大经费投入。（牵头单位：科技局、建设局、经信局、人社局、民政局、综治办）

11. 深化政产学研合作。推进打造共性技术研发平台。创新产学研合作模式，完善合作对接机制，推动校企精准对接，争取组建2-3家产业技术创新战略联盟。推动企业与高等院校、科研机构开展科技咨询、技术攻关、成果转化、人才培养等方面的交流合作，加速科研成果在集转移转化，力争新建3-5家新型产学研用合作实体。（牵头单位：科技局、文教区管委会）

（五）实施知识产权示范工程，提升专利创造应用能力

12. 深化省级知识产权强区建设。健全部门协同配合机制，把知识产权保护工作纳入规范化协同管理。加强市区联合执法力度，加大对知识产权侵权惩治力度。加大专利申请、专利维权诉讼资助力度，引导企业正确运用专利权。（牵头单位：科技局）

13. 提升专利工作质量。强化重点产业的发明专利申请和转化，推进专利工作从注重数量向注重质量转变。加强企业知识产权联络员队伍建设，积极培育知识产权示范（优势）企业。（牵头单位：科技局）

14. 培育壮大自主品牌。大力实施名牌、商标、技术标准战略，鼓励企业争创驰名商标和著名商标，支持企业参与

制订行业标准、国家标准和国际标准，进一步加大名牌产品培育力度。（牵头单位：市场监督管理局、质监二分局）

（六）实施科技金融结合工程，提升金融支撑能力

15. 积极鼓励创新创业投资。发挥财政资金杠杆作用，积极引进海内外资本在集建立种子基金、天使投资基金、风险投资基金、产业并购基金等，强化对创新成果在种子期、初创期的投入，引导社会资本加大投入。允许符合条件的国有创投企业建立创业投资跟投机制。积极探索国有创投基金的尽职免责政策。（牵头单位：科技局、财政局）

16. 创新科技金融服务。发展针对企业创新活动的政府性担保机构，设立政策性担保基金，建立健全担保资本金动态补充机制。推动投贷联动试点，对开展试点的金融机构给予政策支持。支持设立科技保险公司，支持各类保险机构开发推广科技企业贷款保证保险、贷款担保责任保险等新型产品。积极发挥融资租赁、信托、保理等在科技型企业融资中的作用。简化知识产权质押融资流程，对符合条件的科技企业可发放质押贷款。落实中小微企业贷款风险补偿政策，扩大政策覆盖面。（牵头单位：科技局、财政局）

17. 推动企业上市融资。建立科技企业上市储备机制，推动符合条件的科技企业实行股份制改造。充分利用境内外多层次资本市场，推动符合条件的企业挂牌上市。鼓励符合条件的已上市科技企业通过增发股份、定向收购等方式扩大资本规模。支持科技企业通过发行公司债券和债务融资工具融资。（牵头单位：财政局、科技局）

（七）实施创新人才支撑工程，提升人才引领能力

18. 引进培育领军拔尖人才。坚持招商引资与招才引智、直接引进和柔性引进相结合，深化实施“聚贤集美”人才计划，大力引进产业领军人才和创新团队。实施省市高校人才奖励同城化工程，延揽高水平拔尖人才到高校发展。（牵头单位：组织部、人社局）

19. 加强企业家培养。实施新型企业家培养工程，积极开展企业家大讲堂、高级研修班等活动，培育领袖型企业家、杰出企业家。实施企业家摇篮计划，打造一支具有创新理念、国际视野和勇于实践的青年企业家队伍。加大市场化选聘力度，建设专业化、国际化的职业经理人队伍。（牵头单位：经信局）

20. 建设高技能人才队伍。加快培养高级技师、技术工人等一批高技能人才。深入实施“金蓝领人才培养工程”等人力资源提升行动计划，力促人力资源向人力资本转化。（牵头单位：人社局）

（八）实施创新环境优化工程，营造转型发展良好氛围

21. 提升“三区融合”社会事业合作水平。在社区文化、体育、医疗卫生、教育培训、科普宣传等方面项目化推进大学校区、科技园区、公共社区“三区融合”。与高校院所共建图书馆、游泳馆、球（操）场等文体设施并向全社会免费开放，鼓励高校院所实验室、科研设备等互相开放和向辖区企业开放。建设环湾、书香、产业等绿道，打通社区公交微循环，开办社区书院，完善区域大党建平台，主动接受高校院所先进文化的辐射，努力实现社区资源共享、区校教育共联。（牵头单位：民政局、文体局、文教区管委会、文明办、缔造办）

22. 健全科技创新投入机制。合理划分各级政府财政科技经费支出责任，建立健全财政性科技投入保障机制，统筹安排、优先保障重点科技支出需求。推进财政科技投入去“碎片化”改革，实现财政科技投入资金预算和安排的统一协调和合理配置，优化财政科技投入结构，加大研发经费投入。加大力度落实高新技术企业所得税减免、研发费用加计扣除、固定资产加速折旧、创业投资企业投资抵扣和技术转让税收减免等促进企业技术创新方面的政策，激励企业增加研发投入，提高全社会研发经费投入水平。（牵头单位：财政局、科技局）

23. 提升政府管理水平和服务能级。加强区域科技政策的顶层设计，整合产业政策、科技政策和人才政策，形成本区实施创新驱动发展战略的政策体系。高度重视政府系统的科技管理和创新服务工作，着力做好众创空间、成果转化、科技人才、引导基金等创新创业政策的宣传和落实，通过明确操作流程，简化操作程序，充分发挥区级科技政策的引导支撑作用。切实提高政策执行率。（牵头单位：发改局、科技局）

24. 不断凝聚创新发展正能量。加强科普基础设施建设，开发一批高水平、影响力大的原创科普精品，大力开展科研诚信教育，全面提升公民科学素养。加强舆论宣传，着力培育尊重科学、鼓励创造、追求卓越的创新文化。建立科学有效的容错纠错机制，鼓励创新、宽容失败。抢抓福建自贸试验区和“一带一路”战略机遇，发挥集美“台侨”优势，提升集美开放型经济水平和国际化程度。（牵头单位：宣传部、统战部、科技局、科协）

四、保障措施

（一）加强组织领导

成立由区委、区政府主要领导同志牵头的建设区域创新中心领导机构，统筹指导和协调重大政策制定、重大问题解决和重要工作推动。下设“八大工程”推进工作小组及其办公室，加强分工协作，深入研究制定实施方案和配套政策，各司其职、各负其责，精准发力，切实把各项任务落到实处。

（二）加强监督考核

探索建立第三方评价城市创新指数，准确反映科技创新动态。完善考核机制，将创新驱动发展政策落实情况和取得成效作为领导班子、领导干部年度考核的重要内容。

（三）加强智库建设

健全科技咨询系统，建设高水平科技智库，建立科技决策咨询制度，赋予企业家、科学家、科技人员在制定创新规划、政策、标准中更多的话语权。

中共集美区委办公室　集美区人民政府办公室
关于印发《集美区加快构建现代公共文化服务体系实施方案》的通知

各镇党委、政府，各街道党工委、办事处，文教区管委会，区直各部、委、办、局，各人民团体，区属各企事业单位：

《集美区加快构建现代公共文化服务体系实施方案》已经区委、区政府同意，现印发给你们，请结合实际认真贯彻执行。

中共集美区委办公室　集美区人民政府办公室

2016 年 2 月 4 日

集美区加快构建现代公共文化服务体系实施方案

为贯彻落实《中共厦门市委办公厅厦门市人民政府办公厅印发〈关于加快构建现代公共文化服务体系的实施意见〉的通知》（厦委办发〔2015〕25 号）要求，加快推进我区现代公共文化服务体系建设，现结合我区实际，提出如下实施方案。

一、总体要求

（一）指导思想。以党的十八大和十八届三中、四中、五中全会精神和习近平总书记系列重要讲话精神为指导，以"美丽厦门•人文集美"发展战略为统领，以改革创新为动力，以服务基层为重点，进一步完善我区现代公共文化服务体系，促进基本公共文化服务标准化、均等化，推动我区文化大发展大繁荣。以传承弘扬嘉庚精神为载体，培育弘扬社会主义核心价值观和集美人文精神，全面提高市民文化素质和城市文明程度，为建设人文集美和"美丽厦门示范区"提供精神动力和文化支撑。

（二）主要目标。巩固提升全国文化先进区创建成果，力争到 2020 年，全面建成覆盖城乡、便捷高效、保基本、促公平的现代公共文化服务体系，确保我区现代公共文化服务整体水平位居全市前列。文化产品和文化服务丰富多彩，服务质量显著提高；公共文化服务管理体制、队伍建设、运营机制高效完善；"一精神三文化"人文特质彰显，文化软实力显著提高，经济社会效益明显提升；逐步形成政府、市场、社会共同参与和推进公共文化服务体系建设的良好局面。

二、统筹推进公共文化服务均衡发展

（三）加强公共文化设施建设与服务管理。加快推进基层综合性文化服务场所提升工作，以村（社区）文化室为核心，构建集文化宣传、党员教育、科技普及、普法教育、体育健身等于一体的村（社区）综合文化服务中心。加强基层文体广场建设，与乡镇（街道）和村（社区）综合性文化设施相配套，建设选址适中、与地域条件相协调的文体广场。加强文化体育设施的综合管理和利用，提高使用效益。结合"人文集美发展战略"，在集美新城建成集美塔侨乡博物馆、诚毅图书馆、青少年宫、全民健身中心、体育休闲公园等具有集美城市特色和时代精神的现代公共文体设施。（责任单位：区委宣传部、区发改局、区财政局、区文体广电出版旅游局，各镇街）

（四）促进公共文化服务均等化。以区图书馆和文化馆为中心建立总分馆制，促进公共文化服务资源整合和互联互通。区少儿图书馆继续发展一批托管型、联办型基层分馆，将基层图书馆（室）逐步纳入服务联合体之中。至 2020 年，镇（街）图书馆（室）实行总分馆制达 100%，实现文献流通"通借通还"，并逐步将具备条件的村（居）图书室纳入联网管理。区文化馆在市文化馆为龙头带动下，构建以区文化馆为骨干、镇（街）文化站、村（居）文化室为服务网点的公共文化服务信息网络，建立资源共建共享机制，推进馆、站间的公共文化服务产品差异互补、资源双向流动。（责任单位：区文体广电出版旅游局，各镇街）

（五）充分保障特殊群体享受基本公共文化服务。充分保障老年人、未成年人、残疾人、进城务工人员、农村留守儿童、生活困难群众等特殊群体的基本公共文化服务。本区由财政投资的公办公管各级公共图书馆（室）、博物馆、文化馆（室）、纪念馆、科技馆、青少年宫（妇女儿童活动中心）等公共文化服务机构的基本公共文化服务项目，一律向特殊群体免费开放。将中小学生定期参观博物馆、纪念馆、科技馆等纳入中小学教育教学活动计划。继续实施面向广大农民的农村电影放映工程和面向进城务工人员的"温馨家园"城市社区公益电影放映工程，不断提高影片供给质量，提升观影率。（责任单位：区财政局、区文体广电出版旅游局、区教育局、区总工会、团区委、区妇联，各镇街）

（六）制定基本公共文化服务标准体系。按照新修订《厦门市基本公共文化服务标准》，制定《集美区基本公共文化服务标准》，形成与集美经济社会发展水平相适应、具有地域特色的实施标准，并建立实施标准的动态调整机制。各级文化服务机构要根据《集美区基本公共文化服务标准》，制

定本单位公共文化服务实施方案，明确基本公共文化服务的内容、种类、数量和水平，以及应具备的基本条件和保障机制。（责任单位：区文体广电出版旅游局，各镇街）

三、增强公共文化服务发展动力

（七）培育和促进文化消费。广泛开展公益性文化艺术活动，提高居民文化素养，引导居民健康文化需求。加大我区各类演出活动宣传推广力度，完善公益性演出补贴制度，通过票价补贴、发放文化惠民卡或消费券、剧场运营补贴等形式，鼓励我区民间文艺社团为市民提供公益性演出，在商业演出和电影放映中安排低票价场次。继续实施民营实体书店扶持政策，促进图书、报刊、音像产品发行网点，为市民提供优质服务。推动经营性文化设施、非物质文化遗产传习场所和传统民俗文化活动场所等向公众提供优惠或免费的公益性文化服务。（责任单位：区委宣传部、区财政局、区文体广电出版旅游局，各镇街）

（八）充分发挥社会力量参与作用。建立健全政府向社会购买公共文化服务的机制。出台政府购买公共文化服务指导性意见和目录，把基本公共文化产品和服务、公益性文化活动纳入公共财政经常性支出预算，推广运用政府和社会资本合作等模式，实现公共文化服务提供主体和提供方式的多元化。创新公共文化设施管理模式，通过委托或招投标等方式吸引有实力的社会组织和企业参与公共文化设施的运营和管理。推动有条件的镇（街）和外来人口集中区域建设数字化影院，委托专业院线机构进行管理。培育和规范文化类社会组织，加强对文化类行业协会、民办非企业单位的引导、扶持和管理，发挥其在公共文化服务中的作用。（责任单位：区文体广电出版旅游局、区财政局、区民政局，各镇街）

（九）大力推进文化志愿服务。完善文化志愿者注册招募、服务记录、培训、管理评价和激励保障机制，推广社区自助式文体服务工作模式，充分发挥文化志愿者在基层公共文化管理中的作用。推动国有文化企事业单位、高等院校建立文化志愿服务相关制度，形成志愿服务下基层的良好氛围，动员组织专家学者、艺术家、优秀运动员等社会知名人士参与志愿服务，提高志愿服务的专业性和社会影响力。建立高校参与公共文化服务长效机制，积极推动辖区艺术体育院校、文体团队到基层教、学、帮、带。（责任单位：区委宣传部、区委文明办、团区委、区文体广电出版旅游局、区民政局、区文联，各镇街）

四、加强公共文化产品的服务供给

（十）丰富文化产品供给。加强文艺作品创优力度，以“人文集美”和“一精神三文化”为主要内容，突出嘉庚精神的内涵和精髓，结合集美优势和闽南特色文化，创作生产更多思想性、艺术性和观赏性有机统一的优秀文化产品。继续举办、提升海峡两岸龙舟文化节、集美学村文化艺术节、“龙舟唱晚”学村音乐节，进一步引进和办好草莓音乐节、中国（集美）全国大学生合唱比赛、集美•阿尔勒摄影季等国内外知名品牌活动，策划举办“海丝逐梦”舞蹈比赛、集美组歌音乐会，深化人文集美内涵，丰富活跃社会文化；建设“书香集美”，建立健全全民阅读推进机制，继续办好“集美区少儿读书月”、“书香集美读书月”活动，营造全民阅读氛围；创新“人文集美”欢乐广场系列活动的内容与形式，吸引更多群众参与文化活动，推进文化活动健康、规范、有序开展。（责任单位：区委宣传部、区文体广电出版旅游局、区文联、集美文广传媒，各镇街）

（十一）活跃基层群众文化生活。深化民俗文化品牌活动，进一步扩大海峡两岸龙舟文化节、后溪霞城城隍庙会和关公文化节、灌口童玩节、杏滨马銮有应公文化节、侨英孙厝惠应公文化节等民俗文化活动的参与度和影响力，推动开展群众性文化对台对外交流活动。引导基层特色文化品牌建设，形成“镇街有品牌、村居有特色”的多元文化格局。鼓励群众自办文化，支持成立各类群众文化团队，加强社区书院建设，办好文艺大讲堂，进一步活跃基层群众文化生活。（责任单位：区委宣传部、区文明办、区民政局、区文体广电出版旅游局，各镇街）

（十二）开展传统优秀文化传承。落实《闽南文化生态保护区建设规划》，实施《集美区非物质文化遗产保护与传承管理暂行办法》，推进闽南文化生态保护区示范点、省闽南曲艺创作示范基地、闽南文化进校园示范点建设发展。完成集美塔侨乡博物馆建设，完善各级“非遗”展示厅，加强“非遗”项目保护单位和传习中心建设。积极推进集美学村申遗工作。发挥辖区民间艺术社团的作用，开展闽南优秀文化遗产、“非遗”项目、闽南方言进校园、进社区展演活动，推进送戏下乡等项目。健全“非遗”项目保护传承机制，完善区级“非遗”项目和传承人名录。加强文化遗产保护的宣传教育，增强居民保护意识。（责任单位：区发改局、区财政局、区教育局、区文体广电出版旅游局、区文联，各镇街）

五、推进公共文化服务与科技融合发展

（十三）加快推进公共文化服务数字化建设。继续推进数字图书馆、数字文化馆、数字博物馆、数字农家书屋建设。推广数字智能终端、移动终端等新型文化服务载体。（责任单位：区文体广电出版旅游局、区政务信息中心、广电网络集美分公司）

（十四）提升公共文化服务现代传播能力。大力推进“三网融合”，加快建设下一代广播电视网（NGB），加强 IPv6 在下一代广播电视网（NGB）的应用，全面完成有线数字电视整体转换。实施地面数字电视工程，全面推进广播电视节目无线数字化，加快全媒体直播应急体系建设，推动传统媒体与新型媒体的融合。完善广播电视户户通和广播村村响工程，实施应急广播工程，推进隧道广播工程。（责任单位：区委宣传部、区文体广电出版旅游局、区广播电台、广电网络集

美分公司，各镇街）

六、创新公共文化管理体制和运行机制

（十五）完善公共文化服务体系建设协调机制。成立区公共文化服务体系建设协调领导小组，完善现代公共文化服务体系建设的协调机制，充分发挥各部门工作职责和资源优势，在规划编制、政策衔接、标准制定和组织实施上加强统筹，实现整体设计、协调推进，在人力、财力等方面实现共建共享。（责任单位：区委宣传部）

（十六）积极探索公益性文化事业单位改革。按照关于深化文化体制改革和推进事业单位分类改革的要求，落实公益性文化事业单位法人自主权，建立事业单位法人治理结构。（责任单位：区委宣传部、区委编办、区人社局、区文体广电出版旅游局）

（十七）创新基层公共文化管理机制。以“美丽厦门共同缔造”为指导，加强社区书院建设，培育社区文化，支持群众自发开展文体活动，发挥城乡基层群众性自治组织的作用，引导社区居民、村民和基层辖区内的企事业单位和社会组织等参与公共文化服务项目的规划、建设、管理和监督。以群众参与为核心，以项目活动为载体，以分类统筹为手段，充分体现基层公共文化建设与管理的决策共谋、发展共建、建设共管、效果共评、成果共享。（责任单位：区文体广电出版旅游局、区民政局、区文联、区缔造办，各镇街）

（十八）完善公共文化需求反馈和服务评价工作机制。将公共文化服务体系建设纳入政府年度绩效考评范围，不断完善服务质量监测体系，建立群众评价和反馈机制。探索建立公共文化服务第三方评价机制，增强公共文化服务评价的客观性和科学性。（责任单位：区委宣传部、区文体广电出版旅游局、区统计局）

七、加大公共文化服务保障力度

（十九）加强组织领导。各级党委和政府要将构建现代公共文化服务体系写入本区国民经济和社会发展总体规划，纳入党委和政府重要议事日程、政府目标管理责任制、财政预算和城乡建设整体规划。要切实加强组织领导，并结合实际制定实施方案，明确责任和时间表、路线图，集中力量推进工作落实。（责任单位：区委宣传部、区发改局、区财政局、规划分局、区文体广电出版旅游局，各镇街）

（二十）加大财政支持力度。各级政府要加大基本公共文化服务的财政投入，建立健全公共文化服务财政保障机制，把基本公共文化产品和服务、公益性文化活动纳入公共财政经常性支出预算。创新公共文化服务投入方式，采取政府购买、项目补贴、“以奖代补”、定向资助、贷款贴息等方式，支持包括文化企业在内的社会各类文化机构参与提供公共文化服务。加强对公共文化服务资金管理使用情况的监督和审计，开展绩效评估。（责任单位：区财政局、区文体广电出版旅游局，各镇街）

（二十一）加强基层文化队伍建设。设立基层公共文化服务工作岗位、配齐人员，同时确保基层公共文化服务人员在编在岗。制定并完善基层公共文化服务人员管理制度，加强人员队伍建设。（责任单位：区委编办、区人社局、区文体广电出版旅游局，各镇街）

附件：

1. 集美区基本公共文化服务标准(2015—2020 年)(略)
2. 集美区公共文化服务体系建设协调领导小组名单(略)

厦门市集美区人民政府办公室
关于印发《集美区“金蓝领人才培养工程”实施意见》的通知

各镇、街，各管委会，区直各办、局，各有关单位：

《集美区“金蓝领人才培养工程”实施意见》已经区委、区政府研究同意，现印发给你们，请认真贯彻执行。

厦门市集美区人民政府办公室
2016 年 2 月 3 日

集美区“金蓝领人才培养工程”实施意见

为推动实施人文集美人才强区战略，适应我区经济转型升级的需要，培养造就一大批掌握熟练心智技能的高学历高技能复合人才（即“金蓝领人才”），根据省政府办公厅转发省人社厅《关于加强职业培训提升产业工人队伍素质十七条措施的通知》（闽政办〔2015〕139 号）和市委办公厅、市政府办公厅《关于印发〈厦门市实施“海纳百川”人才计

划打造"人才特区"2013—2020行动纲要〉配套政策文件的通知》（厦委办〔2013〕10号）等上级文件精神，结合我区实际，制定本实施意见。

一、指导思想

坚持以党的十八大精神和科学人才观为指导，在金蓝领人才培养、引进、评价、使用、激励、服务六个方面，通过创新工作机制，优化金蓝领人才培养引进的政策环境和社会环境，促进我区金蓝领人才总体数量提升和层次结构优化，充分发挥金蓝领人才在推动我区产业转型升级和生产工艺创新中的生力军作用。推进院校和企业全方位、深层次、多形式合作，建立政府搭台、校企互动、产学结合、资源共享、校企双赢的人才培养合作机制，为加快培养适应我区经济转型急需的知识技能复合型人才，为推进人文集美建设发展提供坚实有效的人才保障。

二、基本原则

坚持市场调节与政府推动相结合。以市场为基础，切实发挥市场在资源配置方面的基础作用和市场主体的能动作用，同时发挥政府的引导和支持作用，构建政府与市场功能互补的金蓝领人才开发机制。

坚持人才培养与服务发展相结合。适应产业发展方向，根据我区产业结构调整和经济转型发展的客观要求，实施积极的金蓝领人才开发政策，建立产业发展带动金蓝领人才队伍建设、金蓝领人才队伍建设支持产业发展的良性机制。

坚持以用为本与培引并重相结合。最大限度地发挥金蓝领人才作用，为人才发展及才能的充分发挥提供更加广阔的空间。把立足本土培养未来战略性新兴产业所需人才，与面向海内外引进目前产业转型发展急需人才紧密结合起来。

坚持高端带动与整体推进相结合。注重发挥高技能人才的引领示范作用，通过政策、体制、机制上的突破，畅通整个技能劳动者队伍的发展通道；通过技能劳动者队伍规模的不断扩大和素质的不断提升，为金蓝领人才培养奠定基础。

坚持机制建设与能力建设相结合。着力完善金蓝领人才开发的工作机制和技能成才的激励机制，改善金蓝领人才队伍建设的社会环境和政策环境，强化与金蓝领人才培养紧密相关的培训资源开发和培训机构能力建设。

三、政策措施

（一）发挥企业培养金蓝领人才的主体作用

1. 推动企业建立完善现代职工培训制度。各企业要结合生产发展和技术创新需要，将金蓝领人才培养规划纳入企业发展总体规划，落实财政部等部门《关于印发〈关于企业职工教育经费提取与使用管理的意见〉的通知》（财建〔2006〕317号）要求，按上年度职工工资总额的1.5%—2.5%足额提取并合理使用职工教育经费。有关部门要落实职工教育经费税前扣除的规定，加强对企业落实职工教育经费提取和使用情况的执法监察。企业未依法提取职工教育经费的，不得享受政府推进企业职工培训的各项政策资金补助。

2. 鼓励企业建立职业培训机构，推行企业培训师制度。对辖区大中型企业参照职业培训机构必备条件创办的职训机构，经区人社部门验收合格并报区金蓝领人才培养工程联席会议同意，区财政给予30万元开办费补助。对企办职训机构的培训成果（包括按企业标准考核认定的技术等级），参照市对中标定点培训机构的补助标准，由区财政给予培训补助。积极推行企业培训师制度，并按贡献大小由企业或行业协会给予应有报酬。区人社部门依托区人力资源协会采用政府购买服务的方式，举办惠企各类培训、讲座、观摩交流等公益性活动。

3. 推行企业首席技师制度和技师研修制度。鼓励辖区拥有（含柔性引进）3名以上技师人才的企业设立首席技师职位，遴选在企业生产技术革新中发挥领头羊作用的优秀技师担任。大力推行技师研修制度，鼓励通过对外技术交流等活动促进高级技能人才成长。每3年定期组织开展集美区"十佳工匠奖"评选表彰活动，给予每位获奖者5万元奖励。

4. 鼓励企业建立技能大师工作室，推行名师带徒制度。在我区"4+X"产业龙头企业中建立技能大师工作室，推动技能大师实践经验及技术技能创新成果加速传承和推广。每个市级以上技能大师工作室在每3年管理周期内，完成与区人社部门协议约定的具体任务，由区财政给予20万元经费补助。各受款单位要专款专用，为技能大师开展技术研修、技术攻关、技术创新和带徒传技等工作创造条件。

5. 鼓励企业培养引进高技能人才。鼓励辖区企业依托车间班组开展岗位练兵、在岗培训、技术比赛等活动，以及通过选送委培、接受见习、招贤纳才等形式，努力建设高技能人才队伍。企业每新增培养或引进1名紧缺工种高级工、技师、高级技师并在相应岗位发挥作用，区财政分别给予2500元、5000元、10000元补助；企业吸纳技师学院高级工班、预备技师班和特殊教育院校职业教育类毕业生可参照高校毕业生享受相关就业补贴政策。

6. 引导企业建立高技能人才考核、使用与待遇相结合的激励机制。辖区企业都要完善有利于劳动者成长成才的培养、评价和使用、激励机制，畅通技能人才职业上升通道，推动形成劳动、技能等要素按贡献参与效益分配的机制，使高技能人才获得与其能力业绩相适应的工资待遇。

（二）发挥职业院校培养金蓝领人才的基础作用

7. 鼓励我区高中（中职中专）毕业生入读高职院校或技师学院。我区户籍生源自入读技师学院和国家承认学历的高职院校至毕业五年内取得高级工以上职业技术等级的，区财政给予一次性5000元补助。

8. 鼓励高职高技院校向我区企业输送毕业生。提升我区与外地高职高技院校的协作关系，把原来单家企业与之部分合作，扩大为多家企业与之全面合作。鼓励各地高职高技院校有组织地向我区企业输送毕业生就业，每输送1名拥有中级工以上职业资格的毕业生（建立劳动关系满6个月）奖励院校2500元。

9. 积极争取条件创设技师院校。为解决我区技师培训师资与职业技能鉴定资质问题，要在办好厦门技师学院集美区培训基地的基础上，创设条件争取厦门技师学院在集美设立分院；鼓励区职校“高位嫁接”，争取合作设立厦门理工集美技师学院。

10. 鼓励境外高等职业院校和高端培训机构到我区合作办学。要发挥两个台商投资区的独特优势，积极引进台湾各类高校、高端培训机构与我区职业院校开展合作办学。探索按国际化标准创办集美职校高职班等合作办学模式。创造条件引进服务业国际著名品牌培训机构，让技能劳动者不出国门就能学到世界同行高水平技艺。

（三）建立金蓝领人才校企合作培养的对接平台

11. 搭建毕业生供求信息对接平台。区人社局、区政务信息中心要组织协调辖区院校、企业共同搭建我区院校毕业生供求信息对接平台，为促进毕业生充分就业提供信息服务。各企业要积极为平台建设提供人才需求信息，各院校要及时提供毕业生求职信息，实现两个信息的紧密对接，拓宽毕业生和企业方便快捷的双向选择渠道。信息平台软硬件开发运行费用由区财政承担。

12. 搭建人才交流对接平台。建立教师到企业实践挂职制度，鼓励辖区院校派教师到企业挂职、顶岗实践，参与产学研及培训活动，系统掌握相关业务技术流程，积累教学所需的实操技能和实践经验。建立企业优秀人才到院校任兼职教师制度，聘请优秀企业家、能工巧匠和专业技术人员，作为特聘教师到院校授课，形成校企人才交流机制。积极探索财政支持校企人才交流互助的长效机制，对企业选派兼职教师到院校讲课指导的，给予企业授课补贴50%补助。

13. 搭建课程改革对接平台。建立院校专业设置、课程内容改革与我区产业发展联动的促进机制。校企共同研究一体化教学内容、教材和课程体系，根据企业人才层次和需求变化，引导学科专业结构的调整，推动实现专业设置与用工需求零距离、课程设备与职业活动零距离、教学内容与培养目标零距离，增强校企合作培养高技能人才的紧密性和有效性，实现学校教育与企业新标准、新需求、新岗位的有效对接。区财政对校企合作创新校本课程给予适当经费支持。

14. 搭建物质设施交流对接平台。加快校内校外基地建设，大力推行“学校在企业建立实习基地”与“企业在学校建立生产车间”的做法，建立校企合作的物质设施交流平台。选择一批优秀企业和产业集群，分类建立学生实习见习基地，以提高学生的实践与创新能力。区财政对辖区企业接受院校学生毕业见习，给予每名每月300元的补助，期限12个月。

15. 搭建技术交流对接平台。充分发挥企业和院校各自优势，鼓励校企联合建立“名师工作室”或“技师研习中心”，共同研发新工艺、新技术、新产品与新课程、新工种，不断提升院校办学水平与企业产品质量效益。对校企合作在本区建立的技术交流对接平台，参照技能大师工作室管理模式，每3年管理周期由区财政给予10万元经费补助。

（四）加强高技能人才公共实训基地的体系建设

16. 支持区职校扩建提升职业技能公共实训基地。结合区职业学校迁址扩建，加大财政投入力度，提升其职业技能公共实训基地设施、设备的规模、水准，以支持其开展高层次技能人才培养与鉴定的能力。

17. 支持龙头企业建立应用技术实训基地。加大区科技发展资金对路达-ABB-思尔特机器人与数控技术研发应用平台、建霖卫浴工业4.0示范工厂等平台的扶持力度，明确这些平台在我区相关应用人才培养中的目标任务，充分发挥企业公用技术平台的示范、引导和带动作用。

18. 积极筹建我区示范性高技能人才公共实训基地。按“高、新、长、前”的功能定位规划建设集美区示范性高技能人才公共实训基地，对应我区主导产业发展需求建立精密制造加工、可编程控制系统设计、物联网技术等实训中心，重点开展单个学校和企业难以承担的公共实训和技能鉴定，培养我区产业适应工业4.0、互联网+所急需的高技能人才。

19. 整合辖区各类职业技能实训资源，提升技能人才评价能力。发挥我区院校集中、现代制造业较为发达的优势，整合辖区企事业单位现有高技能人才实训设施资源，实行政府购买培训成果等政策。经我区金蓝领人才培养工程联席会议认定的“集美区公共实训基地”，由区财政给予一次性经费补助20万元。辖区各鉴定机构每新增（含升格）1项高级工以上职业技能鉴定资格，区财政给予3万元奖励。

（五）支持和鼓励技能劳动者参加专业提升培训

20. 鼓励劳动者参加技能提升培训。辖区企业职工或本区户籍未就业劳动者参加本市各类技能培训、鉴定并取得本市紧缺工种的国家职业资格证书，除按规定享受培训鉴定费补贴之外，区财政按高级工、技师、高级技师分别给予1000元、2000元、3000元的一次性培训生活补助费。取得厦门核发高级工以上证书的来集工作高技能人才，其子女需在我区义务教育阶段公办学校就读的，凭相关证明按施教区安排入学；其在厦未就业配偶及在厦门中小学读书的子女，可参加城镇居民基本医疗保险。

21. 鼓励在岗高技能人才参加学历提升教育。辖区企业具有紧缺工种高级工以上职业技能证书的在岗职工，参加单位组织的与本岗位工种密切相关的专业学科教育并取得国民教育专科或本科文凭的，区财政给予其学费30%的补助（仅限1次），由企业统一申报。

22. 深化实施高技能人才政府津贴制度。把具有专科以上学历的紧缺工种高级工纳入我区享受高技能人才政府津贴范围，并按高级工 300 元、技师 500 元、高级技师 800 元发放政府津贴。为支持区职校的高技能人才队伍建设，对该校技能指导型教师（特指具有岗位相应职业资格三级以上），可参照执行集美区企业高技能人才政府津贴办法。

（六）支持和鼓励普通高校毕业生参加技能实训见习

23. 完善普通高校毕业生职业见习补贴制度。为吸引高校毕业生参加我区高技能人才实训成为“双证书”复合型人才并为我所用，要完善高校毕业生职业见习补贴制度，并由辖区企业下订单实行定向培训以解决见习实训期间的生活费问题。本市户籍生源高校毕业生在我区企业见习期间生活补贴，由区财政在市定标准基础上按本科、研究生分别每月增发 200 元、400 元，见习补贴期最长 12 个月。

24. 建立集美区高校毕业生企业见习基地。要引导鼓励高校毕业生到企业一线“预就业”，在我区“4+X”主导产业的规上企业和高新技术企业中，选择不同行业职业开发并保有 500 个见习岗位，由区人社局组织企业申报并集中发布。对到我区企业见习的非本市生源普通高校理工科毕业生，参照本市毕业生由区财政提供见习生活补贴，期限 6 个月。

25. 积极开展面向高校毕业生的人力资源服务。大力发展人力资源服务业。区人才交流咨询服务中心要发挥主渠道作用，方便来我区就业创业的外地大学生寄挂人事档案；可在毕业季前向各高校优秀毕业生发出《就业落户邀请书》，内容包括区情简介、相关优惠政策等，并组织辖区企业到高校举办人才“双选会”，积极协助与辖区企业建立劳动关系或者在集创业的高校毕业生落户集美。

（七）建立推进金蓝领人才培养工作保障机制

26. 加强对金蓝领人才培养工程的组织领导。成立以区政府分管领导为召集人，区人社、财政、教育、发改、科技、经信、商务等部门组成的金蓝领人才培养工程联席会议，形成政府主导、部门各司其责、社会力量广泛参与的工作推进机制。联席会议办公室设在区人社局，具体负责工程统筹协调和组织项目会审等工作。建立工程项目年度计划实施情况评估考核机制，加强督促检查，定期研究解决工作中存在的突出问题，总结和推广先进工作经验。

27. 建立健全实施人才培养工程的经费保障机制。要进一步加大区财政投入力度，落实教育费附加不低于 30% 用于职业培训教育的政策，充分发挥财政资金的引导性作用，通过政府购买服务、以补代奖、PPP 模式等，带动企业、行业和社会等多方面加大人力资本投入，为实施金蓝领人才培养工程提供强有力的经费支持。

28. 不断优化吸引人才的社会环境。加快宜居宜业人文城市建设，统筹人才周转房、公租房、保障房的规划建设与管理，大幅度提高医疗服务水平，深化平安城区建设，全面提升公共服务能力，打造国际一流的引才环境。要加大政策宣传引导，让全社会广泛知晓我区培养引进金蓝领人才的优惠政策，积极营造尊重人才、崇尚技能的社会氛围。

本实施意见各项奖补政策的实施细则由区人社局会同有关部门制定。

本实施意见自印发之日起实行，有效期五年。

要文选目

区委、区政府要文目录选辑

文 件 名 称	发布文号	发布机关	发布日期
转发《中共厦门市委厦门市人民政府关于构建开放型经济新体制的实施方案的通知》	厦集委（2016）2 号	区委区政府	2016.1.20
印发《关于实行党风廉政建设责任落实信息化监管制度的意见》的通知	厦集委（2016）9 号	区委	2016.2.4
关于兑现 2015 年度综治领导责任书奖励的决定	厦集委（2016）13 号	区委、区政府	2016.2.26
印发《关于加强和改进党的群团工作的实施方案》的通知	厦集委（2016）14 号	区委	2016.3.3
关于美丽厦门共同缔造典范村（社区）、良好村（社区）命名表彰的决定	厦集委（2016）20 号	区委、区政府	2016.3.22
关于在全区深入开展“对标先进、争创一流”活动的意见	厦集委（2016）21 号	区委、区政府	2016.3.24
关于印发集美区对标闵行区行动方案的通知	厦集委（2016）22 号	区委、区政府	2016.3.24
关于印发《中共集美区委贯彻 <中国共产党统一战线工作条例（试行）的实施意见>》的通知	厦集委（2016）23 号	区委	2016.3.25
关于印发《集美区 2016 年度美丽厦门共同缔造工作方案》的通知	厦集委（2016）30 号	区委、区政府	2016.4.20
2016 年集美区卫生计生工作意见	厦集委（2016）37 号	区委、区政府	2016.5.20
关于兑现 2015 年度人口和计划生育工作奖励的决定	厦集委（2016）38 号	区委、区政府	2016.5.20
关于印发《集美区推进企业人力资本提升行动计划》的通知	厦集委（2016）42 号	区委、区政府	2016.6.8

续表

文件名称	发布文号	发布机关	发布日期
关于表彰全区优秀共产党员、优秀党务工作者和先进基层党组织的决定	厦集委（2016）50号	区委	2016.6.28
关于印发《集美区精准扶持企业工作制度》的通知	厦集委（2016）53号	区委、区政府	2016.8.10
关于表彰第三届“集美区十佳班主任”的决定	厦集委（2016）59号	区委、区政府	2016.9.9
关于表彰2016年集美区中小学优秀班主任、先进德育工作者的决定	厦集委（2016）60号	区委、区政府	2016.9.9
关于表彰2013—2016年优秀教师（先进教育工作者）的决定	厦集委（2016）61号	区委、区政府	2016.9.9
关于印发《集美区贯彻落实<中共中央国务院关于实施全面两孩政策改革完善计划生育服务管理的决定>的实施意见》的通知	厦集委（2016）63号	区委、区政府	2016.9.22
转发《中共集美区委宣传部、集美区司法局关于在全区公民中开展法治宣传教育的第七个五年规划（2016-2020年）》的通知	厦集委（2016）71号	区委、区政府	2016.11.7
关于印发《集美区推进供给侧结构性改革实施意见》的通知	厦集委（2016）75号	区委、区政府	2016.11.7
关于对防抗“莫兰蒂”台风及灾后恢复重建工作先进集体和先进个人进行表扬的通报	厦集委（2016）76号	区委、区政府	2016.11.20
关于印发《加快人文集美建设打造区域创新中心的实施意见》的通知	厦集委（2016）77号	区委、区政府	2016.11.28
关于印发《中共集美区委巡察工作实施办法》的通知	厦集委（2016）84号	区委	2016.12.14
关于加强和改进新形势下党校工作的实施意见	厦集委（2016）86号	区委	2016.12.19
转发《中共厦门市委办公厅厦门市人民政府办公厅关于深化平安和谐社区创建的实施意见》的通知》	厦集委办（2016）6号	区委办区政府办	2016.1.20
关于印发《集美区加快构建现代公共文化服务体系实施方案》的通知	厦集委办（2016）9号	区委办、区政府办	2016.2.4
关于印发《集美区校园周边综合整治工作方案》的通知	厦集委办（2016）13号	区委办、区政府办	2016.2.26
转发市委办公厅市政府办公厅关于进一步严肃领导干部办理婚丧喜庆事宜纪律的通知	厦集委办（2016）15号	区委办、区政府办	2016.3.2
关于建立健全新闻舆论工作机制的通知	厦集委办（2016）16号	区委办、区委宣传部	2016.3.6
关于印发《各单位“对标先进、争创一流”工作项目》的通知	厦集委办（2016）17号	区委办、区政府办	2016.3.10
关于印发《集美区城乡社区协商工作实施方案》的通知	厦集委办（2016）18号	区委办、区政府办	2016.3.18
关于印发美丽厦门·人文集美“嘉庚精神进校园百日行动”实施方案的通知	厦集委办（2016）22号	区委办、区政府办	2016.3.21
关于印发美丽厦门·人文集美“第三批产业项目百日行动”实施方案的通知	厦集委办（2016）23号	区委办	2016.3.21
关于印发美丽厦门·人文集美“杏林湾水库水面清洁清障百日行动”实施方案的通知	厦集委办（2016）24号	区委办、区政府办	2016.3.21
关于印发美丽厦门·人文集美“集美新城夜景照明工程建设百日行动”实施方案的通知	厦集委办（2016）25号	区委办、区政府办	2016.3.21
关于印发美丽厦门·人文集美“打通断头路百日行动”实施方案的通知	厦集委办（2016）26号	区委办、区政府办	2016.3.21
关于印发美丽厦门·人文集美“居家养老社会工作服务试点百日行动”实施方案的通知	厦集委办（2016）27号	区委办、区政府办	2016.3.21
关于印发2016年集美区终身教育工作要点的通知	厦集委办（2016）28号	区委办、区政府办	2016.3.22
印发《关于在全区党员中开展“学党章党规、学系列讲话，做合格党员”学习教育实施方案》的通知	厦集委办（2016）51号	区委办	2016.5.20
关于印发《集美区深入推进“门前三包”工作实施方案》的通知	厦集委办（2016）52号	区委办、区政府办	2016.5.28
印发《关于坚持和完善计划生育目标管理责任制的实施意见》的通知	厦集委办（2016）78号	区委办、区政府办	2016.9.20
转发《中共厦门市委厦门市人民政府关于开展向陈清洲同志学习的决定》的通知	厦集委办（2016）86号	区委办、区政府办	2016.10.27
印发《关于加强社会组织党的建设工作的实施意见（试行）》的通知	厦集委办（2016）87号	区委办	2016.10.28
转发《中共厦门市委关于授予陈清洲同志“厦门市优秀共产党员”称号的决定》的通知	厦集委办（2016）89号	区委办	2016.11.8
关于印发集美区城乡道路管理工作实施方案的通知	厦集委办（2016）95号	区委办、区政府办	2016.11.14
关于印发集美区“金蓝领人才培养工程”实施意见的通知	厦集府办（2016）6号	区政府办	2016.2.3

续表

文 件 名 称	发布文号	发布机关	发布日期
关于印发《厦门市集美区生态文明建设示范区规划（2014–2020）》的通知	厦集府办（2016）22号	区政府办	2016.4.8
关于印发《集美区妇幼保健优质服务示范区创建活动实施方案的通知》	厦集府办（2016）31号	区政府办	2016.5.3
关于印发《集美区创建国家级慢性非传染性疾病综合防控示范区工作方案》的通知	厦集府办（2016）32号	区政府办	2016.5.3

防抗“莫兰蒂”台风表彰通报

中共厦门市委　厦门市人民政府
关于对防抗“莫兰蒂”台风及灾后恢复重建工作
先进集体和先进个人进行表扬的通报

各区委、区政府，各开发区党工委、管委会，市直各部、委、办、局，各人民团体，各大专院校，市属各企事业单位，省部属驻厦单位，各有关单位：

今年第14号台风“莫兰蒂”于9月15日凌晨3：05正面袭击我市，这是今年全球最强台风，也是1949年以来登陆闽南的最大台风。台风“莫兰蒂”给我市带来严重影响，造成全市大面积停电、停水，部分地区通信中断，65万棵行道树倒伏，交通基本瘫痪，直接经济损失达102亿元。

面对这场历史罕见的台风灾害，全市上下在省委、省政府的坚强领导下，按照市委、市政府统一指挥，全面动员、众志成城、顽强奋战，全力推进抢险救灾和恢复重建，把损失降到最低，创造了灾后重建的厦门速度，取得了防抗台风及灾后恢复重建工作的重大阶段性胜利，让世界看到了一个有大爱、有品格、有力量的文明厦门。市委、市政府向参与防抗台风及灾后恢复重建的广大干部群众和人民解放军指战员、武警部队官兵、民兵预备役人员、公安干警，向大力关心支援我市防抗救灾工作的中央和省属有关单位、各兄弟市、社会各界人士，致以衷心感谢和崇高敬意！

在防抗“莫兰蒂”台风及灾后恢复重建工作中，我市涌现出了一大批先进集体和先进个人。为鼓励先进，激励全市人民振奋精神、团结奋进，推动全市各项事业再上新台阶，市委、市政府决定，对厦门市水利局防汛办等167个先进集体，丁印龙等520名先进个人，给予通报表扬。

全市广大干部群众要以先进集体和先进个人为榜样，更加紧密地团结在以习近平同志为核心的党中央周围，深入贯彻习近平总书记系列重要讲话精神和对福建、厦门工作的重要指示，进一步弘扬在防抗台风及灾后恢复重建中所展现出来的昂扬精神，把握新机遇，再上新台阶，为我市率先全面建成小康社会、建设“五大发展”示范市作出新的更大贡献。

中共厦门市委　厦门市人民政府

2016年11月12日

附件：

1. 厦门市防抗“莫兰蒂”台风及灾后恢复重建工作先进集体名单（集美区部分）

2. 厦门市防抗“莫兰蒂”台风及灾后恢复重建工作先进个人名单（集美区部分）

集美区获市委、市政府表彰的防抗“莫兰蒂”台风
及灾后恢复重建工作先进集体、先进个人名单

先进集体

单 位 名 称	单 位 名 称
集美区建设局	集美区侨乡经济促进会
集美区人民政府集美街道办事处	厦门公交集团集美公共交通有限公司
集美区人民政府侨英街道办事处	厦门市集美城市发展有限公司
集美区人民政府杏林街道办事处	厦门市建安集团有限公司
集美区人民政府杏滨街道办事处	厦门厦工机械股份有限公司
集美区灌口镇人民政府	厦门市北区绿化工程有限公司
集美区后溪镇人民政府	—

先进个人

姓名	单位与职务	姓名	单位与职务
丁跃武	集美区广播电视台时政部主任	张惠敏	集美区集美街道岑东社区党支部书记、居委会主任
马呈润	厦门市园博园景区管理处后勤保障部副部长	陈龙飞	集美区杏滨街道办事处专武干事
王向东	集美区杏滨街道前场社区党总支副书记、居委会主任	陈志强	集美城市发展有限公司副总经理
王志端	集美区建设工程质量安全监督站站长	陈丽卿	集美区集美街道浔江社区党总支书记、居委会主任
方政晴	集美区杏林街道综合服务中心副主任	陈拥军	集美区后溪镇卫生院副院长
叶开发	集美区灌口镇东辉村村委会主任	陈季玉	集美区新闻报道组副组长
吕峻岭	厦门市公路局集美分局工程科长	陈金城	集美区后溪镇党委委员、武装部部长
朱何琪	集美区城市管理行政执法局灌口执法中队科员	陈　思	厦门市公安局交警支队杏林大桥中队文职
朱俊杰	集美城市发展有限公司市政园林部副经理	陈美章	厦门市集美新城公安驻勤点中队长
刘开元	集美区后溪镇三兴社区党支部书记	林玉成	厦门市集美新城公安驻勤点主任科员
刘永春	集美新城开发建设指挥部项目建设管理处处长	林永钦	厦门铁塔股份有限公司厦门市分公司同集建设项目经理
刘　康	集美区杏林街道纪工委书记	林剑锋	集美区三社小学副校长
江　峰	集美区城市管理行政执法局集美中队中队长	林　艳	集美区杏滨中心幼儿园园长
汤迎东	集美区应急处突大队常务副大队长	林福仁	集美区灌口镇综治办主任
许文毅	集美区灌口镇顶许村村委会主任	周文阵	集美市政园林有限公司维护部环杏林湾片区负责人
苏文忠	厦门市公安局集美派出所第二警务队队长	周建毅	集美区杏林街道杏林社区居委会主任
李芳祝	集美区侨英街道环境卫生管理站站长	徐明亮	厦门工商旅游学校总务处干事
李　娟	中国石油福建厦门销售公司园博园加油站经理	唐晓利	厦门市第二医院后勤保障部主任
杨永赞	集美区天马种猪场党支部书记	翁博超	厦门市公安局集美分局巡特警反恐大队科员
吴万能	集美区后溪镇新村社区党支部书记	高婉瑛	集美区杏滨街道环卫站站长
吴冬达	厦门坂头国有防护林场科长	郭素珠	集美区防汛办主任
何文章	厦门市集美第一国土资源管理所所长	黄建伟	集美区民政局综合科科长
何　婕	厦门理工学院助理研究员	常亚锋	集美区城市管理行政执法局侨英中队科员
邹荣生	集美区建设局党委书记、局长	彭福生	集美新城开发建设总指挥部综合协调处副处长
张永勇	集美区集美街道办事处科员	蔡明晖	厦门市交通综合行政执法支队集美大队副队长
张进强	集美区侨英街道浒井社区党支部书记、居委会主任	蔡锦村	集美大学辅导员
张军民	集美·诚毅志愿者联盟志愿者	戴益平	集美区防汛办科员

中共集美区委　集美区人民政府
关于对防抗“莫兰蒂”台风及灾后恢复重建工作
先进集体和先进个人进行表扬的通报

各镇党委、政府，各街道党工委、办事处，文教区管委会，区直各部、委、办、局，各人民团体，区属各企事业单位：

今年第14号超强台风“莫兰蒂”于9月15日凌晨3:05在我市登陆，这是今年全球最强台风，也是1949年以来登陆闽南的最大台风，造成全区大面积停电、停水，部分地区通信中断，给我区造成巨大经济损失。

面对这场历史罕见的台风灾害，全区上下在市委、市政府的坚强领导下，按照区委、区政府的统一指挥，全面动员、众志成城、顽强奋战，全力推进抢险救灾和恢复重建，把损失降到最低，创造了灾后重建的集美速度，取得了防抗台风和灾后恢复重建工作的重大阶段性胜利，展示了集美作为嘉庚精神发源地的精气神，也展示了人文集美的大爱与担当。区委、区政府向参与防抗台风及灾后恢复重建的广大干部群众和人民解放军指战员、武警部队官兵、民兵预备役人员、公安干警，向大力关心支援我区工作的省部属、市属有关单位、社会各界人士，致以衷心感谢和崇高敬意！

在防抗“莫兰蒂”台风及灾后恢复重建工作中，我区涌现出一大批先进集体和先进个人。为鼓励先进，激励全区人民振奋精神、团结奋进，推动全区各项事业再上新台阶，区委、区政府决定，对集美区防汛抗旱指挥部办公室等26个先进集体，上官志鹏等120名先进个人，给予通报表扬。

全区广大干部群众要以先进集体和先进个人为榜样，更紧密地团结在以习近平同志为核心的党中央周围，深入贯彻习近平总书记系列重要讲话精神和对福建、厦门工作的重要指示，进一步弘扬在防抗台风及灾后恢复重建中所展现出来的昂扬精神，把握新机遇，再上新台阶，加快实施人文集美发展战略，为我区建设“五大发展”示范区作出新的更大贡献。

附件：

1. 集美区防抗“莫兰蒂”台风及灾后恢复重建工作中表现突出的先进集体名单

2. 集美区防抗“莫兰蒂”台风及灾后恢复重建工作中表现突出的先进个人名单

3. 参与支持集美区防抗“莫兰蒂”台风及灾后恢复重建工作的解放军和武警部队、省部属和市属单位、企业等名单

中共集美区委员会 集美区人民政府

2016年11月20日

集美区防抗“莫兰蒂”台风及灾后恢复重建工作中表现突出的先进集体、先进个人名单

先进集体

单位名称	单位名称
集美区防汛抗旱指挥部办公室	厦门市集美区集美街道银亭社区居委会
集美区委宣传部新闻报道组	厦门市集美区侨英街道机关党支部
厦门市公安消防支队集美区大队	厦门市集美区杏滨街道日东社区居委会
集美新城开发建设指挥部办公室	厦门市集美城市发展有限公司
厦门市公安局集美分局交警大队	集美区应急处突大队
厦门市集美区文化市场综合执法大队	集美诚毅志愿者联盟
中共厦门市集美区城市管理行政执法局委员会	厦门市集美区社会福利中心
厦门市集美区城市管理行政执法局机动中队	厦门市集美区疾病预防控制中心
厦门市集美区灌口镇双岭村	厦门市集美第二小学
厦门市集美区灌口镇田头村	厦门卓毅建筑工程有限公司
厦门市后溪镇后溪村总支部委员会	厦门飞鹏工业有限公司党支部
厦门市后溪镇黄地村支部委员会	福建勤马建设工程有限公司
厦门市集美区杏林街道宁宝社区居委会	华懋（厦门）新材料科技股份有限公司

先进个人

姓名	单位与职务	姓名	单位与职务
于景洋	厦门市集美东海湾建设发展有限公司经理助理	王铮铮	厦门市集美学校委员会资产管理处处长（科级）
上官志鹏	中国联合网络通信有限公司集美区分公司总经理	王海城	厦门卓毅建筑工程有限公司党支部书记
王义君	厦门市集美城发环卫有限公司职员	王靓洁	集美区交通运输局副主任科员
王水强	厦门市集美区灌口镇综合服务中心环卫站站长	王 震	厦门市公安局集美分局侨英派出所民警
王玉伟	集美区灌口镇上塘村党支部书记	卢伟萍	集美区审计局 科员
王永信	厦门市公安局集美分局后溪派出所民警	卢轿生	集美区灌口镇中心卫生院医务科科长
王志鹏	集美区建设局 市政园林科科长	冯立东	集美区委宣传部新闻报道组职员
王忠祥	集美区行政管理执法局北站中队科员	冯爱方	集美区政协办公室机关事务中心负责人
王宝树	集美街道社区卫生服务中心全科医生、主治医师	吕玉惠	集美区杏林街道办事处党政办主任
王建成	集美区后溪环卫站站长	庄炜程	集美区灌口镇人民政府民政助理员
王秋云	集美区气象局 预报员、助理工程师	刘水明	厦门市第二农场保卫科科长
王 换	集美区侨英街道凤林美社区居委会保洁管理员	刘进强	国网厦门供电公司集海分中心副主任

续表

姓　名	单　位　与　职　务	姓　名	单　位　与　职　务
祁　峰	厦门市广科建设有限公司副总经理	陈辉进	集美区后溪镇政府农口负责人
许桂阳	集美区国有资产投资有限公司部门副经理	陈　锋	集美区文化馆驾驶员
杜明协	集美区杏滨街道马銮社区副主任	陈瑞兴	集美区李林小学教师
杜紫恋	集美区杏滨街道锦鹤社区居委会计生管理员	陈锡育	集美区杏林街道曾营社区居委会党总支书记
李　阳	厦门市集美区国有资产投资有限公司总经理	陈鹭坚	集美区直机关党工委驾驶员
李忠林	集美区侨英街道兑山社区居民委员会居委	范清雄	集美区城市管理执法局杏林执法中队队员
李英传	集美区执法局后溪执法中队内勤办公室主任	范辉跃	集美区城市管理行政执法局杏滨中队支部书记
李　晖	厦门市公安局集美分局杏林派出所民警	林计宇	中环建筑工程有限公司质安管理员
李　婧	中共集美区委办公室科员	林加祝	集美区双塔小学教师
李毅峰	集美区美山小学副书记副校长	林华荣	集美区司法局安置帮教专职社会工作者
杨水发	集美区应急处突大队大队助理	林延乐	集美区杏滨街道康城社区居民委员会社区工作者
杨永达	集美区后溪镇溪西村党支部书记	林志彬	集美广播电视台技术部负责人
杨英东	厦门市公安局集美分局指挥情报中心民警	林秀明	集美区卫生和计划生育局、区爱卫办协管员
杨春灵	厦门市集美区灌口镇综合服务中心副主任	林　佳	中共集美区委宣传部综合科科长
杨俊涛	集美新城保障大队大队长	林春福	中共集美区委组织部干部
肖文毅	厦门水务集团有限公司杏林营业所营业所所长	林　彬	集美区后溪镇政府党政办主任
吴院生	厦门美科安防科技有限公司副总经理	林　斌	集美区就业管理中心主任
吴翠萍	集美城发旅游有限公司杏林湾环湾管理处主任	林锦莺	集美区杏林街道杏北社区居委会主任
邱冬生	厦门市杏林建设开发有限公司物业公司总经理	林毅祥	集美区灌口镇三社村主任
张文丽	集美区政府办（机关事务管理局）主任科员	周书华	厦门市集美区运输管理所所长
张伟超	集美区侨英街道滨水社区居委会居委	周伟彬	厦门市集美区城市管理行政执法局（马銮湾执法工作组）副组长
张军民	厦门理工学院志愿者	胡裕添	集美区集美街道盛光社区居委会书记
张　芳	集美新城开发建设指挥部办公室产业处副处长	查智全	集美城市发展有限公司工程师
张保平	集美区老年活动中心副主任	俞　鹏	集美区人民法院机关工勤
张朝元	厦门洋运建筑工程有限公司总经理	饶英雄	集美区民政局工作人员
张　颖	集美区政府办公室副主任科员	洪金树	集美区人民法院司法警察
陈夕彩	集美区老年大学常务副校长	聂兴辉	集美新城保障大队中队长
陈永权	集美区纪委监察局办公室科员	徐木元	集美区杏林街道办事处城管办副主任
陈齐力	集美区交通运输局综合科科长	徐玉麒	集美区国税局灌口税务分局主任科员
陈红斌	集美区城市管理行政执法局机动中队队员	徐立民	厦门建霖工业有限公司协理
陈志艺	集美区灌口镇陈井村支部委员	翁可飞	圆兴（厦门）精密工具有限公司设备技术工程师
陈志雄	集美区民政局社会事务科科长	高　宏	厦门市公安局集美分局灌口派出所民警
陈英红	集美区集美街道岑西社区居委会副主任	高　俊	集美区人力资源和社会保障局长助理
陈　佳	集美区人民检察院办公室负责人、检察员	高淑娇	集美区杏滨街道社区事务综合服务中心干部
陈征	厦门市集美区晴天社工服务中心理事长	高景辉	马銮湾新城开发建设领导小组办公室综合协调处副主任科员
陈金典	集美区动物卫生监督所所长、农艺师	郭奕堤	厦门市集美第二国土资源管理所所长
陈细忠	集美区统计综合调查队科员	黄小聪	集美区人大机关党支部科长
陈俊伟	集美区建设局环卫处环卫职工	黄志团	集美区少年儿童体育学校校长
陈俊雄	厦门姚明织带饰品有限公司工会主席助理	黄志服	集美区人民检察院行装科科长
陈振能	集美区后溪镇政府党委委员、副镇长	黄志鹏	集美市政园林有限公司维护部副经理
陈海云	厦门市集美城市发展有限公司办公室职员	黄勇强	厦门鑫富春工贸有限公司总经理
陈培育	集美区人大机关党支部科长	黄联赐	集美区后溪镇溪西村党支部书记
陈朝阳	集美区人民政府集美街道办事处环卫站站长	黄雅芳	集美区气象局工程师

续表

姓　名	单　位　与　职　务	姓　名	单　位　与　职　务
黄新忠	集美区农林水利局生产技术科科长	董广场	路达（厦门）工业有限公司行政部、组长
盛耀军	集美区电信分公司网络部主任	谢加木	厦门市集美区农业技术推广中心高级农艺师
曾怀民	集美区地方税务局办公室副主任	蔡锦锋	集美区市场监督管理局灌口市场监督管理所副所长
曾福明	中国移动通信集团福建有限公司集美分公司经理	黎洪生	集美区文化市场综合执法大队执法科科长
蒋少杰	厦门市集美区建设工程质量安全监督站监督员	薛树清	集美区财政局综合科科长

参与支持集美区防抗“莫兰蒂”台风及灾后恢复重建工作的解放军和武警部队、省部属和市属单位、企业等名单

中国人民解放军73136部队
武警水电六支队
海军南方局
中国人民解放军63758部队
中国人民解放军73151部队71分队
中国人民解放军73151部队83分队
中国人民解放军92674部队76分队
中国人民解放军92985部队85分队
中国人民解放军92985部队86分队
武警厦门市支队四大队十中队
集美区人民武装部
厦门市公安局集美分局
集美边防大队
集美校委会
厦门市规划委员会集美规划分局
厦门市国土资源与房产管理局集美分局
厦门市环境保护局集美分局
集美区市场监督管理局
集美区国家税务局
集美区地方税务局
厦门市粮食局第二分局
厦门市公路局集美分局
集美区气象局
国网厦门供电公司集海分中心
厦门水务集团有限公司集美营业所
厦门水务集团有限公司杏林营业所
集美移动通信分公司
集美电信分公司
广电网络集美分公司
集美联通通信分公司
NEC东金电子（厦门）有限公司
宸展光电（厦门）有限公司
飞阳建设工程有限公司
福建辉德工程建设有限公司
福建惠东建筑工程有限公司
福建径坊建造工程有限公司
福建六建集团有限公司
福建鹭华市政园林工程有限公司
福建闽能咨询有限公司
福建勤马建设工程有限公司
福建升升文化传媒有限公司
福建省埕坤建设集团有限公司
福建省高华建设有限公司厦门分公司
福建省交建集团工程有限公司
福建省闽南建筑工程有限公司
福建省明丰建设集团有限公司
福建省桃城建设工程有限公司
福建省兴岩建设集团有限公司
福建省永富建设集团有限公司
福建省永泰建筑工程公司
福能联信建设集团有限公司
贵州建工集团第八建筑工程有限责任公司
华电（厦门）分布式能源有限公司
华懋（厦门）新材料科技股份有限公司
华普亿方（厦门）科技有限公司
集美建筑工程公司
集美农商行大社支行
际诺思（厦门）轻工制品有限公司
晋城久丰铸造有限公司
京闽北海湾酒店
老知青食汇堂集美万达店
励工硬质合金（厦门）有限公司
联美建设集团有限公司
路达（厦门）工业有限公司
启圣（厦门）机械有限公司
三达膜科技（厦门）有限公司
伟士（厦门）体育用品有限公司
五洲工程（厦门）有限公司
厦门EPCOS有限公司
厦门TDK有限公司
厦门安德讯信息技术有限公司
厦门安吉利家物业有限公司
厦门安妮股份有限公司
厦门白士德楼宇管理有限公司园博一号管理处
厦门百城建设投资有限公司
厦门栢科富翔彩印有限公司
厦门宝身服装有限公司
厦门宝姿服饰有限公司
厦门城健建设有限公司集美分公司
厦门岱维信息技术有限公司
厦门道衡传感器科技有限公司
厦门德捷信息科技有限公司
厦门第一建筑工程有限公司
厦门东区开发有限公司
厦门飞鹏工业有限公司
厦门佛大工业有限公司
厦门盖克工程机械有限公司
厦门港务建设集团有限公司
厦门革新金属制造有限公司
厦门革新塑胶制品有限公司
厦门广科建设有限公司
厦门广正工程咨询有限公司
厦门轨道交通集团有限公司
厦门亨盛建设集团有限公司
厦门宏发电声股份有限公司
厦门宏发开关设备有限公司
厦门虹鹭钨钼工业有限公司
厦门华锂能源有限公司
厦门辉煌机械有限公司
厦门吉兴集团建设有限公司、
厦门集美东海湾建设发展有限公司
厦门集美东南医院

厦门集美区鸿铭建材有限公司
厦门集三建设集团有限公司
厦门嘉晟集团
厦门建霖工业有限公司
厦门捷祝光学有限公司
厦门金鹭特种合金有限公司
厦门金香穗米业有限公司
厦门金越电器有限公司
厦门劲森建设工程有限公司
厦门经济特区房地产开发集团有限公司
厦门精晶压铸有限公司
厦门精卫模具有限公司
厦门科皕检测科技股份有限公司
厦门蓝贝诺科技有限公司
厦门朗美健身器材有限公司
厦门理研工业有限公司
厦门立林科技有限公司
厦门利创雨具有限公司
厦门联星化学工业有限公司
厦门路桥建设集团有限公司
厦门路勇土石方工程有限公司
厦门麓山新材料科技有限公司
厦门美科安防科技有限公司党支部
厦门南辉艺品有限公司
厦门仟莱鑫贸易有限公司(西域春)
厦门乔盛服装饰品有限公司
厦门仁得建设工程有限公司
厦门日上集团有限公司
厦门儒林园林建筑工程有限公司
厦门三圈电池有限公司
厦门尚凯利文化传媒有限公司
厦门市政工程公司
厦门舒心餐饮有限公司
厦门树鑫建设集团有限公司
厦门思尔特机器人有限公司
厦门思总建设有限公司
厦门特工开发有限公司
厦门特景工程管理有限公司
厦门天重钢结构有限公司
厦门土地开发总公司
厦门万荟贸易有限公司
厦门万科广场置业有限公司
厦门万舜文化产业投资发展有限公司
厦门喜盈门经营管理有限公司
厦门厦工机械股份有限公司
厦门厦工重工有限公司
厦门厦化实业有限公司
厦门厦杏摩托有限公司
厦门象屿港湾开发建设有限公司
厦门新业园物业服务有限公司
厦门鑫永安会计有限公司
厦门鑫展投资有限公司
厦门信息集团
厦门信源环保科技有限公司
厦门信岳市政园林工程有限公司
厦门星环科技有限公司
厦门杏林建发工程监理有限公司
厦门杏林建筑安装公司
厦门杏林振利华工贸有限公司
厦门旭鸣实业有限公司
厦门旭鸣实业有限公司
厦门浔江建设工程有限公司
厦门雅景致环境艺术工程有限公司
厦门扬森数控设备有限公司
厦门姚明织带饰品有限公司
厦门一品威客网络科技有限公司
厦门印天电子科技有限公司
厦门英仕卫浴有限公司
厦门圆兴商贸有限公司
厦门正新橡胶工业有限公司
厦门智欣建材集团有限公司
厦门中海智信息科技有限公司
厦门中交置业
厦门钟磐市政园林工程有限公司
厦门住宅集团有限公司
厦门卓毅建筑工程有限公司
厦门宗顺建筑工程有限公司
新镧系(厦门)科技有限公司
杏林兴宁有害生物服务站
永同昌建设集团有限公司
优索信息科技(厦门)有限公司
玉晶光电(厦门)有限公司
圆兴(厦门)精密工具有限公司
郑州中兴工程监理有限公司厦门分公司
中泛建设集团有限公司
中国建筑第八工程局有限公司
中国建筑第四工程局有限公司
中国交建海西总部
中国农业银行股份有限公司厦门杏北支行
中环建筑工程有限公司
中建东华建设发展有限公司
中建海峡建设发展有限公司
中建三局(厦门)建设有限公司
中交(厦门)投资有限公司
中交第二航务工程局有限公司福州分公司
中交第三航务工程局有限公司厦门分公司
中交海西投资有限公司
中交四航局第五工程有限公司
中交一公局厦门工程有限公司
中天建设集团有限公司
中铁海峡建设集团有限公司

索 引

说 明

（1）本索引分设条目索引、图片索引和表格索引。

（2）为便于图片和表格检索，对图片的说明文字和表格标题稍作提炼和改造，删除有关限制词。

（3）索引按主题词首字的汉语拼音字母排列，首字相同按第二字的汉语拼音字母顺序排列。主题词后的数字为所在页码。

（4）大事记、附录不做索引。

条目索引

A

B

C

D

E

F

G

H

J

K

L

M

N

P

Q

R

S

T

W

X

Y

Z

图片索引

H

J

L

M

Q

R

S

T

W

X

Y

Z

表格索引

缩略语注释

一心四片：以集美新城为核心，集美、杏林、灌口和后溪四大片区。

一单、两库、一细则：文化市场随机抽查事项清单，市场主体名录库和执法检查人员名录库，实施细则。

一精神三文化：嘉庚精神，华侨文化、闽南文化、学村文化。

双随机一公开：随机抽取检查对象、随机选派执法人员、及时公布查处结果。

两个责任：党委负主体责任，纪委负监督责任。

两违：指未经批准占用土地擅自建房的行为和没有取得建设工程规划许可证或者违反建设工程规划许可证核定的建房行为。

两优一先：优秀党务工作者、优秀共产党员和先进基层党组织。

两抢：抢劫、抢夺。

两库一单：即随机抽查对象名录库、执法人员名录库和随机抽查事项清单。

两非：非医学需要的胎儿性别鉴定，非医学需要的人工终止妊娠。

两学一做：学党章党规、学系列讲话，做合格党员。

两客一危：指从事旅游的包车、三类以上班线客车和运输危险化学品、烟花爆竹、民用爆炸物品的道路专用车辆。

两癌：乳腺癌和宫颈癌。

三下乡：文化、科技、卫生下乡。

三车：汽车、摩托车、助力车。

三风一训：校风、教风、学风和校训。

三化一龙头：立体化防控、多元化调解、网格化服务，以落实综治责任为龙头。

三公经费：财政拨款支出安排的出国（境）费、车辆购置及运行费、公务接待费。

三去一降一补：去产能、去库存、去杠杆、降成本、补短板。

三全小区：全光宽、全百兆、全高清互动电视。

三会一课：支部党员大会、支部委员会、党小组会，党课。

三严三实：严以修身、严以用权、严以律己，谋事要实、创业要实、做人要实。

三进三送：进农村、进社区、进企业，送法律、送健康、送知识。

三师共管：大医院专科医师、基层全科医师和健康管理师。

三声三办：来有迎声、问有答声、走有送声，能办的事马上办、一切事情依法办、特殊情况急事急办。

三乱：乱扔烟头、乱丢垃圾和乱吐口痰。

三转：转职能、转方式、转作风。

三品一械：药品、保健食品、化妆品、医疗器械。

三热病人：指发热在38.5℃以上的临床诊断为疟疾、疑似疟疾、不明发热原因者。

三救三献：救灾、救护、救助，无偿献血、造血干细胞捐献、人体器官捐献。

三爱两史：爱学习、爱劳动、爱祖国，党史、国史。

三停：停产停业、停止施工、停止使用。

三龄两历：年龄、工龄、党龄，学历、工作经历。

四个一：组织一次专项检查行动，开好一次电梯安全现场会，上好一堂新生电梯安全课，组织一次电梯事故应急演练。

四个全面：全面建成小康社会、全面深化改革、全面依法治国、全面从严治党。

四个能力：检查消除火灾隐患能力、组织扑救初起火灾能力、组织人员疏散逃生能力、消防宣传教育培训能力。

四风：形式主义、官僚主义、享乐主义和奢靡之风。

四进一服务：进学校、进企业、进社区、进家庭，抓窗口文明服务。

四种形态：经常开展批评和自我批评、约谈函询，让"红红脸、出出汗"成为常态；党纪轻处分、组织调整成为违纪处理的大多数；党纪重处分、重大职务调整的成为少数；严重违纪涉嫌违法立案审查的成为极少数。

四重点：违法占用耕地、影响公共安全和重点项目建设、严重影响城乡规划、交通干线两侧的违建。

四联创：计生协会区、乡、村、组联合创建。

四就近服务：就近学习、就近活动、就近得到关心照顾、就近发挥作用。

四癌：乳腺癌、宫颈癌、卵巢癌、子宫癌

五大发展理念：创新、协调、绿色、开放、共享。

五个一批：曝光一批重大隐患、惩治一批典型违法行为、通报一批"黑名单"生产经营企业、取缔一批非法违法企业、关闭一批不符合安全生产条件企业。

五个坚决防止：坚决防止发生危害国家安全和社会稳定的重大政治事件，坚决防止发生严重暴力恐怖事件，坚决防止发生大规模群体性事件，坚决防止发生大规模进京上访活动和重大个人极端事件，坚决防止发生重大公共安全事件。

五失：指失足、失管、失学、失业、失亲的青少年。

五老：老干部、老战士、老专家、老教师、老模范。

五好计生协会小组：带头作用好、宣传服务好、信息掌握好、国策落实好、活动开展好。

五位一体：医院内部沟通调解、应急处置联动、医疗纠纷人民调解、医疗责任保险和医疗救助"五位一体"。

五项基本功：钻研纲本基本功、教学设计和课堂教学基本功、语言表达基本功、使用教具基本功、电脑操作基本功。

五类十项：五类：涉酒、超速、超员、超载，牌证；十项：醉驾毒驾、酒驾、营运客车超员、摩托车超员、其他车辆超员、货车超载30%以上、现场超速、涉牌、涉证、其他。

五险：养老保险、医疗保险、失业保险、工伤保险和生育保险。

五部：应急应战的指挥部、地方党委的军事部、后备力量的建设部、同级政府的兵役部、军民融合的协调部。

五部位：水源保护区、开发区和工业园区、城市公共用地、小区公共空间、临时建设用地改变用途。

六个专项治理：针对严重精神障碍患者肇事肇祸、寄递物流安全管理、危险物品安全监管、毒品、电信诈骗和金融风险、"执行难"等六个突出问题、民生问题开展专项治理。

六进：进校园、进村寨、进社区、进机关、进企业、进军营。

六先拆：党员干部的违建、安全隐患大的违建、影响"三边三节点"整治的违建、顶风突击的新违建、妨碍重点项目建设的违建、社会影响恶劣的违建先拆。

六好计划生育基层群众自治示范村（居）：组织保障好、政策倡导好、民情联络好、家庭关怀好、文明诚信好、群众参与好。

七无一好：无家庭暴力、无吸食毒品、无非法宗教信仰活动、无赌博、无邻里纠纷、无家庭成员参与"黄""丑"行为、无违法犯罪，安全防范工作做得好。

八不行为规范：安全出行不违规、垃圾分类不落地、节俭用餐不浪费、红白喜事不奢办、言谈举止不粗俗、文明上网不低俗、旅游观光不任性、经济生活不失信。

八类恶性暴力犯罪：故意杀人、故意伤害致人重伤或者死亡、强奸、抢劫、贩卖毒品、放火、爆炸、投毒。

九类案件：聚众斗殴、寻衅滋事、敲诈勒索、非法拘禁、强迫交易、故意毁财、组织卖淫、强迫卖淫、开设赌场。

十九集美：也叫十九集美项目，坐落于厦门集美湖西岸，著名景点园博苑旁，是有厦门市政府牵头，将建成包括文化展馆、创意文化基地、特色婚庆中心、特色餐饮等业态的城市代言地。

十有县：地质灾害防治有制度、有机构、有经费、有监测、有预警、有评估、有避让、有宣传、有演练、有效果。

小个专：小微企业、个体工商户、专业市场。

金三：即金税三期工程。金税工程是经国务院批准的国家级电子政务工程，是国家电子政务“十二金”工程之一，是税收管理信息系统工程的总称。

放、管、服：简政放权、放管结合、优化服务的简称。

4+2+1+X 课程体系：4 个常设课堂，2 个流动讲堂，1 个特色讲堂或特色活动，若干个社区群众性文化活动。

4+X 产业新体系：打造以产业创新为主要功能的区域创新中心，着力构建以机械装备制造、软件和信息服务、商务商贸物流、文化演艺传媒为支柱的“4+X”现代产业新体系。

5·12 干部：1950 年 5 月 12 日东山县解放战役前参加工作的干部。

图书在版编目（CIP）数据

集美年鉴. 2017/ 厦门市集美区地方志办公室 编
——北京：方志出版社，2017.11
ISBN 978-7-5144-2725-7

Ⅰ.①集… Ⅱ.①厦… Ⅲ.①区（城市）- 厦门 -
2017- 年鉴 Ⅳ.① Z525.74

中国版本图书馆 CIP 数据核字（2017）第 296802 号

集美年鉴 2017

编　　者： 厦门市集美区地方志办公室
责任编辑： 冯　松
出 版 人： 冀祥德
出 版 者： 方志出版社
地址　北京市朝阳区潘家园东里 9 号（国家方志馆 4 层）
邮编　100021
网址　http://www.fzph.org
发　　行： 方志出版社图书经销中心
电话（010）67110500
经　　销： 各地新华书店
印　　刷： 深圳中华商务安全印务股份有限公司
开　　本： 889×1194　1/16
印　　张： 21.125
字　　数： 728 千　28 彩插
版　　次： 2017 年 11 月第 1 版　2017 年 11 月第 1 次印刷
印　　数： 0001~1000 册
ISBN 978-7-5144-2725-7　**定价：** 180 元

ISBN 978-7-5144-2725-7
9 787514 427257